NOTICES ET EXTRAITS

DES

DOCUMENTS MANUSCRITS

CONSERVÉS DANS LES DÉPÔTS PUBLICS DE PARIS,

ET RELATIFS

A L'HISTOIRE DE LA PICARDIE.

NOTICES ET EXTRAITS

DES

DOCUMENTS MANUSCRITS

CONSERVÉS DANS LES DÉPOTS PUBLICS DE PARIS,

ET RELATIFS

A L'HISTOIRE DE LA PICARDIE,

PAR

HIPPOLYTE COCHERIS.

TOME II.

PARIS,

A. DURAND, LIBRAIRE, | A. AUBRY, LIBRAIRE,
rue des Grès, 5. | rue Dauphine, 16.

—

1858.

Extrait des Mémoires de la Société des Antiquaires de Picardie,
Tome XVI.

Amiens.— Imp V⁰ Herment, place Périgord, 9.

AVERTISSEMENT.

Lorsque le tome Ier de cet ouvrage parut, quelques personnes[1] voulurent bien donner à l'auteur un témoignage public de leur bienveillance, en recommandant son livre à l'attention des érudits.

L'auteur vient aujourd'hui leur en adresser ses remercîments. Sensible aux éloges qui lui ont été adressés, il s'est efforcé de s'en rendre digne en suivant les conseils qu'il avait reçus et en multipliant les recherches qu'il poursuit depuis plus de six années.

La complaisance inépuisable de ses confrères des bibliothèques et des archives de l'Empire, en lui facilitant les recherches, l'ont mis à même d'examiner de nouveaux recueils ou de nouvelles séries. C'est ainsi, par exemple,

---

[1] Nous prierons MM. de Sacy, de l'Académie française, L. Delisle, de l'Académie des inscriptions et belles-lettres, H. Bordier, L. Paris et L. Larchey, d'agréer ici l'expression de notre vive gratitude.

que le présent volume renferme des documents complètement inédits et de la plus haute importance sur les Commanderies du Temple et de Saint-Jean-de-Jérusalem.

La quantité de matières renfermées dans les cartulaires de Fervaques, de Foigny, de Froimont, de Gamaches et de Guise, était tellement considérable que l'auteur a dû terminer ce second volume à la fin de la lettre G.

Les documents qui doivent former le tome III, étant préparés en partie, l'auteur fera tous ses efforts pour que ce volume paraisse dans le courant de l'année prochaine.

Bibliothèque Mazarine, ce 14 Juillet 1858.

CATALOGUE
DES MANUSCRITS
SUR LA PICARDIE,

CONSERVÉS DANS LES DÉPÔTS PUBLICS DE PARIS.

---

428. Recueil de pièces tirées des collections des biblio- DAGNY-LAM-
thèques de Paris et des archives de l'Empire. BERCY.

I. Echange par lequel les religieux de Bonne-Espérance [1] cèdent aux religieux de Saint-Nicaise, tous les biens qu'ils possèdent à Dagny-la-Cour, Dagny-la-Ville et Dagny-Lambressy [2], pour d'autres biens sis à Ham, etc. (1677).

A. I. Sect. adm., Q, Carton 10.

II. Plan d'une pièce de bois, appelée le bois de Dagny-la-Cour, situé à Dagny.

A. I. { Sect. adm., N. 3e cl. n° 171.
         Ib.   Q. Carton 15.

[1] Abbaye du diocèse de Cambrai.
[2] Tous ces lieux forment actuellement un seul village sous le nom de Dagny-Lambercy, canton de Rosoy-sur-Serre, arr. de Laon (Aisne).

DAGNY-LAM-BERCY.

III. Projet d'arrêt et visite des bois de l'abbaye de St.-Nicaise de Reims, sis à Dagny.

A. I. Sect. Adm., Q. Carton 15.

DAME (Bois de la). 429.

Procès-verbaux de visite des bois de la Dame [1], dépendant du couvent de Wariville. (1765-1783). 3 pièces.

A. I. Sect. Adm., Q. Carton 867.

DAMES (Bois des). 430.

Permission aux religieux de Château-Tierry d'échanger le fief dit le fief du Bois-des-Dames [2].

A. I. Sect. Adm., Q. Carton 4.

DAMES (Bois des). 431.

Procès-verbal de visite du bois des Dames [3], appartenant à l'Hôtel-Dieu de St. Just (1766).

A. I. Sect. Adm. Q. Carton 867.

DAMPVAL. 432.

Déclaration des droits seigneuriaux, rentes et biens de la seigneurie de Dampval [4], fournie au roi par François, vicomte de Montbron, chevalier, capitaine au régiment de Picardie et lieutenant des mousquetaires du cardinal Mazarin, à cause de son domaine de Chaumont (1660).

A. I. Sect. Adm., Q. Carton 851.

DAOURS. 433.

Procès entre la commune d'Amiens et le seigneur de

---

[1] Ces bois sont situés à deux lieues de Clermont dans le dép. de l'Oise.

[2] Ce bois est situé dans le canton de Château Thierry.

[3] Ces bois sont situé à 1/2 lieue de St.-Just et à 3 lieues de Clermont, dans le département de l'Oise.

[4] Cette seigneurie dépendait de la paroisse de Levemont, commune de Hadancourt-le haut Clocher (Oise).

Daours [1], relativement à un droit de travers. (15 décembre 1348).

DAOURS.

A. I. Sect. jud., Parl. de Paris. Accords. Carton 4.

434.

DARGIES.

Extraits d'arrêts relatifs à des concessions de pièces de terre au territoire de Dargies, [2] faites au marquis de Vérac. (1783-1784). 2 pièces.

A. I. Sect. adm. Q. Cart. 853.

435.

Aveu et dénombrement de la seigneurie de Dargies, près St.-Romain [3]. (28 juin 1787).

A. I. Sect. adm., Q. Cart. 1550.

436.

DAVENESCOURT.

I. Lettres par lesquelles Charles VI établit, à la demande du sire de Hangest, sieur de Davenescourt [4], une foire annuelle dans ladite ville. (sept. 1395).

A. I. Sect. hist., Trés. des Ch. J. Reg. 148, f° xii xx.

II. Lettres par lesquelles Louis XI [5], sur la demande des seigneurs de Davenescourt, y établit une foire franche et un marché. (mai 1471).

A. I. Sect. hist., Trés. des Ch. J. Reg. 201, p. 153.

437.

LE DÉLUGE.

Aveux et dénombrements du fief du Déluge [6]. (1512-1763).

A.I. Sect. adm., Série Q. Cart. 853.

[1] Canton de Corbie (Somme).
[2] Canton de Grandvilliers, arr. de Beauvais (Oise).
[3] Canton de Poix, arr. d'Amiens (Somme).
[4] Canton de Montdidier (Somme).
[5] *Ordonnances des Rois de France*, tom. xvii, p. 419.
[6] Le Déluge est maintenant une commune du canton de Noailles, arr.ᵗ de Beauvais (Oise).

DEMUIN. **438.**

Lettres par lesquelles François Ier, à la demande de Lancelot Bournel, chevalier, seigneur de Demuyn,[1] établit deux foires et un marché audit lieu. (Avril 1526).

A. I. *Sect. hist.*, *Trés. des Ch.* J. Reg. 243, p. 159.

DENIÉCOURT. **439.**

I. Relief, foi et hommage d'un journal de terre labourable, sise au terroir de Deniécourt[2], mouvant du roi à cause de son château de Péronne. (17 novembre 1774).

A. I. *Sect. adm.*, Q. Cart. 1540.

II. Arrêt qui autorise la construction d'un moulin à vent, au terroir de Deniécourt, moyennant une redevance annuelle et féodale de XII livres. (28 mars 1775).

A. I. *Sect. adm.*, Q. Cart. 1540.

DERCY. **440.**

I. Plan géométrique de la terre et seigneurie de Dercy[3], levé en 1785, par Callard.

A. I. *Sect. adm.*, Série N. 1re cl., n° 9.

II. Pièce relative au remboursement de la finance de la seigneurie de Dercy.

A. I. *Sect. adm.*, Q. 16.

III. Vente du domaine de Dercy au profit de Demonceaux. (1740).

A. I. *Sect. adm.*, Q. 8.

DERNANCOURT. **441.**

Lettres de franchises accordées aux habitants de Dernancourt, portant exemption de péage, pour eux et leurs marchandises, au travers de Dernancourt.[4] (7 mai 1354).

A. I. *Sect. adm. Arch. du Palais-Royal*, Reg. n°. 554, f° 102.

---

[1] Canton de Moreuil (Somme).
[2] Aujourd'hui Estrées-Deniécourt, canton de Chaulnes, arr^t. de Péronne (Somme).
[3] Canton de Crécy-sur-Serre (Aisne).
[4] Canton d'Albert (Somme).

442. DESVRES.

I. Concession d'un terrain vague, dit commune de Quesnel, dans la ville de Desvres. (29 octobre 1781).

A. I. Sect. adm., Q. Cart. 898.

II. Arrêt qui maintient le sieur de la Sablonière dans la jouissance des rentes à Desvres. (23 mai 1786.)

A. I. Sect. adm., Q. Cart. 898.

III. Arrêt qui confirme le sieur Souchez dans la possession d'un terrain vague près Desvres. (7 mars 1789).

A. I. Sect. adm., Q. Cart. 898.

Arrêt du conseil, procès-verbal de visite, plans et autres pièces concernant l'ouverture d'une route dans la forêt de Desvres [1].

A. I. Sect. adm., Q. Cart. 924.

443 DEVISE.

Rapport au conseil en demande de lettres patentes qui confirment une transaction entre les Prémontrés et le sieur Megret de Méricourt, au sujet de différents droits appartenant à leur abbaye dans la seigneurie de Devise [2]. (10 mars 1787).

A. I. Sect. adm., Q. Cart. 1541.

444. DIACONAT.

Permission au sieur de Bois-Thierry, seigneur de Buicourt, d'acquérir le fief de Diaconat, du chapitre de Gerberoy, enclavé dans sa terre de Buicourt [3] (3 pièces) (1786).

A. I. Sect. adm., Q. 853.

445. DIZY.

I. Charte de Guillaume, abbé de Buissi, qui déclare à quelles conditions le roi Philippe-Auguste et la com-

---

[1] Canton de l'arr.t de Boulogne-sur-Mer (Pas-de-Calais).

[2] Canton de Ham, arr.t de Péronne (Somme).

[3] Canton de Songeons, arr.t de Beauvais (Oise).

DIZY.

mune de Cuissi ont associé leurs droits sur le territoire de Dizi, pour y fonder un village [1] (mars 1196).

A. I. Sect. hist., Trés. des Ch., J. 397, Pariages. n.° 5.
A. I. Sect. adm., Trés. des Ch., J. Reg. 31, f.° 58, n.° 82.
B. I. f.ds Serilly, 429. 3, p. 602.

II. Vidimus de 1356 d'un acte par lequel Philippe-Auguste, du consentement de l'abbé et du chapitre de Cuissi, accorde des privilèges aux hommes de Dizi [2].

A. I. Sect. hist., Trés. des Ch., J. Reg. 84, n.° 541.

III. Visite des bois du gros Dizy [3], dépendant de l'abbaye de Cuissy [4].

A. I. Sect. adm., Q. 15.

DOMART.

446. Recueil de Chartes originales tirées des collections des Bibliothèques de Paris et des archives de l'Empire.

I. Plans du bourg et territoire de Domart [5].

A. I. Sect. adm., N., (Somme). 3.e cl. nos 2 à 18 inclusiv.

II. Vente faite par Bernard de Belestre [6] au prieuré de Domart *(prior. Domni Medardi)* de la dîme qu'il percevait sur les territoires de Houdencourt [7] et du Ploui [8] *(in territoriis de Hadencort et del Ploiez).* (Novembre 1238).

B. I. Cart. n°. 1792.

---

[1] Voyez la charte de Philippe-Auguste relative à cette convention, *Ordonn. des rois de France*, tom. XI, p. 257. — L. Delisle. *Catal. des actes de Philippe-Auguste*, p. 114.

[2] Voy. *Ordonn. des rois de France.* tom. IV, p. 541; et L. Delisle, *Catal. des actes*, etc., p. 120.

[3] Canton de Rosoy-sur-Serre, arr^t. de Laon (Aisne).

[4] Abbaye du diocèse de Laon.

[5] Canton de l'arr^t. de Doullens (Somme).

[6] Belestre est situé sur la carte de Cassini immédiatement au-dessous de Pernois, (canton de Domart, arr^t. de Doullens).

[7] Com.^{ne} de Fransu (Somme).

[8] Situé sur la carte de Cassini à l'O. de Houdencourt, près Donqueur.

DOMART.

III. Vente faite par Jean de Surcamp [1] au prieuré de Domart, de la dîme qu'il possédait au Mesnil [2] *(in terram de Maisnilio juxta boscum Idonis).* (1242).

B. I. Cart. n°. 1792.

IV. Confirmation par Thomas de St.-Valery des donations faites au prieuré de Domart, par les ancêtres de Guillaume de Wesbery *(Willelm. de Wesberiis)*, vicomte de Domart, à savoir, la 3ᵉ partie de la dîme de *Burcamp* [3], la 3ᵉ partie de la dîme de Domart, le domaine de l'autel de Brucamp *(de Burcampo)*, sept hôtes *(VII hospites)*, deux parts de la dîme de *Boscho Udonis* et la 6ᵉ partie du fief de *Goremflos* [4]. (s. d.)

B. I. Cart. n°. 1792.

DOMINOIS.

447.
Adjudication des droits seigneuriaux de la paroisse de Dominois [5]. (1711).

A. I. *Sect. adm.*, Q. Cart. 870.

448.
Aveu et dénombrement de deux fiefs situés sur le terroir de Dominois [6]. (17 octobre 1772).

A. I. *Sect. adm.*, Q. Cart. 1552.

DOMMIERS.

449.
Plan des bois des églises situés sur les terroirs de Dommiers [7], Saconin et Missy-aux-Bois.

A. I. *Sect. adm.*, Série N. (Aisne), 3ᵉ. cl., n°. 146.

---

[1] Aujourd'hui Surcamps, canton de Domart (Somme).

[2] Nous avons cru d'abord que c'était le Mesnil situé sur la carte de Cassini entre Longvilliers et Donqueur, à l'O. d'un bois dit *S.ᵗᵉ-Anne*, mais par les termes de la charte et ceux de l'acte suivant, ce lieu devait être près de Brucamps et le *bois Idon*, celui qui se trouve sur la carte de Cassini entre Brucamps, Surcamps et Domart.

[3] Aujourd'hui Brucamps, canton d'Ailly-le-Haut-Clocher. arrᵗ. d'Abbeville (Somme).

[4] Gorenflos, arrᵗ. d'Abbeville, canton d'Ailly le-Haut-Clocher (Somme).

[5] Commune de Salency près Noyon (Oise).

[6] Canton de Crécy, arrᵗ. d'Abbeville (Somme).

[7] Dommiers, Saconin et Missy-aux-Bois sont du canton de Vic-sur-Aisne (Aisne).

DOMPIERRE. **450.**

I. Lettres par lesquelles Louis XI [1], sur la demande de Jacques de Rambures, chevalier, seigneur de Dompierre, [2] établit audit lieu une foire franche de deux jours. (Octobre 1463).

A. I. Sect. hist., Trés. des Ch., J. Reg. 199, n° 271.

II. Lettres par lesquelles Charles IX, à la demande de Philippe de Rambures, seigneur de Dompierre-en-Ponthieu, établit audit lieu un marché mensuel, outre les foires déjà accordées. (Décembre 1565).

A. I. Sect. hist., Trés. des Ch., J. Reg. 263 bis, n°. 752.

451.

I. Liasse de papiers et plans relatifs à la construction du pont de Dompierre [3].

A. I. Sect. adm., H. 1498.

II. Plan des marais de Dompierre, situés près la rivière d'Authie.

A. I. Sect. adm., N. (Somme), 3°. cl., n°. 55.

DONCHERY. **452.**

I. Ratification donnée par le roi de l'acquisition faite par les habitants de Donchery [4], du droit de justice que les religieux de St.-Marc-lès-Soissons avaient en la ville de Donchery. (Janvier 1563).

A. I. Sect. jud., Parl. de Paris. Ordonn. Reg. FF. f° 421.

II. Relief d'adresse et surannation desdites lettres te mandement au Parlement pour leur vérification. (21 avril 1573).

A. I. Sect. jud., Parl. de Paris. Ordonn. Reg. FF. f° 423.

---

[1] Voyez Ordonnances des Rois de France, tome XVI, p. 91.
[2] Canton de Crécy, arr^t. d'Abbeville (Somme).
[3] C.^{on} d'Hesdin, arr^t. de Montreuil-sur-Mer (Pas-de-Calais).
[4] Canton de Sedan (Ardennes.)

453.   DONJON.

Mémoire et avis de l'inspecteur général du domaine sur la propriété des fiefs du Donjon [1], de Levignen et de la Folie [2].

A. I. Sect. adm., Q. Cart. 863.

DONNEVAL.

454.

Procès-verbal de visite du bois de Donneval [3]. (1767).

A. I. Sect. adm., Q. Cart. 869.

DOUDELAIN-VILLE.

455.

Aveu et dénombrement de la seigneurie de Doudelainville [4]. (3 mai 1756).

A. I. Sect. adm., Q. Cart. 1533.

456. Plans et Cartes de Doullens.   DOULLENS.

I. Carte du gouvernement de Dourlens [5]. — II. Plan des fortifications de Dourlens. — III. Plan de la ville et citadelle de Doullens. — IV. Deux plans de Dourlens (teintés).

B. I. *Dép. des cartes et plans.* Coll. topogr. V. a. 21.

V. Plan des routes de Flandre et d'Angleterre par Doullens.

A. I. Sect. adm., N. (Somme). 3ᵉ cl., n° 85.

VI. Plans de la rivière d'Authie, depuis Doullens jusqu'à la mer.

A. I. Sect. adm., N. (Somme). 3ᵉ. cl., nᵒˢ. 2, 4, 5, 8, 9, 11, 53, 54, 55 et 88.

---

[1] Ce fief était à Levignen, canton de Crépy, arrᵗ. de Senlis (Oise).

[2] Mémoire fort important dans lequel on fait l'histoire du comté de Valois. On voit également que ce fief du Donjon, dit le donjon de Levignen, fut vendu le 30 décembre 1440 par Charles, duc d'Orléans, pour sa rançon, et qu'il dépendait alors du château de Crépy, capitale du Valois.

[3] Commune d'Orrouy, près Crépy (Oise).

[4] Canton d'Hallencourt, arrondissement d'Abbeville (Somme).

[5] Aujourd'hui Doullens, chef-lieu d'arrondissement. (Somme.)

DOULLENS. **457.** Recueil de Chartes originales ou copies de Chartes, tirées des collections des Bibliothèques de Paris et des Archives de l'Empire.

I. Charte par laquelle Philippe-Auguste confirme la charte que Guillaume, comte de Pontieu et de Montreuil, avait accordée, en août 1212, aux bourgeois de Doullens [1]

B. I. Coll. Baluze, 51, f° 346.

II. Charte par laquelle Philippe-Auguste confirme les chartes des communes de la terre du comte de Pontieu, savoir Abbeville, Doullens, etc. [2] (1221).

B. I. *Cartul. de Ph. Aug.*, E. f° 114 v° et F. f° 87, v°.

III. Enquête faite par Geoffroi de Milli, bailli d'Amiens, sur un moulin à Doullens (*de Dullendio*). S. D. XIII° s.

A. I. *Sect. hist.* J. 1034, n°. 35.

IV. Amortissement en faveur des religieuses de St.-Michel de Doullens. (Novembre 1300).

A. I. *Sect. hist.*, J. Reg. 58, n°. 20.

V. Acte par lequel la ville de Doullens en appelle au futur concile de ses droits violés par le pape [3]. (1303).

A. I. *Sect. hist., Trés. des Ch.* . J. Cart. 488, n.° 534.

VI. Acte par lequel l'abbesse et les religieuses de St-Michel de Doullens en appellent au futur concile de leurs droits violés par le pape. (1303).

A. I. *Sect. hist., Trés. des Ch.* J. Cart. 488 n.° 564.

VII. Amortissement en faveur des filles repenties de Doullens. (Novembre 1312).

A. I. *Sect. hist.*, J., Reg. 48., n°. 126.

---

[1] Voy. *Rec. des ordonn. des rois de France*, tom. XI, p. 311.—Daire, *hist. de Doullens*, p. 191. — Delisle, *Catalogue des actes de Philippe-Auguste*, p. 465.

[2] Voy. *Rec. des ordonn.*, tom. XII, p. 297, et Delisle, *Catalogue etc.*, p. 465.

[3] Cette pièce qui est perdue depuis longtemps, renfermait la clause *quantum spiritualitatem tangit*.

VIII. Lettres du roi Jean par lesquelles il accorde aux maire et échevins de Doullens, l'autorisation d'établir un beffroi dans une tour qu'ils avaient acquise au sieur de Beauval. (Hesdin, décembre 1363).

A. I. Sect. hist., J. Reg. 85, f°. 56, p^{ce}. 141.

IX. Lettres de Charles V par lesquelles en rétablissant la prévôté de Doullens, il restitue à cette ville tous les droits et priviléges dont elle jouissait avant la suppression de ladite prévôté. (Paris, juin 1365).

A. I. Sect. hist., J. Reg. 98, p^{ce}. 425.

X. Lettres de déclaration pour les habitants de Doullens. (18 janvier 1463).

A. I. Sect. hist., J. Reg. 199, n°. 84.

XI. Acte par lequel les habitants de Doullens sont affranchis de la taille pour dix ans. (1531).

A. I. Sect. jud., U. 630.

XII. Octroi de priviléges aux habitants de Doullens. (1546).

A. I. Sect. Jud., U. 630.

XIII. Octroi de priviléges aux habitants de Doullens. (14 décembre 1568).

A. I. Sect. jud., U. 630.

XIV. Continuation pour dix ans de l'octroi accordé aux habitants de Doullens. (27 juin 1573).

A. I. Sect. jud., U. 630.

XV. Articles présentés au roi par les habitants de Doullens, qui se soumettent à lui. (6 décembre 1594).

A. I. Sect. jud. Parl. de Paris. Ord. Reg. RR., f°. 377.

XVI. Lettres patentes du roi conformes aux articles présentés ci-dessus. (Décembre 1594).

A. I. Sect. jud., Parl. de Paris. Ord. Reg. RR. f°. 378 v°.

XVII. Décharge par le sieur de Villaincourt, gouverneur de Doullens, de tout ce qui s'est passé pendant les guerres. (Avril 1594).

A. I. Sect. jud. Parl. de Paris. Ord. Reg. RR. f°. 382.

XVIII. Extrait d'un don fait par le roi à Jean de Rimbert, d'une maison et appartenances, sises à Doullens. (24 mai 1583).

A. I. Sect. adm., Q. 1538.

XIX. Abolition en faveur de la ville de Doullens. (1595).

A. I. Sect. jud., U. 630.

XX. Lettres patentes du roi dans lesquelles il remet les habitants de Doullens dans la jouissance de leurs priviléges. (Août 1598).

A. I. Sect. jud., Parl. de Paris. Ord. Reg. XX, f°. 342.

XXI. Mandement aux cours souveraines pour la vérification desdites lettres. (Juillet 1605).

A. I. Sect. jud. Parl. de Paris. Ord. Reg. XX. f°. 343 v°.

XXII. Contrat de l'entretènement des munitions de Doullens donné par le roi aux maire et échevins d'Amiens. (1587).

B. I. Coll. Béthune. n°. 8912, p. 87.

XXIII. Lettre des échevins de Doullens au roi Henri II. (1587).

B. I. Coll. Béthune. n°. 8901, p. 125.

XXIV. Confirmation des priviléges des habitants de la ville de Doullens et surtout de ceux des échevins de cette ville. (17 avril 1606).

A. I Sect. jud., U. 630.

XXV. Confirmation des priviléges octroyés aux maire et échevins de Doullens. (Novembre 1616).

A. I. Sect. jud., Parl. de Paris, Ord. Reg. A. A. A., f° 377.

XXVI. Jugement d'appointement contre la confrérie de la Charité de St.-Nicolas et les curés des paroisses de N -D., St.-Martin et St.-Pierre de Doullens, à cause de leur usurpation de la seigneurie du moulin de Manchon, sis à Doullens. (27 août 1670).

A. I. Sect. adm., Q. 1538.

XXVII. Adjudication d'un moulin, sis à Doullens, appartenant au roi, moyennant 3550 livres. (13 novembre 1710).

A. I. Sect. adm., Q. 1538.

XXVIII. Etats des baux faits par l'Hôtel-Dieu de Doullens. (23 août 1727).
A. I. Sect. adm., Q. 1538.

XXIX. Arrêt du conseil qui supprime un droit de péage prétendu par les habitants et commune de Doullens. (11 janvier 1750).
A. I. Sect. adm., E. 2295.

XXX. Procès-verbal de visite des bois du prieuré de de Bagneux, sis près Doullens. (31 juillet 1758).
A. I. Sect. adm.. Q. 1551.

458. Registre des aveux et dénombrements.

MS. in-folio de 210 fos, parchemin. — Ecriture du XIVe. siècle.
A. I. Sect. adm., P. 157.

Ce précieux registre renferme les aveux et dénombrement du bailliage d'Amiens, et des prévôtés de Doullens, de Beauquesne, de Beaurain et de Montreuil. La prévôté de Doullens a un foliotage à part. Il commence ainsi :
« .... C'est le livre ouquel sont enregistrés les fies tenus
» et sans moyen du roy nostre sire ou bailliage d'Amiens,
» fait par Pierre le Sene, receveur illeuc. »
F°. 1, n°. LVIII. Aveu et dénombrement de Robert Frestias, d'un fief sis à *Ham*[1], à cause duquel il a sept hommes *que on dist de main ferme* qui tiennent de lui plusieurs manoirs. (16 mars 1367). — F°. 1 v°. n°. 59. Aveu et dénombrement de Jean de Clari, écuyer, sire de *Gesainecourt*[2], de son fief de *Gesainecourt*, ainsi que des droits qu'il exerce sur ses hommes, et des arrière-fiefs, tenus à *Douliger*[3], par Bridoul de Hiermont[4], chevalier, à *Ococh*[5], par Enguerran Kieres ; à Ococh, au *Quesnel*[6], par Tristian de *Chambelli* ; à *Loncviller*[7] et à Douligier,

---

[1] Aujourd'hui Hem, canton de Doullens.
[2] Aujourd'hui Gezaincourt, canton de Doullens
[3] Aujourd'hui Domleger, canton de Crécy, arrond. d'Abbeville.
[4] Canton de Crécy, arrondissement d'Abbeville.
[5] Aujourd'hui Occoches, commune de Bernaville, arrond. de Doullens.
[6] Le Quesnel est marqué sur la carte de Cassini au Sud du petit Occoches.
[7] Aujourd'hui Longvillers, canton de Crécy (Somme),

DOULLENS.

par le sieur de *Franssu* [1]; au bois *de le Karriere* [2], par M. de Beeslay [3]; à *Maisicourt* [4], par Florimont de Brimeu [5]; à Douligier, par M. de Drucat [6]; as *Camps-de Monceaux* [7], à *Casteliers-sur-Authie* [8], à Yvregni [9] et à Walluisel-sur-Authie [10], par M. de Beaufort [11]; à Maisières [12], par Enguerrand de Maisières; au Hem par Robert Plomier; à Gesainecourt et à Hueleu [13], par Pierre-le-Viseux. (12 mars 1377). — F°. 3, n°. 60, Aveu et dénombrement de Collart de Baillœul, dit Sauvage, écuyer, seigneur de Mons, du fief de Mons-sur-Authie, et des droits de justice, ventes, reliefs, issues, tonlieus, fo-

---

[1] Aujourd'hui Fransu (canton de Domart). Ce fief est appelé *les rentes de Franssu*. Parmi les fiefs tenus par le sieur de Franssu, celui-ci est à noter : « Item tient ledit Mons. de Franssu en fief de my un fief scitué a Lonoviller, est assavoir le personnage de ledicte ville de Lonviller, qui contient le manoir de le cure de ledicte ville qui lui doit III sous de cens par an, et quand le cure d'icelle ville est vacans, il donne ledicte cure à qui lui plest *à prestre ou à clerc abile*, et le présente par devers M. l'évesque d'Amiens. »

[2] Je n'ai pu retrouver la trace du bois de la Carrière.

[3] Probablement Bellay.

[4] Aujourd'hui Maizicourt, canton de Bernaville, arrond. de Doullens.

[5] Auj. Brimeux, arr^t. de Montreuil-sur-Mer (Pas-de-Calais).

[6] Nous croyons que c'est plutôt le *Drucas*, situé sur la carte de Cassini au Sud-Est d'Auxy-le-Château, que *Drucat*, du canton d'Abbeville.

[7] Ce lieu n'existe plus.

[8] Ce lieu n'existe plus.

[9] Aujourd'hui Ivergny, commune d'Avesnes-le-Comte, arr^t. de St-Pol-sur-Ternoise (Pas-de-Calais).

[10] Aujourd'hui Warluzel, canton d'Avesnes-le-Comte, arrondissement de St.-Pol-sur-Ternoise (Pas-de-Calais). La *Grouche* semble par les termes de l'acte avoir été prise autrefois pour l'Authie.

[11] Canton d'Avesnes-le-Comte, arr^t. de St.-Pol-sur-Ternoise (Pas-de-Calais).

[12] Aujourd'hui Maizières, canton d'Aubigny, arr^t. de St.-Pol-sur-Ternoise.

[13] Hueleu est marqué sur la carte de Cassini au Sud de Bagneux et au Nord de Beauval.

rages, étalages et autres à lui dûs à cause dudit fief, relevant du roi, à cause de son château de Doullens. (24 mai 1372). — *F°. 4, n°. 61.* Aveu et denombrement de Pierre Harle, seigneur d'Orion, de son fief d'Orion-sur-Authie, ainsi que des droits à lui dûs à cause dudit fief, tenu du roi à cause du château de Doullens. (24 mai 1372). — *F°. 4, v°. n°. 62.* Aveu et dénombrement de Guillaume de Gourchielles, écuyer, de son fief sis à Beauvoir[1] *sur le quemin qui maine de Aussi*[2] *à Doullens et passe la rivière d'Authie,* de terres près Montegni[3], sur le chemin de Wavans[4] à Assenville[5], à Criévecœur[6], etc. (1372).—*F°. 5, n°. 63.* Aveu et dénombrement de Jean Amans, demeurant à Bouquemaison[7], de terres sises audit lieu, tenues noblement par lui du roi, à cause de son château de Doullens. (4 juin 1372). — *F°. 5, v°. n°. 64.* Aveu et denombrement de Pierre de Ligni[8], dit Hastinel, escuier, de son fief *que on dist le Carnoie*[9], séant au terroir de Frohens[10], *entre ledicte ville de Frohens et Heusecourt*[11], qu'il tient du roi à cause de sa chatellenie de Doullens. (6 juin 1372). — *n°. 65.* Aveu et dénombrement de Mahieu le Vaasserres de son fief à Ostemaisnil[12] tenu du roi à cause de

---

[1] Beauvoir-Rivière, canton de Bernaville, arrond. de Doullens.

[2] Aujourd'hui Auxy-le-Château, arr^t. de St.-Pol-sur-Ternoise (Pas-de-Calais).

[3] Montigny, appelé par Cassini *Montigny-les-Jongleurs*, canton de Bernaville, arr^t. de Doullens.

[4] Canton d'Auxy-le-Château, arr^t. de St.-Pol-sur-Ternoise.

[5] Peut-être Agenville, arr^t. de Doullens, canton de Bernaville.

[6] Ce lieu m'est inconnu.

[7] Canton et arr^t. de Doullens.

[8] Ligny-sur-Canche, canton d'Auxy-le-Château (Pas-de-Calais).

[9] Le Carnois est marqué sur la carte de Cassini au Sud de Frohen-le-Petit.

[10] Frohen-le-Petit, canton de Bernaville, arr^t. de Doullens.

[11] Heuzecourt, canton de Bernaville, arr^t. de Doullens.

[12] Probablement Haut-Maisnil, canton d'Auxy-le-Château, arr^t. de St.-Pol-sur-Ternoise (Pas-de-Calais).

DOULLENS. son château de Doullens [1] (8 juin 1872.) — F° 6, v°. n° 66. Aveu et dénombrement de Robert Desremaisnil [2], de son fief consistant en 19 journaux de bois en quatre pièces *seans deseure Maiserollez* [3] *ou les devers Boisbergues* [4]. (8 juin 1372). — N°. 67. Aveu et dénombrement de Jehan de Rollepot [5] de son fief consistant en 18 journaux de terre, sis au terroir du Hem (Han), qu'il tient du roi à cause de son château de Doullens. (10 juin 1372). — F°. 7. n°. 68. Aveu et dénombrement de Jehan des Auteux [6], sire de ledicte ville et de *Villers ou boscaige* [7], des fiefs ci déclarés : 1°. le manoir des Auteux ; 2°. 22 journaux de bois, sis près dudit manoir ; 3°. la moitié d'un bois nommé *le Hestroie*, tenant au chemin par lequel on va des Auteux à Doullens ; 4°. 9 journaux de terre tenant à la voie par laquelle on va des Auteux à Oultrebois [8] : 5° 5 journaux de terre au *Camp Humain ;* 6°. 8 journaux de terre au val d'Aucoch [9], tenant au bois de le Hestroie ; 7°. 3 journaux de terre à Aucoch, tenant au chemin par lequel on va des Auteux à Doullens ; 8° une pièce de terre appelé *le Couture desoux le ville*, sur le chemin des Auteux au Candas [10] ; 9°. 8 journaux de terre tenant au chemin des Auteux à Longueville [11] ; 10°. 20 journaux de terre à Longueville ; 11°. 7 journaux de terre, tenant au chemin qui va du Candas à Aucoch, lesquels fiefs sont tenus

[1] Cette pièce renferme un des rares exemples du mot *grome* que les Anglais ont repris lors de la conquête par les Normands et qu'ils nous ont rendu sous une forme plus saxonne.

[2] Probablement de Remainil, canton de Bernaville, arr.t de Doullens.

[3] Aujourd'hui Mézerolles, canton de Bernaville, arrond. de Doullens.

[4] Boisbergues; canton de Bernaville, arrondissement de Doullens.

[5] Rollepot, canton de Frévent (Pas-de-Calais).

[6] Aujourd'hui Autheux, canton de Bernaville, arr.t de Doullens Somme).

[7] Aujourd'hui Villers-Bocage, canton de l'arr.t d'Amiens.

[8] Aujourd'hui Outrebois, canton de Bernaville, arrond. de Doullens.

[9] Occoches.

[10] Canton de Bernaville, arr.t de Doullens (Somme).

[11] Aujourd'hui Longuevillette, canton et arrondissement de Doullens.

du roi à cause de son château de Doullens. (s. d.)—F°. 11. n°. 69. Aveu et dénombrement de Jehan de Prouville [1], dit *Fierabraz*, d'un fief nommé *Agnecourt*, séant entre Heuzecourt (Heusecourt) et Montigny (Montegni), et des droits [2] qu'il percevait à cause dudit fief, tenus du roi à raison de sa chatellenie de Doullens. (10 juin 1372). — F°. 11, v°. n°. 70. Aveu et dénombrement de Jehan de *Raulville*, autrement dit Alemant, écuyer, sire de Bouquemaison, de son fief de Bouquemaison, consistant en la ville entière et en plusieurs arrières fiefs tenus en fiefs de lui, tous lesdits fiefs et arrières fiefs tenus par lui du roi, à cause de sa chatellenie de Doullens. (29 janvier 1378). — F°. 12, v°. n°. 71. Aveu et dénombrement de Hugues-le-Sergent, bail et mari de Marguerite de Moiry, demoiselle de Dialières, d'un fief consistant en sept journaux de terre, tenant *a le rivière que on dist Authie d'une part et as aunois le seigneur de Frohens* [3], tenu du roi à cause de son château de Doullens. (23 juin 1372).—F°. 13, n°. 72. Aveu et dénombrement de Robert de Beaval [4], chevalier, sire d'Occoches (Aucoch) et de Villeroie [5], d'un fief *séant tant es villes et terroirs de Saint Acheul* [6], de Mon-

---

[1] Canton de Bernaville, arrondissement de Doullens.

[2] Parmi les droits que ce seigneur percevait, il y en a un dont voici le texte : « *A li di Fierabras*, à cause de son dit fief court et jugeurs, prouffis » et émoluments, justice et seigneurie viscontière et par desous et icellui » fief tient icils *Fierabras* du roy nostre sire v sous parisis de relief et » par v sous daade quant il y esquiet et un cappel de rouges roses ver- » meilles de recongnoissance, etc. »

[3] Il est dit dans cette pièce qu'*il est bien assavoir que tans que les dis sept journeaux de près et aunois durent, le seigneur dudit lieu pourra pesquier en ledicte rivière et faire et avoir un pont pour passer et faire passer ses bestes.*

[4] Dans la pièce même, on voit que le nom de Beaval ou Biaval, était une masure sise à Aucoch.

[5] Aujourd'hui Villeroy-sur-Authie, canton de Crécy, arr.t d'Abbeville (Somme).

[6] Canton de Bernaville, arr.t de Doullens.

DOULLENS.
teigni (Montigny), comme en une partie de la ville et terroir d'Aucoch, d'un autre fief au terroir de Riquemaisnil [1], tenant à la rivière d'Authie, de plusieurs arrière-fiefs, et autres droits tenus noblement du roi à cause de sa chatellenie de Doullens, (3 février 1378). — F°. 14, n°. 73. Aveu et dénombrement de Henri de Biauval [2], chevalier, sire de Prouville et de Haracourt, d'un fief tenu noblement et en pairie du roi, à cause de sa chatellenie de Doullens. Lequel fief consistait en plusieurs pièces de terre sises près de Biauval, *au Quesnoy, au Vauchiel-Kifflart, au camp de le Rivière, au camp Mehault-de-Bouc, au camp Oisel, au Biefflet, au camp Boutecarette, au Loncamp, au camp Saint Pierre, au val Merlet, aux terres de Séri, au camp Lesterpuent, au camp à Loulet, en le voie de Beauquesne* [3], *as avennes de seure les Karriéres de Baigneux* [4], *au Motoy, au Peneux, au camp des Croisettes, au camp de Noulli, en le basse Tilloloye, as essars du val Loihier, aux essars de le haie, as essars du val de le Vencque, le moulin de Braietel qui ad présent est gasté ; prés séans assez près du Moustier Saint-Martin-de-Lucheul* [5]. (3 février 1378). — F°. 15, n°. 74. Aveu et dénombrement de Pierre de Langni, dit Hafemel, d'un fief tenu noblement du roi, à cause de sa chatellenie de Doullens. Lequel fief consistait en 9 journaux de terre sis entre Frohens et Heuzecourt. (24 novembre 1378). — F°. 15, v°. n°. 75. Aveu et dénombrement de Jehan au Beluche, écuyer, sire de Diallières, d'un fief sis à Frohens, tenu par lui noblement du roi. (16 novembre 1378). — N°. 76. Aveu et dénombrement de Jean Amant, demeurant à Bouquemaison, d'un fief consistant en 25 journaux de terre, au terroir de Bouquemaison, tenu noblement du roi à cause de sa chatellenie de Doullens. (19 novembre 1378). — F°. 16. n° 77. Aveu et dénombrement de Robert du Pré, dit le

---

[1] Riquemaisnil est situé sur la carte de Cassini au Sud d'Occoches.

[2] Aujourd'hui Beauval, canton et arr.ᵗ de Doullens.

[3] Canton et arrondissement de Doullens (Somme).

[4] Commune de Gezaincourt, arr.ᵗ de Doullens (Somme).

[5] Luchuel, commune de Grouches-Luchuel (Somme).

DOULLENS.

Borgne, écuyer, sire de Grouches [1] et du Soich [2], d'un fief sis à Grouches, tenu noblement du roi à cause de sa chatellenie de Doullens. (2 décembre 1378). — F°. 16, v°. n°. 78. Aveu et dénombrement de Robert de Rolleport [3], d'un fief consistant en 18 journaux de terre, sis au terroir de Hem (Ham), tenu noblement du roi, à cause de sa chatellenie de Doullens. (29 novembre 1378).—F°. 17. n°. 79. Aveu et dénombrement de Lienor-le-Jumelle, fille de feu le Jumer, jadis écuyer, demoisel de Mairieu et de Hameucourt, de son fief de *Hardaingval* [4], tenu noblement du roi, à cause de sa chatellenie de Doullens. (4 décembre 1378). F°. 17, n°. 80. Aveu et dénombrement de Jean de Saint-Loch [5], dit Cornu, écuyer, seigneur de Saint-Loch, de son fief de Saint-Loch, et des arrière-fiefs tenus de lui, lesquels fiefs et arrière-fiefs il reconnaît tenir du roi à cause de sa chatellenie de Doullens. (2 décembre 1378). — F°. 18, n°. 81. Aveu et dénombrement de Gille Halle, écuyer, seigneur d'Orion, d'un fief situé près de l'Authie, tenu du roi à cause de sa chatellenie de Doullens. (29 novembre 1378).

La suite du manuscrit regarde la prévôté de Montreuil.

459.

DOURIEZ.

Lettres de Charles VI, par lesquelles il accorde à Jehan Blondel, écuyer, sire de Douriez [6], l'établissement d'un marché hebdomadaire dans ladite ville. (Octobre 1386).

A. I. Sect. hist., Trés des Ch.. J. Reg. VI xx IX, p. 184.

---

[1] Aujourd'hui Grouches-Luchuel, canton et arrond. de Doullens.

[2] Aujourd'hui le Souïch, canton d'Avesnes-le-Comte, arrondissement de St.-Pol-sur-Ternoise (Pas-de-Calais).

[3] Aujourd'hui Rollepot.

[4] Hardinval est situé sur la carte de Cassini au Sud d'Occoches et à l'Ouest entre le Hem et Gezaincourt.

[5] Ecrit St.-Laud par Cassini, aujourd'hui St.-Lô, canton de Maison-Ponthieu (Somme).

[6] Canton de Campagne-lès-Hesdin, arrondissement de Montreuil-sur-Mer. (Pas-de-Calais).

DRACHY. **460.**
Procès-verbaux de visite des bois dépendants de l'Hôtel-Dieu de St.-Gervais de Soissons, situés à Drachy [1], et autres lieux.
A. I. Sect. adm., Q. n° 13.

DREUIL. **461.**
I. Aveu et dénombrement de la seigneurie de Dreuil [2]. (12 février 1774).
A. I. Sect. adm., Q. Cart. 1533.

II. Plan de Dreuil et de ses environs.
A. I. Sect. adm., N. (Somme). 3e. cl., n°. 85.

DROISELLE. **462.**
Procès-verbal de visite de bois situés dans la seigneurie de Droiselle [3].
A. I. Sect. adm., Q. Cart. 869.

DROITECOURT. **463.**
Plan du terroir de Droitecourt [4].
A. I. Série N. (Oise). 3e. cl., n°. 119.

DROIZY. **464.**
Droits honorifiques sur le fief de Droizy [5].
A. I. Sect. adm., Q. Cart. 10.

DROMESNIL. **465.**
Fragment du terroir du domaine de Dromesnil [6]. (1727).
A. I. Sect. adm., Q. Cart. 1549.

DRUELLE (LA) **466.**
Avis du grand-maître sur le bois de la Druelle [7] dépendant de la commanderie de Sommereux. (1741). 2 pièces.
A. I. Sect. adm., Q. Cart. 866.

---

[1] Commune de Charly (Aisne).
[2] Aujourd'hui Dreuil-Hamel, cant.on d'Hallencourt, arr.t d'Abbeville (Somme).
[3] Commune de Versigny, près Nanteuil-le Haudouin (Oise).
[4] Commune de Sérifontaine (Oise).
[5] Canton d'Oulchy, arr.t de Soissons (Aisne).
[6] Canton d'Hornoy, arr.t d'Amiens (Somme).
[7] Ce bois est situé dans la maîtrise de Clermont (Oise.)

467.   DRUGY.

Aveu et déclaration d'héritages situés au terroir de Drugy [1], Hiaucourt [2], Neufmoulin [3], etc. (6 mai et 27 juin 1781).

A. I. Sect. adm., Q. Cart. 1532.

468.   DU BUS.

Aveux et dénombrements du fief Du Bus, sis en la vicomté de Wailly [4]. (1775).

A. I. Sect. adm., Q. Cart. 1548.

469.   DUMEZ.

Arpentage général des fief et seigneurie de Dumez [5].

A. I. Sect. adm., Série N. (Aisne). 2ᵉ cl., n° 24.

470.   DUNY.

Quittance de la somme de 16 livres 5 sous 9 deniers donnée par Adam Veilliars et Bertaus de Soucy, pour vente d'héritages sis au vivier de Duny, faite à Charles, comte de Valois [6]. (1324). Sceau pendant en cire verte.

A. I. Sect. hist., J. 163, B. n° 95.

471.   DUPIN.

Aveu et dénombrement du fief Dupin [7] relevant du roi à cause de sa chatellenie de Ham. (12 mai 1762).

A. I. Sect. adm., Q. Cart. 1541.

472.   DURY.

Vente de la seigneurie de Dury [8] au seigneur d'Hervilly. (1772).

A. I. Sect. adm., Q. Cart. 11.

473.   DUVY.

Echange de l'étang de Duvy [9], de la ferme et moulin de

---

[1] Commune de St.-Riquier, arr.ᵗ d'Abbeville (Somme).
[2] Canton d'Ault, arr.ᵗ d'Abbeville (Somme).
[3] Canton de Nouvion-en-Ponthieu, arrond. d'Abbeville (Somme).
[4] Canton de Conty, arr.ᵗ d'Amiens (Somme).
[5] Cette seigneurie était située dans la paroisse d'Amigny (Aisne).
[6] Il y a dans le même carton l'indication d'une pièce relative également à Dugny, et qui portait la cote 90, mais elle ne s'y trouve plus. Dugny était situé dans le canton de Saint-Denis (Seine).
[7] Ce fief était situé dans le c.ᵒⁿ de Ham, arr.ᵗ de Péronne (Somme).
[8] Canton de St.-Simon, arr.ᵗ de St.-Quentin (Aisne).
[9] Canton de Crépy, arr.ᵗ de Senlis, (Oise).

DUVY.
Vaumoise [1] et autres objets contre divers droits seigneuriaux dans la ville de Crépy, fait entre L. P. duc d'Orléans, et D. Cl. Baudinot, prieur de St.-Arnoul de Crépy. (30 mars 1756).

A. I. Sect. adm., Q. Cart. 863.

DUVAL. 474.
Plan de la ferme Duval [2] et environs.

A. I. Sect. adm., N. (Somme). 3e. cl., n°. 85.

EAUCOURT. 475.
Aveu et dénombrement de la seigneurie d'Eaucourt-sur-Somme [3]. (23 juillet 1755).

A. I. Sect. adm., Q. Cart. 1531.

EBOULEAU. 476.
Procès-verbal de visite des bois de la congrégation de Laon, situés sur le territoire d'Ebouleau [4], Chalandrie [5] et Romery.

A. I. Sect. adm., Q. Cart. 25.

ECAVILLON. 477.
Procès-verbal de visite des bois de l'Ecavillon [6] (1785).

A. I. Sect. adm., Q. Cart. 868.

ECHELLE (L'). 478.
Deux plans geométriques du terroir de la commune et dixmage de l'Echelle. [7] (s. d.)

A. I. Sect. adm., Q. Cart. 1546.

ECHELLE (L'). 479.
I. Lettres par lesquelles Charles VIII, à la demande de Nicolas de Condé, seigneur de l'Eschelle-lès-Ardaine, [8] établit audit lieu deux foires franches et un marché franc. (Décembre 1483).

A. I. Sect. hist., Trés. des Ch., J. Reg 214, n°. 15.

[1] Canton de Crépy (Oise).
[2] Canton d'Abbeville (Somme).
[3] Canton d'Abbeville (Somme).
[4] Canton de Sissonne, arr.t de Laon (Aisne).
[5] Auj. Chalandry-sur-Serre, c.on de Crécy-sur-Serre (Aisne).
[6] Bois situé dans l'arr.t de Senlis (Oise).
[7] Canton de Roye, arr.t de Montdidier (Somme).
[8] Commune de Berzi, canton de Soissons (Aisne).

II. Lettres par lesquelles le duc de Bourgogne accorde des franchises à la commune de l'Echelle. (Septembre 1545).

A. I. *Sect. hist., Trés. des Ch.*, J. Cart. 1017, p^{ce}.163.

ECLAT (L').

480.

Plan du bois de l'Eclat [1].

A. I. *Sect. adm.*, N. (Oise). 3e. cl., n°. 23.

EFFRY.

481.

I. Plan d'une pièce de bois appelée forêt d'Effry [2].

A I. *Sect. adm.*, N. (Aisne). 3e cl., n° 172.

II. Arrêt du conseil qui permet au marquis de Bousies d'établir un marché au village d'Effry près la Capelle. (26 octobre 1744).

A. I. *Sect. adm.*, E. 1217.

EGLANTIER (L')

482.

Procès-verbal de visite de la cure de Léglantier [3]. (22 avril 1779). 2 pièces.

A. I. *Sect. adm.*, Q. Cart. 867.

ELETTE (L')

483.

I. Plan et élévation du pont Auger, sur la rivière d'Elette-en-Soissonnais [4]. (1716). Signé Plessis. (teinté).

B. I. *Départ. des cartes et plans.* Coll. topogr. V. A. 29.

II. Plan du cours de la rivière d'Elette.

A. I. *Sect. adm.*, Série N, 3e cl., n°^s. 97, 147 et 182.

ELINCOURT.

484.

Procès-verbal de visite d'un bois de la paroisse d'Elincourt [5].

A. I. *Sect. adm.*, Q. 868.

---

[1] Ce bois est situé dans le c.^{on} de Coudray-Saint-Germer (Oise).
[2] Arr.^t de Vervins, canton de Hirson (Aisne)
[3] Canton de Maignelay, arr.^t de Clermont (Oise).
[4] Canton de St.-Just.
[5] Commune de Morienval, près Crépy (Oise).

EMBREVILLE. **485.**

Aveu et dénombrement de la seigneurie d'Embreville.[1] (27 juillet 1768).

A. I. Sect. adm., Q. 1533.

EMBRY. **486.**

Lettres par lesquelles Charles VIII, sur la demande d'Odart de Renty, chevalier, seigneur d'Embry[2], établit audit lieu, le 13 novembre de chaque année, une foire ou franche fête. (Janvier 1487).

A. I. Sect. hist., Trés. des Ch., J. Reg. 220, n°. 525.

ENANCOURT. **487.**

Contestations entre l'abbaye de Gomerfontaine et les sieurs Fleury pour raison de la haute justice sur deux pièces de terre sises à Enancourt-Léage[3], dont les religieuses jouissaient depuis plusieurs siècles, sans jamais avoir été assujetties à aucune espèce de charges et de devoirs féodaux.[4] (1788).

A. I. Sect. adm., Q. Cart. 853.

ENOCQ. **488.**

Canal pour redresser le cours de la rivière de Canche, près Enocq[5].

A. I. Sect. adm., N. 3e. cl., n°. 28.

EPAGNE-EPAGNETTE. **489.**

I. Aveu et dénombrement du fief d'*Epaigne*[6] situé audit *Epaigne*, déclaré par Jean de Dompierre, licencié-ès-lois, avocat au Parlement de Paris, etc. (26 avril 1612).

A. I. Sect. adm., Q. 1551.

---

[1] Canton de Gamaches, arr.t d'Abbeville (Somme).
[2] Canton de Fruges, arr.t de Montreuil-sur-Mer (Pas-de-Calais).
[3] Canton du Coudray-St.-Germer, arr.t de Beauvais (Oise).
[4] Ces contestations forment un dossier de 35 pièces. On trouvera la notice de quelques-unes à notre article de Gomer-Fontaine. Nous ne citons ici que le mémoire donné par les religieuses et qui renferme des textes d'actes du xiiie siècle.
[5] Aujourd'hui Brexent-Enocq, canton d'Etaples, arr.t de Montreuil-sur-Mer (Pas-de-Calais).
[6] Epagne-Epagnette, arr.t d'Abbeville (Somme).

II. Jugement qui liquide le remboursement de la haute justice de la paroisse d'Epagne. (15 avril 1720). EPAGNE-EPAGNETTE.

A. I. *Sect. adm.*, Q. Cart. 1551.

III. Relief, foi et hommage de la seigneurie d'Epagne. (2 juillet 1774).

A. I. *Sect. adm.*, Q. Cart. 1531.

490.

EPAISSENOUES

Arpentage et plans des bois de l'Epaissenoues [1].

A. I. *Sect. adm.*, N., 2e. cl., n°. 5; 3e. cl., n°s. 14 et 58.

491.

EPENANCOURT.

Charte de Jean de Nesle, portant qu'après que l'abbesse de N.-D. de Soissons aura nommé des échevins à Epenancourt [2], elle fera avertir ledit seigneur, comme son avoué, et les autres avoués ayant cause contre lui de venir recevoir les serments des échevins qui jureront le maintien de ses droits. (1233).

B. I. *Cab. des Ch.*, CC. 147.

492.

ÉPERON DORÉ (L').

Aveu et dénombrement du fief de l'Eperon doré, sis paroisse de Rancourt [3], mouvant du roi à cause de son domaine de Péronne. (15 juin 1774).

A. I. *Sect. adm.*, Q. Cart. 1541.

493.

EPIERS.

I. Acquisition du chapitre de St.-Médard de Soissons à Epiers [4]. (1295).

A. I. *Sect. hist.*, J. 738, n°. 2.

II. Confirmation par Philippe VI des franchises réclamées par les habitants d'Espiers et de Trugny. [5] (Mars 1346.)

A. I. *Sect. hist.*, Trés. des Ch., J. Reg. 76, f°. 210, p. 400.

---

[1] Ces bois étaient situées dans le canton de la Capelle, arr.t de Vervins (Aisne).

[2] Arr.t de Péronne, canton de Nesle (Somme).

[3] Canton de Combles, arr.t de Péronne (Somme).

[4] Canton de Château-Thierry (Aisne).

[5] Prévôté de Château-Thierry (Aisne).

EPINE-AU-PUIT **494.**

Aveu et dénombremet du fief de l'Epine-au-Puit, sis près d'Abbeville. (26 mai 1762).

A. I. Sect. adm., Q. 1531.

EPINEUSE. **495.**

I. Déclarations de la seigneurie d'Espineuse [1], fournies au prince de Conti. (1730-1760).

A. I. Sect. adm., Q. Cart. 856.

II. Procès-verbal de visite du bois dépendant de la seigneurie d'Epineuse et appartenant au couvent de St.-Antoine de Paris. (25 septembre 1772).

A. I. Sect. adm., Q. Cart. 867.

EPTE. **496.**

Plan des environs de la rivière d'Epte [2].

A. I. Sect. adm. Série N. (Oise). 2ᵉ. cl., n°. 7; 3ᵉ cl., n°. 192.

EQUENNOY. **497.**

Avis du grand maître sur le bois d'Equennoy [3], appartenant à la commanderie de Sommereux (1741). 2 pièces.

A. I. Sect. adm., Q. Cart. 866.

EQUIPÉE (L'). **498.**

Relief, foi et hommage du fief de l'Equipée, sis au terroir de Hautvillers [4]. (2 juillet 1774).

A. I. Sect. adm., Q. Cart. 1534.

ERAGNY-SUR-EPTE. **499.**

Déclaration des droits et biens de la paroisse d'Eragny [5]. (1660).

A. I. Sect. adm., Q. Cart. 851.

[1] Canton de Clermont (Oise).
[2] L'Epte prend sa source dans la Haute-Normandie à 1 lieue de Forges.
[3] Ces bois étaient situés dans la maîtrise de Clermont en Beauvaisis.
[4] Hautvillers-Ouville, canton de Nouvion-en-Ponthieu, arr.ᵗ d'Abbeville (Somme).
[5] Eragny-sur-Epte, canton de Chaumont-en-Vexin, arr.ᵗ de Beauvais (Oise).

ERCHEU.

500.

I. Lettres d'Etienne, évêque de Noyon, qui pour peupler le village d'Ercheu [1], assigne un manoir de 25 verges de terre à chacun des hôtes qui viendront s'y établir, moyennant 5 sous de cens annuel. Ces hôtes seront exempts de taille, d'ost et de chevauchée, excepté pour la défense de la terre épiscopale, etc., etc. (1194).

B. I. *Cab. des Ch.*, CC. 82.

II. Confirmation par Philippe-Auguste des libertés et usages accordés aux habitants d'Ercheu, par Etienne, évêque de Noyon. (Avril 1195).

B. I. *Cab. des Ch.*, CC. 83.

III. Aveu et dénombrement par le sieur Sézille, de la terre et seigneurie de Bessancourt, située en la paroisse d'*Erchu*, mouvant du roi à cause de sa chatellenie et comté de Ham. (18 janvier 1759).

A. I. *Sect. adm.*, Q. Cart. 1541.

IV. Procès-verbal de visite des bois dépendants de l'abbaye aux bois à Paris, situés au village d'Ercheu. (2 mars 1775.)

A. I. *Sect. adm.*, Q. Cart. 1551.

V. Procès-verbal de visite des bois du chapitre de N.-D. de Nesle, situés au territoire d'Ercheu. (12 mai 1785).

A. I. *Sect. adm.*, Q. Cart. 1551.

ERGNIES.

501.

I. Acte par lequel Philippe-Auguste confirme les chartes des communes de la terre du comte de Pontieu, savoir : Abbeville, Doullens, Ergnies [2], etc. (1221).

B. I. *Cartul. de Phil. Aug.*, E. f° 114, v°; F. f° 87, v°.

II. Lettres par lesquelles Charles VIII, sur la demande

---

[1] Canton de Roye, arr.ᵗ de Montdidier (Somme).

[2] Arr.ᵗ d'Abbeville, canton d'Ailly-le-Haut-Clocher (Somme).

ERGNIES. des habitants d'*Euregnies*, les autorise à former une compagnie d'archer. (Février 1485).

A. I. *Sect. hist.*, Trés. des Ch., J. Reg. 177, n°. 149.

ERLOY. 502.

Plan du terroir d'Erloy [1].

A. I. *Sect. adm.*, Série N. (Aisne). 1re. cl., n°. 2.

ERMÉ. 503.

Plan du terrain du jardin d'Ermé [2].

A. I. *Sect. adm.*, Série N. (Aisne), 3e cl., n°. 127.

ERMENON-VILLE. 504.

I. Vue du château d'Ermenonville [3] en 1724 (à la plume). — II. Vue du château et du jardin potager, dessiné du côté de l'entrée de la chaussée du petit étang, en 1725 (à l'encre de Chine). — III. Vue du château du côté du parterre en 1726.

B. I. *Dép. des cartes et plans.* Coll. topogr. V. a 27.

IV. Plan de la forêt d'Ermenonville.

A. I. *Sect. adm.*, N. (Oise). 3e. cl. n°s. 28, 168 et 195.

505. Nic. Ant. Duchesne. Voyages.

MS. in-4°. de 60 f.^{os}, papier. — Ecriture du XVIIIe. siècle.

B. I. N°. 4363, suppl. fr.

Ce MS. renferme le récit d'un voyage effectué à Chantilly, Ermenonville et autres lieux, par Duchesne, en 1780. La visite à Ermenonville se trouve au f°. 15.

506. Recueil de Chartes originales ou copies de Chartes tirées des collections des Bibliothèques de Paris et des Archives de l'Empire.

I. Charte par laquelle Guillaume d'Ermenonville et

---

[1] Canton de la Capelle, arr.^t de Vervins (Aisne).
[2] Canton de la Fère, arr.^t de Laon (Aisne).
[3] Arr.^t de Senlis, Cant.^{on} de Nanteuil-le-Haudouin (Oise).

Jeanne sa femme, reconnaissent avoir vendu à l'abbaye de St.-Denis, un demi arpent de vigne à Pierrefitte [1] (*apud petram fictam*). Mai 1242.

A. I. Sect. hist., LL. 1157 f°. 375, Col. 2.

II. Vente faite au roi par Guy-le-Bouteiller, sire d'Ermenonville et Blanche de Chauvigny sa femme, de 24 arpents de bois, de 138 arpents à *Montinois* et *au champ à leu*, 60 arpents et demi au *Châtel-le-Roi*, et 140 arpents à *Fontenelle*. (1332).

A. I. Sect hist. J. 733, n.° 133.

III. Acte par lequel Philippe de Valois achète à Guy-le-Bouteiller, la forêt d'Ermenonville. (1351).

A. I. Sect. hist., J. Reg. 81, n°. 269.

IV. Traité en forme de trève conclu par les soins du cardinal de Bologne, entre les rois de France et d'Angleterre, dans lequel Robert de Lorris, sire d'Ermenonville, figure comme député [2]. (10 mars 1352) 11 sceaux.

A. I. Sect. hist., J. 637, n.° 5.

V. Lettres par lesquelles le roi Jean établit à Ermenonville une foire, chaque année, le jour de St.-Denis. (Septembre 1353).

A. I. Sect. hist. { J. Reg. 84, n°. 943.
{ J. Reg. 82, n°. 4.
B. I. Coll. Decamps, tom. 48.

VI. Aveu de Robert de Lorris, chevalier, seigneur d'Ermenonville, pour 6 muids de blé de rente à prendre sur un de ses moulins d'Ermenonville. (Juin 1376).

A. I. Sect. hist., J. 153, n°. 15.

---

[1] Canton et ar.^t de S.t-Denis (Seine).

[2] Par ce traité les deux rois devaient s'efforcer de réparer les dommages qu'ils avaient causés aux provinces de Picardie, d'Artois et de Boulonnais, et promettaient de se réunir à une époque rapprochée au château de Guines.

ERMENON-VILLE.

VII. Permission accordée à Dominic de Vic, gouverneur de Calais, de porter en ses armoiries une fleur de lys d'or au champ d'azur, et érection de sa terre d'Ermenonville en vicomté, relevant du comté de Senlis. (Février 1603).

A. I. *Sect. jud., Parl. de Paris. Ordonn.* Reg. xxx, f°, 30

VIII. Aveu et dénombrement du château, des fossés et clôture de la terre d'Ermenonville, tenue du roi par Réné-Louis Girardin, mestre de camp de dragons, à cause de son château de Senlis. (5 mai 1777).

A. I. *Sect. adm.,* Q. Cart. 863.

IX. Acte relatif à la haute justice et au droit de nommer aux offices de la seigneurie d'Ermenonville.

A. I. *Sect. adm.,* Q. Cart. 871.

ERQUINVILLERS. 507.

Aveu et dénombrement du fief d'Erquinvilliers [1]. (1680).

A. I. *Sect. adm.,* Q. Cart. 856.

ESCALES. 508.

Charte par laquelle Manassès, comte de Guînes, concède au monastère de St.-Bertin, que les hommes d'Escales [2], paient annuellement pour chaque terre de ladite ville trois sous et IV deniers pour se racheter des corvées qu'ils devaient au château de Guines [3]. (1247).

B. I. *Cab. des Ch.,* CC. n°. 38.

---

[1] Arr.t de Clermont, canton de St.-Just-en-Chaussée (Oise).

[2] Arr.t de Boulogne-sur-Mer, canton de Calais (Pas-de-Calais).

[3] Cette copie est de D. de Wite, qui y a ajouté une note détaillée, dans laquelle il relate un acte d'Arnoul, comte de Guisnes, qui accorde en 1272, aux habitants de ce lieu, la permission de venir vendre leurs draps dans tous les lieux de la dépendance de Guisnes.

509.   ESCOURT.

    Plan du bois d'Escourt [1].

                A. I. Sect. adm., N. (Oise). 3ᵉ. cl., n° 161.

510.   ESPAGNE.

    I. Confirmation par Philippe, dame de Ponthieu, de la vente de sept journaux de terre sis dans la vallée d'*Epagne* [2] *(in valle de Yspania)*, faite aux religieuses d'Espagne, par Jean, dit Vavasseur. (1252). — II. Don d'une rente de mille harengs fait aux religieuses d'Espagne, par Jacob de Durcat [3]. (Septembre 1252). — III. Sentence par laquelle l'abbé de St.-Josse-au-Bois autrement dit Dammartin est condamné à payer aux religieuses d'Espagne, trois muids de blé de rente. (17 mars 1440). — IV. Accord par lequel les parents de Mabille de la Campagne [4] ont donné à l'abbaye d'Espagne cinq journaux de terre, etc. (16 mai 1505). — V. Vente faite par Pierre de Noyelle à Marguerite de Campagne de 68 sous de cens sur une maison située devant le portail Ste.-Catherine. (16 septembre 1493).

                                  B. I. Cart. n.° 1792.

511.   ESQUEHERIES.

    Plan du terroir d'Esqueheries [5].

            A. I. Sect. adm., Série N. (Aisne). 1ʳᵉ. cl., n° 2.

512.   ESQUENNOY.

    Plan du terroir d'Esquennoy [6].

            A. I. Sect. adm., Série N. (Oise). 3ᵉ. cl. n°. 105.

---

[1] Ce bois était situé dans le canton de Maignelay (Oise).

[2] N.-D. d'Epagne était une abbaye du diocèse d'Amiens, de l'ordre des Citeaux.

[3] Aujourd'hui Drucat, canton et arr.ᵗ d'Abbeville (Somme).

[4] Campagne, annexe de Quesnoy-Montant (Somme).

[5] Canton de Nouvion, arr.ᵗ de Vervins (Aisne).

[6] Canton de Breteuil, arr.ᵗ de Clermont (Oise).

ESSIGNY. **513. Royes de la grand cense d'Essigny** [1] **ou arpentage de ses diverses terres fait en 1540.**

MS. in-4°. interfolié papier et parchemin. 30 f^os.—Ecriture du XVIe s.

A. I. Sect. hist., KK. 1099.

Ce manuscrit qui a appartenu à Monteil, commence ainsi :

S'ensuivent les terres de ladicte grand cense d'Essigny et premièrement les terres à mars pour l'an mil cinq cens quarante.

Ung champ séant en le vallée de le Marlierre de Warvillers, contenant un septier de terre tenant d'un lisière à chappitle [2] de St.-Quentin, d'aultre lisière en partie pareillement, etc.

F°. 5, v°. Somme ceste roye de mars déclarée en trente-cinq-articles monte à douze moyes quatre septiers, ung mencault, une verge et demye, à comprandre le XXIe article, qu'on dict quelle doibt estre a le roye des Gascherres, la quelle article fault ici desduire. Appert que ne reste plus pour ceste présente roye que nœuf moyes, cinq septiers et soixante-six verges demye au juste.

F°. 6. Aultre roye de présent à bledz pour l'an présent mil cinq cent quarante. Premièrement ung champ contenant trois septiers trente et une verges seant au desseur de le fontaine à Sourbis au lez vers Warvillers, etc.
F°. 9. Somme nœuf moyes quatre septiers ne s'en fault que deux verges et demye.

F°. 10. Aultre roye de pré sent à gascherres pour l'an présent mil cinq cens quarante.

Premièrement ung septier treize verges de terre près le molin d'Essigny au lez vers Warvillers, tenant en trois sens aux terres de Chappitle de St.-Quentin, d'aultre part aux terres du Saulvoir.

F°. 13, v°. Somme ceste roye à gascherres déclarée en vingt-cinq articles monte à quarante-cinq septiers trente-

---

[1] Essigny-le-Grand, arr.^t de Saint-Quentin (Aisne).

[2] Monteil a lu partout *chapelle*.

ESSIGNY.

neuf verges, et sy fault adjouster, vingt-deux septiers, ung mencault quinze verges contenuz au xxi° article de le roye à mars parce qu'elle doibt estre gascherre. Ainsy monte ceste présente roye à huict moyes quatre septiers quatorze verges au juste.

Et les trois royes, mars, bleds et gascherres adjoustées ensemble montent à vingt-sept moyes, cinq septiers soixante-dix-huit verges de terre au juste, mesure de Sainct-Quentin ; assavoir pour le moye de terre huit septiers, pour le septier quatre-vingtz verges et pour chascune verge vingt-deux pieds.

Ainsy certiffié avoir mesuré touttes lesdictes terres appendantes à la grand cense dudit seigneur Du Puys dessus déclarée, présens les mayres, eschevins, greffiers, et assistens susnommez qui m'ont baillez adresses desdictes terres des bondes assens et desrends comme de temps·immémorial comme de tous temps ilz les ont veues labourer et despouiller sans aulcun différent. Faict les huict, nœuf, dix et unziesme jours du moys de mars l'an mil cinq cens trente-nœuf.

En tesmoingnage de ce, moy mesureur et maires, eschevin et greffier avons signez ceste présente déclaration en aprobation de vérité de noz seings manuel ; cy mys l'an et jour que dessus.

Suivent les signatures : Loys le Roy, 1539, Herpin Rohart, Jean Godard, etc.

Au F°. 14, v°. il y a cette note :

Item, depuis le mesurage desdictes terres incontinent après l'achèvement a esté mesuré le pret dudict seigneur séant en dessoubz du molin contigu le motte dudict molin contenant une faulx et demye tenant à une faulx et demye appartenant aux relligieux, abbé et couvent de l'abbaye d'Isle; partissans par indivis l'ung contre l'aultre, tenant aussy a le pasturelle d'Essigny, portant icy sept vingtz dix verges.

Signé Loys le Roy, 1539.

514. Recueil de Chartes originales ou copies de Chartes tirées des collections des Bibliothèques de Paris et des Archives de l'Empire.

ESSOMES.

I. Rôle d'une enquête pour savoir de quelle manière les

ESSOMES.

religieux de l'abbaye d'Essommes [1], possèdent le pré de Clouy, près Château-Thierry. (s. d.)

A. I. Sect. hist., J. 1041, n°. 5.

II. Guions de Laval, sires d'Aqueny et de Pacy-sur-Marne [2], prend à bail perpétuel pour lui et ses hoirs, deux pressoirs sis audit Pacy, à charge d'une redevance annuelle de cinq muids de vin sortant dudit pressoir, payable chaque année aux chanoines d'Essomes. (Décembre 1286). En français.

A. I. Sect. hist., Cart. L. 1165.

III. Donation de c. sols et de cinq muids de vin faite par le roi Philippe-le-Bel aux religieux d'Essomes. (Pontoise, avril 1300).

A. I. Sect. hist., J. Reg. 38, n° 80.

IV. Accord entre Jean Roomans de Bonnoil [3] et les abbé et chanoines d'Essomme, par lequel ledit Jean les quitte de cinq pintes de vin qu'ils lui devaient sur une pièce de vigne, sise « *au terrouer de Bonnoil que on dit au Perier.* » (Décembre 1318). En français.

A. I. Sect. hist., Cart. L. 1165.

V. Copie vidimée par le garde du scel de la prévôté de Château-Thierry, de l'amortissement accordé par *Jehan de Chasteillon, chevalier, seigneur de Marregny et de La Fère et Gauchier de Chasteillon, jadiz conte de Porciens et connestable de France,* son père, aux abbé et religieux d'Essomes pour les vignes qu'ils possédaient au territoire de *Bonnoil* (la vigne dit le *Quarterot,* de *la Croière,* au *Saugeton,* au *Perrier.* (Juin 1318). En français.

A. I. Sect. hist., L. 1165.

VI. Cahier intitulé « Ce sunt les vinages d'Essomes receus à Boneil, l'an mil trois cens cinquante-six par Mon-

---

[1] Abbaye du diocèse de Soissons, de l'Ordre de St.-Augustin, canton et arr.t de Château-Thierry (Aisne).

[2] Passy-sur-Marne, canton de Condé-en-Brie, arr.t de Château-Thierry Aisne).

[3] Bonneil, canton de Château-Thierry (Aisne).

seigneur Pierre Gilet, cellerier de l'église (vignes de la **ESSOMES.**
Gouchière, à *la perche*, dou *tencel*, de *Petiton* ou *Masetel*,
masure tenant au chemin venant d'Acy à Bonneil, terre
de *l'ane Choiselant,* etc., etc.) (1356). En français.

B. I. Cart. n°. 1773, (Liasse d'Essomes).

VII. Cahier semblable. (1356). En français.

B. I. Cart. n°. 1773, (Liasse d'Essomes).

VIII. Cahier semblable. (1357). En français.

B. I. Cart. n°. 1773, (Liasse d'Essomes).

IX. Sentence rendue par le lieutenant au bailliage de Vitry qui confirme le droit [1] de rouage appartenant à l'abbaye d'Essomme, à Bonneil. (29 janvier 1523). En français.

A. I. Sect. hist., Cart. L. 1165.

X. Acte relatif au prieuré d'Essomes. (1708).

A. I. Sect. hist., J. 1042, n°. 14.

XI. Visite des bois de l'abbaye d'Essomes.

A. I. Sect. adm., Q. 13.

515. **ESSUILLE.**

Deux plans des bois de la seigneurie d'Essuille [2] (avril 1786 et avril 1787).

A. I. Sect. adm., Q. Cart. 867.

516. **ESTANGE.**

Concession du moulin banal de l'Estange. [3] (21 juillet 1694).

A. I. Sect. adm., Q. Cart. 7.

517. **ESTRÉES.**

Aveu et dénombrement de la seigneurie d'Estrées [4]. (1754).

A. I. Sect. adm., Q. 1550.

---

[1] Ce droit consistait à payer à l'abbaye un denier par chaque roue de chariot ou charrette qui menait du vin hors dudit Bonneil.
[2] Canton et arr^t. de Clermont (Oise).
[3] Canton et arr.^t de Laon (Aisne).
[4] Canton de Sains, arr.^t d'Amiens (Somme).

ESTRÉES. **518.**
Relief, foi et hommage d'un journal de terre, sis à Estrées-en-Santerre [1], tenu en fief du roi à cause de son château de Péronne. (18 octobre 1770).

A. I. *Sect. adm.*, Q. 1540.

ESTRÉES- **519.** Recueil de Chartes ou copies de Chartes tirées des
St.-DENIS. collections des Bibliothèques de Paris ou des Archives de l'Empire.

I. Acte par lequel Philippe-Auguste autorise les moines de Saint-Denis, à tirer le parti qui leur plaira de leurs bois situés entre Estrées et Cressonsacq, sans toutefois porter atteinte aux droits que le roi possède à Estrées, à Moivillers et à Bailleul [2] (1220).

A. I. *Sect. hist.*, K. 28, n° 14.
B. I. *Cartul. de Phil. Aug.*, E. f° 155; F. f° 123, v°.

II. Accord entre l'abbé de St.-Denis et Pierre de Canly [3], chevalier, sur la justice de Moyvillers [4], et d'Estrées [5], *(de Mediovilari et de Estrees)*, Mars 1221.

A. I. *Sect. hist.*, LL. 1157, p. 787.

III. Accord entre l'abbé de St.-Denis et Philippe d'Estrées, chevalier, sur les possessions de ce dernier à Moyvillers et à Estrées. (Mars 1221).

A. I. *Sect. hist.*, LL. 1157, p. 788, col. 1.

IV. Confirmation de l'accord précédent par Garin, évêque de Senlis. (Décembre 1222).

A. I. *Sect. hist.*, LL. 1157, p. 788, col. 2.

V. Confirmation de l'accord précédent par Gui, prieur de N.-D. d'Argenteuil. (1221.)

A. I. *Sect. hist.*, LL. 1157, p. 789, col. 1.

---

[1] Canton de Chaulnes, arr.t de Péronne (Somme).
[2] Voy. L. Delisle, *Catalogue des actes de Philippe-Auguste*, p. 440.
[3] Canton d'Estrées-St.-Denis, arrond. de Compiègne (Oise).
[4] Canton d'Estrées-St.-Denis, arrond. de Compiègne (Oise).
[5] Canton d'Estrées St.-Denis, arrond. de Compiègne (Oise).

VI. Accord entre Gautier, seigneur d'Avesnes et l'abbé de St.-Denis, (qui prétendait que la forteresse d'Estrées que faisait bâtir ledit seigneur relevait de lui) par lequel ce dernier se désiste de ses prétentions et reçoit en échange une pièce de terre d'une grandeur égale à celle de l'emplacement pris par la forteresse et les fossés qui l'environnaient. (Février 1223).

A. I. Sect. hist., LL. 1157, p. 789, col. 2.

VII. Acte par lequel le chapitre de Beauvais reconnaît avoir reçu de l'abbé de St.-Denis la somme de deux cents livres parisis pour l'acquisition de la dîme d'Estrées. (Janvier 1224).

A. I. Sect. hist., LL. 1157, p. 790, col. 1.

VIII. Accord entre l'abbé de St.-Denis et le comte de Boulogne sur la justice de *Moienviller*, Estrées et *Balluel* [1]. (Janvier 1225).

A. I. Sect. hist., LL. 1157, p. 790, col. 2.

IX. Décharge donnée à l'abbé de St.-Denis par le chapitre de Beauvais, de ce qu'il pouvait lui devoir pour la dîme d'Estrées. (Novembre 1226).

A. I. Sect. hist., LL. 1157, p. 790, col. 2.

X. Accord entre l'abbaye de St.-Denis et celle d'Ourscamp [2], sur les possessions respectives de ces deux maisons religieuses à *Bailloel*, *Meinviller*, *Vallebrie* et sur les dimes d'Estrées, dont les moines d'Ourscamp prétendaient être les propriétaires, en vertu de certains actes à eux appartenant. (Mars 1226).

A. I. Sect. hist., LL. 1157, p. 791, col. 2.

XI. Accord entre Arnoul d'Estrées, prevôt, et l'abbé de St.-Denis, confirmé par Philippe, comte de Boulogne. (Avril 1228).

A. I. Sect. hist., LL. 1157, p. 795, col. 2.

---

[1] Aujourd'hui Bailleul-le-Soc, canton et arrond. de Clermont (Oise).
[2] Abbaye du diocèse de Noyon, de l'ordre de Citeaux.

ESTRÉES-St.-DENIS.

XII. Compromis entre l'abbé de St.-Denis et Arnou d'Estrées. (Avril 1228).

A. I. *Sect. hist.*, LL. 1157, p. 795. col. 2.

XIII. Acte par lequel Firmin Lusiart, bailli du comte de Clermont, se constitue plège d'Arnoul, chevalier d'Estrées, dans l'affaire de ce dernier contre l'abbé de St.-Denis. (Avril 1228).

A. I. *Sect. hist.*, LL. 1157, p. 796, col. 1.

XIV. Accord entre l'abbé de St.-Denis et les chevaliers d'Estrées. (Novembre 1228).

A. I. *Sect. hist.*, LL. 1157, p. 796, col. 2.

XV. Acte par lequel Arnoul, chevalier d'Estrées, reconnaît avoir vendu à l'église St.-Pierre de Beauvais et à l'abbaye de St.-Denis, les dîmes qu'il possédait à Moyvillers et à Estrées. (Mars 1228).

A. I. *Sect. hist.*, LL. 1157, p. 796. col. 2.

XVI. Foi et hommage rendu à l'abbé de St.-Denis, par Arnoul, prevôt d'Estrées, chevalier, de ce qu'il tenait de lui à Estrées. (Mars 1229).

A. I. *Sect. hist.*, LL. 1157, p. 793, col. 2.

XVII. Acte de foi et hommage rendu à l'abbé de St.-Denis par Arnoul le Vieux, d'Estrées, chevalier, de ce qu'il tenait de lui à Estrées. (Mars 1229.)

A. I. *Sect. hist.*, LL. 1157, p. 794, col. 1.

XVIII. Acte de foi et hommage rendu à l'abbé de St.-Denis par Raoul, frère d'Arnoul, prevôt d'Estrées, de ce qu'il tenait de lui à Estrées. (Mars 1229).

A. I. *Sect. hist.*, LL. 1157, p. 794, col. 1.

XIX. Acte de foi et hommage rendu à l'abbé de St.-Denis, par Rainold, d'Estrées, chevalier, pour ce qu'il tenait de lui à Estrées. (Mars 1229).

A. I. *Sect. hist.*, LL. 1157, p. 794, col. 2.

XX Acte de foi et hommage rendu à l'abbé de St.-Denis, par Odeline, sœur de Raoul-le-Vieux, d'Estrées, chevalier, pour ce qu'elle tenait de lui à Estrées. (Mars 1229).

A. I. *Sect. hist.*, LL. 1157, p. 795, col. 1.

ESTRÉES-St.-DENIS

XXI. Acte de foi et hommage rendu à l'abbé de St.-Denis, par Jean d'Estrées, frère d'Arnoul-le-Vieux, pour ce qu'il tenait de lui à Estrées. (Mars 1229).

A. I. Sect. hist., LL. 1157, p. 795, col. 1.

XXII. Autre hommage rendu à l'abbé de S.-Denis, par Jean d'Estrées, chevalier, pour ce qu'il tenait de lui à Estrées. (Mars 1229).

A. I. Sect. hist., LL. 1157, p. 795, col. 1.

XXIII. Accord entre l'abbé de St.-Denis et les chevaliers d'Estrées. (Novembre 1229).

A. I. Sect. hist., LL. 1157, p. 792, col, 2.

XXIV. Acte par lequel Arnoul, prévôt d'Estrées, chevalier, reconnaît tenir certaines redevances qu'il percevait à Moyvillers, à Estrées, de l'abbé de St.-Denis, à l'exception de certaines terres mentionnées dans l'acte (*videlicet terra que est in via ad pontes* [1] *et terra pratelle et terra del erable*). (Décembre 1229).

A. I. Sect. hist., LL. 1157, p. 793, col. 1.

XXV. Acte semblable de Raoul, frère d'Arnoul, prévôt d'Estrées. (Décembre 1229).

A. I. Sect. hist., LL. 1157, p. 793, col. 1.

XXVI. Charte de Pierre de Canly, chevalier, qui rend foi et hommage à l'abbé de St.-Denis, pour ce qu'il possédait à Moyvillers, Estrées et Bailleul-le-Soc. (Mars 1229).

A. I. Sect. hist., LL. 1157, p. 793, col. 1.

XXVII. Acte par lequel Philippe, comte de Boulogne, quitte l'abbé de St.-Denis des droits qu'il pouvait avoir dans les territoires d'Estrées, de Moyvillers et de Bailleul, tout le château fort et la prévôté de la moyenne justice qui restera à son homme-lige le chevalier d'Estrées et à ses successeurs. (Août 1230).

A. I. Sect. hist., LL. 1157, p. 797, col. 1.

XXVIII. Acte par lequel Pierre de Canly, chevalier, re-

---

[1] C'est l'ancienne route de Pont à Noyon passant par le Translay, Moyvillers, etc.

ESTRÉES-S.¹-DENIS.

connaît que l'abbé de St.-Denis lui a assigné les terres que Regnaut d'Estrées tenait auparavant du monastère. *(Ad viam de Fransieres* [1]*, ad Fresneel* [2]*, ad Lerable)* Décembre 1231.

A. I. Sect. hist., LL. 1157, p. 797, col. 2.

XXIX. Acte par lequel Arnoul-le-Vieux (*Vetulus*) d'Estrées, chevalier, reconnaît tenir en fief de l'abbaye de St.-Denis certaines terres citées dans l'acte. *(Ad foreriam Guillelmi, ad Sabulum, ad Lerable, ad viam Costeuse, juxta Bacheler, ad Estrayiis, ad Kesueel (sic), in foresta, in Beugnies)* Décembre 1231.

A. I. Sect. hist., LL. 1157, p. 797, col. 2.

XXX. Acte par lequel le chapitre de Beauvais fait connaître qu'il possède la douzième partie de toute la dîme de Moyvillers et d'Estrées-St.-Denis..... *Stratarum sancti Dyonisii*. (Septembre 1254).

A. I. Sect. hist., LL. 1157, p. 802, col. 1.

XXXI. Acte par lequel Gilles, abbé d'Ourscamp, reconnaît avoir acheté à l'abbaye de St.-Denis plusieurs terres sises à Estrées près leur grange d'*Erreuses* [3] *(In quadam petia subtus locum qui dicitur Vauseine, inter pleiam nostram de Erreuses et viam que dicitur de la huniere, alia pecia que dicitur la Bouveloie; alia contigua logiis nostris de Warnaviller* [4] *)*. Février 1261.

A. I. Sect. hist., LL. 1157, p. 801, col. 2.

XXXII. Lettre de Philippe, prévôt d'Estrées, adressée à Philippe, roi de France, par laquelle il lui demande de juger dans l'affaire mûe entre lui et l'abbé de St.-Denis. (s. d. XIIIᵉ. s.)

A. I. Sect. hist., LL. 1157, p. 800, col. 2.

---

[1] Francières, c.ᵒⁿ d'Estrés-Saint-Denis, (Oise).

[2] Fresnel, écart à l'Ouest d'Estrées-Saint-Denis.

[3] Aireuses, c.ᵒⁿ de Bailleul-le-Soc, c.ⁿᵉ et arr.ᵗ de Clermont (Oise).

[4] Warnaviller, c.ᵒⁿ de St.-Just-en-Chaussée.

XXIII. Lettres par lesquelles Henri II, à la demande de l'abbé de St.-Denis, seigneur du bourg d'Estrées, établit deux foires et un marché audit lieu. (Décembre 1556).

ESTRÉES-
St-DENIS.

A. I. *Sect. hist.*, *Trés. des Ch.*, Reg. 263, p. 575.

XXXIV. Plan du terroir d'Estrées-St.-Denis.

A. I. *Sect. adm.*, N. (Oise). 3e. cl., n°. 120.

520. Recueil de Chartes originales ou copies de Chartes tirées des collections des Bibliothèques de Paris et des Archives de l'Empire.

ÉTAPLES.

I Lettres de Mathieu, comte de Boulogne, par lesquelles il donne à l'abbaye de St.-Jean, 10 milliers de harengs en échange de la place où est situé le château d'Etaples [1], qui lui a été cédé par l'abbé. (1172).

A. I. *Sect. hist.*, K. 187, p. 10, n°. 2.

II. Acte scellé du sceau de la commune d'Etaples, par lequel les habitants dudit lieu appellent au futur concile de la violation de leurs droits par le pape. (1303).

A. I. *Sect. hist.*, *Trés. des Ch.*, J. Cart. 488, n°. 565.

III. Vente de 20 livres de rente à Etaples, faite au nommé Gilon-le-Cimier, par les échevins de la ville de Waben. (Juillet 1331).

A. I. *Sect. hist.*, *Trés. des ch.*, J. Cart. 229, n°. 29.

IV. Lettres par lesquelles Charles VIII confirme les libertés et priviléges des habitants de la ville d'Etaples. (Mars 1489)

A. I. *Sect. hist.*, *Trés. des Ch.*, J. Reg. 213, n°. 46.

V. Lettres par lesquelles Henri II confirme les priviléges

---

[1] Arrondissement de Montreuil-sur-Mer (Pas-de-Calais).

ÉTAPLES.

des maieur, échevins, bourgeois et manants d'Etaples. (Fontainebleau. Février 1547).

A. I. *Sect. hist.*, J. Reg. 258, p. 68.

VI. Lettres par lesquelles Charles IX, sur la demande des habitants d'Etaples, établit audit lieu un marché le dernier jour de chaque mois. (Juin 1566).

A. I. *Sect. hist., Trés. des Ch.*, J. Reg. 264, p. 414.

VII. Octroi pour quatre ans continué aux habitants d'Etaples. (5 mai 1567).

A. I. *Sect. jud.*, U. 630.

VIII. Lettres patentes de Henri III, portant confirmation des franchises et priviléges accordés par les comtes de Boulogne aux habitants d'Etaples. (Avril 1585).

A. I. *Sect. jud., Parl. de Paris.* Ord. 2, O. f°. 373.

IX. Lettres patentes de Henri III ordonnant l'enregistrement des lettres susdites [1]. (29 septembre 1586).

A. I. *Sect. jud., Parl. de Paris.* Ord. 2, O. f°. 374.

X. Lettres patentes de Henri IV, portant abolition de la faveur desdits habitants, et la prise d'armes contre le roi. (Avril 1594).

A. I. *Sect. jud., Parl. de Paris.* Ord. 2, R. f°. 409.

XI. Lettres patentes de Henri IV, ordonnant l'enregistrement des lettres susdites. (28 septembre 1594).

A. I. *Sect. jud., Parl. de Paris.* Ord. 2, R. f°. 410.

X.I. Enregistrement en date du 18 décembre 1710 des lettres de Louis XIV, données le 4 septembre 1710, qui confirment les habitants d'Etaples dans l'exemption d'un octroi, que leur avait accordé Jean, comte de Boulogne, au mois de septembre 1470.

A. I. *Sect. jud., Parl. de Paris.* Ord. 5, Q. f°. 50.

---

[1] Elles furent enregistrées le 14 novembre 1586. Voy. Le Nain, U. 650. A. I. *Sect. jud.*)

ÉTAPLES.

XIII. Concession de divers droits sur les poissons, le moulin et la garenne d'Etaples. (1725).

A. I. Sect. adm., Q. 922.

XIV. Arrêt portant concession d'un terrain vague nommé le Verdin, près de la ville d'Etaples. (27 juillet 1784).

A. I. Sect. adm., Q. 922.

XV. Arrêt qui maintient le sieur Dutertre dans la possession de l'ancien château d'Etaples. (Mémoires et plan). (20 septembre 1785).

A. I. Sect. adm., Q. 922.

XVI. Renseignement sur une demande en inféodation de 3 à 4000 arpents de marais entre Etaples et Hesdin. (s. d.)

A. I. Sect. adm., Q 925.

XVII. Plan de la place du château d'Etaples.

A. I. Sect. adm., Q. 922.

ÉTAVES.

521. Plan du terroir d'Etave [1].

A. I. Sect. adm., N. (Aisne). 1re. cl., n°. 2.

ÉTERPIGNY.

522. Recueil de Chartes ou copies de Chartes tirées des collections des Bibliothèques de Paris et des Archives de l'Empire.

Les documents originaux conservés aux Archives de l'Empire sur les Commanderies du Temple et de St.-Jean de Jérusalem sont aussi importants par leur nombre que par leur ancienneté. Comme ces documents peuvent jeter quelque jour sur les Commanderies en Picardie, nous reproduirons *in extenso* ceux qui nous ont paru les plus importants.

I. Acte de Simon I, évêque de Noyon, qui donne aux chevaliers du Temple l'autel de Tracy-le-Val [2], et une par-

---

[1] Canton de Bohain, arrt. de St.-Quentin (Aisne).
[2] Canton de Ribecourt (Oise).

ÉTERPIGNY.

tie de l'autel de Passel [1] *(altare de Trachi cum decima et hospitibus, quod post mortem Haganonis cantoris in manum meam (episcopi) venit, illam quoque partem altaris de Passel quam de manu Guidonis, militis liberavi). (Actum Parisius in templo, presente magistro et conventu militum, anno ab incarnatione Domini* M°. C°. XL°. VI°.)

A. I. Sect. adm., S. 5223, (suppl.) n°. 44.

II. Charte de Raoul, comte de Vermandois, portant donation aux Frères Hospitaliers de St.-Jean de Jérusalem, de la maison, du jardin et des terres qu'ils possédaient à Eterpigny [2] *(ad Esterpinniacum)*, franche de tout droit, à la charge cependant de la dîme, tant en froment, avoine, qu'en pois dûs à la maison de St.-Léger [3]. (s. d.)

A. I. Sect. adm., S. 5223, (suppl.) n°. 14.

III. Bulle d'Eugène III, qui confirme la donation faite aux religieux de St.-Jean de Jérusalem, par le nommé Simon, de tout ce qu'il possédait à Montecourt [4] *(Montescurt)* de la maison de Ham, et de ce qu'il y tenait en fief d'Eudes de Ham [5] *(Oddonis hasmensis)*. (III. Id. nov.) Bull. pend.

A. I. Sect. adm. S. 5222. (suppl). n°. 12.

IV. Confirmation par le roi Louis VII de la donation faite aux religieux du Temple par Simon de Montécourt. (1155). Sc. pend. en cire jaune.

A. I. Sect. adm., S. 5222, (suppl.) n° 13.

---

[1] Canton de Noyon (Oise).

[2] Canton de Péronne (Somme).

[3] Cet acte précieux et parfaitement conservé paraît avoir été rédigé vers 1150. Parmi les témoins on remarque un comte Yaion *(com. Yaionis)*; un Auberi de Roye; un Pierre, châtelain de Bray ; un Raoul, châtelain de Nesle ; un Rogon de Faïel *(Rogo de Faihel)* ; un Pierre de Bussy ; un Gautier de Felkères et un Godefroy de *Brasiz*, qui, dit l'acte, *tunc tenebat bajulationem*.

[4] Commune de Monchy-la-Gache, canton de Ham.

[5] Cette bulle n'a pu être écrite après 1153, année de la mort d'Eugène III.

ÉTERPIGNY.

V. Confirmation par Beaudoin II, évêque de Noyon, de la donation faite par Raoul, comte de Vermandois, aux frères de St.-Jean de Jérusalem, de la terre de Horgny [1], *(Horni)* et de la concession faite par les religieux à Mathieu d'Horgny, par laquelle ils autorisent la femme dudit Mathieu à demeurer dans sa terre d'Horgny, lui promettant de n'y point toucher, sauf 10 novales dont ils ont besoin pour construire un oratoire et une maison. (1158).

A. I. *Sect. adm.*, S. 5222, (suppl.) n°. 15.

VI. Charte de Beaudouin II, évêque de Noyon, qui confirme la donation faite aux frères hospitaliers d'Eterpigny (*de Strepigni*) par Ibert de..... *(J. de Hauento)* [2] de 18 s. et demi de cens. (1171).

A. I. *Sect. adm..* S. 5223, (suppl.) n°. 39.

VII. Don de la ville d'Eterpigny fait par Philippe, comte de Flandre et de Vermandois aux frères de St.-Jean de Jérusalem. Sc. pend. de cire blanche du Comte de Flandre.

A. I. *Sect. adm.* S. 5223., (suppl.) n. 1.

[† In nomine sancte et individue Trinitatis, notum sit omnibus Sancte Matris ecclesie filiis, quod Ego Philippus, Dei gratia Flandrensis et Viromandie Comes, et Ego Elisabet, eadem gratia Flandrensis et Viromandie Comitissa, instinctu pietatis moti pro animarum nostrarum parentumque nostrorum salvatione, pari voto et consensu donamus omnipotenti Deo et ejusdem membris recreandis, videlicet Hospitali Jerusalem beatissimis Christi pauperibus, et in manibus fratris Raimundi ejusdem Hospitalis apud Sanctum Egidium prioris libere et sine ulla retentione tradimus villam de Sterpiniaco et quicquid in ea habemus cum omnibus ejus apenditiis. Ut autem hujus helemosine nostre pia largitis (sic) in perpetuum rata et firma permanent, Sigillorum nostrorum impressione et testium subnotatione confirmamus. Sig † num Galterii de Locris. S. Galterii de Arraz. L. Roberti, advocati. S. Tehobaldi de Rotlang. S. Savale, Huc, Aden, fratrum similiter Hospital. qui affuerunt memoria. S. Stephani de Lardirio. S. Willelmi de

---

[1] Commune de Villers-Carbonnel (Somme).
[2] Peut-être Wavans, canton d'Auxi-le-Château, arr.t de St.-Pol-sur-Ternoise (Pas-de-Calais).

ÉTERPIGNY.   Leverdengues. S. Pontii de Ulmis. Actum anno Domini
M. C. LXX. VII.]

VIII. Acte par lequel on voit que les Frères hospitaliers d'Eterpigny *(de Sterpenni)* tenaient de l'abbé de St-Quentin-du-Mont, à la charge de XII deniers, monnaie de Péronne, l'eau qui est entre le pont d'*Esclusele* et le pont d'Esterpenniel. — (1180). Parfaitement conservé.

A. I. Sect. adm., S. 5223. (suppl). n°. 15.

IX. Acte par lequel Eudes de Ham donne aux Hospitaliers d'Eterpigny *(de Sterpengi)* x sous percevables sur la chaussée de Dolli [1]. (s. d. mais vers 1190.)

A. I. Sect. adm., S. 5223, (Suppl.). n°. 34.

X. Acte de Maurice, évêque de Paris, qui atteste qu'Albert de Marolles [2] *(de Merolliis)*, chevalier, a donné aux frères de l'hôpital de Paris, la moitié de la dîme d'*Eglies* [3]. — (1191).

A. I. Sect. adm., S. 5223, (suppl.) n°. 33.

XI. Redevance de neuf chapons due par les Frères Hospitaliers d'Eterpigny au comte Pierre, à son frère Vernon et à Pierre le Petit. (s. d. mais vers 1191.) Sceau en cire jaune dont la légende est effacée.

A. I. Sect. adm., S. 5223, (suppl.) n°. 18.

XII. Acte par lequel Godefroy de Guise donne aux Frères Hospitaliers de Jérusalem, qui l'avaient délivré de la captivité des payens, sept muids de froment à la mesure de Ham, à percevoir sur la dîme de *Doilli* [4]. — (Janvier 1207).

A. I. Sect. adm., S. 5223, (suppl.) n°. 16.

XIII. Acte par lequel Raoul, châtelain de Nesle, donne

---

[1] Aujourd'hui Douilly, canton de Ham (Somme).
[2] Marolles-les-Arpajon, c.on d'Arpajon, (Seine et Oise).
[3] Egly, c.on d'Arpajon, (Seine et Oise).
[4] Aujourd'hui Douilly.

à l'hôpital d'Eterpigny tout ce qu'il possédait audit lieu. — (1210). ÉTERPIGNY.

A. I. Sect. adm., S. 5223, (suppl). n° 17.

XIV. Sentence rendue contre le seigneur d'Ambleny, en raison d'une maison sise à Chauny [1], dépendante de l'hôpital. — (Février 1213).

A. I. Sect. adm., S. 5223, (suppl.) n°. 31.

XV. Sentence par laquelle Jean aux Mains (*Johannes ad manus*) est débouté de sa demande, tendant à déposséder les Frères d'Eterpigny, d'une maison sise à Chauny, et qu'il prétendait lui appartenir. — (Avril 1214).

A. I. Sect. hist., L. 1161.

XVI. Accord entre les maître et frères de l'hôpital d'Eterpigny *(de Estirpeigni)* et les moines de *Lyhon* [2] sur la justice des hôtes de *Pons* [3] près Brie [4] *(Ponz prope Briam)*. — Juin 1216).

A. I. Sect. adm., S. 5223, (suppl.) n°. 23.

XVII. Arbitrage entre les Frères Hospitaliers d'Eterpigny et G. Châtelain de Péronne, sur une pièce de terre qui avait été donnée auxdits Hospitaliers par le frère dudit Châtelain — (1218).

A. I. Sect. adm., S. 5223, (suppl.) n°. 10.

XVIII. Confirmation par le roi Philippe-Auguste d'un accord entre les bourgeois de Péronne et les Frères du Temple, sur certains marais sis entre *Cartegnevim* [5] et la ville de *Dowing* [6], que Senior de Montécourt (*de Monte Escort*) avait léguée auxdits religieux. — (1218).

A. I. Sect. adm., S. 5222, (suppl.) n°. 14.

---

[1] Canton de l'arrondissement de Laon.
[2] Aujourd'hui Lihons-en-Santerre, canton de Chaulnes.
[3] Ce lieu n'existe plus.
[4] Brie, canton de Péronne (Somme).
[5] Cartigny, canton de Péronne.
[6] Doingt, canton de Péronne.

ÉTERPIGNY.

XIX. Acte par lequel G., châtelain de Péronne, confirme la donation faite par son frère aux Templiers d'Eterpigny, d'une terre sise dans le territoire de Ham à *Busliot, super fontem Castellani et in Houssières*. — (Février 1218).

A. I. Sect. adm., S. 5222, (suppl) n. 3.

XX. Acte par lequel *Jean Roondeaus* donne à la maison hospitalière d'Eterpigny 12 journaux de terre sis audit lieu. — (mai 1219).

A. I. Sect. adm., S. 5223, (suppl.) n°. 46.

XXI. Richard d'Eterpigny, doyen de la Chrétienté de Péronne, fait connaître qu'Eloi d'Eterpegnel [1], fils de Pierre, comte d'Esterpegnel, donne aux religieux de St.-Jean de Jérusalem à Eterpigny, tout ce qu'il possédait audit lieu. — (Août 1219).

A. I. Sect. adm., S. 5223, suppl. n°. 11.

XXII. Acte par lequel Lambert, abbé de St.-Barthélemy de Noyon, concède aux Frères de l'Hôpital d'Eterpigny, xv sous de cens à Brie. — (Avril 1220).

A. I. Sect. adm., S. 5223, (suppl.) n°. 22.

XXIII. Accord entre le Chapitre de Péronne et les Frères de St.-Jean de Jérusalem d'Eterpigny, sur les jardins d'Horgny et une maison au territoire de Ham (*in territorio del Ham*) et quelques autres propriétés *(terra Cementariorum; Lecavehin; domus site en Lestanke apud Peronam; terra ante domum leprosi de Ham.)* — (Mai 1220.) Sceau du Chapitre en cire jaune fruste.

A. I. Sect. adm., S. 5222, (suppl.) n°. 17.

XXIV. Acte par lequel Raoul de Brocourt [2] (*R. de Brouccort*) chevalier, reconnaît être l'homme des Templiers, à cause

---

[1] Eterpegnuel était une dépendance d'Eterpigny. Aucune carte n'indique sa position. Il est probable que ce n'était qu'un écart de ce village.

[2] Brocourt est situé sur la carte de Cassini au N. de St.-Quentin, entre Maurecourt et Omissy.

de la maison appelée *Saint-Prul*[1] *(actum in domo templi de Castelerio).* — (1223)   ÉTERPIGNY.

A. I. *Sect. adm.*, S. 5222, (suppl.) n°. 2.

XXV. Acte du chapitre de St.-Quentin, qui quitte Philippe de *Galaicort*, chevalier, de 26 setiers de froment et ix sous parisis qu'il devait sur sa terre de *Fleuci*[2], à condition que ledit chevalier donnera au chapitre son champ de *Morival.* — (Juillet 1224). Sceau pendant en cire verte sur lacet de soie.

A. I. *Sect. adm.*, S. 5222, (suppl.) n°. 5.

XXVI. Acte par lequel Marie de *Kieviler* donne à la maison d'Eterpigny 10 muids de froment à la mesure de Péronne, sur la dîme de Clari[3]. — (Août 1224)

A. I. *Sect. adm.*, S. 5223, (suppl.) n. 24.

XXVII. Acte par lequel Marguerite, veuve de Jean de *Warviler*[4], quitte la Commanderie d'Eterpigny *(Domus Hospitalis Iherosolimitani de Esterpeigni)* de ce qu'elle réclamait sur deux bouverées de terre, sises au territoire de Warvillers, que le Châtelain de Nesle avait donnés à ladite maison. — (Avril 1226).

A. I. *Sect. adm.*, S. 5222, (suppl.) n°. 1.

XXVIII. Acte de R., Vice-Doyen de Ham (*Hem*), qui fait connaitre qu'Odon de Coudun, sa femme et ses héritiers, ont vendu aux frères de la Milice du Temple *(Fratribus Milicie Templi)* 12 journaux de pré et 35 verges à *Monchi*[5], et que la terre de *Kivières*[6] a été hypothéquée pour le douaire de la dame de Coudun. — (1227).

A. I. *Sect. adm.*, S. 5222, (suppl.) n°. 8.

---

[1] C'est probablement la maison appelée *Prusle* et marquée ainsi sur la carte de Cassini, entre Brie, et Mons-en-Chaussée.

[2] Aujourd'hui Flechin, canton de Roisel (Somme).

[3] Aujourd'hui Clairy-Créquy, canton de Péronne. Les seigneurs de Créquy avaient un château à Clairy. (Voy. la cxli[e]. pièce de cette série).

[4] Warvillers, canton de Rosieres-en-Santerre, arrondissement de Montdidier (Somme).

[5] Aujourd'hui Monchy-Lagache, canton de Ham.

[6] Aujourd'hui Quivières, canton de Ham.

4.

ÉTERPIGNY.

XXIX. Acte par lequel Godefroi de Haute-Ville [1] *(de Alta Villa)* donne à la Maison Hospitalière d'Eterpigny, la prévôté d'Eterpigny. — (Novembre 1230). Sceau pendant en cire brune. (S. Godefr... Villa).

A. I. *Sect. adm.*, S. 5223, (suppl.) n° 42.

XXX. Accord entre Fursy, prêtre de Frise [2], et les maître et Frères de la Maison de l'Hôpital d'Eterpigny, sur un muid de froment, percevable sur le moulin de Creutes [3]. — (Décembre 1230).

A. I. *Sect. adm.*, S. 5223, (suppl.) n° 27.

XXXI. Confirmation et approbation par le Chapitre de St.-Quentin de la donation de la dîme de la ville et du territoire de Villers-Guislain [4] *(de Villari le Gislain)*, faite aux Templiers, par Jean, seigneur de ladite ville. — (Juillet 1232).

A. I. *Sect. adm.*, S. 5223, (suppl.) n° 35.

XXXII. Acte par lequel Raoul de *Calloue* [5] reconnaît que les Frères de St.-Jean de Jérusalem d'Eterpigny avaient la moitié du *tensamentum* de *Viri* [6]. — (Avril 1234). Sceau en cire verte de l'officialité de Noyon parfaitement conservé.

A. I. *Sect. adm.*, S. 5222, (suppl.) n°. 7

XXXIII. Acte par lequel Marie, veuve de Pierre, médecin, alors consœur de l'ordre des Hospitaliers, donne aux Frères d'Eterpigny la moitié de tout ce qu'elle possédait, en fief, en cens et en terrage, dans le district de *Moilains* [7], un muid de froment percevable sur huit journaux de terre situés en trois lieux *(in loco qui dicitur li Bruiere,*

---

[1] Probablement Haute-Ville, canton de Guise, arrondissement de Vervins (Aisne).

[2] Canton de Bray-sur-Somme.

[3] On voit par la Charte LVIII de cette série (Voy. page 57), que les moulins de Creute étaient à Frise.

[4] Arrondissement de Cambrai, canton de Marcoing (Nord).

[5] Caillouel-Crépigny, canton de Chauny (Aisne).

[6] Aujourd'hui Viry-Noureuil, canton de Chauny (Aisne).

[7] Aujourd'hui Moislains, canton de Péronne.

in prato juxta Herbercort [1], *in loco qui dicitur li Bus Torniis*). — (Avril 1239).

A. I. *Sect. adm.*, S. 5223, (suppl.) n°. 9.

XXXIV. Don fait par Jean de Cartigny *(J. de Quartiniaco)*, chevalier, aux Frères de la Milice du Temple de *Chasteleir* [2], près Péronne, d'une masure sise à *Carteigni* [3]. (Octobre 1245). — Sceau en cire blanche brisé.

A. I. *Sect. adm.*, S. 5222, (suppl.) n°. 16.

XXXV. Charte de Daniel, recteur des maisons de la Milice du Temple en Vermandois, par laquelle il fait connaître que Marie de Moy [4] *(de Moii)*, fille d'Eudes de Ham, chevalier, reconnaît n'avoir aucun droit sur deux hostises à Quivières. — (Mars 1249). Sceau pendant en cire verte brisée.

A. I. *Sect. adm.*, S. 5223., (suppl.) n°. 48.

XXXVI. Charte de Philippe, prieur des Hospitaliers de France, qui reconnaît que Pierre, dit *Quercus*, chanoine de Péronne, a donné à l'abbaye de N.-D. de *Biarch* [5], une terre chargée de cinq sous de cens envers lui, et sise sur le chemin de Péronne (*inter viam quæ ducit a Perona apud Barlues* [6], *et Sebout escluse* [7], *Boiencort* [8] *et Estrepegnel*). — (Juillet 1250).

A. I. *Sect. adm.* S., 5223., (suppl.) n.° 38.

---

[1] Aujourd'hui Herbecourt, canton de Bray-sur-Somme.

[2] Cette dépendance de la Commanderie d'Eterpigny est encore marquée sur la carte de Cassini sous la forme de *le Catelet*, et située en effet non loin de Péronne, immédiatement au-dessous de Cartigny.

[3] Aujourd'hui Cartigny, canton de Péronne.

[4] Canton de Moy, arrondissement de S.-Quentin (Aisne).

[5] Aujourd'hui Biaches, canton de Péronne. J'ai découvert quelques pièces intéressantes sur cette abbaye. On en trouvera l'analyse dans le volume supplémentaire que je donnerai à la fin de cet ouvrage.

[6] Barleux, canton de Péronne.

[7] Ce lieu n'existe plus.

[8] Bayencourt est marqué sur la carte de Cassini, non loin des bords de la Somme, entre Barleux et Biaches.

ÉTERPIGNY.

XXXVII. Vente faite aux Frères de St.-Jean de Jérusalem d'Eterpigny, des terres appartenant à Nevelon de Chanle et à Marie, veuve d'Ybert de *Templex* [1], chevalier, sa femme ; lesquelles terres relevaient desdits religieux et étaient situées dans les territoires d'Eterpigny, Villers-en-Chaussée, etc. *(in territoriis de Esterpegny, de Vilers in Calceia, de Seboutescluse et de Esterpignuel)* aux lieux ci-dessous dénommés [« in loco qui dicitur le pree inter le Plankete et le rue Herbeuse; As Ourmissiaus ante domum Roberti de Barra; as ourmissiaus deseur le rue, in loco qui dicitur le Tombele; ad viam de Nigella; au sentier de Vilers; as Argillières; en Liculoie; in praeria inter vicum et semitam que vadit apud Brie; item de sous le Val de Landrival; desous Lourmissel de le Crois; desous le Crois tenentem au kemin de Roye; de sous le Grand Camp, au sentier Pontois et à le Couturele ; de seure le Couturele de l'ospital ; ad campum Wauberti ; au pré Clarois ; à Banlu ; au ries de Lisole ; à le rue de Boencort ; ad spinetam de Vilers; ad puteum super domum leprosi de Esterpegni; à Martin Camp ; à le Mote de Baalli deseur les Clusele ; ad ruellam deseur le Val de le Fontaine, tenant as Longaignes ; ad campum de le Cambe ; deseur Hamel, qui tient au sentier Pontois ; es eschars ad viam de Roia; deseur le moienne voie ; as alues deseur Grantreu ; deseur le Val de Maalot ; en Mont par deseur Henrivauchel; par devers Baalli; as Goudres.] » — (Septembre 1261).

A. I. *Sect. adm.*, S. 5223, (suppl.) n° 12.

XXXVIII. Acte par lequel Gobert de Lehun, chevalier, vend aux maître et frères de la maison hospitalière de Jérusalem d'Eterpigny *(de Esterpegni)* 3 journaux et 11 verges et demi de terre, sis audit territoire [« ad ruellam deseur le Val de Fonte, es Essars in angulo ad viam Nigellensem ; au sentier Pontois ; ad viam Herbosam; in valle de Henrionval.] » — (Décembre 1261). Sceau pendant en cire brunie de l'officialité de Noyon.

A. I. *Sect. adm.*, S. 5223, (suppl.) n°. 20.

---

[1] Aujourd'hui Templeux-la-Fosse, canton de Roisel, arrondissement de Péronne.

XXXIX. Vente faite par Marie d'Eterpigny, épouse d'Amaury d'*Omercort* [1], à Gobert d'Eterpigny, dit de Lehun *(de Lehuno)*, chevalier, de tous les droits qu'elle avait sur certaines terres sises à Eterpigny [« ad vicum deseur le Val de Fonte; in l. q. d. es essars; in l. q. d. ad viam de Nigella; in l. q. d. au sentier Pontois ; in valle de Maalot ; in l. q. d. li sentiers de Villers. »] — (Décembre 1261).

A I. Sect. adm., S. 5223. (suppl.) n°. 13.

XL. Acte par lequel Robert *Fursei*, de Péronne, vend à l'hôpital d'*Eterpigny* quatre journaux de terre sis audit lieu, *(de supra Hamellum ; ad viam de Roya ; in l. q. d. as Cumeles et ad viam de Nigella)* et 10 sous parisis de rente sur deux pièces de terre sises *en le prée*. — (Mai 1267).

A.I. Sect. adm.. S. 5223, (suppl.) n°. 6.

XLI. Acte par lequel Oda, veuve de Simon de La Porte, reconnaît avoir quitté à Simon de *Framerville* [2], tout le droit qu'elle pouvait avoir sur le manoir dudit seigneur à Eterpigny. — (Février 1260).

A. I. Sect. adm., S. 5223, (suppl.) n°. 7.

XLII. Acte par lequel Jean, dit *li Cras de Soibautescluse*, vend à la maison hospitalière d'Eterpigny, une certaine pièce d'eau, sise dans la Somme (*In Sommona*), proche celle de Baudouin de *Gossencourt* [3], appelée le Trouste. — (Novembre 1271).

A. I. Sect. adm., S. 5223, (suppl.) n°. 29.

XLIII. Acte de Jean de Roie, qui quitte les Commandeur et Frères d'Eterpigny, du droit qu'il réclamait sur le four d'Eterpegnuel. — (Juillet 1274). En français. Sceau pendant en cire verte, brisé.

A. I. Sect. adm., S. 5223., (suppl.) n°. 49.

XLIV Bail à rente d'un journal et demi et 15 verges et demie de terre, au territoire de Flaucourt [4], fait au

---

[1] Omiécourt, canton de Nesle, arrond. de Péronne (Somme).
[2] Aujourd'hui Framerville, canton de Chaulnes.
[3] Goussancourt, canton de Fère-en-Tardenois, (Aisne).
[4] Canton de Péronne (Somme).

ÉTERPIGNY.

nommé Gautier, dit Louchepois, par les frères de la maison d'Eterpigny. — (Avril 1279).

A. I. Sect. adm., S. 5223, (suppl.) n°. 30.

XLV. Accord entre l'abbé d'Hombières et les maître et frères *de le maison d'Esterpenig del hospital d'Outre-Mer*, sur un cent d'anguilles que ces derniers devaient prendre sur les moulins de Creutes, à Frise. — (Mai 1289). En fr.

A. I. Sect adm., S. 5223, (suppl.) n° 26.

XLVI. Acte par lequel Isabelle, femme de Raoul Kievet, se désiste de tous les droits qu'elle pourrait avoir sur les terres [*As Argillières ; ad Campum Regis ; ad Viaus Veterem ; in campo* q. d. *en Sudain*] que son mari avait léguées aux religieux de St.-Jean de Jérusalem à Eterpigny. —(1291). Deux Sc. pendants en cire brune ; le 1er de l'officialité de Noyon, le 2e. en mauvais état.

A. I. Sect. adm., S. 5223, (suppl.) n° 8.

XLVII. Accord entre Jean, écuyer, seigneur de Villers-Carbonnel et les maître et frères de la maison d'Eterpigny, sur la justice de cinq maisons et hostises à Brie. —(1296). En fr.

A. I. Sect. adm., S. 5223, (suppl.) n°. 41.

XLVIII. Vidimus de l'accord précédent. — (Mai 1300). En fr.

A. I. Sect. adm. S., 5223, (suppl.) n°. 40.

XLIX. Lettre du prieur de Lihons, adressée aux hospitaliers d'*Aterpeigny* sur les moulins de Pons (*de Pontibus*), qu'il tenait d'eux.—(1303). Sc. pend. en cire verte, brisé.

A. I. Sect. adm. S., 5223, (suppl.) n°. 36.

L. Testament de Marguerite de Gournay, femme de Jean d'Eterpigny, chevalier, dans lequel elle lègue à l'Hôpital d'Eterpigny 24 journaux de terre. — (Septembre 1312). En fr.

A. I. Sect. adm., S. 5223., (suppl.) n°. 3.

L. *bis*. Clause testamentaire de Marguerite de Gournay [1]. ÉTERPIGNY.
— (Septembre 1312). En fr.

A. I. *Sect. adm.*, S., 5223., (suppl.) n° 4.

LI. Vidimus d'une Charte royale qui confirme les biens des frères de St.-Jean de Jérusalem. — (1318).

A. I. *Sect. adm.*, S. 5223, (suppl.) n° 5.

LII. Reconnaissance notariée des Chanoines de l'église de Noyon, des droits de vacation de leurs prébendes dûs aux Hospitaliers d'Eterpigny. — (Janvier 1320).

A. I. *Sect. hist.*, L. 1161.

LIII. Acte par lequel Regnaut de Framerville donne tous ses biens aux religieux de St.-Jean de Jérusalem, qui lui donnent en retour le titre de *Donne*, et lui permettent de résider à Eterpigny. — (Mars 1321).

A. I. *Sect. hist.* L. 1161.

A tous chiaus qui ches présentes lettres verront et orront, Symons Moniele de Péronne tenans le lieu Jehan André, Warde du seelle de le baillie de Vermendois estauli de par le Roy à Péronne, Salut : Sachent tous que nous avons veu unes lettres scellées du séelle de religieus homme et sage frère Symon le Rat, de le sainte maison del hospital Saint-Jehan de Jherusalem, humle prieur en France, contenans la fourme qui s'ensuit. A tous chiaus qui ces présentes lettres verront et orront, frère Symon le Rat, de la sainte maison de l'ospital Saint-Jehan de Jherusalem, humle Prieur en France, salut en nostre Seigneur. Sachent tuit, que nous, considerans et regardans la grant affection et la bonne dévotion que nostre amé en Dieu Regnaut de Frameriville a à nous et à nostre religion et à touz jours cue, et meesmement pour ce que il, de sa boine volente a donné pour Dieu et en aumosne à nostre maison d'Estrepeygni douze journels de terre, laquelle il tenoit de nous au terrouer d'Eterpeygny et aussi aigues qu'il tenoit de nous en la rivière de Somme. Nous meus de pitié et en recompensation des biens qui fait et entent à faire à la religion de lospital, par le conseil et assentement de nos frères estans

---

[1] La testatrice léguait également différentes choses à la chapelle et aux pauvres d'Esterpeignuel, aux nonains de Byarch, à l'hôpital de St.-Nicolas de Péronne, etc.

ÉTERPIGNY.

avœc nous, especialement de religieuse persone et honeste frère Nichole de Rieu, a che tamps commandeur du lieu, desorendroit recevons ledict Regnaut *en donne*[1] de ladicte religion, à avoir du tout en tout se residence en nostre maison d'Estrepeigny, tant comme il vivera en li administrant tous ses nécessaires, si comme il est de us et de coustume en ladicte religion de faire as austres donnes, et doit li dis Renaus apporter et faire venir un bon lit furni de toutes choses, quant il vendra en ladicte maison. Encore nous a promis et voué seur saintes Evangiles, que il ne s'ordenera jamais en autre estat soit en mariage ou en autre religion mais que en la nostre, se n'est par nostre congié et volenté, et vivera en obédience de nous et de ceux qui de nous oront cause, en faisant bien et loialement les besongnes et le pourfit de le maison a sen pooir, selonc ce qui sera a li dict et ordené de ses souvrains. Encore veut et nous a promis que après sen decès, nous aions tout sen mœble quel que il soit, pour cause de sa sépulture laquele il eslit dès maintenant en nostre dicte maison d'Estrepeigny. Et de toutes les choses dessus dictes faire et acomplir, tout en le manière que dessus est dict, nous doit le dict Regnaut faire boin instrument soit de tabellion publique, de prevosté, ou de baillie et le mettre par devers nous. En tesmoing de la quele chose, nous avons seelle ces présentes lettres du seel de nostre prioré de France, faites et données en nostre maison de Lihons en Sancters l'an de grâce mil ccc et vint, à dis jours du moys d'Avrill. De rechief par devant nous est venus en propre persone li dessus dis Renaus de Framerivillle et recognut et afferma loialment par sen serement, toutes les coses et cascune par li contenues es lettres dessus transcriptes estre vraies, et les promist et eut en convent loialment tenir, warder, enteriner et à emplir tout en le fourme et en le manière que il est contenu ès lettres dessus dictes, et à tout chou tenir et à emplir que dessus est dict, a obligiet et aloiet li dessus dis Renaus de Framerivillle lui et tous ses biens mœbles, non mœbles, catels et hyretage presens et a venir, à prendre et à détenir, saisir, lever, esploitier, vendre et despendre par tous seigneurs et par toutes justices sans

[1] Le *donne* était le titre le moins élevé dans la hiérarchie de l'ordre de Saint-Jean-de-Jérusalem.

meffait, dusques au plein accomplissement de toutes les coses dessus dictes, sans riens dire, proposer ne alleguier en contre, par le foy de sen corps et sur lamende le Roy. En tesmoing de chou, Nous a le prière et a le requeste du devant dict Renaut de Framerivílle avons mis a ches présentes lettres le seell de le dicte baillie; sauf le droit le Roy et l'autrui. Che fut fait en lan de grâce Mille trois cens vint et un, el moys de March.

LIV. Notification de la procuration dont est muni Arnould de *Rivo*, percepteur de la maison d'Eterpigny, au nom de l'Ordre, pour recevoir le droit des prébendes vacantes dans les chapitres de Noyon, de St.-Quentin, de Péronne et de Roye. — (5 juin 1334).

A. I. *Sect. hist.*, L. 1161.

LV. Vidimus d'une lettre de Jean de Dargies, chevalier, sire de *Lingni-le-Sec* [1] et de Frise, sur le droit qu'avaient les Hospitaliers de St.-Jean de Jérusalem de moudre au moulin de Creutes. — (Mars 1343).

A. I. *Sect. adm.*, S. 5223, (suppl.) n°. 28.

LVI. Ordre d'enquête pour juger la réclamation des religieux de l'Hôpital de St.-Jérusalem, qui réclamaient une rente percevable sur la traverse de Seri de Mézières [2], à cause de leur maison en Vermandois. — (10 mai 1364).

A. I. *Sect. adm.*, S. 5222, suppl.) n°. 4.

LVII. Bail de la maison et hôtel de Lihons-en-Santerre, appelée la Maison du Temple [3]. — (13 février 1368). Sceau en cire verte du bailli de Vermandois.

A. I. *Sect. adm.*, S. 5222.

LVIII. Acte par lequel *Drieue de Crievecuer*, chevalier, seigneur de Launoy, prend à cense et rente perpétuelle, à Simon de Haidin, commandeur de la baillie d'*Estreppegny*, les moulins nommés *les molins des Creutes, da les frise*; les *Cauchiers Bordiaux*. — (Juillet 1370).

A. I. *Sect. adm.*, S. 5223, (suppl.) n°. 25.

[1] Aujourd'hui Lagny-le-Sec, canton de Nanteuil-le-Haudouin (Oise).
[2] Aujourd'hui Sery-lès-Mézières, canton de Ribemont, arrondissement de St.-Quentin (Aisne)
[3] Il est dit dans cette pièce que toutes les maisons avaient été incendiées.

ÉTERPIGNY.

LIX. 6 pièces des 20 décembre 1374, 21 novembre 1446, 21 novembre 1569, 17 septembre 1588, 3 juillet 1599 et 13 octobre 1606, relatives à la redevance des 12 muids ci-dessus.

A. I. Sect. adm., S. 5222.

LX. Quittance de l'abbé de Corbie, de la quatrième gerbe à lui due par les frères de la maison d'Eterpigny, à cause de trois journaux de terre sis à *Chisi*. — (16 juin 1382).

A. I. Sect. adm., S. 5223, (suppl.) n°. 32.

LXI. Charte par laquelle Jean *li Rougnies* vend aux religieux de St.-Jean de Jérusalem, une cour et un jardin à Péronne. — (Mars 1384).

A. I. Sect. adm., S. 5223, (suppl.) n°. 21.

LXII. Lettres par lesquelles le Roi donne aux religieux de St.-Jean de Jérusalem, l'hôtel du Faucon à St.-Quentin qui lui appartenait pour l'hôtel desdits religieux, sis audit St.-Quentin, dans la rue du Temple; où l'on battait monnaie, loué depuis longtemps dans ce but, moyennant 50 livres parisis « *pour ce que ycelui hostel estoit et est tant en situacion comme en fourme et forte matière de édifices de pierre et autres choses plus convenable à ce que aucun autre hostel d'icelle ville, meismement que les fourneaux et autres édifices appartenans audit fait, qui desja y sont pres et ordonez ne seroient pas fais aillieurs qu'ils ne coustassent grans somme de deniers.* » (1386). En fr.

A. I. Sect. adm., S. 5222, (suppl.) n°. 6.

LXIII. Bail de la maison des religieux de St.-Jean de Jérusalem à Montecourt, fait par Robert Ouillart, gouverneur de la baillie d'Eterpigny, à Jean Lefèvre. — (14 décembre 1389)

A. I. Sect. adm., S. 5222, (suppl.) n°. 11.

LIV. Exploit d'un sergent royal relatif à des propriétés de la commanderie d'Eterpigny sur le chemin d'Offoy [1] à Montecourt. — (1401). en fr.

A. I. Sect. adm., S. 5222.

---

[1] Canton de Ham (Somme).

LXV. Exploit pour la jouissance de pâturages dans les bois près la forêt de Beaulieu. —(21 décembre 1405). ÉTERPIGNY.

A. I. Sect. adm., S. 5222.

LXVI. Vidimus de l'ensaisinement du fief de *Lechele,* dépendant de *Manencourt* [1], qui dépendait lui-même du temple d'Eterpigny. — (7 juin 1408).

A. I. Sect. adm., S. 5223.

LXVII. Bail de la maison du temple des Bois en Vermandois, près Libermont, fait par les religieux de St.-Jean de Jérusalem, à Aubert de Biencourt, écuyer, et à sa femme.— (Juin 1410).

A. I. Sect. adm., S. 5222, (suppl.) n°. 10.

A tous ceulx qui ces présentes lettres verront ou orront. Mourard d'Esquieus, conseillier du roy nostre sire et garde du seel de la Baillie de Vermendois à Laon establi de par icellui seigneur, salut : Sachent tuit que par devant notre amé et feal, Pierre de Goy, demourant à Coucy le Chastel, commis et establi de par nous pour ouir..... recepvoir et à nous rapporter ce qui s'ensuit : ..... en leurs propres personnes, Aubert de Biencourt, escuier, et demoiselle Marie de Fourques sa femme, auctorisée souffisamment de son dit mary quant ad ce, demourans à présens à Troly [2] emprès Coucy, si comme ilz disoient. Et recongnurent que pour leur proffit clerement apparant, eulx et chascun d'eulz pour le tout, avoient et ont prins et receu a loyal cense ou ferme des religieux de Lospital Saint Jehan de Jherusalem, leur maison et cens du Bos en Vermendois [3], emprès Libermont, avec toutes les terres ahennables prés et autres choses appartenans et appendans à la dicte maison, à tenir, avoir, joir et possesser d'icelle cense et ferme dessus déclarée par lesdis recongnoissans preneurs et chascun

---

[1] Aujourd'hui Manicourt, canton de Roye (Somme).

[2] Aujourd'hui Trosly-Loire, canton de Coucy-le-Château, arrondissement de Laon.

[3] Cette dépendance d'Eterpigny était située au N. de Libermont, et je crois que c'est elle que Cassini a indiqué dans cette direction sous le nom de l'*Hôpital*, dénomination que j'ai rencontrée dans plusieurs actes, et entr'autres dans un de 1569. (Voy. la Charte LXXXV).

ÉTERPIGNY.

d'eulz, leurs hoirs, et les aians d'eulz cause, en tous profîs et émolumens quelconques, par le temps, terme et espace de nuef ans continuelx et acomplis, commençans au premier jour de Juing en cest present an, l'an mil quatre cens et dix, pour et parmi ce que lesdis recongnoissans preneurs et chascun d'eulz leurs hoirs, et les aians d'eulz cause, en sont et seront tenus et ont promis Icalement et par leur foy de rendre et paier chascun an, le temps de la dicte cense durant, aux dis religieux ou aians d'eulz cause au commandeur ou gouverner (sic) de la baillie d'Esterpigny pour eulz ou au porteur de ces lettres, sans autre grace ou procuration, monstrer la somme de cent escus dor aians cours ad présent, pour dix huit solz parisis la pièce ou autre monnoie telle qui plaira au roy nostre sire, faire courir en son royaume, en la valeur avant dicte, avec deux pourceaux cras ou quatre frans dor, pour seize solz parisis la pièce, ou lieu des dis pourceaux chascun an, tout le temps et terme de la dicte cense durant, a deux termes et paiemens en l'an : C'est assavoir : Noel et Ascension Nostre Seigneur, à chascun d'iceulx jours et termes, la somme de cinquante escus d'or tel que dit est, et au dit terme de Noel les deux pourceaux dessus dis, en la valeur dessus déclairré, à commencier à paier le premier terme et année au jour de l'Ascension Nostre Seigneur en lan mil quatre cens et onze, la somme de cinquante escus d'or, telz que dit est. Et depuis là en avant en poursuivant continuant et paiant d'an en an et de terme en terme, chascun an la dicte somme de cent escus dor et deux pourceaux telz que dit est, aux termes et par la manière dessus dicte tout le temps de nuef ans dessus dis durans. Item et ..... seront tenus et ont promis les dis recongnoissans et chascun d'eulz a desservir ou faire desservir et alumer, le temps de la dicte cense durant, la chappelle estant en la dicte maison, cense et hostel du Bois en Vermendois, bien et souffisamment, selonc ce et par la manière qu'il appartient, et est acoustumé de faire, du temps ancien; c'est assavoir : trois messes la sepmaine. Item, seront tenus de retenir toutes les maisons qui de présent sont couvertes d'esteule, et tous les palis et mures estans en icelle maison, qu'ilz ont trouvés en estat, cense et pourpris, de pel, de torche et de couverture bien et souffisamment tout le temps de la dicte cense durant, et de les rendre en la fin d'icelle cense, bien retenus de ce que dit est, et en bon et souffisant estat, et en tel estat les ont les dis recongnoissans eu et receu des dis religieux, et dont il se sont tenus pour bien contens. Item seront tenus comme dessus, de faire venir et admener en la maison d'icelle cense à leurs coulx, frais et despens, toutes les matheres, mairiens, savelons, terres, thieules, pierres, chaux et autres quelconques, qui seront expediens et nécessaires pour refectionner en la dicte cense et maison du Bos et es appartenances sans riens excepter ; et aussy de gouverner et livrer la gouvernance giste et despens des ouvriers qui ouveront en la dicte cense, tout le temps des nuef ans dessus dis durans. Item seront tenus les dis recongnoissans de retenir le molin a vent, appartenant à icelle cense, de couverture, de clôture, haisins, quevilles à roues craisses, martiaux, avec les fers qui se usent, et rendre et laissier le dit molin vestu de quatre draps, en la prisée de quatre frans dor, et doivent et pueent prendre le bos, es bos dudit hospital. Item doivent et sont tenus iceulx recongnoissans et chascun deulx, le temps d'icelle cense durant, de faire et livrer à leurs despens, le conduit des frères, en alant leur droicte voie, de gouverner le sergant et de paier sa robe chascun an, comme il est acoustume de faire. Item seront tenus de garder ou faire garder et exercer la justice et seignourie que les dis religieux ont audit lieu et es appartenances, à leurs frais et despens, pourveu que en chascune amende qui y escherra, le temps de la dicte cense durant quelle qu'elle soit, ils aueront et prendront à leurs proffis, deux solz et six deniers parisis. Item seront les dis recongnoissans et chascun deulx tenus de recevoir à leurs despens, monseigneur le Grant Prieur de France, ou un ou deux des frères de la dicte religion, ou cas que monseigneur le dit Prieur yroit ou envoieroit en visitacion pour un repas tant seulement. Item seront tenus les dis recongnoissans et chascun d'eulx de recevoir et paier les despens du Commandeur ou gouverneur de la dicte baillie d'Esterpeigny et de son estat et famille, quatre fois en lan, et à chascune fois par ung jour, de toutes choses quelconques, à leurs propres coulx, frais et despens chascun an, les nuef ans dessus dis durans. Et sil avenoit que le dit commandeur ou gouverneur vousist plus souvent aler estre ou demourer en la ditte maison et cense que cy dessus n'est dit et déclaré, les dis recongnossans seront tenus de lui livrer faing et ad-

ÉTERPIGNY.

vaine pour ses chevaux tant seulement... et avec ce que di‑ est. Item seront tenus les dis recongnoissans et chascun d'eulx, de tourner et convertir chascun an tous les boiat fourages de la ditte cense en fiens et en amendemens, le iceulz mener ou faire mener chascun an sur les terres de la dicte cense, sans faire fumis sur fumis. Item sera et des‑ moura au proffit du commandeur ou gouverneur de la dicte baillie, la chambre estant deseure le porchet de la dicte maison pour lui et à son proffit, et les dis recongnoissans aueront et joiront tout le temps des nuef ans dessus dis du‑ rans à leur proffit singulier, de toutes les terres labourables appartenans a la dicte maison, situéez tout au terroir d'i‑ celle maison et cense, exepte deux journeux et demi, qui sont derrière Versencourt [1], et quarante verges ou environ qui sont asses près dileucq, entre les prés Pierre du Sollier. Item aueront les dis recongnoissans a leur proffit, toutes les dismes grosses et menues, appartenans au dis religieus, en la ville de Libermont et ou terroir denviron et le droit que les dis religieux ont en la grange dimeresse de la dicte ville.

LXVIII. Vente faite par la veuve de Regnault du Carroys, d'un certain fief à Misy et à Maisencourt, à un nommé Jehan Fourment, qui paiera au commandeur de la baillie d'Eterpigny, ce qui lui est dû par son mari. — (19 mars 1419).

A. I. Sect. adm. S. 5222.

LXIX. Acte par lequel le seigneur de Nesle se désiste du droit qu'il prétendait avoir d'empêcher les religieux de la maison du Temple-lez-Libermont, de nourrir des pour‑ ceaux dans le bois du Temple, lesquels pourceaux avaient été pris par les sergents du seigneur de Nesle. — (30 août 1419.) Sceau pendant en cire verte brisé. En fr.

A. I. Sect.adm., S. 5222, (suppl.) n°. 9.

---

[1] Il y a deux localités qui se rapprochent de Versencourt, savoir : Ber‑ lancourt et Belancourt, mais elles sont un peu trop éloignées de Liber‑ mont, et je crois plutôt que c'est Bessancourt, situé entre Libermont et Ercheu, qui sous le double rapport de la philologie et de la topographie semble se rapporter à cette localité.

ÉTERPIGNY

LXX. Bail de la maison de Montecourt, fait à E. de Chanle, demeurant à Monchy, par J. de Beaubos, religieux de S^t.-Jean de Jérusalem, et gouverneur de la baillie d'Eterpigny. — (Juillet 1425.)

A. I. Sect. adm., S. 5222.

LXXI. Arrêt du parlement de Paris rendu en faveur du commandeur d'Eterpigny contre les abbés et couvent de S^t.-Quentin-en-Lisle, qui sont condamnés à payer une rente de 40 muids de grains, de 32 muids de pommes et de 16 muids d'avoine. — (26 juillet 1427.) 2 pièces.

A. I. Sect. adm., S. 5222.

LXXII. Acte par lequel le procureur-général de l'hôpital de S^t.-Jean de Jérusalem, au-delà des monts, donne à Jean Cretons, le fief de S^{te}.-Radegonde [1], sis à Péronne, moyennant 2 sous parisis de rente et 3 corvées annuelles. — (7 avril 1458.)

A. I. Sect. adm., S. 5223.

LXXIII. Bail de la cense de *Courtemenches* [2] fait à J. Gavet, par les frères de S^t.-Jean de Jérusalem de la commanderie d'Eterpigny. — (Octobre 1458.)

A. I. Sect. adm., S. 5222.

LXXIV. Vente faite par-devant « *le justice et eschevins du destroit des Arques Sainte-Pechine en Saint-Quentin* » de deux maisons, jardins et pourpris sis rue Saint-Louis à S^t.-Quentin, et chargés de cens envers l'hôpital de S^t.-Jean de Jérusalem, N -D. de Noyon, etc., etc. — (30 octobre 1459.)

A. I. Sect. adm., S. 5222.

LXXV. Bail de 9 ans d'un moulin à blé de Montécourt, fait à Jehan Billon, par Jean le Roy, gouverneur de la commanderie d'Eterpigny. — (19 septembre 1462.)

A. I. Sect. adm., S. 5222.

LXXVI. Lettres de Commitimus et exploit, concernant la maintenue de la seigneurie et justice, appartenant au

---

[1] S^{te}.-Radegonde forme un faubourg de Péronne.
[2] Courtemanche, canton de Montdidier (Somme.)

ÉTERPIGNY.

commandeur d'Eterpigny, sur une rue et voirie, sises près le presbytère de Tracy [1]. — (13 juin 1469 et 6 septembre 1469.) 2 pièces scellées, la 1re en cire rouge, la 2º en cire verte.

A. I. Sect. adm., S. 5223, (suppl.) n°. 45.

LXXVII. Aveu et dénombrement de quatre fiefs, dépendant de la commanderie d'Eterpigny, dont le premier se nomme *Eterpigneul*, le second, le fief de *Geronde* vers Barleux, le troisième, ayant appartenu à Jehan de Hangart, le quatrième, sis à Eterpigneul. — (1er février 1474.)

A. I. Sect. adm., S. 5223.

LXXVIII. Acte par lequel il est certifié que l'emplacement appellé, « *les Gardynaiges de l'ostel de Hardecourt,* » à Péronne, où se bâtit l'abbaye de Ste.-Claire, est chargé d'une rente de 20 sous envers la commanderie d'Eterpigny. — (8 mars 1500.)

A. I. Sect. adm., S. 5223.

LXXIX. Accord entre le commandeur d'Eterpigny et Jean de Canny, chevalier, sur les « *ventos et portes du petit moullin de Voyennes* [2] *assis dessus de la chaussée du dict Voyennes, dedans la rivière de Somme.* » — (12 décembre 1517.)

A. I. Sect. adm., S. 5222.

LXXX. Aveu et dénombrement d'un certain fief, sis à Ste.-Radegonde, faubourg de Péronne, dépendant de la commanderie d'Eterpigny. — (11 avril 1545.)

A. I. Sect. adm., S. 5223.

LXXXI. Procès-verbal de visite de la commanderie d'Eterpigny, fait le 28 mars 1546. — (Documents intéressants dans un cahier de 16 fos. Papier.)

A. I. Sect. adm., S. 5223.

LXXXII. Dénombrement de terres tenues de la commanderie d'Eterpigny, par Christophe Lefebvre. — (23 octobre 1548.) En fr. — Sceau pendant en cire verte.

A. I. Sect. adm., S. 5223, (suppl.) n°. 37.

---

[1] Tracy-le-Val, commune de Ribecourt, arrond. Compiègne (Oise.)
[2] Canton de Nesle (Somme.)

LXXXIII. Sentence en vertu de laquelle le commandeur d'Eterpigny a le droit d'exiger un cens de 13 sous 6 deniers tournois, à cause d'une maison sise à Péronne, au coin du *Gladimont*. — (26 septembre 1564.)

A. I. Sect. adm., S. 5223.

LXXXIV. Extrait du terrier de la commanderie d'Eterpigny, de l'an 1567, de terres sises à Brye.

A. I. Sect. adm., S. 5223.

LXXXV. Aveux et dénombrement des vassaux, sujets et tenanciers de la commanderie d'Eterpigny, à cause de l'hôtel de l'Hôpital-du-Temple, appelé autrement l'Hôpital-au-Bois. — (1 mai 1569.) Cahier de 10 f^{os}., papier.

A. I. Sect. adm., S. 5223.

LXXXVI. Copie collationnée d'un extrait du terrier de la commanderie d'Eterpigny de l'an 1569, contenant la déclaration des droits utiles et honorifiques de ladite commanderie à Tracy-le-Mont, Tracy-le-Val et Bailly[1], par laquelle il appert que le commandeur d'Eterpigny était seigneur haut justicier des dits lieux de temps immémorial.

A. I. Sect. adm., S. 5223.

LXXXVII. Extrait collationné du papier terrier de la commanderie d'Eterpigny, pour ce qui regarde la maison et hôtel S^t.-Jean à S^t.-Quentin, membre et seigneurie de ladite commanderie. — (Avril 1570.) Cahier de 24 f^{os}, papier.

A. I. Sect. adm., S. 5222.

LXXXVIII. Acquisition par le commandeur d'Eterpigny, d'une maison sise à Voyennes. — (14 septembre 1571.)

A. I. Sect. adm., S. 5222.

LXXXIX. Bail à ferme, de 9 ans, des maisons et hôtel de S^t.-Jean et du Faucon, sis à S^t.-Quentin, fait à Jean Cauvry par Juvenal de Launoy, commandeur du membre de S^t.-Quentin. — (30 mars 1580.)

A. I. Sect. adm., S. 5223.

---

[1] Canton de Ribecourt, arr.^{t} de Compiègne (Oise).

ÉTERPIGNY.

XC. Revenu de la commanderie d'Eterpigny de 1579 à 1580 [1]. — Cahier de 17 f⁰ˢ, papier.

A. I. *Sect. adm.*, S. 5223.

XCI. Aveu d'un fief, sis sur la rivière de Somme, près *Bazencourt* [2], dépendant d'Eterpigny. — (5 octobre 1580.)

A. I. *Sect. adm.*, S. 5223.

XCII. Dénombrement d'un certain fief, sis à Sᵗᵉ.-Radegonde, dépendant de la commanderie d'Eterpigny. — (16 octobre 1581.)

A. I. *Sect. adm.*, S. 5223.

XCIII. Dénombrement d'un fief, sis à Sᵗᵉ.-Radegonde, dépendant de la commanderie d'Eterpigny. — (9 septembre 1592.)

A. I. *Sect. adm.*, S. 2223.

XCIV. Acte qui contraint les héritiers de Jean Cauvry, à remettre en état les maisons et hôtels, sis à Sᵗ.-Quentin, dont il était le fermier. — (27 juin 1598.)

A. I. *Sect. adm.*, S. 5223.

XCV. Dénombrement, aveu et déclaration d'un fief, sis à Sᵗᵉ.-Radegonde, dépendant de la commune d'Eterpigny. — (23 décembre 1598.)

A. I. *Sect. adm.*, S. 5223.

XCVI. Sentence du lieutenant-général de la prévôté de Péronne, qui condamne Zacharie le Maire, poissonnier à Péronne, à payer au commandeur d'Eterpigny, le cens seigneurial qu'il lui devait, comme possesseur de cent journaux d'eaux, assis en la rivière de Somme, sis entre Baiencourt, les eaux de N.-D. de *Bretaigne* [3], aux marais de

---

[1] On peut voir par ce document que le revenu net de la commanderie montait à 878 écus 29 sous 3 deniers tournois.

[2] Bazincourt est situé, sur la carte de Cassini, sur la rive gauche de la Somme à l'O. de Péronne.

[2] Le faubourg de Bretagne existe encore à Péronne.

Brunetel[1] et au chemin de Péronne à Eterpigny. — (1 mars 1602.)

ÉTERPIGNY

A. I. *Sect. adm.*, S. 5222.

XCVII. Nouveau titre d'une rente de 10 setiers dûe à la commanderie d'Eterpigny, par les religieux de l'Abbaye-au-Bois [2]. — (19 décembre 1607.)

A. I. *Sect. adm.*, S. 5223.

XCVIII. Registre renfermant des déclarations de cens dûs à la commanderie d'Eterpigny, pour ses terres de Libermont, etc. — (1608-1611.) 24 feuillets dont 14 blancs.

A. I. *Sect. adm.*, S. 5222.

XCIX. Copie collationnée d'un bail à titre de rendage en grains, des grosses dimes que le commandeur d'Eterpigny a le droit de percevoir sur 37 journaux de terre labourable, sis à Matigny [3]. — (17 août 1621.) Papier.

A. I. *Sect. adm.*, S. 5222.

C. Baux des 4 juin 1624, 27 avril 1626, 18 mars 1643, 31 août 1651, 20 avril 1678, 27 juin 1679, 27 juin 1684, 15 novembre 1700, du revenu général de la commanderie d'Eterpigny.— (8 pièces.)

A. I. *Sect. adm.*, S. 5223.

CI. Procès-verbal de visite faite par le Lieutenant-Général des Eaux et Forêts de France, de l'état des bois de la cense de l'Hôpital-du-Temple, membre dépendant de la commanderie d'Eterpigny. (15 octobre 1630.) Cahier de 79 f⁰ˢ, papier.

A. I. *Sect. adm.*, S. 5222.

CII. Enquête de Jacques de Chaulnes, conseiller du

---

[1] Bruntel est marqué, sur la carte de Cassini, à droite de la Somme, au N. d'Eterpigny, au S. de Bayencourt.

[2] L'Abbaye-au-Bois était située au N. de la forêt de Bouvresse, au S. O. de Libermont.

[3] Canton de Ham, arr.ᵗ de Péronne (Somme).

ÉTERPIGNY.

roi, Lieutenant-Général des Eaux et Forêts, sur les possessions de l'Hôpital-du-Temple, dépendant de la commune d'Eterpigny. — (23 octobre 1630.) Papier.

A. I. *Sect. adm.*, S. 5222.

CIII. Bail du mortuorum et du vacant de la commanderie d'Eterpigny, à prendre sur tous les fermiers et tenanciers de la Commanderie et des paroisses en dépendantes. — (7 décembre 1633)

A. I. *Sect. adm.*, S. 5223.

CIV. Mesurage et arpentage des terres sises aux terroirs de Courtemanche [1], d'Offoy [2], de Nesles et de Noyon, appartenant à la commanderie d'Eterpigny.— (31 octobre 1638.) Papier.

A. I. *Sect. adm.*, S. 5222.

CV. Bail de 9 ans de l'Hôtel St.-Jean à St.-Quentin, fait par le commandeur d'Eterpigny, à Marie Berson, femme de Jacques Carlier, menuisier, moyennant 300 livres et 4 douzaines de fromages chaque année.— (14 février 1654.)

A. I. *Sect. adm.*, S. 5222.

CVI. Bail de 9 ans de 4 journaux de terre labourable, sis au territoire d'Hervilly [3]. — (11 février 1656.)

A. I. *Sect. adm.*, S. 5222.

CVII. Bail de 9 ans, fait à Thomas Prévot, de 4 journaux de prés, sis entre Douingt et Poullancourt [4]. — (16 février 1656.) Papier.

A. I. *Sect. adm.*, S. 5222.

CVIII. Bail de terres sises au terroir de *Beaumet* [5], fait à Thomas Prévot, laboureur. — (15 février 1656.) Papier.

A. 1. *Sect. adm.*, S. 5222.

Canton de Montdidier (Somme).
[2] Canton de Ham, arr.' de Péronne (Somme).
[3] Canton de Roisel, arr.' de Péronne (Somme).
[4] Ce lieu n'existe plus.
[5] Aujourd'hui Beaumets, commune de Cartigny, canton de Péronne (Somme.)

ÉTERPIGNY.

CIX. Bail à ferme de la maison et cense de l'Hôpital-du-Temple et dépendances d'icelle, fait pour 9 ans à Valentin Pollet. — (30 avril 1659.)

A. I. Sect. adm., S. 5222.

CX. Sentence et arrêts des 17 juin 1665, 27 mai 1667, 6 octobre 1683 et 24 mars 1684, rendus au profit du Commandeur d'Eterpigny, contre Henri de Caumartin, abbé-commandataire de S^t.-Quentin-en-l'Ile, touchant le paiement d'anciens arrérages et la continuation d'une rente seigneuriale de 32 muids de blé, 32 muids d'avoine avec 4 charretées de paille et 60 sous parisis, dûs à la dite commanderie par la dite abbaye. — (4 pièces.)

A. I. Sect. adm., S. 5223.

CXI. Copie d'une sentence des requêtes du palais, rendue en faveur du chevalier de la Salle, commandeur d'Eterpigny, qui condamne l'abbesse de l'Abbaye-au-Bois à payer une rente de 10 setiers de blé, percevables sur les dîmes de Libermont. — (20 décembre 1666.) Papier.

A. I. Sect. adm., S. 5222.

CXII. Vente de quelques terres boisées (le bois appelé les Croisettes [1]), appartenant à la commanderie d'Eterpigny, vendus à Alexandre de Créquy, moyennant 24 livres de rente, percevables sur le manoir de Cléry, appartenant au dit seigneur. (Février 1668.)

A. I. Sect. adm., S. 5223.

CXIII. Baux des 26 novembre 1670, 15 octobre 1676 et 28 janvier 1683 de la terre de Rancourt [2]. — (3 pièces sur papier.)

A. I. Sect. adm., S. 5223.

CXIV. Transaction entre Charles de Lorraine, prince d'Elbeuf, seigneur de *Reglise* [3], et le commandeur d'Eter-

---

[1] Ce lieu est situé, sur la carte de Cassini, au N. du chemin de Péronne à Albert, au S. de Maurepas, non loin de Clairy-Créquy.

[2] Canton de Combles, arr.^{t} de Péronne (Somme).

[3] Aujourd'hui Roiglise, canton de Roye (Somme.)

ÉTERPIGNY.

pigny, sur les arrérages d'une redevance de 12 muids de blé et de 60 sous parisis de rente, dûs par ledit seigneur à la dite commanderie, à cause de sa terre de *Reglise*. — (21 juin 1676.)

A. I. Sect. adm., S. 5222.

CXV. Sentence des requêtes du palais qui condamne les sieurs Severin et du Crocq à payer à Michel de Fouilleuse, commandeur de la commanderie d'Estrées, les fruits par eux perçus sur certaines terres à eux louées. — (18 juin 1680.)

A. I. Sect. adm., S. 5222.

CXVI. Un gros registre intitulé : Papier terrier du membre de St.-Quentin, dépendant de la commanderie d'Eterpigny, commencé le 3 décembre 1685, homologué en 1690.

A. I. Sect. adm., S. 5222.

CXVII. Extrait des comptes de la châtellenie de Ham, qui prouve que le domaine de la dite ville et vicomté doit à la commanderie d'Eterpigny la somme de 6 livres 5 sous par chacun an. — (15 février 1689.)

A. I. Sect. adm., S. 5222.

CXVIII. Bail à cens de 9 verges de terre, sis à Montécourt, fait par le commandeur d'Eterpigny à Pierre Descamps, pour y construire un moulin à huile dit *Tordoira*, sur la rivière de Tuignon [1]. — (29 novembre 1724.)

A. I. Sect. adm., S. 5223.

CXIX. Plan des neuf verges susdites, et de l'emplacement dudit moulin.

A. I. Sect. adm., S. 5223.

CXX. Arrêts et sentences des 29 janvier 1725, 20 novembre 1725 et 21 février 1750, relatifs à la rente de 3 muids de blé due par le seigneur de Sailly au commandeur d'Eterpigny, en raison de la donation desdits 3 muids faite en 1170 par J. de Sailly. (4 pièces.)

A. I. Sect. adm., S. 5223.

[1] Ou d'Etuignon, les deux formes ont été données dans cet acte. C'est l'*Omignon* de la carte de Cassini.

ÉTERPIGNY.

CXXI. Arrêt du grand conseil rendu au profit du chevalier de Balincourt, commandeur d'Eterpigny, contre le marquis de Sailly, Lieutenant-Général des armées du Roi, gouverneur de St.-Venant, qui est condamné à payer une rente de 3 muids de blé à prendre sur sa terre de Sailly, à en payer 29 années d'arrérages et à lui passer nouveau titre et nouvelle reconnaissance. — (29 janvier 1725.) 28 f⁰ˢ.

A. I. Sect. adm., S. 5222.

CXXII. Mesurage et arpentage des pièces de terre de la ferme de l'hôpital à Libermont, dépendant de la Commanderie d'Eterpigny [1]. — (15 octobre 1738.) (Les pièces dites Grantessart, le Quemin Blanc, le Champ Masson, le Champ de Bolieux, Champs de la Porte, Champs du Pont, La Motte-aux-Moulins, le champ des Quigniaux, la terre d'Erchue [2], etc.)

A. I. Sect. adm., S. 5222.

CXXIII. Plan du bornage des eaux de la commanderie d'Eterpigny, à l'encontre des marais de la Maréchale d'Harcourt à *Bruntel* (Brunetel). — (27 juin 1741.)

A. I. Sect. adm., S. 5223.

CXXIV. Cinq pièces des 2 décembre 1747, 16 octobre 1754, 15 février, 2 et 3 juillet 1759 relatives au bail emphitéotique de huit journaux de terre, fait par le commandeur d'Eterpigny à Florent Patte, pour y construire un moulin.

A. I. Sect. adm., S. 5223.

CXXV. Trois pièces des 23 avril et 14 octobre 1756, relatives à la rente de 16 setiers de bled, mesure de Péronne, dûe à la commanderie d'Eterpigny, à cause de 25 journaux de terre, sis au terroir d'Horgny.

A. I. Sect. adm., S. 5223.

CXXVI. Acte de retrocession et d'acquisition de Jean Patte au profit de la commanderie d'Eterpigny, d'un mou-

---

[1] Il y a un plan de chaque pièce.
[2] Ercheu, canton de Roye (Somme).

ÉTERPIGNY.

lin et bâtiments, sur une pièce de terre sise au terroir de l'Hôpital, au lieu dit La Motte. — (2 juillet 1759.)

A. I. Sect. adm., S. 5222.

CXXVII. Plan du domaine de la commanderie d'Eterpigny.

A. I. Sect. adm., N. (Somme). 2ᵉ. cl., n° 12.

523. Compte de la commanderie d'Eterpigny.

MS. in-4° de 91 folios, papier. Ecriture du XVᵉ siècle.

A. I. Sect. hist., MM. 114.

Voici le titre qui se trouve sur la couverture de ce manuscrit :

Compte de l'an mil IIII ͨ XXXVIII finant à la Saint-Jehan XXXIX.

Ce compte, ainsi que les suivants, offre un certain intérêt. En dehors des précieux renseignements qu'on y rencontre sur la valeur des denrées, le prix de la main d'œuvre, ou celui de certaines charges, nous signalerons l'article relatif à une redevance dûe par la Hire, à cause de sa femme, qui était une demoiselle de Proisy. Les biographes qui ont consacré, au héros populaire du xvᵉ s., les articles les plus étendus, ont paru ignorer qu'il ait été jamais marié, c'est donc un document assez important puisqu'il nous fait connaître l'alliance d'un des grands capitaines de Charles VII avec une famille de Picardie.

Ce compte commence ainsi :

Compte de frère Pierre de Beauboz, religieux de l'ordre de l'ospital de Saint-Jehan de Jherusalem, commis au gouvernement et recepte de la baillie et commanderie d'Esterpeigni, qu'il fait et rend par abrégé à mon très grand et très redoubté seigneur, monseigneur le grand prieur de France, commandeur de ladicte baillie d'Esterpeigni, des cens, rentes, revenues et émoluments d'icelle baillie et commanderie, à lui baillée en gouvernement par mondit très-redoubté seigneur, tant en gréniers, grains, volilles, fermes muables, yaues, préz, bois, justice et seignourie, comme aultres drois et prouffis quelsconques, qui y sont venus et escheux à recevoir, et des mises par lui faictes et paiées pour et à cause de ladicte recepte et commanderie, pour ung an complet commenchant au jour et terme Saint-Jehan-Baptiste mil IIIIe XXXVIII includ, et finant au jour et terme Saint Jehan-Baptiste mil IIIIe XXXIX includ, aveuc des arrérages par lui baillés à mondit seigneur le grand prieur par le fin de son compte précédent, tant en deniers, comme grains, vollilles et aultres choses déclairées oudict compte, et aussi d'aucuns deniers par lui recouvrez qui estaient deubz à mondit seigneur à cause des arrérages des comptes précédents, ainsi et par le manière que déclaré sera cy après :

ÉTERPIGNY.

Et premièrement des arrérages deubz.

F^o. 2 v°. Recepte de blez à la mesure de Péronne : XXI muids, III sextiers, I quartier. — F^o. 6. Recepte d'avoines, IV muids, I sextier, I quartier. — F^o. 6 v°. Des cappons nommés hertaudeaulx et autres — néant. — F^o. 7 v°. Aultre recepte et deniers recouvrez pour vente de beste à laine comme aultrement.

Par la vente de XII moutons en la ville de Lihons, chacun XVII sous parisis, la somme de IX salus d'or qui valent à XXIV sous parisis la pièce.

Somme de ce chapitre : XXXIV livres XIII sous 6 deniers.

F^o. 8. Recepte de blez : — XXVI setiers de blé. — F^o. 8 v°. Recepte d'avoine : — IV setiers. — F^o. 9. Recepte faite pour la vente de blé : — VI^{xx} XI^{livres} XIII sous 6 deniers. — F^o. 10. Ensuit la recepte ordinaire des cens et rentes. — F^o. 14. Recepte de grosses rentes non muables. — F^o. 15 v°. Aultre recepte pour deniers deubz à cause de fermes muables à Esterpigni, le Casteller, Montescourt, Mons-en-le-Cauchie, Courdemences (Courtemanche), le maison du Boz Lyhons, Trachimont (Tracy-le-Mont), et Trachy-ou-Val, Viry [2] et Jenly [3], les questes, yaues et pesqueries, louages de maisons à S^t.-Quentin et à Noyon. — F^o. 19 v°. Ventes de prés. — F^o. 20. Vente de foins. — Vente de boz. — F^o 21 v°. Recepte de blez. — F^o. 24. Blez de

---

[1] Il y a des chapitres intermédiaires qui ne sont que des divisions du premier.

[2] Viry-Noureuil, canton de Chauny, arr.^t de Laon (Aisne).

[3] Genlis, maintenant commune de Villequier-au-Mont, canton de Chauny, arr.^t de Laon (Aisne).

ÉTERPIGNY.

fermes muables à Esterpeigni—Horgny — le Casteller. — *F°*. 26 *v°*. Mise en vente de blé. — *F°*. 27. Aultre recepte de blez — blez de rente héritable, de fermes muables, à Pontruel [1], Voyenne, Rouy [2], Méricourt, Offois, Forest [3] et Margelles [4], Villers-le-Guillain, Royeglise (Roiglise). — *F°*. 38. Recepte d'avoine. — *F°*. 43 *v°*. Recepte de cappons. — *F°*. 44 *v°*. Recepte de ventes et reliefs. — Exploit de justice, amendes et deffaulx. — *F°*. 46. Mises faictes et deniers payez à cause de la recepte dessus dicte. — *F°*. 47. Aultres mises pour les cappelles d'Esterpeigni et de l'ostel de mondit seigneur à Péronne.

F°. 48. Pensions de frères. — Gaiges d'officiers et pensions du conseil :

Au bailli d'Esterpeigni xiv livres viii sous plus un muid d'avoine ; au procureur et conseiller de l'hôpital xl sous parisis ; à l'avocat conseiller de l'hopital à la cour du roi, à St.-Quentin, lx sous ; à un autre avocat de la même ville, pour solliciter les causes et besongnes, xxx sous ; à un avocat à Noyon, iv livres parisis ; au sergent, garde des bois de l'hôpital lxiv sous parisis, plus une robe de la valeur de xxxvi sous parisis ; au gouverneur d'Eterpigny, chargé de faire la présente recette, xx livres.

Somme de ce chapitre, xlix livres xviii sous parisis.

F°. 49. Loyers de maisnies pour l'ostel de mondit seigneur.

A la servinteresse de l'ostel de mondit seigneur, xxxii sous ; au pallefrenier, 56 sous ; au page de mondit seigneur, à plusieurs fois, pour une chemise, iv sous, pour une paire de cauches et une xii° d'aguillettes, ix sous, pour cuir à refaire son pourpoint et pour le faichon et file, ii sous 10 deniers, pour une paire de sollers, iii sous, et pour onze autres paires, xxix sous iv deniers, en tout xlviii sous li deniers.

F°. 49 *v°*. Aultres mises, tant pour fausquages et fenages de prez, comme pour cariages de foins pour le provision

---

[1] Auj. Pontruet, canton de Vermand, arr. de St.-Quentin (Aisne).
[2] Rouy-le-Grand, canton de Nesles (Somme).
[3] Forest, canton de Combles, arr.ᵗ de Péronne (Somme).
[4] Margères (*cella de Margellis*) est situé près de Douilly.

de l'ostel de mondit seigneur. — *F°* 51. Deniers comptans ÉTERPIGNY. payés et délivrés à mondit seigneur le grand-prieur.

En dehors des dépenses communes, tels que bière, vin, ouvrier, nous citerons les articles suivants :

Pour ung cheval acheté pour aler es besogne de mondit seigneur, lequel fut acheté en la ville de St.-Quentin, et cousta xi salus d'or et xii sous parisis pour une bride; et pour ce qu'il ne fu point trouvé bon ne preiſitable pour chevauchier, il fu revendu ix salus d'or seulement.

Pour ung aultre cheval acheté en ladicte ville de St-Quentin, xii salus d'or et v sous parisis pour le selle, bride et harnais, xlviii sous pour ce yci pour lesdites parties, chacun salut ou pris de xxiiii sous parisis.

A mondit seigneur en deniers comptans, à lui bailliez pour faire sa despense en la ville de St.-Quentin, quand madame de Charolais passa par icelle ville, xi francs pour ce yci.

F°. 53 *v°*. Deniers quittiez. — *F°*. 54. Mises faictes pour la provision et despense de l'ostel. — *F°*. 54 *v°*. Aultres mises pour ouvrages fais durant le temps de ce compte, tant pour nouveaulx édifices comme pour réparacions.

Ce chapitre n'est pas le moins curieux.

F°. 59 *v°*. Réparations à Eterpigny. — *F°*. 60 *v°*. Réparations à Horgny.—*F°*. 61 *v°*. Réparations au Casteller [1] — *F°*. 63. Réparations à Montescourt. — *F°*. 64 *v°*. Réparations à Voyennes. — *F°*. 67. Réparations à Lyhons.

F°. 68 *v°*. Aultres mises et déspense faicte pour voyages.

Dans le premier article on lit : Pour ung voyage fait en la ville de Chauny, pour parler à plusieurs personnes, desquelz pour leur pouverté et perte qu'ils ont soustenu à l'occasion de la guerre, icellui frère ne pot avoir aucun paiement.

F°. 69 *v°*. Aultres mises pour cariages de grains. — *F°*. 71. Aultres mises pour louages de gardins. — *F°*. 71 *v°*. Aultres mises pour le cache des chignes faicte en la rivière de Somme, entre Péronne et le cauchie de Betencourt. (Chapitre curieux.) — *F°*. 72. Aultres mises touchant exploit de justice. — *F°*. 72 *v°*. Mises communes. (Chapitre curieux.) — *F°*. 74 *v°*. Aultres mises pour cappons etc. — *F°*. 75. Mise pour frais de ce présent compte, pour papier et encre, xvi sous, pour salaire du clerc, vi livres,

---

[1] Canton de Guise, arr.t de Vervins (Aisne).

ÉTERPIGNY.

F°. 76. Mise de blé. — *F°*. 77 *v°*. Mise d'avoine. *F°*. 79. Deniers rendus et non receuz. — *F°*. 81 *v°*. Aultres arrérages de cens deubz et non receuz.—*F°*. 83. Aultres arrérages de cens deubz et non receuz. — *F°*. 83 *v°*. Aultres arrérages deubz à plusieurs termes.

Estienne de Wignoles, dit la Hire, qui doit chascun an au terme de Toussains, ix livres parisis, sur ses moulins de Creutes, séans à Frise, à lui appartenant à cause de mademoiselle de Proisy [1], sa femme, et on lui doit la despoulle d'un journal de boz dont on lui a coustume déduire xl sous qui sont comptez mises en deniers cy-dessus ou chappitle de rentes annuelles. Ainsi reste qu'il doit vii livres parisis dont pour le temps de ce compte, le frère Pierre n'a peu avoir aucune chose pour ce yci.

F°. 84 *v°*. Arriérage de blez deubz à la mesure de Péronne.— *F°*. 86.... à la mesure de Neelle. — *F°*. 87.... à la mesure de Montdidier.—*F°*. 87 *v*. Arrierage d'avoine. —*F.°* 88. Arrierage de cappons. Arrierage de guellines. —*F.°* 88 *v°*. Arrierage de cappons.

F°. 90 *v°*. La somme totale de le recepte faicte en deniers comptans monte en somme xv° xxx livres xiii sous viii deniers obolins et la mise xv.° xxi livres xxii sous iv deniers et i poitevin.

Recepte nette viii livres xvi sous iv deniers obolins.

524. Comptes de la Commanderie d'Eterpigny.

1 vol. in-4.° de 69 f.°⁵, papier. — Ecriture du XV.° siècle.

A. I. *Sect. hist.*, MM. 112.

Ce Ms. qui est intitulé : « Compte de la Commanderie d'Eterpigny pour l'an commenchant à la saint Jehan-Baptiste mil cccc xlii et finant audit saint Jehan-Baptiste mil cccc xliii » ressemble complètement à celui que nous venons de décrire, et par la division des chapitres, et par la valeur de chaque article. Nous nous contenterons donc d'indiquer seulement le résultat des dépenses et des recettes.

On voit par ce compte que la femme de l'illustre La Hire [2],

---

[1] Canton de Guise, arr. de Vervins (Aisne).

[2] Le nom a été passé, mais je l'ai retrouvé heureusement au f.° 46 v.° du même compte.

survécut à son vaillant époux, car à l'article des arrérages, le receveur marque que Mademoiselle de Proisy, veuve de feu Estienne de Vignolles, dit La Hire, devait (F°. 57) encore la somme de vii livres.

Recette xii ᶜ lxxv livres xv sous obol. et 1/2 poit.
Mise ix ᶜ v livres xvi sous vii deniers obol. poit.
Recette nette iii ᶜ lxix livres xviii sous vi den. ob. poit.

525. Comptes de la Commanderie d'Eterpigny.

1 vol. in-4° de 195 feuillets, papier. — Ecriture du XVIᵉ. siècle — Lettres majuscules historiées à la plume.

A. I. Sect. hist., MM. 113.

Compte de la seigneurie et commanderie d'Esterpigny, Montescourt, Voyennes, l'Hospital-au-Bos, Noyon, le Hem, le Casteller, Fléchin, Sainct-Quentin et Peulles avec aultres membres et deppendances d'icelle, pour un an commençant au jour Sainct-Remy mil v. c. et xviii includ. et finissant audict jour mil cinq cent et xix excludᵒ, des cens, rentes, fermes, droits seigneuriaulx, amendes, etc., etc., que font et rendent Jehan de Vaulx et Jehan le Long, recepveurs commis, etc.

F°. 2. — Esterpigny — Bayencourt[1] — Esterpigneulx — Ponts-Brye[2] — Misery[3] — Fresnes[4] et Masincourt[5] — Barleux[6] — Liesbecourt[7] et Belloy[8] — Sornout,[9] Cléry[10] et Bazincourt[11] — Frise[12] — Fremerinville[13] — Verman-

---

[1] Bayencourt est situé sur la carte de Cassini au S. E. de Biaches, près des rives de la Somme.

[2] Auj. Brie, canton de Péronne (Somme).

[3] Canton de Nesle, arr.ᵗ de Péronne (Somme).

[4] Fresnes, canton de Chaulnes, arr.ᵗ de Péronne (Somme).

[5] Mazancourt est situé sur la carte de Cassini, à l'Est de Fresnes.

[6] Canton de Péronne (Somme).

[7] Je n'ai pu retrouver la trace de cette localité.

[8] Auj. Belloy-en-Santerre, c.ᵒⁿ de Chaulnes, arr.ᵗ de Péronne (Somme).

[9] Sornou est situé sur la carte de Cassini au S. de Clairy.

[10] Auj. Clairy-Créquy, canton de Péronne (Somme).

[11] Bazincourt est situé sur la carte de Cassini au S. de Sornou.

[12] Canton de Bray-sur-Somme, arr.ᵗ de Péronne (Somme).

[13] Auj. Framerville, canton de Chaulnes, arr.ᵗ de Péronne (Somme).

ÉTERPIGNY. dosviller[1] — Estrée-en-Sangters[2] — Moillains[3] — Dompierre[4] — Foucoucourt[5] — Assevillers[6] — Herbecourt[7] — Maricourt[8] — Villers[9] et Horgny[10] — Bovent[11] — Esme[12] — Biach-les-Nonains[13] — Flaucourt[14] — Péronne. — Cens d'eaue — Droicts de douzaines[15] — Droict de fonts[16]. — Droict de rachapt de fieus.

F°. 36. Aultre recepte pour le terme de Noel, tant argent, blé, chappons que poulles.

(Mêmes lieux que ci-dessus)

F°. 51. Aultre recepte pour le terme de Quasimodo. — F°. 74. Revenu de la maison et seigneurie de Montescourt[17].

(Monchie[18] — Meraucourt[19] — Estrée-en-le-Cauchie[20] — Treuecon[21] — Beauvoir[22] — Germaine[23] — Herouez[24] —

[1] Vermandovillers, canton de Chaulnes.
[2] Auj. Estrées-en-Chaussée, canton de Péronne (Somme).
[3] Auj. Moislains, canton de Péronne.
[4] Canton de Chaulnes, arr.t de Péronne (Somme).
[5] Auj. Foucaucourt, cant. de Chaulnes, arr.t de Péronne (Somme).
[6] Canton de Chaulnes, arr.t de Péronne (Somme).
[7] Herbécourt, cant. de Bray-sur-Somme arr.t de Péronne.
[8] Canton de Combles, arr.t de Péronne.
[9] Auj. Villers-Carbonnel, canton de Péronne.
[10] Commune de Villers-Carbonnel.
[11] Commune d'Ablaincourt, arr.t de Péronne.
[12] Peut-être Esne, canton de Cléry, arr.t de Cambrai (Nord).
[13] Aujourd'hui Biaches, canton de Péronne.
[14] Canton de Péronne.
[15] Ce droit était dû par chaque ménage non tonsuré, qui payait xii deniers, dont 6 à la St.-Remy et 6 à la Quasimodo. Les officiers de la Commanderie en étaient dispensés.
[16] Droit de 4 lots pour chaque pièce de vin vendu en détail.
[17] Montécourt, commune de Monchy-Lagache.
[18] Monchy-Lagache, canton de Ham, arr.t de Péronne (Somme.)
[19] Méraucourt, commune de Monchy-Lagache.
[20] Aujourd'hui Estrées en-Chaussée, canton de Péronne (Somme).
[21] Trevecon est situé sur la carte de Cassini à l'E. de Monchy-Lagache.
[22] Auj. Beauvois, cant. de Vermand, arr.t de St.-Quentin.
[23] Canton de Vermand, arr.t de St.-Quentin.
[24] Auj. Hérouel, canton de Vermand, arr. de St.-Quentin (Aisne).

Lanchi [1] — Meraucourt — Monchy — Herouez — Quiviers [2] ÉTERPIGNY. — Donvieul [3]).

F°. 108. La maison et seigneurie de Courdemanches-les-Voyennes.
(Rouy [4] — Offoyes [5]).

F°. 124. La maison et seigneurie de l'Hospital-au-Bos.
(Libermont [6] — Mainy [7] et Ermentières [8] — Viry et Jenlis [9]).

F°. 132. Noyon.
(La rue du Wez hors la porte-Passel).

F°. 142. La seigneurie du Hem. — F°. 147. La seigneurie du Casteller [10].
(Le Brulle [11] — Roysel [12] — Beaumez [13] — Bouquely [14] — Hencourt [15] — Bernes [16] — Mons-en-Cauchie [17]).

F°. 157. Maison et seigneurie de St.-Quentin. — Maison de Flechin [18].
(Bernes — Lehaucourt [19]).

[1] Canton de Vermand, arr.t de St.-Quentin.
[2] Auj. Quivières, canton de Ham, arr.t de Péronne (Somme).
[3] Auj. Donvieux, commune de Monchy-Lagache canton de Ham.
[4] Canton de Nesles (Somme).
[5] Offoy, canton de Ham, arr. de Péronne (Somme).
[6] Libermont, canton de Guiscard, arr.t de Compiègne (Oise).
[7] Je n'ai pu retrouver l'emplacement de cette localité.
[8] Peut-être Armentières, commune de La Chapelle-aux-Pots, canton de Coudray-St.-Germer.
[9] Les maisons de Viry et Genlis étaient tenues de N.-D. de Paris.
[10] Le Catelet est situé, sur la carte de Cassini, au S. O. de Cartigny et au N. E. de Mesnil-Bruntel.
[11] Auj. Brusles, commune de Cartigny, près Péronne, (Somme).
[12] Auj. Roisel, commune de l'arr.t de Péronne (Somme).
[13] Auj. Beaumets, canton de Cartigny (Somme).
[14] Auj. Boucly, commune de Tincourt-Boucly, près Péronne (Somme).
[15] Auj. Hancourt, cant. de Roisel, arr.t de Péronne (Somme).
[16] Canton de Roisel (Somme).
[17] Auj. Mons-en-Chaussée, canton de Péronne (Somme).
[18] Commune de Bernes, canton de Roisel (Somme).
[19] Auj. Le Haucourt, cant. de Le Catelet, arr. de St.-Quentin (Aisne).

ÉTERPIGNY.   F°. 171. La seigneurie de Prulle [1]. — F°. 178. v°. Mises en deniers faictes et paiées par lesdits receveurs. — F°. 182 v°. Deniers comptés et non receus. — F°. 186. Mises debtes faictes et paiées. — Bledz comptez et non receus. — F°. 189 v°. Mises d'avaines. — F°. 191 v. Remises de pourceaux — de poix — de corvées.

526. Comptes de la Commanderie d'Éterpigny.

1 vol. in-4°. de 139 feuillets, papier.—Ecriture du XVI°. siècle.

A. I.Sectc. hist., MM. 114.

Ce registre est intitulé : Compte que fait et rend Anthoine Gorin, recepveur des menus cens et rentes deubz à la Commanderie d'Esterpigny, etc., et ce à commencher par ledit Gorin au jour de Sainct-Remy mil cinq cent quatre-vingt-deux includ, finissant à pareille jour mil. v. c. quatre-vingt et trois, exclud.

On a observé la même division topographique que ci-dessus.

527. Registre de baux.

Cahier de 64 feuillets, papier.—Ecriture du XVII°. siècle.

A. I. Sect. hist., MM. 115.

Les baux enregistrés dans ce cahier datent de 1613 et terminent à l'année 1621.

Ce MS. ne renferme rien d'important.

ÉTINEHEM.   **528.**

Plan d'une partie du territoire d'Etinehem [2].

A. I. Sect. adm., N. 3° cl., n°ˢ 56 et 57.

ÉTOUVY.   **529.**

I. Aveu et dénombrement de la terre et seigneurie d'Estouvy [3], près d'Amiens, relevant de la châtellenie de Picquigny. — (2 juin 1456).

A. I. Sect. adm., Q. 1547.

---

[1] Auj. Prusle, commune de Mons-en-Chaussée (Somme.)

[2] Canton de Bray-sur-Somme, arrond. de Péronne (Somme).

[3] Etouvy est situé sur la carte de Cassini au N. O. d'Amiens, au S. de de Longpré.

II. Plan d'Etouvy et de ses environs. ÉTOUVY.

   A. I. *Sect. adm.*, N. (Somme), 3e. cl., n° 85.

530. ÉTOUY.

 Plan du terroir d'Etouy ¹.

   A. I. *Sect. adm.*, N. (Oise), 1re. cl., n° 17.

531. ÉTRÉAUPONT.

 1°. Passage du Ton à Etréaupont ². — 2°. Passage de l'Oise à Etréaupont. — 3°. Embouchure du Ton à Etréaupont. — 4°. Traverse du Monvinage à Etréaupont.

   B. I. *Dép. des Cartes et Plans.*, Coll. topogr., V. a. 28.

532. ÉTREUX.

 Plan du terroir d'Etreux ³.

   A. I. *Sect. adm.*, Série N. 1re. cl., n° 2.

533. ÉTRICOURT.

 Plan du marché et dimage d'Etricourt ⁴ et Nouroy.

   A. I. *Sect. adm.*, N. (Aisne), 3e. cl., n° 76.

534. ÉVE.

 Instance entre le seigneur d'Eve-sous-Dampmartin ⁵ et les religieux de St.-Leu, au sujet des droits de champart et autres sur ladite seigneurie.

   A. I. *Sect. adm.*, Q. 871.

535. FAILLOUEL.

 Enoncé des droits seigneuriaux de Faillouel. ⁶

   A. I. *Sect. adm.*, Q. 12

536. FALVY.

 I. Lettres par lesquelles Charles IX, sur la demande du

---

¹ Commune de Clermont (Oise).
² Canton de la Capelle, arr.t de Vervins, (Aisne).
³ Canton de Wassigny, arr.t de Vervins (Aisne).
⁴ Canton de le Catelet, arr.t de St. Quentin (Aisne).
⁵ Aujourd'hui Eve, arr.t de Senlis, canton de Nanteuil-le-Haudouin (Aisne).
⁶ Commune de Frières (Aisne).

FALVY.   prince de Navarre, seigneur de *Falevy-sur-Somme* [1], établit au dit village deux foires annuelles. (Mai 1567)

A. I. Sect. hist. Tr. des Ch. J. Reg. 265, p.^{ce} 226.

II. Procès-verbal de visite des bois dépendants de l'hôpital d'Athies, sis audit lieu et à Falvy (9 avril 1772).

A. I. Sect. adm., Q. 1551.

III. Arrêt qui maintient M. et Mme de Saint-Simon dans la jouissance du domaine de Falvy, engagé en 1594 avec la terre de Benay [2], moyennant 600 livres de rente annuelle. (15 avril 1783)

A. I. Sect. adm., Q. 1541.

IV. Plan de la terre et seigneurie de Falvy.

A. I. Sect. adm., N. (Somme) 2.e cl. n.° 15.

FAMECHON. 537.

I. Quatre plans du domaine de Famechon [3]. — Plan du grand Chocquoy. — Plan du petit Chocquoy.

P.I. Dép.^t des cartes et plans. Coll. topogr. V. a 22.

II. Lettres par lesquelles le duc de Bourgogne accorde des franchises à la commune de Famechon. (sept. 1545)

A. I. Sect. hist. Tr. des Ch. J. Cart. 1017. p.^{ce} 193

FAVEROLLES. 538.

I. Vente d'un manoir sis à *Faverolles* [4], faite par le seigneur Herlin de *Wasiers* [5], au comte de Valois. (1327)

A. I. Sect. hist. Tr. des Ch. J. 163. B. n. 98.

II. Quittance de la somme de 66 livres pour la vente ci-dessus. (1327)

A. I. Sect. hist. Tr. des Ch. J. 163, B. n.° 99.

---

[1] Falvy, canton de Nesles, arr.^t de Péronne (Somme).
[2] Canton de Moy, arr.^t de Saint-Quentin (Aisne).
[3] Canton de Poix, arr.^t d'Amiens (Somme).
[4] Canton de Villers-Cotterets, arr.^t de Soissons (Aisne).
[5] Peut-être Waziers, canton de Douai (Nord).

539. FAVETTE.

Déclaration des cens dûs par les habitants de Favette. (16 mars 1640.)

A. I. Sect. adm., P. 747. n.° 2668.

540. FAVIÈRES.

I. Arrêt de liquidation de la finance d'engagement de la redevance de 4 muids d'avoine dûs par la commune de Favières[2], à la somme de 1338 livres 15 sous 4 deniers. (22 juillet 1783) — II. Rapport au conseil, sur une demande de lettres-patentes qui confirment le partage d'un marais situé en la paroisse de Favières, fait entre le comte d'Artois et les habitants dudit lieu. (16 juin 1787)

A. I. Sect. adm., Q. 1536.

III. Profil et élévation du pont construit dans le village de Favières, sur le canal de Maye.

A. I. Sect. adm. N. (Somme) 3.e cl. n.ºs 7 et 11.

541. FAVREUIL.

Lettres par lesquelles le duc de Bourgogne accorde des franchises à la commune de Favreuil.[3] (sept. 1545)

A. I. Sect. hist. Tr. des Ch. J. Cart. 1017 p.^{ce} 152.

542. FAY.

Déclaration des droits et biens de la paroisse de Fay.[4] (1660)

A. I. Sect. adm. Q. 851.

543.

Plan de la ferme et des prés de Fay[5], appartenant aux religieux de l'abbaye de Chaalis.

A. I. Sect. adm. N. (Oise) 3.e cl. n.° 15.

---

[1] Cassini, qui a écrit *Fovette*, a placé cette localité à l'O. de Bourguignon, au N. de St.-Paul-aux-Bois, c.^{on} de Coucy-le-Château, arr. de Laon (Aisne).

[2] Canton de Rue, arr.^t d'Abbeville (Somme).

[3] Canton de Bapaume (Pas de Calais).

[4] Canton de Chaumont-en-Vexin, arr.^t de Beauvais (Oise).

[5] Canton de Crépy, arr.^t de Senlis (Oise). Voy. ce que je dis de cette ferme aux pages 383, 398 et suiv. du tom. I de mes *Notices*.

6.*

FAY. **544.**

Plan du bois de Fay ¹.

A. I. *Sect. adm.* N. (Aisne) { 2.ᵉ cl. n.° 4.
3.ᵉ cl. n.ᵒˢ 15, 17 et 23.

FAY-LE-NOYER. **545.**

Plan de Fay-le-Noyer ² et de ses dépendances.

A. I. *Sect. adm.* N. (Aisne) 2.ᵉ cl. n.° 1.

FAYE. **546.**

Procès-verbal de visite du bois de Faye ³, appartenant à l'Hôtel-Dieu de Beauvais. (2 mai 1763.)

A. I. *Sect. adm.*, Q. 866.

FAYEL. **547.**

Aveu et dénombrement des fiefs de Fayel ⁴ et Pouprote. (1. décembre 1766)

A. I. *Sect. adm.*, Q. 1532.

FEMME-EN-TERRÉE. **548.**

Plan des bois de Femme-Enterrée ⁵.

A. I. *Sect. adm.*, N. (Aisne) 3.ᵉ cl. n.ᵒˢ 31, 32, 33 et 35.

FERTÉ-LES-ST.-RIQUIER. **549.**

Relief, foi et hommage de la seigneurie de la Ferté-lez-Saint-Ricquier ⁶ (14 juin 1774).

A. I. *Sect. adm.*, Q. 1532.

FERTÉ-SUR-PÉRON. **550.**

Procès-verbaux de visite des bois de l'Hôtel-Dieu de Laon, situés à la Ferté-sur-Péron ⁷.

A. I. *Sect. adm.*, Q. 15.

¹ Commune de Grandlup, près Marle (Aisne).
² Commune de Surfontaine (Aisne).
³ Canton et arr.ᵗ de Beauvais (Oise).
⁴ Ce fief, ainsi que celui de Pouprote, était sis à Crécy, arr.ᵗ Abbeville, (Somme).
⁵ Ce bois était situé dans le cant. d'Aubenton, arr.ᵗ de Vervins (Aisne.)
⁶ Canton d'Ailly-le-Haut-Clocher, arrond. d'Abbeville (Somme).
⁷ Canton de Ribemont, arr.ᵗ de St.-Quentin (Aisne)

551.
Aveu et dénombrement du fief de Fervaques, mouvant du roi à cause de son château de Péronne [1] (14 avril 1760).

A. I. *Sect. adm.*, Q. 1542.

FERVAQUES.

552. Recueil de chartes originales ou copies de chartes tirées des collections des Bibliothèques de Paris ou des archives de l'empire.

FERVAQUES. (abbaye de)

Nous avons réuni dans ces notices concernant Fervaques les pièces relatives à Fonsommes, demeure primitive des religieuses de Montreuil. Il nous a semblé qu'il était impossible de faire deux articles séparés, d'autant plus que suivant l'ordre alphabétique que nous avons adopté, nous aurions été obligé de mettre Fonsommes après Fervaques, c'est-à-dire, chronologiquement parlant, le commencement après la fin.

Nous ferons remarquer l'importance des documents originaux que nous ont fournis les cartons nouvellement classés à la Bibliothèque Impériale, et ceux de la série S. aux Archives de l'Empire, dont nous avons eu déjà occasion de parler. Le titre de fondation du sénéchal Renier, la confirmation par l'abbé de St.-Prix, celle de l'évêque de Noyon, sont des actes aussi anciens que précieux et dans un état parfait de conservation. En résumé les 93 pièces qui suivent remplaceront heureusement le silence du cartulaire de Fervaques, qui ne nous est parvenu que bien incomplet.

I. Charte par laquelle Renier, dapifer, (Rainerius, Dapifer) donne aux religieuses de Montreuil (apud monasteriolum) le territoire de la ville de Fonsommes [2] (villa q. d. Funsomis) l'aleu qu'il possède à Bernot [3] (apud villam Bresnort) et l'autel de *Duri* [4] (1140).

B. I. Cart. n.º 1790.

II. Acte par lequel l'abbé de St.-Prix, ne s'oppose pas

---

[1] Ce fief était sis à Péronne.
[2] Canton de St.-Quentin (Aisne).
[3] Canton de Guise, arr.ᵗ de Vervins (Aisne).
[4] Canton de St.-Simon, arr.ᵗ de St.-Quentin (Aisne).

FERVAQUES.
à l'établissement des religieuses de Montreuil (monasteriolum apud Teraciam) à Fonsommes, mais ne leur permet la consécration de leur maison qu'à certaines conditions (s. d.).

B. I. Cart. n.° 1790.

III. Charte de Beaudoin, évêque de Noyon, adressée à Rosalie, abbesse de Fonsomme, qui confirme les biens de cette abbaye. — [In Pyri loco, territorio Fontissomme; terra q. d. del Destroit, à via que de Humbilariis [1] versus Frasnetum [2] ducit in parte superiori ad orientem et de Racres descendit ad vallem de Mareuziel; terra in Emberti valle, terra tota que in Fontanis [3] juxta Fillanis [4] erat; medietas unius molendini in Isseni [5]] (1152. Ind. x Epact. III.)

A. I. Sect. hist. L. 1161.

IV. Acte par lequel Waldinus de Dury donne à l'abbé de Fonsomme cinq muids de Froment, dont trois percevables à *Roisest* [6], et deux à Dury [7] (1171).

A. I. Sect. hist. L. 1161.

V. Acte par lequel Evrard, sénéchal de Vermandois, donne aux religieuses de Fonsommes (ecclesie Fontissomene) le bois qu'il possédait audit territoire (totum nemus territori Fontissomene secus viam que a Franeto per medium Raires transit et versus Humblarias tendit) (1186). Deux pièces semblables.

B. I. Cart. n.° 1790.

VI. Charte de Guillaume, archevêque de Reims, relative au don fait par Renier, sénéchal de Vermandois, aux religieuses de Fonsomme, (religiosis Fontissummene) (1186).

B. I. Cart. n.° 1790.

---

[1] Homblières, canton de St.-Quentin (Aisne).
[2] Peut-être Fresnoy-le-grand, canton de Bohain.
[3] Auj. Fontaine-Uterte, canton de Bohain (Aisne).
[4] Auj. Fieulaine, canton de St.-Quentin (Aisne).
[5] Auj. Essigny-le-petit, canton de St.-Quentin (Aisne).
[6] Auj. Roisel, arr. de Péronne (Somme).
[7] Canton de St.-Simon, arr.t de St.-Quentin (Aisne).

VII. Lettres d'Etienne, évêque de Noyon, concernant les donations[1] faites à l'abbaye de Fonsomme (ecclesie sancte Marie Fontisomone) par Evrard, sénéchal de Vermandois (totum nemus cum terra, in territorio Fontissomone, secus viam que a Fraisneto per medium Raieres transit et versus Humblarias tendit) (1188). Deux pièces semblables. FERVAQUES.

A. I. Sect. hist. L. 1161.

VIII. Donation faite par Robert de *Liheu* (Lihons), pardevant les échevins de Péronne, aux religieuses de *Favarkes*, d'un pré sis ad *Belesaises post Bordelum* (1188).

A. I. Sect. hist. L. 1162.

IX. Vente faite aux religieuses de Fonsomme par Dreux d'Autremencourt[2] (D. de Ostremontcort) de tous les droits qu'il possédait à Lierval[3] (in villa scilicet de Lierval) (1189).

B. I. Cart. n.° 1790.

X. Acte du chapitre de Guise qui quitte les religieuses de Fonsomme des droits de vinage qui pouvaient leur appartenir (1193).

A. I. Sect. hist. L. 1161.

XI. Acte du XII°. siècle incomplet à la fin et rongé au commencement, relatif à *Parrici*.

B. I. Cart. n.° 1790.

XII. Confirmation par Everard, sénéchal de Vermandois, de la donation faite par Thomas, seigneur de Fontaines (dominus Fontanarum) son homme lige, à l'abbaye de Fervaques (ecclesie Favarcarum), de tout ce qu'il possédait en dimes à Fontaine, et de trois mencaudées de terre, situées

---

[1] Malgré les termes de donation employés dans la charte, il est cependant positif que les religieux avaient donné 45 liv. marbot. On lit en effet au bas de la pièce : Sciendum etiam quod Evrardus senescallus et pater ejus pro predicto nemore ab ecclesia sepedicta trecentas et quindecim libras marbotinorum.

[2] Canton de Marle, arr.' de Laon (Aisne).

[3] Canton de Craonne, arr.' de Laon (Aisne).

FERVAQUES.   près dudit lieu, où les religieuses éleveront un édifice, propre à renfermer leurs troupeaux depuis Pâques jusqu'en août. (XII.ᵉ siècle)

B. I. Cart. n.° 1790.

XIII. Acte par lequel Gui de Bethisy (Guido de Bestisiaco) prévôt du roi, fait connaître que Thomas d'Autremencourt (Ostremuncurt) retire les prétentions qu'il avait sur les aisances de la ville de Lierval (de Lirivalle). (1201).

A. I. Sect. hist. L. 1161.

XIV Cession faite à l'abbaye de Fervaques d'une rente de xxx muids de blé à la mesure de Saint-Quentin (1201).

B. I. Cart. n.° 1790.

XV. Vente faite par Eude de Faïel, chevalier, de deux parts de la dîme de Faïel [1], de Selenci [2], et de Francelli [3] (juin 1201).

B. I. Cart. n.° 1790.

XVI. Charte d'Etienne, évêque de Noyon, qui confirme la donation faite aux religieux de Favarches, par Richard Langlois, de cinq muids de froment, qu'il avait achetés à Renier, chevalier d'*Oreni* [4] (nov. 1209).

A. I. Sect. hist. L. 1161.

XVII. Charte d'E.., sénéchal de Fonsommes, qui reconnait avoir vendu aux religieuses de Fervaques 5 modiées de bois (oct. 1213).

A. I. Sect. hist. L. 1161.

XVIIbis Confirmation de ladite vente par Etienne, évêque de Noyon (oct. 1213).

B. I. Cart. n.° 1790.

XVIII. Accord passé pardevant le doyen de la chré-

---

[1] Auj. Fayet, canton de Vermand, arr.ᵗ de St.-Quentin (Aisne).
[2] Selency est situé sur la carte de Cassini au S. E. d'Holnon.
[3] Francilly est situé sur la carte de Cassini au S. d'Holnon.
[4] Origny S.ᵗᵉ Bénoite, canton de Ribemont, arr.ᵗ de St.-Quentin (Aisne).

tienté de Saint-Quentin entre l'abbé de Fervaques (de Favarchiis) et Agnès de Fontaines, veuve du chevalier Gui, par lequel la dite dame laisse aux religieux la terre qu'ils réclamaient (oct. 1218).

A. I. Sect. hist. L. 1161.

XIX. Accord passé entre Gérard de Saint-Aubert, seigneur de *Bohaing*[1] et les religieux de Fervaques, par lequel ces derniers reçoivent trois modiées de bois (in nemore de Molinel, quarum principium erit versus Segouncort[2]) à la place d'un *bigata* de bois qu'il recevait chaque jour dudit seigneur. Cet accord passé en avril 1219 est suivi d'un échange par lequel les trois autres modiées de bois (apud viam que tendit de Segouncort versus Bohaing contigue terre arabili curtis que dicitur Vile) sont données à la place des autres (juin 1220).

A. I. Sect. hist. L. 1161..

XX. Vente passée sous le scel du doyen de St.-Quentin, faite par Asseline, veuve de Richard de *Cortelore*, aux religieux de Fervaques de 20 setiers de terre situés dans les territoires de Murincort[3], Fraisnoi et Fontaines (juillet 1220).

A. I. Sect. hist. L. 1161.

XXI. Echange d'une moitié de maison sise à St.-Quentin rue du Touquet (in vico del Touket) contre la moitié d'une autre maison que l'abbaye avait dans la dite ville, au marché; moyennant 25 livres parisis de rente que devront payer les religieux à Gobert, propriétaire de la première maison, tant qu'il restera dans l'état de clerc séculier. (sept. 1221)

A. I. Sect. hist. L. 1161.

XXII. Accord entre les abbayes de Foigny et de Fer-

---

[1] Bohain, arr.' de St.-Quentin (Aisne).

[2] Auj. Seboncourt, canton de Bohain (Aisne).

[3] Morincourt était situé dans le territoire de Fontaine-Uterte. Voy. les chartes XXXIV et XXXVII.

FERVAQUES.

vaques, au sujet d'une écluse commune aux deux abbayes (avril 1222).

B. I. Cart. n.º 1790.

XXIII. Donation faite aux religieux de Fervaques, de quatre modiées de terre sises au territoire de Herbertcort [1], par Renier, seigneur du Verguier [2] (dominus *Virgulti*) chevalier, lequel vend à l'abbaye un champ appelé *Goencamps* (inter nemus de Priers et spinam destraus et inter sartellum novum et les caus fors, sicut mete distingunt... terra autem restaurata.... et in campo de Tisiens et in valle de Mouocort.) (juin 1222)

A. I. Sect. hist. L. 1161.

XXIV. Vente faite par Simon de Dalon [3], à l'église de Fervaques de tout ce qu'il possédait sur la dîme de *Vileveske* (janvier 1223).

A. I. Cart. n.º 1790.

XXV. Confirmation de la dite vente par Raoul de Moiencourt [4] (janvier 1223).

B. I. Cart. n.º 1790.

XXVI. Confirmation de la dite vente par Gérard, évêque de Noyon (janvier 1223).

B. I. Cart. n.º 1790.

XXVII. Vente passée devant le doyen d'Athies faite par Raoul Pestiaus, frère de Renier du Verguier, à l'abbaye de Fervaques de deux maisons à Herbercourt (déc. 1224).

A. I. Sect. hist. L. 1161.

XXVIII. Vente faite aux religieuses de Fervaques par Robert de Lesdins [5] (de Lesdino) de XIX modiées de terre

---

[1] Auj. Herbecourt, canton de Bray-sur-Somme.
[2] Canton de Vermand, arr.ᵗ de St.-Quentin (Aisne).
[3] Auj. Dallon, canton de Saint-Simon (Aisne).
[4] Peut-être Moyencourt, cant de Roye, arr. de Montdidier (Somme).
[5] Canton de St.-Quentin (Aisne).

sises dans les territoires de *Fontanis* [1], de *Seckehard* [2], de *Gondrencort et in territorio Sancti Prejecti*, avec les droits de terrage y attachés (déc. 1224)

FERVAQUES.

A. I. Sect. hist. L. 1161.

XXIX. Gilles, chevalier, seigneur de *Markais* [3], approuve la donation faite par son frère à l'église de Fervaques, d'une maison et jardin sis à Roisel (Roisest). (août 1224).

B. I. Cart. n.° 1790.

XXX. Don fait par René de Jeancourt [4] (R. de Jehancort) à l'abbé de Fervaques, des biens qu'il possédait. (février 1225).

A. I. Cart n.° 1790.

XXXI. Vente faite aux religieuses de Fervaques et passée par devant Raoul, vice doyen de Ham, d'une rente de deux muids de froment que Barthélemy de Ville-l'Evêque possédait au dit lieu (oct. 1225).

A. I. Sect. hist. L. 1161.

XXXII. Vente faite par Renier, chevalier, seigneur du Verguier, aux religieuses de Fervaques d'un bois appelé *Fossa Guillelmi*, près du bois *de Periers* [5] (avril 1225).

A. I. Sect. hist. L. 1161.

XXXIII. Vente faite par Thomas, chevalier, seigneur de Fontaines, aux religieuses de Fervaques de douze modiées de terre sises à Fontaine (in sarto de Kiérueles, versus Seckehard, versus Montbrahain [6], et versus Sainnencort [7]). Il établit dans ce même acte le douaire de sa femme

---

[1] Fontaine-Uterte.

[2] Sequehart, canton de Le Catelet (Aisne).

[3] Marquaix, canton de Roisel (Somme).

[4] Canton de Vermand, arrondissement de St.-Quentin (Aisne).

[5] Il y a deux actes semblables. Le bois de Periers est le *bois de Priez*, indiqué par Cassini près du petit Fervaques, au S. d'Argicourt.

[6] Auj. Montbrehain, canton de Bohain (Aisne).

[7] Senacourt est marqué sur la carte de Cassini au S. de Montbrehain.

FERVAQUES.

sur des terres sises également à Fontaines (in sarto domine Ode, in baia Louet, in campo Tilicti) (avril 1225).

A. I. Sect. hist. L. 1161.

XXXIV. Vente faite par Pierre de Morincourt[1], aux religieuses de Fervaques, de VII setiers de terre apud *Fresneaus* (1226).

A. I. Sect. hist. L. 1161.

XXXV. Vente faite par Roger de Driencourt[2], aux religieuses de Fervaques, de terres sises dans le territoire de Fontaines (sept. 1226).

A. I. Sect. hist. L. 1161.

XXXVI. Vente faite aux religieuses de Fervaques par Raoul Pestel, de *Verge*[3], chevalier, du fief qu'il tenait d'Oudard, chevalier de Monchi, seigneur de *Riveres*[4] (mars 1227).

A. I. Sect. hist. L. 1161.

XXXVII. Vente faite aux religieuses de Fervaques par Thomas de Fontaines, chevalier, de tous les bois et droits qu'il possède dans le territoire de Fontaines (terra Crispini de Muerincort[5], justicia apud Holenon[6]). Il hypothèque le douaire de sa femme sur trois modiées de terre, — (in campo de Reuliu; de territorio Loueth[7]; sub campo Colardi magni). (déc. 1228). 2 actes semblables.

A. I. Sect. hist. L. 1161.

XXXVIII. Confirmation de la dite vente, par Gilles, chevalier, seigneur de Fonsommes, sénéchal de Vermandois (déc. 1228).

B. I. Cart. n.° 1790.

---

[1] On voit par la charte XXXVII que ce lieu était situé dans le territoire de Fontaines.

[2] Canton de Roisel, arr.' de Péronne (Somme).

[3] Probabl.^{ent} le Vergie, situé sur la carte de Cassini à l'O. de Sequehart.

[4] Auj. Monchy-Rivière.

[5] Probablement Maurecourt.

[6] Auj. Holnon, canton de Vermand, arr.' de St.-Quentin (Aisne).

[7] Dans la 2.e pièce il y a *Louveth*.

XXXIX. Abandon fait par Marie, veuve de Jean de FERVAQUES. Mori, aux religieuses de Fervaques, de tous les droits qu'elle avait, à cause de sa dot, sur la dîme de *Valle de Chypiaco*[1] (mai 1234).

A. I. Sect. hist. L. 1161.

XL. Vente faite par Renier, chevalier, seigneur du Verguier, à l'abbaye de Fervaques de ix sous de cens annuel qu'il percevait sur iv boisselles de terre (mesure de Péronne) sise à Herbecourt[2] (in territorio de Herberticurte) (déc. 1236).

A. I. Sect. hist. L. 1161.

XLI. Vente faite par le même seigneur à l'abbaye de Fervaques de vii setiers de terre, (in territorio de Virgulto, au Verguier, in campo del Carniel, sito juxta terram Capellanie) et du droit de terrage sur iv modiées et 3 mencaudées de terre sises au même lieu (déc. 1236).

B. I. Cart. n.° 1790.

XLII. Acte par lequel Jean, dit *Quercus*, de Péronne, donne à l'abbaye de Sainte-Marie de Biarche près Péronne xxix sous parisis de cens qu'il avait à Péronne[3], 25 journaux de terre et 42 verges au territoire de *Ais*[4], (in campo de *Vilers selve*, inter Flechin[5] et Ais). (juillet 1239).

A. I. Sect. hist. L. 1161.

XLIII. Accord passé devant Wermond, doyen de Saint-Quentin, juge unique délégué par le pape pour prononcer sur la contestation qui existait entre Soihier de *Courteloyre* et les religieuses de Fervaques, concernant la jouissance de 27 sesterces de terre, sises en partie dans le territoire de Fresnoy-le-Grand (de Fresneto in Arroouysia) en

---

[1] Auj. Cepy, marqué sur la carte de Cassini entre St.-Quentin et Fayet.
[2] Canton de Bray-sur-Somme, arr.ᵗ de Péronne (Somme).
[3] Le mot est effacé: un écrit du xv ᵉ s. dit *Preilly*, mais je ne le crois pas.
[4] Auj. Aix, commune de Bernes (Somme).
[5] Commune de Bernes près Péronne (Somme).

FERVAQUES.

partie dans celui de Melicourt [1] (Meurincort) et enfin dans celui de Fontaines (déc. 1239).

A. I. Sect. hist. L. 1161.

XLIV. Don fait par Renier, chevalier, seigneur du Verguier, aux religieuses de Fervaques de xvii sesterces de terre, sises dans le territoire du Verguier (in territorio de Virgulto) au champ dit *ad montem del Arzillière* [2] (sept. 1239).

A. I. Sect. hist. L. 1161.

XLV. Vente faite aux religieuses de Fervaques, par Hugues, chevalier, seigneur de Fieulaine (dominus de Fiulannis) avec le consentement de Gilles de Rochefort, son seigneur féodal, de v modiées de bois en la forêt de Germechon (de Grimechonbus, inter quatuor metas quarum una sita est versus Fiulannas, alia versus Fontanas, tercia versus Biautrou [3] et quarta versus Favarchias et Fonsummes) [4] (déc. 1242).

A. I. Sect. hist. L. 1161.

XLVI. Donation d'un 1/2 muid de terre sis au territoire de Ailincort [5], au lieu dit *au riès*, et d'un autre semblable *de super Panval*, faite par Gautier, dit Porcè, aux religieuses de Fervaques, auxquels il lègue 13 mencaudées et 1/2 sis au même terroir, au lieu dit *floscus as anetes* [6] et 3 mencaudées *ad sartum Aelidis* (août 1243).

A. I. Sect. hist. L. 1161.

---

[1] J'avais pensé d'abord que cela pouvait être Méricourt-l'Abbé, situé près de Bray-sur-Somme, mais cette commune est trop éloignée des deux autres territoires de Fresnoy-le-Grand et de Fontaine-Uterte et je pense plutôt que c'est Mélicourt situé sur la carte de Cassini au S.-O. de Fresnoy-le-Grand.

[2] Larsilliers.

[3] Beautrou est marqué sur la carte de Cassini au S. d'Etave.

[4] Un double de cette vente passée pardevant l'official de Noyon, au mois de novembre 1247, se trouve également dans cette liasse.

[5] Alaincourt, canton de Moy, arr.t de St.-Quentin (Aisne).

[6] Il y a sur la carte de Cassini au N. d'Alaincourt, la Tour-aux-Oyes.

XLVII. Amortissement donné par Jean, seigneur de Seboncourt (Segoncourt), en faveur des religieuses de Fervaques, de trois sesterces de terre, sises *ad spinam*, dans la vallée de Serain[1] (in valle de Serain]iu) qui leur avaient été données par Pierre, dit Judas de Fontaines (mars 1244). 2 pièces semblables.

A. I. Sect. hist. L. 1161

XLVIII. Vente faite aux religieuses de Fervaques par Pierre dit Judas de Fontaines, de quelques terres sises près le sart de Crois [2], au champ *d'Ermentrude*, au champ *Philippe*, au *sart Gérard*, dans la vallée *de quercu*, et à l'épine de *Levalbus* (mars 1244).

A. I. Sect. hist. L. 1161.

XLIX. Confirmation de la vente précédente et amortissement des biens vendus, donnée par Jean, seigneur de Seboncourt, en faveur des religieuses de Fervaques [3] (mars 1244).

A. I. Sect. hist. L. 1161.

L. Acte par lequel Isabelle, belle-sœur de Jean Baras, bourgeois de Saint-Quentin, donne au couvent de Fervaques, où elle a pris l'habit, la troisième partie de la propriété d'une maison qu'elle possédait à Saint-Quentin *in exitu vici que est sub porta Flerense* (avril 1247).

B. I. Cart. n.° 1790.

LI. Acte par lequel Oudard, de Ville l'Evèque, vend au couvent de Fervaques, le charroi qu'il tenait en fief des dits religieux (carionem suum quem tenebat in feodum ab ipsa ecclesia apud Villam Episcopi et quicquid juris habebat in dicto carione et pertinenciis ad carionem et in redecimatione dicti carionis, et etiam in stramine, palea et quolibet alio grano et quibuscumque pertinentibus ad ipsum carionem) (mars 1246).

B. I. Cart. n.° 1790.

---

[1] Canton de Bohain, arr.' de Saint-Quentin (Aisne).

[2] Auj. Croix Fonsommes, canton de Bohain, arr.' de St.-Quentin (Aisne).

[3] Dans cette pièce il y a *spina de le vabus* et non de le *valbus*.

FERVAQUES.

LII. Acte par lequel la chatelaine de Lannoy, Raoul d'Inchi, et Wibert, père de la dite dame, quittent les religieux des droits de vinage qu'ils leur devaient (août 1256). en fr.

A. I. Sect. hist. L. 1161.

LIII. Vente faite aux religieuses de Fervaques, par Pierre, maire d'Herbécourt, de cinq sesterces 22 verges 1/2 de terre sis au dit lieu (février 1258).

A. I. Sect. hist. L. 1161.

LIV. Vente faite par Colart, dit *chevaliers de Estraliers* [1] aux religieuses de Fervaques des dîmes qu'il percevait sur quelques courtils de Saint-Quentin (in curtillis de Couppecat, de Pontoiles, de Veteri foro, de pulcris portis [2], de Remicort) (février 1258).

A. I. Sect. hist. L. 1161

LV. Vente faite par Agnès, du consentement de son mari, Jean de Carthegni [3], aux religieuses de Fervaques, de 18 sesterces de terre, sises au district de St.-Prix de St.-Quentin (in districtu Sancti Prejecti de Sancto Quintino) d'un cens annuel de huit oies, de deux chapons et et de deux foaces (*foachiis*) de la valeur d'un quarteron de farine et de 8 sous 1/2 percevables sur l'église de Saint-Prix (mars 1258).

A. I. Sect. hist. L. 1161.

LVI. Consentement à la vente ci-dessus, de Gilles dit le prévôt, fils de la dite Agnès (mars 1258).

A. I. Sect. hist. L. 1161.

LVII. Legs fait par Jean de *le Male Maison* aux religieux de Fervaques de 20 sous blancs de rente, percevables sur sa terre de la *Male Maison* [4] (oct. 1259) en fr.

A. I. Sect. hist. L. 1161.

[1] Etreillier, canton de Vermand, arr.' de St.-Quentin (Aisne).
[2] La rue des Belles-Portes.
[3] Auj. Cartigny, canton de Péronne (Somme).
[4] Malmaison est situé sur la carte de Cassini au N. de Bohain, au S. O. de Busigny.

LVIII. Renonciation par Agnès, femme de Pierre de FERVAQUES
Moiri, au droit qu'elle avait sur huit journaux de terre,
sis à Morchain [1] et à Vilers [2], que son premier mari Jean
Fabre avait légués au couvent de Sainte-Marie de Biarche
près Péronne (nov. 1259).

A. I. *Sect. hist.* L. 1161.

LIX. Don fait par Pierre Judas, de Fontaine, écuyer, à
l'abbaye de Fervaques de deux sesterces de terre *au val
Rikier* et deux autres *en Sauvezain de sous biau Regart*.
(déc. 1262) en fr.

A. I. *Sect. hist.* L. 1161.

LX. Echange fait entre Etienne de Bohain et l'abbaye de
Fervaques de plusieurs terres (in loco q. d. Werri foissele
juxta haietam de Richardi valle, juxta viam per quam
itur apud Guisiam, juxta le ries de Wiellenbus, — In
loco q. d. in campo ad fouaches, a Vironval, a Reuliu.)
(sept. 1262).

A. I. *Sect. hist.* L. 1161.

LXI. Lettre de Gérard, Sires d'Yssegni [3], par laquelle
il échange avec les religieuses de Fervaques, une masure
sise entre l'écluse d'Yssegni et le manoir de *Raoul de Le
Val*, et certains droits sur la rivière, contre toutes les
redevances de l'Abbaye sur certaines masures. (sept. 1262)
en fr.

A. I. *Sect. hist.* L. 1161.

LXII. Oudars, jadis fils de Barthelemi le Dimeur de
Ville Lévesque, vend à l'abbaye de Fervaques le droit qu'il
avait sur les dimes de *Vileveske*. (juin 1264) en fr.

A. I. *Sect. hist.* L. 1161.

LXIII. Vente faite aux religieuses de Fervaques d'une
pièce de terre sise à Lierval [in territorio de Lierevalle,
loco qui dicitur en Cuernut]. (février 1268)

B. I. Cart. n.° 1790.

---

[1] Canton de Nesle, arr.ᵗ de Péronne (Somme).
[2] Villers-Carbonnel, canton de Péronne (Somme).
[3] Essigny-le-Petit, arr.ᵗ de St.-Quentin (Aisne).

FERVAQUES.

LXIV. Raimond dit Courbes vend aux religieuses de Fervaques le droit héréditaire de terrage qu'il possède sur IX sesterées de terre, sis dans le territoire de Séquehart (*Sekehart*) au lieu dit *Longonon*. (juillet 1268).

A. I. Sect. hist. L. 1161.

LXV. Vente faite aux religieuses de Fervaques par Beaudoin de Lor [1], de tout ce qu'il possédait au territoire de Lierval, au lieu dit *en Cuernut*. (janvier 1269).

A. I. Sect. hist. L. 1161.

LXVI. Echange de certaines terres (in territorio de Fontanis in colle, ad campum Mallet, apud Courbevaus, juxta le Turèle, in valle de Querqu, in via de Sekehart, juxta terram Les Bateurs, au Markais des Vilers, as Vaus Norgiens, en Ingonval, ad Markaizium des Vilers, as Kaisniaus, ad campum Le Ponneresse, a Sauvayssart), entre l'abbaye de Fervaques et Albéric de la Porte, bourgeois de Saint-Quentin [2] (avril 1274).

A. I. Sect. hist. L. 1161.

LXVII. Vente de deux pièces de vignes et d'un droit de vinage faite aux religieuses de Fervaques par Bertrand, fils de Pierre de Lierval. (oct. 1275).

A. I. Sect. hist. L. 1161.

LXVIII. Gilon de Cretous vend aux religieuses de Fervaques, une partie de son courtil sis *apud Fayellum*. (déc. 1275).

A. I. Sect. hist. L. 1161.

LXIX. Echange des dîmes de Fontaines, (in curte Sancti Prejecti, in loco qui dicitur ad nemus de Grimechon Bus, au Markais, ad Album Fossatum, ad locum q. d. en Pesières, au Bus Ramon, in valle Aubreic, au Ponchel, ad campum de Cheri, ad semitam de Abbatisvilla, ad campum

---

[1] Canton de Neufchâtel, arr.ᵗ de Laon.

[2] Cette pièce existe dans le cartulaire de Fervaques de la Bibliothèque Impériale (f.ᵛ 31).

de Courtieus, ad locum q. d. En Prier Lui, ad fossam FERVAQUES. Christiani), qui appartenaient aux religieux de St.-Nicolas de Ribemont contre celles qui appartenaient aux religieuses de Fervaques [1]. (1276).

A. I. *Sect. hist.* L. 1161.

LXX. Acte par lequel l'abbesse de Fervaques prend à cens et rente six modiées de terre sises au terroir de Prémont [2] (in territorio de Petrosomonte) au lieu dit *Fremies sub Fontana*. (1279).

A. I. *Sect. hist.* L. 1161.

LXXI. Pierre Fikes vend aux religieuses de Fervaques six sesterées de terre, au territoire de Fontaine-Uterte, au lieu dit suprà vallem de Seigninval. (1282).

A. I. *Sect. hist.* L. 1161.

LXXII. Accord entre l'abbesse de Fervaques et les habitants de Lierval, par lequel l'abbaye peut faire paître quatre bêtes dans les pâturages de la ville. (avril 1282).

A. I. *Sect. hist.* L. 1161.

LXXIII. Echange entre les religieuses de Fervaques et les religieux de Saint-Foillien, diocèse de Cambrai, de certaines terres et dîmes [in campo dou Vignait contiguo semite per quam itur de Favarchiis ad Fontanas in colle, juxta muros curtis ecclesie Sancti Foilliani apud Crois [3], juxta viam per quam itur de Fontanis apud Baskiaus, juxta viam per quam itur de Fonsommes apud Bouionchamp]. (mai 1284).

A. I *Sect. hist.* L. 1161.

LXXIV. Acte par lequel Marguerite Flourre donne à l'abbaye de Fervaques la propriété de la XVIII [e] gerbe

---

[1] Il est dit dans cet acte inscrit également dans le cartulaire de Fervaques à la Bibliothèque Impériale (f.° 19) que l'abbesse de Fervaques devra nommer chaque année un sergent appelé *avant cache* (unum servientem qui vocatur *avant-cache* pro predictis decimis conservandis).

[2] Canton de Bohain, arr.t de St.-Quentin (Aisne).

[3] Auj. Croix-Fonsomme, c.on de Bohain, arr.t de St. Quentin (Aisne).

FERVAQUES.

qu'elle avait sur six sesterées de terre dans le territoire de Fayet (de Fayello) au lieu dit *a le faverole*. (1285).

A. I. *Sect. hist.* L. 1161

LXXV. Bulle de Nicolas IV, relative aux biens du monastère de Fervaques. (1288).

B. I. Cart. n.° 1790.

LXXVI. Amortissement par Judas de Fontaine, écuyer, de soixante verges de terre données aux religieuses de Fervaques par *Waukiers de Muericourt.* (mars 1292) en fr.

A. I. *Sect. hist.* L. 1161.

LXXVII. Jean de la Porte, de Fontaine au tertre, vend à l'abbesse de Fervaques plusieurs terres qui lui appartenaient à Sauvainsart, à le val Rakier, à Cheli, au coron d'Ingonval, au champ des bateurs, au markais de Vilers, au blanc mont, sur le mont de Tilloy, ou mont d'Ateloi, au camp le ponneresse, à le voie de Monbrehaing, au Val Norgier [1]. (avril 1296) en fr.

A. I. *Sect. hist.* L. 1161.

LXXVIII. Accord entre les religieux de Fervaques et la commune de Brouchi [2], sur le cimetiére dudit lieu. (1299).

B. I. Cart. n.° 1790.

LXXIX. Wistasses, chevalier, sire de Fransières, amortit 24 sesterées de terre acquises par les religieux de Fervaques au terroir de Fontaines (au camp as Fouaches, à Vironval, as terres de Biaurewart, à Reuliu, au camp a le Roinsse). (sept. 1299) en fr.

A. I *Sect. hist.* L. 1161.

LXXX. Acte par lequel l'abbaye de Fervaques abandonne aux chanoines de Saint-Quentin six setiers et soixante verges de terre à Jeancourt (in territorio de Johannis curte, au ries deu Perier, subtus crucem de Ventaile, a Pinchonliu, de super Escaliers, as buissonciaus, as roberies,

---

[1] Cet acte se trouve dans le cartul. de Fervaques f.° 42.
[2] Canton de Ham, arr.t de Péronne (Somme).

ad viam de Montegni, au Vaucel Sancti Martini, à Coke- FERVAQUES.
riaumont, as Viviers etc.)¹ (janvier 1299).

A. I. *Sect. hist.* L. 1161.

LXXXI. Echange entre l'abbaye de Fervaques et celle de Saint-Prix près Saint-Quentin de terres et revenus à Prémont (apud Villam de Petrosomonte) Serain², Malincourt³ et Wiége-Faty⁴ (in territoriis de Seraing et de Masoelencourt et de Wiegia) contre d'autres à Fontaine-uterte (de Fontanis in colle). (août 1304).

B I. Cart. n.° 1790.

LXXXII. Sentence arbitrale par laquelle une pièce de terre située devant la maison de Fervaques à Mauconseil (domus mali ingenii) est adjugée aux religieuses de Fervaques, malgré les prétentions de l'abbé d'Homblières (1304).

A. I *Sect. hist.* L. 1161.

LXXXIII. Cession faite à l'abbaye de Fervaques par Jean Havars, de Guise, de la rente de 29 setiers de blé, que la dite abbaye lui devait (oct. 1309) en fr.

A. I. *Sect. hist.* L. 1161.

LXXXIV. Lettres de l'abbaye de Fervaques, par lesquelles d'après l'ordre de l'abbé de Clairvaux qui a visité son abbaye, elle consent à ce que 30 s. de la bourserie conventuelle, soient pris chaque année pour la pitance de la communauté, la veille de l'Assomption Notre-Dame (1316) en fr.

A. I. *Sect. hist.* L. 1161.

LXXXV. Donation faite par Gérard, chevalier, seigneur de Fontaine-Notre-Dame, de huit muids de blé de rente percevables sur la dîme de Fonsommes, pour la fondation d'une *capellerie en l'églize de Farvakes, en la capele qui est*

---

¹ Acte au quart déchiré. Voy. le cartulaire de Fervaques, f.° 50 v.°
² Canton de Bohain, arr.ᵗ de St.-Quentin (Aisne).
³ Canton de Clary, arr.ᵗ de Cambrai (Nord).
⁴ Canton de Sains, arr.ᵗ de Vervins (Aisne).

FERVAQUES.

entre lenfremerie et le dite églize et le cambre de l'abbesse de le dite église (juillet 1319) en fr.

A. I. *Sect. hist.* L. 1161.

LXXXVI. Lettres par lesquelles Jean Havars, écuyer, demeurant à Guise, donne à l'abbaye de Fervaques 29 setiers de bled de rente, percevables sur la grange de la dite abbaye (oct. 1309) en fr.

A. I. *Sect. hist.* L. 1161.

LXXXVII. Sentence par laquelle le censier du chapitre de Saint-Quentin a le droit de lever les dîmes à Serancourt, nonobstant les protestations de l'abbesse de Fervaques et du chapitre de Saint-Quentin (nov. 1323).

B. I, Cart. n.° 1790.

LXXXVIII. Acte par lequel une maison sise à Saint-Quentin *séant en le sellerie* est dévolue à l'abbaye de Fervaques, à défaut par les acquéreurs du paiement de 40 s. parisis de rente annuelle dûs à la dite abbaye (sept. 1338) en fr.

A. I. *Sect. hist.* L. 1161.

LXXXIX. Sentence des juges et échevins de la vicomté du roi à Saint-Quentin qui adjuge la maison sus dite aux religieuses de Fervaques (sept. 1339) en fr.

A. I *Sect. hist.* L. 1161.

XC. Charte-partie contenant l'acquisition faite par les religieuses de Fervaques d'une maison sise à Saint-Quentin *séant en le rue de belles portes* et rapportant annuellement 10 sous parisis et un chapon (avril 1340) en fr.

A. I. *Sect. hist.* L. 1161.

XCI. Vente faite aux religieuses de Saint-Quentin moyennant trois chapons et 6 deniers parisis de rente, par le receveur du roi en Vermandois, d'une maison sise à St.-Quentin, en la rue des belles portes, et confisquée à Guillaume Lenglet, justicié pour meffait (oct. 1346) en fr.

A. I. *Sect. hist.* L. 1161.

XCII. Deux chartes-parties renfermant l'acquisition

faite par les religieuses de Fervaques d'une maison sise à Saint-Quentin dans la rue de la sellerie, à côté d'une autre que l'abbaye possédait déjà (avril 1703) en fr.

FERVAQUES.

A. I. Sect. hist. L. 1161.

XCIII. Lettres patentes sur arrêt par lesquelles il est ordonné que l'on procédera à l'adjudication au rabais, à moins disant, en la manière accoutumée, des réparations nécessaires à faire à l'église et aux bâtiments de l'abbaye de Fervaques (14 déc. 1703).

B. I. Cart. n° 1790.

553. Chartularium Fervaquiense.

MS. in-8°. de 94 f.°s, parchemin. Ecriture du XIV.e siècle. Rubriques. — Piqué et réglé à la pointe sèche. — Incomplet.

B. I. n.° 129 Cart.

Ce cartulaire commence par la fin d'une charte du mois de juin 1272 ; la suivante est cotée XLVII ; il est, comme on le voit, fort incomplet, et ne renferme que des actes du XIII.e siècle.
Les chartes sont rangées topographiquement.

SOURT.

$F.°$ 1 $v°$. De Renaut de Treumont et de Jehanne sa femme (donation de terres aux terroirs de Wiege et de Fasti [1]) — (juin 1272) — en fr.

$F°$ 2 $v°$. De le tiere [2] (sic) les enfans de Wiege — (juin 1272) — en fr.

$F.°$ 3 $r°$. Confirmatio domini R. domini de Puiseus [3] de terra Radulphi, prepositi de Wiege.—(novembre 1272.) — en fr.

$F.°$ 4. De possessione (à Wiege, Malisis [4], Sourt [5], Lesdin) que fuerunt Radulphi prepositi de Wiege—(1270.)

[1] Auj. Wiége-Faty, canton de Sains, arr. de Vervins (Aisne).
[2] Pour terre.
[3] Auj. Puisieux, canton de Sains, arr.t de Vervins (Aisne).
[4] Auj. Malzy, canton de Guise, arr.t de Vervins (Aisne).
[5] Auj. le Sourd, canton de Sains, arr.t de Vervins (Aisne).

FERVAQUES.

F.° 6 v°. De le tiere qui fu Aubri de Roumeris [1] (de terra sita in loco qui dicitur ad *campum es braiaus* contigue ut dicitur vie de Marle etc.) — (novembre 1275).

F.° 7 Dou pre qui fu mon seigneur Jehan de Leheries ki siet ou terroi de Origni [2], ou liu con dist Arabatu — (mai 1270) — en fr.

F.° 7 v°. De le terre les enfans Wiege. — (juin 1248.) — en fr.

F.° 8 De le terre les enfants Wiege. — (août 1265). — en fr.

F.° 8 v°. De le terre les enfants Wiege. — (août 1255). — en fr.

F.° 8 v.° Dou bos dou Fait (qui tient au bos de le mer d'une part et as tieres dou Sourt d'autre part.) — (juillet 1266).

F.° 10. Dou bos dou Sourt. — (juillet 1266) — en fr.

F.° 11. Dou bos dou Sourt. (Juillet 1266.) — en fr.

F.° 11. v°. Dou bos dou Sourt. (Juillet 1266.) — en fr.

F.° 12. Dou bos dou Sourt. (Juillet 1274.) — en fr.

F.° 13. Dou bos dou Sourt. (Août 1274.) — en fr.

F.° 14 v.° De XXIII jalois de blé ke nous deirens au seigneur de Leheries. — (Mai 1270.) — en fr.

F.° 14 v.° De no maison de Wiege frankie de toutez chosez et de le terre de seur les enfans frankiés. — (Buing (sic) 1300.) — en fr.

F.° 16. v°. Littere J. de Montcigni et J. de Roumeris de terra Radulphi, prepositi de Wiege. — (Déc. 1275.)

F° 17 v°. De xx jalois de blé que nous devons à Moustereuel. — (Janvier 1270.) — en fr.

FARVACHES.

La première charte est cotée 57.

F.° 18. De permutatione facta inter nos et ecclesiam sancti Prejecti [de terris sitis in territorio sancti Prejecti et in territorio et parochia de Fonsummis]— (Août 1275.)

F.° 20. De quatuor modiis bladi et avene apud Fon-

---

[1] Auj. Romery, canton de Guise, arr.t de Vervins (Aisne).
[2] Auj. Origny-en-Tiérache, canton d'Hirson, arr.t de Vervins (Aisne).

tannas ¹[et de terris in loco qui dicitur ad nemus de Gri- **FERVAQUES.**
mechonibus, in loco qui dicitur au markais, in loco qui
dicitur en Pesieres, in loco qui dicitur au bus ramon, in
loco qui dicitur in valle Aubree, au Ponchel, ad campum
de Theri, ad campum des Courtieus, ad locum qui dicitur
en prier lui] — (1276.)

F.° 21. De l'escange de Crois [et des terres situées au
chemin qui mène à Roskiaus, au chemin qui va de Fonsommes à Borrouchamp] — (mai 1284.)

F.° 22. Littere Regis de amortizationibus nostris
[de terris sitis in districtu de Boussoy, in Cousturis, in
Eschausmons, apud Jussi, apud Lierval, Eschausmons,
en mais en couture, in villa sancti Quintini] — (nov. 1292.)

F.° 22 v°. Libertas vivarii nostri et Scluse. — (Janvier 1293.) — en fr.

F.° 24 v°. De deux sest. de terre (sur le voie qui va de
Farvaches à Homblières) Herbert le Cordier. — (Juin 1294.)
— en fr.

F.° 25 r°. Littera Regis de garda domus nostre. —
(septembre 1250.)

F.° 25 r.° De trois muis de blé de Saint-Pri ²— (Août
1289.) — en fr.

F.° 27. De iv modiis tam bladi quam avene apud Fontanas Beate Marie ³. — (1276.)

FONTAINNES. ⁴

F.° 29. Dou terage de le terre qui fu frère Jehan de
Sekehart [in territorio de Sekehart] — (juillet 1268.)

F.° 30. De terragio v sest. terre Johannis Fabri, in
territorio de Sekehart. — (juin 1268.) — en fr.

F°. 30 v°. Item de eodem. — (juin 1268.) — en fr.

F°. 31 De permutatione terrarum de Fontanis in colle
(in loco qui dicitur ad campum Molet, — apud Courbevaus,
— in loco qui dicitur juxta Leturele, — in loco qui dicitur in
valle de Querqu, — juxta terra les bateurs, — au markais des

---

¹ L'original se trouve aux archives (sect. hist. L. 1171. liasse de Fervaques).

² Cette charte en renferme une autre en latin du mois de février 1244.

³ Fontaine Notre-Dame.

⁴ La première charte est cotée xxxviii.

FERVAQUES.

Vilers, —as vas Norgiers, — en Ingonval, —ad campum le Ponneresse, — in loco qui dicitur a Sauvanissart.] ad terras et terragia Albrici de porta. — (avril 1274.)

F°. 32 v°. De terra Johannis, filii Matthei de Driencourt, vendita Albrico de Porta. — (juillet 1267.)

F°. 33 v°. De x sest. terre ad campum Molet. — mai 1256.

F°. 34 v°. De vi sest. de terre petri Fikct. — (1282.)

F°. 35 v°. De x sest. de terre et 53 verges monseigneur Rogon de Fayel, el terroir de Biaurewart.—(mars 1282.) —en fr.

F°. 36. Littere Gerardi Judas de ix verges de terre Frankur de Mericourt. — (mars 1292.) — en fr.

F°. 37. De decimis de Parrisel. — (1290.)

F°. 38. De teres de Biaurewart con tient du seigneur de Fontainnes [1] (au camp as fouaches,—a Reuliu,—a Mericourt).—(sept. 1299.)—en fr.

F°. 39 v°. Les terres de St.-Pri de le dime de Fontainnes et de tout chou kil li avoient [Ingoval,— Vallis Riquier, — à l'espine dame Alois, —Croisetes.]—(juillet 1296.)

F° 42. De teres qui furent Jehan de le Porte [2] [au val Riquier, —à Ingonval,—sur le mont de Tilloy,—au mont d'Ateloy, au val Norgier]— (avril 1296)—en fr.

HERBERCOURT [3].

F°. 44 v°. De quadam sest. terre apud Herbercourt, quam quitavit uxor Johannis Martel.—(janvier 1266.)

F°. 45 v°. De permutatione terrarum nostrarum (in territorio de Villari le Gyllain [4], versus Goysiaucourt [5], ad viam per quam itur de Villari apud Revelon [6], Pesières [7],

---

[1] L'original se trouve aux archives (Sect. hist. L. 1161, l. de Fervaques.)
[2] L'original se trouve aux archives (Sect. hist. L. 1161, l. de Fervaques.)
[3] La première charte est cotée XLIII. Herbecourt, canton de Bray-sur-Somme, arr.ᵗ de Péronne (Somme).
[4] Villers Guislain, canton de Marcoing, arr.ᵗ de Cambrai (Nord).
[5] Gouzeaucourt, canton de Marcoing, arr.ᵗ de Cambrai (Nord).
[6] Revelon est marqué sur la carte de Cassini au S. O. de Villers-Guisl."
[7] Peizière est marqué sur la carte de Cassini au S. E. de Revelon.

Heudincourt[1]) ad terras capellanie de Sorel[2] [in loco qui dicitur ad vallem de Longo fago.]—(1274.) FERVAQUES.

F°. 46 v°. De scambio terrarum Capellanie de Virgulto. (du Verguier). — mars 1266.

F°. 48. De permutatione terrarum de ecclesia de Vermando [in territorio de Herbercourt et de Vendaile[3], ad viam de Templues (Templeux-le-Guérard) in monte de Jehancourt (Jeancourt), ad castellum versus Senaive[4], in villa de Fléquières[5].]—(sept. 1276.)

F°. 49. De terra Marie le fience.—(février 1280.)

F°. 50. De VI journ. et XLIII verges le seigneur de Harvilli[6] (ou terroir de Harvilli et de Herbercourt.) — (juillet 1285.)

F°. 50 v°. Littere capituli de S.°-Quintino, de terris nostris de Johannis curte[7] (in territorio de Jehancourt, a Pinchonliu, as Buissonchiaus, as Rokieres,—a Coumenchi, ad viam de Monteigni[8],—a Cokeriaumont,—a Eskaliers.) —(janvier 1299.)

FAIEL[9].

F°. 53 v°. De decima de valle de Cepi (sive de Chipi) —(avril 1232.)

F°. 54 r°. De II masures à Faiel que nous acquestons à Gillon Cauce et as Gaveriaus. — (avril 1226.)· en fr.

F°. 55. De III sestrelées de terre ou terroi de Faiel qui siet à l'abre de le Banliue qui fu Mahiu de Guni. — (mai 1267.)—en fr.

F°. 55 v°. De quitatione terrarum et aliorum reddituum de quibus erant tenentes Johannes de Issigni (Essigny) et Jacobus ejus filius (de terris sitis in territoriis sancti

---

[1] Auj. Heudicourt, canton de Roisel, arr.t de Péronne (Somme).
[2] Canton de Roisel, arr.t de Péronne (Somme).
[3] Auj. Vendelles, canton de Vermand, arr.t de St.-Quentin (Aisne).
[4] Senave est marqué sur la carte de Cassini au S. de Vendelle.
[5] Auj. Fluquières, canton de Vermand, arr.t de St.-Quentin (Aisne).
[6] Auj. Hervilly, canton de Roisel, arr.t de Péronne (Somme).
[7] L'original est aux archives (L. 1161. l. de Fervaques.)
[8] Montigny est situé sur la carte de Cassini au S. O. de Jeancourt.
[9] La première charte est cotée XXII.

FERVAQUES.

Prejecti et de Montigni[1] juxta Fuillaines (Fieulaines) prope viam que itur de Bougencamp apud Bernonvile[2].)

F°. 56 *r°*. De ce que li sires de Maissemi[3] ne nous constraindre à metre hors de no main demie moie de terre qui fu Robert Galet.—(avril 1268.)—en fr.

F°. 56 *v°*. De curtillo Gillonis Creton.—(janvier 1275.) — en fr.

F°. 57 *v°* Littere Noviomensis curie, de curtillo Gillonis Creton.—(décembre 1275.)

F°. 58. *v°*. De terragio terre que fuit Margareta Flourie [in loco qui dicitur a le faverole, in territorio de Faiel.] — (1285.)

F°. 59 *r°*. De amortisatione terre Marg. Flourie.—(janvier 1284.)—en fr.

F°. 60 *r°*. De terris nostris in domanio abbatis de Regalis monte [in territoriis de Estrelliers, de Gricourt.]— (mai 1294.)

F°. 60 *v°*. Littera Willermi d'Estrées de terra Roberti Galet.—(juin 1293.)—en fr.

LIERVAL[4].

F°. 61 *r°*. De la cauchie de Praele[5].— (février 1270.)
F°. 61 *v°*. De la cauchie de Praele.—(février 1260.)
— De vinea, boscho et prato de Quernu.-(1261.)

F°. 62 *v°*. De dimidio modio vini Goberti dou voisin, apud Lierval.—(septembre 1266.)

F°. 63 *r°*. De vinea, bosco et prato de Quernu[6].— (fév. 1268.)

F°. 64 *r°*. De eodem. — (janvier 1269.)
F°. 65. De eodem. — (mars 1269.)

F°. 65 *v°*. De quadam vinea et bosco que fuerunt Alardi Blesi. (octobre 1275). — *F°*. 66 *v°*. De quadam vinea sita es plantes. (mai 1278).

F°. 67 *v°*. De quadam vinea sita ad vicum Laudu-

---

[1] Auj. Montigny-la-Cour, cant. de Soissons (Aisne).
[2] Auj. Bernoville, canton d'Aisonville (Aisne).
[3] Maissemy, canton de Vermand, arr.t de St.-Quentin (Aisne)
[4] La première charte est cotée xxviii.
[5] Auj. Presles-l'Évêque, cant. de Laon (Aisne).
[6] La rubrique donne Quernu, et le texte Cuerunt et Cuernut.

neuse qui fuit Bald. Chantier. (mars 1281). —*F°.* 68 *v.°*— FERVAQUES.
De pasturis de Lierval. (avril 1282).

F°. 69. De acquestibus nostris pacifice tenendis. (1287).

BROUCHI [1], DURI [2] et TUIGNI [3].

F°. 70. De manerio et majora et carione petri monachi. — (avril 1282.) en fr. — *F°.* 70 *v°.* Item de eodem. — (mai 1282.) en fr. — *F°.* 71. Littere officialis Noviomensis super eodem.—(août 1282.)

JUSSI [4]

F°. 72 De partione decime nostre de Jussi [5], facta inter nos et abbatem et conventum sancti Elegii fontis [6]. [Foillovel [7], Genli [8], Rumigni [9], le Liserole [10], Clastres [11], Camac [12] Saveriaunoi [13], Rouverel [14].]—(juillet 1269.)—en fr.

PERREUMONT [15].

F°. 75. Carta dou bos de Perreumont [16]. — (1273.) en fr. — *F°.* 75 *v°.* De le cense de Perreumont. —(fév. 1278.) en fr. — *F°.* 76 *v°.* Littere curie Noviomensis super eodem.—(1279.)

---

[1] Canton de Ham, arr.ᵗ de Péronne (Somme).
[2] Canton de St.-Simon, arr.ᵗ de St.-Quentin (Aisne).
[3] Auj. Tugny, canton de St.-Simon. La première charte est cotée XXII.
[4] La première charte est cotée XII.
[5] Jussy, cant. de St.-Simon, arr.ᵗ de St.-Quentin (Aisne).
[6] Abbaye de St.-Éloi-Fontaine.
[7] Faillouel, commune de Frières, c.ᵒⁿ de Chauny, arr.ᵗ de Laon (Aisne).
[8] Genlis, commune de Villequier-au-Mont (Aisne).
[9] Rumigny est situé sur la carte de Cassini au S. E. de Montécourt.
[10] Lizeroles, commune de Montécourt, arr.ᵗ de St.-Quentin (Aisne).
[11] Canton de St.-Simon, arr.ᵗ de St. Quentin (Aisne).
[12] Camas est situé sur la carte de Cassini à l'O. de Montécourt.
[13] Savrienoit est situé sur la carte de Cassini au S. de Camas.
[14] Rouvrelle, commune de Guiscard (Oise).
[15] La première charte est cotée XVII.
[16] Auj. Premont, canton de Bohain, arr.ᵗ de St.-Quentin (Aisne).

FERVAQUES.

De redditibus nostris [1].

F°. 77 v°. De tribus solidis quos debebamus Rogero de Lesdin.—(1270.) — F°. 78 v° De xv solidis Jacobi l'ostelier. — (1270.) — De lx solidis maistre Jehan l'austier. — (avril 1275.)

F°. 79 r°. Item de eodem. — (juin 1275.) — F°. 80 r.° De sex solidis quos debebamus ecclesie de Vermando. — juillet 1275. — F°. 80 v°. Item de eodem.—(juin 1275.) en fr. — F°. 81. Item de eodem. — (juillet 1275.) — F°. 82. De xx sous de Landierfay [2] — (1250) en fr. — De xl sous seur le taille d'Aubigni. — (avr. 1267.) en fr

De diversis locis [3].

F°. 84. De dimidio modio bladi domini Hugonis de Venduel (à Venduel).—(juillet 1269.) — en fr.

F°. 84. De v muis de blé Vermon de Boskiaus (à Boskiaus.)—(octobre 1274.)—en fr.

F°. 84 v°. De tribus modiis bladi Rogonis de Fayel (à Mombrehaing.)—(mai 1275.)—en fr.

F°. 85. De uno modio bladi frumenti apud Loncamp [4] de les Boheri.—(février 1272.)— en fr.

F°. 85 v°. Item de eodem.—(fév. 1272.)— en fr.

F°. 86 v°. De deux muis de blé monseigneur Alou et Robert de Fontainnes-ou-tertre, son frère.—(mars 1284.) — en fr.

F°. 87. De ii muis de blé à Yssigny.—(1275.)—en fr.

F°. 87 v°. Du terrage de Crois [5] —(juillet 1293.)

F°. 88 v°. De dimidio modio bladi Wiardi, majoris de Clastres.—(février 1260.)

F°. 88 v°. De uno modio bladi domini R. de Puteolis [Puisieux.]—(décembre 1292.)

[1] La première charte est cotée xli.

[2] Landifay, canton de Nouvion, arr.t de Vervins (Aisne).

[3] La première charte est cotée xxxviii.

[4] Longchamp, canton de Guise, arr.t de Vervins (Aisne).

[5] On a intercalé dans ce folio une copie authentique de cette charte faite en 1661, sur papier.

FERVAQUES.

F°. 89. De dimidio modio bladi majorisse de Avesnis.
—(1285.)
F°. 90. Du sourt.
C'est une charte en écriture du xv° siècle à moitié effacée qui devait être placée à la suite des pièces concernant la localité de Sourt.
Du f° 91 v° au f° 95 se trouve la table des rubriques en rubrique. Cette table est parfaitement en rapport avec les chartes de ce cartulaire. — Nous avons pensé en voyant la cote pareille que ce cartulaire n'était qu'un choix de chartes, et que les numéros 20, 30 etc., donnés comme cotes aux premières chartes d'une localité, étaient les n.ºˢ correspondants à ceux d'un autre cartulaire plus complet, que nous ne possédons point.

554.

FESMY.

I. Arrêt du Conseil rendu sur la requête des habitants du village de *Fesmy* [1], qui ordonne aux élus de l'élection de Guise de les soulager, les taxer, et imposer le plus modérément que faire se pourra, et aux grenetiers du grenier à sel de Guise de ne les imposer qu'à 24 minots de sel par an (8 mars 1622).

A. I *Sect. adm.* E. 70.

II. Plan de la maison conventuelle, et mesurages des bois terres et domaines de l'abbaye de Fesmy.

A. I. *Sect. adm.*, Série N. (Aisne), 3.ᵉ classe, n.º 59.

555.

FESTIEUX.

I Plan d'une partie du terroir de Festieux [2].

A. I *Sect. adm.*, Série N. (Aisne), 3.ᵉ classe, n.º 166.

II. Vidimus de la prévôté de Paris des lettres du roi Philippe de Valois, qui permet aux habitants du village de Festieux, de se choisir entre eux un ou plusieurs procureurs pour se défendre contre le chapitre de Laon qui exigeait d'eux plusieurs servitudes et de lever sur eux-

---

[1] Canton de Nouvion, arr.ᵗ de Vervins (Aisne).
[2] Canton de Laon (Aisne).

FESTIEUX. mêmes une taille pour subvenir aux frais desdites poursuites. (Mars 1337).

B. I. *Cab. des Ch.*, CC. 260.

II. Arrêt du Conseil qui supprime un droit de péage prétendu par les habitants et comté de Festieux. (22 juillet 1749).

A. I. *Sect. adm.*, E. 2292.

FESTONVAL. 556. Plan du domaine de Festonval [1] nommé le temple.

A. I. *Sect. adm.*, N. (Somme). 3.ᵉ classé, n.ᵒˢ 36 et 49.

FEUTELAY. 557. Procès-verbal de visite du bois de la grande Feutelay [2], appartenant à l'abbaye de St.-Germer de Fly [3]. (30 avril 1767).

A. I. *Sect. adm.*, Q. 866.

FIEF. 58. Extrait d'arrêt relatif au bois du Fief [4]. (15 mars 1669).

A. I. *Sect. adm.*, Q. 14.

FIEFFES. 559. Recueil de chartes originales ou copies de chartes tirées des collections des Bibliothèques de Paris ou des Archives de l'Empire.

I. Jean, comte de Ponthieu, donne aux chevaliers du temple trois charruées de terre à la Vicogne [5] (in territorio Viconie) (id. oct. 1154).

A. I. *Sect. adm.*, S. 5061, (suppl.) n.º 3.

II. Acte par lequel Guillaume du Chatel (de Castello), bourgeois de St.-Riquier, donne aux hospitaliers de St.-

---

[1] Canton d'Acheux, arr.ᵗ de Doullens (Somme). Ce domaine était, comme on peut le voir plus bas, une dépendance de la commanderie de Fieffes.

[2] Canton de Coudray-St.-Germer, arr.ᵗ de Beauvais (Oise).

[3] Ces bois contenaient 35 arpents 50 perches 1/2 et étaient situés sur le penchant d'une montagne très-escarpée entièrement exposée au nord.

[4] Le bois du Fief était situé dans le canton de Chauny, arr.ᵗ de Laon (Aisne).

[5] Canton de Domart, arr.ᵗ de Doullens (Somme).

Jean de Jérusalem, quelques terres à Maisons ₁ et à Iver- FIEFFES.
gny ² (apud villam que dicitur Maisuns et apud Ivrenis)
(1199).

A. I. *Sect. adm.*, S. 5060, (suppl.) n.° 7.

III. Lettres de Simon d'Ormoy ³ (de Ulmeio), par laquelle il donne à la maison de St.-Jean de Jérusalem une verge de terre sise à Puisieux ⁴ (apud sanctum sepulcrum de Putrieleio).

A. I. *Sect. adm.*, S. 5059, (suppl.) n.° 13.

IV. Confirmation par l'évêque d'Amiens du don fait aux chevaliers du Temple par Eustache de Bézieux ⁵ (de Baisiu), chevalier, du consentement de Gauthier, chevalier de *Taupasture*, son père, et de Jean de *Domoin*, frère de sa sœur Elisabeth, de la maison de *Fetunval* ⁶, de trois journaux de terre sis aux environs et de 50 verges de terre, au territoire du Saulchoy [in territorio de Sauchoel] (1202).

A. I. *Sect. adm.*, S. 5061, (suppl.) n.° 11.

V. Acte par lequel Baudouin, dit de *Lowencort* ⁷, et Agnès sa femme, reconnaissent avoir donné à Jean de Tiebeval ⁸, 28 journaux de terre sis à Louvencourt, à la charge par ledit Jean d'aller trois fois par an aux plaids dudit Baudouin, et de payer sept sous monnaie courante de relief, [de relevamento] (nov. 1223).

A. I. *Sect. adm.*, S. 5061, (suppl.) n.° 47.

¹ Auj. Maison-Ponthieu, canton de Crécy, arr. d'Abbeville (Somme.)
² Auj. Gennes-Ivergny, canton d'Auxi-le-Château, arr. de Saint-Pol-sur-Ternoise (Pas-de-Calais.)
³ Je n'ai pu retrouver l'emplacement de cette localité.
⁴ Canton de Pas, arr. d'Arras (Pas-de-Calais).
⁵ Ce lieu est situé sur la carte de Cassini à l'O. d'Albert et au S.-E. de Contay.
⁶ Fetunval n'existe plus. Cassini ne l'a pas marqué sur sa carte. Cette dépendance était située près de Toutencourt. (Voyez à ce sujet la pièce LXII de cette série, qui donne des détails intéressants sur l'état de ce pays.)
⁷ Auj. Louvencourt, canton d'Acheux, arr. de Doullens (Somme.)
⁸ Thiepval est situé sur la carte de Cassini au N.-N.-E. d'Albert.

8.

FIEFFES.

VI. Donation de trois journaux de terre à Fienvillers [1] (apud Feuviler), faite aux hospitaliers de Fieffes par Edèle de Fienvillers [2]. (Septembre 1225).

A. I. *Sect. adm.*, S. 5059, (suppl.) n.° 1.

VII. Lettres de Guillaume de Saigneville [3] (de Saganvilla), portant confirmation du don que Roger Doisnel, chevalier, avait fait aux frères de la milice du Temple de Salomon, lequel don consistait en terre aux Auteux [4] (scilicet campum des Autex et campum Wace) etc. (Nov. 1230).

A. I. *Sect. adm.*, S. 5059, (suppl.) n.° 15.

VIII. Confirmation par Ranulfe Doisnel de la donation faite par son frère aux templiers. (Novembre 1230).

A. I. *Sect. adm.*, S. 5059, (suppl.) n.° 17.

IX. Lettres de Guillaume Asnebrun, par lesquelles il donne aux frères du Temple de Salomon, la moitié du champ de Huverlant [5] (medietatem campi de Huverlant 1231).

A. I. *Sect. adm.*, S. 5059, (suppl.) n.° 16.

X. Jean de Ticbeval vend aux templiers de Belle église [6] vingt journaux de terre au terroir de Louvencourt. (Mars 1235).

A. I. *Sect. adm.*, S. 5061, (suppl.) n.° 46.

XI. Transaction entre les frères de l'hôpital de Fieffes, et Edèle, fille de Godefroy de Dourlens, par laquelle lesdits frères permettent à ladite dame d'établir un four à son usage et à celui de sa famille, seulement dans sa maison de Fienvillers, et ladite dame donne auxdits frères trois journaux de bois sis à Fienvillers. (Avril

---

[1] Canton de Bernaville, arr. de Doullens (Somme.)
[2] Voy. l'acte d'avril 1235.
[3] Canton de St.-Valery-sur-Somme, arr. d'Abbeville (Somme).
[4] Auteux, canton de Bernaville, arr. de Doullens (Somme.)
[5] Je n'ai pu retrouver l'emplacement de cette localité.
[6] Commune d'Arquèves, canton d'Acheux, arr. de Doullens (Somme.)

1235). Sc. pend. en cire verte, avec cette exergue : S. hospital Iherlm in Francia.

FIEFFES.

A. I. *Sect. adm.*, S. 5059, (suppl.) n.º 2.

XII. Confirmation par Adam, seigneur de *Puchevileir* [1], de la vente faite aux templiers de Seriel, par Hugues, dit de Vicogne, de quatre journaux de terre sise à Vicogne. (Janvier 1238).

A. I. *Sect. adm.*, S. 5061, (suppl.) n.º 2.

XIII. Charte d'Anselme de Raincheval [2], par laquelle il assigne aux templiers de Seriel sa terre de Val-l'Evêque? (terra que vocatur Vallis episcopi) en compensation de 22 journaux de terre (sita in territorio de Raincheval, inter terram de valle Guidonis et territorium de Seriel, prope nemus de Plaissie de Seriel) qu'il leur avait vendus et que sa mère possédait à titre de douaire. (Octobre 1238).

A. I. *Sect. adm.*, S. 5061, (suppl.) n.º 52.

XIV. Enguerrand de Doumouin [3], chevalier, vend aux templiers de Belle église (de Bella ecclesia) 34 journaux et 19 verges de terre sise à Fetouval [4]. (Novembre 1238).

A. I. *Sect. adm.*, S. 5061, (suppl.) n.º 10.

XV. Jean, chevalier, seigneur de Dours [5], reconnait avoir vendu aux pères de la milice du temple de *Beleglise*, trois journaux et demi de terre sis à Fetouval, pour 11 livres parisis. (Juillet 1239).

A. I. *Sect. adm.*, S. 5061, (suppl.) n.º 14.

XVI. Bail perpétuel fait par les religieux de St.-Jean de Jérusalem à Robert Carbonnier, du four à ban de Maisons (in villa de domibus) moyennant la moitié des revenus dudit four. (Avril 1241).

A. I. *Sect. adm.*, S. 5060, (suppl.) n.º 6.

---

[1] Auj. Puchevillers, canton d'Acheux, arr. de Doullens (Somme.)

[2] Canton d'Acheux, arr. de Doullens (Somme.)

[3] Auj. Demuin, canton de Moreuil, arr. de Montdidier (Somme.)

[4] La confirmation de cette vente par Adam de Toutencourt, est insérée au f.º 28, v.º du troisième cartulaire de Fieffes.

[5] Auj. Daours, canton de Corbie, arr. d'Amiens (Somme.)

FIEFFES.

XVII. Lettres de l'abbé de St.-André près de Bruges et du doyen de l'église de St.-Donatien de ladite ville, portant vente faite aux templiers par Baudouin de Vorst, de terres sises à *Odelem*. (Février 1258).

A. I. *Sect. adm.*, S. 5059, (suppl.) n.° 12.

XVIII. Lettres de l'official d'Amiens portant qu'Asseline, femme de Robert Vaubert, fait donation à Jacques Vaubert, son fils, de la portion qui lui appartenait dans les conquets de la communauté, ainsi que de ce qui lui appartenait à Corbie. (Mars 1265).

A. I. *Sect. hist.*, M. M. 1093, n.° 25.

XIX. Lettres de l'official d'Amiens, portant donation faite par les maîtres, frères et sœurs de l'hôpital de Canchy [1] aux maîtres et frères de l'hôpital de St.-Jean de Jérusalem, de tous les biens meubles et immeubles dépendants de leur dit hôpital, pour être unis perpétuellement à la baillie de Fieffes. (Décembre 1277). Sc. pend. en cire jaune. Cette pièce est en double.

A. I. *Sect. adm.*, S. 5059, (suppl.) n.ᵒˢ 18 et 19.

XX. Lettres de l'official d'Amiens par lesquelles Jacques, fils de feu Robert Waubert et sa femme, quittent et délaissent aux frères de la milice du temple tout le droit qu'ils avaient sur un manage à la Viéville [2] [in managio de Veteri villa] sur deux cent cinquante-cinq journaux de terre sis près la Viéville, et sur plusieurs autres manages à Buire [3] [apud Buires versus Encram [4]] et à Sarton [5] [apud Sarton]. (Oct. 1279). Sc. pend. en cire jaune, de l'officialité (2 exempl.)

A. I. *Sect. adm.*, S. 5061, (suppl.) n.ᵒˢ 23 et 24.

XXI. Lettres de Jean de *Escurt* [6], gendre de Robert

[1] Canton de Nouvion-en-Ponthieu, arr. d'Abbeville (Somme.)
[2] Canton d'Albert, arr. de Péronne (Somme.)
[3] Auj. Buire-sous-Corbie, canton d'Albert, arr. de Péronne (Somme.)
[4] Auj. Albert, canton de l'arr. de Péronne (Somme.)
[5] Canton de Pas, arr. d'Arras (Pas-de-Calais.)
[6] Auj. Heucourt, canton d'Oisemont, arr. d'Amiens (Somme.)

Waubert, qui quitte ainsi que sa femme tout le droit qu'ils pouvaient avoir sur les lieux ci-dessus désignés. (Octobre 1279).

A. I. Sect. adm., S. 5061, (suppl.) n.° 22.

XXII. Lettres du même sur le même sujet. (Octobre 1279). En français.

A. I. Sect. adm., S. 5061, (suppl.) n.° 21.

XXIII. Don fait par Bertin de Hodye, aux frères hospitaliers de St.-Jean de Jérusalem, de son corps et de ses biens. (1 Octobre 1279). Sc. pend. en cire rouge à moitié brisé, du patriarche de Jérusalem.

A. I. Sect. adm., S. 5059, (suppl.) n.° 24.

XXIV. Lettres de Robert de Monstrelet[1] portant échange entre lui et les frères de St.-Jean de Jérusalem, d'un manoir à Maisons en Ponthieu, contre deux maisons à Foullies[2]. (Vers 1280).

A. I. Sect. adm., S. 5060, (suppl.) n.° 8.

XXV. Echange fait entre Pierre Dujardin, de Villers l'Hospital [Pieres du Garding, de Vilers lospital, vaasseres] et les frères de St.-Jean de Jérusalem, audit lieu, par lequel il leur cède à toujours un tènement de 6 verges de terre pour six autres. (Février 1280). En français.

A. I. Sect. adm., S. 5060, (suppl.) n.° 4.

XXVI. Confirmation par Gui de Châtillon, comte de Saint-Paul, du don de quatre journaux de terre près du *Canp de Kerllu* fait aux templiers de Belle église par Robert Waubert. (Juillet 1281). En français.

A. I. Sect. adm., S. 5061, (suppl.) n.° 27.

XXVII. Confirmation par *Jehen de Montonviler*[3], écuyer, de la donation faite par Robert Goubers aux frères de la

---

[1] Auj. Montrelet, canton de Domart, arr. de Doullens (Somme).

[2] On voit par le *Registre cueilloir de 1470*, que nous publions plus loin, que Foullies était un faubourg de Nouvion-en-Ponthieu.

[3] Aujourd'hui Montonvillers, canton de Villers-Bocage, arr. d'Amiens.

FIEFFES.

chevalerie du temple de la maison de *Bele Iglisse*, d'une terre qu'il tenait de Jean d'Achicort [1] [sic.] (Janvier 1283). En français.

A. I. *Sect. adm.*, S. 5061, (suppl.) n.º 29.

XXVIII. Confirmation par Jean d'Achicourt (de Achicort) des bois donnés aux templiers de Belle église par Robert Waubert. (Janvier 1283). Sc. pend. en cire verte, une fleur de lis entourée de l'exergue S. Jehan.....ume. En fr.

A. I. *Sect. adm.*, S. 5061, (suppl.) n.º 65.

XXIX. Confirmation par *Willaumes de Berele* [2], *eschuiers*, du don fait à la maison du temple de *Bele eglise*, par Robert Waubert, de sept journaux de terre. (Novembre 1283). En français.

A. I. *Sect. adm.*, S. 5061, (suppl.) n.º 28.

XXX. Lettre d'Enguerrand de Hesdin qui donne aux frères de St.-Jean de Jérusalem, tout ce qui lui appartient sur la dîme de *Cauron* [3], qu'Enguerrand le Caolier tenait de lui, et avait donné auxdits frères. (1280).

A. I. *Sect. hist.*, M. M. 1093, n.º 49.

XXXI. Confirmation par Baudouin de Beauvoir, chevalier, sire d'Avelu [4], du don fait par Robert Waubert aux frères de Belle église, de ce qu'il tenait de Henri de Toutencourt [5]. (Février 1284). En français.

A. I. *Sect. hist.*, M. M. 1093, n.º 48.

XXXII. Lettres de l'official d'Amiens portant compromis entre les templiers et Jacques Vaubert, à cause du dommage qui avait été fait à ce dernier dans la vente d'une terre à Bray [6]. (1284).

A. I. *Sect. hist.*, M. M. 1093, n.º 59.

---

[1] Auj. Achicourt, canton d'Arras (Pas-de-Calais.)
[2] Auj. Berelles, canton de Solre-le-Château, arr. d'Avesnes (Nord.)
[3] Auj. Cavron Saint-Martin, canton d'Hesdin, arr. de Montreuil-sur-Mer (Pas-de-Calais.)
[4] Auj. Aveluy, canton d'Albert, arr. de Péronne (Somme.)
[5] Canton d'Acheux, arr. de Doullens (Somme.)
[6] Auj. Bray-sur-Somme, arr. de Péronne (Somme.)

FIEFFES.

XXXIII. Charte du vicomte de Falaise, qui fait connaître le don fait par Etienne, dit Bordon, clerc de Grisy [1], (de Griseio) à son fils Guillaume, d'une rente de IV setiers d'orge. (1283).

A. I. Sect. adm., S. 5059, (suppl.) n.° 14.

XXXIV. Sentence arbitrale rendue entre les templiers et Jacques Waubert par laquelle lesdits templiers sont déchargés de la garantie de la terre de Bray, que ledit Waubert réclamait. (Mai 1284). Sc. pend. en cire verte, portant un écu au franc canton bandé et accompagné de deux marteaux : un en chef et un en pointe.

A. I. Sect. adm., S. 5061, (suppl.) n.° 64.

XXXV. Lettre de l'official d'Amiens contenant vente aux templiers par Jean d'Escourt dit le cardinal, de tout le droit qu'il avait sur un manage à la Viéville, ainsi que sur 255 journaux de terre, etc. (Novembre 1284). Sc. de l'official pendant.

A. I. Sect. adm., S. 5061, (suppl.) n.° 32.

XXXVI. Vente au *commandeur et as freres des maisons de le chevalerie del temple en Pontieu*, de 255 journaux de terre, sis *entour le Viesvile*, à *Buires vers Encre*, à *Sarton*, etc., faite par les héritiers d'Agnès, fille de Robert Waubert. (Décembre 1284). En français et sc. pend. en cire verte.

A. I. Sect. adm., S. 5061, (suppl.) n.° 18.

XXXVII. Compromis passé entre Enguerrand de Fieffes, d'une part et les hospitaliers de St.-Jean de Jérusalem, par lequel ils nomment des arbitres pour juger leurs différends au sujet des clauses et conditions de la vente que ledit Enguerrand leur avait faite de 32 journaux de terre. (25 juin 1287). Sc. pend. en cire verte, à moitié brisé.

A. I. Sect. adm., S. 5059, (suppl.) n.° 3.

---

[1] Canton de Coulibœuf, arr. de Falaise (Calvados). Je crois que cet acte a été placé par mégarde dans ce carton, car il ne concerne aucune des propriétés de la commanderie de Fieffes.

FIEFFES.

XXXVIII. Commission de l'official d'Amiens donnée au doyen d'Encre de s'enquérir des conventions passées entre Thibaud d'Aumenicourt [1], sa mère et sa femme, d'une part, et les templiers, de l'autre (1288).

A. I. Sect. hist., M. M. 1093, n.° 65.

XXXIX. Donation faite par Marie, veuve de Simon Clenet, aux templiers de Belle église, de tous ses biens en général dont elle se réserve l'usufruit sa vie durant. (Décembre 1292). Sc. brisé de l'officialité d'Amiens.

A. I. Sect. adm., S. 5061, (suppl.) n.° 40.

XL. Sentence du prévôt de Beauquesne [2] [Biaukaisne] sur la plainte formée par le commandeur de Belle église : de ce que les habitants d'Arqueves [3] [Arkaive] s'étaient permis de *fauskier, de rasteler, et d'emporter esteules au courterroir* de Belle église *l'aoust durant* (1303). En fr.

A. I. Sect. hist., M. M. 1093, n.° 85.

XLI. Lettres de Gilles de Mailly, sire de Maiseroles [4], chevalier, portant bail à vie, à titre de cens, fait par lui au commandeur de Belle église, de toutes les terres qu'il possédait au territoire de Senlis [5] *au camp com claime le val*. (Juillet 1304).

A. I. Sect. hist., M. M. 1093, n.° 89.

XLII. Acte par lequel Guillaume de Rome s'oblige à payer aux religieux du Temple deux cents sous par an pour la maison dite *as buignes*, sise à Hesdin, qu'il a louée auxdits religieux pour sa vie durant et celle de sa femme. (Juin 1321). En français.

A. I. Sect. adm., S. 5061, (suppl.) n.° 48.

XLIII. Bail à cens et rente d'une maison sise à Hesdin,

---

[1] Peut-être Omiécourt, canton de Nesle, arr. de Péronne (Somme).
[2] Canton et arrondissement de Doullens (Somme.)
[3] Canton d'Acheux, arr. de Doullens (Somme).
[4] Auj. Mézerolles, canton de Bernaville, arr. de Doullens (Somme.)
[5] Canton d'Acheux, arr. de Doullens (Somme.)

que on *dist le maison des Buignes*, fait par le commandeur de Fieffes à *Jehan Postiaus*. (Octobre 1338). En français.

A. I. *Sect. adm.*, S. 5061, (suppl.) n.° 55.

XLIV. Sentence du bailli d'Amiens portant confirmation d'un jugement du prévôt de St.-Riquier, rendu au profit du procureur de l'hôpital de St.-Jean de Jérusalem, contre le nommé *Goulles du pont de Remy* [1] (1327).

A. I. *Sect. hist.* M. M. 1094, n.° 42.

XLV. Vidimus par les maire et jurés de la ville de Hesdin, d'un traité fait entre Baudouin de Caumont [2], seigneur de Quesnoy [3], et Hugues de Grantsart. (22 juin 1345). En français. Cette pièce est illisible.

A. I. *Sect. adm.*, S. 5061, (suppl.) n.° 25.

XLVI. Lettre du bailli de Hesdin, qui déclare nulle la saisie *d'une caudière et d'une paiele* faite par l'un de ses sergents en la maison des templiers au bois St.-Jean. (Septembre 1337).

A. I. *Sect. hist.* M. M. 1094, n.° 8.

XLVII. Lettre de Jean Castel, sire de la Viéville, par laquelle il convient, avec les hospitaliers de St.-Jean de Jérusalem, qu'il aura moyennant un denier de cens annuel, quatre verges de terre situées devant la maison desdits frères. (2 sept. 1361). En français. Scellée de 2 sceaux en cire verte : le 1er. est du sire de Castel, le 2e. est abimé.

A. I. *Sect. adm.*, S. 5061, (suppl.) n.° 69.

XLVIII. Homologation d'une transaction, pour le droit d'herbage de Villerz [5] passé entre le seigneur de Beauvoir [6]

---

[1] Auj. Pont-Remy, canton d'Ailly-le-Haut-Clocher, arr. d'Abbeville. (Somme.)

[2] Canton d'Hesdin, arr. de Montreuil-sur-Mer (Pas-de-Calais.)

[3] Canton de Le Parcq, arr. de Saint-Pol-sur-Ternoise (Pas-de-Calais.)

[4] Auj. Grandsars, commune de Bailleul, canton d'Hallencourt, arr. d'Abbeville (Somme).

[5] Auj. Villers-l'Hôpital, canton d'Auxi-le-Château, arr. de St.-Pol-sur-Ternoise (Pas-de-Calais.)

[6] Auj. Beauvoir-Rivière, c. de Bernaville, arr. de Doullens (Somme.)

FIEFFES.

et les religieux de St.-Jean de Jérusalem (7 novembre 1365). En français.

A. I. *Sect. adm.*, S. 5060, (suppl.) n.° 5.

XLIX. Echange entre le commandeur de Fieffes et le seigneur de Grambus [1], de ce qui appartenait audit commandeur à Wywrench [2], pour 22 journaux de terre entre Wuirench et Grambus (27 septembre 1365). En français.

A. I. *Sect. hist.* S. 5061, (suppl.) n.° 59.

L. Lettres de l'official de Sens, portant donation faite par Jean le Hongre aux templiers, de plusieurs pièces de terre à Montelet [in parochia de Montelleto, in loco qui dicitur Cruchet, in loco q. d. Noeroles, in l. q. d. mota Renaudi de Cella, inter villam et cheminum de Moreto usque ad feodum de Bello fonte [3]] (1365).

A. I. *Sect. adm.*, S. 5059, (suppl.) n.° 6.

LI. Bail à cens et rente fait à Gilles de Buire de 44 journaux de terre, dépendants de la maison de Belle église, sis derrière les courtils à Arquèves [*Arcaive*] (1372).

A. I. *Sect. adm.*, S. 5061, (suppl.) n.° 39.

LII. Bail à cens fait par le commandeur de Fieffes à Pierre Dujardin, de 24 journaux de terre sis à Seriel, près Beauquesne [4], au lieu dit le second val d'Amiens. (29 Juin 1372). En français.

A. I. *Sect. adm.*, S. 5061, (suppl.) n.° 57.

LIII. Bail à cens et rente de 14 journaux de terre au terroir de Seriel près Beauquesne, fait par le commandeur de Fieffes à Pierre Le Court. (29 Juin 1372). En fr.

A. I. *Sect. adm.*, S. 5061, (suppl.) n.° 58.

LIV. Raisons fournies devant le bailli d'Amiens par le

---

[1] Près d'Yvrench, il n'y a que Bussu, aujourd'hui Bussus-Bussuel qui puisse se rapporter à Grambus.

[2] Auj. Yvrench, canton de Crécy, arr. d'Abbeville (Somme.)

[3] Cette pièce n'appartient pas à une Commanderie de Picardie, mais bien à celle de Moret, près Fontainebleau.

[4] Canton et arrondissement de Doullens (Somme.)

procureur de St.-Jean de Jérusalem à Fieffes, contre la commune de Doullens, qui prétendait avoir le droit de juger un prisonnier justiciable dudit hôpital en la ville de Candas [1] (xiv.e s.). En français.

A. I. Sect. adm., S. 5060, (suppl.) n° 5.

LV. Acte par lequel le commandeur de Fieffes réduit à 10 livres parisis le cens ordinaire de 14 livres parisis, dû à la commanderie par le locataire d'une maison située à Abbeville, dans la grande rue St.-Gilles (9 juin 1404). Sceau pendant.

A. I. Sect adm., S. 5061.

LVI. Ratification par le grand prieur de France de la réduction ci-dessus. (1404). Sceau pendant.

A. I. Sect adm., S. 5061.

LVII. Bail à ferme de 6 ans, fait par le commandeur de Fieffes à Mathieu Houbart, de la maison et cense de Villers l'Hôpital, sauf les droits de haute justice et les confiscations ou amendes au-dessus de 7 livres 6 deniers. (15 décembre 1431).

A. I. Sect. adm., S. 5060.

LVIII. Acte d'un marché fait au commandeur de Fieffes, pour bâtir une maison à Fetouval. (13 juillet 1432). En fr.

A. I. Sect. adm., S. 5061, (suppl.) n.° 12.

LIX. Bail à ferme de 12 ans fait par le commandeur de Fieffes à Malin Couette, de la maison et cens de la Vieville-lez-Lyenencourt, membre de la commanderie de Fieffes. (26 mars 1453). En fr.; 2 sc. pend. en cire verte, abîmés.

A. I. Sect. adm., S. 5061, (suppl.) n.° 37.

LX. Jugement du lieutenant-général du bailli de Péronne, par lequel il est donné acte aux religieux de St.-Jean de Jérusalem des sommations et protestations par eux faites contre Jean Legrand et sa femme, pour les obliger à exécuter le bail à ferme que lesdits religieux

---

[1] Canton de Bernaville, arr. de Doullens (Somme.) — Cette longue pièce est fort curieuse au point de vue de l'histoire du droit.

FIEFFES.

leur avaient fait de leurs terres à la Viéville (8 septembre 1433).

A. I. Sect. hist., M. M. 1094, n.º 65.

LXI. Bulle du pape Sixte IV adressée aux officiaux de Lyon et de Sens, pour juger et terminer le différend survenu entre le commandeur de Fieffes et Jacques Cailloti et autres particuliers sur les troubles que ces derniers lui avaient suscités dans la jouissance de certaines dîmes et biens dépendants de la commanderie de Beauvais, dont il avait toujours joui (1473).

A. I. Sect. hist., M. M. 1095, n.º 4.

LXII. Deux baux emphytéotiques faits par les commandeurs de Fieffes, l'un à Jean Prévost, l'autre à Jean Raimbauville, de 14 journaux de terre entre Maisons et Neuilly-le-Dieu [Noully.] (18 juin 1457 et 3 novembre 1536) pap. et parch.

A. I. Sect. adm., S. 5060.

LXIII. Bail de 29 ans des terres de Fetouval fait par le commandeur de Fieffes à Jean le Censier, demeurant à Fétouval-lez-Toutencourt, lesquelles terres *de très long et anchien temps ont esté et sont à ries sans labeur et comme de nulle valeur parce qu'elles sont en grans montagnes et larris et chargées de genovriers* (2 juillet 1461). En fr. Scel pendant en cire verte, portant un écu écartelé, de 1 à 4 au dragon ailé et 2 à 3 au chef engrelé semé de trois coquilles posées, 2 et 1; autour de l'écu on lit S. Jehan...

A. I. Sect. adm., S. 5061, (suppl.) n.º 60.

LXIV. Mémoire sur un bail emphytéotique de terres sises tant à Fieffes que dans les environs, dépendants de ladite commanderie, et qui avait été fait au préjudice de ladite commanderie (vers 1481). Papier et en français.

A. I. Sect. adm., S. 5059.

LXV. Sentence des requêtes du palais rendue par défaut en faveur du grand prieur de France, demandeur contre Colart de Loizon, fermier de la cense d'Yvrench [Wiwrench] au sujet de quinze livres de rente que ce dernier devait à la commanderie de Fieffes. (17 nov. 1487) 2 pièces.

A. I. Sect. adm., S. 5061.

LXVI. Cahier intitulé : Cest la déclaracion de ce que les habitans des villaiges de Maisons-les-Ponthieu, Wivrench, Fieffes et Monstrelet ont certiffié et affermé avoir paié..... es années LXXXVII et LXXXVIII pour les sommes et parties d'argent et de grains qu'ils devoient à cause de la recepte et commanderie de Fieffes. (1487-1488).

FIEFFES.

A. I. Sect. adm., S. 5061.

LXVII. Sentence du bailli d'Amiens rendue en faveur du grand prieur de France contre les habitants des villages de Villers-l'Hopital, de Candas et de Nœux pour raison du paiement des censives dues à la commanderie de Fieffes, que lesdits habitants avaient promis de payer. (21 juillet 1488).

A. I. Sect. adm., S. 5060.

LXVIII. Bail de la ferme du Candas fait par le commandeur de Fieffes à Jean de Villers. (10 février 1503).

A. I. Sect. adm, S. 5060.

LXIX. Sentence contre Jean de Licques, seigneur des Auteux, par laquelle il est condamné à payer 10 chapons de cens au commandeur de Fieffes, pour les cens et rentes qu'il possède à Doullens. (29 juillet 1504) 2 pièces.

A. I. Sect. adm., S. 5061

LXX. Dossier de 28 déclarations de maisons, masures et autres héritages du village de Fienvillers fournies par les habitants dudit lieu à la commanderie de Fieffes. (1531-1532).

A. I. Sect. adm., S. 5059.

LXXI. Dossier de 24 déclarations de maisons, terres, etc., assises à Monstrelet, fournies par les habitants dudit lieu à la commanderie de Fieffes. (1533).

A I. Sect. adm., S. 5059.

LXXII. Dénombrement fourni à la commanderie de Fieffes, par Jean Oudard, de Beauquesne, d'un journal de terre à Seriel (13 septembre 1534).

A. I. Sect. adm., S. 5061.

FIEFFES.

LXXIII. Arpentage des maisons et terres sises aux villages de Maison-les-Ponthieu, Guessart [1], Gossicourt [2] et Blangy [3], en la censive de la commanderie de Fieffes (19 novembre 1538).

A. I. Sect adm., S. 5060.

LXXIV. Sentence définitive du prévôt de Paris, qui condamne Jean Carpentier, étudiant de l'Université, à rendre au commandeur de Fieffes, 26 verges de terre dépendantes d'une pièce de terre de 26 journaux qui lui appartenait, et que ses fermiers avaient sarpé avec la récolte des bleds. (1546).

A. I. Sect. adm., S. 5061.

LXXV. Copie du relief de 26 journaux de terre et prés de la commanderie de Fieffes, assis à Villers-l'Hopital. (13 juillet 1542).

A. I. Sect. adm., S. 5060.

LXXVI. Quittance de parfait paiement des dépens auxquels Jean Carpentin, seigneur de franc fief avait été condamné par le Châtelet à payer au commandeur de Fieffes, en raison de 18 journaux de terre sis à Yvrench au lieu dit les Érables, et qui dépendaient de ladite commanderie (24 juin 1549).

A. I. Sect. adm., S. 5061.

LXXVII. Dossier de 28 déclarations de maisons, masures, terres et autres héritages sis à Fienvillers et dépendants de la commanderie de Fieffes (1562).

A. I. Sect. adm., S. 5059.

LXXVIII. Dossier de 23 dénombrements et déclarations de manoirs, masures, etc., assises à Maisons-les-Ponthieu, Foullies et Gueschart, en la censive de la commanderie de Fieffes (1562).

A. I. Sect. adm., S. 5060.

[1] Auj. Gueschart, canton de Crécy, arr. d'Abbeville (Somme).
[2] Je n'ai pu retrouver l'emplacement de cette localité.
[3] Auj. Blangy-sur-Ternois, canton de Le Parcq, arr. de St.-Pol-sur-Ternoise (Pas-de-Calais.)

LXXIX. Dossier de 71 dénombrements et déclarations de masures amasées et non amasées, granges, étables, cours et jardins, assis à Maisons-les-Ponthieu, fournis par les habitants dudit lieu à la commanderie de Fieffes (1562-1620.)

FIEFFES.

A. I. Sect. adm., S. 5060.

LXXX. Procès-verbal du lieutenant-général du bailliage d'Amiens, de la vente et aliénation du fief de Rollepot, sis à Monstrelet, faite par la commanderie de Fieffes à François de Fontaines, sieur de Monstrelet, pour pouvoir payer les subventions demandées par le roi. (2 août 1563).

A. I. Sect. adm., S. 5059.

LXXXI. Arpentage des rues et flegards des villages de Fienvillers, du Candas et de Monstrelet, dépendants de la commanderie de Fieffes. (18 février 1569). Papier.

A. I. Sect. adm., S. 5059.

LXXXII. Ratification par le chapitre général tenu le jour de la saint Barnabé au Temple, l'an 1573, de l'échange d'une grange devant la maison de la commanderie de Fieffes, faite par le commandeur et Jean Le Clercq, habitant dudit lieu. (29 juin 1573).

A. I. Sect. adm., S. 5059.

LXXXIII. Sentence des requêtes du palais, rendue au profit du commandeur de Fieffes contre Jean Fournier et autres, du village d'Yvrench [Wyvren], condamnés au paiement des arrérages qu'ils devaient pour cinq manoirs sis audit lieu (3 février 1574).

A. I. Sect. adm., S. 5061.

LXXXIV. Copie du bail de 9 ans de la cense d'Yvrench, fait à Mathurin Fournier (18 avril 1576).

A. I. Sect. adm., S. 5061.

LXXXV. Bail de 100 journaux de terre dépendants de la cense de Festouval et appartenant à la commanderie de Fieffes (29 octobre 1598).

A. I. Sect. adm., S. 5061.

FIEFFES.

LXXXVI. Bail à ferme de 9 ans fait par le commandeur de Fieffes à Antoine Baile, d'un petit jardin avec quatre journaux de terre sis au terroir de Blangy, au lieu dit la terre de Croisière. (26 novembre 1598).

A. I. Sect. adm., S. 5060.

LXXXVII. Demande à l'effet de contraindre la demoiselle de Bonneville [1], à déclarer le fief qu'elle tenait en cotterie de la commanderie de Fieffes (1599).

A. I. Sect. adm., S. 5059.

LXXXVIII. Bail à ferme de 18 ans fait par le commandeur de Fieffes à Pierre Choquet, laboureur, de la moitié des fruits et revenus de Belle église. (29 mai 1600).

A. I. Sect. adm., S. 5061.

LXXXIX. Dénombrement d'une maison sise à Maisons-en-Ponthieu, dépendante de la commanderie de Fieffes. (19 avril 1602).

A. I. Sect. adm., S. 5060.

XC. 33 dénombrements et déclarations de masures, cours, jardins, granges, etc., des habitants de Villers-l'Hopital fournis au commandeur de Fieffes, seigneur dudit lieu (1604).

A. I. Sect. adm., S. 5060.

XCI. 46 dénombrements et déclarations de maisons et héritages de la terre et seigneurie de Villers-l'Hopital, fournis à la commanderie de Fieffes depuis 1604 jusqu'en 1622.

A. I. Sect. adm., S. 5060.

XCII. Bail de 33 mesures de terre sises au terroir d'Hesdin, fait par le commandeur de Fieffes à Guillain Penet. (20 mai 1605).

A. I. Sect. adm., S. 5061.

XCIII. Acte de délaissement fait par le commandeur de Fieffes à Mathieu Goret, des terres de ladite comman-

[1] Canton de Domart, arr. de Doullens (Somme.)

deric sises à Fienvillers, qu'Antoine Cotterel tenait à ferme (4 août 1606). FIEFFES.

A. I. Sect. adm., S. 5059.

XCIV. Dénombrement de ce que Gordien de la Verdure tient du commandeur de Fieffes à Seriel. (Décembre 1606).

A. I. Sect. adm., S. 5061.

XCV. Bail fait par les receveurs de la commanderie de Fieffes à Jacques Morin, de la cense appelée la cense de l'Hopital (3 novembre 1609).

A. I. Sect. adm., S. 5061.

XCVI. 67 dénombrements et déclarations de maisons et héritages sis à Villers-l'Hopital, fournis par les habitants dudit lieu à la commanderie de Fieffes [1] (1609)

A. I. Sect. adm., S. 5060.

XCVII. Dossier de 37 déclarations de maisons, terres, prés et héritages de la seigneurie de Monstrelet, fournies à la commanderie de Fieffes par les habitants dudit lieu. (1610-1620).

A. I. Sect. adm., S. 5059.

XCVIII. Dossier de 53 déclarations de maisons, terres et héritages, assis à Fienvillers, dressées par les habitants dudit lieu, qui dépendent de la commanderie de Fieffes (1611 à 1620).

A. I. Sect. adm., S. 5059.

XCIX. Bail à ferme pour 9 ans fait par le commandeur de Fieffes à François Caron, laboureur, de 36 journaux de terre, sis au mont de Regnauville [2] près Hesdin. (7 janvier 1614).

A. I. Sect. adm., S. 5061.

[1] Au f.º 30 de ce cahier de déclaration se trouve celle d'Antoine Le Quien, conseiller du roi, trésorier général de ses finances dans la province de Picardie, en la généralité d'Amiens, pour ses fiefs du Jardin, de Houllier et de Villers, avec l'aveu des droits seigneuriaux dont ils sont chargés.

[2] Canton d'Hesdin, arr. de Montreuil-sur-Mer (Pas-de-Calais.)

FIEFFES.

C. Copie du bail susdit. (1614).

A. I. Sect. adm., S. 5061.

CI. Bail à ferme de 9 ans, fait par le commandeur de Fieffes à Philippe de Canchy[1], de la maison et cense du bois de St.-Jean, membre dépendant de la commanderie de Fieffes. (25 avril 1615).

A. I. Sect. adm., S. 5061.

CII. Bail fait par le commandeur de Fieffes à Marguerite les Cornart, de la quatrième partie de la cense dite de l'Hopital. (7 octobre 1617).

A. I. Sect. adm., S. 5061.

CIII. Bail à ferme de 9 ans, fait par le commandeur de Fieffes à Charles Deslains, de la terre de Villers-l'Hopital. (4 novembre 1617).

A. I. Sect. adm., S. 5060.

CIV. Bail de 9 ans des droits de dîmes, rentes foncières, chapons, droits seigneuriaux, amendes, droits et revenus de la commanderie de Fieffes (9 novembre 1617).

A. I. Sect. adm., S. 5060.

CV. Dossier de 22 dénombrements et déclarations de manoirs, amasés et non amasés, et autres héritages, sis à Neux[2], fournis par les habitants dudit lieu au commandeur de Fieffes. (1618-1620).

A. I. Sect. adm., S. 5060.

CVI. Dénombrement et déclaration de 19 journaux de terre assis au terroir de Beauquesne, fourni à la commanderie de Fieffes par Antoine Le Blond, écuyer, sieur de l'Etoile. (8 juillet 1620).

A. I. Sect. adm., S. 5061.

CVII. Dossier de 11 déclarations de terres et héritages

---

[1] Canton de Nouvion-en-Ponthieu, arr. d'Abbeville (Somme.)

[2] Auj. Nœux, canton d'Auxi-le-Château, arr. de Saint-Pol-sur-Ternoise (Pas-de-Calais.)

assis au terroir de Raincheval, fournies par les possesseurs desdits lieux à la commanderie de Fieffes. (1620).

FIEFFES.

A. I. Sect. adm., S. 5061.

CVIII. Dénombrement fourni à la commanderie de Fieffes de 2 masures situées en la censive d'Yvrench (13 mars 1620).

A. I. Sect. adm., S. 5061.

CIX. Dossier de 21 déclarations de terres et héritages sis au terroir de Seriel, en la commanderie de Fieffes. (1620).

A. I. Sect. adm., S. 5061.

CX. Dossier de 18 déclarations de maisons, terre, etc., sises à Beauquesne, fournies par les habitants dudit lieu à la commanderie de Fieffes (1620).

A. I. Sect. adm., S. 5061.

CXI. Dossier de 18 déclarations de terres et héritages, assis au terroir d'Arquewes, fournies par les habitants dudit lieu à la commanderie de Fieffes. (1620).

A. I. Sect. adm., S. 5061.

CXII. Bail à ferme de 9 ans, fait par le curé de Fieffes, procureur du commandeur de ladite ville, à Jean Hubault, laboureur, de 60 journaux de terre sis à La Viéville. (8 juin 1626).

A. I. Sect. adm., S. 5061.

CXIII. Bail de 9 ans du revenu et ferme de la commanderie de Fieffes, avec l'indication des droits que le commandeur peut percevoir à *Ynochaut*, Maisons-les-Ponthieu, Neuilly-le-Dieu [Nouilly], *Randien* et Gueschard [les Guieschard] (27 février 1627).

A. I. Sect. adm., S. 5059.

CXIV. Bail de 3, 6 ou 9 ans, fait par le commandeur de Fieffes à François Mabille, de la cense de Belle église, etc. (10 octobre 1630).

A. I. Sect. adm., S. 5061.

CXV. Dossier de 27 déclarations des maisons, terres,

FIEFFES.

etc., du village de Fienvillers dépendantes de la commanderie de Fieffes. (1630).

A. I. Sect. adm., S. 5059.

CXVI. Vente d'une terre sise à Fieffes, dépendante de la commanderie dudit lieu. (14 mai 1631).

A. I. Sect. adm., S. 5059.

CXVII. Baux des 27 août 1631, 29 mars 1661, 17 avril 1638 et 19 novembre 1668, de pièces de terres sises à Bonneville et dépendants de la commanderie de Fieffes.

A. I. Sect. adm., S. 5059.

CXVIII. Déclaration d'un manoir sis à Marconne [1], en la censive de la commanderie de Fieffes, faite par Charles Jacquin, habitant d'Hesdin. (8 juin 1623).

A. I. Sect. adm., S. 5061.

CXIX. Cahier en forme de cueilloir contenant la recette des censives dues par les habitants de Beauquesne à la commanderie de Fieffes. (1634).

A. I. Sect. adm., S. 5061.

CXX. Bail de 3 journaux de terre à Sériel, fait à Nicolas Bocquillon, laboureur, par Martin Coquerel, mercier d'Amiens, procureur du commandeur de Fieffes. (3 décembre 1639).

A. I. Sect. adm., S. 5061.

CXXI. Bail de 3 ans fait par le commandeur de Fieffes à Moyse Houssé, laboureur, de la ferme et dépendances de Seriel. (20 août 1641).

A. I. Sect. adm., S. 5061.

CXXII. Bail de 13 journaux de terre à Seriel, fait à Jean Boschelle, laboureur, par Martin Cocquerel (20 février 1641).

A. I. Sect adm., S. 5061.

CXXIII. 7 déclarations des habitants du Candas, de ce

[1] Canton d'Hesdin, arr. de Montreuil sur-Mer (Pas-de-Calais.)

qu'ils tenaient audit lieu, du commandeur de Fieffes. (15 août 1645).

A. I. *Sect. adm.*, S. 5060.

CXXIV. Bail de 3 ans fait par le commandeur de Fieffes à François Gorlier, demeurant à Harponville [1], de toutes les terres labourables dépendantes de la ferme de Festouval. (22 novembre 1646).

A. I. *Sect. adm.*, S. 5061.

CXXV. Cahier contenant cent aveux et déclarations de maisons, terres et héritages assis au Candas, fournis par les habitants dudit lieu à la commanderie de Fieffes. (1656).

A. I. *Sect. adm.*, S. 5060.

CXXVI. Cahier contenant 87 aveux de maisons, terres et héritages assis au Candas, fournis à la commanderie de Fieffes par les habitants dudit lieu. (1656).

A. I. *Sect. adm.*, S. 5060.

CXXVII. 39 dénombrements et déclarations de masures et héritages à Villers-l'Hopital, en la censive du commandeur de Fieffes. (1656).

A. I. *Sect. adm.*, S. 5060.

CXXVIII. Aveu fait par Antoine Caumartin de ce qu'il devait payer à la commanderie de Fieffes, pour une demie masure qu'il tenait d'elle à Yvrench. (8 novembre 1656).

A. I. *Sect. adm.*, S. 5061.

CXXIX. Cahier de déclarations des terres et héritages sis à Seriel, fournies par les habitants dudit lieu au commandeur de Fieffes. (19 novembre 1656).

A. I. *Sect. adm.*, S. 5061.

CXXX. Cahier de 22 déclarations de terres et héritages sis au terroir de Puchevillers [Puchenvillers] en la censive de la commanderie de Fieffes. (1 décembre 1656).

A. I. *Sect. adm.*, S. 5061.

[1] Canton d'Acheux, arr. de Doullens (Somme).

FIEFFES.

CXXXI. Cahier de 7 déclarations de terre assis au territoire de Louvencourt[1], aux lieux dits la Villette et le Buisson, fournies par les tenanciers à la commanderie de Fieffes. (4 novembre 1656).

A. I. *Sect. adm.*, 5061.

CXXXII. Cahier de 110 déclarations de masures sises à Yvrench, fournies par les habitants dudit lieu au commandeur de Fieffes. (24 septembre 1656).

A. I. *Sect. adm.*, S. 5061.

CXXXIII. Déclaration fournie à la commanderie de Fieffes par Gaspard Caumartin, laboureur, de deux manoirs sis à Yvrench. (17 octobre 1656).

A. I. *Sect. adm.*, S. 5061.

CXXXIV. Cahier de 37 déclarations de terres et héritages assis au territoire d'Arquèves, fournies par les habitants dudit lieu à la commanderie de Fieffes. (1656).

A. I. *Sect. adm.*, S. 5061.

CXXXV. Cahier de déclarations de manoirs sis à Nœux, fournies par les habitants dudit lieu au commandeur de Fieffes. (13 janvier 1657).

A. I. *Sect. adm.*, S. 5060.

CXXXVI Bail de 9 ans, fait par le commandeur de Fieffe à Jeanne Dupey, de 650 journaux 80 verges de terres labourables, sises au terroirs d'Yvrench et de Maisons en Ponthieu (5 avril 1661).

A. I. *Sect. adm.*, S. 5061.

CXXXVII. Quatre obligations des 8 et 9 mai 1664, souscrites par des habitants de Villers-l'Hopital pour trois années de censive qu'ils devaient pour leurs maisons et terres sises audit lieu. (1664).

A. I. *Sect. adm.*, S. 5060.

CXXXVIII. Bail de la dîme de Maisons-en-Ponthieu, fait

---

[1] Canton d'Acheux, arr. de Doullens (Somme).

par le commandeur de Fieffes à Louis de Brailly (30 juillet 1664).

FIEFFES.

A. I. Sect. adm., S. 5060.

CXXXIX. Extrait du terrier et cueilloir général des revenus de la commanderie de Fieffes, contenant les censives et droits seigneuriaux en général, et les terres de la seigneurie d'Yvrench. (30 septembre 1664).

A. I. Sect. adm., S. 5061.

CXL. Dossier de 20 déclarations de terres et héritages assis à Seriel, fournies par les habitants de Beauquesne et autres lieux à la commanderie de Fieffes. (22 décembre 1665 — 20 juillet 1667).

A. I. Sect. adm., S. 5061.

CXLI. Bail des terres d'Yvrench fait par le commandeur de Fieffes à François Martin (17 février 1666).

A. I. Sect. adm., S. 5061.

CXLII. Dossier de 6 déclarations de maisons, terres, etc., sis à Beauquesne, fournies par les habitants dudit lieu, à la commanderie de Fieffes (1665-1667).

A. I. Sect. adm., S. 5061.

CXLIII. Arrêt du parlement contre les habitants de Villers-l'Hopital, au sujet du paiement des censives et droits seigneuriaux dûs au commandeur de Fieffes par les susdits habitants (1666). (4 pièces en parch. et pap.)

A. I. Sect. adm., S. 5060.

CXLIV. Dossier de 16 déclarations de terres et héritages sis au terroir de Seriel, en la commanderie de Seriel. (1667).

A. I. Sect. adm., S. 5061.

CXLV. Extrait du terrier de la commanderie de Fieffes, portant redevance de 4 livres parisis dûs au roi pour les franchises et libertés des habitants d'Yvrench, au comté de Ponthieu. (3 mars 1667).

A. I. Sect. adm., S. 5061.

CXLVI. Dossier de 71 dénombrements ou déclarations

FIEFFES.

de semblables immeubles au même lieu. (17 septembre 1667—14 avril 1668).

A. I. Sect. adm., S. 5060.

CXLVII. Bail de 9 ans fait par le commandeur de Fieffes à Jean Rongneux, de la cense de Belle église, moyennant 1,200 livres par an. (1 décembre 1668).

A. I. Sect. adm., S. 5061.

CXLVIII. Bail des terres de la Viéville fait à Nicolas de Senlis [1] [Sanlys], laboureur, par Jean Ive, bourgeois de Dieppe, procureur du commandeur de Fieffes. (30 mars 1669).

A. I. Sect. adm., S. 5061.

CXLIX. Bail de la cense de Seriel, fait à Jean Bosquillon par le commandeur de Fieffes, seigneur dudit Seriel. (12 novembre 1669).

A. I. Sect. adm., S. 5061.

CL. Marché fait entre le receveur de la commanderie de Fieffes et Jean Gamart, charpentier, pour construire une maison dans la ferme de Belle église. (12 juin 1669) 3 pièces.

A. I. Sect. adm., S. 5061.

CLI. Plan géomètral des deux fermes et du bois de Seriel. (1714).

A. I. Sect. adm., S. 5061.

CLII. Plan géomètral du bois de Seriel, contenant 28 journaux 97 perches 3/4. (1714).

A. I. Sect. adm., S. 5061.

CLIII. Plans de la ferme et des bois dépendants du bois de St.-Jean, levés vers l'an 1714.

A. I. Sect. adm., S. 5061.

CLIV. Plan des deux fermes et du bois de Belle église, levé vers l'an 1714.

A. I. Sect. adm., S. 5061.

---

[1] Canton d'Acheux, arr. de Doullens (Somme).

CLV. Plan géomètral du bois de la ferme de Belle église, contenant 22 journaux 66 verges. (1714).

A. I. *Sect. adm.*, S. 5061.

CLVI. Plan de la commanderie de Fieffes.

A. I. *Sect. adm.*, N. 3.ᵉ classe, n.ᵒˢ 14, 15, 17 et 20.

CLVII. Plan des domaines et dîmage de Fieffes.

A. I. *Sect. adm.*, N. (Somme), 3.ᵉ classe, n.ᵛˢ 31, 39 et 59.

CLVIII. Plan d'une partie du village de Fienvillers, relevant de la commanderie de Fieffes.

A. I. *Sect. adm.*, N. (Somme), 3.ᵉ classe, n.ᵛˢ 26 et 47.

560. Premier cartulaire de Fieffes.

Ms. petit in-4° non relié, de 7 folios, en parchemin. — Ecriture du XIIIᵉ siècle.

A. I.—*Sect. administ.*, S. 5059, n° 10.

On lit sur un feuillet de papier attaché au cahier : « Petit cartulaire de plusieurs chartres et titres primordiaux des comtes de Flandres, de Vermandois, de Ponthieu, des évêques de la ville d'Amiens et autres notables personnages, portant donations et concessions aux frères de l'hôpital de St.-Jean de Jérusalem, à cause de leur baillie de Fieffes, des biens, droits et priviléges y énoncés, le tout datté depuis l'an 1154 jusqu'en 1218. »

F°. 1. — Carta Johannis, comitis Pontivensium[1], Ide, matris ejus et Guidonis, ejus fratris, qui concesserunt dominis Hospitalis in elemosina quicquid ipsi per totum consulatum Johannis supra dicti, ab eo vel ab hominibus ejus, de proprio vel feodo suo, vel avoeria sua aut vicecomitatu, tenebant.—(1154)

F°. 1 v°. Carta Guillelmi, comitis Pontivi, qui suscipit in manu sua et protectione, fratres sancte domus Hospitalis et omnia que ad ipsos spectant.—(septembre 1197.)

— Pactio inter hospitales et ecclesiam Becci[2], de ecclesia

---

[1] Il y a *Puntiventium* dans l'original qui se trouve au carton S. 5059, n° 5. Une copie de cet acte se trouve également au f° 41 v° du 3ᵉ cartulaire de Fieffes.

[2] Abbaye du Bec.

FIEFFES.

de Maisons, quod ipsi hospitales participarentur in oblationibus et decimis, hac conditione : quod ecclesia Becci particeps efficeretur omnium donorum et beneficiorum, quecunque ab aliquo homine supra dicte ville darentur, illis exceptis armis militaribus, scuto, gladio, lancea, lorica. Hiis quatuor exceptis, in omnibus donis que fiunt ecclesie sancti Johannis hospitalis debent monachi de Canceio[1] per medium participari, etc. (s. d.)

F°. 2. De x jornal. nemoris inter Neus et Vilers sitis, domui hospitalis de Vilers[2] datis a Roberto de Neus, milite, et Wilardo, filio ejus.—(novembre 1206.)

F°. 2 v°. De quadam domo sita super forum Hesdini, fratribus hospitalis Hierosolimitani data a Guillelmo de Hesdino, filio Mauricii de Fieffes, anglici.—(nov. 1218.)

— Carta de bosco sancti Johannis, in foresta de Grigni[3], nobis dato a Philippo, comite Flandrie et Viromandie.—(1182.)

F° 3. Concordia facta inter fratres hospitalis Hierosolimitani et presbyterum de Marchona[4], super quodam prato apud Marchonam.—(mai 1209.)

F°. 3 v°. De quadam decima in territorio de Burbures[5] domui hospitalis de Vilers data a Fordina de altaribus[6]. (s. d.)

F°. 4. De pace facta inter fratres hospitalis sancti Johannis in nemore[7] et Galterum, presbyterum de Marchona, super decima fenorum et gardinorum apud Marchonam et Maisnil[8].—(nov. 1211.)

— Carta qua Godefridus, vicecomes de Canchy[9] re-

---

[1] Auj. Canchy, c°ⁿ de Nouvion-en-Ponthieu, arr. d'Abbeville (Somme).
[2] Auj. Villers-l'Hôpital, canton d'Auxi-le-Château, arr. de St.-Pol-sur-Ternoise (Pas-de-Calais).
[3] Auj. Grigny, canton de Le Parcq, arr. de St.-Pol-sur-Ternoise (Pas-de-Calais).
[4] Marconne.
[5] Canton de Norrent-Fontes, arr. de Béthune (Pas-de-Calais).
[6] Les Auteux.
[7] Saint-Jean-aux-Bois.
[8] Canton et arr. de St.-Pol-sur-Ternoise (Pas-de-Calais.)
[9] Auj. Canchy. Il y a Canci, dans l'original.

cognovit elemosinam patris sui Eustachii fratribus hospitalis factam, de terris apud Vilers [Villers-l'Hôpital], de una carrucata terre ad montem Herbot, de molendino de Wavans [1]. — (1172.)

F°. 5. De pace facta inter Willelmum, comitem Pontivensium, et fratres hospitalis, super villa de Wivrench fratribus data a Waltero de Beeloi [2], et libera ab omni dominio infra Cruces et utraque parte viæ. (xv kl. sept. 1191.)

F°. 6. Carta Bernardi de Baillolio qui dedit domui hospitalis, boscum sancti Johannis, in foresta de Gregni. (s. d.)

— De pace facta inter fratres hospitalis et Petrum et Garinum, in campo de laguillon et villa de Nœilli [Neuilly-le-Dieu. — (1201).

F°. 6 v°. Carta qua Baldewinus le Walois concessit hospitali et omnibus hominibus de Nueas [Nœux] pasturam *es palesteaus et el bois del Hamel et el pre Gondewin* et in omnibus locis in quibuscunque homines de Wavans habent pasturam [3] —(1201.)

— Carta Ingerranni de Hisdinio [Hesdin] qui concessit, quantum ad eum pertinet, fratribus hospitalis lherosolimitani, totam decimam totius feodi Ingerranni le Caoler de Caveron [4] [Cavron-St.-Martin]. (s. d.)

561. Deuxième cartulaire de Fieffes.

MS. petit in-4° non relié de 8 fol., en parch. — Ecriture du XIIIᵉ siècle.

A. I. Sect. administ., S. 5059, n° 11.

On lit sur une feuille de papier attachée au cahier :

---

[1] L'original scellé du sceau oval en cire blanche de Thibaut, évêque d'Amiens, est conservé aux archives (Sect. adm., S. 5060, n° 1). Il y a dans le même carton (S. 5060, n° 2) une copie collationnée du même acte que l'on trouve également au f° 9 du 4ᵉ cartulaire de Fieffes. Wavans est situé dans le canton d'Auxi-le-Château, arr. de Saint-Pol-sur-Ternoise (Pas-de-Calais).

[2] Probablement Belloy-sur-Somme, canton de Picquigny, arr. d'Amiens (Somme).

[3] Cet acte est transcrit également au f° 11 v° du 4ᵉ cartul. de Fieffes.

[4] L'original de cet acte se trouve aux archives de l'Empire, Sect. hist. Carton MM. 1093, n°. 49. Il est de 1280.

FIEFFES.

« Petit cartulaire de chartres et titres primordiaux contenants donnations de terres et dixmes en différentes seigneuries de la commanderie de Fieffes, du four et de la maison de Fieffes, et autres biens et droits mentionnez esdits titres, dattés depuis l'an 1172 jusqu'en 1227. »

Ce cartulaire n'est pas complet, car il commence par la dernière ligne d'une charte de 1224.

F°. 1. De quibusdam terris in territorio de Candas sitis, fratribus hospitalis venditis et datis a Richario de Candas, milite [1] — (1224.)

— Carta Guidonis de Maiseroles, de eisdem [2] —(1224.)

F°. 1 v°. Carta Marie, uxoris Richarii de Candas, militis, de eisdem [3] —(octob 1224.)

— Carta Richarii de Candas, de eisdem [4] —(janv. 1224.)

F°. 2. Carta Ingerranni de Candas, militis, de eisdem [5] —(janvier 1224.)

F°. 2 v°. Carta qua Adam, cognomento furnarius, recognovit se fratribus hospitalis de Fieffes in perpetuum vendidisse, quicquid habebat in furno de Fieffes —(mai 1218).

F°. 3. Carta W. comitis Pontivi, de villa de Wiurensa [Yvrench] a G. de Beeloi data [6] —(1195.)

F°. 3 v°. De eodem.—(juillet 1195.)

F°. 4 v°. Carta W., sancti Richarii [7] abbatis, de tertia parte decimarum de territoriis que *Roselflos* et *ville* et *Rochemont* nuncupantur. (s d.)

— Carta de resignatione eorum que magister Galterus de sancto Richario percipiebat in terris nostris de Wivrens. —(juin 1224.)

F°. 5. Carta Galteri de Beeloi, militis, qui dedit fratribus hospitalis octo jornalia terre que habebat apud Wivrens, sita juxta manerium dictorum fratrum et retro

[1] Cet acte se trouve au f° 7 du 3° cartul. de Fieffes.
[2] Cet acte se trouve au f° 7 du 3° cartul. de Fieffes.
[3] Cet acte se trouve au f° 8 v° du 3° cartul. de Fieffes.
[4] Cet acte se trouve au f° 7 v° du 3° cartul. de Fieffes.
[5] Cet acte se trouve au f° 7 v° du 3° cartul. de Fieffes.
[6] Voy. une charte de la même année, au f° 5 du premier cartulaire de Fieffes. Une copie de celle-ci se trouve au f° 42 du troisième cartulaire de Fieffes.
[7] Abbaye de Saint-Riquier.

masuras corumdem super viam que ducit a sancto Richario apud Ausiacum [Auxi-le-Château]. — (juillet 1227.)

F°. 5 r°. Carta de Vilers [Villers-l'Hôpital] [1] — (1172.)

F°. 6 v°. Carta Galteri de Beeloi qui vendidit fratribus hospitalis octo jornalia terre apud Wivrench, sita juxta domum dictorum fratrum.—(juin 1227.)

— Carta de translatione dotalicii ejusdem terre apud quamdam terram, que est ad fluvium de Wivrench.—(juin 1227.)

F°. 7. Carta de VIII jornalibus terræ supradictæ [2]—(juin 1227.)

F°. 7 v°. Carta qua Eustachius de Haloi [3], quitavit in perpetuum fratribus hospitalis de Fieffes, quoddam terragium, in territorio de *Baaillon*, quod mater sua contulerat in elemosinam fratribus ante dictis [4] — (mars 1221.)

F°. 8. Carta Edele de Fienviles [Fienvillers], quæ dedit fratribus hospitalis, tria jornalia nemoris [5] —(sept. 1225.)

562. Troisième cartulaire de Fieffes.

MS. in-4.° de 41 feuillets, papier. — Ecriture du XVe. siécle.

A. I. *Sect. adm.*, S. 5059., n.° 8.

On lit sur la couverture « Cartulaire des chartes et titres primordiaux des biens, droits et priviléges de la commanderie de Fieffes et des membres en dépendants, le tout daté depuis l'an 1174 jusqu'en 1409.

Ce cartulaire n'est pas complet, car le premier folio commence par la fin d'une pièce de 1322.

F°. 1. Lettre contre messire Enguerrand de Fieffes, faisant mention de la justice, seignourie, terres et amoisnes que les religieux de l'ospital ont à Fieffes. (Vidimus de

---

[1] Cet acte se trouve également au f° 4 du premier cartulaire.

[2] Cet acte se trouve également au f° 20 v° du 4e cartulaire de Fieffes.

[3] Auj. Halloy-les-Pernois, con. de Domart, arr. de Doullens (Somme).

[4] Cet acte se trouve au f° 2 v° du 3e cartulaire de Fieffes.

[5] Cette donation était faite en compensation de l'autorisation qu'avaient donnée les frères de St.-Jean de Jérusalem à Edèle de Fienviler, de construire un four dans son manoir. Voy. l'acte d'avril 1135.

FIEFFES.

1305 d'une charte royale [1] datée de Paris, au mois de décembre 1275).

F°. 1 v°. Lettre d'Enguerrand de Fieffes, comment il ne demande nul droit à notre justice de le ville de Fieffes, et comment nous devons mauvre [2] franquement à ses mollins [3]. — (1174).

F°. 2. Lettre comment messire Enguerrand de Fieffes, chevalier, et ses hoirs, sont oblegiez soubs son scel, de raparer les tenemens seans au dessus de la rue que on dit [4]...? au cas que par le nouvel cours de l'yaue, qu'il a fait aler par une vergue et demie de terre, ils soient adommagiez par ledit cours. — (11 juin 1409). En fr.

F°. 2 v°. La première pièce de ce folio est déjà transcrite au f° 7 v° du deuxième cartulaire de Fieffes.

— Lettres (du pape Grégoire IX), comment nous ne poens estre cites par lettres apostoliques, se en icelles n'est faicte expresse mention des religieux de Saint-Jehan de Jérusalem. — (1232).

— Indication de coffres où l'on pourrait trouver quelques pièces.

Les f°s. 4, 5 et 6 sont blancs.

CHARTES ET LETTRES DE LA VILLE DU CANDAS.

Les deux premiers actes se trouvent aux f°s 1 et 2 du second cartulaire de Fieffes.

F°. 7. Comment OEde le Prevoste donna le tierche partie de la justice du Candas à l'ospital de Fieffes. — (avril 1247).

Les deux actes qui suivent sont aux folios 1 et 2 du second cartulaire de Fieffes.

F°. 8. Lettre de messire Richart du Candas, comment il vendit cent journeulx de terre à l'ospital séant au terroir du Candas. — (nov. 1224).

---

[1] L'original de cette charte royale, scellée du grand sceau en cire verte, se trouve dans le carton S. 5059, n.° 4.

[2] Pour moudre.

[3] L'original est dans le même carton sous la cote S. 5059, n.° 9. Il a été un peu endommagé par l'humidité.

[4] Le mot n'est point dans la charte.

— Lettres de messire Ricquier du Candas, comment il vendi et aumoisna à l'ospital le quinte partie de cent journeux de terre, située au terroir du Candas. — (1224).

F^o. 8 v°. L'acte suivant se trouve au f° 1 v° du second cartulaire de Fieffes.

— Lettre comment Hue du Candas, chevalier, vendit à l'ospital viii^{xx} journeulx de terre. — (1224).

— Lettre comment le curé de Candas tient sa maison du Candas comme seculier nommé, comme de presbistoire. — (1241).

F^o. 9. Ces lettres font mencion que messire Robert des Hosteux [Auteux] donna à Walon de Senarpont[1] LX sous de cens et XX cappons, que le dis Robers avoit sur un four à Doullens, qui est devant le maison du conte de Pontieu. — (1216).

F^o. 9 v°. Lettre de messire Robert des Auteulx, comment il donna XII deniers de rente à Walon de Senarpont. — (1215).

— Lettre du prieur de Baigneux[2] pour le Candas, comment il doibt un sextier d'avoine pour cause d'une voye d'aler à se grange, et se il ne paye au jour de le Saint-Remi, il doibt l'amende audit hospital. — (sept. 1255).

CHARTES DE LA VILLE DE FIENVILLERS.

F^o. 13. Charte de Geoffroy, chevalier et homme noble de Doulens, par laquelle il donne aux religieux de Saint-Jean de Jerusalem sa terre et seigneurie de Fienvillers.[3] — (Sept. 1204.)

Cet acte important, conservé aux archives en triple expédition (S. 5059, n°s 21, 22 et 23), et qui donne les coutumes de Fienvillers, mérite d'être donné ici *in extenso*. Nous publions le texte d'après l'original, celui du cartulaire n'étant qu'une copie incorrecte.

Noverint omnes tam presentes quam futuri, quod Gaufridus miles et vir nobilis de Dorlens, pro remedio anime sue et pro animabus antecessorum suorum, in perpetuam

---

[1] Canton d'Oisemont, arr. d'Amiens (Somme).
[2] Auj. Bagneux, canton et arr. de Doullens (Somme).
[3] Cette pièce se trouve au f.° 13 du troisième cartulaire de Fieffes.

FIEFFES.

elemosinam dedit villam que vocatur Finviler, hospitalariis Sancti Johannis de Hierusalem, laudantibus hoc et assensum huic elemosine prebentibus Ingelranno filio suo, cum filiabus Hedela et Pavia. Robertus autem de Maiseroles, ad cujus feodum predicta villa respicit et ejus heres Guido, cum viro nobili Hugone Campdavaine, illius feodi summo domino, hoc bona fide concesserunt et pro posse suo contra omnes guarandizaturos fiduciaverunt. Sciendum est, quod in eadem villa, fratres hospitalis ducentas habent masuras liberas; infra cruces, bannum et sanguis, et latro, et omnis justicia hospitalis sunt. Predictus Gaufridus in centum masuris ad agriculturam laborare et fructificare poterit, donec alie centum masure domibus edificentur. In hujus augmentum, elemosine dedit idem Gaufridus hospitali dimidiam carrucatam terre liberam et quatuor jornelia nemoris. In eadem villa venditiones, herbagia cum furno et prepositura sunt hospitalis, ita tamen quod prepositus masuras infra villam mensurare debet et hospitibus tradere. Pro quo, de unaquaque masura recepturus est tantum duos denarios. Donum ville tale est: de carrucata terre habet prepositus XXIV gelunas (sic.), de dimidia XII, de quartario sex gelunas, de jornelio, unam. Hospes tenere potest jornelia usque ad decem per tres gelunas et usque ad viginti jornelia, per sex gelunas. Tres sunt in eadem villa vavassores hospitalis hospites: Prepositus, Adam et Guibertus, quorum quisque reddit hospitali de censu II solidos. Si alienas bestias in sua receperint custodia, de illis debent hospitali herbagium; de propriis, non. Masura ejusdem ville est octoginta pedum longitudinis et totidem latitudinis, quarum unaqueque debet in festo Sancti Remigii II solidos et VI denarios, in Natali domini II solidos et VI denarios. Extra cruces Gaufridi est bannum, sanguis et latro, si ipse vel balidivi ejus capiant aliquem in forisfacto, per arbitrium hominum hospitalis, in curia hospitalis tractabitur. Si lex belli contingat, in curia fiet hospitalis, et si placeat Gaufridum coadjutorem advocabunt, salvo jure hospitali. Hospitibus daturus est centum jugera terre predictus G., jornelium per XXI denarios de censu, cum terragio, de relevamento XII denarios, qui accipere voluerit. De hominibus ville carrucas habentibus, tres habet corveias Gaufridus per annum, infra territorium. De illo qui

unum habet jornalium, unam de brachiis. In territoriis FIEFFES.
de Fienviler, de Longuevile ¹, de la Hosche, nullam poterit
facere firmitatem, nec hospites habere. Ad molendinum
ipsius ibunt hospites infra duas leucas per rectam molturam. Si eis inferatur injuria, non ibunt donec emendetur,
si probatum sit; si ad alienum ierint molendinum, et capti
fuerint extra cruces a servientibus domini, per tres solidos
et per molturam emendabunt; si infra cruces, per molturam tantum. Si fratres hospitalis facere voluerint molendinum cum vento vel equis, sumptu suo facient, in
quo medietatem molture capient, Gaufridus aliam. Uter-
que libere molere poterit in usus suos infra villam. Sedes
molendinini hospitalis est, et molendinarius hospes et
justicia. Gaufridus hospes est hospitalis, per xii denarios,
in festo Sancti Remigii, per hos census hospitale ipsum
G. et res ejus garandizare debet infra cruces, cubantes et
levantes, ad guerram eunti vel in guerra moranti vel
redeunti nullam inferet hospitale garandiam, nec de rebus
propriis ejusdem ville uti poterit nec in villam redire de
Finviler, quamdiu in guerra manserit. Lex nemoris talis
est : de quercu, vii sol. et vi den., de alia arbore ii sol. et
vi den., et si hospes se excusare voluerit et negaverit se
captum fuisse, per sacramentum se purgabit. Si hospes in
alia avoeria quam hospitalis manere voluerit, aut dimittet,
aut erit a villa extraneus. Pascua ejusdem ville communia
sunt hospitibus. Si terras suas predictus G. agricolis tradere voluerit, illas hospitibus hospitalis tradet eo precio
quo terras alias habere possent. Hospitibus terras suas
vendere licebit, si voluerint, et ab emente et vendente
tredecimum denarium habebit. Ut hoc ratum sit, ego Willelmus, comes Pontivensis, hanc elemosinam coram nobis
datam, sigilli nostri auctoritate cum sigillis virorum nobi-
lium Hugonis Campdavaine et Gaufridi de Dorlens confir-
mavi, et de eodem hospitale investivi, meam et heredum
meorum garanditionem contra omnes promittens. Actum
fratre Ogero, priore in Francia, fratre Radulpho, magistro
de Fiefes. Testibus hiis, fratre Odone seignore, fratre
Stephano et Waltero presbyteris, fratre Willelmo, magistro Montanie, Hugone de Fontanis, teste et plegio, Sil-
vestro, clerico, Guidone de Candas, Michaele de Altaribus,

¹ Auj. Longuevillette, canton et arr. de Doullens (Somme).

10.

FIEFFES.

Odone Ridel, Gerardo, Allelmo preposito, Adam Vavassore, Roberto de Sancto Acceolo [Saint-Acheul], Roberto de Altaribus [des Auteux], Petro de Boibergues [1], cum aliis; anno incarnationis Dominice millesimo ducentesimo quarto, mense Septembris.

F°. 13 v°. Comment la dame de Fienviler [Edela de Feodo Villari] peust tenir four en se maison pour cuire son pain et non plus. [2] (Décembre 1240.)

— Ceste lettre fait mention de la VI° partie de le disme de Longueville qui appartenait aux Templiers. (1208.)

CHARTRES DE LE MAISON DE SERIEL [3].

F°. 17. Lettre de messire Adam de Puchenviller, comment il donna a le maison de Seriel le terrage de dix journeux. (Janvier 1204.)

— Ceste lettre fait mencion que Bauduin de Puchenviller donna pour amoisne au temple de Seriel tout le terage de sept journeulx de terre, au terroir de le Viscongne [La Vicogne], en une pieche de lez le bosc, qui va de Reubempré [4] à Beaucquesne, [5] que le dicte maison tient et les chens qu'elle devoit comme ces lettres dient [6].(Juill. 1253.) En fr.

F°. 17 v°. Ceste lettre fait mencion que messire Girard, vidame d'Amiens, conferme [7] le vente que Adam, sire du Puchanviller, fist as seigneurs du temple de Seriel de XIX journeux de terre au terroir de Puchenviler [supra Vallem Gamelon]. [8] (Mai 1240.)

---

[1] Boisbergues, canton de Bernaville, arr. de Doullens (Somme).

[2] Cet acte a rapport à un autre d'avril 1235. (*Sect. adm.*, S. 5059, n.° 2.) L'original existe dans le même carton sous la cote S. 5059, n.° 20.

[3] Commune de Puchevillers, canton de Villers-Bocage, arr. d'Amiens.

[4] Rubempré, canton de Villers-Bocage, arr. d'Amiens (Somme).

[5] Il y a dans l'original conservé aux archives sous la cote S. 5061, n.° 7 et scellé du scel de B. de Puchenviller: *el terroir de le Vicogne de les le voie qui va de Raimberpré a Biauchaisne.*

[6] Voy. le même acte passé sous le scel de l'official d'Amiens, au f.° 20 de ce cartulaire.

[7] Cette confirmation se trouve aux archives de l'Empire sous la cote S. 5061, n.° 5.

[8] L'acte de vente se trouve en original scellé d'un sceau en cire verte,

— Ceste lettre fait mention que Thibaut III, évesque d'Amiens, conferme as templiers de Seriel, le don que Werri de Renchèyal fist du bos appelé *seriaux*[1] [nemus quod appellabatur *Siriax*] XIIe s.

F°. 18. Ceste lettre fait mention que Adam du Puchanviller [Adam, dominus de Pucenvillare] conferme les ventes aux templiers de Seriel, de VIII journeulx de terre et XL vergues, lequelle terre Wiberth Poilesoit, vendit au dis seigneurs.[2] (Janvier 1234.)

— Lettre comment Jehan Belle Gueule, manans à Raincheval, a congneut que il a vendu bien et loyaument au commandeurs et as freres de le Chevalerie du Temple, manans à Seriel, tout son terrage entierement que il a en leur terroir, est assavoir en IX et XII journeux de terre en la entour, assise en une pieche du costé le Vies Seriel. (Juin 1269.) En fr.

F°. 18 *v°*. Ceste lettre fait mention que Anssel de Raincheval vendit[3] as senieurs du temple de Seriel, XXII journeux de terre et les trois parties de le moitié du terrage de le dicte terre, et toutes les seignouries que il avoit en le dicte terre [que terre sita est in parrochia de Raincheval tenens ad terram de Valleguidonis et ad territorium de Seriel, prope nemus du Plaissie de Seriel]. (Oct. 1238).

— Lettre comment Robert de Saint-Legier vendit terrage qu'il avait au temple de Seriel, au camp Pieron. (1622).

F°. 19. Le don que le sire de Pas [hugo, miles, dominus de Passu] et sa femme, donnerent à le maison de Seriel. (1229).

F°. 19 *v°*. Ceste lettre fait mention que Adam de Pucheinvilleir donna aux templiers de Seriel le terrage et le chens que il avait en huit journeux de terre XXX verges,

à l'écu du seigneur de Puchenviller, sur lacs de soie, aux archives de l'Empire (S. 5061, n.° 1), et dans ce cartulaire au f.° 20 v°.

[1] Cet acte conservé aux archives sous la cote S. 5061, n.° 56, a été écrit entre 1169 et 1204.

[2] L'original se trouve aux archives sous la cote S. 5061, n.° 71.

[3] L'original scellé du scel en cire verte d'Anselme de Renceval (écu écartelé 1 et 4 au dragon ailé; 2 et 3 au chef engrelé, semé de trois coquilles posées 2 et 1) est aux archives, sous la cote S. 5061, n.° 68.

FIEFFES.

que Huc Poile Sos, de Pucheinvilleir, vendit aux dis seigneurs. [1] (Sept. 1238).

F°. 20. Lettre de Jean, comte de Ponthieu, qui donne aux templiers une rente de XL sous, percevable à Doullens [apud Durlendum]. [2] (1161).

— Ceste lettre fait mencion que li official d'Amiens conferme le don que Baudoin de Puchanviller fist aux seigneurs du temple de Seriel, du terrage de VII journeux de terre, ou terroir de la Vicongne [juxta viam per quam itur de Raimberti prato [3] apud Bellam quercum [4]] [5]. (Août 1253).

F°. 20 v°. C'est le confirmacion de l'official d'Amiens qui tesmoigne que Anssel de Raincheval et se femme, vendirent aux seigneurs du temple de Seriel XXII journeux de terre, ou terroir de Rainceval de lez le bos de Seriel, appellé Plaissiez [6]. (Octobre 1238).

— Ceste lettre fait mencion que Adam de Puchenviler et se femme, vendirent as templiers XIX journeux de terre ou terroir de Puchenviler [supra vallem gamelin]. [7] (Mai 1240).

F° 21. Ceste lettre fait mencion que Alleame de Puchenviller donna aux templiers de Seriel les deulx parties de le disme que il avait en IIII^{xx} journeux de terre de lez Seriel. (1209).

F°. 21 v°. Acte par lequel Adam de Puchenviler autorise la vente faite aux templiers de Seriel, par Marie

---

[1] L'original est aux archives sous la cote S. 5061, n.° 4.

[2] L'original scellé du scel en cire blanche du comte de Ponthieu est aux archives sous la cote S. 5061, n.° 62.

[3] Rubempré.

[4] Beauquesne.

[5] Cet acte, dont l'original se trouve aux archives sous la cote S. 5061, n.° 8, n'est que la cession sous le scel de l'official d'Amiens de la vente citée plus haut au f.° 17.

[6] L'original se trouve conservé aux archives sous la cote S. 5061, n.° 53.

[7] L'original, scellé du scel du seigneur de Puchenviller, existe aux archives sous la cote S. 5061, n.° 1. La confirmation de cet acte par le vidame d'Amiens est transcrite plus haut au f.° 17 v.° de ce cartulaire; quant à celle de l'official d'Amiens, l'original se trouve aux archives sous la cote S. 5061, n.° 6.

Doudeline, de Puchenviler, de sept journeux de terre au territoire de Vicoigne.[1] (Sept. 1240). FIEFFES.

F°. 21 v°. Lettre de confirmacion de Enguerran de Louvaincourt, de terrage au camp Pieron, que Robert de Saint Legier vendit au temple de Seriel. (8 Mars 1229).

F°. 22. Quittance que Pierre Rifflars et ses frères firent as seigneurs du temple de Seriel, de tout le droit qu'ils avoient en quatre journeux de terre et demi ou terroir de Talemars [2] [juxta viam per quam itur de Talemars ad Bellamquercum, intrà terram hospitalis de Talemars et terram magistri Gileberti, presbiteri de Carorivo.[3]][4] (Mai 1256).

— Ceste lettre fait mencion que li Castellains d'Arras conferme la vente que Ansel de Rainsceval fist à le maison de l'ospital de Serihel de XXII journeux de terre ou terroir de Raincheval [in parrochia de Rainsceval proppe del Plaissie] et aussi le dit Castellain donna as dis seigneurs toute le justice qu'il avoit en le dicte terre.[5] (Septembre 1238).

CHARTRES ET LETTRES DE LE MAISON DE BELLE ESGLISE.

F°. 25. Ceste lettre fait mention que Robert Waubert donna pour aumoisne à le maison de Belle Esglise VII[xx] journeux de terre, au terroir de Dernencourt [6], de le Viesville et de Bourgaucourt [7], lequel cose me sire Henri de Toutencourt [8], chevalier, conferme par ces lettres.[9] (Janvier 1287). En fr.

F°. 25 v°. Ceste lettre fait mencion que Robert Waubers

---

[1] La notice de la pièce manque. L'original scellé du scel d'Adam de Puchenviller se trouve aux archives sous la cote S. 5061, n.° 70.

[2] Auj. Talmas, canton de Domart, arr. de Doullens (Somme).

[3] Peut-être Querrieux.

[4] L'original se trouve aux archives sous la cote S. 5061, n.° 54.

[5] L'original est conservé aux archives sous la cote S. 5061, n.° 50.

[6] Dernancourt, canton d'Albert, arr. de Péronne (Somme).

[7] Bocacourt est situé sur la carte de Cassini au Sud de Hénancourt, au Nord de la Viéville.

[8] Canton d'Acheux, arrondissement de Doullens (Somme).

[9] L'original se trouve aux archives sous la cote S. 5061, n.° 35.

FIEFFES.

de Corbie, donna pour aumoisne as seigneurs du temple de Belle Esglise, le maison qui estait à Corbie et tous ses prés, et tout plain de belles coses aultres [1] (1279).

F°. 26, L'official d'Amiens reconnaît la dite amoisne. (Avril 1279).

— Jehan de Montonviler confirme le même don. [2] (Décembre 1287). En fr.

F°. 26 v°. Ceste lettre fait mencion que messire Pierre de Sailli, chevalier, conferme le vente que Jehan de Latre fi as templiers de Belle Esglise, d'une maison séans à Senlis de lez le grange des dis seigneurs. (Mars 1267).

F°. 27. Ceste lettre fait mencion que Guillaume, evesque d'Amiens, conferme la vente que messire Gille de Mailli fist aux templiers de Belle Esglise, que il avoit en mille et sept cents et xliii journeux de terre au terroir de Senlis. (Mars 1228).

— Lettre de Thibaud, évêque d'Amiens, confirmant la donation faite par Baudoin de *Durs* (Daours) aux templiers de Belle Esglise de xxxv jugées de terre, sis au territoire de *Vilete* ; la vente faite par Gui le prévôt de sa terre appelée *Vallis Reul*, et la vente de xii jugées de terre à *Vilete*, faite aux templiers par Jean de Gove [de Goya]. [3] (1196).

F°. 27 v°. Ceste lettre fait mencion que messire Jehan de Dours, conferme le vente que Jehan de Thiebeval fist as seigneurs du temple de Belle Esglise, de xx journeux de terre au terroir de Louvencourt. [4] (Février 1235).

F°. 28. Ceste lettre fait mencion que Gauffroy, evesque d'Amiens, conferme le vente que messire Jehan de Dours fist as templiers de Belle Esglise de tout le terrage de le dicte maison de Belle Esglise.[5] (Novembre 1233).

---

[1] L'original est aux archives sous la cote S. 5061, n.° 20. La relation de la même vente par devant l'officialité d'Amiens est liée à l'acte précédent et porte en cote S. 5061, n.° 19.

[2] L'original scellé du scel du seigneur de Montonviler (3 fleurs de lys aux pieds nourris, posées 2 et 1, à un filet mis en bande brochant sur le tout), existe aux archives sous la cote S. 5061, n.° 17.

[3] L'original est aux archives sous la cote S. 5061, n.° 44.

[4] L'original est aux archives sous la cote S. 5061, n.° 45.

[5] L'original de l'acte de vente est aux archives sous la cote S. 5061, n.° 43. Il est déchiré et incomplet.

— Ceste lettre fait mencion que messire Gualleran de Fetouval vendit aux templiers de Belle Esglise III journeux et demi de terre de lez le temple de Ferinval.[1] (Juillet 1239).

FIEFFES.

F°. 28 v°. Ceste lettre dit que messire Adam de Tottencourt, chevalier, conferme la vente [2] es templiers de Belle Esglise, que messire Enguerran de Domuin leur fist de XXXIV journaux de terre et XXX verges ou terroir de Fetouval.[3] (Novembre 1238).

— Ceste lettre fait mencion que Gille de Buissi [4] conferme le don que Robers Waubers donna pour amoisne as templiers du temple de Belle Esglise, de L journeux de terre en plusieurs pièches, au terroir de la Viesville et du Buires.[5] (Mai 1292).[6] En fr.

F° 29. Ceste lettre fait mencion que messire Bauduin de Beauvoir, chevalier, conferme le don que Robert Waubers fist à le maison de Belle Esglise. (Février 1284).

— Ceste lettre fait mencion que Ydore [Idorea], femme de messire Mahieu de Roye, chevalier [Dominus de Garmeniaco], conferme la vente que messire Jehan de Dors fist aux templiers de Belle Esglise, c'est assavoir le terrage du terroir appartenant à la dicte maison.[7] (Novembre 1233).

F°. 29 v°. Ceste lettre fait mencion que Jehan de Motonviler, ecuier, conferme le don que Robert Waubers fist au temple de Bele Yglisse.[8] (Janvier 1283). En fr.

— Ceste lettre fait mencion des terres de la maison de

---

[1] L'original existe aux archives sous la cote S. 5061, n.° 13.

[2] L'original de l'acte de vente se trouve aux archives sous la cote S. 5061, n.° 10.

[3] L'original se trouve aux archives sous la cote S. 5061, n.° 9.

[4] Auj. Bussy-lès-Daours, canton de Corbie, arr. d'Amiens (Somme).

[5] Auj. Buire-sous-Corbie, canton d'Albert, arr. d'Amiens (Somme).

[6] Il y a deux expéditions différentes de la même confirmation, conservées aux archives sous les cotes S. 5061, n°° 66 et 67. Il y en a une scellée du scel de Gilles de Buissy. Autour de l'écu à une bande semée de trois coquilles, on lit : S. Gilles, sire de Buissu.

[7] L'original est aux archives sous la cote S. 5061, n.° 42, ainsi que la confirmation de Mathieu de Roye (S. 5061, n.° 44).

[8] L'original est conservé aux archives sous la cote S. 5061, n.° 30.

FIEFFES.

Belle Esglise, lesquelles doibvent dimes, et lesquelles, non. (Septembre 1257).

CHARTES DE LE VIESVILLE ET DE SENLIS.

F°. 32 v°. Ceste lettre fait mencion que messire Gilles de Mailli, chevalier, vendit as seigneurs du temple toute le disme qu'il avait à Senlis en 2 parties.[1] (Mars 1228).

— Ceste lettre fait mention que Robert Waubers et de Cardonnelle[2], a donné à le maison de le Viesville tout ce qu'ils avoient à Corbie, aux seigneurs du temple de le Viesville. (Décembre 1279).

F°. 33. Lettre de messire Gille de Mailli, qui vendit à l'ospital une muy de blé qu'il avoit de dismes, au terroir de Senlis. (Septembre 1229).

— Ceste lettre fait mencion que Thibaut d'Armicourt et se femme vendirent au temple de le Viesville lvii journeux de terre et demi et $\overline{xx}$ verges au terroir de le Viesville en plusieurs pièches [intra viam de meta et terram de Buissiu, prope terram hostonis de Bourgacourt, ad locum qui dicitur ad campum magnum, ad campum de Salietto.][3] (1288).

F°. 33 v°. Ceste lettre fait mencion comment Jacques Waubert vendit aux templiers de le Viesville xxxii journeux assis au terroir de le Viesville.[4] (1284).

F°. 34. Ceste lettre fait mencion que messire Robert de Toutencourt, chevalier, conferme le don que Robert Waubert fist à le maison de Belle Esglise, c'est à savoir sen manoir de le Viesville et vi journeux de terre et de iv^{xx} et cinq journeux de terre.[5] (Avril 1280). En fr.

F°. 34 v°. Ceste lettre fait mencion que messire Jehan de

---

[1] La confirmation de cette vente par l'évêque d'Amiens se trouve plus haut au f.° 27 de ce cartulaire.

[2] Auj. Cardonnette, canton de Villers-Bocage, arr. d'Amiens (Somme).

[3] Dans l'original conservé aux archives sous la cote S. 5061, n.° 36, il y a *Sailliceto*. La confirmation de cette vente, sous le scel de l'official d'Amiens, se trouve aux archives sous la cote S. 5061, n.° 38.

[4] L'original se trouve aux archives, Sect. adm. (Cart. S. 5061, n.° 31).

[5] L'original scellé se trouve aux archives de l'Empire sous la cote S. 5061 (suppl.) n.° 26.

Helli [Heilly], chevalier, conferme as seigneurs du temple de Belle Esglise L journeux de terre, au terroir de Berele, qui appartiennent à le maison de Viesville.[1] (Oct. 1287). En fr. FIEFFES.

F°. 35. Lettre comment Asselline, femme de Jacques Waubert, renuncha as hiretaiges que le dis Jacques avoit donné à l'ospital de le Viesville. (Mars 1264).

F°. 35 *v°.* Ceste lettre fait mencion que li official d'Amiens tesmoingne que comme Robert Waubers eust donné as templiers de Belle Esglise plusieurs terres ou terroir de Viesville, de Dernencourt et de Bougarcourt, messire Henri de Dernencourt les conferma.[2] (1287).

— Ceste lettre fait mencion que l'official d'Amiens tesmoigne que messire Pierre de Sailli, chevalier, vendit as seigneurs du temple de Belle Esglise toute le justice qu'il avoit en une maison, estant à Sanlis de lez le chimetière. (Avril 1268).

F°. 36. Lettre comment Jacques Waubert renoncha à le maison de le Viesville. (Octobre 1279).

F°. 37. Lettre comment Aenors, fille de messire Huc de Bailleul, conferme le vente que messire Gille de Mailli fist as seigneurs du temple des deux parties de toutes les dismes venant à Sanlis et as aultres terrains venant à le dicte ville. (Novembre 1228).

— Ceste lettre fait mencion que Ostes de Bourgacourt conferme le don que Robert Waubert fist à le maison de Belle Esglise, de son manage de le Viesville et de LL journeux de terre ou terroir dessus dit.[3] (Janvier 1280). En fr.

F°. 37 *v°.* Ceste lettre fait mencion que par devant l'official d'Amiens, Ostes de Bourgacourt et se femme donnerent pour amoisne as seigneurs du temple d'Oysemont[4], toute le justice et seigneurie qu'il avait en une maison à le Viesville et VI journeux de terre en deux pièces, au terroir de Bourguacourt.[5] (Janvier 1280).

---

[1] L'original se trouve aux archives sous la cote S. 5061, n.° 33.

[2] L'original scellé du sceau de l'officialité se trouve aux archives sous la cote S. 5061, n.° 34.

[3] L'original est conservé aux archives sous la cote S. 5061, n.° 25.

[4] Oisemont, canton de l'arrondissement d'Amiens.

[5] L'original scellé du scel en cire jaune de l'official d'Amiens, est conservé aux archives sous la cote S. 5061, n,° 63.

FIEFFES. CHARTRES ET LETTRES DE WIVRENCH.

F°. 41. Les actes relatifs à Wiwrench, donnés par le rédacteur de ce cartulaire, sont les mêmes que ceux inscrits au f° 3 du 2° cartulaire et aux f°s 5 et 1 du premier.

563. Quatrième cartulaire de Fieffes.

MS. in-4° de 21 feuillets, papier. — Ecriture du xv°. siècle.

A. I, Sect. adm, S. 5059, n.° 7.

On lit sur la couverture : « cartulaire de chartres et titres primordiaux des biens, droits et priviléges de la commanderie de Fieffes, et des membres en dépendant, le tout daté depuis l'an 1197 jusqu'en 1375. »

Comme les précédents, ce cartulaire est incomplet ; il est de plus dans un mauvais état de conservation ; l'encre a blanchi et l'humidité a rongé et jauni le papier.

F°. 1. Fin d'un acte de février 1286, de Gautier de Haudencourt. En fr.

— Ci après s'ensuit une descharge de Wivrencheul [1], faicte entre le sire de Grambus et les seigneurs de l'ospital. (6 mars 1365). En fr.

F°. 1 v°. Confirmation par l'abbé de saint Riquier de l'accord dessusdit. (9 mars 1365). En fr.

F°. 2. Arrêt de l'assise d'Amiens, que nous avons toute justice en le maison, sur lequelle les croix de l'ospital sont. (1311). En fr.

F°. 3. Lettre de le composition des religieux de saint Jehan d'Iherusalem et de le ville d'Abbeville, sur ce que les dis religieux disoient et maintenoient que eulx, leurs hommes, subgies couchans et levans dessus eulx es dictes baillies estoient, sont et devoient estre frans et quittes de cauchie en le dicte ville. (1363). En fr.

CHARTRES ET LETTRES DE VILLERS.

F°. 7. Lettres anchiennes qui parlent de le justice de Villers et de Nœux. (Avril 1269).

F°. 7 v°. Nomination d'arbitres pour juger le différend existant entre les templiers et le comte d'Artois. (1273).

---

[1] Yvrencheux, canton de Crécy, arr. d'Abbeville (Somme).

— C'est le chartre de l'esglise de Villers du droit que nous y avons contre le prieur de Cauchy[1]. (Mai 1197).

F°. 8. Sentence des arbitres, sur le fait de la justice de Villers et de Nœux.[2] (Juillet 1275).

F°. 8 *v°.* Confirmation des parties de le sentence pronunchiée par les arbitres dessusdits. (Juillet 1275).

F°. 9. Confirmation de Robert du Plaissis, chevalier, baillif de Hesdin, sur le dicte sentence. (Juin 1299). En fr.

— Lettre comment nous poons maure au molin de Wavans, pour no maison de Villers et engrener. (1172).

F°. 9 *v°.* Lettres royaux comment le prevost de Villers n'a mie droit à la tierche partie des amendes pour cause de prévosté. (Paris, 1313).

F°. 10. Lettre de disme que messire Mahieu de Rollepot[3] donna à le moason de Villers. (Sept. 1233).

F°. 10 *v°.* Lettre comment le seigneur de Wavans vendit onze sexterées d'avaine aux seigneurs de Villers lospital. (Février 1250).

— Lettres de Villers pour le maison de Rasteaux de II sexterces et I quartier de blé et autant d'avaine. (Janvier 1310).

F°. 11. Lettres des dimes de Villers et de Boffles[4] que Andrieu du Gardin vendit à l'ospital. (1243).

— Lettres de Andrieu du Gardin qui donne a lospital les dismes de Nœux et de Boffles. (Janvier 1235).

F° 11 *v°.* Lettres de messire Gui Campdavaine, chevalier, par laquelle il abandonne ainsi que ses vavasseurs, aux templiers de Vilers, une terre appelée *Chievrerue*, sise à *Nues* [Nœux], sur laquelle ils prétendaient avoir certains droits.[5] (Janvier 1235).

L'acte qui suit se trouve au f° 6 v° du premier cartulaire de Fieffes.

FIEFFES.

---

[1] Conchy-sur-Canche, canton d'Auxi-le-Château, arr. de St.-Pol-sur-Ternoise (Pas-de-Calais).

[2] Cette sentence qui accorde aux Templiers la haute et basse justice de ces deux villages, fut prononcée par les arbitres nommés dans l'acte de 1273 cité plus haut f° 7 v°.

[3] Commune de Frévent (Pas-de-Calais.)

[4] Canton d'Auxi-le-Château, arr. de St.-Pol-sur-Ternoise (Pas-de-Cal.)

[5] L'original se trouve aux archives sous la cote S. 5060 (suppl.), n.° 9.

FIEFFES. — Permission accordée par le bailli de Hesdin, aux procureurs des religieux de Jerusalem, de pouvoir tenir les requêtes à Villers l'ospital, jusqu'au Noël prochain venant. (Juillet 1354).

Les f°s 13 et 14 sont blancs.

Chartres et lettres du bos S^t.-Jehan.

F°. 15. Acte par lequel Robert, comte d'Artois, remet aux templiers de Fieffes la rente que les dits religieux lui faisaient à cause de leur maison de Hesdin.[1] (Mars 1293).

— Acte par lequel Robert Pikes se désiste du droit qu'il prétendait avoir sur une maison sise à Hesdin, devant l'église St.-Georges, que son oncle avoit donnée aux hospitaliers d'outre mer.[2] (Nov. 1294).

F°. 15 v°. Lettre relative au même sujet. (Nov. 1294).

— Acte par lequel Jean Postel prend à cens et rente la maison des religieux de St. Jean de Jerusalem, que on appelle *aus buignes*, sise à Hesdin, *aboutant d'un bout sur le marquêt de le dicte ville et d'autre lès le rue des Carons*.[3] (Oct. 1335). En fr.

F°. 16. Lettre de le terre [qui vocatur sartus de Attrebato prope boscum sancti Johannis], que l'abbé d'Anchin donna aux templiers, au bos saint Jehan.[4] (Mars 1397).

Les f°s 17, 18 et 19 sont blancs.

F°. 20. Jugement rendu par le bailli d'Amiens, relativement au droit de terrage de Wivrench. (1311). Acte peu lisible. En fr.

F°. 20 v°. L'acte qui suit se trouve au f° 7 du deuxième cartulaire de Fieffes.

F°. 21. Lettres que Wautier de le Ruelle amoisna à l'ospital de Wiwrench ce qu'il avoit en 3 journeux de terre séans ou dit terroir. (Juillet 1235 ?).

---

[1] L'original scellé du sceau en cire blanche du comte d'Artois est conservé aux archives sous la cote S. 5061, n.° 51.

[2] L'original scellé du scel du bailli de Hesdin (écu de France brisé d'un lambel à cinq pendants) est aux archives sous la cote S. 5061, n.° 61.

[3] Le vidimus de ce bail se trouve aux archives sous la cote S. 5061, n.° 49.

[4] L'acte original, scellé de deux sceaux brisés en cire brune, est aux archives sous la cote S. 5061, n.° 16.

— Lettre comment le doien d'Airaine conferme la donacion de viii journeux de terre séans au terroir de Wivrench (Juin 1225).

F°. 21 *v°*. Lettres du don que Williaume de Castel, bourgeois de Saint-Riquier fist aux templiers de Wivrench. (1199).

— Vente de trois journeux de terre faite par Gautier de Haidencourt. La fin de l'acte manque.

564. Registre cueilloir de tous les cens et rentes et autres droits seigneuriaux de la commanderie de Fieffes.

MS. in-f.° de 118 folios, parchemin. — Écriture du XVᵉ siècle (1470).

A. I. *Sect. adm.*, S. 5059.

Le premier folio de ce registre manque, et le suivant est tellement taché qu'il est impossible d'y rien déchiffrer. C'est le commencement de la déclaration des cens dus à Fieffes.

[Rue du Monstrelet, — rue de la Malladerie, — rue du Sauchoy, — rue de Hauviette, — Bourg de la ville, — la rue près de l'église oultre le pont.]

F.° 15. Enssuit la déclaration du lieu seigneurial et l'estendue d'icelluy avecq des prés et terres labourables, et autres droits, auctorités et prééminences à la dicte commanderye appartenant audit lieu de Fieffes. Voici le premier article de cette déclaration :

Primes. Le chef-lieu et logis seigneurial de la dite commanderye est amasé de plusieurs ediffices bastis de pierres et couverts de thuilles, contient trois journeulx quatre-vingts verges ou environ, ferme et enclos partie d'ancienne muraille et autre partie de vives haies, sur lequel pourprins y a coulombier de pierre, le tout tenant d'un costé à l'église et cymetière dudit Fieffes, d'autres d'un bout aux Flegatz et d'autre sens aux manoirs de Jacques de Villette et au ruy par lequel flue la rivière du dit lieu de Fieffes à Canaples, etc.

F.° 17. Coutume de Fieffes (24 articles).

Le f.° 19 est arraché.

F.° 20. Monstrellet.

Enssuyvent les cens deubs au dit lieu.

FIEFFES.

[Sur le chemin de Bernaville, — la grande Rue qui maisne de Fieffes à Doullens, — la rue du Sacq, — la rue de le Court, — la rue du Candas, — la rue des Fourques, — la rue de Montier.]

F.° 24. Coutume de Monstrelet (12 articles).

F.° 25. Cens dûs à Fiesviller.

[La rue de Monstrelet, — la rue des Prés, — la rue Loyer, — la rue qui maisne de l'église au Candas, — le Bourg de ville, — la rue des Abrissiaulx, — la rue des Osteux, — le chemin du Candas.]

F.° 29. Coutume de Fiesviller (9 articles).

F.° 30. Cens dûs au Candas.

[La rue du Valcreux, — la rue de Monstrelet, — la rue de Saint-Anthoine, — la rue de la Croix, — le Bourg de la ville, — la rue de Longueville, — la Nœufve rue, — la rue de Doullens, — la rue de Biauval.]

F.° 46 v°. Coutumes du Candas (14 articles).

F.° 49. Cens dûs à Villers-l'Hôpital.

[En la rue de Wavans, — le chemin de Hesdin, — le chemin de la Rivière, — la rue qui maisne de Hesdin à Frehens, — la rue Godde, — le Bourg de la ville, — la rue de Bonnières.]

F.° 60 v°. Coutumes de Villers (13 articles).

F.° 62. Revenus de Nœux.

[Rue de Nœux à Villers, — la rue de Nœux à Wavans, — le Bourg de ville, — la rue de Rifflecosse, — la rue Loqnemont.]

F.° 67. Coutumes de Nœux (10 articles).

F.° 68 Cens dûs à Yvrench.

[Rue de la Malladerye, — le Bourg de la ville, — la rue d'Auxy, — la Ruelle, — lieu seigneurial d'Yvrench.

F.° 77. Coutumes d'Yvrench (8 articles).

F.° 78. Cens et rentes de Maisons les Ponthieu.

[La rue Foullie, — la Cavée, — la rue du Sacq.]

F.° 85 v°. Coutumes de Maisons et terroir que on dit de Foullies (8 articles).

F.° 86 v°. Guaissard et les deppendances.

F.° 89. Enssuyvent les censses et membres appendans en la dite commanderye de Fieffes. — Seriel.

F.° 90. Coutumes de Seriel (2 articles).

F.° 81. Au bourg de Beauquesne.

F.° 95 v°. Louvencourt et terroir d'icelluy.

F.° 96 v°. Puchevillez, près Seriel
F.° 98. Raincheval, près Seriel.
F.° 100 v°. Talmas.
F.° 101. Bourg de Pas en Arthois et d'Authie lès le dit lieu de Pas.
F.° 102. Coutume de Senlis, près la Viesville. (5 articles).
F.° 103. La maison et cense de Belle-Église.
F.° 104. Arquesves.
F.° 109. La maison de Fetouval.
F.° 109 v°. La Viesville.
F.° 112 v°. En la ville de Corbeie et à l'environ.
F.° 116. La maison et cense du bois Saint-Jehan.
F.° 117. Hesdin.
F.° 117 v°. Blangy.
F.° 118. Marconne.
F.° 118 v°. Sainte-Austreberte.

Comme on peut le voir, ce registre renferme les droits du commandeur sur les villages dépendants de sa commanderie. Ces coutumes, moins anciennes que celles de Corbie, que j'ai publiées dans mon premier volume, ont été également inconnues à M. Bouthors qui, dans son excellente édition des *Coutumes du bailliage d'Amiens*, ne donne que xi articles, au lieu de xxiv aux coutumes de Fieffes, viii à Neux au lieu de x, et signale comme lacunes celles du Candas et de Villers-l'Hôpital.

Les coutumes conservées dans le registre cueilloir de 1470 sont celles de Fieffes, Monstrelet, Fienvillers, du Candas, Villers-l'Hôpital, Nœux, Yvrench, Maison-Ponthieu, Seriel et Senlis.

Elles diffèrent peu les unes des autres ; aussi, ai-je pris pour type celle de Fieffes, en indiquant en notes les différences notables, et en y ajoutant comme appendice les articles contenus dans les autres coutumes, qui manqueraient dans la première.

Il ressort du texte donné plus bas, que toutes les propriétés des commanderies étaient limitées par des bornes croisées, et qu'en dedans de ces croix, le commandeur avait justice, haute, moyenne et basse (sauf la souveraineté réservée au roi), et devait nommer, pour la maintenir, bailli, lieutenant, sergents et autres officiers.

Il recueillait, en outre, ou participait aux grosses et

FIEFFES. menues dîmes, prenait certains droits sur les boissons vendues en gros ou en détail; avait un four auquel les habitants étaient forcés de faire cuire leurs pains; pouvait obliger ses sujets et hôtes à venir siéger à son plaid une fois par semaine, et présentait les curés de certains villages à l'évêque d'Amiens qui en avait la collation.

L'article le plus singulier était celui qui consistait à obliger le commandeur à faire danser les habitants de Fieffes, du Candas, de Villers-l'Hôpital, de Nœux, d'Yvrench et de Maison-Ponthieu, la veille, la nuit et le jour de la fête du patron de ces villages.

Voici le texte de la coutume de Fieffes :

Es mectes de toute la paroisse de Fieffes le commandeur du dit lieu a droit et luy appartient de prendre toutes les dîmes de laynes et aigneaulx escheans ; a droit de dismaige tant aux champs que en la dite ville [1].

Item. Au dit commandeur appartient la moictié [2] de tous les droitz des dismes de tous les grains venans a meurisons et despoullez sur le terroir de Fieffes et Gouneville allencontre du surplus appartient au prieur de Bayneulx et au chappellain que on dit le chappellain de Fieffes fondé en lesglise Nostre Dame d'Amiens et se doit amener le dit droit par le reddevable sur le lieu que on dit le cay au dit lieu de Fieffes.

Item. Les menues dismes de cochons, poullets, oisons, fruictz et autres choses estans nombrées au droit de menues dismes et appartiens au curé du dit lieu de Fieffes [3].

Avecq ce, luy appartient et a droit de prendre le droit de mort et vif herbaige qui est tel, jouxte la coustume generalle du baillage d'Amiens : que tous les subgetz tenans leurs cottiers et nom francqe dicelle commanderye ayans bestes à laynes, lesquelles ayent pernocté esdits tenemens cottiers la veille de Noel, sy le nom-

---

[1] Il partage celles de Fienvillers avec le curé de ladite ville, qui ne peut dîmer qu'en sa présence ou celle de l'un de ses officiers. Il a le tiers de celles du Candas, de Nœux; le quart de celles de Maisons.

[2] C'est le tiers pour le Candas.

[3] Le commandeur a le tiers de ces dîmes au Candas, à Nœux ; le quart à Maisons. Le curé a tout à Villers.

bre des dites bestes est de vingt en dessus, le dit commandeur a droit de prendre pour le droit de vif herbaige, l'une des dites bestes a son choix, aprez que celluy auquel elles appartiennent, en aura prins et chosy une, et sy paie le dit droit, quant il est demandé [1].

Et sy le nombre des dites bestes est moindre que de vingt [2], et celluy au quel elles appartiennent est tenu paier au dit commandeur pour droit de mort herbaige, pour chascune des dites bestes ung denier parisis, le jour Saint-Jehan Baptiste prochain venant, le veille du dit jour de Noel qu'elles ont pernocté sur le dit tenement cottier en peine de soixante sols parisis d'amende.

Item. Le dit commandeur a droit de prendre es jours de Noel, Gandeleurs et Pasques tous les nataux deubz le dit jour et offerts par les paroissiens de la dite église de Fieffes [3].

Item. Doibvent les dits paroissiens couchans levans au villaige de Bruneville, secoure de la dite église de Fieffes pour chascune mesure amazée, une jarbe de blé. Pour le congé licence et permission a eulx faicte et donnée, d'avoir au dit lieu de Bonneville une chappelle, en laquelle le curé ou son vicaire de Fieffes est tenu chanter la messe chascun jour de dimence ou feste solempnelle en l'an, exceptez les jours de Nataux et de la feste Saint Pierre, patron d'icelle esglise de Fieffes esquelz jours de Nataux et Saint Pierre, iceulx paroissiens sont tenus venir et oyr la messe en la dite esglise de Fieffes, de laquelle jarbe de blé la moitié en appartient au dit commandeur et l'autre moitié au dit curé.

Item. A le dit commandeur seul et pour le tout au dit lieu de Fieffes en dedens les bournes croisiés que on dit les Croix, toute justice et seigneurie haute, moienne et basse; la souveraineté réservée au roy nostre sire au ressort de son baillage d'Amiens, et à cause d'icelle justice

FIEFFES.

---

[1] Item pour Fiesviller, le Candas. Il n'a que la moitié à Yvrench et à Maisons.

[2] Pour Villers et Nœux, le nombre est de 10.

[3] Le commandeur a la moitié de ceux de Fiesvillers, du Candas, plus la moitié des chandelles le jour de la Purification. Le tiers à Villers et à Nœux. Tout à Yvrench, le quart à Maisons.

FIEFFES.

et seignourye, luy appartiennent toutes confiscations et amendes tant en cas criminel que civil [1], jouxte la coustume générale tant du dit baillage que de la prévosté de Doullens.

Et pour garder la jurisdiction d'icelle commanderye a le dit sieur commandeur : bailly, lieutenant, sergent et autres officiers par luy commis et establys au dit lieu de Fieffes.

Item. A cause de la dicte haulte et moienne justice, a le dit sieur commandeur droit de prendre sus les vendans vins ou autres bruvaiges, pour chacun fois, deux solz du dit bruvaige soit vin ou cervoise qui est pour chacune piece, quatre lotz [2].

Item. Ne pœult aussy aucuns vendre vin ès metes d'icelle seignourie de Fieffes, sans premièrement y avoir faict mettre pris par les officiers du dit commandeur, sur et en peine de soixante solz parisis d'amende chascun, et pour chascune fois que les subjetz du dit lieu feroient le contraire jouxte la coustume générale du dit baillage d'Amiens.

Item. Ausy doibt au dit sieur commandeur chascune personne tenant cabaret vendant biere ou cervoise acheptée et non par luy brassée, cinq solz par an.

Et sy aulcun se entremect brasser cervoise, goudalle ou autre bruvaige, et le vendent à gros par coquetz ou baricqs, doibvent paier au dit commandeur celle doibture quil est accoutumé avoir et prendre ès villes voisines de la prévosté du baillage d'Amiens [3].

Est pareillement deu au dit seigneur commandeur, de chascune queue de vin vendu en gros, à paier par le vendeur ès mectes d'icelle commanderye de Fieffes, quatre lotz du dict vin [4].

Item. Au dit lieu de Fieffes solloit avoir, ce qui se pœult restablyr par le dict commandeur, ung fournil auquel estoient et sont banniers les manans et habitans,

[1] Item pour le Candas, Villers, Nœux, Yvrench, Maisons, au terroir de Fouillies, Seriel, Senlis près Laviéville.
[2] Deux lots pour le Candas, plus le droit des officiers.
[3] Item pour le Candas.
[4] Item pour Fiesviller, le Candas, Villers, Nœux, Yvrench, Maisons.

hostes et subgetz demourant au dict lieu de Fieffes en
dedens les bournes, que on dit les Croix; et ne peulvent
les subgetz cuyre ne fournier ailleurs ne avoir four en
leur maison sur peine de confiscation de la fournée et
cuyture et de amende de LX sous parisis.

Item. Quant le subget tenant cottier de le dicte commanderye au dit lieu de Fieffes, yend ou transporte par
desaisine ou autrement son héritage cottier, il doit pour
la vente, au dit sieur commandeur, le douziesme denier
et telle cens, telle yssue. Lequel droit de vente et yssue
sont à paier par le vendeur ou transportant, n'est que
autrement fust et autré par le contract de vendition ou
transport.

Item. A le dit commandeur droit de acquetz, tonnellieux et yssues de villes, quant les cas y eschient.

Item. Est le dit commandeur rechargé et tenu de bonne
coustume de faire faire à ses despens les feste et solempnité, la veille et le jour de Sainct Pierre, patron de
l'esglise et paroisse de Fieffes et y avoir à la veille, le
nuit et le jour, menestriers ou joueurs d'instrumentz,
pour solempniser la dite feste et faire faire les danses
et esbatementz; laquelle feste faict à entretenir et garder
par les officiers d'icelle commanderye, sans ce que autres y puist faire sonner ne pipper aucun instrument,
n'est du gré, congé et licence du dit commandeur ou
de ses officiers [1].

Item. Est ledit commandeur tenu de entretenir du tout
à ses despens la chapelle que on dit le cœur de l'esglise
dudit lieu de Fieffes, tant hors que dedens, mesmement
de luminaire.

Item. Au dit commandeur appartient de donner à ung
frère religieux de l'ordre de Sainct Jehan de Jérusalem,
le cure du dit lieu de Fieffes, et en faire présentation
à l'évêque d'Amiens, pour luy, en faire la collation [2].

---

[1] Item pour le Candas. Item le jour de la St.-Jean à Villers, le jour de la St.-Martin d'été à Yvrench et le jour de l'Assomption à Maisons.

[2] Le curé de Maisons est à la présentation du commandeur. Le curé de Fiesviller devait célébrer trois messes par semaine dans l'église de Fieffes et ce jour-là dîner à la table du commandeur. Item pour Villers.

FIEFFES.

Item. Lequel evesque ne a droit de visitation du dict cœur de l'esglise ne de le maison du dict commandeur.

Item. Il se trouve par les anciens enseignemens que le curé de Fiesviller est tenu célébrer la messe trois fois en la sepmaine au commandement et à la requeste du dit commandeur. (Suivent les signatures.)

Nous donnons ici sous forme d'articles additionnels ceux qui se trouvent dans les autres coutumes, et qui ne se rapportent à aucun des paragraphes cités plus haut.

FIENVILLER.

Au dict lieu de Fiesvillez par dedens les croix, le dit seigneur commandeur seul et pour le tout a haulte justice, moienne et basse, et tous autres telz droitz seignoureaulx, de ventes et exploix que es dicts lieux de Fieffes et Monstrelet, et sy luy doibvent ses hostes et subgetz telz et semblables services de plaidz, de huictaine en huictaine, que les autres subgetz du dit Fieffes [1]; et sy luy appartient au dedens des dictes croix tous droix de foraige et afforaiges, tonlieux, acquez et autres semblables droitz que au dit lieu de Fieffes [2].

Et sy a droit de la sixiesme partie de la disme d'aoust, sur les terres appartenans aux relligieux du Gard, à cause de leur maison de Bouqueville [3].

LE CANDAS.

Aussy droitz de ventes des héritaiges de luy tenus telz que de douze deniers, ung denier, et telz cens telle yssue, avecq droit de venterelles quant les dits heritaiges se vendent frans deniers, le tout selon et ainsy qu'il a au dit lieu de Fieffes, etc.

VILLERS.

Item. Les subgects manans et habitans du dit lieu de Villers pœulvent mener leurs bestiaulx, oyes et poullains, pacturer es maretz situez sur la rivière d'Authie, au près du villaige de Wavans [4].

---

[1] Item pour le Candas, Villers, Nœux, Yvrench et Seriel.
[2] Le tiers des tonlieux issues et acquets à Yvrench.
[3] Il a la douzième gerbe à Maisons.
[4] Les habitants de Nœux également.

FIEFFES.

Le commandeur et ses gens, residens en la maison que l'on dit l'Hospital, au dit lieu de Villers, pœulvent aller mouldre tous ses grains tant blé, orge, qu'autres à tel molin et en tel lieu, que bon luy plaist comme exempt de toutes bannes, et si luy plaist le envoyer mouldre au molin de Wavans, il doibt avoir le desgrain, pour mouldre incontinent et prestement, après celluy qui averoit engrené ou sen depautir si bon luy plaist, ce à ceste cause sont les hommes et subgetz d'icelle commanderye au dit lieu de Villers vassaulx, au dict molin de Wavans.

Item. Au dit commandeur appartient sur le droit des grosses dismes et des despoulles d'aoust [1] sur tout le terroir du dit lieu de Villers de huict jarbes, bottes ou waratz escheaux, a droit de dismes les cinq, saouf et reserve es mectes es deux fiefz, que on dit de Hanchies et du fief que len dit du Jardin, esquelz fiefz le dit commandeur prent contre le dit Becq helluyn, de VIII jarbes, bottes ou waratz les sept [2].

Item. A cause des francises et exemptions que ont les hostes et subgetz d'icelle commanderye de paier droit de chaussées, travers, tonllieux, yssues et autres droictz de subsides, es pais et ville du conté de Saint Paul, est deu chascun an que paie le dit commandeur au dit seigneur, conte quarante solz parisis.

NŒUX.

Item. Prend le dit commandeur de tous les fournaiges la moictié du droit contre le fournier, exceptez des compenaiges desquelz il prend la moictié deux fois en l'an, seullement l'une aux Pasques et l'autre à la Sainct Martin d'esté, patron de l'esglise du dit lieu de Nœux.

565. **Registre cueilloir des censives et autres droits seigneuriaux de la commanderie de Fieffes et des membres en dépendant.**

MS. grand in-8º de 158 pages, papier. — Écriture du XVIIe siècle.

A. I. *Sect. adm.*, S. 5059.

Ce cueilloir fait en 1661 contient, comme le précédent,

---

[1] Il a la moitié de cette dîme à Senlis près Laviéville.
[2] Il a le droit de prendre trois gerbes à Senlis près Laviéville.

FIEFFES. les coutumes et déclarations de Monstrelet, Fienvillers, le Candas, etc., etc.

Les derniers folios ont été rongés par l'humidité.

FILLIÈVRE. **566.**

I. Charte commune des abbesse et couvent de Sainte Austreberte de Montreuil et des maire et échevins de Fillievres [1], qui atteste que Jean de Galamés [2], prévôt, a restitué toute la dîme qui appartenait à la dite abbaye, à Hautmesnil [3]. — (mai 1219.)

B. I. *Cab. des Ch.*, CC. 118.

II. Lettres des maire, échevins et de toute la communauté de la ville de Fillièvre, qui admettent dans la dite commune les hommes que l'abbaye de Saint-Josse-sur-Mer avait dans la dite ville et dans la banlieue, sans porter préjudice au droit que les abbé et religieux pouvaient avoir ou pourraient acquérir dans la suite. — (Sans date).

A. I. *Cab. des Ch.*, CC. 193.

FLAMENGRIE. (La) **567.** Recueil de chartes originales ou copies de chartes tirées des collections des bibliothèques de Paris ou des archives de l'Empire.

Les pièces qui font l'objet des notices suivantes ont été puisées dans le cartulaire blanc de Saint-Denis, conservé aux archives de l'Empire. Elles ne sont pas en grand nombre ; mais elles forment un tout complet et d'un grand intérêt pour quiconque voudrait s'occuper du rôle important qu'ont joué les avoués des villes, pendant toute la durée du moyen âge. Les sires de la Flamengrie, tout chevaliers qu'ils étaient, pouvaient passer pour de francs larrons : ils pillaient, assassinaient, violaient, se parjuraient, emprisonnaient, le tout sous prétexte de l'avouerie qu'ils exerçaient sur les malheureux habitants. L'historique de ces infâmes désordres ne nous serait certainement

---

[1] Canton le Parcq, arr^t. de St.-Pol-sur-Ternoise (Pas-de-Calais.)
[2] Galametz, canton le Parcq, arr^t. de St.-Pol-sur-Ternoise (Pas-de-C.)
[3] Haut-Maisnil, canton d'Auxy-le-Château, arr^t. de St.-Pol-sur-Ternoise (Pas-de-Calais).

pas parvenu, si les abbés de Saint-Denis n'avaient eu à se plaindre de ces malfaiteurs légaux, malheureusement trop nombreux au moyen-âge, quoiqu'on en puisse dire aujourd'hui. Rien de plus intéressant que de lire les détails de l'acte d'accusation, le jugement des arbitres, et la soumission hypocrite et forcée de cette famille de Mauprat, qui s'efforçait d'obtenir par l'astuce ce qu'elle ne pouvait conquérir par la violence.

I. Jugement des arbitres sur les torts causés à l'abbaye de Saint-Denis par Nicolas, chevalier de la Flamengrie [1]. — (mai 1212.)

   A. I. Sect. hist., LL. 1158, p. 125, col. 2.

II. Accord entre Gautier, seigneur d'Avesnes, et l'abbaye de Saint-Denis, sur les bois situés vers Buironfosse [2] la Flamengrie, Roquennies [3], Wignehies [4], Sorbais [5] et Fonteneles [6]. — (Février 1223.)

   A. I. Sect. hist., LL. 1158, p. 128, col. 2.

III. Accord fait à l'amiable entre Nicolas, avoué de la Flamengrie, et l'abbaye de Saint-Denis. — (Avril 1226.)

   A. I. Sect. hist., LL. 1158, p. 132, col. 1.

IV. Consentement de Fastredus, chevalier, fils aîné de Nicolas, avoué de la Flamengrie, à l'acte ci-dessus, conclu par son père. — (Avril 1226.)

   A. I. Sect. hist., LL. 1158, p. 130, col. 1.

V. Acte par lequel Nicolas, seigneur avoué de la Flamengerie, reconnaît, pour réparer les torts qu'il a causés à l'abbaye de Saint-Denis, lui avoir payé 50 marcs d'argent, 70 livres de blancs, 30 livres de Laon, et 25 muids d'avoine, et toutes les dîmes tant grosses que menues,

---

[1] Canton de la Capelle, arr^t. de Vervins (Aisne).
[2] Canton de la Capelle, arr^t. de Vervins (Aisne).
[3] Rocquigny, canton de la Capelle, arr^t. de Vervins (Aisne).
[4] Wignehies, canton de Trelon, arr^t. d'Avesnes (Nord.)
[5] Canton de la Capelle, arr^t. de Vervins (Aisne).
[6] Fontenelle, canton de la Capelle, arr^t. de Vervins (Aisne).

FLAMENGRIE.
(La)

qu'il percevoit à Bugny [1] Roubaix [2], la Cappelle [3] et N.......? [4] (Videlicet Buegnies, Robois, Flamengeria, Capella et Nigromari, etc.) — (mai 1226.)

A. I. *Sect. hist.*, LL. 1158, p. 129, col. 1.

VI. Charte d'Ancelin, évêque de Laon, relative à l'accord conclu entre Nicolas, avoué de la Flamengrie, et l'abbé de Saint-Denis. — (Mai 1226,)

A. I. *Sect. hist.*, LL. 1158, p. 130, col. 2.

VII. Charte par laquelle Nicolas, avoué de la Flamengrie, et Fastredus son fils, s'obligent envers Gautier, comte de Blois, de tenir l'acte de paix conclu entre eux et l'abbé de Saint-Denis, sous peine de la saisie de leurs fiefs. — (Mai 1226.)

A. I. *Sect. hist.*, LL. 1158, p. 132, col. 2.

VIII. Charte de Beaudouin, chevalier de la Flamengrie, relative à l'accord précédent. — (Février 1227.)

A. I. *Sect. hist.*, LL. 1158, p. 133, col. 1.

IX. Charte par laquelle Baudouin, chevalier de la Flamengrie, fils de Nicolas, jadis avoué de cette ville, approuve l'accord fait entre son père et l'abbaye de Saint-Denis. — (Février 1227.)

A. I. *Sect. hist.*, LL. 1158, p. 135, col. 1.

X. Charte de l'évêque de Laon, qui témoigne du consentement de Baudouin de la Flamengrie. — (Février 1227.)

A. I. *Sect. hist.*, LL. 1158, p. 135, col. 2.

XI. Charte de Godefroi, évêque de Cambrai, qui témoigne du consentement de Baudouin de la Flamengrie. — (Février 1227.)

A. I. *Sect. hist.*, LL. 1158, p. 135, col. 2.

---

[1] Le bas Bugny est marqué sur la carte de Cassini entre la Flamengrie et Roubaix.

[2] Commune de la Flamengrie, canton de la Capelle (Aisne).

[3] Canton de l'arr.t de Vervins (Aisne).

[4] Je n'ai pu retrouver l'emplacement de cette localité.

FLAMENGRIE.
(La)

XII. Jugement rendu par les arbitres Guillaume, châtelain de Saint-Omer, et Adam de Milly, chevalier du roi, sur le différend survenu entre Fastrede, avoué de la Flamengrie, et l'abbaye de Saint-Denis. — (Avril 1233.)

A. I. Sect. hist., LL. 1158, p. 136, col. 1.

XIII. Arbitrage sur le même objet. — (1233.) — Acte fort important.

A. I. Sect. hist., LL. 1158, p. 138, col. 1.

XIV. Charte de l'évêque de Cambrai et d'Adam de Milly, sur le même objet. — (1233.)

A. I. Sect. hist., LL 1158, p. 141, col. 1.

XV. Acte par lequel Robert, dit le Maire de la Flamengrie, donne la cinquième partie et vend quatre autres parties de sa mairie de la Flamengrie à l'abbaye de Saint-Denis. — (Décembre 1233.)

A. I. Sect. hist., LL. 1158, p. 142, col. 1.

XVI. Charte de Guillaume, châtelain de Saint-Omer, et d'Adam de Milly, sur l'arbitrage prononcé par eux, et qu'avait mal interprété Fastrede, avoué de la Flamengrie. — (Février 1234.)

A. I. Sect. hist., LL. 1158, p. 142, col. 2.

XVII. Compromis entre l'abbaye de Saint-Denis et Fastrede, chevalier et avoué de la Flamengrie. — (Janvier 1238.) — C'est la pièce la plus importante de cette série.

A. I. Sect. hist., LL. 1158, p. 142, col. 2.

XVIII. Vidimus du roi de France du compromis précédent. — (Janvier 1238.)

A. I. Sect. hist., LL. 1158, p. 147, col. 2.

XIX. Vidimus de Garnier, évêque de Laon, du compromis précédent. — (1238.)

A. I. Sect. hist., LL. 1158, p. 148, col. 1.

XX. Vidimus de l'official de Cambrai, du compromis précédent. — (1238.)

A. I. Sect. hist., LL. 1158, p. 148, col. 1.

FLAMENGRIE.
(La)

XXI. Acte par lequel *Herricus de Hamedia*, avoué de la Flamengrie, reconnaît ne pouvoir arrêter les hommes de cette localité sans la permission de l'abbé de Saint-Denis. — (1242.)

A. I. Sect. hist., LL. 1158, p. 148, col. 1.

XXII. Acte de foi et hommage rendu par Gilles de *Bellemont* [1], chevalier, avoué de la Flamengrie, à l'abbé de Saint-Denis. — (1258.)

A. I. Sect. hist., LL. 1158, p. 149, col. 2.

XXIII. Accord entre Gilles, *sire de Berlainmont*, avoué de la Flamengrie, et l'abbaye de Saint-Denis, sur leur juridiction respective. — (Octobre 1265.) En fr.

A. I. Sect. hist., LL. 1158, p. 148, col. 2.

XXIV. Acte par lequel les religieuses de Montreuil reconnaissent devoir à l'abbaye de Saint-Denis quarante-huit livres parisis, percevables à la Flamengrie. — (Mars 1272.)

A. I. Sect. hist., LL. 1158, p. 150, col. 1.

XXV. Acte par lequel Jeanne, comtesse d'Alençon et de Blois, reconnaît tenir de l'abbé de Saint-Denis *la forteresce de l'avoerie* de la Flamengrie. — (1284.) En fr.

A. I. Sect. hist., LL. 1158, p. 151, col. 1.

XXVI. Vidimus de Philippe, roi de France, de l'acte précédent. — (Avril 1284.)

A. I. Sect. hist., LL. 1158, p. 151, col. 1.

XXVII. Acte par lequel Jeanne, comtesse d'Alençon, de Blois et de Chartres, dame d'Avesnes, abandonne à l'abbaye de Saint-Denis tous les droits qu'elle pouvait avoir sur la maison de l'avouerie de la Flamengrie. — (Février 1284.) En fr.

A. I. Sect. hist., LL. 1158, p. 151, col. 2.

XXVIII. Accord entre l'abbaye de Saint-Denis et Jac-

---

[1] Auj. Berlaimont, canton de l'arr^t. d'Avesnes (Nord.)

ques d'Avesnes, sur plusieurs bois situés dans le terri- FLAMENGRIE.
toire de Wignehies [in territorio de Gingnehies] [1], à Nou- (La)
vion [2], entre Buironfosse et la Flamengrie, et à Sorbais.
— (Sans date.)

A. I. Sect. hist., LL. 1158, p. 125, col. 1.

XXIX. Plan de la terre et seigneurie de la Flamengrie.

A. I. Sect. adm. N. (Aisne) 5.ᵉ cl. n.° 78.

568. FLANDRE.

Plan du bois de Flandre, au terroir de Becquigny [3].

A. I. Sect. adm. N. (Aisne) 5.ᵉ cl. n.ᵒˢ 7, 15, 20 et 28.

569. FLAUCHON.

Procès-verbal de visite des bois Flauchon [4], situés près l'abbaye de Saint-Paul de Beauvais, à laquelle ils appartenaient. — (1 avril 1784.)

A. I. Sect. adm., Q. 866.

570. FLAUCOURT.

I. Déclarations de 34 journaux de terre, sis à Flaucourt [5]. — (1752-1785.)

A. I. Sect. adm., Q. 1539.

II. Acte de réception d'aveu d'un fief de 24 journaux de terre, sis à Flaucourt et mouvant du roi, à cause de son château de Péronne. — (1752-1785.)

A. I. Sect. adm., Q. 1542.

III. Aveux et dénombrements du fief de Gournay, sis à Flaucourt. — (1771-1786.)

A. I. Sect. adm., Q. 1539.

---

[1] Ce mot est écrit à la fin de la pièce parmi les signataires Wuinehies. C'est le Wignehies actuel.

[2] Auj. le Nouvion ou Nouvion-en-Thiérache, canton de l'arrᵗ. de Vervins (Aisne).

[3] Canton de Bohain, arrᵗ. de St.-Quentin (Aisne).

[4] Canton et arrᵗ. de Beauvais (Oise).

[5] Canton et arrᵗ. de Péronne (Somme).

FLAUCOURT.   IV. Aveux du fief de Gournay, sis à Flaucourt et mouvant du roi à cause de son domaine de Péronne. — (29 juin 1765, 27 février 1766, 12 décembre 1770, 24 mai 1771, 14 juin 1786.)

A. I. Sect. adm., Q. Cart. 1542.

FLAVACOURT. 571.

Déclaration des droits et biens de la paroisse de Flavacourt [1]. — (1660.)

A. I. Sect. adm., Q. 851.

FLAVIGNY. 572.

Plan du terroir de Flavigny [2].

A. I. Sect. adm., N. (Aisne). 3.e cl., n°. 23.

FLESSELLES. 573.

Aveu et dénombrement de la terre de Flesselles [3] — (11 juin 1765.)

A. I. Sect. adm., Q. 1765.

FLEURINES. 574.

I. Vente d'un terrain pour le presbytère de la commune de Fleurines [4]. — (1758.)

A. I. Sect. adm., Q. 864.

II. Procès-verbal de visite des bois de la commune de Fleurines. — (1736.)

A. I. Sect. adm., Q. 869.

FLEURY. 575.

I. Déclaration des droits et biens de la paroisse de Fleury. [5] — (1660.)

A. I. Sect. adm., Q. 851.

II. Lettres patentes de Louis XIV, portant permission à

---

[1] Canton de Coudray-St.-Germer, arr^t. de Beauvais (Oise).
[2] Canton de Guise, arr^t. de Vervins (Aisne).
[3] Canton de Villers-Bocage, arr^t. d'Amiens (Somme).
[4] Canton de Pont-Ste-Maxence, arr^t. de Senlis, (Oise).
[5] Canton de Chaumont en Vexin, arr^t. de Beauvais, (Oise).

Mme Le Camus d'établir quatre foires par an et un marché par semaine dans sa terre de Fleury-le-Haut-Berger, près de Chaumont en Vexin. — (Juillet 1692.) FLEURY.

A. I. Sect. jud., Parl. de Paris. Ord. 4, S. f°. 1.

576. FLEURY.

Déclaration des droits d'usage acquis de temps immémorial aux habitants de Fleury [1], en la forêt de Retz [2].

A. I. Arch. du pal. roy. — Tournan. Cart. 20, liasse 83.

577. FLIXECOURT.

I. Lettre de Dreux d'Amiens à Edouard, roi d'Angleterre, par laquelle il lui mande qu'il a donné ce qu'il avait à Flixecourt [3] à Pierron d'Amiens, sire de Canaples. — (Sans date.)

A. I. Sect. hist., Trés. des Ch., Cart. J. 235, n° 23.

II. Arrêt qui ordonne la réunion au domaine royal des fief et seigneurie de Flixecourt, dans le comté de Ponthieu, confisqué au profit du roi, par la condamnation du propriétaire à être décapité. — (31 mai 1677.)

A. I. Sect. adm., Q. 1532.

III. Aveu et dénombrement de le seigneurie de Flixecourt. — (27 janvier 1775.)

A. I. Sect. adm., Q. 1550.

IV. Plan de Flixecourt et de ses environs.

A. I. Sect. adm., N. (Somme), 5.e cl. n.° 85.

578. FLORINGHEM.

Lettres par lesquelles le duc de Bourgogne accorde des franchises à la commune de Florinquehem [4]. — (Octobre 1546.)

A. I. Sect. hist., Trés. des Ch., Cart. 1017, n° 240.

---

[1] Canton de Chateau-Thierry, arr^t. de Soissons, (Aisne).

[2] Sont relatés (par analyse) dans cette déclaration les divers actes, titres et arrêts qui justifient la possession, par les habitants, de ce droit d'usage. — (Du xve au xviie siècle).

[3] Canton de Picquigny, arr^t. d'Amiens, (Somme).

[4] Auj. Floringhem, canton d'Heuchin, arr^t. de St.-Pol sur Ternoise, (Pas-de-Calais).

FOIGNY
(Abbaye de)

579. Recueil de pièces tirées des collections des bibliothèques et des archives de l'Empire [1].

I. Lettre de Gauthier, évêque de Laon, relativement à la redevance de II muids de froment et deux galets de pois (*pisarum*) de cens annuel, dûe par l'abbaye de Foigny [2] à Manassès, chanoine de Laon, jusqu'à sa mort. — (1156.)

A. I. *Sect. hist.*, L. 1155 A, (2.e liasse).

II. Acte par lequel Gauthier, évêque de Laon, fait savoir que l'abbaye de Font-Somme (plus tard Fervaques), ne pouvant payer le prix des terres qu'elle avait achetées à l'église de Sainte-Marie-au-Bois [in territorio de Dursiler [3]], en recède deux parts à l'abbaye de Foigny. — (1164.)

A. I. *Sect. hist.*, L. 1155 A, (2e liasse).

III. Acte par lequel Louis, abbé de Bucilli, donne à Gregoire d'Hirson [4] (Gregorio de Yritione), une demi-charruée de terre, sise entre la haie de Buire [5] et l'Oise [inter haiam de Buirus et fluvium Ysaram]. — (1170.)

B. I. Carton n.º 1770.

IV. Accord entre l'abbaye de Foigny et celle de Bucilly, relatif à l'autel d'Éparcy [6] [super altari de Sparsi]. — (1172.)

B. I. Carton n.º 1770.

---

[1] M. Amédée Piette a publié à Vervins, en 1847, une *histoire de l'abbaye de Foïgny*. L'auteur ne s'est appuyé que sur les travaux imprimés et manuscrits de Dom Jean de Lancy. Son travail, quelque consciencieux qu'il soit, me permet donc de m'étendre sur les précieux documents que j'ai rencontrés, et qui n'ont point encore été cités.

[2] Auj. hameau dépendant de la commune de la Bouteille, canton et arr.t de Vervins (Aisne).

[3] Par une charte de 1161 du cartulaire de Foigny (f.º 64 r.º) que je cite plus loin, on voit que le territoire de *Dursiler* dépendait de la ferme de Lemé, et était situé entre cette ferme, Sains, et Chevenes.

[4] Canton de l'arr.t de Vervins, (Aisne).

[5] Canton d'Hirson, arr.t de Vervins, (Aisne).

[6] Canton d'Hirson.

FOIGNY (Abbaye de)

V. Confirmation par Gautier, évêque de Laon, de l'arrangement conclu entre l'abbaye de Foigny et Thomas de Seun[1], sur un cens dû par l'abbaye, à raison des terres qu'elle tenait de Robert, fils dudit Thomas. — (1173).

A. I. Sect. hist., L. 1155, A, (2.e liasse).

VI. Acte par lequel Réné, seigneur de Sains (Rainerus, dominus de Sinz), donne à l'abbaye de Foigny les terres qu'il possédait entre Monceau-le-Neuf[2] et Faucousis[3] [inter Novum Moncellum et territorium de Fulcozies]. — (1173.)

B. I. Carton n.º 1770.

VII. Acte par lequel Gui de Chermisy[4] (Guido, miles de Charmesi), reconnaît avoir hypotéqué sa part de dîme d'Eurecaine[5] (apud Avercaniam), jusqu'à la somme de XII livres. — (1176.)

B. I. Carton n.º 1770.

VIII. Acte par lequel Roger, évêque de Laon, confirme la remise faite par Gui, chevalier, sieur de Lerval[6], à l'abbaye de Foigny, de ses droits de rouage sur les vignes et le cellier appartenant à la dite abbaye. —(Avril 1176.)

A. I. Sect. hist., L. 1155, A, (2.e liasse).

IX. Chirographe en vertu duquel Anselme, abbé de Foigny, échange avec Grégoire, abbé de Thenailles, ses terres et droits à Landouzy-la-Cour[7] (Landuzis), pour des terres sises au même territoire, mais plus rapprochées de Foigny. — (1179.)

A. I. Sect. hist., L. 1155, A, (2.e liasse).

---

[1] Auj. Sains, canton de l'arr^t. de Vervins, (Aisne).
[2] Canton de Sains, arr^t. de Vervins, (Aisne).
[3] Faucousis est marqué sur la carte de Cassini au nord de Monceau-le-neuf.
[4] Canton de Craonne, arr^t. de Laon, (Aisne).
[5] Ce lieu qui n'existe plus dépendait de la paroisse de Chermizy, canton de Craonne, arr^t. de Laon. Voy. à ce sujet la charte XXXVII de cette série.
[6] Auj. Lierval, canton de Craonne, arr^t. de Laon, (Aisne).
[7] Canton et arr^t. de Vervins, (Aisne).

FOIGNY
(Abbaye de)

X. Confirmation par Roger, évêque de Laon, de l'accord passé entre Pierre de Braine et l'abbaye de Foigny, au sujet des dégats que le dit Pierre avait commis dans les bois de Bruyères [1] (de bosco de Bruni [2], de pasturis de Fussenniis [3], de Arenci [4], de decima de Ploiard [5]). — (1180.)

A. I. Sect. hist., L. 1155, A.

XI. Confirmation par Roger, évêque de Laon, de la donation faite par Odon-le-Gros à l'abbaye de Foigny d'un muid de blé, à prendre annuellement en la grange d'Éparci. — (1184.)

A. I. Sect. hist., L. 1155, A, (2.e liasse).

XII. Acte par lequel l'abbé de Boheries certifie l'aumône faite à l'abbaye de Foigny par Jomard, prêtre de Foigny, du cens qu'il tenait d'Adam Buisnart. — (1185.)

A. I. Sect. hist., L. 1155, A, (2.e liasse).

XIII. Acte par lequel Roger, évêque de Laon, fait connaître la donation faite par R. d'Hirson [de Yrechon] à l'abbaye de Foigny d'un pré, sis entre Étréaupont [6] et Foigny [inter Stream et Fusniacum.] — (Mars 1196.)

A. I. Sect. hist., L. 1155, A. (2.e liasse).

XIV. Confirmation par Roger, évêque de Laon, de la donation faite à l'abbaye de Foigny par Jean, prévôt de Chimay [7] [de Cymaco] de la dîme de Leschelle [8] [de Lescheriis]. — (1200.)

A. I. Sect. hist., L. 1155, A.

[1] Auj. Bruyères-sous-Laon, canton et arr^t. de Laon, (Aisne).

[2] La carte de Cassini donne à un petit bois situé entre Chermizy, Neuville et Ailles, le nom de *Brunin*; c'est probablement le *Bruni* dont il est ici question.

[3] Auj. Fussigny, commune de Courtrizy, canton de Sissonne, arr^t. de Laon, (Aisne).

[4] Arancy est situé au Nord de Ployart.

[5] Ployart, canton et arr^t. de Laon, (Aisne).

[6] Canton de la Capelle, arr^t. de Vervins, (Aisne).

[7] Ville des Pays-Bas.

[8] Canton de Nouvion, arr^t. de Vervins, (Aisne).

XV. Sentence des arbitres, sur le don fait à l'abbaye de Foigny par Jean de Marle, d'une maison sise au dit lieu. — (1209.) FOIGNY (Abbaye de)

B. I. Cart. n.° 1770.

XVI. Charte par laquelle Eudes de Chermizy, excommunié pour s'être opposé aux droits de pâturage de Chermizy, que l'abbaye de Foigny lui contestait, se désiste de son opposition et promet d'indemniser la dite église. — (1209.)

A. I. Sect. hist., L. 1155, A, (2.ᵉ liasse).

XVII. Vente faite par Mathieu de Perroi à l'abbaye de Foigny de IV muids de blé, à prendre à Faucouzy. — (Janvier 1213.)

A. I. Sect. hist., L. 1155, A, (2.ᵉ liasse).

XVIII. Sentence portant que les habitants de Saint-Michel [1] et de Rochefort [2] [de Sancto Michaele et de Rupe forti] sont déboutés de toute prétention dans le droit de pâture des forêts de Watigny [3]. — (Mars 1214.)

A. I. Sect. hist., L. 1155, A, (2.ᵉ liasse).

XIX. Acte par lequel Guillaume, chevalier d'Eppes [4] [de Apia] donne aux religieux de Foigny cent sous laonnois percevables annuellement sur le vinage de Monceau-le-Wast [5] et de Grandlup [6] [super Winagium de Moncellis-li-Wast et de Grandiloco]. — (Janvier 1220.)

B. I. Cart. n.° 1770.

XX. Sentence rendue par W., évêque de Tournai et G., archidiacre de la même ville, sur le désaccord survenu entre l'abbé de Foigny et Jean de Housset [7] [Hossel.] — (1223.)

A. I. Sect. hist., L. 1155. A, (2.ᵉ liasse).

---

[1] Canton d'Hirson, arr^t. de Vervins, (Aisne).
[2] Commune de St.-Michel, canton d'Hirson, (Aisne).
[3] Canton d'Hirson, arr^t. de Vervins, (Aisne).
[4] Canton de Laon, arr^t. de Laon, (Aisne).
[5] Canton de Marle, arr^t. de Laon, (Aisne).
[6] Canton de Marle, arr^t. de Laon, (Aisne).
[7] Canton de Sains, arr^t. de Vervins, (Aisne).

FOIGNY
(Abbaye de)

XXI. Accord conclu entre l'abbaye de Foigny et J. de Housset [de Houssello], au sujet de diverses pièces de terre [à Agny[1] et Gerinval.] — (Avril 1227.)

A. I. Sect. hist., L. 1155, A, (2.e liasse).

XXII. Vente faite à l'abbaye de Foigny par Eremburge, veuve de Gilles de Tanion, de II muids III septiers de vin blanc, de rente annuelle, sur le pressoir de Bruyères-sous-Laon. — (Août 1223.)

A. I. Sect. hist., L. 1155, A, (2.e liasse).

XXIII. Vente faite par Robert de Bièvre[2] à l'abbaye de Foigny, de VII septiers de vinage, sur une vigne sise près du cellier de la dite abbaye. — (Mars 1224.)

A. I. Sect. hist., L. 1155, A, (2.e liasse).

XXIV. Accord passé entre Jean de Rumigny[3], Jean de Housset et l'abbaye de Foigny, relativement aux droits auxquels ils prétendaient respectivement sur les territoires d'Any-Martin-Rieux [Aegnies] et de Gerinval[4]. — (Avril 1224.)

A. I. Sect. hist., L. 1155, A, (2.e liasse).

XXV. Accord passé entre Nicolas de Rumigny, Jean de Housset et le couvent de Foigny, relativement aux terres de Any-Martin-Rieux et Gerinval. — (Avril 1224.) — Deux exempl.

A. I. Sect. hist., L. 1155, A, (2.e liasse).

XXVI. Accord passé entre Mathieu, abbé de Foigny, et Gautier, clerc, avoué de l'officialité de Laon, sur la moitié du moulin de Cherêt[5] [Cherech.] — (Juillet 1224.)

A. I. Sect. hist., L. 1155, A, (2.e liasse).

XXVII. Confirmation par Renier, de Sains, de la donation

---

[1] Auj. Any-Martin-Rieux, canton d'Aubenton, arr^t. de Vervins, (Aisne).
[2] Canton et arr^t. de Laon, (Aisne).
[3] Canton de l'arr^t. de Rocroy, (Ardennes).
[4] Gerinval n'existe plus.
[5] Canton et arr^t. de Laon, (Aisne).

faite à l'abbaye de Foigny par son père de deux muids de froment, à prendre annuellement à Monceau-le-Neuf [in grangia de Moncellis]. — (1224.)   FOIGNY (Abbaye de)

A. I. Sect. hist., L. 1155, A, (2.ᵉ liasse).

XXVIII. Acte par lequel Regnier, seigneur de Sains, donne à l'abbaye de Foigny deux muids de terre, qui lui étaient échus en héritage. — (Mai 1226.)

A. I. Sect. hist., L. 1155, A, (2.ᵉ liasse).

XXIX. Sentence arbitrale rendue par l'abbé de Saint-Eloy et le chantre de Noyon, commissaires députés par le Saint-Siége, sur la contestation élevée entre l'église de Laon et l'abbaye de Foigny, au sujet des dîmes sises au territoire d'Any-Martin-Rieux [de Anica.] — (Juillet 1225).

A. I. Sect. hist., L. 1155, A.

XXX. Confirmation faite aux religieux de Foigny d'une vigne située entre Vorges [1] et Thierny-les-Presles [2], dans le lieu dit *ad Pirum*. — (Novembre 1228.)

B. I. Cart. n.º 1770.

XXXI. Reconnaissance par Michel, abbé de Foigny et son monastère, de la donation à eux faite par Thomas de Coucy et Mathilde sa femme, de xiv muids de froment, à percevoir sur la dîme de Parpes-la-Cour [3] et à la grange de Faucouzy [Foukosies.] — (Décembre 1228).

A. I. Sect. hist., L. 1155, A, (2.ᵉ liasse).

XXXII. Désistement donné par Robert de Corpierre [4], Gervais de Chamouille [5] [Chamoille] et son frère Wibert, de tous les droits qu'ils prétendaient avoir sur un champ de la vallée de Courpierre. — (Novembre 1229).

A. I. Sect. hist., L. 1155, A, (2.ᵉ liasse).

[1] Canton et arrᵗ. de Laon, (Aisne).
[2] Commune de Presles l'Évêque, canton de Laon, (Aisne).
[3] Commune de Pleine-Selve, canton de Ribemont, arrᵗ. de St.-Quentin (Aisne).
[4] Courpierre est marqué sur la carte de Cassini au Nord de Martigny.
[5] Canton de Craonne, arrᵗ. de Laon, (Aisne).

FOIGNY
(Abbaye de)

XXXIII. Concession faite par l'abbé de Foigny à Gobert, dit *Ferez de Corpierre*, d'une masure sise à Courpierre, moyennant xv s. de cens annuel.— (Septembre 1231).

A. I. *Sect. hist.*, L. 1155, A.

XXXIV. Donation faite par Milon de Montaigu, chevalier, d'un muid de blé à l'abbaye de Foigny.—(Septembre 1231).

A. I. *Sect. hist.*, L. 1155, A, (2e liasse).

XXXV. Acte par lequel les frères de Vorges reconnaissent devoir un certain cens aux religieux de Foigny.—(Janvier 1232).

B. I. Cart. n.º 1770.

XXXVI. Acte par lequel Mathieu d'Hirson, chevalier, ajoute à une donation de deux muids de froment, faite par sa femme Beatrix, deux muids de blé et un d'avoine, à prendre à Wimy [1]. — (Janvier 1232).

A. I. *Sect. hist.*, L. 1155, A, (2.e liasse).

XXXVII. Don fait aux religieux de Foigny par leur abbé, d'une vigne située devant la porte de la grange d'Eurecaine [de Eurekenia] au territoire de Neuville. [2] — (Décembre 1232).

B. I. Cart. n.º 1770.

XXXVIII. Vidimus de Gui, abbé de St-Michel en Tiérache, de la sentence prononcée par Richer, doyen d'Aurigny en Tiérache [3], Etienne de Landouzy [Landosies], Mathieu de la Chapelle [4] [de Capella] prêtre, et Rasson, prévôt d'Hirson, sur le désaccord survenu entre l'abbaye de St.-Michel, et celle de Foigny, relativement aux pâ-

[1] Canton d'Hirson, arr.t de Vervins, (Aisne).
[2] Cette pièce renferme des articles fort curieux sur l'usage qu'on faisait du vin dans l'abbaye. Neuville est situé dans le canton de Craonne, arr. de de Laon (Aisne).
[3] Origny en Tiérache, canton d'Hirson, arr.t de Vervins, (Aisne).
[4] Commune de Blanchefosse, canton de Rumigny, arr.t de Rocroi (Ardennes).

turages de Blissy [Blisci] [1], de Wategnis [2] et d'Estrées [3]. — (1232).

FOIGNY
(Abbaye de)

A. I. Sect. hist., L. 1155. A, (2.e liasse).

XXXIX. Accord passé entre l'église de Foigny et Bernard de Planoy [de Planeia], au sujet d'un pré, sis dans le territoire de St.-Algis [4], dépendant du domaine dudit Bernard [in territorio de Sto-Algiso]. — (Août 1233.)

A. I. Sect. hist., L. 1155, A.

XL. Acte par lequel Gilbert, sellier de Bruyères-sous-Laon, approuve le legs fait par Marie, sa femme, d'un courtil sis à Bruyères-sous-Laon, et d'un cens annuel de XXX s. laonnois sur une autre maison, sise au même lieu. — (Juin 1234).

A. I. Sect. hist., L. 1155, A, (2.e liasse).

XLI. Sentence prononcée par trois chanoines de Chimai, délégués par le Saint-Siége, sur le désaccord survenu entre Gobert de Beaumont et ses frères, et l'abbaye de Foigny, sur une maison sise à Chimay. — (Juillet 1234).

A. I. Sect. hist., L. 1155, A, (2.e liasse).

XLII. Accord entre le chapitre de Laon et les religieux de Foigny, sur les dîmes de Martigny [5], de Chavaille [6] et de Courpierre. — (Juin 1236).

B. I. Cart. n.º 1770.

XLIII. Donation faite à l'église de Foigny par Anselme, dit Bradaine, seigneur de Cuys [7], de deux pièces de vigne

---

[1] Commune de St.-Michel, canton d'Hirson, (Aisne).
[2] Watigny, canton d'Hirson, arr.t de Vervins, (Aisne).
[3] Etreaupont.
[4] Canton et arr.t de Vervins. (Aisne).
[5] Canton de Craonne, arr.t de Laon, (Aisne).
[6] Chavailles est situé sur la carte de Cassini immédiatement au sud de Martigny.
[7] Peut-être Cys-la-Commune, canton de Braisne, arr.t de Soissons, (Aisne).

FOIGNY
(Abbaye de)

situées au territoire d'Epernay [1], au lieu dit Champfleuri [in territorio de Spernaco, ad Champflori].—(Août 1236).

A. I. Sect. hist., L. 1155, A.

XLIV. Donation faite à l'abbaye de Foigny par Robert, chevalier, seigneur d'Eppes [de Apia], de L. s. laonnais, à percevoir annuellement sur le vinage d'Eppes.—(1236).

A. I. Sect. hist., L. 1155, A, (2.e liasse).

XLV. Renonciation par Nicolas de Rumigny, à la défense qu'il avait faite à l'abbé de Foigny, de couper son bois de Watigny [Wategnis], et permission de faire paître toutes sortes de bêtes dans les bois de Rumigny [sicut extenditur prata territorium de Wategnies per duas leugas in longum, et duas partes unius leuge in latum].
—(Juillet 1237).

A. I. Sect. hist. L. 1155, A, (2.e liasse).

XLVI. Don fait par Robert de Châtillon à l'abbaye de Foigny, d'une pièce de terre labourable, sise au territoire de Châtillon [2] [in territorio de Castellione juxta Mallam [3]]. — (Juin 1241).

A. I. Sect. hist., L. 1155, A.

XLVII. Reconnaissance faite par Robert de Châtillon de la donation susdite. — (Juin 1241).

A. I. Sect. hist., L. 1155, A.

XLVIII. Lettres de Garnier, évêque de Laon, par lesquelles il admet pour curé de la paroisse de Landouzy-la-Ville, M. Jean Des Fontaines, sur la présentation de l'abbé de Foigny. — (Nov. 1242).

A. I. Sect. hist., L. 1155, A, (2.e liasse).

XLIX. Vente par G. de *Roi*, près Mont-Cornet [G. de Roit, prope Montem cornutum], à l'abbaye de Foigny, de

---

[1] Je n'ai pu retrouver l'emplacement de cette localité.
[2] Auj. Chatillon-les-Sors, canton de Marle, arr.t de Laon, (Aisne).
[3] Marle, canton de l'arr.t de Laon, (Aisne).

FOIGNY
(Abbaye de)

trois muids de blé à prendre sur la dîme de Plomion [1]. — (Mars 1243).

A. I. Sect. hist., L. 1155, A, (2.ᵉ liasse).

L. Acte par lequel Gobert de Bouconville [2], fils de Gobert de Montchalons [3] [Monte Cabilonis], donne à l'abbaye de Foigny les pâturages et aisances qui lui appartenaient au territoire de Bouconville, Aubigny [4], Bièvre [5], Orgeval [6] et Thierny-les-Presles. [Thièvignis]. — (Mai 1243).

A. I. Sect. hist., L. 1155, A, (2.ᵉ liasse).

LI. Charte par laquelle Jacques de Montchalons confirme la donation faite par Gobert de Montchalons, sieur de Bouconville, à l'abbaye de Foigny, de certains droits et pâturages à Bièvre et à Orgeval. — (Mars 1244).

A. I. Sect. hist., L. 1155, A, (2.ᵉ liasse).

LII. Confirmation de ladite donation par Helin, chevalier de Montchalons. — (Sept. 1246).

A. I. Sect. hist., L. 1155, A, (2.ᵉ liasse).

LIII. Acte par lequel le chapitre de Rozoy [7] [capitulum Rosetense], approuve la vente faite par divers particuliers à l'abbaye de Foigny, de leurs dîmes grosses et menues à Plomion. — (Oct. 1247).

A. I. Sect. hist., L. 1155, A, (2.ᵉ liasse).

LIV. Vente faite à l'abbaye de Foigny par G. de Vincy [8] et autres, de XLII liv. X s. paris. de grosses et menues dîmes qu'ils possédaient à Plomion. — (Oct. 1247).

A. I. Sect. hist., L. 1155, A, (2.ᵉ liasse).

---

[1] Canton et arrᵗ. de Vervins, (Aisne).
[2] Canton de Craonne, arrᵗ. de Laon, (Aisne).
[3] Canton et arrᵗ. de Laon, (Aisne).
[4] Canton de Craonne, arrᵗ. de Laon, (Aisne).
[5] Canton et arrᵗ. de Laon, (Aisne).
[6] Canton et arrᵗ. de Laon, (Aisne).
[7] Auj. Rozoy-sur-Serre, canton de l'arrᵗ. de Laon, (Aisne).
[8] Canton de Rozoy-sur-Serre, arrᵗ. de Laon, (Aisne).

FOIGNY
(Abbaye de)

LV. Vente faite à l'abbaye de Foigny, par Gobert, chevalier de Montchalons, seigneur de Bouconville et d'Aubigny [*Aubegni*], moyennant 100 liv. paris. de tous les bois qu'il possédait, contre les bois de ladite abbaye, et celui qui conduit à la chaussée de Corbegny [1] et à celle d'Aubigny [inter boscum ipsius ecclesie qui dicitur boscus de Bruni et magnam calceiam qui de Veelut [2] ducit apud Corbeni, et inter viam qui ab eadem calceia versus Aubegni tendit]. — (Nov. 1247).

A. I. *Sect. hist.*, L. 1155, A, (2.e liasse).

LVI. Donation faite par Pierre de Neuville [3], chevalier, à l'église de Foigny, de toutes les aisances et pâtures qu'il possédait à Neuville et dans les environs. — (1247).

A. I. *Sect. hist.*, L. 1155, A.

LVII. Acte par lequel Pierre, fils de Godefroy de Sains, approuve la donation faite par son père à l'abbaye de Foigny, d'une rente annuelle de II muids de blé. — (Juillet 1249).

A. I. *Sect. hist.*, L. 1155, A, (2.e liasse).

LVIII. Vente d'une maison sise à Bruyères-sous-Laon, faite par Robert, dit Empereur [Robertus, dictus Imperator], aux religieux de Foigny. — (1249).

B. I. Cart. n.° 1770.

LIX. Déclaration de Guillaume de Viviers, official de Laon, tendant à restreindre l'obligation qu'avaient comme patrons les abbés de Foigny, de contribuer aux réparations de l'église de Parpe-la-Cour. — (1250).

A. I. *Sect. hist.*, L. 1155, A. (2.e liasse).

LX. Vente faite par le couvent de Montreuil à l'abbaye de Foigny, de deux jalois de froment à Mesi, dans le territoire de Wimy [4]. — (Mars 1255).

A. I. *Sect. hist.*, L. 1155, A, (2.e liasse).

[1] Canton de Craonne, arr.t de Laon, (Aisne).
[2] Auj. Veslud, canton et arr.t de Laon, (Aisne).
[3] Canton de Craonne, arr.t de Laon, (Aisne).
[4] Canton d'Hirson, arr.t de Vervins, (Aisne).

LXI. Donation faite par Enguerrand de Coucy, à l'abbaye de Foigny, de tout ce qui lui appartenait dans les dîmes de Marle et de Ternut [1]. — (Août 1260).

FOIGNY
(Abbaye de)

A. I. Sect. hist., L. 1155, A, (2.e liasse).

LXII. Acte par lequel Régnier de Sains, se désiste après une longue contestation, du droit qu'il prétendait avoir sur deux pièces de terre, qui appartenaient à l'abbaye par suite de la mort d'Aubert Plante-feuille de Richaumond. — (Mars 1266).

A. I. Sect. hist., L. 1155, A, (2.e liasse).

LXIII. Acte par lequel l'abbé de Foigny et le chapitre de Laon promettent de se rendre à la sentence qui devra être prononcée sur un différend survenu entre eux, relativement aux droits de justice et autres sur les terres de Martigny, Chavailles et Courpierre. — (Août 1266).

A. I. Sect. hist., L. 1155, A, (2.e liasse).

LXIV. Accord entre les religieux de Foigny et le chapitre de Laon, sur leurs vignes de Chavailles, Courpierre, Martigni et *Blori*. — (Oct. 1266).

B. I. Cart. n.º 1770.

LXV. Acte par lequel Jean Pestiaux reconnaît devoir à l'abbaye de Foigny, cinq sous laonnais de redevance annuelle sur une maison située à Ployart [2]. — (Mars 1267).

A. I. Sect. hist. L. 1155, A, (2.e Liasse).

LXVI. Don fait à l'abbaye de Foigny, par Pierre Clerc, de deux pièces de terre sises à Marcy [3], et de six sous parisis, une poule et trois chapons de rente, sur des maisons qu'il possédait à la Tombelle [4] [apud Toumellam.] (Avril 1271).

A. I. Sect. hist., L. 1155, A, (2.e liasse).

---

[1] Auj. Thiernu, canton de Marle, arr.t de Laon, (Aisne).
[2] Auj. canton et arr.t de Laon, (Aisne).
[3] Canton de Marle, arr.t de Laon, (Aisne).
[4] Cette localité est située sur la carte de Cassini, au Sud-Est de Marle.

FOIGNY
(Abbaye de)

LXVII. Confirmation par *Mahaus de Romeris* [1] du don fait par son frère, *Aubris, escuiers, sires de Romeris*, à l'abbaye de Foigny, de v jalois de blé, à prendre annuellement à la grange de Wiege [2]. — (Sept. 1271).

A. I. Sect. hist., L. 1155, A, (2.ᵉ liasse).

LXVIII. L'abbé de Foigny et *Gerart d'Englaincourt* [3] *con dist le seneschal* sont nommés arbitres, pour juger du différend mû entre Jean de *Settenai* et l'abbé de Bucilly [4]. — (Juin 1274).

B. I. Cart. n.° 1770.

LXIX. Vente faite par le monastère de Vauclair, à l'abbaye de Foigny, d'une maison qui avait déjà appartenu à cette abbaye. — (Août 1275).

A. I. Sect. hist., L. 1155, A, (2.ᵉ liasse).

LXX. Donation faite par Jean, dit Hurons, bourgeois de Marle, au couvent de Foigny, de xx s. de surcens à prendre chaque année sur une maison sise à Marle. — (1 octobre 1276).

A. I. Sect. hist., L. 1155, A.

LXXI. Acte par lequel Ysabelle la Wautiere, de Marle, lègue à l'abbaye de Foigny, tous ses biens, sauf v jalois de terre [site in territorio de Tommella prope villam de Sartiaus], qui leur reviendront après la mort de sa sœur. — (1276).

A. I. Sect. hist., L. 1155, A, (2.ᵉ liasse).

LXXII. Reconnaissance par Gerard, fils de Jean, dit de Bruyères, d'une redevance de surcens annuel de xii s. parisis, sur une maison [in villa de Cherche [5]], qu'il tenait des religieux de Foigny. — (Mars 1281).

A. I. Sect. hist., L. 1155, A.

---

[1] Auj. Romery, canton de Guise, arr.ᵗ de Vervins, (Aisne).
[2] Auj. Wiege-Faty, canton de Sains, arr.ᵗ de Vervins, (Aisne).
[3] Auj. Englancourt, canton de La Capelle, arr.ᵗ de Vervins, (Aisne).
[4] J'ai publié plus haut, sous le n.° 242, un jugement arbitral de 1280 relatif à la même affaire.
[5] Auj. Serches, canton de Braisne, arr.ᵗ de Soissons, (Aisne).

LXXIII. Aveu fait par Pierard, dit *li Gœ*, et Isabelle, sa femme, dite *li Bouquele*, d'un cens de XII deniers, sur un courtil qu'ils possédaient près la Croix de Vorges, dû à l'abbaye de Foigny.— (Nov. 1281).

FOIGNY
(Abbaye de)

A. I. Sect. hist., L. 1155, A, (2.⁰ liasse).

LXXIV. Confirmation par Eng. de Rumigni, chevalier, sire de Signy-le-Petit [1], du privilége que ses ancêtres avaient accordé aux religieux de l'abbaye de Foigny, à savoir, de faire paître leurs bestiaux dans ses bois et prés de Watigny. (Sept. 1296).

A. I. Sect. hist., L. 1155, A, (2.⁰ liasse).

LXXV. Acte par lequel Jean, seigneur de Proisy [2], reconnaît tenir un fief de l'abbaye de Foigny (octobre 1299). — Cet acte m'a paru assez curieux pour lui accorder les honneurs de la publicité.

Jou Jehans, chevaliers, sires de Proisi, fas savoir à tous chiaus ki ces presentes lettres verront et orront, que par loyal discretion je sui descendus et consentis, à la proiere de religieus houmes, l'abbeit et le couvent de l'eglise de Foysni, qui disoient que il avaient pou de conseil, et especiaument de houmes jugeurs en leur cours et en cas ki a yaus appartiennent à justicier et à jugier et des causes dont il appartient à yaus à connoistre. Liquel... abbes et couvens de Foysni deseur dit m'ont proiiet et requis que je vausisse venir en l'oumaige Nostre Dame de Foysni et au leur à tous jours, à mi, à men hoir et à men successeur à tel fief tenant d'yaus com il est ci dessous escript. C'est à savoir que il m'acompaignent à tous les biens fais espirituels de leur eglise et me donnent une raube de leur drap, tele com il leur plaist, chascun an à la Saint Remi ou chief d'octombre, et me donnent un mui de blet à la mesure de Marle chascun an, dedens les octaves dou Noel, conduit à Proisi, et me donnent encore diz sous de parisis que je leur devoie chascun an pour l'occoison de mon signeur Jehan, jadiz men chier pere. Et de ce, doi je je (*sic*) mes hoirs et mes successeres

---

[1] Arr.⁰ de Rocroy, (Ardennes).
[2] Auj. Housset, Canton de Sains, arr. de Vervins, (Aisne).

FOIGNY
(Abbaye de)

à l'eglise de Foysni, tel service pour le deseur dit fief desservir que je doi estre, je, mi hoir et mi successeur, chascun an à Foysni, à la Purification Notre Dame, con dist la Chandeler, pour li honnourer et aidier à oster de doutes et de mesaventures et à consillier des caz qui à venir et escheir i porroient. Et toutes les fois que je en seroie en defaute, sans loial ensoigne de cors, jeu, mes hoirs et mes successeres serons à l'amende envers ladite eglise d'une livre de cire et leur doi encore li service le court et le plait et le jugement de leur cours et aler à leur coust là et ailleurs là ou il me vaurroient travillier mi, men hoir et men successeur, sans le fief amenuisier. Et je Jehans, chevaliers, sires de Proise de seur diz, connois que en la fourme et en la maniere deseur dite et ordenée, suijou venus en le foit et en l'oumaige de l'eglise et de... l'abbeit de Foysni; et à toute ceste ordenance fermement tenir et loiaument acomplir, oblige-je mi, men hoir et men successeur et tous mes biens. En tesmoignaige de la quele chose je ai ces presentes lettres séelées de mon propre scel. Ce fu fait en l'an del Incarnation Nostre Signeur mil deus cens quatre vinz diz et nuef, au mois d'octembre.

LXXVI. Acte par lequel Regnier, seigneur de Sains, donne au nom de Raoul de Houssel [1], son homme et ami intime [homo meus ac specialis amicus], mort à Foigny sans testament, quatre muids de froment à prendre sur la dime de Neuville, près de Housset [2], qui appartenaient audit défunt, la dite donation faite du consentement de la veuve dudit Regnier. (s. d.) XIII° s.

B. I. Cart. n.° 1770.

LXXVII. Raisons alléguées par les religieux de Foigny pour empêcher que le chapitre de Laon ne tienne les plaids au *Cellier*.[3] — (Sans date.) En français

A. I. Sect. hist., L. 1155, A.

---

[1] Canton de Guise, arr. de Vervins, (Aisne).
[2] Auj. la Neuville-Housset, canton de Sains, arr. de Vervins, (Aisne).
[3] Le cellier était situé au Nord de Courpierre, près d'Orgival, au Sud-Est de Laon.

— 189 —

LXXVIII. Accord en vertu duquel Drouard, curé de Marle, et Syger son père, promettent de payer à l'abbaye de Foigny cent sous laonnais, à prendre sur une maison sise à Marle, et pour garantie, désignent une pièce de terre [in illo loco qui dicitur Lovehan, non longe à villa de Castillon [1]], saisissable par l'abbé, en cas de non paiement. — (Sans date.)

FOIGNY
(Abbaye de)

A. I. Sect. hist., L. 1155, A, (2.e liasse).

LXXIX. Désistement donné par Bourins, fille de Waremburt de Bucilli, des poursuites qu'elle avait intentées contre les moines de Foigny, pour cause de la mort de Jeannin son fils, mis à mort à Eparcy. — (Septembre 1303.)

A. I. Sect. hist., L. 1155, A, (2.e liasse).

LXXX. Acte notarié constatant la lecture publique de II bulles d'Innocent IV à Lyon et d'une autre de Boniface VIII, où sont énoncés les priviléges et exemptions de péage, vinage, etc., en faveur de l'abbaye de Foigny. — (1303.)

A. I. Sect. hist., L. 1155, A, (2.e liasse).

LXXXI. Acte par lequel Robert de Bois valide la vente faite par sa sœur Ysabelle à l'abb. de Foigny de IX muids et VI jalois de froment. — (Juillet 1303.)

A. I. Sect. hist., L. 1155, A, (2.e liasse).

LXXXII. Dénombrement des biens et droits appartenant à l'abbaye de Foigny, au lieu de Martigny. — 1318.

A. I. Sect. hist., L. 1155, A, (2.e liasse).

LXXXIII Lettres de Jaquemars du Maisnil, écuyer, par lesquelles il convient d'une cession faite par lui pour VI ans, à l'abbaye de Foigny, du tiers des revenus des terres de Laigny[2] [Laignies], Beaurepaire[3] [Biaurepair]

---

[1] Auj. Chatillon-les Sons, canton de Marle, arr. de Laon, (Aisne).
[2] Canton et arr. de Vervins, (Aisne).
[3] Je n'ai pu retrouver l'emplacement de cette localité.

FOIGNY
(Abbaye de)

et Vouspais[1], pour les arrérages dus par lui à ladite abbaye. — (Mars 1326.) Endommagée.

A. I. *Sect. hist.*, L. 1155, A, (2.e liasse).

LXXXIV. Sentence des commissaires-enquêteurs des bailliages de Guise et d'Avesnes, et de la terre de Landresis, qui confirme les religieux de l'abbaye de Foigny dans l'usage des pâturages de la ville d'Estrées, contre les maire et échevins qui leur contestaient ce droit. — (1327.)

A. I. *Sect. hist.*, L, 1155, A, (2.e liasse).

LXXXV. Charte de Gui de Châtillon et de l'abbé de Foigny, relative à la justice d'Eparcy. — (16 mars 1332.) En français.

A. I. *Sect. hist.*, L. 1155, A, (2.e liasse).

LXXXVI. Lettre de Galerans de Vaulx, bailli de Vermandois, par laquelle il lève, sur les réclamations de l'abbaye de Foigny, la main mise du roi sur la justice de Landouzy-la-Ville. — (Mars 1336).

A. I. *Sect. hist.*, L. 1155, A, (2.e liasse).

LXXXVII. Accord passé entre les religieux de Foigny et le chapitre de Laon, relativement aux délits que commettaient les bestiaux dans les bois de Foigny. — (23 janvier 1352.)

A. I. *Sect. hist.*, L, 1155, A.

LXXXVIII. Acte par lequel le seigneur de Vervins reconnaît que l'abbaye de Foigny a droit de percevoir, sur le moulin de Landouzy-la-Ville, cinq muids de blé. — (6 mai 1366.)

B. I. Cart. n.º 1770.

LXXXIX. Arrêt pour les religieux de Foigny contre Jean Payen de Bruyères-sous-Laon [in villa de Brueriis in Laudunesio], relativement à une place située audit lieu, et sur laquelle les religieux prétendaient pouvoir élever des constructions. — (25 novembre 1374.)

B. I. Cart. n.º 1770.

---

[1] Voulpaix, canton et arr. de Vervins, (Aisne).

XC. Rapport adressé au bailli de Guise par le sergent de la reine de Jérusalem et de Sicile, de ce qu'il avait fait au sujet des nouvelletés et autres prises faites au territoire de Bucilli, au préjudice des religieux de Foigny. — (27 août 1385.) En français.

FOIGNY (Abbaye de)

A. I. *Sect. hist.*, L. 1155, A, (2.ᵉ liasse).

XCI. Assignation faite sur la requête des religieux de Foigny à Jean de Riencourt, chanoine de Laon, prévôt de Martigny, et aux maire et habitants dudit lieu, à comparoir en la maison du Cellier, appartenant aux dits religieux. — (26 janvier 1397.)

A. I. *Sect. hist.*, L. 1155, A.

XCII. Brouillon d'un acte par lequel *Jehans de Monciaus*, écuyer, reconnaît avoir rendu au couvent de Foigny une pièce de terre appelée *la Rosière*, au terroir de Foucousies, tenue en foi et hommage du comte de Blois. — (Sans date.) xivᵉ siècle; en français.

B. I. Cart. n.° 1770.

XCIII. Plans des forêts de Watigny, Eparcy, Effrye, Elme et la Cloperie, dépendants de l'abbaye de Foigny.

A. I. *Sect. adm.* Série N. 3ᵉ cl., n.° 172.

XCIV Plans des dépendances de l'abbaye de Foigny.

A. I. *Sect. adm.* Série Q. n.° 15.

580. CARTULARIUM FUSNIACENSE. [1]

MS. in-8.° de 310 folios, parchemin, relié et piqué. — Ecriture du XIII.ᵉ siècle. — Ce MS. a appartenu à Petau, qui a apposé sa signature au bas du premier folio.

B. I. *Fonds de N.-D.*, n.° 241.

Sur la feuille de garde on lit :

« Polypticus monasterii Fusniacensis, Laudunensis diœcesis ac ordinis Cisterciensis. — À la Bibliothèque de l'église de Paris. — Ecriture du treizième siècle. »

---

[1] La collection Decamps à la bibliothèque impériale (portefeuille 103, f.ᵒˢ 163-173 et f.ᵒˢ 86-89) renferme des extraits d'actes relatifs à l'abbaye de Foigny ; mais, comme il n'y en a aucun qui ne soit cité dans ce cartulaire, j'ai cru pouvoir les passer sous silence.

FOIGNY
(Abbaye de)

Les chartes de ce précieux manuscrit sont classées par ordre topographique. Chaque série de chartes, concernant une même localité, est précédée d'un index des rubriques dont chacune correspond à celle de la charte par un numéro commun. Indépendamment de l'*Index Cartarum integrarum*, il y a un *Index communium Cartarum*. Ce dernier renvoie à des chartes réunies sous la rubrique *Carta communis*, où il est parlé de plusieurs donations en des lieux différents.

Le 2e folio non paginé contient les *Capitula cartarum integrarum*.

FUSNIACUS.

F°. 1 *r°.* De eo quod Bartholomeus episcopus, in loco qui Fusniacus dicitur, abbatiam construxit. — (1121.)

— De eo quod Ludovicus rex et ea que homines sui ibi darent, confirmavit. — (1121.)

— De quadam parte silve Auregniaci nobis data, hoc tamen excepto quod non faciamus ibi illud quod vulgo vocatur *Essart*[1].

F°. 1. De libertate nemoris supra abbatiam Fusniacensem, et silvæ de Sparsiaco, nobis data a Jacobo, domino Guisie et Lescheriarum. — (1174.)

— De piscatione in Ysaram nobis data a Jacobo, domino de Avesnis et de Guisia. — (1174.)

— De pratis inter castrum quod dicitur Guisia et villam que Sorbais nuncupatur, nobis datis a Jacobo, Guisie domino. — (1177.)

F°. 2 *r'.* Confirmatio concessionis predictæ. (1194.)

F°. 2 *v°.* De nemore, in territorio de Estrees[2], quod emimus a Gilone de Estrees; et de prato, quod dicitur de Aubenton, sito prope grangiam ecclesie que dicitur Aubentons sicut pretenditur a haia ipsius Gilonis versus rivariam que Aubentons appellatur. — (Novembre 1224.)

---

[1] Cet acte n'est pas daté, mais il est souscrit par Barthélémy de Vir, évêque de Laon (1113-1150) et il est parlé de Gui de Guise (Guido de Guisia) qui vivait à la même époque.

[2] Dans la charte suivante, qui rappelle la donation de ce bois, il est dit : « Nemus... situm a principio nemoris mei quod contiguum est territorio de Ohies usque ad nemus meum situm juxta viam per quam itur a Fusniaco versus Lusoir. »

FOIGNY
(Abbaye de)

F.° 3 *r*°. De eisdem, et de pasturis de Estrees. — (Décembre 1224.)

F.° 3 *v*°. Confirmatio donationis et venditionis supradictarum, ab Anselmo, Laudunensi episcopo.— (Décembre 1224.)

— Confirmatio venditionis supradictæ a Nicholao, abbate Sancti Mychaelis in Terrasca. — (Décembre 1224.)

F.° 4. De libertate haie, supra vivarium site, inter duas vias, quarum altera a Fusniaco apud Landozies grangiam, altera apud Landozies villam ducit, nobis concessa, a Thoma de Couciaco, domino de Vervino. — (XVII kal. septemb. 1226.)

— De quitatione ejusdem haie nobis facta a communitate ville de Vervino; de quadam masura sita apud Vervinum, tante latitudinis quam biga una possit per eam sine molestia pertransire, a nobis data, et de aisentia unius vie, site a fonte qui dicitur Jouenechons usque ad territorium de Fontanis, a nobis concessa predictæ communitati ville de Vervino. — (Juin 1229.)

F.° 4 *v*°. De rebus quam possidemus apud Vervinum. — (Juin 1222.)

F.° 5 *r*°. Carta Mathei, abbatis monasterii Fusniacensis, qui recognovit debere Colardo, quondam preposito de Flamengeria, tres modios frumenti [1]. — (1293.)

AUBENTON.

F.° 6 *r*°. Capitula integrarum.
F.° 6 *v*°. Capitula communium [2].
F.° 7. De allodio Sancti Stephani de Fidemensi quod dicitur Aubentons [3]. — (1121.)

— De medietate terre Drogonis que dicitur Fliegnies. — (Sans date [4].)

---

[1] Cet acte est écrit en caractère plus moderne, et a été cancellé.

[2] Cet index se rapporte à un chapitre de ce cartulaire, qui se trouve à la page 190, intitulé *Communis*, et qui ne renferme que des pièces, concernant plusieurs localités.

[3] L'aleu de St.-Etienne de Femy ne portait pas encore le nom d'Aubenton, qui n'est que dans la rubrique.

[4] Cet acte est du XII.*e* siècle, car dans une pièce citée plus bas et qui parle de Fligny, on cite Gautier, évêque de Laon; or, Gauthier II, le dernier du nom, mourut en 1174.

FOIGNY
(Abbaye de)

— De censu quem debemus pro prato fratris Balduini [1]. — 1185.)

F.° 7 *v°*. De medietate terræ quæ Fliegnies dicitur. — (Sans date.)

F.° 8. De prato fratris Balduini. — (1186.)

— De compositione facta inter nos et ecclesiam Sancti Michaelis de Therasca, super pratis et terris arabilibus in territorio de Estrees. — (1215.)

F.° 8 *v°*. De pace facta inter nos et Gilonem, dominum de Estrees, super terris apud Estrees. — (1221.)

F.° 9. Carta Ingerrani de Marla, de eadem pace. — (Juin 1221.)

— De eodem, confirmatio. — (1221.)

F.° 9 *v°*. De prato G. domini de Estrees, que dicitur Aubentons, et de aisentiis et pasturis terre ipsius. — (Décembre 1224.)

— De eodem prato et aisentiis. — (Novembre 1224.)

F.° 10. De eisdem confirmatio. — (Décembre 1224.)

— De eisdem confirmatio. — (Décembre 1224.)

— Carta Garnerii, Laudunensis episcopi, qui confirmat cartam Gilonis, domini de Estrees [2]. — (1224.)

F.° 10 *v°*. De eo quod dominus Johannes, presbyter de Merliu, quitavit quidquid habebat in quodam prato sito in territorio de Estrees, in loco qui dicitur ad Quercetum. — (1229.)

F.° 11. Carta Garnerii, Laudunensis episcopi, qui confirmat cartam Gilonis, domini de Estrees [3]. — (1224.)

LANDOUZIES CURTIS.

F.° 12. Capitula cartarum integrarum.

— Capitula communium cartarum.

F.° 12 *v°*. Munimentum abbatis et conventus Sancti Johannis Laudunensis, qui certificat monasterium Fusnia-

---

[1] On voit par un acte de 1196, cité plus bas, que ce pré sans nom dépendait de l'avouerie de Sains. — L'original se trouve à la Bibl. imp., cart. n.° 1770.

[2] Cette Charte est la même que celle transcrite au f.° 3 r°. du chapitre intitulé : « *Fusniacus.* »

[3] Voyez la charte au f.° 3 r°. et l'observation ci-dessus.

censem, totum territorium de Landozies [1], super cujus parte monachi Compendienses ipsum inquietant, ab illo, sub annua pensione, suscepisse. — (1136.)

FOIGNY (Abbaye de)

— Munimentum judicum Parisiensium, contra monachos Compendienses, de eodem. — (1108.)

F° 13. De commutatione inter nos et conventum Thenoliense facta, quarumdam terrarum contiguarum territorio Thenoliensi, usque ad ortum fontis Latronum et secundum cursum fontis usque ad locum in quo cadit fons predictus in rivum de Landozies. — (1170.)

SPARSIACUS.

F°. 14. Capitula integrarum.
— Capitula communium.
F°. 14 v°. Quomodo Sanctus Martinus de Tornaco Sparsiacum habuit [2]. — (1130.)
F.° 15. De restitutione dampnorum quam^{as} Clarembaldus de Roseto fecit Sancto Martino. — (1142.)
F.° 15 v°. Carta Ivonis, abbatis Sancti Martini Tornacensis, qui nobis dedit totum tenementum Sparsiaci. — (Sans date.)
— Confirmatio predicte concessionis. — (1147.)
F.° 16. De altari de Sparsiaco nobis dato. — (1147.)
— De eo quod Odo li Crous omnes querelas quitavit, salvo tamen trecensu suo, qui debetur ei de curia de Sparsi, IV videlicet modiis, qui debent ei reddi apud Petrepontem, ad antiquam mensuram de Plumione. — (1171.)
— De libertate nemoris Sparsiaci nobis concesso a Jacobo, domino Guisie et Lescheriarum. — (1174.)
F.° 16 v°. De altari nove ville que Landozies vocatur, site in parrochia de Sparsiaco. — (1178.)
— De aisentiis et pasturis in omni territorio de Mar-

---

[1] On voit par le jugement rendu à ce sujet en 1198 (voir la pièce suivante), que le lieu dont les moines de Compiègne se disaient propriétaires, s'appelait « *Fagetum sancti Cornelii.* »

[2] Cette pièce fort intéressante parle d'une donation de deux vignes faite « apud villam que Vallis dicitur.» L'une des vignes s'appelait *Croceron* et l'autre *Perticos*.

[3] L'original de cette confirmation de Roger, évêque de Laon, se trouve aux archives de l'Empire *Sect. hist.*, L. 1155, A.

FOIGNY
(Abbaye de)

fontanis, Cantorano, Loligniis, ab Ernulfo, domino de Marfontanis, nobis concessis; atque de remissione nobis facta ab Ansello, milite de Vallibus, medietatis modii frumenti et medietatis modii sygali, quos ei debebamus [1]. — (Mars 1177.)

$F.°$ 17. De eo quod Odo le Croc [2], unum modium nobis remisit. — (1184.)

— De quitatione census qui debebatur Anselmo de Vallibus. — (1188.)

— De commutatione inter nos et Bucilienses monachos facta, quarumdam terrarum sitarum inter aqueductum et ortum grangie Sparsiaci, subtus stagnum juxta Rainaldi pratum, contra terram que incipit a prato digitorum et est in territorio de Buceliis [3]. — (1125.)

$F.°$ 17 $v°$. De terragiis quorumdam hominum de Bucelliis et de donatione a Roberto de Yrechon nobis facta, cujusdam prati siti inter Streiam et Fusniacum. — (Mars 1126.)

— De duobus modiis frumenti ad veterem mensuram de Plomyon quos emimus à Roberto, filio Ponchardi, militis de Chaursa. — (1202.)

$F.°$ 18. Munimentum Galteri de Bouzies, (de Buziis) de aisentiis terre ipsius in Therasca [4]. — (1183.)

— Littere domini Thome de Couciaco, domini de Vervino, de bosco de Houduin et de Bosco ad Tyliam prout protenduntur in latum et in longum inter territorium ville de Landozies et territorio de Aurigniaco et de Lcheries usque ad pratum ecclesie Fusniacensis, quod dicitur pratum fratris Renoudi subtus vivarium, etc. — (Octobre 1257.)

$F.°$ 19. Sententia contra Bucellienses, super causa que vertebatur inter nos et eos, de prantione (sic) decimarum animalium in villis de Effris et de Lusor, de Wimi, et de Martigni, et de novis domibus. — (1252.)

$F.°$ 19 $v°$. De pace facta inter nos et abbatem et con-

---

[1] L'acte original est à la Bibl. imp., cart. n.° 1770.

[2] Le même que celui appelé ci-dessus Odo li Crous.

[3] L'original de cette pièce se trouve dans le carton de la Bibl. imp., n.° 1770.

[4] Cet acte se trouve en original au carton de la Bibl. imp., n.° 1770.

ventum Bucelliensem, de quibusdam pratis infra clausuram curtis conventus Fusniacensis, que dicitur Esparsi, in loco qui dicitur as Vauceletes, in loco qui dicitur ou Lentis [1], in loco qui dicitur en Marsoumont [2], in loco qui dicitur ad Fossam Mauvesin, in loco qui dicitur en Monschemont, in loco qui dicitur Esdois [3], subtus villam de Bucillies inter eamdem villam et Fontem as Coluevres, in loco qui dicitur dou porc et in loco qui dicitur en la Poterie. — (Février 1247, die Jovis post quintanam.)

F.° 20 v°. Privilegium Alexandri IV, pape, de causa de Bucellies, super altari de Esparsi et terra de Lenti. — (Sans date.)

F.° 21. Carta Johannis de Sethenai, armigeris, et Agnetis, domicelle de Ruperforti, uxoris ejus, de permutatione, ab utraque ecclesia [Fusniacensi et Buciliensi] facta, de his que in advocatia eorum sunt. — (Juillet 1275.)

F.° 21 v°. De libertate domus Sparsiaci ab Hugone de Castellione, comite Blesensi, domino de Avesnis et de Guisia, nobis concessa. — (Juin 1298.)

De Landouzies Villa.

F.° 22 v°. Capitula.

Ce chapitre renferme une série de pièces excessivement intéressantes ; l'une d'elles surtout mérite d'appeler l'attention, sa rubrique porte « De lege de Insula quam tenent homines de Landouzies. » Nous la donnons *in extenso*.

F.° 23. De Landouzies Villa in territorio de Sparsi sita, et de concordia facta inter nos et Radulphum, dominum Marle, super quadam silva in territorio de Esparsi, ab illo nobis concessa pro villa construenda [4]. — (1168.)

---

[1] Dit aussi *en Lentis*.

[2] Il y a aussi Marsomont.

[3] Le même que le *pratum digitorum* cité ci-dessus.

[4] Au folio 13 de ce cartulaire, dans un acte de 1170, on voit par ces mots : « Quod si forte infra territorium de Landouzis, villa constructa fuerit, » que la ville de Landouzie n'existait pas, et que sa fondation dont il est parlé dans l'acte qui nous occupe, était encore à l'état de projet. L'original de cet accord est un vidimus publié en 1220 existant aux archives de l'Empire (*Sect. hist.*, L. 1155, A).

FOIGNY
(Abbaye de)

F.° 24. Carta Thome de Couciaco, domino de Vervino, de eodem. — (Juin 1222.)

F.° 26. De eodem. — (Juillet 1222.)

F.° 26 v°. De stagno sive salvorio quod fecit Thomas Couciaci, dominus de Vervino, apud Landouzies.—(1225.)

— De capellania de Landouzies Villa, a Thoma de Couciaco constituta. — (1225.)

F.° 27. De quinque modiis bladi qui debentur nobis pro vivariis de Landouzis. — (xvii kal. septemb. 1226.)

F.° 27 v°. De eo quod Anselmus, episcopus Laudunensis, presbyterum de Landouzies ad presentationem nostram recepit. — (1228.)

— De confirmatione pacis inter nos et Thomas de Cowciaco, pro villa de Landouzies [1]. — (Février 1237.)

F.° 29. De eodem. — (1237.)

F.° 30 v°. De eodem munimentum. — (Février 1237.)

F.° 31 v°. De oblationibus capellanie de Landouzies. — (1233.)

F.° 32. Carta Thome de Couciaco, domini Vervini, super quadam haia que protenditur a meta que dicitur au Fraisne juxta boscum ad Tyliam, prout concavitas rivuli se proportat a dicta meta ad pratum fratris Renauldi usque ad boscum Houduini, et a bosco Houduini usque ad Rainouart riu. — (1239.)

F.° 33. De decima pratorum de Landouzies.- (Mai 1224.)

— De duabus capellaniis apud Fusniacum a Thoma de Couciaco et Mathilde, ejus uxore, datis.—(Déc. 1228.)

F.° 33 v°. Quod Garnerus, episcopus Laudunensis, recepit magistrum Johannem de Landousies, ad presentationem abbatis Fusniacensis. — (Octobre 1242.)

— De lege de Insula quam devent (sic) homines de Landousies [2].

---

[1] Dans cette pièce, il est dit que, sur la demande des habitants, Thomas de Coucy établit une coutume qui diffère peu de celle de Vervins. Voici le passage : « Item concessimus ego et ecclesia Fusniacensis hominibus de Landouzies, ad eorum instantiam legem veterem qua utebantur illi de Vervino, amotis quibusdam parvis punctis ejusdem legis, de assensu partium. »

[2] L'original de cet acte précieux se trouve à la Bibl. imp., carton n.° 1770.

FOIGNY
(Abbaye de)

Universis presentes litteras visuris, major et scabini, jurati et tota communitas ville de Landousies, in Domino, salutem.

1. Noverit universitas vestra, quam bone memorie Robertus, quondam abbas Fusniacensis et Radulphus, quondam dominus de Marla, communes domini tunc temporis, contulerunt et concesserunt hominibus de Landousies villa, totam terram de Landousies, sub hac forma : videlicet quam de qualibet masura tenentur solvere singulis annis communi majori ipsius ville, nomine communium dominorum, coram scabinis, duas capones et sex denarios Laudunenses, in nativitate sancti Johannis Baptiste, similiter sex denarios Laudunenses ; itaque si infra diem beati Johannis evangeliste post Nativitatem Domini, de duobus caponibus et sex denariis et in die Johannis Baptiste de sex denariis modo predicto satisfactum non esset, quilibet in solutione deficiens, redderet nichilominus ipsum censum et duos solidos pro emenda. Ad predictos autem capones et denarios, modo et terminis predictis solvendos, tenetur quilibet Burgensis dicte ville, licet masuram non habeat in eadem.

2. Tenetur etiam quilibet Burgensis solvere majori, coram scabinis, in die Sancti Martini hiemalis, duos denarios Laudunenses pro stallagio, sub pena septem solidorum et sex denariorum, et mediantibus istis duobus denariis, liberatur ab omni theloneo seu stallagio per totum annum, nisi contingat ipsum vendere aut emere equum, culcitram vel anrum quod non sit operatum.

3. Pro terragio vero, tenetur quilibet solvere terciam decimam garbam. Et si quis, terragio non soluto, de agro garbas asportaverit, reddet nichilominus ipsum terragium et emendam secundum legem.

4. Tenetur etiam quilibet, in die Sancti Johannis Baptiste, pro qualibet falcatura prati, solvere denarium unum coram scabinis, sub pena duorum solidorum. Licebit etiam eisdem prata sua reducere ad agriculturam et e converso.

5. Est etiam licitum cuilibet eorum furnum, cambam et molendinum manuale aut caballinum facere, ita quod de duobus horum nichil dabit, et presbytero duos de qualibet brassatura.

6. Item quicumque manebit in predicta villa per annum et diem, liber erit sicut alii burgenses, nisi infra dictum

FOIGNY
(Abbaye de)

terminum ab aliquo tamquam homo de corpore repetitus fuerit; qui, si confiteatur se esse hominem repetentis restituetur eidem. Ceterum si diffiteatur, oportebit repetentem probare proprio corpore contra ipsum, quam talis suus homo de corpore proprius existat.

7. Item si quis pecuniam quamlibet infra villam adduxerit, nisi probetur esse furtiva, salvam et liberam possidebit.

8. Item si quis in villa sine herede decesserit, major et scabini possessionem ejus per annum et diem conservabunt. Et si interim aliquis advenerit, qui possessionem ipsius se heredem esse monstraverit, eam, proutjustum est, obtinebit. Si autem nullus advenerit, medietas possessionis cedet communibus dominis, et alia medietas ad fabricam ecclesie parrochialis.

9. Dicior nichil credet communibus dominis nisi panem, vinum aut carnes, et hec usque ad quinque solidos, mediocriter dives usque ad tres solidos, pauper usque ad duodecim denarios. Nec plura quam diù ea debuerint communes domini.

10. Item, si quis vadium vicini sui habeat, quod redimere non velit, ter et coram scabinis offerat, et si redimere voluerit, de consilio scabinorum illud vendat nec postea exinde respondebit.

11. Quicumque in predicta villa amplius manere noluerit, quodcumque habuerit vendere vel dare poterit, et sub precepto villici coram scabinis vel amplius burgensis esse noluerit, liber abibit.

12. Sciendum autem quod abbas et conventus Fusniacensis et vir nobilis Thomas de Coutiaco (sic), dominus de Vervino, communes domini de villa predicta, retinent sibi expresse in eadem villa quicquid lex de Vervino que nunc est, domino concedit. Juravit autem ipse dominus Thomas et firmiter promisit quod ipse non queret falsas occasiones vel calumpniosas contra dictos homines de Landousies, pro ipsis submonendis vel ducendis in exercitus vel ad ea ad que dictos homines submonendi vel ducendi ipsi potestas a lege conceditur. Et successores suos, qui ipsi pro tempore succedent in parte sua ville de Landousies, obligavit ad tale juramentum faciendum, antequam ab hominibus de Landousies recipiant fidelitatem.

FOIGNY
(Abbaye de)

13. Ordinatum est in eadem villa, quod qui vendit donum sive fundum vel aliud mobile, nichil dabit.

14. Post mortem mariti, uxor sit sterilis aut non, quatuor tamen denarios dabit dominis communibus infra octo dies.

15. Quicumque in predicta villa metretam frumenti vel alicujus leguminis seu liconis facere voluerit, quatuor denarios dominis communibus dabit.

16. Si burgensium quispiam militi aliquid crediderit nec ab eo debitum suum extorquere voluerit; aliis burgensibus ejusdem ville, ne ulterius ei aliquid credat vel vendat, prohibebit. Quod si aliquis prohibitum istud infregerit, creditor super eum debitum suum recuperabit. Et si creditor, pro debito suo, adversus militem ad dominos communes clamorem deposuerit, nisi testimonium scabinorum seu juratorum affuerit, miles jusjurandum faciendo, per se vel per manum ministri sui nullum ejus debiti dampnum ei restituet, quicquid a burgense alicui creditur, et si non reddatur, creditor auctoritate propria de suo capere non poterit. Si ille cui creditur, dicit non tantum esse super vadium suum quantum qui credidit, dicit creditor debitum quantum ad hoc per sacramentum suum obtinebit.

17. Septem erunt scabini in eadem villa, quorum si quis amoveatur vel moriatur, alius a juratis de consilio scabinorum substituetur.

18. Super burgensium aliquem nec dicti domini communes nec villicus eorum clamorem facere poterunt, nisi sub testimonio scabinorum vel juratorum.

19. Si contingat bellum seu rixam oriri in villa de Landousies, de quibus testes non appareant, scabini vel jurati et major hoc nuntiaverunt scabinis; tunc scabini super premissis, bona fide et legaliter inquirent veritatem a quibuscumque fide dignis, licet non sint de numero scabinorum seu juratorum, et major, illos a quibus veritas debet inquiri, compellet ad presentiam scabinornm venire et veritati testimonium prohibere, et quem scabini in culpa invenerint eodem modo punietur et solvet emendam; ac si scabini testes producti fuissent, in omnibus aliis querelis super quibus coram majore et scabinis, inter quoscumque sive sint burgenses sive alii, litigabitur. Testes quilibet fide digni recipientur ad arbitrum scabinorum. Salvis quibusdam casibus in presenti carta contentis, de quibus in ea est specialiter ordinatum.

FOIGNY
(Abbaye de)

20. Si quis in dominio ville hereditatem per annum et diem sine reclamatione possederit, et super ea post modum in judicio vocatus fuerit ab eo, non possit evocari hereditas, nisi auctor per testimonium scabinorum se in ea esse monstraverit potiorem.

21. In omnibus criminalibus in judicium deductis, super quibus testes non apparent, auctor si fide dignus fuerit, per suum juramentum obtinebit, nisi evocatus in judicium juraverit et non teneri duobus aliis fidedignis secum jurantibus se credere eum bonum juramentum prestitisse, et sic ab impetitione adversarii absolvetur, dum modo sit fide dignus.

22. Amovimus etiam de assensu communium dominorum omnes protractus et arremis.

23. Si quis communium dominorum de Landousies coram majore et scabinis in judicio convenerit, et ille qui conventus est, fidejussores sufficientes pro tanta summa pro quanta convenitur dederit, major personam ipsius non poterit detinere. Ipso vero non habente fidejussores ydoneos, si bona que habuerit in villa ad summam super qua convenitur sufficiant, et ad ea majorem assignaverit, similiter non poterit detineri. Vocanti etiam in judicio et vocato licitum est bis contramandare, et si quis bis contramandaverit et die tercia sibi assignata non comparuerit, causam perdit.

24. Si quis arrestaverit rem aliquam, et dicat majori verba ista « Ego arestavi » propter hoc non punietur.

25. Si quis illum quem ad judicium traxerit vocaverit alio nomine quam vocetur, non nocebit eidem.

26. Si quis alicui dixerit « tu mihi debes tantum » et ille dixerit non assertive sed admirative « Ego debeo vobis » non nocebit taliter respondenti.

27. Item, statutum est ut vir et mulier matrimonio copulati, de bonis suis se ad invicem non valeant revestire.

28. Item, quicque volens matrimonium contrahere, aliquam summam pecunie coram scabinis exhibuerit ut soluto matrimonio eam debeat rehabere, coram scabinis jurabit illam pecuniam suam esse, et quod illam in lesionem alicujus non exhibet vel in fraudem.

29. Item statutum est, ut bona que parentes ex successione liberorum suorum mortuorum sibi vendicabant, ad heredes liberorum devolvantur, ac si parentes nullos libe-

ros habuissent, si pater aut mater alicujus moriatur, filius ejus aut filia in bonis illius succedet, quo vel qua mortuo vel mortua sibi propinquiores succedent.

30. Item liberi patris vel sororis, cum avunculo vel patruo, ab nura sua vel matertera in hiis que per eschantiam descenderint ab avo suo vel avia, omnes insimul eamdem percipient portionem que patrem eorum vel matrem attingeret, si viverent. Item post obitum patris vel matris, liberi eorum, in qualibet eschantia parentum, erunt equales. Et si quis ex eisdem liberis, qui vivente patre vel matre, de substantia eorum partem aliquam habuerit, partem in reliquo eschantie patris vel matris vult habere, totam partem illam quam prius habuerat referat in commune, ut postea inter ipsos equaliter partiatur.

31. Item ordinatum est quod si quis judicio scabinorum contradixerit, sexaginta libras Laudunenses communibus dominis de Landouzies, et cuilibet scabinorum decem libros, persolvet.

32. Item ordinatum est quod de minutis melleis cum manuum injectione, sine plaga et sanguinis effusione factis, habebunt communes domini sexaginta solidos pro emenda. De plaga autem et sanguinis effusione aut indecenti lesura ..... ictibus facta sine armis molutis, sex libri persolventur. Pro plaga cum cutello punctam habente, persolventur quindecim libre. De effolatura et morte, fiet quod jus dictabit. Si melleya facta fuerit in dominio ville de Laudosies, de qua testes non appareant, et querens si fide dignus fuerit per juramentum suum probabit, nisi ille de quo conqueritur, si fide dignus fuerit, juraverit se quantum ad hoc innocentem. Duobus aliis fide dignis secum jurantibus se credere eum bonum juramentum prestitisse. Si autem in mesleia sanguinis effusio vel crimen intervenerit, conquerens si fide dignus fuerit id quod obicit, probabit per suum juramentum. Nisi ille de quo conqueritur si fide dignus fuerit cum septem aliis secum jurantibus, juraverit se quantum ad hoc innocentem.

33. Et sciendum quod aliquis extraneus si vult fieri burgensis de Landosies, fidelitatem faciet communibus dominis et ville, et solvet communibus dominis vingenti septem denarios : tres denarios videlicet pro burgensis et II solidos pro theloneo si vult emere vel vendere absque thelonei solutione. Et si theloneum in suis empcionibus

FOIGNY
(Abbaye de)

vel venditionibus solvere voluerit, non tenebitur ad solutionem duorum solidorum predictorum, sed mediantibus solummodo tribus denariis, burgensis efficietur.

34. Primogenitus filiorum, parentibus defunctis, remanet in burgensia parentum, alii primogeniti erunt in manuburnia primogeniti patris, quamdiu ipse primogenitus et postea geniti voluerint, dummodo etatem habeant competentem. Et quando separantur a manubernia progeniti vel unus eorum debet effici burgensis, retinetque alios in maniburnia sua vel oportet quod quilibet eorum burgensis efficiatur, et quicumque eorum burgensis efficitur, debet facere fidelitatem communibus dominis et ville.

35. Et qui non solverit theloneum prout debuerit, solvet nichilominus theloneum, et sexaginta sol. pro emenda, nisi se purgaverit secundum legem.

36. Duobus de re hereditaria litigantibus, ille qui cadit a causa, sexaginta sol. solvere debet; de quibus habebit qui in causa obtinuerit, viginti sol. et communes domini, quadraginta.

37. Aliquo petente rem hereditariam, ratione eschantie seu proximitatis, vel petente rei hereditarie petitionem; si ille qui convenitur intentionem actoris confessus fuerit, duodecim denarios communibus dominis solvet.

38. Si quis aliquem in judicium super aliis rebus extraxerit, nisi prius ad hospicium suum denunciaverit, sub testimonio competenti, solvet tres solidos pro emenda, si ille qui convenitur ad hoc voluerit se jurare.

39. Si quis aliquem ad judicium traxerit, et super hoc quod petit testes paratos non habuerit, si is qui convenitur petierit, diem habebit ad quindenam, dum modo fidelitatem illem faciat quam superius est expressa.

40. Duobus de catallis ad invicem litigantibus, eo qui agit obtinente, alter duodecim denarios communibus dominis solvet et infra quindenam subsequentem duos solidos obtinenti si voluerit accipere, et eo qui agit non obtinente, tres solidos solvet communibus dominis pro falso clamore.

41. Tota justicia ville de Landozies communium dominorum est ita tamen quod per majorem communem ejusdem ville tota deducetur et fiet.

42. Si communitas ville bannum super rebus quibuscumque in ipsa villa venalibus facere voluerit, hoc ei licebit, exceptis tamen rebus communium dominorum.

43. Item licebit eidem communitati facere bannum pro rebus suis custodiendis, et de emendis bannorum habebunt communes domini partem tertiam, villa, duas. Et si dicta communitas predicta banna facere voluerit, dummodo scabinis et juratis videatur expediens, major factionem eorum impedire non poterit quacumque in predictis assensus ejus sit requirendus.

FOIGNY
(Abbaye de)

44. Pro foragio habebunt communes domini, de carrata vini, unum sextarium vini, de quadrigata, dimidium sextarium, dum modo ipsum vinum in villa vendatur.

45. Ad molendinum communium dominorum bannale, omnes homines molere tenebuntur. Ita tamen, quod si bladis alicujus eorum per diem et noctem in dicto molendino jacuerit, ex tunc idem bladis alibi portare poterit ad molendinum.

46. Venari poterunt homines dicte ville ubi voluerint in territorio ejusdem ville, preterquam in nemoribus communium dominorum; ita tamen quod quarta pars apri et cervi ipsis communibus dominis cedet.

47. Quilibet habens carrucam habebit in haia de Landozies unum faissellum restium; ita quod uno anno accipiet in parte ecclesie Fusniacensis dicta haia, et alio anno in parte domini de Vervino vel ejus successoris.

48. Sciendum autem quod quicumque in boscis de Landozies scindens, captus fuerit, solvet sexaginta sol. pro emenda. Duo equi impasturati, duos solidos et dimidium, unus, quindecim denar. Vacca, avis et capra et quodlibet aliud animal, tredecim denarios Laudun. ita quod omnes iste emende probabantur per solum custodem nemorum ; qui custos communibus dominis et villa faciet fidelitatem.

49. Omnia autem et singula superius annotata, a communibus dominis et hominibus ville de Landozies, firmiter observabuntur. Et de hiis que in dicta villa emiserint et hic scripta non sunt, recurretur, cum necesse fuerit, ad consilium et judicium scabinorum de Vervino, et judicabitur secundum consilium et judicium eorumdem. A quibus scabinis de Vervino, si infra sex septimanas scabinis de Landozies consultum non fuerit, ex tunc, scabinis de Landozies in eamdem formam in qua requirunt judicium a scabinis de Vervino super ea re sive forisfacto, requirere poterunt consilium a scabinis de Insula et post modum quam citius poterunt de ea re, secundum consilium scabinorum

FOIGNY
(Abbaye de)

de Insula judicabunt. Si vero legem qua nunc utuntur hommes de Vervino amoveri contigerit, in optione hominum de Landozies erit legem ipsam accipere et tenere et secundum ipsam, habere consilium a scabinis de Vervino modo supra scripto ; vel ea non accepta, ire ad scabinos de Insula et consilium accipere ab eisdem ; si qua in eadem villa emerserint que in presenti carta non fuerint declarata, omnibus articulis supra scriptis in suo robore nichilominus duraturis.

50. Ordinatum est autem et statutum, de assensu communium dominorum et nostro, ut presens carta, nullo penitus obstante, et omnes articuli cartarum super villa de Landozies et ejus pertinentiis inter ipsos communes dominos confectarum, perpetuam obtineant firmitatem, excepto solummodo articulo illo qui in quibusdam cartis ipsorum loquitur de lege veteri de Vervino. Qua, secundum quod in eisdem cartis continetur, nobis concesserant et pro qua nobis legem aliam concesserunt, prout in presenti carta plenius est expressum. Ut autem hec omnia firma et illibata in perpetuum permaneant, presentes litteras patentes emisimus, sigilli nostri munimine roboratas. Actum anno gratie M° CC° XL° tercio, mense aprili.

F.° 37 *v°*. De communi acquisitione inter nos et dominum Thomam. — (Février 1261.)

F.° 38. De pace facta inter nos et dominum Thomam, militem, in villa de Landousies super duobus pratis, sitis in loco dicto *à la Bauduine*, et juxta curtillum abbatie. — (Février 1261.)

F. 38 *v.* Récit d'une exécution capitale, par laquelle on voit que « le jour de la translation monseigneur Saint Benoît, qui fut le onziesme jour du mois de juillet l'an mil IIII^c IIII^{xx} et XVIII, fut relevée et mise sus toute nœfve, à trois pillers de bois, la justice de Landousis qui avoit esté cheute, etc. »

WATEGNIES [1].

F.° 40. Capitula integrarum.
F.° 40 *v°*. Capitula communium.

---

[1] Watigny, canton d'Hirson, arr^t. de Vervins (Aisne).

FOIGNY
(Abbaye de)

F.° 41. De altare de Flegnies [1], de Aegnies [2] et de Vilers. — (1155.)

— De pascuis et aisentiis de Lutosa [3] et de Baubigniaco [4], a Johanne de Cymaco [Chimay] ; nobis concessis [5]. — (1173.)

— De dote altaris de Aegnies et de Vilers, à monachis Sancti Mychaelis de Therasca [6], nobis concessa. — (1166.)

— De querela inter nos et ecclesiam Sancti Mychaelis, super decima quorumdam novalium que Fusniacensis infra terminos parrochie de Landierfait [7] fecerant, super terrula quadam que erat de parrochia de Sains et super aisentiis de Blisci [8]. — (1169.)

F.° 41 v°. De elemosina Rohardi, militis, de Lutosa, nobis facta. — (1175.)

F.° 42. De commoditatibus et aisantiis de Lutosa [9] et de Baubigniaco [10], nobis datis a Symone, preposito de Cymaco. — (Mai 1178.)

— Carta Nicholai de Rumigniaco, qui pro certo asserit, quod territoria de Wategnies, de Vilers et de Aegnies, in advocatione et protectione sua sunt. — (Sans date [11].)

[1] Ecrit aussi *Fliegniis*. actuellement Fligny, canton de Signy-le-Petit, arr^t. de Rocroi (Ardennes).

[2] Ecrit aussi *Aengniis*, aujourd'hui Any Martin-Rieux, canton d'Aubenton, arr^t. de Vervins (Aisne).

[3] Ecrit aussi *Lothosa*, aujourd'hui Leuze, canton d'Aubenton, arr^t. de Vervins (Aisne).

[4] Bobigny est marqué sur la carte de Cassini au S.-O. d'Any et au N.-E. de Martigny.

[5] L'original de cette pièce se trouve aux Arch. imp., (*Sect. hist.*, L. 1155, A).

[6] Abbaye de Saint-Michel en Thiérache.

[7] Aujourd'hui Landifay, canton de Nouvion, arr^t. de Vervins (Aisne).

[8] L'original se trouve à la Bibl. imp., carton n.° 1770. Blissy est un hameau dépendant de la commune de Saint-Michel, canton d'Hirson (Aisne).

[9] Ecrit *Leusa* dans l'acte.

[10] Ecrit *Baubigniis* dans l'acte.

[11] Cette attestation adressée à Guillaume Ier, archevêque de Reims, et légat du Saint-Siége, ne peut avoir été écrite que vers la fin du XIIe siècle.

FOIGNY
(Abbaye de)

— De controversia inter nos et monachos Sancti Mychaelis de Therasca, super terminis nemoris de Wategnies a Saltu Cervi usque ad Theofontem, et a Theofonte usque ad Normamfontem, et a Normamfonte usque ad Moneril, et a Moneril usque ad Grant Ruel, et a Grantruel usque ad Archoisi [1], per fossetum de Culmont, totumque fossatum ad Wartoise [2]. — (Actum anno 1181, mense Augusti, sexta feria, v kal. septembris).

F.° 42 v°. De eodem confirmatio [3]. — (III non. maii 1183.)

F.° 43. De eodem. — (1183.)

F.° 43 v°. De territorio de Wategnies et de Aegnies. — (Sans date [4].)

— De nemore de Wategnies. — (Sans date [5].)

F.° 44. De territorio de Gerinval a Radulfo de Buirefontaine [6] nobis concesso [7]. — (1187.)

— De eodem. — (1187.)

F.° 44 v°. De pace facta cum Nicholao, seniore de Rumigniaco, qui nobis restituit grangiam de Watignis, et dedit quarterum de Bliciaco, usque ad rivariam de Ania et sicut protenditur versus Warthoise [8], pasturagium in nemore sicut extenditur per duas leugas in longum et duas partes unius leuge in latum, aisentias omnes inter aquam de Ania et de Aubenton [9], etc. — (1198.)

F.° 45 v°. De quarterio de Blici. — (1199.)

[1] Il y a *Wartoisi* dans l'original.

[2] L'original se trouve à la Bibl. imp., carton n.° 1770.

[3] Dans cette pièce, Wartoise est écrit *Warchise*, et Moneril, *Mouneril*. L'original se trouve à la Bibl. imp., carton n.° 1770.

[4] Elle doit être à peu près à la même époque que celle de l'attestation adressée à Guillaume, archevêque de Reims. L'original est à la Bibl. imp., carton n.° 1770.

[5] Cette pièce adressée à Thibaut III, évêque d'Amiens, et Pierre I., évêque d'Arras, a dû être écrite vers la fin du XII.° siècle.

[6] Ce lieu est situé au Nord d'Aubenton, à l'Est de Leuze.

[7] L'original se trouve à la Bibl. imp., carton n.° 1770.

[8] Je serais assez porté à croire que ce *Warthoise*, *Wartoisie*, *Warchise*, est un lieu appelé maintenant les *Woitines*, non loin de Blissy et sur les bords du ruisseau d'Any.

[9] L'original se trouve à la Bibl. imp., carton n.° 1770.

FOIGNY.
(Abbaye de)

— De pascuis nobis adjudicatis contra homines de Sancto Mychaele et de Rupeforti [1]. — (1214.)

F.° 46. De pascuis de Watignis nobis adjudicatis. — (1214.)

F.° 46 v°. De quadam terra de Gerinval. — (1218.)

— De manso Johannis, militis de Houssello. — (1223.)

F.° 47. De recognitione territoriorum de Aegnies et de Gerinval. — (Avril 1223.)

— De terra Roberti, militis, dicti de Hospicio Dei. — (1224.)

F.° 47 v°. De pace facta inter nos et Nicholaum, dominum de Rumigniaco, super territoriis de Aegnies et de Gerinval. — (Avril 1224.)

F.° 48. De censu qui debetur nobis pro manso Johannis de Houssello. — (1225.)

F.° 48 v°. De eo quod capitulum monialium Sancte Marie Treverensis in horreo [2] compromisit in abbatem Fusniacensem, super territorium quod dicitur Wategnies, cujus quadam pars dicitur Gemegnies [3]. — (Sans date).

— Sententia diffinitiva, de eodem. — (1211.)

— De pace facta cum presbytero de Ania, super decima sarti de Houssello. — (1224)

F.° 49. De pace facta cum capitulo Laudunensi super quibusdam decimis [versus Aneiam] de supra dicta pace. — (1227.)

F.° 49 v°. Capitulum Laudunense, de pace supra dicta [4]. — (Novembre 1227.)

F.° 50 v°. De eo quod capitulum Laudunense debet inducere presbiterum de Anie, ad dictam pacem servandam. — (Décembre 1227.)

F.° 51. Munimentum judicum Noviomensium de supra dicta pace [5]. — (Décembre 1227.)

F.° 51 v°. De pace facta inter nos et ecclesiam beati Mychaelis, super pascuis de Blici et de Watignis. — (1232.)

---

[1] Rochefort, hameau de la commune de Saint-Michel (Aisne).

[2] Sainte-Marie-de-Trèves.

[3] Jumilly est situé sur la carte de Cassini très-près et au Nord de Watigny.

[4] L'original se trouve aux Archives (*Sect. hist.*, L. 1155, A), et un double légèrement endommagé, à la Bibl. imp., carton 1770.

[5] L'original se trouve à la Bibl. imp., carton 1770.

FOIGNY
(Abbaye de)

F.° 52. De eodem, munimentum. — (1232.)

F.° 53. De eodem, confirmatio. — (Janvier 1232.)

F.° 53 *v°*. De libertate nemoris de Watignis, a Nicholao, domino de Rumigniaco, nobis concessa. — (1227.)

F.° 54. De pace facta inter nos et homines, Nicholai de Rumegni, de Anie et de Sancti Martini Rivo, super aisantiis nemoris apud Watignis. De quittatione dictarum aisentiarum ab hominibus supra dictis nobis facta, et de pasturagiis [in haia que sita est inter curtem de Watignies et villam de Anie, que haia protenditur a parco de Anie usque ad aquam que grans rius dicitur] et aliis rebus [1], a Nicholao de Rumegni hominibus suis concessis, in recompensatione supra dictarum aisentiarum nobis datarum. — (1238.)

F.° 54 *v°*. Carta qua Jacobus, dictus Havele, de Harduinselve, vendidit nobis pratum unum situm in loco qui dicitur Bruel [2] super rivariam que Audrie appellatur. — — (Novembre 1239.)

— De eodem prato. — (Mars 1240.)

F.° 55. De recognitione domini Willelmi, militis de Ania [3] — (Mars 1243.)

— De XXIV galetis bladi nobis venditis ab Herberto Fontis de Estrebais [4], manente apud Venderesce [5], etc.— (Novembre 1246.)

F.° 56. De eodem. — (Octobre 1246.)

F.° 56 *v°*. De XIIII galetis bladi quos emimus a Colino de Estrebois. — (Août 1246.)

---

[1] Parmi les autres concessions, nous signalerons la pêche *in aqua de Anie* et la remise d'un droit perçu par le seigneur appelé vulgairement *sounius de porcs*. Le droit consistait à payer deux deniers parisis pour un porc d'un an et plus et un denier parisis pour un porc de moins d'un an, qui étaient élevés dans le bois seigneurial.

[2] Ce pré est appelé dans la rubrique *Harduinselve* et dans la pièce suivante, la phrase est ainsi conçue: *quoddam pratum situm subtus Harduinisilvam, quod dicitur Bruel.*

[3] L'original de cet acte se trouve aux Archives de l'Empire (Sect. hist., L. 1155, A).

[4] Estrebay, canton de Rumigny, arr^t. de Rocroi (Ardennes).

[5] Vendresse, canton de Craonne, arr^t. de Laon (Aisne).

F.º 57. De eo quod Walterus, dictus Taissons, de Ania, laudavit elemosynam Widele, quondam uxoris Verrici des Plois. — (Janvier 1244.)

FOIGNY
(Abbaye de)

— Littere Roberti de Rumigniaco, militis, domini de Nova Villa, de saltu vivarii et usu consueto piscandi in rivo qui dicitur Glans usque ad Plancham que dicitur de Signiaco. — (1258.)

F.º 57 v°. De tribus modiis frumenti, quos vendiderunt nobis Stephanus, Thomas, Adam et Gobertus, fratres, filii quondam Roberti, militis, dicti de Hospicio Dei, in grangia de Wategnis. — (Juillet 1256.)

F.º 58. Littere curie Remensis, de confirmatione dictorum trium modiorum frumenti, in grangia de Wategnis. — (août 1256.)

F.º 58 v°. Accord entre les religieux de Foigny et Robert de Rumigni, chevalier, seigneur d'Anie, sur la nomination des « Wardes ou forestiers » de la forêt de Watignis, et sur le pâturage des animaux « es pastures communes de Anye, de Saint-Martin-Rieu et de la Nuevile a joutes [1], » etc — (Septembre 1296.) en fr.

F.º 60 v°. Accord entre les religieux de Foigny et Enguerrand de Rumigny, seigneur de Signy-le-Petit, sur le pâturage des bêtes lors de la coupe des bois. — (Septembre 1296) en fr.

F.º 62. Accord entre les religieux de Foigny et Robert de Rumigni, écuyer, seigneur d'Anie et de Saint-Martin-Rieu, sur certaines terres cultivées par les religieux et qui ne leur appartenaient pas [2]. — (1284.)

MARE.

F.º 63. Capitula integrarum.

F.º 64. De grangia que Mare [3] dicitur et pertinentiis suis [scilicet territorium de Sainz, de Marfontanis [4], de Ro

---

[1] Neuville-aux-Joutes, canton de Signy-le-Petit, arr^t. de Rocroi (Ardennes).

[2] Ces trois dernières pièces, d'une écriture plus moderne que la rédaction primitive du cartulaire, n'ont pas de rubriques.

[3] Auj. Lemé, canton de Nouvion, arr^t. de Vervins (Aisne.)

[4] Marfontaine, canton de Sains, arr^t. de Vervins (Aisne.)

FOIGNY
(Abbaye de)

geris [1], Sancti Petri [2], de Voupais [3], de Marli [4], de Gomont [5], de Proisi [6], de Fasti [7], de Duiserler, sicut divisa est ex parte ville que dicitur Sains, a territorio de Duiserleir per mediam vallem de Suilis usque ad territorium de Chevesnes [8] que terra tota nemus erat] nobis datis a Rainero de Guisia. — (1161.)

$F.°$ 64 $v°$. De terra que dicitur Dudelfais, a Gerardo de Sains nobis data. — (1162.)

— De eo quod emimus duas partes de Durserler [9] ab ecclesia Fontis Summe. — (1164.)

— De censu x solidorum Veromand. quos debemus abbati Sancti Prejecti, pro Dursellers [10]. — (1167.)

$F.°$ 65. De eodem confirmatio. — (1167.)

— De aisentiis et pasturis in terra domini de Voupais. — (1169.)

— De dono de Mare, munimentum Philippi, comitis Flandrie et Viromandie. — (1173.)

$F.°$ 65 $v°$. De eo quod Rogerus, miles de Sainz, quasdam decimas in territoriis de Durseler et de Mari, quitavit; et de aisentiis ville que dicitur Sanctus Petrus [2], nobis concessis a Petro, milite de Soysa [11]. — (Mars 1179.)

— De libertate nemoris de Durserlers et alterius nemoris in territorio de Mari. — (1183.)

$F.°$ 66. De frumento quod debetur domino de Marfontanis. — (1188.)

---

[1] Rougeries, canton de Sains, arr.t de Vervins (Aisne.)

[2] Saint-Pierre, canton de Sains, arrt. de Vervins (Aisne).

[3] Voulpaix, canton et arrt. de Vervins (Aisne).

[4] Marly, canton de Guise, arrt. de Vervins (Aisne).

[5] Gomont est situé sur la carte de Cassini au sud de Marly.

[6] Proisy, canton de Guise, arrt. de Vervins (Aisne).

[7] Faty, commune de Wiège-Faty.

[8] Chevennes, canton de Sains, arrt. de Vervins (Aisne).

[9] Ecrit aussi *Dursiler*.

[10] L'original se trouve à la Bibl. imp., carton n.° 1770.

[11] Auj. Soize, canton de Rozoy-sur-Serre, arrt. de Laon (Aisne). L'original de cet acte est à la Bibl. imp., carton n.° 1770.

FOIGNY (Abbaye de)

F.° 66 v°. De pascuis et aisentiis quos dedit dominus Arnulfus de Marfontanis per terram suam, in territorio de Marfontanis, de Cantarana et de Loligniis. — (1177.)

— De elemosina Josimardi. — (1185.)

F.° 67. De pratis Richeri de Spineto, militis et participum ejus. — (1191.)

— Quod possumus habere in fundo Richeri de Spineto xxii carratas feni. — (1191.)

F.° 67 v°. De eodem, et de quibusdam aliis pratis apud villam Sancti Algisi nobis datis a Theoderico de Sancto Algi et aliis. — (1194.)

F.° 68. Quod possumus adquirere in fundo Sancti Petri, iv carratas feni. — (1195.)

— De duplici terragio quod debetur pro cloperia de Mari. — (1198.)

— Concessio Godefridi de Sains, de elemosina patris sui. — (1202.)

F.° 68 v°. De commutatione pratorum inter nos et Johannem de Sancto Algyso. — (1204.)

— De eo qued Godefridus, dominus de Sains, remisit duplex terragium quod habebat pro cloperia de Mari. — (1213.)

F.° 69. De eo quod Godefridus, dominus de Sains, remisit omnes querelas quas moverat pro Mare [1]. — (1220.)

— De viii galetis terre nobis adjudicatis contra Egidium, presbiterum de Sains. — (1213.)

F.° 69 v°. De eo quod Godefridus de Sains vendidit nobis iii modios frumenti. — (1209.)

— Concessio Reneri junioris, de Sains, de elemosina patris sui. — (1224)

F.° 70. De iv modiis bladi, quos nobis dedit pater ejus, percipiendis in grangiis de Moncellis [2] et de Sanctis [3]. — (1225.)

— De xxxiv modiis bladi quos habemus in terragio de Mari et aliis rebus. — (Mai 1226.)

F.° 71. De xxxiiii modiis bladi quos habemus in terragio de Mari et aliis rebus. — (1226.)

---

[1] L'original se trouve à la Bibl. imp., carton n.° 1770.

[2] Monceau-le-vieil, commune de Chevresis-le-Meldeux (Aisne).

[3] L'original se trouve à la Bibl. imp., carton n.° 1770.

FOIGNY
(Abbaye de)

F.° 71 v°. De pace facta inter nos et Renerum juniorem de Sanctis [Sains]. — (1225.)

F.° 72. De tredecim modiis frumenti et cappellania de Sanctis et terra fratris Christiani. — (1189.)

F.° 72 v°. De XIII modiis frumenti cappellani de Sanctis et terra fratris Christiani. — (1190.)

F.° 73. De terris et pratis quos possidemus in fundo Bernardi, dicti Lofins, filii Wilardi de Plancia, militis, in territorio Sancti Algisi [videlicet pratum terrici de Hiestrout, pratum fratris Sigeri de Marli, pratum Girardi, pratum quod fuit Reneri Broillon situm subtus pratum Clarembaldi, pratum presbyreri, duas petias prati in Revinsart, et terram arabilem en Revinsart]. — (Août 1233.)

F.° 73 v°. De pratis Sancti Algisi et de Marli in fundo Johannis, quondam filii Renaudi de Marli. — (1236.)

— De prato, quod dominus Stephanus, quondam decanus de Sancto Algiso, dedit nobis in elemosinam, sito apud Sanctum Algisum in fundo nostro de Hambrechies [1]. — (1236.)

F.° 74. De duobus modiis bladi Alberici, domini de Cortisis, et tribus modiis patris ejus, percipiendis ad terragium domini de Avesnis, apud Richaumont [2]. — (Août 1246.)

— De quodam prato apud Sanctum Algisum, in trefundo de Humbrecies [1], loco qui dicitur in Marisco. —

F.° 74 v°. De quitatione Colini, armigeri de Maceriis [3], de sex galetis bladi quos annuatim percipiebat et habebat in grangia de Mari. — (Avril 1263.)

F.° 75. Littere curie Noviomensis, de laudatione et confirmatione ejusdem venditionis predicte. — (Décembre 1263.)

— De eo quod patronatus capellanie de Sanctis pertinet ad abbatem Fusniacensem, et ad ejus presentationem. — (1264.)

— De resignatione capellanie de Sanctis, quam Guillelmus presbyter resignavit. — (1264.)

---

[1] Ambercy est situé sur la carte de Cassini au sud de Saint-Algis et au nord de Haultion.

[2] Richaumont, commune de Sains, arrt. de Vervins (Aisne).

[3] Dans la pièce suivante il y a *de Maiseriis*, probablement Mezières-sur-Oise, canton de Moy, arrt. de Saint-Quentin (Aisne).

F.° 75 v°. De acquisitione straminis et palec et omni modi foragii apud Mare et de confirmatione LX solidorum quos dedit nobis dominus Johannes de Estrees [Etréaupont], miles, et unius modii bladi quem dedit dominus de Novis Domibus [1]. — (Janvier 1263.)

FOIGNY (Abbaye de)

FOUCOUSIES.

F.° 78. Capitula integrarum.
F.° 79. Capitula communium.
F.° 79 *v°.* De Boheries, Fulcosies [2], cum appendiciis suis. — (1144.)

F.° 80. De commutatione Jocose [3] pro Foukousies [4]. — (1143.)

— De altari de Foukosies [5] et de Landerfaz [6] et quibusdam conventionibus. — (1145.)

F.° 80 *v°.* De frumento quod Egidius de Guisia, assensu Gerardi de Segoncort [7], sorori sue in maritagium dedit. — (1164.)

F.° 81. De pace facta cum Escoto de Leheris [8] pro terris, pascuis, et viis. — (1168.)

— De concambio terrarum inter nos et ecclesiam Sancti Nicholai de pratis [In territoriis de Fulchosies, Marci [9], Moncellis [10], Cherliu, ad Fecheroy, a Lecuterule, ad spinam ad Burdun, in Mascherivalle, ad altam ripam, ad morinis, ad ampinis, ad curtil de Moncellis, ad albam viam]. — (1172.)

[1] Auj. Neuf-Maisons, canton de Signy-L'Abbaye, arr^t. de Mezières (Ardennes).

[2] Auj. Faucouzy, commune de Monceau-le-Neuf (Aisne). Appelé dans l'acte *Folcozies*.

[3] Jonqueuse est marqué sur la carte de Cassini au sud de Macquigny. Appelé dans l'acte *Joncosus*.

[4] Ecrit dans l'acte *Fulchozyes*.

[5] Dans l'acte *altare de Fulcoziis*.

[6] Auj. Landifay, canton de Nouvion, arr^t. de Vervins (Aisne). Dans l'acte *altare de Lendirfageto*.

[7] Auj. Seboncourt, canton de Bohain, arr^t. de St.-Quentin (Aisne).

[8] Auj. La Hérie-la-Viéville, canton d'Hirson, arr^t. de Vervins (Aisne).

[9] Marcy est situé sur la carte de Cassini au nord de Monceau-le-Neuf.

[10] Monceau-le-Neuf, canton de Sains, arr^t. de Vervins (Aisne).

FOIGNY
(Abbaye de)

F.° 81 v°. De dimidio modio frumenti quam dedit nobis Egidius de Guisia [1]. — (1173.)

— De commutatione facta inter nos et Thomam de Sont [2]. — (1173.)

F.° 82. De dimidio modio frumenti quam dedit nobis Herbertus de Moncellis. — (1174.)

— De commutatione facta inter nos et Thomam de Sont. — (1173.)

— De terragio Thome de Sont apud Folchozyas [3]. —

F.° 82 v°. De eo quod Radulphus de Moncieus [Monceau-le-Neuf] et fratres sui terragium suum quitaverunt. — (1182.)

— De eo quod Radulphus de Leheries et frater ejus terram de Longa Roia quitaverunt. — (1183.)

F.° 83. De eo quod Thomas de Sont duos modios et tres galetas frumenti remisit. — (1184.)

— De terra et terragio quod dedit nobis Bernardus de Ribodimonte [4]. — (1195.)

F.° 83 v°. De IV galetis bladi apud Chevesnes et campum Engelardi. — (1205.)

— De VI modiis frumenti quos vendidit Johannes de Erblaincort. — (1209.)

— De venditione terragii Gerardi Rawat [5] apud Fulchozyes. — (1210.)

F.° 84. De tribus modiis frumenti quos vendidit Matheus de Perroit [6]. — (1211.)

F.° 84 v°. De IV modiis frumenti quos vendidit idem Matheus de Perroit. — (1213.)

— De eodem. — (1214.)

F°. 85. De eodem confirmatio. — (1213.)

— De VI modiis frumenti quos vendidit Egidius, dominus de Merlemont [7], miles, approbantibus Radulpho de

---

[1] L'original se trouve à la Bibl. imp., carton n.° 1770.

[2] Sons, canton de Marle, arr^t. de Laon (Aisne).

[3] Il y a *Sunt* et *Fulcozias* dans l'original qui se trouve à la Bibl. imp., carton n.° 1770.

[4] Ribemont, canton de l'arr^t. de St.-Quentin (Aisne).

[5] Dans l'original qui est à la Bibl. imp., carton 1770, il y a *cognomento Ravars*.

[6] Proix, canton de Guise, arr^t. de Vervins (Aisne).

[7] Auj. Marlemont, canton de Rumigny, arr. de Rocroy (Ardennes).

FOIGNY
(Abbaye de)

Bellencort¹, primo domino, Matheo li Turcois, secundo domino de Leheris, militibus et ceteris. — (1217.)

— De eodem confirmatio. — (1217.)

F.° 85 v°. De eodem confirmatio. — (1217.)

— De eodem confirmatio. — (1217.)

— De eodem confirmatio — (Sans date.)

F.° 86. De decima de Tybus ² quam dedit Gerardus Raivars, miles de Chievresis ³. — (Décembre 1214.)

— De eo quod Godefridus de Sains dedit nobis omne terragium quod habebat apud Foukosies. — (1220.)

F.° 86 v°. De eodem munimentum. — (1220.)

— De vi galetis bladi quos vendidit Adam clericus. — (1225.)

— De iv galetis terre, in territorio quod vocatur Esperonval, et duobus galetis censualibus apud Derci ⁴ percipiendis ad Fontinellam Haymardi Costart. — (1218.)

F.° 87. De terris Thome de Derceio, sitis in territorio de Derci, in loco qui dicitur in Monte de super Esperonval, in loco qui dicitur en la Valine, in loco qui dicitur en Esperonval. — (1237.)

— De xxiii galetis bladi quos emimus a Radulpho, domino de Leheris. — (1229.)

F.° 87 v°. De xxxiv galetis bladi quos dedit Johannes de Houssello ⁵, et de ii modiatis terre arabilis sitis in territorio de Houssello, in locis qui dicitur Befroissart, et Toriaumont. — (1230.)

F°. 88. De vii modiis frumenti Andree de Guisia ⁶. — (1238.)

F.° 88 v°. De terragio [in territorio de Foukousies per loca diversa, videlicet in locis de Busegnies, es le Wars, in semita que tendit de Planea ad Vilencel ⁷, en Ber-

---

¹ Auj. Berlancourt, canton de Sains, arr. de Vervins (Aisne).

² Dans l'acte il y a *territorium de Tiebis*. Je n'ai pu retrouver l'emplacement de cette localité.

³ Chevresis-le-Meldeux ou Chevresis-Montceau, canton de Ribemont, arr. de St.-Quentin (Aisne).

⁴ Dercy, canton de Crécy-sur-Serre, arr. de Laon (Aisne).

⁵ Housset, canton de Sains, arr. de Vervins (Aisne).

⁶ L'original se trouve à la Bibl. imp., carton n.° 1770.

⁷ Villance est situé sur la carte de Cassini au nord de Parpe-la-Ville.

FOIGNY
(Abbaye de)

geliu, de versus Tilloi. Item en Bergeliu sicut strata ducit de Foukosies ad Sont, per medium campum] quod abbas Premonstratensis habebat apud Foukousies [1]. — (1231.)

F.° 89. De eo quod Balduinus de Coulonfait quittavit quandam terram sitam in territorio de Leheries juxta locum qui dicitur Vallis Sancte Gertrudis. — (1235.)

— De IX modiis frumenti et VI solid. parisis quos emimus a Renaudo militi de Waudencort. — (Mars 1240.)

F.° 89 v°. De eodem. — (Mars 1240.)

— De eodem. — (Mars 1240.)

— Item de eodem. — (Mars 1240.)

F.° 90 v°. De dimidio modio bladi quem emimus a Johanne, milite de Sont [2].

F.° 91. De VII modiis bladi et dimidio apud Foukousies, quos vendidit Hugo de Arbres [3]. — (Août 1243.)

F.° 91 v°. De eodem. — (Août 1243.)

F.° 92. De VI galetis bladi ad veterem mensuram de Guisia nobis venditis. — (Juin 1242.)

F.° 93. De VI modiis bladi et dimidio quos vendidit Hugo de Arbres. — (Août 1243.)

— De quadam terra in territorio de Castellione [4] juxta Marlam quam dedit nobis Robertus de Castel. — (Juin 1240.)

F.° 93 v°. De dimidio modio bladi quem emimus a Johanne, milite de Sont. — (Sans date.)

F.° 94. De eodem. — (Février 1246.)

— Sequitur de eodem. — (Février 1246.)

F.° 94 v°. De quodam terragio inter duas vias quarum una vadit de Foucousies apud Landierfait, altera de Foucousies apud Leheries, quod dedit nobis Johannes, miles de Waudencourt (Juin 1247.)

F.° 95. De frumento quod emimus a Prevosto, clerico de Guisia. — (Mars 1244.)

F.° 95 v°. De duobus modiis bladi apud Monciaus. — (1249.)

---

[1] La rubrique de cette pièce se trouve à la tête de l'acte suivant et vice versa.

[2] Cet acte n'est pas terminé.

[3] Harbes est situé sur la carte de Cassini au nord de Housset. Cette pièce existe en original aux Archives, Sect. hist., L. 1155, A.

[4] Auj. Châtillon-lès-Sons, canton de Marle, arr¹. de Laon (Aisne.)

— De III galetis terre quos quitaverunt Robertus et Colardus de Signi. — (1258.)

F.° 96. Littere domini Anselmi de Monciaus, de recompensatione duorum modiorum bladi et de donatione VII jaletorum terre in territorio de Moncellis, juxta nemus quod dicitur li Sachis et in loco qui dicitur li Ries de la Bataille, etc. — (1278.)

F.° 98. Vidimus royal d'une charte de Jean de Ribemont, clerc royal, et Raoul de Béthencourt, prévôt de Saint-Quentin, arbitres dans une affaire mûe entre l'abbaye de Foigny et Gobert de Monceaux, par laquelle les deux parties sont accordées [1]. — (Novembre 1298.)

VILENCEL.

F.° 101. Capitula integrarum.

F.° 101 *bis*. De eo quod Robertus, filius Engelardi, et Heilbertus de Firmitate [2], dederunt partem terre Villercelli [3] perpetuo tenendam nobis, que pars divisa est per viam que est a lapide, qui est juxta nemus grosse silve, usque ad fontem Sancti Desiderii, et a fonte, sicut vallis que ibi incipit dividit quicquid pertinet, ad terram Villercelli versus Landerfay et versus Torsi [4]. — (Sans date [5].)

F.° 101 *bis v°*. De eodem. — (1151.)

F.° 102. De eo quod Herbertus Obolus [6] dedit nobis

---

[1] Cette pièce n'a pas de rubrique et l'écriture est d'une rédaction plus moderne.

[2] La Ferté-sur-Péron, canton de Ribemont, arr^t. de S^t.-Quentin (Aisne).

[3] Villance ou Villancel. Cette ferme n'existe plus. Elle dépendait autrefois de la paroisse de Parpe-la-Ville, près de Ribemont.

[4] Torcy est situé sur la carte de Cassini au sud de Villance.

[5] Cette charte de 1124 à 1150 environ, car elle a été souscrite par Barthélémy, évêque de Laon, contient une clause remarquable relative à sa conservation, et qui nous fait penser qu'elle a dû être ce qu'on appelle maintenant une charte partie. [Hec omnia scripta tenenda condixerunt sibi monachi et milites, ita ut monachi suam cartam haberent Fusniaci et carta militum poneretur in thesauro sancti Benedicti custodienda. Ut autem hec rerum distributio firma et inconvulsa permaneat, nulliusque processu temporis in oblivionem excidat, necessarium duximus hanc paginam scribi ac nostri sigilli impressione signari.]

[6] Le donataire s'appelait Robert Maalle (ancienne forme de Maille), et le nom d'*Obolus* n'est qu'une traduction faite par le rédacteur du cartulaire.

FOIGNY
(Abbaye de)

duos modios frumenti ad mensuram de Ribodimontis de terragiis suis apud Vilencel. — (1165.)

— De querela inter nos et abbatem Sancti Salvatoris Aquicinensis [1], pro quadam parte cujusdam prati in territorio de Alta villa [2]. — (1167.)

F.° 102 v°. De eodem. — (1167.)

— De terra quam nobis dedit Hescelinus ad decimam garbam. — (1167.)

— De pasturis de Moncellis, de Troussi [3] et de Vilencel. — (1174.)

F.° 103. De eodem. — (1174.)

— De terragio juxta campum Sancti Vedasti, quod habebat Robertus filius Hesselini de Aurigniaco [4], apud Vilencel, et de IV nummis. — (1174.)

F.° 103 v°. De duobus modiis bladi apud Bentunval quos Bliardus de Firmitate nobis dedit, et de terra Willelmi le Plat [5]. — (1178.)

— De terris quas dedit Galterus de Serliu [6] in loco qui *dominicus locus* vocatur. — (1195).

F.° 104. De eo quod Robertus, miles de Parpres [7], dedit quicquid habebat in decima de Parpres. — (Octobre 1218.)

F.° 104 v°. De tribus galetis terre arabilis, sitis propè viam que protenditur de Moncellis versus Parpres, quos vendidit nobis Gerardus Pallars. — (1225.)

— De eo quod Dominus Robertus, dictus presbyter, miles de Parpres, quitavit nobis quicquid habebat in decima de Parpres, videlicet : de novem vasis, duo vasa, et de novem partibus, duas partes. — (Avril 1230.)

F.° 105. De eo quod Odinus de Parpres quitavit quicquid habebat in decima de Parpres. — (1231.)

---

[1] Saint-Sauveur d'Anchin.

[2] Hauteville, canton de Guise, arr^t. de Vervins (Aisne).

[3] C'est Torsy que j'ai déjà indiqué. Il y a Tursi dans l'acte.

[4] Origny Sainte-Benoite, canton de Ribemont, arr^t. de St.-Quentin (Aisne).

[5] Il y a dans la pièce *li poth*.

[6] Probablement Seru, situé sur la carte de Cassini entre Ribemont et Villance.

[7] Parpe-la-Cour, commune de Pleine-Selve (Aisne).

FOIGNY
(Abbaye de)

— De duobus modiis frumenti emptis a domino Matheo de Vilers, in decima de Parpres. — (Mars 1229.)

— De eodem. — (1230.)

F.° 105 *v°*. De quitatione decime de Parpres et venditione duorum modiorum bladi ejusdem decime. — (1230.)

— De duobus modiis frumenti Goberti Somellart. — (1238.)

F.° 106. De decima de Parpres. — (Mars 1216.)

— De commutatione cujusdam decime, in terragio qui dicitur Vaucellus Sancti Vedasti, apud Vilencel — (1230.)

F.° 106 *v°*. De terragio Reneri Poret de Hanapes [1] in territorio curtis que Vilenciaus dicitur. — (1237.)

— De dimidio modio bladi Roberti Rufi de Origni, apud Vilenciaus. — (Mai 1236.)

F.° 107. De venditione decime de Parpres a Goberto milite facta. — (Janvier 1230.)

F.° 107 *v°*. De eadem decima. — (Février 1230.)

F.° 108. De commutatione cujusdam terragii in quodam campo qui dicitur li Sars de Parpres apud Vilencel. (1228.)

F.° 108 *v°*. De garandia super eodem. — (1229.)

— De quodam modio frumenti nobis vendito pro decima cujusdam territorii, quod Offegnis appellatur et de quibusdam aliis rebus in Sarto de Parpres, juxta campum qui dicitur li ries Blodel — (1237.)

F.° 109. De fossato facto inter boscum de Parpres et boscum domini Goberti, militis de Parpres. — (Mars 1229.)

F.° 109 *v°*. De terragio domine Rose de Lersies [2], relicte domini Stephani, quondam militis de Novalisia, apud Vilencel. — (Mai 1241.)

— De quodam terragio quod dedit nobis Colardus de Wiegia [3]. — (Juillet 1241.)

F.° 110. De terragio domine Rose de Novelise, apud Vilencials. — (Mars 1244.)

— De eodem. — (Avril 1244.) en fr.

F.° 110 *v°*. De eodem. — (Juin 1244.)

— Sequitur de eodem. — (1244.)

F.° 111. De eodem. — (Juin 1245.)

---

[1] Hannape, canton de Wassigny, arrr^t. de Vervins (Aisne).
[2] Lerzy, canton de La Capelle, arr^t. de Vervins (Aisne).
[3] Wiege-Faty.

FOIGNY
(Abbaye de)

F.° 111 v°. De eodem. — (Mars 1244.)

F°. 112. De terragio et quibusdam terris [juxta viam sicut itur de Vilencel apud Landierfaie, inter curtem de Vilencella et curtem de Toursi, in loco qui dicitur de Belle-Veue, ad summum curtis de Vilencella, inter duas vias de Plana silva [1] et de Parpres] Goberti Chauvias et Reneri, filii ejus. — (1245.)

F.° 113. Quod Nicholaus de Fraitestrees [2] laudavit elemosinam domine Rose. — (Mars 1244.)

F.° 114. De uno modio bladi quod dedit domina Maria de Lersies apud Vilencel. — (Mai 1247.)

— Quod Wiardus de Hoyes dedit eschantiam suam quam habebat apud Vilencel. — (1248.)

— De eo quod non tenemur aliquid ponere in reparatione ecclesie de Parpres, nisi secundum consuetudinem Laudunensem. — (1152.)

F.° 114 v°. De pace facta inter dominum Gobertum de Parpres ex una parte, et ecclesiam Fusniacensem et presbyterum de Parpres ex altera, super duobus modiis bladi. — (1238.)

F.° 114 v°. De duobus modiis bladi quos debet Gobertus, miles de Parpres, ecclesie de Parpres. — (Janvier 1230.)

F.° 115. Littere curie Laudunensis, de tribus modiis bladi quos Matheus, armiger de Lersies, reclamabat in terragio de Vilencel. — (1264.)

— Note en écriture du xive siècle, par laquelle on voit que la valeur de la ferme de Vilencel était, en 1330, de 5,178 livres 6 sous 8 deniers parisis.

CELLARIUM [3].

F.° 116. Capitula integrarum.

F.° 116 v°. Capitula communium.

F.° 117. De domo et terra Alardi de Lulliaco [4] tam

---

[1] Pleine Selve, canton de Ribemont, arr[t]. de St.-Quentin (Aisne).

[2] Froidestrés, canton de La Capelle, arr[t]. de Vervins (Aisne).

[3] Le Cellier est situé sur la carte de Cassini au N. de Montberault et au S. O. d'Orgeval. Il dépendait de la paroisse de Martigny, canton de Craonne, arr[t]. de Laon (Aisne).

[4] Auj. Leuilly, canton de Coucy-le-Château, arr[t]. de Laon (Aisne).

in Lulliaco quam apud Curtam petram[1] — (1141[2].)   FOIGNY (Abbaye de)

— De vinea Renaldi de Chanizella que dicitur Sabulom Droardi Herenc. — (1163.)

— De vinea Gerardi subthesaurarii que dicitur Gibelina, apud Culperiam [Courpierre]. — (Sans date[3].)

— De dono Garneri et uxoris ejus Odile, in vineis [de Fauvayn et de Saucoit] et nemoribus et de aliis rebus. — (1168.)

F.° 117 v°. De vinea Odonis, canonici Sancti Petri Laudunensis in foro, que sita est apud Laudunum[4]. — (1176.)

F.° 118. De decima quam dederunt Thedericus et Tiwardus fratres apud Falvayn. — (1182.)

— De rotagio quod dedit Guido, miles de Liereval[5]. — (1176[6].)

— De vinea quam dedit presbyter de Monte Cabilonis[7] apud Beveriam[8]. — (1186[9].)

— De censu que debetur pro vineis[10] domini de Roseto[11] in territorio de Curtpierre et de Martiniaco[12]. — (1101.)

F.° 118 v°. De pace facta inter nos et Petrum de Brana[13] super quibusdam vineis [vinea qui dicitur Mainsendis]. — (1193.)

— De campo ante Cellarium et rotagio quod dedit Clarembaldus de Sancta Austrude. — (1207.)

F.° 119. De eo quod emimus censum qui debebatur pro duobus mesis de Curpetra. — (1213.)

---

[1] Courpierre est situé sur la carte de Cassini au N. de Martigny.

[2] L'original se trouve à la Bibl. imp., carton n.° 1770.

[3] Cette pièce a été souscrite par Gautier, évêque de Laon (1151-1155).

[4] L'original se trouve en double à la Bibl. imp., carton n.° 1770.

[5] Lierval, canton de Craonne, arr^t. de Laon (Aisne).

[6] L'original se trouve aux Archives, (Sect. hist., L. 1155, A).

[7] Montchalons, canton et arr^t. de Laon (Aisne).

[8] Bièvre, canton et arr^t. de Laon (Aisne).

[9] L'original se trouve à la Bibl. imp., carton n.° 1770.

[10] Il est parlé dans cette pièce d'un vin, *vini mercatorii quod wlgo dicitur vin marchant*, qui paraissait destiné à être vendu.

[11] Rozoy-sur-Serre, canton de l'arr^t. de Laon (Aisne).

[12] L'original est aux Archives, (Sect. hist., L. 1155, liasse 2e. A).

[13] Il y a dans l'acte *Petro de Lerevalle*.

FOIGNY
(Abbaye de)

F.° 119 *v°*. De XL solidis qui debentur nobis super domum apud Cherec [1]. — (1213.)

F.° 120. De vinagio quod vendidit Eremburg, relicta Egidii de Tanyon [apud Bruerias, Martigni.] — (1223.)

— De vinagio supra quamdam vineam que dicitur Haimond Fontaine, sitam in territorio de Martigni, quod emimus a Gerardo [2] de Bievre, filio Roberti de Corpiere, et a Terrico de Bievre [3]. — (Mai 1225.)

F.° 120 *v°*. De domo et vineis Reneri Flotes de Vorges [4], crucesignati, et Marie, uxoris ejus, crucesignate, apud Valebon, Gilebart, as Rosiaus in Chancy, à la planchete, in campo Alberti. — (Juin 1218.)

F.° 121. De eodem munimentum. — (1232.)

F.° 121 *v°*. De censu cujusdam campi siti in valle de Curpierre quod acquisivimus a Roberto de Corpetra. — (1229.)

— De eodem munimentum. — (1229.)

— De curtillo, sito juxta Bruerias [5] en la Prée et XXX solidis Laudun. quos dedit Maria uxor Gilleberti, sellarii de Brueriis. — (1234.)

F.° 122. De XXX solid. Laud. assignatis super quamdam vineam sitam apud Ardonem [6] prope fontem Sancte Sallaberge [7], quos dederunt Ulricus et Petita, relicta ejus [8]. — (Mai 1231.)

F.° 122 *v.°* De vinagio [in loco qui dicitur Haimon-Fontaine] quod vendidit nobis Robertus Bounes de Bievre [9] (Mars 1224).

---

[1] Cet acte qui commence ainsi : « Ego Walterus agnomine Flamens, major domini regis super hiis que sunt apud Bruerias, » existe en original aux Archives, (*Sect. hist.*, L. 1155, liasse 2e. A).

[2] Il y a *Roberto* dans la rubrique, mais c'est une erreur.

[3] Il y a *de Curpetra* dans la rubrique, mais c'est une erreur. Cette pièce existe en original aux Archives, (*Sect. hist.*, L. 1155, A).

[4] Canton et arr^t. de Laon (Aisne).

[5] Bruyères-sous-Laon, canton et arr^t. de Laon (Aisne).

[6] Ardon, commune de Laon (Aisne).

[7] St.-Salberge est situé sur la carte de Cassini à l'E. d'Ardon.

[8] Il y a, par erreur, *Soror* dans la rubrique. Cet acte existe en original aux Archives (*Sect. hist.* L. 1155, A, liasse 2e.)

[9] L'original existe aux Archives (*Sect. hist.*, L. 1155, A, liasse 2e.)

— De censu IV libr. et X sol. nobis debito a Dyonisio, dicto de Orliens [Orléans], super duos domos apud Laudunum, prope murum. — (1228). FOIGNY (Abbaye de)

F.º 123. De via quam adquisivimus a Roberto, filio Terrici, de Martigni. — (1228).

— De ses *(sic)* solid. Laudun. super vinea que dicitur au Sauelon [1] — (Janvier 1224).

F.º 123. v.º De domo Radulfi Mauroit, ad rivum de Brueriis, et vinea sita loco que dicitur en Lancelin de seur Corpiere. — (1238).

— De eo quod Balduinus et Gerardus de Berriu [2], milites, quitaverunt medietatatem cujusdam vinee, qui parvus Lancelins dicitur, site in territorio de Martigni. — (1238).

F.º 124. De compositione inter nos et capitulum Laudunense, super possessionibus in territorio de Martigniaco, de Chavalle et de Courpierre [vinea [3] que dicitur vinea Vallisclare, campum de Blori, campum a Ladius, pratum et terram in loco qui dicitur Buissi, vinea en Eraud et de quodam rivo qui mutaverat alveum suum inter Martigni et Evrekaingne [4]]. — (Juin 1236).

F.º 125. De vinea et terra, super viam que vadit de Courpierre ad Evrekaigne in territorio de Corpierre. [inter tres vineas quarum una dicitur planta, altera vinea Auberti et alia vinea au Closel] a Johanne de Apia venditis. — (1236.)

F.º 125 v.º De XVI modiis vini albi quos dedit nobis domina de Roseto. — (Juin 1244).

— De eodem. — (Décembre 1244).

F.º 126. De controversia inter nos et capitulum Laudunense, super decimis quarumdam terrarum que site sunt in territorio de Orgeval [de campo de Blori] in territorio

---

[1] Il y a dans l'acte, ...ad quandam vineam.... subtus Laudunum quam dicitur Sabulon sancti Cornelii, ad Ruissiaus..... etc.

[2] L'acte porte Bievre. Berrieux est dans le canton de Craonne, arr^t. de Laon (Aisne).

[3] Un bien plus grand nombre de pièces de vignes, de terres, de bois, sont désignées dans cet acte; mais elles n'ont aucun nom propre à les faire reconnaître.

[4] Verquesnes ou Évercaigne est situé sur la carte de Cassini au S. de Martigny. Cette cense dépendait de la paroisse de Chermizy.

FOIGNY
(Abbaye de)

de Valresainne [1] [in valle Flohier, juxta territorium de Erenci [2], in loco qui dicitur Getefon, de campo qui fuit Cajeron, de campo versus molendinum venti de Festiolis [3], de campo juxta tumbam Rainouardi inter campum domini de Valresainne et territorium de Erenchot [4], in campo sito inter viam Remensem et locum qui dicitur Achavieres, in territorio de Eurekainne, in campo sito juxta nemus Goberti de Bievre, dicti Pentecouste, in campo sito juxta nemus dictum Dyon, in prato juxta locum qui dicitur a le poterie] in pascuis valle de Montberaut [5] et de uno modio bladi et XII denariis quos debemus capitulo Laudunensi. — (Sept. 1247).

$F.^o$ 126 $v.^o$ De XL solid. Laud. assignatis super domum apud Bruerias, in vico qui vocatur li freteis juxta rivum qui vocatur rivus Raier, et super quamdam vineam in loco qui dicitur Lanselins, in territorio de Martigni. — (août 1246).

$F.^o$ 127. De pasturagiis de Bievre et d'Orgeval, nobis datis a Goberto, milite, dicto de monte Cabilonis, domino de Bouconvilla [6]. — (Sept. 1246).

— De eo quod Robertus de Furno et Johannes de Mauleval recognoverunt tenere in allodio ecclesie Fusniacensis, quamdam domum apud Corpierre et duos Curtillos sitos juxta viam de Corpierre, in loco qui dicitur as linieres, inter vineam que dicitur la plante et rivum qui dirigitur versus Tornoie, et de XX solidis Laud. annui census nobis debitis. [7] — (Février 1253).

$F.^o$ 127 $v.^o$ Littere curie Laudunensis, de quodam prato sito in loco qui dicitur au Prouvent, in territorio de Brueriis, nobis vendito. [8] — (1257).

$F.^o$ 128. De recognitione Roberti et Ade de Bianne,

[1] Vaurseinne, commune de Ployart, canton de Laon (Aisne).
[2] Arrancy, canton et arr^t. de Laon (Aisne).
[3] Festieux, canton et arr^t. de Laon (Aisne).
[4] Arançe est situé sur la carte de Cassini au S. de Vaurseinne.
[5] Montberault est situé sur la carte de Cassini au S.-E. de Bresles-l'Evêque.
[6] Bouconville.
[7] L'original se trouve aux archives (Sect. hist., L. 1155, A, liasse 2.e).
[8] Cet acte se trouve en original aux archives (Sect. hist., L. 1155, A.)

de x modiis vini albi quos dedit dominus Petrus, miles de Fussignies [1]. — (Avril 1259).

FOIGNY
(Abbaye de)

F.° 128 v.° Littere curie Laudunensis, de emptione cujusdam vinee [site in territorio de Martigniaco, loco qui dicitur en Ruel] quam emimus apud Cellarium ab Arnulpho Coquinario, pro testamento uxoris Odardi le Bergier, de Brueriis. — (Avril 1249).

F.° 129. Compromissio facta inter nos et capitulum Laudunense, super hoc quod decanus et capitulum saisierant curtem religiosorum que dicitur Cellarium, occasione cujusdam hominis ibidem, ut dicebant, interfecti. — (1262).

F.° 129 v.° De eodem. — (1262).
— De eodem. — (1262).

F.° 130. v.° De decimis provenientibus ex fructibus vinearum in territoriis de Martigny et de Courpiere. [2] — (1394).

EURECANIA [3].

F.° 131. Capitula integrarum.
F.° 131. v.° Capitula communium.
F.° 132. De campo apud Bevram [4] quem dedit Gepuinus. [5] — (Sans date).

— De duobus pratis inter vadum de Bevia [Bievre] et villam que dicitur Ploiart, nobis datis ab Hugone de Monte Cabilonis, qui nobis etiam concessit ductum aque que dicitur Rivus Floardi usque ad molendinum Eurecanie. — (1152).

— De cultura desuper Novam villam [6] a terragio et decima liberam. — (1159).

F.° 132 v.° De dimidio modio frumenti quod vendidit Galterus Buriaus. — (1165).

---

[1] Fussigny, commune de Courtrizy (Aisne).

[2] Cette pièce est écrite en caractère du xv.ᵉ siècle.

[3] Évercaigne, écrit Verquesne par Cassini, dépendait de la paroisse de Chermizy.

[4] Bievres.

[5] Cette pièce n'est point datée, mais elle a dû être souscrite de 1124 à 1150, car Barthélémy occupait alors le siége de Laon.

[6] Neuville, canton de Craonne, arrᵗ. de Laon (Aisne).

FOIGNY
(Abbaye de)

— De minuta decima apud Eurecaniam quam quitavit Galterus Buriaus. — (1173).

— De eo quod Guido de Chermisiaco totam decimam suam apud Eurecaniam quitavit. — (1190).

F.° 133. De dono Henrici de Baleham, de pasturis de Chermisiaco. — (1183).

— De eo quod Guido de Chermisiaco totam decimam suam quitavit. — (1189).

— De eodem munimentum. — (1192).

F.° 133 *v.°* De eo quod Walcherus de Arencot remisit censum ix solidorum. — (1200).

— De decima de Eurecania et de pascuis et de Chermisiaco. — (Janvier 1204).

F.° 134. De pasturis de Nova villa nobis datis ab Alano, domino de Nova villa, filio Alani, domini de Rociaco [1]. — (1222).

— De medietate molendini de Cherec.— (Juillet 1225).

F.° 134 *v.°* De eo quod dominus de Nova villa non potest capere equos monasterii apud Eurekagne. — (Juillet 1225).

— De duobus boscis sitis in valle de Ploiart quos dedit Johannes, dictus de Launduno. [2] — (Nov. 1228).

F.° 135. De duabus vineis apud Ploiard (in Tievingne, in loco qui dicitur Braiezon) quos emimus a Roberto et Gossuino de Ploiart. — (1236).

— De quadam vinea apud Ploiart, in loco qui dicitur au Mutel. — (1232).

F.° 135 *v.°* De dimidio modio siliginis ad mensuram de Brueriis, situm loco qui dicitur a Mortefontaine.—(1238).

F.° 136. De eo quod dominus Johannes de Montigni, miles, v modios bladi quitavit pro v modiis vini. — (1238).

— De escambio duorum camporum, de quibus unus eorum situs est en Bordilon, et alter inter semitam que de Bouconvile apud Arenci vadit. — (Juin 1239).

F.° 136 *v.°* De duobus modiis qui debentur pro decima de Eurecania. — (1180).

— De campo domini Goberti de Ploiart, sito in loco qui dicitur Bordeillon. — (Oct. 1240).

---

[1] Roucy, canton de Neufchâteau, arr^t. de Laon (Aisne).
[2] L'original se trouve à la Bibl. imp., carton n.° 1770.

FOIGNY (Abbaye de)

F.° 137. De terra Hugonis dicti li gos de Margeval [1], in territorio de Eurekaigne, loco qui dicitur in alodiis. —(1240).

— De terra Petri Lysiardi, in loco qui dicitur Bourdilon in montibus super villam de Ploiart. — (Mars 1240).

F.° 137 *v*.° De pasturis de Bievre et de Orgeval nobis datis a Goberto, dicto de Monte Cabilonis. — (Mai 1243).

— De pasturis de Bouconvilla, de Aubegni, de Bievre et de Orgeval, et de territorio quod dicitur Thievignis a Goberto, dicto de Bouconvilla, nobis datis [2].—(Mai 1243).

F.° 138. De eodem. — (Mai 1243).

F.° 138 *v*.° De pasturis de Nova villa. — (Mai 1247).

— De eodem. — (Juin 1247).

F.° 140. De vinagiis et censibus et omnibus aliis que Igniacenses [3] tenebant et possidebant in territoriis et parrochiis de Bievre et de Martigni. — (Juin 1247).

— Littere domini Johannis, militis, domini de Puteolis [4], super venditione Galteri, monachi de Ploiart, cujusdam terre, site in montibus de Ploiart inter Bovam [5] et arborem desuper Ploiart, juxta viam que ducit de Ploiart apud Eurekaigne. — (Mars 1256).

— De eodem. — (Mars 1255).

F.° 141. De pace facta inter nos et dominum Alanum de Novilla, super warannia et justicia omnium terrarum inter viam qua itur per locum qui dicitur Pons petra ante Eurekaigne et ducit versus Chavaille. — (Janvier 1264).

F.° 142. De acquisitione census XXVIII denar. bone monete et I obol. a domino Guidone de Couhaion [6] dicto de Servenai [7], milite. — (Oct. 1268).

F.° 143. *v*.° De ultima pace facta inter ecclesiam Fusniacensem et dominum Gobertum de Monte Cabilonis super

---

[1] Margival, canton de Vailly, arr‍ᵗ. de Soissons (Aisne).

[2] L'original se trouve à la Bibl. imp., carton n.° 1770.

[3] Les habitants d'Igny.

[4] Puisieux, canton de Sains, arr‍ᵗ de Vervins (Aisne).

[5] La Bove est situé sur la carte de Cassini au S.-O. de Sainte-Croix.

[6] Peut être Coreillon, marqué sur la carte de Cassini au N. de Chamouille.

[7] Servenay, commune d'Arcy-Ste-Restitute, canton d'Oulchy-le-Château, arr‍ᵗ. de Soissons (Aisne).

FOIGNY
(Abbaye de)

territoriis villarum de Aubigniaco, de Bouconvilla, de Bievra, de Orgeval et de Thievigni. — (Mai 1275).

F.° 144 v.° Carta Jacobi de Monte Cabilonis, domini de Chastel, qui nobis confirmat omnes possessiones nostras apud Chastel et Monchavelon. [1] — (Fevrier 1273).

ARENCHOT [2].

F.° 146. Capitula integrarum.

F.° 147 v.° Capitula communium.

F.° 148. De terra sancti Marculfi que silva de Bruni [3] dicitur, nobis concessa a monasterio Beati Remigii [4]. — (Sans date).

— De censu pro decima de Arencot et terra de Bruni et bosco Sancte Crucis [5] et quibusdam terris pertinentibus ad mansum de Festious [6] et pascuis Sancte Crucis. — (1161).

F.° 148 v.° De terra sancti Marculfi tam culta quam inculta que dicitur Silva de Bruni. — (1165).

— De via que protenditur ab Arenchot per mediam vallem usque ad tiliam de Bruniaco, habente xx pedes in latitudine inter duo fossata que sunt ex utraque parte vie quam dedit Arnulfus de Arencot. — (1163).

— De terra et bosco sitis inter viam que protenditur ab Arenchot ad Fusniacum et aliam viam que sita est in summitate montis sicuti vallicula que proxima est vie que ducit Fusniacum protenditur usque ad boscum Symonis de Monte acuto, que emimus a Balone. — (1163).

F.° 149. De aisentiis et usuagiis quam dedit Willelmus de Sissonia [7] in pasturis, harundinetis et boscis ejus. — (1171).

---

[1] La rubrique du cartulaire est mauvaise.

[2] La cense d'Arensot, écrit *Aranço* par Cassini, dépendait de la paroisse d'Arrancy, canton de Laon (Aisne).

[3] Voyez ce que j'ai dit plus haut relativement au bois de Bruny, page 176, note 2.

[4] Cet acte est souscrit par Hugues, abbé de St.-Remy.

[5] Sainte-Croix, canton de Craonne, arr.ᵗ de Laon (Aisne).

[6] Il y a *de Festeolis* dans l'acte. Auj. Festieux, canton de Laon, (Aisne).

[7] Sissonne, canton de l'arr.ᵗ de Laon (Aisne).

FOIGNY (Abbaye de)

— De pace inter nos et Petrum de Brana et alios. [De campo in valle de Fusegniis [1], de terris in territorio de Arenci.] — (1180).

F.° 149 v.° De hiis que Arnulfus de Arencot dedit nobis. — (1184).

— De eo quod Johannes, filius Balonis, quitavit ea que adquisivimus a parte sua. — (1184).

— *F.° 150.* De eo quod Walcherus, miles de Cormissi [2], quitavit rotagium Sancte Crucis. — (Oct. 1201).

— De eodem munimentum. — (1201).

F.° 151 v.° De eo quod Walcherus de Arenchot omnes querelas quitavit quas adversus nos habuerat, et de elemosina patris sui. — (1209).

— De pace facta inter nos et capitulum Laudunense, de decimis ix petiarum terre curtis de Arenchot, sitarum in territorio de Festiox et de Fussignis, quarum una dicitur terra ad tumbam Rainoardi, que protenditur usque ad nemus de Festiox; alia terra juxta fossam beate Marie, alia terra super fossam Sarvini, alia au Marchais, due petie terre ad crucem Miset, alia que dicitur ad vaccam supra Gorgerum et est in territorio de Fusegnies ex utraque parte vie per quam itur de Fusegnies apud Arenchot, etc. —(1235).

F°. 152. De pasturis de Albigniaco in Laudunesio. [3] — (1233).

F°. 152 v.° De campo sito in territorio de Festiox prope nemus quod Fael appellatur quod dedit nobis Albricus, dominus de Courtysis et quibusdam aliis rebus. —(1228).

— De elemosina vi modiat. nemoris sitarum in loco qui dicitur vallis Herberti nobis facta, de tribus modiis frumenti apud Richaumont et de pasturis de Courtysis. — (Avril 1234).

F.° 153 v.° De eodem munimentum. — (1233).

F.° 154. De eo quod Pontius, miles de Anica [Any-Martin-Rieux] quitavit quicquid habebat in decimis de Arencot. — (1234).

—De pasturis de Albigniaco in Laudunesio. - (Mars 1232).

[1] Fussigny, commune de Courtrizy (Aisne).

[2] Il y a *de Curmissiaco* dans l'acte. Auj. Chermisy, canton de Craonne, arr.ᵗ de Laon (Aisne).

[3] Auj. Aubigny, canton de Craonne, arr.ᵗ de Laon (Aisne).

FOIGNY
(Abbaye de)

F.° 154 v.° De sarto de Bruni quod emimus a Goberto, domino de Bouconvile. — (1239).

F.° 155. — De xviii galetis frumenti et quodam bosco sito inter boscum de Bruni et magnam calceiam que de Veelut apud Corbeni vadit, nobis venditis a Goberto, dicto de Monte Cabilonis, domino de Bouconvile.—(Juin 1239).

— De eodem. — (1239).

F.° 155 v.° De eodem.— (1239).

F.° 156. De eodem. — (1239).

— De eodem. — (1239).

F.° 156 v°. De xviii galetis frumenti supradictis. — (1239.)

F.° 157. De terragio domini de Arenchot. — (août 1240.)

F.° 157 v°. De xviii galetis frumenti supradictis. — (1240.)

— De dimidio modio bladi Gerardi de Curtisis [Courrizy [1]].— (mai 1242.)

F.° 158. De eodem. — (mai 1242.)

— De eodem. — (octobre 1242.)

F.° 158 v°. De quadam vinea, sita in territorio de Ploiart, loco qui dicitur Chienioe. — (novembre 1244.)

— De eodem. — (novembre 1244.)

F.° 159. De eodem [2].— (janvier 1244.)

F.° 159 v°. De sarto de Bruni supradicto [3]. — (nov. 1247.)

F.° 160 r.° De eodem. — (novembre 1247.)

F.° 161. Carta quod Clarembaldus, miles de Russi [Roucy], vendidit boscum de Bruni supradictum, Goberto, militi de Bouconvilla. — (novembre 1247.)

F.° 161 v°. De terris sitis inter calceiam que ducit de Veelut Remis, et campum Alberici, domini de Cortesis, et subtus viam que ducit de Arenchot curte versus Veelut inter nemus quod dicitur Seraing et terram de Arenchot

---

[1] Courtrisy, canton de Sissonne, arr.t de Laon (Aisne).

[2] Dans cet acte, la vigne dite *en chienioie* est sur le terroir d'Arenci.

[3] Voyez les actes des f.os 15 et suivants.

et curte quam emimus ab Anselmo, milite, domino de Buyssi[1] et de Vauresaine.[2] — (décembre 1252.)

FOIGNY
(Abbaye de)

F.° 162 *r°*. Confirmatio ejusdem. — (décemb. 1252.)

F.° 163. De eodem. — (décembre 1252.)

F.° 163 *v°*. De eodem. — (décembre 1252.)

— De eodem. — (décembre 1252.)

F.° 164. De eodem. — (décembre 1252.)

F.° 164 *v°*. De eodem. — (décembre 1252.)

F.° 165. De eo quod dominus Radulphus, miles de Arenchot, quitavit quicquid habebat in decima de Arenchot preter XII garbam.— (1248.)

F.° 166. De quadam vinea, que dicitur as periers, sita in territorio de Arenchot, quam dominus Radulphus, miles de Arenchot, vendidit nobis. — (1252.)

F.° 166 *v°*. De x modiis vini albi quos dedit nobis dominus petrus de Fussignies, capiendis apud Corlegis.[3] — (1253.)

F.° 167. De censu xv solid. parisiens. quem debet annuatim, apud Arenchot, dominus Jacobus, miles de Aisele[4], pro quodam prato sito inter Aisele et locum qui dicitur *Man Trou*, et de duobus vineis sitis in loco dicto *es Lumières* et in loco dicto Hussencourt assignatis pro solutione supra dicti census. — (1253.)

— De eodem. — (Août 1253.)

F.° 168. De terra sita subtus calceiam per quam itur de Veelut versus Corbeni, inter boscum qui dicitur Serains et locum qui dicitur Bonda Rainoardi, quam vendidit nobis dominus Albericus de Cortesi. — (Avril 1253.)

— De eodem. — (1253.)

F.° 168 *v°*. De eodem, confirmatio. — (Mai 1254.)

F.° 169. De censu xv solid. parisiens. qui debentur nobis apud Veelut pro quodam prato sito secus calceiam que ducit de Veeluy versus Chaumeri. — (1255.)

F.° 169 *v°*. De vinea, sita in territorio de Arenchot, inter vineam curtis de Arenchot, que dicitur vinea ad

---

[1] Autrefois Bussy-les-Ramonts, auj. Cerny-les-Bucy, canton de Laon (Aisne).

[2] Vaurseinne, commune de Ployart (Aisne).

[3] Colligis, canton de Craonne, arr.^t de Laon (Aisne).

[4] Aizelles, cant. de Craonne, arr.^t de Laon (Aisne).

FOIGNY
(Abbaye de)

Piros et viam que ducit de Arenchot versus Cortesies quam vendidit Gobertus et fratres ejus de Arenchot. — (1255.)

F.° 170. De bosco [in territorio de Arenchot supra fossam que dicitur Fossa Grisei], terra [inter calceiam que ducit de Veelut Remis, et viam que ducit de Cruce Miseti ad curtem de Arenchot] et vinea [que dicitur vinea ad Piros] que vendidit nobis Huardus de Arenchot. — (Mars 1255.)

F.° 170 *v°*. Littere domini Johannis de Puteolis super venditione de Arenci et de Ploiart. — (Mars 1256.)

— De eodem. — (Mars 1256.)

F.° 171. De eodem. — (1256.)

F.° 171 *v°*. De eodem. — (Juin 1260.)

F.° 172. De eodem. — (Février 1259.)

— De xx solidis capiendis apud Veelut. — (Août 1259.)

F.° 172 *v°*. De xx solid. Laudun. quos vendidit Bertrannus de Vallibus apud Arenci, percipiendis super quandam vineam, in loco qui dicitur *Chienioie*. — (Août 1259.)

F.° 173. Littere curie Laudunensis, de una modiata bosci quam contulit nobis dominus Petrus, miles de Fussignies. — (Janvier 1262.)

F.° 173 *v°*. Littere curie Laudunensis de venataria, que dicitur publice *chacerie* in bosco de Arenchot, loco qui dicitur en Valbelon, quam dedit nobis dominus Petrus, miles, dominus de Fussignies. — (Janvier 1262.)

F.° 174. De pace facta inter nos et ecclesiam Laudunensem, de quodam campo sito in territorio de Festiolis, loco qui dicitur in Monte inter terram Radulphi, dicti Mauduite et boscum d'Esquenchis. — (Avril 1260.)

F.° 174 *v°*. De dimidio modio vini quod Willelmus de Vallibus, dictus de Lapion, dedit ecclesie Fusniacensi, in vinea que dicitur Coregine, loco qui dicitur la Cochière [1], in territorio de Arenchi [2]. — (Avril 1263.)

— De pace facta inter ecclesiam Fusniacensem et dominam Ysabellam, relictam Radulphi, militis de Arenchot, et ejus liberos. — (Janvier 1261.)

---

[1] Il y a dans le texte *à la Clochière*.
[2] Dans l'acte.... *de Arenchot*.

F.° 175 *v*°. Littere domini Anselmi de Buissi et uxoris FOIGNY
ejus, de omnibus aisentiis in toto dominio ville de Vaure- (Abbaye de)
saine, et Alberici filii supradictorum, qui laudavit venditionem de duobus peciis terre infra culturam de Arenchot. — (Avril 1261.)

F.° 176 *r*°. De eisdem confirmatio. — (Janvier 1261.)

F.° 176 *v*°. Littere de l'aunoi que nous avons aquis
a Jofroi d'Arenchot qui est en nostre treffons [1]. — (Juin
1273.)

F.° 178. Littere Anselmi, domini de Bussi, militis, de
quadam vinea [in treffundo de Vauresaine, loco qui dicitur Bele mie] et de II petiis terre sitis juxta culturam
de Arenchot. — (Février 1274.)

F.° 178 *v*°. De quadam petia terre, in territorio de
Arenchot empta a Huardo Carpenterio. — (Novembre
1278.)

F.° 179. De XVI solid. paris. quos debet Robertus,
molendinarius de Arenci, in octabas beati Remigii. —
(Novembre 1278.)

F.° 179 *v*ᵉ. De duobus modiis vini albi et dimidio
apud Vauresaine. — (Novembre 1278.)

DE WIONAGIIS.

F.° 181 *v*°. Capitula integrarum.

F.° 182. De wionagiis per terram domini de Marla,
de guionagio apud Streiam villam [Étreaupont] et apud
Guisiam castrum. — (1150.)

— De wionagiis per terram domini de Solesma. [2] —
(1149.)

F.° 182 *v*°. De foragio apud Sanctum Audomarum
[St.-Omer]. — (Sans date.)

— De wionagiis per terram comitis Flandrie et Viromandie. — (Sans date.)

— De wionagiis per terram comitis Viromandie. —
(Sans date.)

— De wionagiis per terram comitis Hainonie.[3] — (Sans
date .)

---

[1] La rubrique est en français, mais l'acte, en latin. L'aunoi est
appelé *annos*.

[2] Solesmes, canton de l'arr.ᵗ de Cambrai (Nord).

[3] Hainaut.

FOIGNY
(Abbaye de)

F.° 183. De wionagiis in episcopatu Cameracense. — (Sans date.)

— De eisdem munimentum. — (1152.)

— De wionagiis per terram comitis de Rouci. — (1157.)

F.° 183 v°. De eisdem munimentum. — (Sans date.)

— De Wionagiis per terram domini de Avesnis, et villam de Prices.[1] — (1164.)

— De eisdem. — (1165.)

F.° 184. De wionagiis per terram domini de Sancto Auberto.[2] — (1174.)

— De wionagiis per terram regis Francorum. — (1176.)

— De wionagiis Tornaci, Mauritanie et pulveragio de Flechieres.[3] — (1186.)

F.° 184 v°. De wionagiis per terram Roberti, advocati Attrebatensis. — (1175.)

— De wionagiis per terram domini de Anthonio.[4] — (1188.)

— De wionagiis per terram comitis Hainoniensis. — (1174.)

F.° 185. De wionagiis per terram domini de Cymaco [Chimai] — (1210.)

— De eisdem. — (1220.)

— De wionagiis per terram domini de Bernort[5] apud Moylains.[6] — (1220.)

F.° 185 v°. De wionagiis per terram domini de Biauvoir. — (Mai 1220.)

— De wionagiis per terram domine Aelidis de Benai[7], sororis Joberti de Ribodimonte [Ribemont], et relicte Guidonis, castellani de Yrechon[8], apud Sayri Maisieres[9],

---

[1] Prisches, canton de Landrecies, arr.' d'Avesnes (Nord).
[2] Saint-Aubert, canton de Carnières, arr.' de Cambrai (Nord).
[3] Flesquières, canton de Marcoing, arr.' de Cambrai (Nord)
[4] Peut-être Antheny, cant. de Rumigny, arr.' de Rocroy (Ardennes).
[5] Bernot, canton de Guise, arr.' de Vervins (Aisne).
[6] Moislains, canton et arr.' de Péronne (Somme).
[7] Benay, canton de Moy, arr.t de St.-Quentin (Aisne).
[8] Hirson.
[9] Séry-les-Mézières, canton de Ribemont, arr.' de St.-Quentin (Aisne).

Ribodimontem, Tenellas[1] et Aurigniacum Sancti Benedicti[2]. — (1225.)   FOIGNY
(Abbaye de)

— De wionagiis per terram domini Arnulfi de Audenarde. — (1227.)

— De wionagiis per terram domini de Fonsommes. — (1230.)

*F.*º 186. De wionagiis per terram Roberti, advocati Attrebatensis et domini de Bethunio. — (Juillet 1237.)

— De wionagiis per totam terram domini Bouchardi de Avesnis, domini de Estruem[3] et de Warempont.[4] — (Février 1242.)

*F.*º 186 *v°*. De wionagiis per totam terram domini Walteri de Avesnis. — (1244.)

— Littere Johanne, comitisse Flandrensis, per totam terram suam tam per terram quam per aquam de wionagiis. — (Février 1233.)

*F.*º 187. De wionagiis et conductu per totam terram domini Henrici, comitis Luxemburgensis, Ruppensis et Marchionis Arlimensis. — (1252.)

— Confirmatio Ingerranni, domini de Couciaco, de wionagiis et passagiis per omnem locum domanii sui. — (Avril 1283.)

*F.*º 188. De wionagiis per terram Margareti, comitisse Flandrie ac Hanonie[5]. — (1271.) en fr.

CARTE COMMUNES.

*F.*º 190. Carta Bartholomei, Laudunensis episcopi, de fundatione monasterii et appendiciis ejus [alodium Sancti Mychaelis quod Fusniacus vocatur; silva Aurigniaci; alodium Sancti Stephani propè Fusniacum; Aubentons; Fliegnis; vinea in monte Lauduni; Landouzies; terra que vocatur Hugonis que est pars fundi qui dicitur Villers; Watignis; Aegnies; Fulcozies; terra de Tybiis; altare de Landierfageto; terra de Foucouzies nomine Cas-

---

[1] Tenelles est situé à l'ouest d'Origny-Ste.-Benoite
[2] Origny-Ste.-Benoite, canton de Ribemont (Aisne.)
[3] Etrœungt, canton et arr.' d'Avesnes (Nord.)
[4] Warpont est situé au sud de Boulogne, au N. O. d'Etrœungt.
[5] L'original se trouve à la Bibl. imp., carton n.º 1770.

FOIGNY
(Abbaye de)

tellaria; Bursegnies; terra a via illa que ducit apud Richemonten et ab ortu fontis que Lupa vocant; Spinetum; alodium de Torsi; alodium quoddam in terra cujus nomen est Rochemons; villa que Macugniacus dicitur; Joncosa; Britigni mons; prata in quadam insula Ysare fluminis, secundum quod ipsa insula concluditur a vado dicim usque versus Aurigniacum]. — (Sans date.)

F.° 192 v°. Carta Bartholomei, Laudunensis episcopi, de donationibus nobis factis [1] [Aubenton; Macugniacus; Joncose; Erenchos; Eurecania]. — (Sans date.)

F.° 194 v°. Carta ejusdem, de duabus vineis in monte Lauduni. — (Sans date.)

F.° 195. Carta ejusdem, de decima de Sparsi, de terra de Landouzies et de Fliegniis, de decima de Arenchot et de Aegniis; de terra ad territorium de Aubenton pertinente, determinata quadam divisione quam *Holles* vocant; de terra de Nova Villa. — (1148.)

F.° 196. Carta ejusdem, de domo una cum torculari, in villa que Curpetra dicitur, de vineis in loco qui vocatur Lairiscum Lanscelini, de terra in loco ubi dicitur ad Rivulos, in terra de Eurecania et de Tewengis et de Marisco. — (Sans date.)

— Carta ejusdem.

F.° 196 v°. De donationibus nobis factis apud Arenchot. — (1141.)

F.° 197. Carta ejusdem, de Arenchot et Arenci. — (1141.)

— Carta ejusdem, de commutatione n vinearum inter nos et religiosos Sancti Johannis de abbatia, de terra de Landouzies, de Fliegnies, de vinea sita apud Longam Villam que inter Ruellas dicitur, et de vinea retro ecclesia Beate Marie que profunda vocatur, in monte que Hesculeoris vocatur. — (Sans date.)

F.° 197 v° Carta ejusdem, de pasturagiis de Eurecania et de Erenchot, etc. — (1144.)

F.° 198. Carta ejusdem, de Landouzies et Castellaria prope Falcouzies [2]. — (1145.)

---

[1] Cet acte renferme un grand nombre de dispositions déjà citées dans la pièce précédente.

[2] Ce n'est que l'abrégé de la pièce qui existe en original à la Bibl. imp., carton n.° 1770.

— Carta ejusdem, de Sparsies et de Foucozies. — (Sans date.)

FOIGNY
(Abbaye de)

F.° 198 *v°*. Carta ejusdem, de Sparsiaco. — (Sans date.)

— Carta ejusdem, de Vilencel, de Eurecania, Arenchot, Erenchi, Curpetra, Macugniaco, Foucouzies. — (Sans date.)

F.° 201. De controversia inter Hugonem, beati Vincentii Laudunensis abbatem, et nos, pro campo in monte de Blori, etc. — (1182.)

— De controversia inter nos et monasterium beati Johannis Laudunensis, pro pontonagio et calciata de Creceio. — (1174.)

F.° 201 *v°*. Carta Radulphi, domini Marle, qui nobis concessit wionagia per totam terram Couciaci et advocariam de Landouzies et de Fliegnies. — (1168.)

— De nemore in territorio Aurigniaci, de vinea apud Martigniacum, que dicitur vinea en Warmouth nobis datis. — (1188.)

F.° 202. Carta Galteri, Laudunensis episcopi, de decima in territorio de Erenchot, de terra que est juxta Tewengi, sub villa que dicitur Ploiart, de aisentiis de Parpres, de villa que vocatur Sanctus Johannes. — (1153.)

F.° 202 *v°*. De xix sextariis vini et dimidio nobis datis. — (1166.)

— Carta Galteri, Laudunensis episcopi, de altare de Parpris ad quod pertinet Vilencel ; de terra apud Marteriolum ; de terra inter Tevigniacum et Pleardum. [Ployart] — (1156.)

F.° 203. De terra inter Tevigniacum et Ploiard. — (1173.)

— Carta Rogeri, Laudunensis episcopi, de terra sita in territorio de Festious, de pasturis terre a flumine quod Sera dicitur usque ad aliud flumen quod vocatur Ysara (1175); de terris in territoris de Foucouzies (1174); de silva de Sparsiaco (1174); de piscatione de Ysara (1174); de pratis sub villa que dicitur Ploiart et super vadum de Bievres; de bosco de Bruni (1175); de quibusdam terris apud Aubenton, de Sparsiaco (1175) [1].

---

[1] L'original se trouve à la Bibl. imp., carton 4770.

FOIGNY
(Abbaye de)

F.° 204 *v°.* De medietate decimationis apud Eurecaniam; de decimatione apud Arenchot. — (1179).

— De donatione nobis facta vinee Sancte Crucis. — (1200).

F.° 203. De pace facta inter nos et Albericum de Monte Cabilonis, dominum de Courtesis, super pasturis de Courtesis. — (1205).

— De iv modiis bladi et ii modiis frumenti nobis venditis; de terragio in territorio curtis qui Mare dicitur.— (1209).

F.° 205 *v°.* Carta qua Gobertus de Chievresis [Chevresis-le-Meldeux] vendidit nobis quicquid habebat in territorio de Foukousies et de aliis rebus [1]. — (1208).

F.° 286. De pluribus acquisitionibus nobis factis apud Foucouzies et Curpetram. — (1209).

Conventus.

F.° 206 *v°.* Capitula cartarum conventus.

F.° 207 *v°.* De redditu [assignato in iii modiatis terre sitis in illo loco qui dicitur Lovehan, non longe a villa de Castilon], quam habemus pro domo Johannis, decani de Marla. — (1212).

— De compositione facta inter nos et Droardum, presbiterum de Marla, de eodem.— (Sans date).

F.° 208. De xl solidis alborum [2] ad wionagium de Estrees. — (1223).

F.° 208 *v°.* De eodem munimentum. — (1222).

— De xxii solidis blancorum apud Estreis et de modio frumenti apud molendinum de Buxeria [3] sita juxta Guisiam [4].— (Octobre 1225).

F.° 209. De eodem [5]. — (1221).

---

[1] L'original se trouve à la Bibl. imp., carton n.° 1770.

[2] Il y a dans le texte *Blancorum*.

[3] Le Bussière est situé sur les bords de l'Oise à l'Est de Guise.

[4] L'original se trouve à la Bibl. imp., carton n.° 1770.

[5] Il y a 1221 dans la charte, mais cela doit être une erreur. Car la confirmation faite par Gilles, sieur d'Estrées, de la donation de son frère Widon, chevalier de Waslers, n'a pu être donnée avant l'acte de concession.

— De uno modio frumenti capiendo in molendino de Buxeria. — (1217).

FOIGNY
(Abbaye de)

— De vi modiis frumenti apud Avesnes. — (1211).

— De c solidis accipiendis in wionagiis de Guisia et de Leschières [Leschelles]. — (1226) [1].

F.° 209 *v*°. De centum solidis quos debet nobis Odo, dominus de Ham, quos Roheldis, quondam soror dicti Odonis et uxor Nicholai de Roseto, nobis in elemosinam contulisse dicebatur. — (1224).

— De eodem munimentum. — (1215) [2].

F.° 210 De iv modiis frumenti apud Landierfait. — (1219).

— De ii modiis vini apud Valebon — (1220).

— De una pitantia facienda pro magistro Everardo de Leodio. — (Sans date).

F.° 210 *v*°. De ii modiis bladi apud Ternuel. — (1225).

— De uno modio frumenti apud Aurigniacum. — (1228).

F.° 211. De l solidis Laudun. quos dedit nobis Robertus de Apia. — (1236).

— De xxv solid. Laudun. apud Bruieres percipiendis super duos domos sitas infra clausuram atrii juxta Banniclocam. — (1232).

F.° 211 *v*°. De censu iv libr. Laudun. pro vinea inter Vorges et Tieregni, in loco qui dicitur ad Pirum et quibusdam aliis rebus. — (1228).

F.° 212. De l solid. Laudun. quos dedit Gillebertus, sellarius de Brueriis, percipiendis supra quandam domum sitam juxta pondus bladi, retro caput ecclesie de Brueriis. — (Janvier 1234).

F.° 212 *v*°. De tribus galetis bladi apud Sarni quas dedit nobis Adam, dictus de Belvaco, de Vallibus, civis Laudunensis. — (1230).

— De vi solidis Laudun. apud Wimi capiendis super duas petias prati, quarum una sita est inter viam de Erfries et de Lusoir in loco qui dicitur au Puisache et alia a Bullonfontaine. — (1232).

F.° 213. De lxxiv solidis alborum ad wionagium de

---

[1] Il y a 1126, mais c'est une erreur.
[2] C'est encore une erreur de date.

FOIGNY
(Abbaye de)

Estrees quas dedit Guido, miles de Waslers. — (1238).
F.° 213. De eodem munimentum. — (1236).[1]
— De eodem. — (1238).
F.° 214. De II modiatis terre quos dedit dominus Renerus de Sains. — (mai 1226).
— De x solidis alborum Mathei presbyteri de Capella. — (1245).
F.° 214 v°. De eodem. — (1246).
— De redditu novem anserum nobis dato apud Cellam. (mars 1244).
— De VII libris alborum quos dedit nobis dominus Egidius de Estrees. — (mai 1249).
F.° 215 v°. De eo quod dominus Egidius de Estrees laudavit elemosinam xx solid. quam fecit soror sua. — (mai 1269).
F.° 216 De xx solidis Laudun. quos habemus apud Vorges, super vineam sitam in loco qui dicitur ad Ulmum. — (juin 1250).
F.° 216 v°. Carta Ernaudi Fabri de Ploiart et uxoris ejus Hessendis, dicte Maresse, de v modiis vini albi dandis conventui Fusniacensi. — (mars 1261).
F.° 217. De eodem. — (nov. 1268).
F.° 217 v°. Approbatio Ludovici, regis Francorum, de acquisitione decime sancti Nicholai de Marla tam grosse quam minute. — (février 1268).
F.° 218. De x libris Parisis annuis apud Marlam in die Joannis Baptiste percipiendis. — (mars 1274).
F.° 218 v°. Littere Johannis, comitis Blesensis, de LX solidis alborum annuis in die sancti Remigii, apud Hyrecon. — (oct 1271) en fr.
F.° 219. Littere domicelle Peronne d'Estrees, de IV libris alborum annuis ad wonagium capiendis. — (sept. 1271) en fr.
F.° 219 v°. Littera Galcheri, Castellani Noviomensis et Thorotensis, militis, de XL solidis Turonens. quos habemus apud Brait. — (août 1281) en fr
Le folio 220 renferme la fin d'un acte, et la copie intégrale d'un autre qui se trouve déjà *in extenso* au folio 214 du cartulaire.

---

[1] Erreur de date.

PORTA.

FOIGNY
(Abbaye de)

F.° 220. Capitula cartarum portarii.

F.° 220 *v°*. De v modiis frumenti ad portam nostram pauperibus vestiendis et calciandis. — (1213).

— De x galetis frumenti capiendis in grangia de Foukousies pro capella nostra que in est infirmitorio pauperum. — (février 1232).

— De II modiis frumenti capiendis in grangia de Mari[1] . — (1231).

F.° 221. De decima de Patonvile[2] nobis data pro substentatione pauperum. — (1224).

— De eodem. — (1224).

— De decima de Marchi nobis data ad usus pauperum ad portam.[3] — (1233).

F.° 221 *v°*. De eodem.[4] — (1224).

— De quadam decima de Ploumion nobis data.—(1247).

F.° 222. De eodem. — (oct. 1247).

F.° 222 *v°*. De eo quod Radulphus li cros de Nanceles[5] et ejus uxor vendiderunt nobis tres modios et dimidium bladi. — (mai 1239).

F.° 223. De eo quod Haimericus de Nancella laudavit venditionem Gepuini de Roit. — (mars 1267).

F.° 223 *v°*. De eo quod portarius debet novem libras annuas apud Castillon[6] pro elemosina Johannis Grenier. — (janvier 1247).

F.° 224. De tribus modiis bladi, ad mensuram sancti Quintini capiendis, in grangia de Mari, porte domus nostre legatis. — (oct. 1255).

DE DIVERSIS.

F.° 226. Capitula diversarum.

F.° 230. De redditu super II stallis in foro Laudunensi

---

[1] Cette vente existe en original aux arch., (*Sect. hist.*, L. 1155, A, liasse 2e).

[2] Il y a dans l'acte Seches villes.

[3] L'original se trouve aux archives, (*Sect. hist.*, L. 1155, A).

[4] L'original se trouve aux archives, (*Sect. hist.*, L. 1155, A).

[5] Nampcelle-la-Cour, canton de Vervins (Aisne).

[6] Chatillon-les-Sons, canton de Marle, arr*. de Laon (Aisne).

FOIGNY
(Abbaye de)

sitis nobis datis a Bartholomeo presbytero de Agnicorta [1].— (1198).

— De eodem confirmatio. — (1198).

— De decima de Leschieres nobis data a Johanne, preposito de Cymaco. — (1200.

F.° 230 v°. munimentum de eodem. — (1200).

— De eodem. — (1200).

F.° 231. Carta qua Petrus, presbyter sancte Genovefe Laudunensis, nobis donavit quicquid juris habebat vel habere poterat in duobus stallis sitis in foro Laudunensi. — (1214).

— De c solidis quos dedit Willelmus de Apia, assignatis super wionagium de Moncellis le Wast et de Grandi loco. — (janvier 1220).

— De eodem munimentum. — (1224).

F.° 231 v°. De eodem. — (1227).

— De XL solidis blancorum quos dedit nobis Egidius de Estrees. — (sept. 1221).

F.° 232. De eodem. — (1221).

— De capellania de Estrees. — (1222).

— De IV modiis bladi et uno modio avene percipiendis ad terragium de Wimi, a Matheo de Yrechon, milite, domino de Novis domibus, nobis datis. — (1232).

F.° 232 v°. De duobus stallis ubi sutores vendunt, in foro Laudunensi sitis, a Roberto Boetliawe [Robert Boileau] nobis datis. [2] —(1196).

— Carta qua dominus Yobertus de Velcragles et de Monte sancti Huberti, presbyter, dedit nobis duos modios avene ad mensuram Guisiensem capiendos ad decimam de Bono vado [3], de Berghes [4], de Barisis [5] et de Patonvile ad augmentandam quamdam capellaniam quam Deo volenti fiet apud Fusniacum, in infirmitorio monachorum. — (1227).

F.° 233. De eodem. — (1227).

---

[1] Agnicourt, canton de Marle, arr^t. de Laon (Aisne).

[2] L'original se trouve aux archives (*Sect. hist.*, L. 1155. A.).

[3] Dans un acte de juillet 1233 inséré dans ce cartulaire (f.° 236), on lit : *in decima de Bon wes*.

[4] Bergues, canton de Nouvion, arr^t. de Vervins (Aisne).

[5] Barzy, canton de Nouvion, arr^t. de Vervins (Aisne).

—De pace facta inter nos et Hugonem de Montecornet; Videlicet quod Fusniacenses jure perpetuo omni tempore infra metas sibi assignatas, quarum longitudo extenditur ab introïtu nemoris quod dicitur Faiel usque ad crucem Alexandri, latitudo vero de Hunifau usque ad vada de Houssut, habere poterunt in pasturis ducentos quadraginta equos et centum animalia armentaria, exceptis quibusdam locis que wlgo dicuntur *Rieses*. Quod ad edificationem domorum, ligna accipere possunt per omnia nemora, excepto nemore quod vocatur *Autos* et haia juxta Castellare retro Rymoniam [1] sita et alia haia juxta idem castrum; quod lapidicinam que alio nomine dicitur Scalliaria centum pedes in fronte habentem habebunt [2]. etc. etc. — (février 1122).

F.° 234 v°. De decima de Macons [3] confirmatio.—(1200).

F.° 235. De iv modiis frumenti Reneri, dicti Farine.

— De eodem. — (1233).

F.° 235 v°. De eo quod Johannes, frater Arnulphi Cokigni, quitavit nobis quicquid habebat in iv modiis frumenti supradictis, percipiendis in decima de Bonovado, de Berghes, de Baresis et de Patonvilla. — (1233).

F.° 236. De eodem.— (1233).

— De eodem.[4] — (juillet 1233).

F.° 236 v°. De ii modiis avene apud Bonum vadum. — (1231).

— De xl libris alborum novorum, a H. episcopo Leodiense, quondam legatis, ad opus unius capellanie in castro Petrepontis instituende. — (1229).

F.° 237. De compositione facta inter nos et ecclesiam Cymacensem, de decima de Macons. — (1236).

F.° 237 v°. De xl solidis alborum quos dedit domina Ada de Wiege. — (1236).

F.° 238. De xviii galetis frumenti percipiendis in quadam grangia sancti Martini Laudunensis que Clainlius dicitur, quos dedit nobis Guido, dominus de Voupais. — (mars 1232).

---

[1] Voy. à propos de ce lieu la note 2 de la page 252 de ce volume.

[2] Cet acte est excessivement intéressant.

[3] Macon est situé sur la carte de Cassini à l'O. de Chimay at S.-O. de Salles.

[4] Cette approbation d'Arnoul de Darenc se trouve en original aux archives de l'Empire (*Sect. hist.*, L. 1155, A).

FOIGNY
(Abbaye de)

F.° 238 *v*°. De eodem. — (août 1234).

— De blado quod dedit nobis Hugo li crous apud Nancele. — (août 1233).

F.° 239. De eodem. — (1233).

F.° 239 *v*°. De blado quod dedit nobis Radulphus li crou, miles, apud Nancele. — (juillet 1239).

F.° 240. De III modiis bladi apud Ploumion. — (mars 1232).

F.° 240 *v*° De II galetis bladi apud Biaurepaire nobis datis a Symone de Bello reditu. — (1238).

— De decima de Marla et de Toumella nobis vendita a Renaldo, dicto le Cointe, burgensi de Marle. — (1234).

F.° 241. De eodem. — (1234).

F.° 241 *v*°. Carta Ingerrani, domini Couciaci, qua, Milo, dictus de sancto Lamberto, miles, homo ejus, quicquid habebat in territorio et decimatione de Vervino nobis vendidit. — (1235).

F.° 242. De eodem. — (1235).

— De uno modio bladi tercionarii apud Vervinum a Waltero de Regni nobis debito. — (1231).

F°. 242 *v*°. De C. solidis Laudun. quos dedit Wichardus, dominus de Tomella. — (1237).

F°. 243 *v*°. De quatuor modiis bladi Reneri Farine et de decima de Bono vado. — (nov. 1247).

F°. 244 *v*°. De II domibus apud Laudunum, retro claustrum Beate Marie Laudunensis, juxta hospitale beati Nicholai, quas dedit nobis dominus Jacobus de Dynanto, Attrebatensis episcopus. — (avril 1248).

— De eodem. — (avril 1248).

F°. 245. De eodem. — (août 1250).

— Carta Garneri, episcopi Laudunensis, quod in grangiis et aliis locis nostris ubi duo vel tres fratrum nostrorum continue moram faciunt, altaria construere possumus. — (août 1247).

F°. 245 *v*°. De paternitate domus de Salvatorio subtus Laudunum. — (1229).

— De XVIII galetis bladi quos habemus in decima de Bono vado [1] — (janvier 1247).

F°. 246 *v*°. De XI modiis bladi apud Bonum vadum. — (1248).

Voyez les actes du f.° 235 et suiv., du f.° 249 et du f.° 253 v°.

F°. 247. De eodem. — (août 1248).

F°. 247 v°. De eodem. — (mars 1248).

— De blado empto a domino Guidone de Cella (de territoriis de Woupais, Luegnis, et Bello reditu). — (août 1248)

F°. 249. De eodem. — (juillet 1248).

— De eodem. — (juillet 1248).

F°. 249 v°. De confirmatione rerum quas habemus apud Derci [campum unum qui dicitur ad Crucem, terra in loco dicto Esperonval et in loco dicto en Verseval, terra in l. q. d. in Summo monte in via de Casteillom (sic), campum dictum ad sartum Haymardi Costart et campum qui dicitur Ultra aquam]. — (Juillet 1248).

F°. 250. De blado quod emimus a domino Guidone de Cella[1]. — (août 1268).

F°. 251. De domo quam habemus apud Bruerias, in vico q. d. vicus Goberti Nani. — (1249).

F°. 251 v°. De duobus galetis bladi quos vendidit abbatissa de Monasteriolo apud Wimi, ad terragium quod tenemus in terris dictis. — (mars 1255).

F°. 252. De decima de Aurigniaco. — (août 1248).

F°. 252 v°. De pace facta inter presbyterum de Marci et ecclesiam Fusniacensem, super quod ecclesia Fusniacensis dicebat terras sitas inter duas aquas in insulis que sunt inter Marci et Marlam esse de parrochiatu et trefundo de Tommellia et de Marla[2]. — (mai 1256).

F°. 253. De vi modis bladi quos emimus ab Henrico, milite de Tomella. — (1237).

F°. 253 v°. De eodem. — (1237).

F°. 254 v°. De eodem. — (1237).

F°. 255 v°. De eodem. — (février 1237).

F°. 255 v°. De pace facta cum Hugone, filio domini Nicolai de Periers, prepositi de Cymaco. — (1231).

F°. 256 v°. De decima de Makons. — (1236).

F°. 256 v°. De censu supra domum Johannis Sot Clikot. — (1230).

— De x solidis parisis apud Sanctum Quintinum, in vico veteris fori. — (1237).

---

[1] Voyez la pièce citée plus haut, au f.° 257 v.° du cartul.

[1] D'après cet acte on voit qu'il y avait dans ces îles un bois nommé Briant, qui allait de Voyenne aux courtils appelés *Curtilli la fernee.*

FOIGNY
(Abbaye de)

F.° 257. De v sextariis frumenti apud Estraliers et v sextariatis terre subtus Chyppi sitis. — (1237).

F°. 257 v.° De v sextariatis supra dictis. — (1239).

— Carta qua abbas Fusniacensis et abbas de Boheries habent proprium stabulum in domo Cysterciense quod emerunt et fecerunt propriis denariis et expensis in domo in qua manere solebant tornatores (1235, tempore capituli generalis).

F°. 258. De xx solidis alborum apud Estrees.—(1239).

— De domo quam habemus apud Priches. — (1239).

F°. 258 v°. Quod Walterus filius Gepuini de Koit laudavit venditionem trium modiorum bladi quos emimus apud Ploumion. — (mars 1243).

F°. 259. De II modiis bladi quos debet Robertus, miles de Originiaco. — (nov. 1244).

— De IV modiis frumenti supra dictis apud Bonum Vadum [1]. — (décembre 1242).

F°. 260. De VI galetis avene ad terragium de Valle juxta Cellam. — (décembre 1242).

— De tribus assinis bladi apud Guisiam. — (1243).

F°. 260 v°. De dimidio modio bladi apud Cellam et Vallem. — (janvier 1246).

F°. 261. De II modiis bladi, ad terram de Vercegni capiendis, nobis datis a Werrico de Moy, milite, domino de Bernonville, cruce signato. — (juin 1239).

F°. 261 v°. De IV galetis bladi apud Bellum reditum [2]. — (janvier 1244).

F.° 262. De duobus stallis sitis in foro Laudunense ante haulam superque calige venduntur. — (1244).

— De duobus modiis bladi apud Bonum vadum quos emimus ab Arnulphio Cokegnis. — (juin 1246).

F°. 263. De eodem. — (nov. 1247),

F°. 263. Carta Ludovici regis, de conservatione rerum et catallorum nostrorum (avril 1232 apud Silvanectum).

— De eodem. (Apud Bruerias, nov. 1224).

— Carta abbatis et conventus Cystercii qui concessit pa-

---

[1] Voyez les chartes ayant rapport à cette même vente, (f.° 235 et suiv. de ce cartulaire).

[2] D'après une charte de 1238, (au f.° 240 v.° du cartulaire), on voit que c'est Beaurepaire.

tribus de Fusniaco et de Boheriis abbatibus perpetuo et etiam suis successoribus, tempore capituli generalis, illam parvam cameram que contigua est camere domini Clarevallensis abbatis a parte illa que est contra cameram abbatis Ursicampi. — (1262).

— Item, de camera abbatis Fusniacensis apud Albam ripam. — (oct. 1258).

F°. 263 *v°*. De vi sextariis vini Gilonis de Cherech. — (janvier 1261).

F°. 264. Littere curie Laudunensis, de domina Aelide de Radulphi cruce [1]. — (nov. 1258).

— Legatum Reneri de Attrebato et Ermengardis ejus uxoris [in territorio de Montigni juxta Marlam; in loco qui dicitur in Concha Milonis, inter Bellaincort et Novam villam; apud Hyreconfosse, in loco q. d. ad tyliam de Marfontaines; in l. q. d. a Betignifait, in territorio de Tyernu; apud Bellaincort, in semita de Rogeris; in territorio de Tyernu, loco q. d. a l'Espiautriere; juxta Behaine, juxta cheminum de Houssello in trefundo de Hondrevile; in l. q. d. en Defoi, in trefundo de Tyernu, in loco qui dicitur en Praele; in territorio de Vignoit, in l. q. d. Harsies; apud Marlam] [2]. — (Novembre 1244).

F°. 265. De terra quam acquisivimus ab Ermengardi in territorio de Derci, in l. q. d. in valle de Faissiaux (1257).

F°. 265 *v°*. De elemosina Reneri de Attrebato (1262).

— De domo Godardi de Dynant et Ermengardis uxoris ejus apud Laudunum [3]. — (1256).

F°. 266. De uno modio bladi quem dedit nobis Guido de Cella, miles. — (juillet 1249).

— De lx galetis avene quos dedit nobis Guido, miles, dominus de Cella. — (avril 1258).

F°. 266 *v°*. Littere domini Galteri, domini de Avesnia et de Guisia, Comitis Blesensis, super censu quem debet Nicholaus, capellanus ejus, prò decima de Bono vado, Bergues, Baresis, Patonvile et Robifuel. — (avril 1229).

F°. 267 *v°*. De libertate rerum quas possidemus sub comite Blesensi, Johanne de Castellione, domino de Avesnis

FOIGNY (Abbaye de)

---

[1] Il y a dans le texte de *Raeris*.

[2] L'original existe aux archives (*Sect. hist.*, L. 1155, A), mais dans un bien mauvais état de conservation.

[3] L'original se trouve aux archives, (*Sect. hist.*, L. 1155, A).

FOIGNY
(Abbaye de)

et de Guisia [apud Estrees, Richaumont]. — (avril 1260).

F°. 267 *v°.* Littere domini Jacobi de Rumigniaco, militis, domini de Boucenoe, de c solidis alborum.— (1255).

F°. 268. De eodem. — (Juillet 1255).

F°. 268 *v°.* Littere decani sancti Petri in foro Laudunensi de domo nostra, in vico sancti Nicholai—(mai 1259).

F°. 269. De eodem (mai 1259).

F°. 269 *v°.* De II modiis frumenti apud Assigni. — (Décembre 1259).

F°. 270. De emptione terre et prati apud Voianam, in loco qui dicitur à la Quarrisele, in l. q. d. a Barbionfosse, in l. q. d. de super albam ruellam, in l. q. d. subtus crucem, in l. q. d. ad Ripas, in l. q. d. in Praeria versus Dercy, prope pratum Crucis de Voiana. — (1257)

F°. 270 *v°.* Littere Ingerranni, domini de Couciaco, confirmantes elemosinam Johannis fratris ejus, de decima de Froimont [1]. — (mars 1256).

F°. 271. De eodem. — (mars 1256).

F°. 271 *v°.* De eodem. — (mai 1258).

— De eodem. — (mars 1256).

F°. 272. Littere domini Nicholai, militis domini de Rimoigne, de confirmatione elemosine scallarie [2].—(mai 1247).

F°. 272 *v°.* De quadam petiola terre apud Rimoigne quam emimus a domino Nicholao de Rimoigne. — (mars 1260).

— De VI modiatis terre, sitis retro manerium nostrum, quod dicitur Scallaria, apud Rimoigne, quas nobis vendidit dominus Nicholaus de Rimoigne. — (juin 1263).

F°. 273 *v°.* Littere domini Egidii de Monte Cornuto, qui approbat venditionem supradictam quam Nicholaus frater ejus fecit. — (avril 1260).

F°. 274. Les letres mon seigneur Gilon de Rechefort de quatre jalois de terre. — (septembre 1259). En fr.

— Littere Egidii, militis, domini de Monte Cornuto, de terra de Rimoigne. — (juillet 1263).

F°. 274 *v°.* De eodem. — (juin 1263).

---

[1] L'original se trouve aux archives (*Sect hist.*, L. 1155, A).

[2] Voyez un acte fort curieux de 1222, (f.° 233 du cartulaire), dans lequel on parle également de la *Scallaria* et dont le donataire était le père de Nicolas de Rimoigne. Cette *Scallaria* était une cense dépendant de l'abbaye de Foigny et que les moines appelaient l'*Écaillére*. Cette cense était située près de Rimogne.

FOIGNY
(Abbaye de)

F°. 275. De eodem. — (juin 1263).
F°. 275 v°. De eodem. — (1262).
F°. 276. De eodem [1]. — (juin 1263).
F°. 277 v°. De eodem [2]. — (1262).
F°. 278. De pace facta inter nos et monachos sancti Michaelis, super piscatione rivarie de Glant et super quodam prato sito juxta curtem de Blici, et super mutatione alvei aque fluentis juxta dictum pratum et deterioratione vie, occasione mutationis dicti alvei.— (juin 1260).
— De eodem. — (juillet 1260).
F°. 279 v°. De eodem. — (juillet 1260).
F°. 280 v°. Littere Colardi, quondam baillivi de Brueriis, de elemosina de Bone Vado. — (1259).
F°. 281. De pace facta inter matricularios sancti Martini de Marle et ecclesiam Fusniacensem. — (mars 1250).
F°. 282. De xv solidis parisis assignatis in quodam prato q. d. Tyebouth in territorio de Lambrecies, ab Assone dicto Herboures, pro lampade infirmitorii, legatis—(1263).
F°. 282 v°. De anniversario domini Ingerranni de Couciaco faciendo — (1249).
— De pace facta inter ecclesiam Fusniacensem ex una parte et Gobertum de Sissonia ex altera, super decimam de Ploumion.— (avril 1263).
F°. 283. De pace facta inter ecclesiam sancti Martini Laudunensis et ecclesiam Fusniacensem super decimis, vineis, pratis et terris sitis in territorio de Bievre, quorum nomina sunt hec: campus ad boscum Dyon, juxta Eurekaigne; campus inter viam que tendit versus nemus et rivum *as taisnieres*; pratum *as sissaus*; in territorio de Montecabilonis; juxta viam versus *Festues*; campus qui fuit *chaieron*, qui fuit *Rillehier*, supra *Val resaine*, supra *la duis en serain* [3].—(août 1264).
F.° 285. De domo nostrâ quam habemus apud Montem cornutum. — (Août 1264).
F.° 285. De pace facta inter episcopum Laudunensem et

[1] Cette pièce renferme une chose assez singulière pour l'époque où elle a été rédigée, c'est la mention du sénatus-consulte Velleian : *Beneficio Velleiani senatus-consulti.*

[2] Les actes susdits peuvent éclaircir la généalogie des seigneurs de Mont-Cornet, de Rimogne, de Neuf maisons et de Casteler.

[3] Il y a *Seriain* dans l'original qui est conservé à la Bibl. imp., carton 1770.

FOIGNY
(Abbaye de)

nos super terris domini Alberici de Cortesis et domini A. de Vauresaine [1]. — (1264).

F.° 286 v°. De quinque solidis et dimidia et II caponibus ab Agnete, dicta la Lozarde, et Oda, dicta la Jocele, nobis venditis. — (Janvier 1264).

F.° 287. De donatione nobis facta a Wiardo, fabro de Lusorio et Hawide, uxore ejus, quarumdam possessionum apud villam de Monte cornuto de super haulam, in territorio de Ternut, in loco q. d. in *Valle margain* en *l'espiatriere*, in territorio de Voiana, in l. q. d. in *salto maireti*, versus villam de Erlons. — (Mai 1264).

F°. 288. De scallaria quam eminus de novo, a domino Gerardo de Casteller [2] cum ecclesia Boni fontis. — (1260). En fr.

F°. 288 v°. De terris [in loco q. d. ad Tiliam, juxta nemus de Marfontaines, in territoriis de Marfontaines et de Rogeries, in l. q. d. en Valines, in l. q. d. en Cherieres, in l. q. d. in Quarreriam sancti Martini, in l. q. d. as Mares] quas dedit nobis Balduinus, dictus Mairiaus, de Marla. — (1255).

F°. 289 v°. Littere domini Th. regis Navarre, de confirmatione venditionis sex modiatarum terre à Nicholao, milite de Rimoigne, et XXVII jornatarum a Ponchardo, dicto le Monnier. — (Juin 1265).

F°. 290 De quadam petia terre, sita in territorio de Monte cornuto versus Soyse, prope Vinci, quam eminus a Johanne Canyn. — (Avril 1265).

F°. 290 v°. De pace facta inter nos et capitulum Laudunense in possessionibus de novo et veteri acquisitis in territorio de Martegni, de Chavaille et de Courpierre. — (Octobre 1266).

F°. 293 v°. Carta Nicholai, militis, domini de Rimongne, qui vendidit nobis totam partem quam habebit, de haia sita inter viam que ducit ad Geselies et domum Signiacensem et scallariam nostram. — (Février 1268).

[1] Il y a dans l'acte *Anselmus de Buyssi*.

[2] Le seigneur de Costeller appelé de *Chasteler* dans la pièce, prenait son nom d'une haie qui servait de limite à la *Scallaria* (l'écaillère) dont il est parlé ici. « Scallaria... inter hayam de *Castellari* et magnum nemus. » (Ch. de 1262, au f.° 275 v.° de ce cartul. — Voy. aussi un acte de 1122, f° 233 du cartulaire de Foigny, et l'analyse de cette pièce, page 245 de ce volume.)

F°. 294 v°. De eo quod Clarembaldus Larderi, de Brueriis, accepit ad supercensum quamdam domum apud Bruieres, sitam in loco qui dicitur *en l'escorcherie* [1] etc. — (Juillet 1265).

POIGNY (Abbaye de)

F°. 295. Compromissum de pace facta inter nos et capitulum Laudunense, de rebus supra dictis [2]. — (Août 1266).

F°. 295 v°. De eodem [3]. — (septembre 1266).

F.° 295 bis v°. De eodem [4]. — (octobre 1266).

F.° 296 v°. Carta qua Gobertus de sancti Martini rivo vendidit Ingerranno, domino de Couciaco, duas partes de ix partibus totius decime grosse totius parrochiatus sancti Nicholai de Marla et de Tiernut [apud Rouegnies, supra ripariam de Losengevairon]. — (Août 1266).

F.° 297 v°. De eodem. — (Décembre 1266).

F.° 299. De iii partibus ix partum totius decime tam grosse quam minute sancti Nicholaï de Marla quam dedit nobis dominus Ingelranus de Couci et xxxiii galetis terre arabilis — (Août 1266).

F.° 300 v°. De eodem. (s. d.)

Le folio sur lequel se trouvait la fin de cet acte manque, malheureusement il n'est pas le seul, d'après la table des chartes qui se trouve au commencement de ce chapitre, on voit qu'il contenait 166 chartes, et la dernière qui se trouve au f.° 300 v.° n'est que la 143.°, c'est donc un déficit de 23 actes.

Les actes suivants n'ont point de rubriques, et ont été écrits au xiv.° siècle.

F.° 301. Carta Walteri Sarraceni, militis, domini de Chasteler et de Rimoigne, de scalaria supra dicta. — (Juin 1298). En fr.

F.° 302 v°. Carta ejusdem, de eodem. — (Janvier 1293).

F.° 303 v°. De pace facta inter nos ex una parte et Philippam, domina de Huffalise, Gerardum de Trebis et Beatricem uxorem ejus, de territorio de Baines. — (Juin 1297). En fr.

---

[1] Cet acte et le précédent sont écrits en caractères du xiv.° siècle.

[2] Cet acte existe en original aux archives, (*Sect. hist.*, L. 1155, A, liasse 2°.)

[3] Voyez la charte du f.° 290 v°.

[4] L'original se trouve à la Bibl. imp., au carton n.° 1770.

[5] L'original se trouve à la Bibl. imp., au carton n.° 1770.

FOIGNY
(Abbaye de)

F.° 304. Carta Hugonis de Castellione, comitis Blesensis et domini de Avesnis, et abbatis sancti Michaelis *que les religieux de Foisny aient vidange et puissent widier leur bos parmi les nostres* — (Décembre 1294). En fr.

F.° 304. Carta ejusdem, super justitia domus de Sparsiaco — (Juin 1298).

F.° 305. De justitia de Sparsiaco.—(Juillet 1299). En fr.

F.° 306. Carta de causa mota inter nos et Bucilienses. (s. d) En fr.

— Carta hugonis de Castillione, de quadam domo apud novam villam de Priches.[1] — (Mai 1300). En fr.

FOLEMBRAY. 581.

I. Plan du château et parc de Folembray.[2]

A. I. *Sect. adm.* N. (Aisne) 3ᵉ. cl. n°. 104.

II. Procès-verbal de visite du parc de *Follembray* et d'un canton de bois appelé le *Différent du roi de Navarre.*

A. I. *Sect. adm.* Q. cart. 14.

III. Procès-verbal de visite des bois appartenant aux habitants de Folembray.

A. I. *Sect. adm.* Q. cart. 14.

FOLIE (la). 582.

Décret et anciens titres de la seigneurie de la Folie.[3] — (10 janvier 1682.)

A. I. *Sect. adm.* R. cart. 856.

---

[1] Le Prince, dans son *Essai historique sur la Bibliothèque du roi*, (édition de M. L. Paris. — Paris 1856, page 158), parle de deux cartulaires de l'abbaye de Foigny, qui auraient existé dans le fond de Notre-Dame de Paris. Cette indication est complètement fautive, et l'erreur que Le Prince a commise, est due à deux catalogues de la bibliothèque du chapitre, qu'il aura probablement consultés, et qui portaient le même n.° sous deux cotes différentes. En effet les cotes E^5 et H^2 qu'il assigne à deux ms. différents, existent sur la feuille de garde du cartulaire que nous venons d'analyser.

[2] Canton de Coucy-le-Château, arr. de Laon (Aisne).

[3] Canton de Margny-les-Compiègne (Oise).

583.   FOLIE (Fief de la).

Mémoire et avis de l'inspecteur général du domaine sur la propriété du fief de la Folie. [1]

A. I. *Sect. adm.* Q. cart. 863.

584.   FOLLE-ENTREPRISE.

I. Procès-verbaux de visite du bois de Folle-Entreprise [2], ou du petit Dieu, appartenant aux Pères Jésuites du collége de Louis-le-Grand de Paris, et situé paroisse de St.-Martin aux bois. — (24 février 1735).

A. I. *Sect. adm.* Q. cart. 867.

II. Plan du bois de la Folle-Entreprise.

A. I. *Sect. adm.* N. (Oise) 3ᵉ. cl. n°. 158.

585.   FONCHES.

Procès-verbal de visite de trois pièces de bois sises au terroir de Fonches [3] et à celui d'Etalon [4], dépendant de l'hopital de Ham. — (22 mars 1782).

A. I. *Sect. adm.* Q. cart. 1551.

586.   FOND-DODU.

Arpentage du bois du fond Dodu. [5]

A. I. *Sect. adm.* N. (Aisne). 3ᵉ. cl. nᵒˢ. 38, 45, 49 et 119.

587.   FONSOMME.

I. Enregistrement des lettres patentes du roi du mois de février 1742, portant confirmation de l'établissement d'une foire dans la terre de Fonsomme,[6] bailliage de St.-Quentin, laquelle foire avait déjà été établie au mois de

---

[1] Ce fief qui était à Levignen, canton de Crépy, arr. de Senlis (Oise), fut vendu ainsi que celui du Donjon (v. ce mot), le 30 décembre 1440 par Charles, duc d'Orléans, pour sa rançon au prix de 1270 écus d'or au soleil. Il relevait du château de Crépy.

[2] Canton de Maignelay, arr. de Clermont (Oise).

[3] Canton de Roye, arr. de Montdidier (Somme).

[4] Canton de Roye, arr. de Montdidier (Somme).

[5] Ce bois était situé dans le canton de La Capelle, arr.ᵗ de Vervins (Aisne).

[6] Canton de Saint-Quentin (Aisne).

— 256 —

FONSOMME. février 1620, par lettres royales qui n'avaient pas été enregistrées. — (Janvier 1743).

A. I. Sect. jud. Parl. de Paris, ord. 7, H. f°. 161.

II. Aveu et dénombrement de la seigneurie de Fonsommes. — (1750).

A. I. Sect. adm. Q. cart. n°. 11.

FONSOMME 588.
(Abbaye de)
Nous avons placé sous la rubrique *Fervaques*, toutes les notices des actes relatifs à cette abbaye [1].

FOND GROSSE 589.
BOUDINE.
Plan de la plaine du Fond grosse boudine en la forêt de l'Aigue. [2]

A. I. Sect. adm. N. (Oise). 3e. cl. n°. 118.

FONTAINE. 590.
Plan du terroir et plaine de Fontaine. [3]

A. I. Sect. adm. N. (Oise). 3e. cl. n°. 171.

FONTAINE 591.
(Bois de).
Procès-verbal de visite et demande par le curé et les habitants de Dompierre [4] à être autorisés à couper les arbres du bois de Fontaine, au-dessus de 40 ans. — (11 juillet 1746. — 2 janvier 1748), 3 p.

A. I. Sect adm. Q. cart. 867.

FONTAINE. 592.
Chartes de Thomas de Couci, seigneur de Vervins, contenant les conditions auxquelles les habitants de Fontaine [5] sont affranchis des corvées ; conditions qui ne comprennent pas les gens de justice de l'abbé et des religieux de St.-Jean de Laon, c'est-à-dire le maire, le doyen et les échevins dudit lieu. — (1210.)

B. I. Cab. des Ch. CC. 106.

[1] Voy. page 85 et suiv. de ce volume.
[2] La forêt de l'Aigue occupe une partie du territoire de l'arrondissement de Compiègne.
[3] Le terroir de Fontaine est situé dans le canton de Ribecourt, arr.t de Compiègne (Oise).
[4] Arr.t de Clermont, comm. de Maignelay (Oise).
[5] Canton et arr. de Vervins (Aisne).

593. Plan du bois de la fontaine d'Ohis. [1]

A. I. *Sect. adm.* N. (Aisne). 3e. cl. n°. 39.

594.

I. Rémission accordée par Henri, roi de France et d'Angleterre, à Miquelot le Sueur, *povre homme laboureur de bras, aagié de* XXX *ans ou environ, chargié de femme et enfants*, qui avoit aidé le parti opposé à celui des Anglais. — (Juin 1423.)

Voici les considérants de cet acte curieux :

Comme deux ans a ou environ, que le dit suppliant demouroit à Godechard [2], dont il est natif, et labouroit pour avoir la vie de lui et sa dicte femme, vindrent audit Godechard, Lyonnel de Godechard, seigneur dudit lieu et le bastard de Godechard, escuiers, devers le dit suppliant qui tousjours s'estoit bien gouverné au dit lieu, et lui dirent « qu'il estoit un meschant de soy ainsi tuer à labourer, veu qu'il estoit fort compaignon, » et lui requirent qu'il voulsist aler demourer avec le dit Lyonnel en la forteresse de Fontaine la Vagant [3], que les (*sic*) tenoient les ennemis et adversaires de feu nostre très chier seigneur et ayeul, que Dieu pardoint, avecques lequel il fut environ trois mois et chevaucha et fist pluseurs destrousses, pilleries et roberies sur noz bons subgez marchans et laboureurs, et après, se parti le dit Lyonnel de la dicte forteresse, et ala demourer à Clairmont en Beauvoisin, et le dit suppliant demoura en la dite forteresse de Fontaines avecques Enguerran de Sains, escuier, qui tenoit le dit parti, avecques lequel il chevaucha et fist pareillement pluseurs destrousses, sans ce toutesvoies qu'il pillast eglises, boutast feux ne viola femmes et jusques à karesme prenant derrenier passé que le dit suppliant se trahi devers nostre amé et feal chevalier le sire de Soiel à un chastel nommé Vignemont les Compiengne [4], ès mains du quel Soyel il fist le serement de tenir la paix faicte.... et lui en bailla le dit

---

[1] Canton de Hirson, arr. de Vervins (Aisne).

[2] Gaudechart, canton de Marseille, arr. de Beauvais (Oise).

[3] Aujourd'hui Fontaine-Lavaganne, commune de Marseille, arr. de Beauvais (Oise).

[4] Vignemont, canton de Ressons, arr. de Compiègne (Oise).

FONTAINE-LAVAGANNE.

Soiel ses lettres, et tantost après le dit suppliant sen ala à Beauves.... en laquelle ville, combien qu'il n'ait aucunement rompue ne brisie son dit serement, il a esté prins III mois a, ou environ, par le bailli de nostre amé et féal conseillier l'evesque de Beauves, pour ce qu'il n'avoit lettre de pardon de nous du dit cas, et mis prisonnier es prison de nostre dict conseillier au dit Beauves, etc.

A. I. *Sect. hist. Tr. des Ch.* J. Reg. 172, f.° 145 v.°

II. Rémission accordée par Henri, roi de France et d'Angleterre, à Johan de Caudeville, écuier, âgé de 21 ans, du pays de Beauvaisis, qui *de sa bonne voulenté avoit chevauchié, pillé, couru et robé en plusieurs lieus et places* et avoit occupé la forteresse de *Fontaine la Vagant*, puis Guise en Tierache, jusqu'au moment où il se rendit au sire de Crèvecœur, gouverneur de Clermont en Beauvaisis. — (Décembre 1423.)

A. I. *Sect. hist. Tr. des Ch.* J. Reg. 172, f.° 220.

III. Lettres par lesquelles Charles VIII, à la demande de Guillaume de Pisseleu, seigneur de *Fontaines Lavagant*, établit deux foires franches audit lieu. — (Août 1492.)

A. I. *Sect. hist. Trésor des Ch.* J. Reg. 226², p. 440.

FONTAINE-LE-SEC.

595.

Coutumes locales et particulières des fiefs, terres et seigneurie de Fontaines-les-Secques [1], et Allery [2], publiées et accordées en présence des hommes féodaux desdites terres et confirmées par eux à Fontaines le 16 septembre 1507.

B. I. *Fonds Colbert*, 8407, f°. 87 à 93.
3.3.

FONTAINE-LES-HERMANS.

596.

Acte par lequel le duc de Bourgogne accorde des franchises à la commune de *Fontaine-les-Hermand*. [3] — (Août 1545.)

A. I. *Sect. hist. Tr. des Ch.* J. cart. 1017 n°. 96.

---

[1] Aujourd'hui Fontaine-le-Sec, canton d'Oisemont, arr^t. d'Amiens (Somme).

[2] Canton de Hallencourt, arr. d'Abbeville (Somme).

[3] Canton de Heuchin, arr. de St.-Pol-sur-Ternoise (Pas-de-Calais).

597. Charte de Jean, seigneur de Nesle, par laquelle il prie l'abbesse de N.-D de Soissons de l'avertir lorsqu'elle aura nommé les échevins de Fontaine [1], Pargny, Morchain et Epenancourt, afin que, comme avoué, il puisse recevoir le serment desdits échevins, et leur faire jurer le maintien de ses droits. — (1233.)

FONTAINE-LES-PARGNY.

B. I. *Cab. des Ch.* CC. 147.

598. Recueil de chartes originales, ou copies de chartes, tirées des collections des Bibliothèques de Paris et des archives de l'Empire.

FONTAINE-NOTRE-DAME. (Chartreuse de)

La chartreuse de Bourfontaine a été fondée dans un lieu appelé *Bord Fontaine*, *Bonne Fontaine* et *Fontaine-Notre-Dame*, situé au nord de la Ferté-Milon, dans la forêt de Villers-Cotterets. Elle a longtemps conservé le nom de Fontaine-Notre-Dame, et presque toutes les lettres royales ne lui donnent que ce nom. J'ai déjà publié à l'article Bourgfontaine (voyez *Notices et extraits*, tom. I, n°s 221, 222 et 223) les documents que j'avais alors recueillis sur cet établissement religieux. Depuis j'en ai retrouvé de nouveaux, et je crois pouvoir les inscrire ici, sans rompre l'ordre alphabétique que j'ai adopté.

I. Lettres de Charles IV, par lesquelles il confirme la donation faite en septembre 1325, par Charles, comte de Valois, de 600 livres de rente, pour la fondation de la maison de Fontaine N. D., chartreuse du diocèse de Soissons. — (Septembre 1325.)

A. I. *Sect. hist.* K. 185. 15 [1].

II. Lettres par lesquelles Philippe VI accorde à la chartreuse de Fontaine N. D., fondée par son père, la permission de prendre en sa forêt de Retz tout le bois nécessaire à sa maison, et d'y faire paître 100 porcs, 30 vaches et 10 juments. — (Juin 1328.)

A. I. *Sect. hist.* K. 185. 15 [2].

---

[1] Commune de Pargny, canton de Nesle (Somme).

FONTAINE-
NOTRE-DAME.
(Chartreuse de)

III. Lettre par laquelle Philippe vi donne aux religieux de Fontaine-Notre-Dame vingt perches de terre, hors leurs murs, etc. — (1 décembre 1328.)

A. I. Sect. hist. K. 185. 15 ³.

IV. Acte par lequel le roi transporte aux frères de Fontaine N.-D. en Valois [de fonte Beate-Marie in Valesio], une rente de 60 livres que les habitants de Crépy leur devaient. — (24 février 1344). En fr.

A. I. Sect. hist. Trés. des Ch. J. Reg. 74. n°. 35.

V. Lettres par lesquelles le roi permet aux religieux de Fontaine N.-D. d'acquérir 25 livrées de terre et de les tenir amorties. — (3 mai 1344). En fr.

A. I. Sect. hist. Trés. des Ch. J. Reg. 74, n°. 36.

VI. Acte par lequel Philippe, duc d'Orléans, comte de Valois et de Beaumont le Roger, permet aux chartreux de Fontaine N.-D. de prendre du bois dans la forêt de Retz (de Rest). — (Novembre 1348.)

B. I. Cart. 1773.

VII. Confirmation des dons faits en 1328, 1329 et 1332, par le roi Philippe de Valois, aux prieurs et frères de Notre-Dame de la Fontaine de Rest en Valois, de l'ordre de chartreuse, de certains édifices, maisons, etc., que le roi son père avait fait bâtir audit lieu, pour lui et ses gens, quand il lui conviendrait d'y venir.[1] — (Septembre 1350.)

A. I. Sect. hist. Tr. des Ch. J. Reg. 80.

---

[1] Voici un extrait de cette pièce: « Que comme nous estans en notre hôtel de la Fontaine-Notre-Dame ou lieu de nos amez en Dieu, les prieurs et frères de l'ordre de Chartreuse, fondez par notre chier Seigneur et père que Dieu absoille, aucuns des gens de notre hôtel se hebergeassent dedans le cloistre, en aucunes des celles desdictz frères, en leur refectoire, en leur chapitre et en autres plusieurs lieux, de quoy lesdits frères qui ont accoustumé à être solitaires et hors de la compagnie des gens séculiers, furent tous troublez et empeschiez, nous qui désirons leur paix et qu'ils soient gouvernez et maintenus selon les statuts de leur religion, ordenons et octroyons pour tout temps auxdits religieux, pour nous et pour nos suc-

FONTAINE-
NOTRE-DAME.
(Chartreuse de)

VIII. Lettres par lesquelles le roi Jean accorde aux religieux de l'église de la Fontaine-Sainte-Marie en Valois, le droit d'usage dans la forêt de Cuise pour la nourriture de cent porcs[1] (pro centum porcis cum foco et logia, pro nutrimento et pasturagio eorundem).— (Juillet 1362.)

A. I. { Sect. hist. K. 185. 15 [6].
{ Sect. hist. Tr. des Ch. J. Reg. 91.

IX. Confirmation par Charles v des lettres de sauvegarde pour l'église de la Fontaine-N.-D. en Valois. — (Novembre 1364.)

A. I. Sect. hist. K. 185. 15 [7].

X. Confirmation par Louis, comte de Valois, de la cession faite par Raoul, abbé de Notre-Dame de Lieu restauré, au couvent de Notre-Dame de la Fontaine en Rest, de la maison et ferme de Baisemont, moyennant une redevance annuelle de XII muids de grain, à la mesure de la Ferté-Milon. — (4 février 1393.)

A. I. Sect. hist. K. 185. 15 [8].

XI. Confirmation d'un privilège accordé en 1329 par le roi Philippe de Valois aux prieur et frères de la Fontaine-Notre-Dame en Valois, « *que il et leurs successeurs prieur et frères d'icelle église doresnavant soient et demeurent quittes et exempts à tousjours, perpétuellement de rien payer à nostre grant scel ou à quelconques aultres de nos sceaux ou que ils soient en nostre royaulme, et pour quelleconque cause, besognes ou lettres qu'ils aient à sceller pour eux ou pour leur église dessus dicte*, etc [2]. — (Parisiis, janvier 1394, regni vero nostre xv.)

A. I. Sect. hist. Tr. des Ch. J. Reg. 147.

cesseurs, que en leur église, en leur chapitre, en leur refectoire ez deus cloitres, ne en leurs celles, nul quel qu'il soit, se il n'étoit de leur ordre, ne soit reçu ni hebergé, excepté notre propre corps, et que nul ne soit souffert à jouer ez dits lieux de nul jeu dont les dicts frères pussent estre empeschiez ne troublez, etc. etc.

[1] Cet acte a été confirmé en novembre 1364.
[2] Ce privilège accordé en 1329 se trouve aux archives de l'Empire *Sect. hist. Tr. des Ch.* J. Reg. 67, et *Sect. hist.* K. 185 15 [5]. Il est publié dans les *Ordonnances des Rois de France*, tom VII, p. 694.

FONTAINE-
NOTRÉ-DAME.
(Chartreuse de)

XII. Confirmation des priviléges accordés aux prieurs de Fontaine-Notre-Dame pour leur usage du bois et le panage dans la forêt de Cuise. — (23 septembre 1396.)

A. I. Sect. hist. K. 167. 1 [37].

XIII. Confirmation des priviléges des religieux prieur et frères de la Fontaine-Notre-Dame en Valois, de l'ordre de chartreuse[1]. (In castro Montiliorum, mense februarii, anno 1450.)

A. I. Sect. hist. Tr. des Ch. J. Reg. 185.

XIV. Ratification du prieur de la grande maison de Chartreuse d'une transaction passée entre la chartreuse de Bourgfontaine et le duc d'Orléans, relative à l'amortissement de certains biens appartenant auxdits religieux. — (4 novembre 1463.) Deux pièces scellées.

A. I. Sect. adm. Cart. Q. 4.

XV. Lettres par lesquelles Louis XI accorde au prieuré de la Fontaine-Notre-Dame le droit de panage pour cent pourceaux en la forêt de Cuise.[2] — (6 février 1474.)

A. I. Sect. hist. K. 185. 15 [9].

XVI. Confirmation par Louis XII des priviléges du prieuré de Fontaine-Notre-Dame. — (Juillet 1498.)

A. I. Sect. hist. K. 185. 15 [10].

XVI. Confirmation par François Ier des priviléges accordés au prieuré de Fontaine-Notre-Dame. — (Avril 1515.)

A. I. Sect. hist. K. 185. 15 [11].

XVIII. Lettres par lesquelles François Ier ordonne aux gens des comptes de faire jouir de leurs priviléges les religieux de la Fontaine-Notre-Dame, fondée par le roi Philippe I, dont le cœur gît honorablement au milieu du chœur de leur église. — (Paris, 2 mars 1518.)

A. I. Sect. hist. K. 185. 15 [12].

XIX. Confirmation par Henri II des priviléges de la Fontaine-Notre-Dame. — (Mars 1547.)

A. I. Sect. hist. K. 185. 15 [13].

---

[1] Voy. *Ord. des Rois de France*, tom. XIV, p. 124. On trouvera dans le même recueil [tom. IV, 1, 2, 113, V, 298, VI, 635, et VII, 694 et 695], les priviléges accordés à ce prieuré.

[2] Confirmé le 10 février 1474.

XX. Confirmation par Charles IX des priviléges accordés au prieuré de Fontaine-Notre-Dame. — (Septembre 1559.)

FONTAINE-
NOTRE-DAME.
(Chartreuse de)

A. I. Sect. hist. K. 185. 15 14.

XXI. Confirmation par Charles IX des priviléges accordés au prieuré de Fontaine-Notre-Dame. — (Décembre 1570.)

A. I. Sect. hist. K. 185. 15 15.

XXII. Lettres par lesquelles Henri III maintient les religieux de Fontaine-Notre-Dame dans le droit de prendre sel au prix marchand dans son grenier à sel de la Ferté-Milon. — (Septembre 1578.)

A. I. Sect. hist. K. 185. 15 16.

XXIII. Confirmation par Henri III de tous les priviléges accordés par ses prédécesseurs à la chartreuse de Fontaine-Notre-Dame. — (Mai 1583.)

A. I. Sect. hist. K. 185. 15 17.

599. Dénombrement des biens de la chartreuse de Bourgfontaine au xve siècle.

A. I. Sect. hist. Tr. des Ch. LL. 1487.

Ms. de 52 folios, parchemin. Écriture du XVe siècle (1471.)

Ce manuscrit donne de précieux renseignements sur les propriétés de la chartreuse de Bourgfontaine. Il commence ainsi :

Les gens des comptes du roy nostre sire, à Paris, à tous ceulx qui ces présentes lectres verront, salut : comme dès le mois de février mil quatre cens soixante unze, nous eussions esté requis de la partie des religieux, prieur et couvent des chartreux de Bourgfontaine en Valois, ou dyocèse de Soissons, de leur emploier, les écus, rentes, terres et possessions qu'ils possèdent non admortis, en deux amortissements, à eulx jà pièçà donnés et octroiés, c'est assavoir l'un par le roy Loys derrenier décédé, que Dieu absoille, ou mois de Julliet, l'an dessus dit, mil CCCCLXXI, de la somme de deux cens livres parisis, et l'autre par feu le roy Charles sixième, ou mois d'Aoust mil quatre cens sept, de la somme de cent livres parisis, etc.

FONTAINE-
NOTRE-DAME.
(Chartreuse de)

Suivent les lettres royaux indiqués ci-dessus.
Au folio 5 commence le dénombrement des biens.

F.° 5. Boursonne.¹

[Rue du Four. — Le Courtil Morel — La Bonnière. — Levengny. — L'espinette de Levengny. — La Génévraye. — Le Perier Favret. — Virellay. — Terre séant en Faussethiart assez près du Courtil Cavary. — Voye des Voyeulx. — Le Luat.]

F.° 6 *v.*° Le Plessier-le-Bougre.²

[Fief en la paroisse de Cuvergnon,³ mouvant du duc d'Orléans, à cause de son château de Crépy et chargé de rentes envers Jehan de Roquemont. — La granche Clergise.⁴ — L'orme de Cuvergnon. — La Grouelle. — Chesnoy d'Antilly. — La queue dame arme. — Le bois le Bougre séans entre Cuvergnon, Antilly⁵ et Bargny.⁶]

F.° 8. Villiers-Saint-Genoist.⁷

[Droit sur les dimes de Saint-Arnould de Crépy percevables au terroir de Villers-Saint-Genoist.]

F.° 8 *v.*° Gondreville.⁸

[Maison, grange et estables, tenant jadis d'un costé au jardin monseigneur le duc d'Orléans de son hostel d'icelle ville de Gondreville. — Ormoy-le-Dairan,⁹ et Bergny [Bargny], terroirs circonvoisins. — Le Karboth¹⁰, tenant au Hurtois — Venaste. — Masure de la Bonaste. — La Barre. — La Berthelote. — Le puys à Ourmoy. — La Montaigne. — Champcouet. — La Croix neufve. — Le long

---

¹ Canton de Betz, arr. de Senlis (Oise).

² Le Plessis-le-Bourg est situé sur la carte de Cassini au nord d'Anthilly.

³ Canton de Betz, arr. de Senlis (Oise).

⁴ La grange Clergise est marquée sur la carte de Cassini sous le nom de *la Clorgie* au nord-est d'Anthilly, immédiatement au-dessous de Plessis-le-Bourg.

⁵ Aujourd'hui Anthilly, canton de Betz, arr. de Senlis (Oise).

⁶ Canton de Betz, arr. de Senlis (Oise).

⁷ Aujourd'hui Villers-Saint-Genest, canton de Betz, arrond. de Senlis (Oise).

⁸ Canton de Betz, arr. de Senlis (Oise).

⁹ Aujourd'hui Ormoy-le-Dairen, canton de Betz, arr. de Senlis (Oise).

¹⁰ Ecrit aussi l'Escharbot.

Buisson. — La Vignette. — La Haye pèlerine. — La Bou- **FONTAINE-**
loye. — La Braze.] **NOTRE-DAME.**
(Chartreuse de)

F.° 11 *v*.° Gillocourt¹.

[Fief du blanc hostel, à Gillocourt, mouvant du duc d'Orléans, à cause de son chastel de Crépy. — Le Beuvrouer. — Val des Tourbes. — Le buisson Lancelone. — Martroy. — Legeval.² — La rue Saint-Martin. — Tourmelet. — La Faloise. — La Maladerie. — La Carrière. — Pierreficte.³ —Vignes du Cournoullier, des Tournelles et de Tournebout. — Rue Copin. — La haye l'Evesque. — La Cousturelle. — Le clostel Lambert. — La fontaine Ramboust. — Le fief le Blanc.— Chemin de Mons le Duc. — La Fosse. — La longue rue. — Bois séant es Luas. — Fief le Bouteillier, sis à Gillocourt, tenu en fief d'Estienne le Fuzellier, seigneur de Néry. — La ruelle Ramboust.]

F.° 17 *v*°. Mesville près Villiers-Costeretz.⁴

[Espinette de Haramont.⁵ — L'ormel de Long Prey. ⁶— Bonneil⁷.]

F.° 18. Largny⁸.

[Reauvel. — Champ Martin — La Fourée. — Vau de Provaire. — Chemin de Coullioles. — La haye de Paris. — Les Rounorins. — Les Savars. — Le buisson Malliart. — En Bulletel. — La Croisette. — La gloe. — En Ragot. — Saint-Brice. — Saint-Denis.]

F.° 20. Boursonne.

[Rue Duglat. — La ruelle Marotte. — Chanteraine. — La Sente le Prebstre. — Le Buyssonnet. — Rue du Moustier. — La sente d'Yvort. ⁹ — La cullée Naiot.]

---

¹ Aujourd'hui Gilocourt, canton de Crépy, arr. de Senlis (Oise).

² Ecrit aussi Largeval, Legerval.

³ Ecrit également Pierrefricte.

⁴ Deméville est marqué sur la carte de Cassini au nord de Longpré et à l'ouest d'Haramont.

⁵ Haramont, canton de Villers-Cotterets, arr. de Soissons (Aisne).

⁶ Longpré, commune de Haramont.

⁷ Bonneuil, canton de Crépy, arr. de Senlis (Oise).

⁸ Canton de Villers-Cotterets, arr. de Soissons (Aisne).

⁹ Aujourd'hui Ivors, canton de Betz, arr. de Senlis (Oise).

FONTAINE-
NOTRE-DAME.
(Chartreuse de)

F.° 21. Villiers-Coste-Rest.[1]

[Une maison en la rue de Noue ou pend pour enseigne la harse. — Beausse.]

F.° 21 v.° Billemont.[2]

— Thoiry.[3]

[Au Foucheron. — En Fontelle. — La Croix du Cordel. — La Bruyère. — Fontenilles. — Ville de Toullevans. — Rue de Mareuil. — Cauderre. — Foucherel. — Le Ruisset. — Le Faul. — L'Escoulande. — Les Cuisset. — Buisson Tormet. — Foncheval. — La Croix Garnot. — Buisson Brulle. — Buisson-Saint-Andrieu. — Le Furel. — Aux Barsaulx. — Aux Groseilliers. — La Fosse-au-Pré. — Cardemont. — Les Aistres. — En Rondel. — La Haise Bonnier. — La Lardie. — Ruelle de Bussy. — Ruelle des butz]

F.° 29 v.° Estavegny.[4]

[Fosse de Bonnaire. — Bos Roger. — La Merlière. — Les Saulx. — La Fosse aux Riboustz. — Rosay[5]. — Boulerre[6]. — Vaurainfroy[7].]

Cette déclaration se termine par la note suivante :

Lesquelles maison, masures, terres et prez dessus dits sont pieça demourés la pluspart en friche et savart, et ne s'en sauroit trouver que soixante seize arpens ou environ tout à l'occasion des guerres que pour les mauvois paiz et rapport des dites terres, etc.

F° 32. v.° Préciaumont.[8]

[Fief de Revel[9] en la parroisse de Marrolles ou village

---

[1] Villers-Cotterets, canton de l'arr. de Soissons (Aisne).

[2] Billemont est situé sur la carte de Cassini au nord-est de Plessis-sur-Auteuil, au midi de Boursonne.

[3] Aujourd'hui Thury-en-Valois, canton de Betz, arr. de Senlis (Oise).

[4] Aujourd'hui Etavigny, canton de Betz, arr. de Senlis (Oise).

[5] Aujourd'hui Rosoy-en-Multien, canton de Betz.

[6] Aujourd'hui Boullarre, canton de Betz.

[7] Vaurinfroy est situé sur la carte de Cassini à l'est de Rosoy-en-Multien.

[8] Ecrit aussi Préciomont, aujourd'hui Précy-à-Mont, commune de Marolles, canton de Betz.

[9] Le fief de Reveil est marqué sur la carte de Cassini à l'est de Précy-à-Mont.

nommé Préciaumont lez la Ferté-Milon. — La haye de Pommeret. — Terre de St-Ladre. — Cousture Millart. — Valmorain. — Chemin des Futailles. — En Buton. — En Morteffontaine, tenant à la fontaine de Morteffontaine et aux terres St-Ladre, en bruyères, en savart, qui de présent ne vallent ne vauldront à peine jamais rien. — Forest de Rest. — Les Desroutis. — Le pré Puisart. — Terre les Rayettes. — Fontaine de Nymers. — Prarie de Marolles. — La Vielz Ferté. — Fief de la Sorine, commençant à la ruelle le Chat, à Préciomont, etc. — Croix Mauroy.]

FONTAINE-
NOTRE-DAME.
(Chartreuse de)

F.° 38. Chouy.[1]

[Le Chesnoy. — La Haulte. — La Noue. — Le Patris. — La Fontaine St-Martin. — Le Digois. — Villers le Petit.[2] — Noe de Vielz Molins. — Les hayes Davoinelles. — Buisson du molin le conte. — Pré en Tauterolles. — Cousture de Lyonval.]

F.° 39 v.° Troyne.[3]

[Les Lymons. — Chemin du molin de Lisle. — Chemin d'Ancienville.[4]]

F.° 40. v.° Beusemont.[5]

— Marolles.[6]

[Fief assis à Marolles lez la Ferté-Millon, acquis d'Antoine de Billy, chevalier, seigneur de Mauregard. — Trois molins, l'un à blé, l'autre à huille et l'autre à draps. — La Chauvergne. — Vigne du Bourdel. — St-Voulgis. — Fief de la Mote. — Beaumont. — Vaumorin — A la Hetonde. — Lieu dit la coustume Ysangrin. — Les Noyers Bourgois. — La Croix Robert. — La haye dame Hudeline. — Vigne Boutillière. — Fontaine St-Andry.]

Cette déclaration termine ainsi : « Item, en tout ce que dit est nous appartient la justice moyenne et basse, qui

---

[1] Canton de Neuilly-St-Front, arr. de Château-Thierry (Aisne).

[2] Villers-Petit, commune de Chouy, canton de Neuilly-St-Front.

[3] Trœsnes, canton de Neuilly-St-Front, arrond. de Château-Thierry (Aisne).

[4] Canton de Villers-Cotterets, arr. de Soissons (Aisne).

[5] Baisemont est marqué sur la carte de Cassini immédiatement au nord de Bourgfontaine.

[6] Canton de Betz, arr. de Senlis (Oise).

FONTAINE-
NOTRE-DAME.
(Chartreuse de)

ne vault de présent riens, et en sommes en procès envers le seigneur de la Ferté-Milon. »

F.° 44 v.° Faverolles.[1]

[La Villière. — La Fosse aux leuz. — Val y art. — Neufvivier.]

F.° 45 v.° La Ferté-Millon.[2]

[Masure nommée le chasteau de Egrefin. — Maison nommée l'ostel du Cigne, assise au lieu dit au Bouze, en la rue de la Chappelle, tenant à la chaussée de Mons d'Orléans, en la rue Arse, etc. — Rue de la Pouparde. — Viel-Marché.]

F.° 48 v.° Mosloy.[3]

[Cinquante neuf arpens de menuz bois..... Tous lesquels bois ne servent que pour faire eschallas.]

F.° 49. Bourg.

[Le fief de Bourg assis près de la Ferté-Milon du costé de Soissons.]

F°. 49 v.° Faverolles.

[Fief assis à Faverolles en la ville de Voultis[4], Corty[5], et es terrouers d'environs au chauffourt, au chemin de Javages.[6] — Neufvivier. — L'Ermitage. — Vaulegier. — Corroy. — Fief au chemin royal. — Les bois Houduyn.]

Le manuscrit se termine ainsi (F° 52 r.°) :

Sçavoir faisons que veue par nous à grande et meure délibération la dicte information, et prisée sur ce faicte et considéré, ce qui suit à considérer en ceste matière, nous emploions et allouons les dits cens, rentes, terres, revenues et possessions cy-dessus déclarées pour la valeur annuel de xii^{xx} livres parisis..... etc. Donné à Paris, soubz noz signetz le quinziesme jour de Janvier, l'an mil quatre cens quatre vingtz six.

---

[1] Canton de Villers-Cotterets, arr. de Soissons (Aisne).
[2] La Ferté-Milon.
[3] Moloy est situé à l'est de la Ferté-Milon, canton de Neuilly-St-Front arr. de Château-Thierry (Aisne).
[4] Vouly est situé sur la carte de Cassini au N. de Faverolles.
[5] Canton de Villers-Cotterets, arr. de Soissons (Aisne).
[6] Javage est situé sur la carte de Cassini trés-près et à l'est de Vouly.

600.
    I. Procès-verbal de visite des bois du monastère de Fontaine.[1]

FONTAINE-
SAINT-LUCIEN.

A. I. Sect. adm. Q. cart. 869.

    II. Procès-verbal de visite des bois de Fontaine, dépendant du monastère de St.-Lucien. — (8 mars 1774).

A. I. Sect. adm. Q. cart. 866.

601. Recueil de chartes originales ou copies de chartes tirées des collections des bibliothèques de Paris et des archives de l'Empire.

FONTAINE-
SOUS-MONTDI-
DIER.
(Commanderie de)

    I. Charte d'Anseau de Ronquerolles[2] qui confirme la donation faite par Arnoul de Saint-Just[3] [de Sancto-Justo] aux templiers de Senlis, de ce qu'il tenait près St.-Just, de Raoul de Saints[4] [de Sanctis] neveu dudit Ronquerolles. — (Mars 1220.)

A. I. Sect. adm., S. 5221 supplément, n°. 15.

    II. Charte de Philippe-Auguste approuvant la donation faite à l'abbé de S. M. de Chalis de cent journaux de terre dans la forêt d'Escuz[5]. (Juin 1222.) sc. roy. pend. en cire verte avec lacs de soie rouge et verte.

A. I. Sect. adm. S. 5221. Supplément n° 16.

    III. Acte par lequel Jean de Rogi[6] reconnaît avoir vendu aux Templiers de Fontaine sous Montdidier[7] [apud

---

[1] Fontaine-St.-Lucien, canton de Nivillers, arr. de Beauvais (Oise).

[2] Commmne d'Agnetz, près Clermont (Oise).

[3] Saint-Just-en-Chaussée, arr. de Clermont (Oise).

[4] Auj. Sains-Moranvillers, canton de Maignelay, arr. de Clermont (Oise).

[5] Les Templiers avaient une succursale au Bois-d'Écu, que Cassini a indiquée sur sa carte, au-dessus du village appelé la Chaussée-du-Bois-d'Écu, (canton de Crévecœur). Cette pièce n'a pas été citée par notre savant confrère, M. Delisle, dans son catal. des actes de Phil.-Aug.

[6] Rogy, canton d'Ailly-sur-Noye, arr. de Montdidier (Somme).

[7] Canton de Montdidier (Somme).

FONTAINE-SOUS-MONTDIDIER.
(Commanderie de)

Fontanas juxta Montem desiderii], un muid de froment à la mesure de Cateu [1] percevable sur la grange de Galet [2]. — (Juin 1328.)

A. I. *Sect. adm.* S. 5221, supplément n.° 3

IV. Grégoire de Paillart [3] vend aux frères de la milice du Temple, trois journaux de terre et sept verges dans le territoire de *Murel* [ad viam du Viler [4] et de Cateu] — (Mars 1247.)

A. I. *Sect. adm.* S. 5221, supplément n.° 2

V. Vente de deux journaux de terre et trois quartiers sis au Galet faite aux Templiers par Henri, dit Valles. — (Mars 1247.)

A. I. *Sect. adm.* S. 5221, supplément n.° 1.

VI. Acquisition de cinq journaux de terre, faite par les Templiers de Galet. — (Avril 1251.)

A. I. *Sect. adm.* S. 5221, supplément n.° 4.

VII. Raoul de Thanes [5] vend aux Templiers du Galet une pièce de terre audit lieu. — (Juillet 1251.) Sc. pend. en cire jaune de l'officialité d'Amiens.

A. I. *Sect adm.* S. 5221, supplément n° 6.

VIII. Acte par lequel Pierre *dou Galet* vend aux Templiers dudit lieu trois pièces de terre. — (1258.)

A. I. *Sect. adm.* S. 5221, supplément n.° 7.

IX. Cession aux pères de la milice du Temple du Galet par la veuve Odon de Galet de tout le droit qu'elle avait en une pièce de terre sise au Galet. — (Octobre 1258.)

A. I. *Sect. adm.* S. 5221, supplément n.° 10.

X. Laurent Follet du Galet vend aux Templiers dudit lieu une pièce de terre. — (1258.)

A. I. *Sect. adm.* S. 5221, supplément n.° 8.

[1] Catheux, canton de Crévecœur, arr. de Clermont (Oise).
[2] Canton de Crévecœur, arr. de Clermont (Oise).
[3] Canton de Breteuil, arr. de Clermont (Oise).
[4] Vieux-Villers, près Crévecœur.
[5] Auj. Thennes, canton de Moreuil, arr. de Montdidier (Somme).

XI. Vente faite aux Templiers du Galet par Arnould, dit de Paillard, du Galet, de terres sises audit lieu.— (1258.)

FONTAINE-SOUS-MONTDIDIER.
(Commanderie de)

A. I. Sect. adm. S. 5221, supplément n°. 9.

XII. Vente faite aux Templiers du Galet par *Tynerus dou Galet*, de deux pièces de terre audit lieu. — (1258.)

A. I. Sect. adm. S. 5221, supplément n.° 11.

XIII. Vente d'une maison et de 4 journaux 1/2 de terre, sis au Galet, faite par Grégoire de Paillart, du Galet, aux Templiers du Galet. — (1258.)

A. I. Sect adm. S. 5221. supplément n.° 5.

XIV. Robert, dit du Puits [1] [de Puteo], vend aux frères de la milice du Temple du Galet, trois journaux de terre audit lieu — (Mai 1261).— Sc. pend. en cire jaune de l'official d'Amiens.

A. I. Sect. adm. S. 5221, supplément n°. 12.

XV. Jean Belemanche vend aux Templiers une pièce de terre située au territoire de Bresles [2] [de Veteribus Bragellis, in loco q. d. Ad Metas.] — (1262.)

A. I. Sect. adm. S. 5221, supplément n°. 17.

XVI. Vente par Thomas, dit de Saint-Germer, aux Templiers, d'une terre sise au territoir d'Écu [de Scutis!] (1262.)

A. I. Sect. adm. S. 5221, supplément n°. 18.

XVII. Redevance de cent sous de rente due par la commune de Montdidier aux Templiers. — (Juin 1267.)

A. I. Sect. adm. S. 5221, supplément n°. 13.

XVIII. Copie de ladite pièce faite, au XVIII.° siècle.

A. I. Sect. adm. S. 5221, supplément n°. 14.

XIX. Vente et donation faite, par Pierre de Puis, Chevalier, aux Templiers *du Bois descus et a leur meson dilec*,

---

[1] Puits-la-Vallée, canton de Froissy, arr. de Clermont (Oise).
[2] Canton de Nivillers, arr. de Beauvais (Oise).

FONTAINE-SOUS-MONTDIDIER. Commanderie de)

de plusieurs terres et bois à Francastel [1]. Gobert de Dargies [2] donne aux mêmes religieux ce qu'il avait ès dits bois par la raison de son gruage. — (Juin 1278.) — en Fr. 3. sc. pend. en cire verte. 1° du sieur de Fransures. 2° du seigneur de Dargies. 3° du seigneur du Puis. Tous les trois très-bien conservés.

A. I. Sect. adm. S. 5221, supplément n.° 20.

XX. Confirmation des dites ventes et donations. — (Juin 1278.)

A. I. Sect. adm. S. 5222. supplément n°. 21.

XXI. Copie collationnée d'un extrait d'un ancien registre conservé aux archives du grand prieuré de France, et composé en 1373 par les ordres du pape Grégoire XI, [cahier de 12 f.os in-f°.]

On voit par cet extrait que la commanderie de Fontaines-sous-Montdidier était chef de Baillie, et que les maisons de Roquencourt [3], Belle-Assise [4], [jadis du temple], Belincourt et Tricot [5] [jadis du temple] en faisaient partie. Ce document est très-précieux.

A. I. Sect. adm. S. 5221.

XXII. Don d'une maison sise au faubourg de Roye en la *Neuve Rue*, fait par *Jean d'Abencourt* [6], à son fils Antoine de Boncourt [7], commandeur de Lannoy [8]. — (20 Août 1464.)

A. I. Séct. adm. S. 5221.

XXIII. Quittance de 70 livres du cens dû chaque année à la commanderie de Fontaine-sous-Montdidier pour la ferme du *Bôs-d'Escu*. — (5 Août 1501.)

A. I. Sect. adm. S. 5221 bis.

---

[1] Canton de Crévecœur (Oise).
[2] Canton de Grandvilliers (Oise).
[3] Canton Breteuil (Oise).
[4] Belle-Assise, commune de Fontaines-sous-Montdidier (Somme).
[5] Commune de Maignelay (Oise).
[6] Abanconrt, canton de Formerie (Oise).
[7] Commune de Noailles (Oise).
[8] Aujourd'hui Lannoy-Cuillère, canton de Formerie (Oise).

XXIV. Arrêts, sentences, accords et autres pièces de procédure des 13 et 19 décembre 1543, 18 juillet 1594, 1 juin 1645, 23 août 1667, 9 août 1670, 23 août 1671, 28 avril 1672, 15 février 1687, 26 septembre 1721 et 10 septembre 1726, relatifs à une rente de 100 sous parisis et deux muids de bled, dûs par la commune de Montdidier à la commanderie de Fontaine — (1543-1726.) 14 pièces.

FONTAINE-SOUS-MONTDI-DIER. (Commanderie de)

A. I. *Sect. adm.* S. 5221.

XXV. Registre censier des cens et rentes dûs à la commanderie de Fontaine-sous-Montdidier en l'an 1544 [Papier.]

Ce registre de 221 folios renferme le cens de : le Gallet, Catheu, [f°. 60] le Viesviller [1] [f°. 71 à 86] Auchy [2], [f°. 86 à 104] Francastel, [f°. 104 à 120], Puys [f°. 120 à 133] Puys et Maulers [3], [f°. 133 à 138] la Cauchie du Bos d'Escu, [4] [f°. 138 à 152] Flers, [5] [f°. 152 à 174] fermes muables audit Bos-d'Escu, f° 174 à 176 [fermes muables audit Francastel, [f°. 176 à 179] fermes muables audit Gallet, [f°. 179 à 190] compte du receveur de la commanderie de Fontaine. [f°. 191 et suiv.]

A. I. *Sect. adm.* S. 5221.

XXVI. Bail à ferme de l'hôpital situé entre Rocquencourt et Villers-Tournelles [6], dépendant de la commanderie de Fontaine. — (16 avril 1577.)

A. I. *Sect. adm.* S. 5221.

XXVII. Dossier de 393 déclarations de maisons, terres et héritages fournies à la commanderie de Fontaine-sous-Montdidier à cause de la terre et seigneurie dudit Gallet en dépendant, par les habitants du Gallet, à la charge de cens en argent, chapons, avoine etc. (393 pièces de 1560 à 1693.) — 3 dossiers.

A. I. *Sect. adm.* S. 5221 bis.

[1] Il y a une lacune de 11 folios.
[2] Auchy-la-Montagne, canton de Crévecœur (Oise).
[3] Canton de Crévecœur (Oise).
[4] Chaussée-du-Bois d'Écu, canton de Crévecœur (Oise).
[5] Canton d'Ailly-sur-Noye, arr. de Montdidier (Somme).
[6] Canton d'Ailly-sur-Noye, arr. de Montdidier (Somme).

FONTAINE-
SOUS-MONTDI-
DIER.
(Commanderie de)

XXVIII. État genéral de tous les revenus de la commanderie de Fontaine-sous-Montdidier. — (17 juin 1581.)

A. I. Sect. hist., L. 1155, A.

XXIX. État du revenu et des charges de la commanderie de Fontaine-sous-Montdidier, le 8 juin 1581 [Fontaine, Bellicourt [1], Tricot, Bois d'escu, Galet, Francastel, l'Hospital, Bellassis, Outrevaux, Montdidier]. — 10 feuillets, papier.

A. I. Sect. adm., S. 5221.

XXX. Trois aveux et dénombrements fournis par Jacques du Bois, d'un fief sis à Francastel, mouvant de la seigneurie de la Chaussée-du-Bois-de-l'Ecu, membre dépendant de la commanderie de Fontaine-sous-Montdidier. — (18 janvier 1604, 1 décembre 1610, 27 juillet 1645.)

A. I. Sect. adm., S. 5221 bis.

XXXI. Deux aveux et dénombrements fournis par Pierre Mesnard le jeune, et P. Mesnard l'aîné, d'un fief sis à Francastel, mouvant de la terre et seigneurie de la Chaussée-du-Bois-de-l'Ecu. — (16 juin 1621, 16 juin 1643.)

A. I. Sect. adm., S. 5221 bis.

XXXII. Aveu et dénombrement fournis par Fr. Leuillier, marchand à Beauvais, de trois pièces de terre sises à Francastel et relevant de la seigneurie de la Chaussée-du-Bois-de-l'Ecu. — (14 juillet 1645.)

A. I. Sect., adm., S. 5221 bis.

XXXIII. Deux aveux fournis par Nicolas Tiquet, échevin de Beauvais, de plusieurs pièces de terre, sises à Francastel et dépendant de la seigneurie de la Chaussée-du-Bois-de-l'Ecu. — (14 juillet 1645, 25 juin 1666.)

A. I. Sect. adm., S. 5221 bis.

XXXIV. Procès-verbal de visite des réparations et augmentations de la commanderie de Fontaine-sous-Montdi-

---

[1] Canton de Le Catelet, arr. de Saint-Quentin (Aisne).
[2] Canton de Ressons, arr. de Compiègne (Oise).

dier, faites par le commandeur dudit Fontaine. — (19 octobre 1666.) Cahier de 35 feuillets in-f°.

A. I. Sect. adm., S. 5221.

XXXV. Copie collationnée de deux aveux et dénombrements fournis au commandeur de Fontaine-sous-Montdidier, à cause de la seigneurie du Bois-de-l'Ecu, de deux fiefs à Francastel. — (9 juin 1668.)

A. I. Sect. adm., S. 5221 bis.

XXXVI. Deux extraits du terrier de la commanderie de Fontaine. — (18 novembre 1672.)

A. I. Sect. adm., S. 5221.

XXXVII. Arpentage des terres du domaine de la Chaussée-du-Bois-de-l'Ecu, de Francastel et du Galet, membres dépendants de la commanderie de Fontaine-sous-Montdidier. — (28 août 1672.)

A. I. Sect. adm., S. 5221 bis.

XXXVIII. Actes des 22 mars 1673, 26 mars et 3 octobre 1680, relatifs au rétablissement du chemin des Perettes, situé à Fontaines, et commun à tous les habitants. [5 pièces.]

A. I. Sect. adm., S. 5221.

XXXIX. Copie de bail à ferme de neuf acres, fait par le commandeur de Fontaine-sous-Montdidier, de la basse-cour et dépendances dudit Fontaine. — (22 octobre 1674.)

A. I. Sect. adm., S. 5221.

XL. Extrait du terrier de la commanderie de *Fontaine-sous-Montdidier-la-Chaussée*, commencé en l'an 1666 et déposé aux archives du grand prieuré de France, le 18 novembre 1677. [Cahier de 54 feuillets in-f°, papier.]

A. I. Sect. adm., S. 5221.

XLI. Contrat passé entre le curé de Cuvilly [1] et de Mortemer [2] et les habitants dudit Mortemer, au sujet de l'érec-

---

[1] Canton de Ressons, arr'. de Compiègne (Oise).
[2] Canton de Ressons, arr^t. de Compiègne (Oise).

FONTAINE-SOUS-MONTDIDIER.
(Commanderie de)

tion de la chapelle de ce village en cure, par M. l'évêque de Beauvais, à qui appartient la nomination. — (12 juin 1680.)

A. I. Sect. adm., S. 5221.

XLII. Procès-verbal de visite de la commanderie de Fontaine-sous-Montdidier. — (29 juin 1685.) [Cahier de 18 feuillets, papier.] Doc. intéressant.

A. I. Sect. adm., S. 5221, n° 19.

XLIII. Actes des 15 novembre 1688 et juillet 1692, relatifs au moulin de Montdidier. [2 pièces.]

A. I. Sect. adm., S. 5221.

XLIV. Procès-verbal de visite de la ferme de Bellicourt. — (26 juin 1690.)

A. I. Sect. adm., S. 5221.

XLV. Etat des fermages et revenus de la commanderie de Fontaine-sous-Montdidier. — (1 février 1693.)

A. I. Sect. adm., S. 5221.

XLVI. Procès-verbal d'amélioration de la commanderie de Fontaine-sous-Montdidier, fait par le commandeur de Fontaine-sous-Montdidier. — (30 septembre 1698.) [Cahier de 92 pages en papier.]

A. I. Sect. adm., S. 5221.

XLVII. Arrêt contre Adrien Morel et consorts, au sujet de la censive par eux due à la commanderie de Fontaine-sous-Montdidier pour leurs maisons situées à Quiry-le-Sec [1]. — (7 janvier 1726.)

A. I. Sect. adm., S. 5221.

XLVIII. Deux procès-verbaux pour la vieille maison du corps-de-logis de Fontaine. — (1718 et 1729.)

A. I. Sect. adm., S. 5221.

XLIX. Aveu et dénombrement de terres sises à la Chaussée-du-Bois-d'Ecu, fournis par Jean Boullet, receveur d'Hardivillers. — (1 juillet 1731.)

A. I. Sect. adm., S. 5221 bis.

[1] Canton d'Ailly-sur-Noye, arr¹. de Montdidier (Somme).

FONTAINE-SOUS MONTDIDIER.
(Commanderie de)

L. Deux arrêts du 10 juin 1732 et 22 juin 1733, rendus en faveur du commandeur de Fontaine-sous-Montdidier, contre le sieur Lefebvre, seigneur de Vagicourt, qui est condamné à fournir aveu et déclaration des biens sis à Francastel et dépendants de la seigneurie de la Chaussée-du-Bois-de-l'Ecu. [2 pièces.]

A. I. Sect. adm., S. 5221 bis.

LI. Visite du château de la commanderie de Fontaine-sous-Montdidier. (29 septembre 1734.)

A. I. Sect. adm., S. 5221.

LII. Acte de dépôt d'un billet du marquis de Rouvroy, en l'étude de M⁰ Duflos, notaire à Montdidier, pour le paiement des censives dues par ledit seigneur à la commanderie de Fontaine-sous-Montdidier, à cause de sa terre du Puy-la-Vallée. — (9 juillet 1743.)

A. I. Sect. adm., S. 5221 bis.

LIII. Aveux et déclarations des fiefs tenus du commandeur de Fontaine-sous-Montdidier, à cause de sa terre et seigneurie de la Chaussée-du-Bois, fournis par Charles Bazin, de Francastel. — (18 juillet 1743.)

Arrêts du grand conseil contre Charles Bazin. — (4 mars et 9 juin 1732.)

A. I. Sect. adm., S. 5221 bis.

LIV. Plans figuratifs de trois pièces de bois, nommées de Fontaine, de Bellicourt et du Galet, dépendantes de la commanderie de Fontaine-sous-Montdidier, faits les 10, 11, 12 et 13 août 1746, par Bilcoq, arpenteur.

A. I. Sect. adm., S. 5221.

LV. Procès-verbal de visite des bois de la commanderie de Fontaine-sous-Montdidier, qui sont dans les bois de Bellicourt. — (30 mai 1748.)

A. I. Sect. adm., Q. 1551.

LVI. Plan des propriétés de Fontaine, levé au XVII. siècle, par Antoine Castellot, arpenteur. [Papier.]

A. I. Sect. adm., S. 5221.

LVII. Plan de la commanderie de Fontaine.

A. I. Sect. adm., N. (Oise), 3ᵉ cl., n° 106.

FONTAINES (Pierre des). **602.**

M. Petit-Radel, dans le tome XIX, et M. Lajard, dans le tome XXI de l'histoire littéraire de la France, ont consacré un long et intéressant article à ce célèbre jurisconsulte.

Nous nous contenterons de signaler les manuscrits de la bibliothèque impériale qui contiennent les œuvres de ce légiste.

N°. 9822, anc. f. lat.
N°s. 421 et 432, St.-Germ. Harl.
N°s. 406 et 807, suppl. fr.

M. Marnier a publié en 1839 l'ouvrage intitulé : *Le Conseil de Pierre des Fontaines* [1]. Il l'avait été déjà en 1668 par Du Cange à la suite de son édition de l'histoire de St.-Louis par Joinville.

FONTAINES (Bois des). **603.**

Plan du bois des Fontaines. [2]

A. I. Sect. *adm.*, N. (Aisne), 3e. cl. n°. 50.

FONTAINES-SUR-MAYE. **604.**

Déclaration d'un fief situé dans la commune de Fontaines-sur-Maye. [3]— (1548.)

A. I. Sect. *adm.*, Q. Cart. 1531.

FONTAINES-SUR-SOMME. **605.**

Lettres d'Edouard, roi d'Angleterre, comte de Ponthieu et de Montreuil, et d'Aliénor, sa femme, par lesquelles ils confirment le traité passé entre l'héritière de Fontaines [4] et les habitants dudit lieu. (S. d.)

B. I. *Cab. des Ch.*, CC. 369.

FONTENAY-TORCY. **606.**

Vente des droits seigneuriaux de la seigneurie de Fontenay. [5]— (1680.)

A. I. Sect. *adm.*, Q. Cart. 870.

---

[1] Pierre des Fontaines était natif du Vermandois.
[2] Ce bois est situé dans le canton d'Hirson, arr^r. de Vervins.
[3] Canton de Crécy, arr. d'Abbeville (Somme).
[4] Canton de Hallencourt, arr. d'Abbeville (Somme).
[5] Auj. Fontenay-Torcy, canton de Songeons, arr. de Beauvais (Oise).

607.   FONTENELLES.

Aveu et dénombrement de la seigneurie de Fontenelles, située à Longpré.[1] — (22 août 1768.)

A. I. *Sect. adm.*, Q. Cart. 1533.

608.   FONTENOY.

Moulin de Châtillon, situé à Fontenoy.[2]

A. I. *Sect. adm.*, Q. Cart. 5.

609.   FONTENU (Bois de).

I. Procès-verbal de visite du bois de Fontenu.[3]

A. I. *Sect. adm.*, Q. Cart. 867.

II. Plan du bois de Fontenu.

A. I. *Sect. adm.*, N. (Oise), 3e cl., n° 161.

610.   FOREST-MON-TIER.

Plan de Forest-Montier[4] et de ses environs.

A. I. *Sect. adm.*, N. (Somme), 3e cl., n° 85.

611. Recueil de pièces tirées des collections de la Bibliothèque impériale et des archives de l'empire.   FORMERIE.

I. Philippe-Auguste donne à Philippe, évêque de Beauvais, la forteresse de Formerie[5], pour en jouir pendant vingt-deux ans. Au bout de ce terme, le roi pourra la rendre à l'héritier légitime, pour la tenir de l'évêque de Beauvais[6]. (1202).

A. I. *Sect. hist.*, K. 189, n.° 9.

---

[1] Aujourd'hui Longpré-les-Corps-Saints, canton de Hallencourt, arr. d'Abbeville (Somme).

[2] Canton de Vic-sur-Aisne, arr. de Soissons (Aisne).

[3] Ces bois sont situés dans le canton de Maignelay, arr^t. de Clermont (Oise).

[4] Canton de Nouvion-en-Ponthieu, arr. d'Abbeville (Somme).

[5] Canton de l'arr. de Beauvais (Oise).

[6] L'héritier légitime était Simon *de Bello sacco*, à qui l'évêque de Beauvais remit la terre de Formerie en 1210. (Voy. D. Grenier). Mon confrère, M. L. Delisle, a indiqué ces deux pièces dans son *Catalogue des actes de Phil.-Aug..* (n.ºs 715 et 1227, p. 164 et 282).

FORMERIE.

II. Lettres patentes par lesquelles Henri III confirme en faveur du sieur de Formeries le droit à lui accordé d'avoir un marché franc par chaque semaine audit lieu de Formeries. — (Avril 1579.)

A. I. *Sect. jud.*, *Parl. de Paris*. Reg. des Ord. 2, N. f°. 22.

III. Lettres patentes de Henri III, portant mandement à la cour de vérifier les lettres d'avril 1579, concernant la confirmation accordée au sieur de Formeries de tenir un marché franc audit lieu. — (27 avril 1583.)

A. I. *Sect. jud.*, *Parl. de Paris*. Reg. des Ord. 2., N. f°. 23.

IV. Arrêt du Conseil qui, faisant droit sur diverses instances entre les manants et habitants du bourg de Formery en Picardie et le sieur Nicolas de Beauraines, controleur audit lieu, ordonne qu'en payant audit sieur de Beauraines les sommes contenues ès quittances de finance et marc d'or dudit office et la somme de 100 francs pour ses frais et loyaux couts, ledit office demeurera à la commune pour y pourvoir. — (Janvier 1634.)

A. I. *Sect. adm.*, E. 115.

FORTELLE (Bois de la). 612.

I. Acte de remboursement de 25,000 livres pour la valeur de 279 arpents des bois de la Fortelle,[1] situés en la maitrise de Chauny.

A. I. *Sect. adm.*, Q. Cart. 14.

FORTELLE (Bois de). 613.

Procès-verbal de visite des bois de Fortelle [2]. — (1771).

A. I. *Sect. adm.*, Q. Cart. 869.

FOSSE-A-CHEVAUX. (Bois de la). 614.

Plan des bois de la Fosse à chevaux [3].

A. I. *Sect. adm.*, N. (Oise), 3°. cl., n°. 158.

---

[1] Ces bois étaient situés dans le canton de Chauny (Oise).

[2] Ces bois étaient situés dans le c°n. de Mouy, arr. de Clermont (Oise).

[3] Ce bois était situé dans le canton de Maignelay, arr. de Clermont (Oise). C'est probablement celui que M. Grave appelle *Poste aux Chevaux*. Voy. *Précis statistique du canton de Maignelay*, p. 35 et 36.

615.

Acte par lequel le duc de Bourgogne accorde les franchises aux habitants de Fosseux [1]. — (Avril 1545.)

A. I. Sect. hist., Trés. des Ch. Cart. 1017, n°. 16.

616.

Remission accordée par Henri VI, roi de France et d'Angleterre, à Denisot Morel, laboureur de Foucaucourt [2]. — (Paris, Juin 1426.)

Voici les considérants de cet acte :

Henry, par la grâce de Dieu roy de France et d'Angleterre, savoir faisons à tous présens et advenir, à nous avoir esté humblement exposé de la partie des amis charnelz de Denisot Morel, povre homme laboureur, demourant à Foucaucourt, comme pour occasion de ce que le dit Denisot n'avoit ni blé ni fourrages pour gouverner lui, sa femme, gens et maisnier jusques en l'aoust prouchain venant, comme il lui estoit besoing... Sachant que en une granche estant audit Foucaucourt appartenant audit Jehan Grue, avoit certaine quantité de jarbes de blé, icellui Denisot depuis Pasques derrenier passé ala de nuyt en la dite granche et en icelle print osta et emporta en sa maison de cent à VI^{xx} jarbes de blé ou environ sans le sceu des dits Jehan Grue et sa femme, seur du dit Denisot, pour laquelle chose le prévost de Péronne ou son lieutenant, fist prendre ledit Denisot et mener prisonnier en nos prisons audit lieu de Péronne et depuis l'a rendu chargié du dit cas à Godeffroy de Quen, escuier, duquel le dit Denisot estoit subget et soubz manant en sa justice de Foucaucourt, auquel lieu le dit Denisot a depuis esté detenu et encore est prisonnier à grant poureté, et seroit en voye de finer ses jours misérablement, si sur ce ne lui estoit impétré nostre grâce et miséricorde, pour quoy nous les choses considérées... ou cas dessus dit avons remis, quicté et pardonné, etc.

A. I. Sect. hist. Tr. des Ch. J. 173, f.° 203.

---

[1] Canton de Beaumetz-les-Loges (Pas-de-Calais).
[2] Canton de Chaulnes, arr. de Péronne (Somme).

FOUFLIN. **617.**

Lettres par lesquelles le duc de Bourgogne accorde des franchises à la commune de Fouflin [1]. — (Octobre 1545.)

A. I. Sect. hist., Trés. des Ch. Cart. 1017, n° 190.

FOUILLEUSE. **618.**

1. Rémission accordée à Simon de Fouilleuses, écuyer, qui avait pris le parti du duc d'Orléans contre le roi et permission de se rendre auprès du pape, pour se faire relever de la sentence d'excommunication lancée contre lui. — (Paris. Février 1411).

Voici le passage saillant de cet acte :

Néantmoins en l'année derrainement passée, Jehan de Bourbon, nostre cousin, manda et escript audit suppliant qu'il estoit son homme vassal et subgiet à cause de sa conté de Clermont, qu'il alast devers lui monté et armé souffisaument pour nous servir en sa compaignie, et pour ce le dit suppléant, non cuidant que le dit de Bourbon, ne autres des alliez et complices voulsissent faire guérre contre nous, ne nostre royaume et subgez, ala devers le dit de Bourbon monté et armé souffisaument. Aprez ce qu'il eust passé la rivière de Seine, pour aler en Beauvoisiz, et avecques lui et autres de ses gens a esté à Roye en Vermandois et a couru devant Bappaulmes, et aussi a esté et chevauché avecques Charles d'Orléans, le dit Jehan de Bourbon, Jehan d'Alençon, et autres leurs aliez et complices par tous les lieux ou ils ont esté ou pays de Picardie et ailleurs, et avecques ce le dit suppliant est venuz avecques les dessus nommez devant nostre bonne ville de Paris, à St.-Denis et ailleurs, et derreniérement fu contre nous et noz subgez à la bataille de St.-Cloud quant le pont fut pour nous repris, et d'icelle bataille se eschappa sain et sauf..... et en soy retournant au lieu de sa demourance, a esté pris et détenu prisonnier par notre amé et féal chambellan Jehan de Moreuil, chevalier, cappitaine de nostre ville de Compiengne ou par ses gens qui encore le détient pour avoir en lui grant rancon et finance.

A. I. Sect. hist., Trés. des Ch. J. reg. 166 f.° 100.

---

[1] Canton et arr. de St.-Pol-sur-Ternoise (Pas-de-Calais).

— 283 —

FOUILLEUSE.

619.

État des recettes et dépenses[1] de la seigneurie de Fouilleuse[2]. — (1759.)

A. I. Sect. adm., Q. Cart. 855.

FOUILLOY.

620.

I. Acte par lequel Simon de Fouilloy[3], chevalier, Jean, son fils, Thomas Chauche et Perrot le Caudrelier, sont reconnus innocents du crime d'homicide sur la personne de Pierre le Marieur. — (Mars 1342,) en fr.

A. I. Sect. hist., Trés. des Ch. J. Reg. 74, n°. 22.

II. Accord entre les religieux de St.-Pierre de Corbie et les habitants de Fouilloy, touchant le paiement des fermages. — (Mars 1360.)

B. I. Rouleau du Parl., 1er Cart., p. 1153.

III. Rôle contenant l'audition des témoins produits par l'abbé de Corbie, dans l'enquête ordonnée par le roi, sur la justice des fiefs de l'abbé à Fouilloy. (S. d.) Document très-important.

A. I. Sect. hist., Trés. des Ch. J. Cart. 1032, n°. 10.

IV. Rémission accordée par Charles VI à Jehan le Carpentier, dit le Boucher, boucher à Fouilloy les Corbie, détenu prisonnier es prison du dit lieu, pour avoir, étant ivre, *juré le villain serement.* (Août 1422).

A. I. Sect. hist., Trés. des Ch. J. Reg. 172 f.° 68, r.°

V. Lettres de Louis XI qui ajoute aux villes, terres et seigneuries déjà par lui concédées au comte de Charolais, la prévoté de Vimeu, celle de Beauvais et de Fouilloy. (13 Octobre 1465).

A. I. Trés des Ch., J. Cart. 393 n.° 4.

---

[1] Cet état des recettes et dépenses est sur une feuille de papier grand in-f.° maximo. Il ne renferme que des détails purement domestiques, tels que dépenses de bouches, gages de serviteurs, nourriture d'animaux, etc., et le compte se solde par un excédant de dépenses.

[2] Canton et arr. de Clermont (Oise).

[3] Canton de Corbie, arr. d'Amiens (Somme).

FOUR
(Prés du)   **621.**

Plan des terres, prés et bois, appelés les prés du Four [1].

A. I. Sect. adm., Série N. (Aisne), 3e. cl., n°. 90.

FOUR A CHAUX. **622.**

Plan des bois du Four à chaux [2].

A. I. Sect. adm., N. (Oise), 2e. cl., n°. 12.

FOURNAUX. **623.**

Cession et transport au profit des petits pères de Courbevoie, de maisons et rentes sises au terroir des Fournaux [3].

A. I. Sect. adm., Q. Cart. 862.

FOURNEAUX. **624.**

Bail d'une maison et dépendances sise en la paroisse de Fourneaux [4]. — (1777.)

A. I. Sect. adm., Q. Cart. 856.

FOURNIVAL. **625.** De vetula libri III.

Mss. parch. Ecriture du XIV.e siècle.

I. { Anc. fonds 8256.
    { Anc. fonds 3245.

Ce poème [5] a été attribué à Ovide pendant toute la durée du moyen-âge, et Bayle, dans son Dictionnaire historique (art. Ovide), pensait qu'il avait été composé à l'époque du bas empire.

Au moyen de déductions philologiques et historiques

---

[1] Ces terres étaient situées dans le canton de Coucy-le-Château, arr. de Laon (Aisne).

[2] Ces bois étaient situés dans le canton de Chaumont, arr. de Beauvais (Oise).

[3] Canton de Creil, arr. de Senlis (Oise).

[4] Canton de Mouy, arr. de Clermont (Oise).

[5] Ce poème a été publié en 1470 à Cologne, en 1479 à Lubecken, en 1534, s. n. d. v. ni d'impr., en 1610 à Francfort, et en 1662 à Wolfenbuttel, toutes ces éditions sont fort rares. Il a été traduit au xv.e siècle par Jean Lefebvre de Ressons sur Matz, qui ne se doutait pas, en le translatant, que ce poème était dû à l'un de ses compatriotes.

qu'il serait trop long d'énumérer ici [1], je suis parvenu à établir que ce poème avait été fait au xiii.e siècle, et que l'auteur était Richard de Fournival, à qui j'ai déjà consacré un article dans cet ouvrage [2].

Je ne citerai ici que le passage d'un précieux manuscrit de la Bibliothèque Mazarine [3] (n.° 577), qui confirme entièrement l'hypothèse que j'avais avancé.

Voici le passage :

Aliqui ascribunt sibi de vetula, unde illud : de vetula scripsit tot Naso carmina dixit, hec sunt majora sed plura requirunt minora, quem librum scripsit magister Richardis de Furnivallis, cancellarius Ambianensis, et imposuit Ovidio [4].

626.   FRAGILLIERS.

Acquisition de la seigneurie de Fragilliers, autrement dit le Saussoy, située dans la paroisse de Porcheux [5] en Vexin, moyennant 14,000 livres. — (10 mai 1685.) Trois pièces.

A. 1. Sect. adm., Q. Cart. 851.

627.   FRAMICOURT.

Requête et pièces relatives à la seigneurie de Framicourt [6], et au fief de la Couture qui en dépend. — (21 juin 1605 et 1606.) 3 pièces.

A. I. Sect. adm., Q. Cart. 1533.

---

[1] Voy. *La Vieille ou les dernières amours d'Ovide*. Poème érotique, composé au xiv.e siècle, par Jehan Lefebvre sur un poème latin *de Vetula*, précédé d'une notice historique et critique sur ce poème, attribué à Ovide pendant le moyen-âge et restitué à Richard de Fournival, poète picard du xiii.e siècle, par Hippolyte Cocheris. 1 vol. petit in-8.° Paris. A. Aubry, 1858.

[2] Voy. plus haut, n.° 115.

[3] *Liber Vaticani*. 1 vol. in-f.° xv.e siècle. La première partie de ce précieux ms. se trouve à Bruxelles.

[4] Un poème intitulé *de Fortuna* également attribué à Ovide est regardé comme l'une des supercheries de Richard de Fournival par A. Geilhoven qui l'indique dans son *Liber Vaticani* comme étant du chancelier. *Item*, dit-il, *scripsit librum de Fortuna*.

[5] Canton d'Auneuil, arr. de Beauvais (Oise).

[6] Canton de Gamaches, arr. d'Abbeville (Somme)

FRANCASTEL. **628.**

I. Lettres par lesquelles Henri II, à la demande du sieur de Roye, seigneur de Francastel [1], établit, audit lieu, deux foires ou franches festes et un marché par semaine. — (Juillet 1550.)

A. I. Sect. hist., Trés. des Ch. J. Reg. 260 n° 192.

II. Plan d'une partie du dîmage de Francastel, appartenant aux religieuses de Variville.

A. I. Sect. adm., N. (Oise), 3ᵉ cl., n° 152.

FRANCIÈRES. **629.**

I. Rémission accordée à Jean de Fransières [2], écuyer, qui avait tenu le parti contraire à celui du roi. (Janvier 1411).

Voici les motifs qui avaient donné lieu à l'arrestation de Jean de Fransières :

« Nous avoir receu l'umble supplicacion des parens et amis de Jehan de Fransières, escuyer, de l'aage de 24 ans ou environ, contenant que combien que par plusieurs fois le dit de Fransières eust été mandé par Jehan de Bourbon, nostre cousin, du quel il estoit homme pour le venir servir soubz et en la compaignie de Charles d'Orléans notre nepveu, et que il eust signifié et fait savoir par ses gens et officiers que le mandement que faisoit le dit Charles d'Orléans et les autres de son aliance, estoit principaument pour notre service, combien aussi que les gens du dit de Bourbon usassent envers lui de grandes et grosses paroles, en lui disant que se il ne venoit au mandement dessus dit, le dit de Bourbon prendroit sa terre, dont la plus grant partie étoit tenue de lui, et ses biens comme confisqués ; et nonosbtant, iceluy de Fransières, soy doubtant que le dit mandement ne fust pour autre cause qu'ilz ne donnoient à entendre, par plusieurs et diverses fois contesta et reffusa à y aller, mais, néantmoins pour la crainte qu'il avoit des menaces dessus dites, il, en la parfin ne s'osa bonnement, ne ne se pot excuser d'aller au mandement dessus dit, aincois vint avec les gens du dit de

---

[1] Canton de Crevecœur, arr. de Clermont (Oise).
[2] Canton d'Ailly-le-Haut-Clocher, arr. d'Abbeville (Somme).

Bourbon à Capy sur la rivière de Somme, à l'encontre de FRANCIÈRES. Serrebourc qui lors y estoit..... duquel lieu s'en ala à Cleremont, de Cleremont s'en ala à Chauny sur Oyse par envers Philippe de Vertus..... et de Chauny s'en alla à Roye en Vermandois..... ou les dessus dis les laissèrent en garnison ; en laquelle, il et ceulx de sa compaignie furent par aucun temps jusqu'à ce qu'ils s'en partirent pour venir en la compaignie du dit d'Orléans à St.-Oyn les Paris, ou le dit de Fransières fut pas l'espace de quinze jours ou environ, et de là vint entra et demoura avecques icelui d'Orléans en nostre ville de St.-Denys en France tant que le dit d'Orléans y fu, et quant le dit d'Orléans s'en partit, il s'en ala à Crespy en Valois et de là à Pierrefons ou il se tint par quatre jours. Et combien que.... se fut venu rendre à notre bailli de Senlis..... cuidant que il le deut recevoir à mercy..... notre dit bailli le detint prisonnier par aucun temps..... et après par notre commandement..... le fit prisonnier en notre chatelet de Paris ou il a depuis toujours été et encore est prisonnier, en avanture de y longuement demourer et de y misérablement finir ses jours, si par nous pourveu et remedié ne luy est sur ce de notre grace..... Nous les choses dessus dites considérées et les bons et agréables services que nous a fait le temps passé le dit de Fransières en nos guerres et autrement tant en la compaignie et sous le gouvernement de feu le sire de Longueville dernier trespassé, en son vivant notre conseiller et maitre des arbalestriers de France, comme ailleurs..... pour amour aussi et contemplacion de plusieurs nos serviteurs et officiers ses parents et amis..... à iceluy suppliant avons remis, etc.

A. I. Sect. hist., Trés. des Ch. J. Reg. 166 f.º 1.

II. Rémission accordée à Regnault Buquet, prisonnier à Compiègne, et varlet de Pierre de Fransières, dit Lancelot, chevalier, qui avait accompagné son maître à Roye, Ham, Coucy et Chauny, et qui avait été pris en revenant de Verberie, où par ordre du dit de Bourbon, il avait été visiter le bac, pour savoir si les troupes pouvaient y passer sûrement. — (Avril 1412).

A. I. Sect. hist., Tr. des Ch., Reg. 166 f.º 3 v.º

FRANCIÈRES.

III. Relief, foi et hommage d'un journal de terre, sis à Francières. — (29 juillet 1774.)

A. I. Sect. adm., Q. Cart. 1532.

IV. Relief, foi et hommage de deux journaux et un quart de terre, sis au terroir de Francières. — (19 août 1774.) 2 pièces.

A. I. Sect. adm., Q. Cart. 1532.

FRANQUE-VILLE. 630.

Déclaration d'un fief au terroir de Franqueville [1].

A. I. Sect. adm., Q. Cart. 1547.

FREMICOURT. 631.

Lettres par lesquelles le duc de Bourgogne accorde des franchises à la commune de Fremicourt [2]. — (Septembre 1545.)

A. I. Sect. hist., Trés. des Ch. J. 1017, n° 150.

FRENAY-LE-VICOMTE. 632.

Renseignements sur le domaine de Frenay-le-Vicomte [3], d'après lesquels il appert que cette baronnie a été vendue le 23 mars 1594, à Réné de St.-Denis, pour la somme de 13,333 livres, et que les héritiers dudit Denis l'ont revendue à L. Potier, baron de Gesvres, pour la somme de 40,000 livres, le 29 mai 1609.

A. I. Sect. adm., Q. Cart. 10.

FRESNES. 633.

Visite des bois sis à Fresne [4], dépendant du prieuré de Favières.

A. I. Sect. adm., Q. Cart. 13.

Visites et devis de réparation et reconstruction de maisons à Fresne.

A. I. Sect. adm., Q. Cart. 13.

---

[1] Canton de Domart, arr. de Doullens (Somme).
[2] Canton de Bapaume (Pas-de-Calais).
[3] Canton de Boháin, arr.t de St.-Quentin (Aisne).
[4] Fresnes, canton de Fère-en-Tardenois, arr. de Château-Thierry (Aisne).

634.   FRESNE.

Aveu et dénombrement de la seigneurie de Fresne [1].— (9 novembre 1767.)

A. I. *Sect. adm.*, Q. Cart. 1540.

635.   FRESNES.

Acte par lequel le duc de Bourgogne accorde des franchises à la commune de Fresnes [2]. — (Août 1545.)

A. I. *Sect. hist.*, Trés. des Ch., J. 1017, n° 110.

636.   FRESNOY.

Aveu et dénombrement de la seigneurie de Fresnoy [3].— (6 eptembre 1752.)

A. I. *Sect. adm.*, Q. Cart. 1546.

637.   FRESNOY.

Aveu et dénombrement de la seigneurie de Fresnoy [4].— (27 juin 1766.)

A. I. *Sect. adm.*, Q. Cart. 1549.

638.   FRESNOY-LES-GOMBRIES.

Plan des bruyères et usages de Fresnoy-les-Gombries [5].

A. I. *Sect. adm.*, N. (Oise), 3ᵉ cl., nᵒˢ 100 et 135.

639.   FRESSENNEVILLE.

Déclaration par le sieur Beauvarlet de deux fiefs au terroir de Fressenneville [6]. — (1547.)

A. I. *Sect. adm.*, Q. Cart. 1531.

640.   FRESSIN.

Lettres par lesquelles Louis XI, à la demande de Jehan

---

[1] Canton de Chaulnes, arr. de Péronne (Somme).
[2] Canton de Vitry, arr. d'Arras (Pas-de-Calais).
[3] Canton de Roye, arr. de Montdidier (Somme).
[4] Canton d'Oisemont, arr. d'Amiens (Somme).
[5] Ce lieu, appelé également Boissy Fresnay, est du canton de Nanteuil-le-Haudoin, arr. de Senlis (Oise).
[6] Canton d'Ault, arr. d'Abbeville (Somme).

FRESSIN.   de Créqui, chevalier, seigneur de Fressin [1], établit deux foires et un marché audit lieu. — (Mars 1480.)

A. I. *Trés. des Ch.*, J. Reg. 207, n° 32.

FRETOI (Bois du) **641.**

Philippe Auguste accorde aux maires de St.-Sulpice et de Pierrepont, des droits d'usage dans le bois du Fretoi [2]. — (Senlis, 1201.)

B. I. *Ms. lat.* n.° 5441. Tom. II., p. 80.

FRETOY. (le) **642.**

Rémission en faveur de Jean Testart du Frestoy [3], accordée par le roi Charles VI, *considéré les grans peines, pertes, povretez, doleurs et travaux que ont souffert et souffrent encore nos povres subgez et par especial gens de labour par le fait des dites guerres et divisions.* — (1418).

Voici les passages les plus remarquables de ce curieux document :

Charles...... savoir faisons...... avoir receu humble supplicacion les amis charnelz de Jehan Testart, povre et ancien homme, laboureur de bras, chargié de femme et de quatre petiz enffants, demeurant en la ville de Frestoy-lès-le-Tronquoy, contenant comme pour le fait des guerres et divisions qui longtemps ont esté en nostre royaume, et pour la seureté et garde de la cour dudit lieu du Tronquoy [4]. appartenant à nostre amée Jehanne de Neelle, damoiselle, dame de Saint-Venant et d'icellui lieu du Tronquoy, ledit Jehan Testart ait esté puis certain temps en ça, commis par la dite damoiselle à faire le guet de nuys et de jours en la dite tour, et il soit ainsi que le dit Jehan Testart, par le fait et occasion desdites guerres et divisions, ait perdu tous ou la plus grant partie de ses biens, et telement que à grant peine avait-il de quoy avoir la povre vie de lui et ses dits povre femme et enffans ; et

---

[1] Canton de Fruges, arr. de Montreuil-sur-Mer (Pas-de-Calais).
[2] Canton de Guiscard, arr. de Compiègne (Oise). L'original de cet acte se trouve dans la Bibl. de Rouen, collect. Leber, 5640. Voy. Delisle, *op. cit.* p. 153, n.° 661.
[3] Canton de Maignelay, arr. de Clermont (Oise).
[4] Canton de Maignelay, arr. de Clermont (Oise).

pour ce le dit Testart estant en la dicte tour, c'est assavoir, le samedi XVI° jour du mois de septembre derrenièrement passé, lui tempté de l'ennemi, ouvry d'une dague que il avoit, une petite huche, qui estoit en le dite tour ou lieu mesmes ou il faisoit le dit guet, en laquele il pensait avoir foison monnoye, et en icellui huche print environ XVIII ou XIX livres tournois en monnoye blanche qui appartenoient à Oudinet de Lourmel ou a Guillemin des Gardins, demourans au dit Tronquoy, et aussi prist en icelle petite huge trois nappes, un doublioir, une touaille, une couverture et deux cœuvre chiefz qui povoient tous valoir 54 sous ou environ, pour lequel cas et fait le lendemain qui fut dimenche XVII° jour du dit mois, ledit Jehan Testart, par souspecon fut prins par les gens et officiers de la dite damoiselle et mené en ses prisons ou dit lieu du Tronquoy, èsqueles il fut chaudement et hastivement accusé et interrogié des cas et fait dessus dict, lequel vollontairement tantot et sans contrainte, il confessa avoir fait par la manière que dit est, et incontinent rendi et restitua tout ce que dessus est dit et déclaré, etc

FRETOI. (le)

A. I. Sect. hist., Trés. des Ch., J. Reg. 174, f.° 40 v.°

643.

FRÉTOISEAU.

Aveu et dénombrement de la terre de Frétoiseau¹. — (1535.)

A. I. Sect. adm., Q. Cart. 5.

644.

FRÉVENT.

I. Philippe Auguste confirme un traité conclu entre Élisabeth, comtesse de Saint-Paul, et Gui de Chatillon, fils de cette dame, par lequel, entre autres conventions, il s'engage à la laisser jouir du chateau de Frévent² avec un revenu de 600 livres parisis et des droits de chasse et de pêche à Lucheux³. (Noyon, 25 mai 1223.)

B. I. Chartes provenant de Colbert.

---

¹ Canton d'Oulchy-le-Château, arr. de Soissons (Aisne).
² Canton d'Auxi-le-Château, arr. de Saint-Pol-sur-Ternoise (Pas-de-Calais).
³ Voy. Delisle, op. cit., p. 488, n.° 2215.

FRÉVENT.
II. Rémission en faveur de Pierre le Bourgongnon, demeurant à Frévent, qui avoit payé des marchandises à Abbeville avec de la monnaie *que l'on nomme espouffles, pensant que ce feust bonne monnoie de nostre coing*, et que Guillaume de Heucourt, demeurant à Sebiville, près Frévent, lui avait donnée. (septembre 1398).

A. I. Sect. hist., Trés. des Ch., J. reg. 153, f.° 305 v.°

645. Registre de foi et hommage.

1 vol. in-f°. de 136 p., papier. — Écriture du XVIII.° siècle.

A. I. Sect. adm., Q. Cart. 920.

Ce registre contient les actes de foi et hommage dus à la duchesse de Nemours, à cause de la châtellenie de Frévent. Il commence au 11 décembre 1704 et termine en 1727.

FRÉVILLERS. **646.**

Rémission accordée à Jehan Cunelle, barbier, demourant à Hodenc en Artoys les Béthune, qui s'était rendu à Frévillier[1] pour acheter une haye de bois, et qui étant ivre, avoit *juré le vilain serment* en présence de Regnault Alyenart, forestier du duc de Bourgogne, de Jehan de Frévillers, écuyer, Jehan de Bedu, etc. (janvier 1397).

A. I. Sect. hist., Trés. des Ch., J. reg. 153, f.° 46 v°.

FRICOURT. **647.**

I. Plan du village et du territoire de Fricourt.[2]

A. I. Sect. adm., N. (Somme). Atlas, n° 3.

II. Philippe-Auguste confirme à l'abbaye du Mont-Saint-Quentin plusieurs domaines à Fricourt, Heudicourt[3] etc. (1219).

B. I.
Fonds des Cartul., n.° 172, f.° 103.
Fonds fr., n.° 9852-2, f.° 141.
Fonds fr., n.° 8408, 2. 2. B.f.° 153.
Fonds fr., n.° 9852-3, f.° 121 v°.

[1] Frévillers, cant. d'Aubigny, arr.t de St.-Pol-sur-Ternoise (P.-de-C.)
[2] Canton d'Albert, arr.t de Péronne (Somme).
[3] Voy. Delisle, *op. cit.*, p. 420, n.° 1905.

FRICOURT.

III. Acte par lequel le roi Philippe V, prenant en considération *que comme Mahieus de Daubencourt, escuiers, nous ait donné à entendre qu'il a certain usage en nostre forêt de Bray pour sa meson de Fricourt, et il nous ait fait supplié que le dit usage nous li voulsissiens eschangier, transporter et octroier pour sa maison de Daubencourt,* accorde le dit échange (donné à Belosenne, août 1317).

A. I. Sect. hist., Trés. des Ch., J. reg. 53, f.° 108.

IV. Rémission en faveur d'Enguerrand le Bailli, *jeune homme laboureur agié de 25 ans ou environ, chargié de femme et de petis enfans, nagaire demourant en la ville de Fricourt près de Bray-sur-Somme,* qui avoit atteint d'un coup de pierre le nommé Adam le bouchier, de Fricourt, *duquel cop icellui Adam chey à terre, fut navré à sang et trespassa la nuit.* (Paris, 1426).

A. I. Sect. hist., Trés. des Ch., J. reg. 173, f.° 284 v°.

V. Rémission en faveur de Mahiot Piot, de Fricourt, près de Lihons-en-Santers, qui, en se défendant, avait tué dans une dispute Robert le Fèvre, de Fricourt (octobre 1427).

A. I. Sect. hist., Trés. des Ch. 174, f° 35.

648.

FRIÈRES.

I. Concession au sieur Scellier de 32 arpents de terre sis à Frières [1]. — (1744.) 3 pièces.

A. I. Sect. adm., Q. Cart. 7.

II. Copie en forme d'arrêt portant règlement des usages des paroisses de Frières, Faillouel, etc.—(14 mars 1747.)

A. I. Sect. adm., Q. Cart. 14.

III. Droits seigneuriaux de Frières.

A. I. Sect. adm., Q. Cart. 12.

649.

FRISE.

Rémission en faveur de Jean de Moillains, demeurant à Frise [2], à deux lieues près de Péronne, qui, dans une dis-

---

[1] Canton de Chauny, arr. de Laon (Aisne).
[2] Canton de Bray-sur-Somme, arr. de Péronne (Somme).

FRISE.

pute, avoit blessé mortellement Jehan Marouse, de Frise, lequel, malgré que *sa blesseure et navreure fu visitée et ordonnée par le cirurgien serementé de Péronne, qui est moult expert et souffisant*, mourut au bout de trois semaines. — (3 novembre 1427).

A. I. Sect. hist., Trés. des Ch. J. reg. 174, f° 42 v° et f° 61.

FROCOURT. 650.

Plan de la terre et seigneurie de Frocourt [1].

A. I. Sect. adm., N. (Oise), 1re cl., n° 18.

FROIMONT. 651. Recueil de pièces tirées des collections de la Bibliothèque impériale et des Archives de l'empire.

I. Donation faite par Odon de *Brunviler* [2] aux religieux de Froimont [3] des droits qu'il possédait sur le terrage du territoire d'Hombleneuse. [in territorio Hublonensi [4], quod fratres de Fossa Theobaldi [5] excolunt]. — (1186.)

B. I. Cart. n° 1781.

II. Acte par lequel Raoul de la Cengle [6] [Radulphus de Cingula] donne aux religieux de Froimont [ecclesie de Fresmont], tout ce qu'il possédait à Gannes [7] [in territorio de Gaunis et de Vieri], un muid de froment de rente, percevable sur l'essart de Vieri, et les quitte de tous les droits auxquels il pouvait prétendre sur leur propriété. — (1186.)

B. I. Cart. n° 1781.

[1] Canton d'Auneuil, arr. de Beauvais (Oise).

[2] Auj. Brunvillers-la-Motte, cant. de St.-Just-en-Chaussée, arr.^t de Clermont (Oise.)

[3] L'abbaye de Froidmont était située au S. de Bresles, sur les limites de la forêt de la Neuville-en-Hez.

[4] Ce territoire touchait à celui de la Fosthibault.

[5] La Fosthibault est marqué sur la carte de Cassini au S. de Brunvillers-la-Motte.

[6] Il y avait un fief de ce nom à Beaumont-sur-Oise; c'était aussi le surnom de plusieurs seigneurs de Thieux, qui contribuèrent à enrichir l'abbaye de Froimont.

[7] Canton de St.-Just-en-Chaussée, arr.^t de Clermont (Oise).

FROIMONT

III. Acte par lequel Berenger de Noiers[1] donne aux religieux de Froimont une terre sise devant la porte de la grange de Joi[2], et Girard, clerc de Clermont [de Claromonte] ainsi que son frère Guillaume de Bresle[3] [apud Bragellam], une terre sise à *Betencurt*[4]. — (1189.)

B. I. Cart. n° 1781.

IV. Philippe-Auguste prend sous sa protection les abbés moines et frères de Froimont, Ourscamp, Beaupré, etc.[5] (1190).

A, I, *Sect. hist.*, K. 26, n.° 13.

V. Donation faite aux religieux de Froimont par Baudoin, chev. de Montiers[6] [de Mostiers], de tous les droits qu'il possédait à la Verrière[7] [in territorio de Verreria]. Pierre, maire de Thury, donne aux moines religieux les droits qu'il pouvait avoir sur les mêmes terres.—(1191.)

B. I. Cart. n° 1781.

VI. Accord entre Raoul, maire de Bresle [major de Braella], et les religieux de Froimont, par lequel les religieux s'engagent à lui donner annuellement un demi-muid d'avoine, à la mesure de Beauvais, et non à celle de Mouchy-le-Chatel[8] [Munci], et lui promettent de ne plus l'inquiéter au sujet d'une terre, sise près du parc de la vieille abbaye [juxta parcum veteris abbatie], et d'un ruisseau qui courait audit lieu. Ils recevront, à titre de don, une partie de bois située près de la vieille abbaye, [in viam que ducit ad fontem Alarici].—(Actum anno verbi incarnati 1191, regnante Philippo, rege Francorum, et in expeditione Iherosolimitana commorante.)

B. I. Cart. n° 1781.

[1] Noyers-St.-Martin, cant. de Froissy, arr.t de Clermont (Oise).

[2] Goui est marqué sur la carte de Cassini au sud de Noyers-St.-Martin, près du chemin de Beauvais à Montdidier.

[3] Canton de Nivillers, arr.t de Beauvais (Oise).

[4] Béthencourt, commune d'Aguetz, canton de Clermont (Oise).

[5] Voy. Delisle, *Catalogue des actes de Philippe-Auguste*, page 75, n.° 314.

[6] Canton de St.-Just-en-Chaussée, arr.t de Clermont (Oise).

[7] La Verrière est situé au N. de Thury-sous-Clermont.

[8] Canton de Noailles, arr.t de Beauvais (Oise).

FROIMONT.

VII. Acte par lequel Eudes, chevalier, surnommé Suget, donne aux religieux de Froimont tout ce qu'il possédait en terre et en bois [inter Grosmesnil [1] et illam magnam vallem que est inter Waveignies [2] et Grosmesnil], à la condition d'un cens d'un muid de froment. — (1193.)

B. I. Cart. n° 1781.

VIII. Acte par lequel les chanoines de Monci [Mouchy-le-Chatel] donnent aux religieux de Froimont [Fresmont] la moitié de la dîme de blé et de vin qu'ils possédaient à Bailleu-sur-Thérain [decima de Ballolio], et Eudes, chevalier de Mogneville [3] [de Moigneville], le quart de cette même dîme, les premiers moyennant un cens annuel de neuf muids de blé, moitié froment, moitié avoine, percevable à Monchy-St.-Éloi ; le second moyennant quatre muids et demi de blé, moitié froment, moitié avoine, percevable à la Verrière [4] [apud Verreriam]. — (1202.)

B. I. Cart. n° 1784.

IX. Accord entre Manassés de Bulles [5] [de Bulis] et ses hommes Hugues de Dollaincourt [6], Jean, maire de Cormeilles [7], et Albin son neveu, d'une part, et les religieux de Froimont de l'autre, par lequel 1° le Plessis [8] qui entoure la ville de Cormeilles, reste au seigneur de Bulles ; 2° le bois appelé Haie [9] [Haia juxta agros fontanicos], celui appelé Polete [q. d. Poleta], celui appelé la Perière [10] [q. d. Buscus petri], restent aux religieux, à la condition d'une

---

[1] Grand-Mesnil est situé sur la carte de Cassini au S. E. de Campremy, au N. de Wawignies.

[2] Wawignies, canton de St.-Just, arr.t de Clermont (Oise).

[3] Canton de Liancourt, arr.t de Clermont (Oise).

[4] La Verrière est situé sur la carte de Cassini au N. de Thury, sur les limites de la forêt de la Neuville-au-Hez.

[5] Bules, canton et arr.t de Clermont (Oise).

[6] Peut-être Ollancourt, commune de Tracy-le-Mont (Oise).

[7] Cormeilles-le-Crocq, canton de Crèvecœur, arr.r de Clermont (Oise).

[8] *Pleia que cingit villam.*

[9] Le bois de la Haie est situé sur la carte de Cassini entre Fontaine et Blanc-Fossé.

[10] Ce bois est situé près du bois de la Haye.

rente de 7 muids de blé, servie par lesdits religieux à Hugues de Dollaincourt, Jean et Albin. — (1206.) FROIMONT.

B. I. Cart. n° 1781.

X. Vente faite aux religieux de Froimont [mon. Frigidi montis], par Omundus de Gannes, de cinq muids de blé, à prendre chaque année à la Fosthibault [in granchia que Fossa Theoboldi nuncupatur]. — (Février 1218.)

B. I. Cart. n° 1781.

XI. Accord entre les religieux de Froimont et Eudes de Torli, chevalier, par lequel ce dernier les quitte des droits qu'il prétendait avoir sur les terres, prés et bois qu'ils avaient acquis de Mathilde de Mattancourt [1] [de Matencort]. — (1218.)

B. I. Cart. n° 1781.

XII. Philippe Auguste donne aux moines de Froimont trois cent cinquante arpens de bois dans la forêt de Hez et leur fait diverses concessions, en échange des droits d'usage qu'ils avaient dans la dite forêt [2] (Juillet 1220)

B. I. { *Fonds du cartul.* n.° 172, f.° 121.
       { *Fonds français* n.° 9852, [2] f.° 164.
       { *Fonds latin* n.° 5471 page 200.

XIII. Acte par lequel Aubert, abbé de Froimont et Jean, abbé d'Ourscamp, abandonnent au roi les droits d'usage qu'ils avaient dans la forêt de Hez [3] (Juillet 1220).

A. I. Sect. hist. Trés des ch., J. reg. 31 f.° 52.

---

[1] Commune d'Abbecourt, canton de Noailles, arr. de Beauvais (Oise).

[2] Cet acte imprimé dans Louvet, *Hist. du diocèse de Beauvais*, p. 570, cité par Bréquigny (tom. v p. 151) et Delisle, *Catal. des actes de Phil. Aug.* p. 437 n.° 1976 se trouve en français dans le Ms. de la Bibliothèque impériale, intitulé *Cartulaire du comté de Clermont*, n.° 9493. 5. 5. A. f.° 113 (voyez le tom. I de nos notices, page 462, n.° 303).

[3] Cette pièce dont il existe une ancienne version française dans le cartulaire du comté de Clermont f.° 112 v.°, a été cité par notre confrère M. Delisle. *Op. cit.* p. 437 n.° 1977.

FROIMONT.

XIV. Acte par lequel il appert qu'Aubert, abbé de Froimont, reconnaît ne pouvoir vendre le bois qu'il a dans la forêt de Hez avant que la vente du roi ne soit terminée [1] (Juillet 1220).

A. I. Sect. hist. Trés. des Ch., J. reg. 31 f.° 52 n.°

XV. Philippe Auguste prend sous sa protection les abbayes de Froimont, Longpont, Beaupré [2] etc. (1221).

A. I. Sect. hist. Trés des Ch.,
- J. reg. 53. n.° 1.
- J. reg. 99 n. 556.
- J. reg. 130 n.° 168.
- J. reg. 199 n.° 128.

XVI. Confirmation par Amicia de Breteuil [3] [de Britulio] de ce que les religieux de Froimont avaient acquis tant en bois qu'en terre, rentes, à Cormeilles, Mauregard [4], Gouy [5], Grandmesnil [6], Fosthibault, [apud Cormeilles, Malregart, Goi, Grosmesnil, Fossam Theobaudi et terram de Halines]. — (Août 1221.)

B. I. Cart. n° 1781.

XVII. Echange entre les religieux du Val-Sainte-Marie et ceux de Froimont, d'une vigne sise au territoire du Croissant [7] [in territorio quod dicitur Creisant], pour deux autres pièces de vigne, l'une sise à Montgrifon [7] [vinea que

---

[1] Le cartulaire du comté de Clermont donne également une version française de cet acte indiqué par M. Delisle. *Op. cit.* p. 438 n.° 1978.

[2] Cet acte a été publié plusieurs fois [*Ordonn. des rois de Fr.*, tomes V p. 142; VII, 166; XVI, 159; Muldrac, *Abbatiæ Longipontis chronicum* p. 235 et 319; J. B. de Machault. *Hist. du B. Jean, seigneur de Montmirel*, p. 529] et cité en dernier lieu par M. Delisle *Op. cit.* p. 465 n.° 2099.

[3] Canton de l'arr.t de Clermont (Oise).

[4] Commune de Reuil-sur-Brèche, canton de Froissy, arr.t de Clermont (Oise).

[5] Voy. la note II de la page 295.

[6] Voy. la note I de la page 296.

[7] Les territoires de Croissant, Montgrifon et Bonval étaient situés à Beaumont-sur-Oise. Voy. le cartul. de Froimont, art. *Bellusmons*.

dicitur martin vignole, sita in territorio quod dicitur mons Grifon], et l'autre à Boaval [in territorio quod dicitur Boauval].— (Novembre 1232.)

B. I. Cart. n° 1781.

XVIII. Vente faite aux religieux de Froimont par V. de Plainval [1] [Wallo de Plena valle], d'une pièce de terre sise derrière la Fosthibaud [retro fossam Theboldi]. — (1239.)

B. I. Cart. n° 1781.

XIX. Jugement de l'official de Beauvais, qui condamne Baudouin de Fourcigny [2] [de Foursegnies], Jean de Montoile [3] [de Montoiles], chevaliers, et Jean de Boulincourt [4] [de Boullencourt], à restituer aux religieux de Froimont une vigne que Marie de Mellemont [5] leur avait donnée. — (1251.)

B. I. Cart. n° 1781.

XX. Confirmation par Jean du Cardonnois [6] [de Cardineto] de la donation d'une rente d'un muid de blé, percevable à Chepoix [7], faite par Ermengarde, sa mère, aux religieux de Froimont, abbaye où elle a élu sa sépulture. —(Février 1272.) Sc. brisé.

B. I. Cart. n° 1781.

XXI. Echange entre les religieux de Froimont et Raoul, Gui et Enguerrand de Brunvillers-la-Motte [8] [de Brunovillari], d'une terre sise à Fontenelle [in loco qui dicitur Fonteneles, inter viam qua itur de veteri ecclesia de Brunovillari ad Monteingniacum [9] et semitam per quam itur de

---

[1] Canton de St.-Just-en-Chaussée, arr.t de Clermont (Oise).
[2] Canton de Poix, arr.t d'Amiens (Somme).
[3] Commune de Frocourt (Oise).
[4] Commune d'Agnetz, canton et arr.t de Clermont (Oise).
[5] Merlemont, commune de Warluis, canton de Noailles, arr.t de Beauvais (Oise).
[6] Canton et arr.t de Montdidier (Somme).
[7] Canton de Breteuil, arr.t de Clermont (Oise).
[8] Canton de St.-Just-en-Chaussée, arr.t de Clermont (Oise).
[9] Canton de Maignelay, arr.t de Clermont (Oise).

FROIMONT. Fossa Thyboldi ad villam de Sanctis¹], pour d'autres pièces de terre sises près de Montigny [in l. q. v. les Perrons, contiguo vie de Montigny], et entre les terres de la Fosthibaut et de la vieille église de Brunviller [inter terras Fosse Tyboldi et veterem ecclesiam de Brunovillari], enfin du droit de champart sur deux mines de terre [in l. q. d. Cernatre], pour 6 muids et 5 verges de terre près Quinquempoix² [in cultura q. v. Yveri inter nemus de Thanieres et la ville de Quiquenpoist versus culturam q. d. a vertame], et cent quarante livres parisis. — (1273.)

B. I. Cart. n° 1781.

XXII. Ratification de l'échange ci-dessus, par Mathieu de Roie³. — (1273.)

B. I. Cart. n° 1781.

XXIII. Ratification de l'échange ci-dessus par Reynold de Canny⁴ [de Cauniaco]. — (1273.)

B. I. Cart. n° 1781.

XXIV. Acte par lequel Pierre, dit prévôt de Hermes⁵ [de Harmis], reconnaît avoir donné aux religieux de Froimont 8 sous parisis de cens annuel, percevables à Froimont, huit mines de terre, sises audit lieu, [in territorio Frigidimontis ville prope boscum de Lehoussiere versus viam de Befflers], ses droits sur le pressoir de Hermes, quatre mines de blé, à lui dus par lesdits religieux pour les nasses dormantes, sises entre le pont du moulin et le ratelier, 44 autres mines de blé, etc., le tout pour le pain, le vin, la nourriture, les vêtements et autres dons que les religieux lui ont administré et lui administreront dans l'avenir. — (1279.)

B. I. Cart. n° 1781.

XXV. Acte par lequel Pierre, prévôt de Hermes, reconnaît avoir reçu de l'abbé de Froimont 45 livres et 10

---

[1] Auj. Sains-Moranvillers, cant. de Maignelay, arr.ᵗ de Clermont (Oise).
[2] Canton de St.-Just-en-Chaussée, arr.ᵗ de Clermont (Oise).
[3] Roye-sur-Matz, canton de Lassigny, arr.ᵗ de Compiègne (Oise).
[4] Canton de Lassigny, arr.ᵗ de Compiègne (Oise).
[5] Canton de Noailles, arr.ᵗ de Clermont (Oise).

sous parisis, qu'il rendra audit abbé à la première somma-
tion, et dont il lui garantit la propriété sur ses meubles et
immeubles. — (1279.)

B. I. Cart. n° 1781.

XXVI. Echange entre les religieux de Froimont et
Herrys, écuyer et sire de Gannes, de VII mines et 20
verges de terre, sises à *la couture qui est apelée Yveri*[1],
pour VII mines, XX verges de terre, sise au même lieu.
— (Avril 1296.) Fr.

B. I. Cart. n° 1781.

XXVII. Quittance par Jeanne, veuve de Bernard de la
Motte, aux religieux de Froimont, d'une somme de 100
livres pour la vente du fief de Quievremont.[2] — (1301.)

B. I. Cart. n° 1781.

XXVIII. Ratification par Etienne de *Kieuremont*, de la
vente faite aux religieux de Froimont, par son frère, Bernard, écuyer, du fief de Quevremont et des droits y attachés. — (Mars 1301.) En fr.

B. I. Cart. n° 1781.

XXIX. Ratification par Etienne de Quevremont de la
vente du fief de Quevremont, faite aux religieux de Froimont, par Bernard, son père. — (Mars 1301.)

B. I. Cart. n° 1781.

XXX. Acte de Jean, dit *Mui-de-Blé, sires de Dyve*[3],
écuyer, par lequel il quitte les religieux de Froimont des
droits qu'il possédait sur le fief de Kevremont, que lesdits religieux avaient acheté à Bernard de la Motte. —
(Oct. 1302.) En fr.

B. I. Cart. n° 1781.

XXXI. Acte par lequel *Manessiers du Quesnel dessus
Bulles*[4], écuyer, reconnaît que les religieux de Froimont

---

[1] On voit par la pièce XX que cette pièce de terre était située près de Quinquempoix.
[2] Quevremont est situé au sud de Troussencourt.
[3] Dives, cant. de Lassigny, arr. de Compiègne (Oise).
[4] Le Quesnel Aubry, canton de Froissy, arr.t de Clermont (Oise).

FROIMONT.

ont le droit de prendre six mines de blé au Quesnel. — (1339.)

B. I. Cart. n° 1781.

XXXII. Vidimus par le bailli du comté de Clermont, d'un vidimus du prévôt de Clermont, d'une lettre de Reynaut de Trye, dit Lillebaut, chevalier, seigneur de Fresnes et du Quesnel, ordonnant à son cousin de payer aux religieux de Froimont quarante mines de blé à prendre sur ses terres du Quesnel, de Quevremont et sur le moulin de Taperel. — (19 nov. 1351.)

B. I. Cart. n° 1781.

XXXIII. Lettres de fraternité entre les religieux de Froimont et ceux de Saint-Martin-de-Ruricourt, pour le service réciproque des morts qui décéderont dans leur couvent. — (1352.)

B. I. Cart. n° 1781.

XXXIV. Vente faite aux religieux de Froimont par Jean de Vienne, écuyer, de quatre muids de grain, percevables sur la grange de la Fosthibaut. — (Janvier 1362.) En fr.

B. I. Cart. n° 1781.

XXXV. Vente faite par Jacques de Berognes [1], dit le Comte, écuyer, aux religieux de Froimont, de cinq muids et deux mines de grain sur la grange de Plainval. — (23 mars 1376.) En fr.

B. I. Cart. n° 1781.

XXXVI. Vente faite aux religieux de Froimont par Jacques de Berognes, d'une rente de 3 muids, 5 mines et demie de blé et 20 mines d'avoine, sur les dîmes de Plainval, moyennant 80 florins d'or. — (23 mars 1377.)

B. I. Cart. n° 1781.

XXXVII. Acte par lequel Jehan de Folleville [2], chevalier, seigneur du Sart, reconnaît que les religieux de Froimont

---

[1] Commune de Chelles, canton d'Attichy, arr. de Compiègne (Oise).
[2] Canton d'Ailly-sur-Noye, arr. de Montdidier (Somme).

ont le droit de prendre un demi-muid de froment à *Gratepanche* [1]. — (22 février 1381.) En fr.   FROIMONT.

B. I. Cart. n° 1781.

XXXVIII. Donation de 10 muids et 4 mines de blé, sur la dîme de *Plenival* [Plainval], faite par Giles de Berognes, écuyer, aux religieux de Froimont. — (Février 1378.) En fr.

B. I. Cart. n° 1781.

XXXIX. Adjudication par décret en faveur de Guillaume Le Chandelier d'un fief sis à Froimont-la-Ville. — (24 décembre 1394.) En fr.

B. I. Cart. n° 1781.

XL. Donation du fief Picotin, sis à Froimont-la-Ville et au Bus-les-Caillouel [2], faite aux religieux de Froimont par Jacques de Vaux. — (14 décembre 1482.) En fr.

B. I. Cart. n° 1781.

XLI. Hommage rendu par les religieux de Froimont à J. de Vauldrey, seigneur de Mouy [3], pour les fiefs de St-Leu et Vignemont, sis à Caillouel [4], en la paroisse de Hermes [Hermes]. — (13 janvier 1516.)

B. I. Cart. n° 1781.

XLII. Procès-verbal de visite des bois de l'abbaye de Froidmont. — (22 novembre 1783.)

A. I. *Sect. adm.*, Q. Cart. 14.

XLIII. Projet de lettres patentes relatives à un échange

---

[1] Grattepanche est situé sur la carte de Cassini à l'Est du Petit Crèvecœur, au Sud de Ferrières.

[2] Bus n'existe plus.

[3] Canton de l'arr.t de Clermont.

[4] Caillouel est un hameau de Hermes. C'est à Caillouel, qu'en 1528, deux porcs de ce village, qui avaient mangé un enfant, furent pendus aux fourches patibulaires, en vertu d'un jugement rendu le 8 août 1528, par le lieutenant du bailli de Clermont.

FROIMONT. de terres dépendantes de l'abbaye de Froimont contre d'autres terres labourables à Bruyères.

A. I. *Sect. adm.*, Q. Cart. 9.

XLIV. Lettres patentes qui permettent à l'archevêque de Toulouse la démolition de divers bâtiments de l'abbaye de Froidmont. — (Avril 1771.)

A. I. *Sect. adm.*, Q. Cart. 851.

XLV. Procès-verbal de visite du bois de Froidmont, appartenant à l'abbaye Saint-Paul de Beauvais, et situé près du monastère. — (1er avril 1784.)

A. I. *Sect. adm.*, Q. Cart. 866.

652. Extrait du cartulaire de Froimont, diocèse de Beauvais.

Ms. petit in 4° de 82 folios.— (Il devrait, d'après une ancienne pagination, y en avoir 87, mais les folios ix, x, xxi, xxxvi, lxxxi, lxxxiii, ont été arrachés. De plus les parties blanches des folios 17, 38, 40, 51, 54, 67, 69, 73, semblent avoir été utilisées, car tous ces feuillets sont coupés rase le texte.) — Parchemin réglé et piqué. — Écriture des xiii°, xiv° et xv° siècles. — Rubriques.

B. I. n.° 126, Cartul.

Ce manuscrit provient de M. Traulé, qui, en avril 1804, proposait d'échanger avec la Bibliothèque impériale les manuscrits suivants, tous relatifs à la Picardie, et dont le cartulaire de Froimont faisait partie. 1°. Cartulaire abrégé de Froimont. [1] [3 à 400 p. en forme d'extraits.] 11°. Cartulaire de l'église de Gerberoy. [2 à 300 p.] 111°. Sacramentaire de l'église d'Amiens. Ms. du ix° siècle. [400 p.] iv°. Obituaire de Saint-Michel de Beauvais, xiv° siècle. v° Obituaire de Saint-Symphorien de Beauvais, xii° siècle. vi°. Petit cartulaire de la cathédrale de Beauvais, xii° siècle ; enfin 70 chartes des xi° et xii° siècles et 146 chartes du xiii° siècle relatives au diocèse de Beauvais

Le cartulaire que nous examinons, a été rédigé de la même manière que celui de Chaalis [2]. Il n'est que le résumé d'un grand cartulaire de l'abbaye de Froimont, qui pouvait compter 306 folios environ, et que nous n'avons

---

[1] Ce n'est pas le nôtre.
[2] Voy. Tom. 1 de notre ouvrage, p. 382, n°. 275.

pu retrouver ni à la Bibliothèque impériale, ni aux archives de l'empire, ni à celle de Beauvais. Cet extrait, fait par un rédacteur intelligent est donc, en dehors des chartes originales citées plus haut, et du travail de Gaignères, le seul recueil important que nous possédions sur cette riche abbaye. Aussi avons nous pris soin de résumer les 844 notices insérées dans le manuscrit et qui donnent de précieux renseignements sur les familles du Beauvaisis, telles que celles de Beaumont, de Clermont, de Fournival, de Dargies, de Trie etc.

La feuille de garde (non chiffrée) donne la table des lieux, etc., par ordre alphabétique.

Ville et loca hujus libri.

Abbacia [1] — Angiviler [2] — Ansoviler [3] — Anuel [4] — Aunoy [5] — Bassée [6] — Baerna [7] — Ballolium [8] — Ballengy [9] — Ballonval [10] — Beaufay [11] — Beauvoer [12] — Beeleaus [13] — Belvacus [14] — Bellus mons [15] — Bekerel [16] — Berona [17]

[1] L'abbaye.
[2] Angivillers, canton de St.-Just-en-Chaussée, arr.ᵗ de Clermon (Oise).
[3] Ansauvillers, canton de Breteuil, arr.ᵗ de Clermont (Oise).
[4] Je n'ai trouvé ce lieu cité nulle part dans le cartulaire.
[5] Probablement Aulnoy-les-Bondy, cant. de Gonesse, arr. de Pontoise (Seine-et-Oise).
[6] C'était une vigne dans les environs de Beauvais.
[7] Bernes, canton de Roisel, arr. de Péronne (Somme).
[8] Bailleu-sur-Therain, canton de Nivillers, arr.ᵗ de Beauvais (Oise).
[9] Balagny-sur-Therain, canton de Neuilly-en-Thelle, arr.ᵗ de Senlis (Oise).
[10] Bailleval, canton de Liancourt, arr.ᵗ de Clermont (Oise).
[11] Beaufay dépendait du territoire de Bonvillers. Voyez plus loin.
[12] Beauvoir, canton de Breteuil, arr.ᵗ de Clermont (Oise).
[13] Esbeliaus, situé sur la carte de Cassini au S. de Villers-le-Vicomte, à l'O. de Breteuil.
[14] Beauvais, chef-lieu du département de l'Oise.
[15] Beaumont-sur-Oise.
[16] Becrel est situé sur la carte de Cassini au S. de Péronne.
[17] Beronne est situé sur la carte de Cassini au S. d'Erquery.

FROIMONT. — Bertecourt[1] — Betencourt[2] — Blanc-Fossé[3] — Braella[4] —Brueres[5] —Bruolium[6] —Brunviler[7] —Bules[8] — Bus[9] — Bus-Menart[10] —Cailloay[11] —Camberona[12] — Cardinetum[13] — Carieres[14] — Charrons[15] — Cires[16] — Clarus-Mons[17] — Cosdunum[18] — Cormelles[19] — Courceles[20] — Condé[21] — Cocquessale[22] — Contoirre[23] — Donfront[24] — Esoviler[25] — Filerval[26] — Fay[27] — Fossathi-

[1] Berthecourt, canton de Noailles, arr.t de Clermont (Oise).
[2] Bethencourt, commune de Bailleval, canton de Liancourt (Oise).
[3] Canton de Crèvecœur, arr.t de Clermont (Oise).
[4] Bresles, canton de Nivillers, arr. de Beauvais (Oise).
[5] La Bruyère, canton de Liancourt, arr. de Clermont (Oise).
[6] Breuil-le-Vert, canton et arr. de Clermont (Oise).
[7] Brunvillers-la-Motte, canton de St.-Just en-Chaussée, arr. de Clermont (Oise).
[8] Bulles, canton et arr. de Clermont (Oise).
[9] Bus était situé près de Caillouel, hameau de Hermes.
[10] Le territoire de Bus-Ménart dépendait de Grandmesnil.
[11] Caillouel, hameau de Hermes, cant. de Noailles, arr. de Clermont (Oise).
[12] Cambronne-le-Clermont, canton de Mouy, arr. de Clermont (Oise).
[13] Le Cardonnois, canton et arr. de Montdidier (Somme).
[14] C'était le nom d'une vigne.
[15] Je n'ai pu retrouver l'emplacement de cette localité.
[16] Cires-les-Mello, canton de Neuilly-en-Thelle. arr. de Senlis (Oise).
[17] Clermont, chef-lieu d'arrondissement du département de l'Oise.
[18] Coudun, canton de Ressons, arr. de Compiègne (Oise).
[19] Cormeilles-le-Croq, canton de Crévecœur, arr. de Clermont (Oise).
[20] Courcelles, commune de Catenoy, canton de Liancourt, arr. de Clermont (Oise).
[21] Condé, commune de Rochy-Condé, canton de Nivillers, arr. de Beauvais (Oise).
[22] Coq-Sale, commune de Villiers-Adam, canton de l'Isle-Adam, arr. de Pontoise (Seine et Oise).
[23] Contoire, canton de Moreuil, arr. de Montdidier (Somme).
[24] Domfront, canton de Maignelay, arr. de Clermont (Oise).
[25] Ausanviller-en-Chaussée est situé sur la carte de Cassini à l'O. de Ganne et au S. O. de Quinquempoix.
[26] Filerval, commune de Thury-sous-Clermont, canton et arr. de Clermont (Oise).
[27] Fay, commune d'Agnetz, canton et arr. de Clermont (Oise).

boldi [1] — Fournival [2] — Franc-Chastel [3] — Fresmont [4] — FROIMONT.
Patella-Montis [5] — Gannes [6] — Goy [7] — Gratepanche [8] — Grosmenil [9] — Grosse-Selve [10] — Gondainuiller [11] — Harmes [12] — Haverchi [13] — Helles [14] — Herele [15] — Herberges [16] — Herquinviler [17] — Hinart [18] — Himbercourt [19] — Homblenose [20] — Hondain vile [21] — Husseria [22] — Ivri [23] — Jumeaus [24] — Kesneel juxta Sanctum Justum [25] — Kes-

[1] La Fosthibault est marquée sur la carte de Cassini au sud de Brunvillers-la-Motte.

[2] Canton de St.-Just-en-Chaussée, arr. de Clermont (Oise).

[3] Francastel, canton de Crévecœur, arr. de Clermont (Oise).

[4] Le Grand-Froidmont, situé près de l'abbaye sur les bords du Thérain.

[5] Le Mont de la Payelle, appelé aussi Mont de Froidmont, ou Mont de César, situé entre la Vieille-Abbaye, le petit Froidmont et Bailleu-sur-Thérain.

[6] Gannes, canton de St.-Just-en-Chaussée, arr. de Clermont (Oise).

[7] Gouy est situé sur la carte de Cassini au S. de Noyers-St.-Martin.

[8] Grattepanche est situé sur la carte de Cassini à l'est du petit Crévecœur, à l'ouest de Ferrières.

[9] Grandmesnil est situé sur la carte de Cassini au sud de Campremy, au nord de Wavignies.

[10] Ce territoire dépendait de Grandmesnil.

[11] Godenvillers. canton de Maignelay, arr. de Clermont (Oise).

[12] Hermes.

[13] Avrechy, cant. et arr. de Clermont (Oise).

[14] Heilles, cant. de Mouy, arr.t de Clermont (Oise).

[15] La Herelle, cant. de Breteuil, arr. de Clermont (Oise).

[16] Ce territoire était situé entre Erquinvillers, Cuignères et Argenlieu.

[17] Erquinvillers, cant. de St.-Just-en-Chaussée, arr.r de Clermont (Oise).

[18] Cette terre, qui portait le nom de celui qui s'en était dépossédé en faveur de l'abbaye, était située entre Plainval et la Fosthibaud.

[19] Je n'ai pu retrouver l'emplacement de cette localité.

[20] Ce territoire touchait à celui de la Fosthibaud.

[21] Houdainville, cant. de Mouy, arr.t de Clermont (Oise).

[22] La terre de Housserolle était située entre Bailleu-sur-Thérain et Hermes, sur le chemin de Beauvais.

[23] Ivry était situé près de Quinquempoix

[24] Je ne sais où est situé ce lieu; ce n'est pas dans tous les cas, Jumelles situé près de Breteuil.

[25] Quesnel-Aubry, cant. de Froissy, arr.t de Clermont (Oise).

FROIMONT.   neel juxta Goy [1] — Laverchines [2] — Legniviler [3] — Loncviler [4] — Lombus [5] — Louvencourt [6] — Lieuviler [7] — Malregart [8] — Mello [9] — Menin [10] — Mesnil de Malregart [11] — Mesnil apud Fossethiboldi [12] — Mesnil juxta Valescourt [13] — Mesengi [14] — Mooy [15] — Monci [16] — Mondidier [17] — Montegni [18] — Mollainnez [19] — Noentel [20] — Nongent [21] — Novavilla [22] — Noverast [23] — Nouroimont [24] — Oyri [25] — Paarmont [26] — Parisius [27] — Parfon-

[1] Quesnel n'existe plus.
[2] Laversines, cant. de Noailles, arr.t de Beauvais (Oise).
[3] Legniviller faisait partie du territoire de Gannes.
[4] Longvillers, commune de Noailles, arr.t de Clermont (Oise).
[5] Longbus est situé au S. de Moranvillers, à l'E. de Gannes.
[6] Louveaucourt est marqué sur la carte de Cassini au S. de Bailleval.
[7] Lieuvillers, cant. de St.-Just-en-Chaussée, arr. de Clermont (Oise).
[8] Mauregart, commune de Reuil-sur-Brèche, canton de Breteuil.
[9] Canton de Creil, arr.t de Senlis (Oise).
[10] Ville des Pays-Bas.
[11] Entre Mauregard et Reuil-sur-Brèche.
[12] Je n'ai trouvé aucune trace de ce lieu à côté de la Fosthibaud.
[13] Cant. de St.-Just-en-Chaussée, arr. de Clermont (Oise).
[14] Mesangny, commune de Villotran, cant. d'Auneuil, arr. de Beauvais (Oise).
[15] Mouy, canton de l'arr.t de Clermont (Oise).
[16] Mouchy-le-Chatel, cant. de Noailles, arr.t de Beauvais (Oise).
[17] Chef-lieu d'arrondissement du département de la Somme.
[18] Montigny, cant. de Maignelay, arr. de Clermont (Oise).
[19] Moislains, cant. et arr. de Péronne (Somme).
[20] Nointel, cant. de Liancourt, arr.t de Clermont (Oise).
[21] Nogent-les-Vierges, cant. de Creil, arr. de Senlis (Oise).
[22] La Neuville-en-Hez, cant. et arr.t de Clermont (Oise).
[23] Noroy, cant. de St.-Just-en-Chaussée, arr. de Clermont (Oise).
[24] Noiremont, cant. de Froissy, arr.t de Clermont (Oise).
[25] Orry, cant. et arr. de Senlis (Oise).
[26] Parmont était situé dans le territoire de Quevremont.
[27] Paris.

deval[1] — Pierrepont[2] — Plainval[3] — Plessie[4] —   FROIMONT.
Quarieres[5] — Ranteni[6] — Ressons super le mas[7] — Rohard[8] — Ruolium[9] — Sachi[10] — Sanctus-Dionysius[11] — Sanctus-Justus[12] — Sarnoy[13] — Senecourt[14] — Silvanectis[15] — Saint-Just[16] — Sains[17] — Touvoie[18] — Troussencour[19] — Tardonne[20] — Thoyri[21] — Valescourt[22] — Warti[23] — Verreria[24] — Wesomenil[25] — Vetus abbatia[26] — Vicinus locus[27] — Marquete église[28] — Kieure-

[1] Commune de la Boissière, cant. de Noailles (Oise).

[2] Cant. et arr. de Montdidier (Somme).

[3] Cant. de St.-Just-en-Chaussée, arr.t de Clermont (Oise).

[4] Le Plessier-Billebault, cant. de Mouy, arr.t de Clermont (Oise).

[5] Carrière est situé sur la carte de Cassini au N. O. de Thury, très-près de Filerval.

[6] Rantigny, cant. de Liancourt, arr.t de Clermont (Oise).

[7] Ressons-sur-Matz, cant. de Ressons, arr.t de Compiègne (Oise).

[8] Rohart dépendait du territoire de Quevremont.

[9] Reuil-sur-Brèche, cant. de Froissy, arr. de Clermont (Oise.)

[10] Sacy-le-Grand, cant. de Liancourt, arr.t de Clermont (Oise).

[11] Saint-Denis, chef-lieu d'arrondissement du départ. de la Seine.

[12] Saint-Just-en-Chaussée, arr.t de Clermont (Oise).

[13] Sarnois, cant. de Grandvilliers, arr.t de Beauvais (Oise).

[14] Senescourt, commune de Bailleval, cant. de Liancourt, arr. de Clermont (Oise),

[15] Senlis.

[16] Saint-Just-en-Chaussée, arr. de Clermont (Oise).

[17] Sains-Moranvillers.

[18] Ce territoire ne devait point être éloigné de Bresles

[19] Troussencourt, cant. de Breteuil, arr.t de Clermont (Oise).

[20] Therdonne, cant. de Nivillers, arr. de Beauvais (Oise).

[21] Thury-sous-Clermont, cant. de Mouy, arr. de Clermont (Oise).

[22] Cant. de St.-Just-en-Chaussée, arr.t de Clermont (Oise).

[23] Je n'ai pu retrouver l'emplacement de cette localité.

[24] La Verrière, cant. de Grandvilliers, arr.t de Beauvais (Oise).

[25] Wesomenil appartenait au territoire de Grandmesnil.

[26] Vieille abbaye.

[27] Voisin-Lieu, commune St.-Allonne.

[28] Marquéglise, cant. de Ressons, arr.t de Compiègne (Oise).

FROIMONT,

mont[1] — Pierrepont[2] —Contoirre[3] —Saint-Felix[4] — Grangia de Balliol[5] — Vinea du Seu[6] — Bos Morel[7] — Quarteria parva nostre Domine[8].

A la suite de chacun de ces noms, il y a un chiffre romain, qui renvoie au folio du grand cartulaire. Ajoutons que tous ces noms de lieux sont en rubrique sur les marges dans le courant du cartulaire.

ABBATIA.

F°. 2. Odo, episcopus Belvacensis, quicquid de feodo suo in terris, nemoribus, pascuis, pratis, aquis, decimis, acquisivimus vel acquirere poterimus, et omnia usuaria Braelle nobis perpetuo concessit. (S. d.)

— Aelidis, domina de Bullis [Bulles] et liberi sui dederunt nobis quandam partem nemoris de Hes, a ponte Harmis [Hermes] qui dicitur de Riu, ubi nemus incipit usque ad inicium, omnia usuaria nemorum suorum, videlicet Hes et Hostoi. (1136.)

— Ludovicus, rex Francie, abbatiam nostram cum appendiciis suis, ab omni potestate seculari deinceps emancipatam, plena libertate donavit, etc. (1137.)

— Radulfus, comes Clarimontis, dedit nobis in elemosinam, quandam partem nemoris de Hes, a via qua itur de Novavilla[9] ad Harmes, et a fossato abbatie usque ad viam qua itur de Harmis ad Belvacum. (1190.)

— Galterus, prepositus Harmiorum [Hermes], querelam quam habebat adversus nos, pro predicta parte nemoris, clamat nobis quitam. (1191.)

---

[1] Quevremont est situé sur la carte de Cassini au S. de Troussencourt.

[2] Commune de Pinchon, cant. de Noailles, arr.ᵗ de Clermont (Oise).

[3] Contoire, cant. de Moreuil, arr. de Montdidier (Somme).

[4] Cant. de Mouy, arr.ᵗ de Clermont (Oise).

[5] Bailleu-sur-Thérain, cant. de Nivillers, arr. de Beauvais (Oise).

[6] La vigne du Seu était située dans le territoire de Bailleu-sur-Thérain.

[7] Je n'ai pu retrouver l'emplacement de cette localité.

[8] A la suite de ce mot se trouve l'indication du f° IX (ancienne pagination), qui manque; par conséquent je n'ai eu aucun moyen de retrouver l'emplacement de cette terre.

[9] La Neuville en Hez.

— Domina Aelidis, uxor Radulphi, comitis Clarimontis, concedit nobis quicquid antecessores sui nobis elemosinaverunt, videlicet montanam, turam Harmarum et partem nemoris de Hes et de la Housere [1]. (S. d.)

— Katarina, comitissa Clarimontis, confirmat nobis eadem. (1192).

— Item, De eodem. (1192.)

— Item, super omnibus supradictis. (S. d.)

— Carta Theobaldi, comitis Clarimontis, de eodem. (1213.)

— Item, confirmat locum, in quo abbatia constructa est, et usuagia foreste de Hes et de la Houssiere et grangiam de Cormellis [2], et domum de Claromonte in vico sancti Andree. (1218.)

F°. 2. v°. Amicia, domina Brithulii [3], concedit et confirmat omnes elemosinas et libertates quas habemus a predecessoribus suis, videlicet apud Cormellas, Malregart, Goy, Grosmenil, Fossam Thibaldi, Halmes [4]. (1221.)

— Philippus, rex Francie, dedit in perpetuum nobis CCCLXXV arpennos nemoris in foresta de Hes. Nos, autem, pro hiis omnibus, quitavimus sibi totum usuagium quod in eadem foresta habebamus [5]. (1220.)

— Alfonsus, comes Clarimontis, et Matildis uxor ejus, promiserunt se tenere sub pena CC marcarum argenti quicquid abbas Ursicampi [6] et Dominus Matheus de Tria [7] et Th. de Cressonnessart [8], milites, de omnibus querelis quas adversus nos habebant, statuandum duxerint. [9] (1243.)

---

[1] Bois de la Houssière, situé dans la vallée au-dessous de Bailleu-sur-Thérain.

[2] Cormeilles-le-Crocq, canton de Crévecœur, arr. de Clermont (Oise).

[3] Breteuil, canton de l'arr. de Clermont (Oise).

[4] Cormeilles-le-Crocq, Mauregart, Gouy, Grandmenil, la Fosthibault et Hermes.

[5] Voy. à propos de cette pièce la note 2 de la page 297 de ce volume.

[6] Abbaye d'Ourscamp.

[7] Trie-Château, canton de Chaumont en Vexin, arr. de Beauvais (Oise).

[8] Cressonnessart, cant. de St.-Just-en-Chaussée, arr. de Clermont (Oise).

[9] Ils pouvaient chasser toutes les bêtes dans la forêt de Hez, à l'exception des écureuils et des cerfs.

FROIMONT.

F°. 3. Radulfus, comes Clarimontis, dedit domino Petro de Monstiers [1], militi, usuagium accipiendi mortuum nemus in foresta de Hes, etc. (1225.)

— Gossuinus, miles de Menin [2], quitavit nobis pedagium de Menin. (1223.)

— Ludovicus major, rex Francie, concessit nobis multa privilegia. (1235.)

— De pace facta inter nos et homines de Braella, super terra vivarii. Verumtamen concessimus ipsis hominibus ut possint, tempore glaciali, herbam et harundines ibidem secare et apostare. (1217.)

F°. 3. v°. Acte par lequel, à propos d'une bature ou navrure, on voit que l'abbaye de Fresmont avait le droit de justice *en une voierie et quemin qui vient d'un lieu que on dit le quemin du Greilg de Breelle en venant à Fresmont-le-Ville*. (1348.) En français.

F°. 4. Heremite veteris abbatie, concessione Petri de Ballolio [3] à cujus feodo manebant, dederunt nobis omnem possessionem suam. Item, predictus P. de Ballolio nobis dedit quasdam terras prope domum dictarum heremitarum et inter Fontem Alarici et terram Rogeri, etc. (1136.)

— Galterus, filius fratris Willelmi conversi, cognomento infantis de Monchi, dedit nobis terram ibidem jacentem que vocatur terra Rogeri. [4] (1142.

— Johannes de Calceia, de Ballolio, nobis dedit medietatem quarumdam vinearum apud Fresmont (1153.)

— Segaudis de Ballolio dedit nobis quicquid habebat in torculario et roagio de Fresmont et de Delimont. Johannes, filius ejus, nobis dedit medietatem alneti quod dicitur Bernardi et medietatem nemoris de Elincourt [5] etc. (1170.)

— Gregorius, senior de Ballolio, miles, dedit nobis quartam partem decime vinearum quas acquisieramus in

---

[1] Montiers, canton de St.-Just-en-Chaussée, arr. de Clermont (Oise).

[2] Ville des Pays-Bas.

[3] Bailleu-sur-Thérain, canton de Nivillers, arr. de Crévecœur (Oise).

[4] Il y a en note : Hæc terra sita est juxta vallem Hersendis, supra pontem Calceie de Braele.

[5] On voit par la première pièce du f.° 6, que le bois d'Elencourt éta situé près de Hermes.

territoriis de Fresmont et de Delimont, et totum censum, quicquid habebat a parte Fontis Alerici usque ad nemus Reneri, alium Bernardi, et totam patelam montis de Fresmont.[1] (1175.)

— Idem Gregorius dedit nobis quicquid juris habebat tam in planicie montis de Fresmont et in lateribus ejusdem montis a valle Hersendis usque ad rogum Ballolii[2], quam in novellis plantis. (1184.)

— Radulfus, major de Bresle, dedit nobis quicquid juris habebat in patella montis de Fresmont. (1186.)

— Carta P. de Fercherolles[3], Odonis de Calceia et Odonis de Moineville[4], de eodem. (1185.)

— Odo de Moineville nobis dedit omnem decimam vinearum quas possidebamus in decimatione Ballolii, et quoddam pratum quod appellatur *Pratum Tescein*. (1175.)

F°. 5. Gregorius, senior de Ballolio, nobis dedit partem nemoris sui quod est juxta veterem abbatiam in monte de Fresmont, etc. (1186.)

— Haimericus de Ballolio quitavit nobis duos modios frumenti et unum modium avene. (1189.)

— Margareta, soror domini Gregorii, senioris de Ballolio, nobis dedit unum modium frumenti. (1183.)

— Item predicta Margareta nobis dedit quartam partem totius majoris et minoris decime de Ballolio. (1186.)

— Carta filiorum ejusdem Margarete, de eisdem. (1195.)

— Canonici de Monchi, Petrus de Ballolio et Hugo de Calceia dederunt nobis majorem decimam unius carrucature terre[5] site apud Ballolium. (S. d.)

F°. 5 v°. Canonici de Monchi dederunt nobis medietatem decime bladi et vini quam habebant in majori decima de Ballolio, etc. (1202.)

— Henricus Chotars nobis quitavit querelam quam habebat adversum nos super quodam alneto sito juxta rivulum de Viccole apud veterem abbatiam, quod Radulfus, comes Clarimontis, nobis donaverat. (1192.)

[1] Voy. pour le mont de la Payelle la note 5 de la page 307.

[2] Il y a en note : Vulgo appellatur le viel Be.

[3] Fouquerolles, canton de Nivillers, arr. de Beauvais (Oise).

[4] Mogneville, canton de Liancourt, arr. de Clermont (Oise).

[5] Il y a en note : Hec terra vocatur pratum de Calceia et est sita ultra vivarium de Rochi (Rochi-Condé).

FROIMONT.

— Radulfus, comes Claromontis, nobis dedit partem suam de la Housserole [1]. (1190.)

— Nevelo, miles de Plesseio [2], cognomento pauper, iturus Iherosolimam, dedit nobis quartam partem nemoris quod dicitur Husseria, item partem suam alneti que est juxta illum rivulum quod vocatur Wisceole. (1190.)

— Confirmatio Simonis, fratris Nevelonis, de eodem. (1196.)

— Robertus de Tornella [3], junior, de consensu et voluntate domini Symonis de Dargies [4], militis, dedit nobis in Husseria juxta nemus quod ibidem autem habebamus XXXIII arpenna et dimidium cum fundo terre [5]. (1225.)

F°. 6. Simon d'Alli sive de Clermont, miles, dedit nobis totam illam partem que erat juxta nemus nostrum versus Harmes, sicut mete demonstrantur. Ipse vero sibi retinuit totam aliam partem nemoris Husserie et alnetum que sunt versus Ballolium, sicut mete similiter demonstrantur, et II petias nemoris, quarum una dicitur la Housserole [6] sita juxta iter Belvaci, sicut itur de Ballolio ad Harmes, altera sita est inter nemus de Elincourt et Harmes. (1237.)

— Gertrudis de Bullis hanc donationem confirmavit. (1237.)

— Idem Symon vendidit nobis totam predictam partem suam Husserie, sitam inter Ballolium et Harmas, item omnia prata sua [7] site inter Villare sancti Sepulcri [8] et Tharam [9], item totam culturam suam, sitam inter Bertecourt [10] et pontem Harmarum. (1237.)

[1] On voit par la pièce du f.° 6 que le bois de la Housserolle bordait le chemin de Beauvais, entre Bailleu-sur-Thérain et Hermes.

[2] Le Plessier Billebault, canton de Mouy, arr. de Clermont (Oise).

[3] Je n'ai pu retrouver l'emplacement de cette localité; à moins que ce ne soit Tournelle, commune de Plailly, cant. et arr. de Senlis (Oise).

[4] Dargies, canton de Grandvilliers, arr. de Beauvais (Oise).

[5] Le rédacteur du cartulaire cite en note quatre actes relatifs au même sujet.

[6] Il y a en note : Husserole que Broche de Buls apellatur.

[7] Il y a en note : Prata vocantur le Broil.

[8] Villers-St.-Sépulcre, canton de Noailles, arr. de Beauvais (Oise).

[9] Le Therain, rivière.

[10] Berthecourt, canton de Noailles, arr. de Beauvais (Oise).

— Idem Symon concessit nobis ut possimus emendare et meliorare terram prefatam. (1236.) FROIMONT.

— Confirmatio de eodem (1237.)

— Confirmatio Symonis de Dargies, de eodem. (1237.)

— Guillelmus de Mello, nobis dedit duos modios frumenti, ad faciendas ostias, sumendos annis singulis in molendino suo de Ballolio, etc. (1290.)

— Guillelmus, clericus, dominus de Mello, dedit nobis LX solidos parisienses sumendos ad traversum de Bulis apud Ballolium. (1202.)

F°. 6. v°. Radulfus, major de Braele, dedit nobis unum pratum vicinum domui nostre. (1152.)

— Idem Radulfus quitavit nobis omnes querelas, que erant inter nos et ipsum, et quamdam terram [1] que est juxta parcum veteris abbatie, quam dicebat esse in usum hominum de Fresmont-le-Vile, item concessit nobis quitum et liberum rivulum quod currit per abbatiam, et partem nemoris que est juxta veterem abbatiam, juxta viam que ducit ad Fontem Alarici. (1191.)

— Radulfus, major de Braele, miles, vendidit nobis dimidium modium avene quem debebamus annuatim ei pro patella montis de Fresmont, pro LX solidis parisis (1222.)

— Radulfus Sarrazin, de Fresmont, dedit nobis omnia mobilia et immobilia sua, apud Fresmont, au Quarrel [2] in valle Hersendis, apud Mares. (1225.)

F°. 7. Radulfus de Grantviler [3], miles, dedit nobis unum denarium censuale. (1218.)

— Guillelmus Boutelliers de Fresmont-le-Vile, vendidit nobis, unum pratum situm inter villam de Fresmont et abbatiam nostram. (1225.)

— Idem Guillelmus vendidit nobis XXXIV denarios censuales, super vineam suam de monte. (1235).

— Guillelmus de Mares vendidit nobis unum pratum situm inter villam de Fresmont et abbatiam nostram. (1225.)

— Idem Guillelmus nobis quitavit quicquid juris habebat in pluribus vineis etc. (1236.)

---

[1] On lit dans la note : parcum veteris abbatie, in quo jumenta solent includi.

[2] Il y a en note : Quarrel, id est Graveliere.

[3] Grandvilliers, canton de l'arr. de Beauvais (Oise).

FROIMONT. — Radulfus de Fouquerolles, miles, vendidit nobis totum feodum, quod Guillelmus de Mares tenebat ab eo apud Fresmont-le-Vile et alibi. (1236.)
— Confirmatio de eodem. (1236.)
— Confirmatio de eodem. (1236.)
— Johannes de Mares, dedit nobis unam petiam terre, sitam juxta terram secus vetus vivarium, etc. (1229.)

F°. 7. v° Odo, de Braele, dedit nobis quasdam vineas et terras, in loco de le Horne, in loco q. d. de quercu, in l. des perreus, super curtillum de Barra Lochart. (1187.)

— Petrus de Fournival [1] vendidit nobis quartam partem duarum petiarum terre, quarum una sita est in nodo et noa [2] de Ballolio, inter Tharam et Huseriam, altera sita au bus Aubergot. (1225.)

— Gervasius Patin, de Braella, dedit nobis unum pratum situm super Tharam. (1234.)

— Radulfus Turgot de Fresmont vendidit nobis duas pecias vinee sitas juxta semitam vinearum nostrarum apud Fresmont. — (1227.)

— De eodem. — (1227).

— Andreas Horsart, de Fresmont, et Fressendis, uxor ejus, nobis dederunt omnia mobilia et immobilia sua. — (1230.)

— Garnerius Trousseaus et Radulfus de Braella, miles, diu querelati, sunt fratres nostri super hospitagio Roberti Guli de Fresmont, dicentes ipsum Robertum esse hospitem suum. (S. d.)

— Post ea, idem Robertus confessus est, quod domum suam de Fresmont le vile, ad censum tenebat de abbatia Frigidimontis. (S. d.)

F°. 8. Guillelmus, filius Albini, de Ballolio, vendidit nobis unum pratum situm apud Fresmont le vile, in loco qui dicitur vinea dou sautoir. Item Ermengardis Boscage de Fresmont vendidit nobis unum pratum situm apud Fresmont. — (1234.)

— Robertus de Capite ville, cognomento Grollier, nobis dedit unum modium vini de pede calido capiendum super vinea que vocatur vinea de cruce. — (1234.)

---

[1] Canton de St. Just en Chaussée, arr. de Clermont (Oise).
[2] Il y a en note : *noa sive nodus.*

— Garnerus Trousseaus, Girardus de Seins [1], Gregorius de Campo Remigii [2], milites, dederunt nobis quidquid juris ipsi vel eorum homines habebant, in rivulo qui currit extra abbatiam nostram. Mulieres vero de Fresmont le vile, post ultimam metam que posita est subtus pontem, poterunt omni tempore in dicto rivo pannos lavare, canabum et linum roitare et alias honestas esancias habere, etc., etc. — (1234.)

F°. 8 v°. Gregorius de Campo Remigii, Girardus de Sains, milites, molestaverunt nos pro quodam nemore, quod Petrus de Baillolio, anglicus, nobis elemosinavit, et est situm apud veterem abbatiam; tandem officialis Belvacensis adjudicavit per sententiam nos prefatum nemus possidere libere et in feodo Ballolii. — (1242.)

— Gregorius de Campo remigii, miles, dedit nobis in elemosinam unum pratum apud Ballolium, quod emerat ab Henrico de Borrenc, totum manerium suum de Bollolio, xl minatas terre et nemoris apud Campum Remigii, quod emerat à Ph. domino de Noiers [3], milite, et quintam partem totius hereditatis sue, etc. — (1232.)

— Guillelmus de Mares, de Fresmont, vendidit nobis campartum, dominium et omne jus quod habebat in quadam terra sita ad spinam de Canix. [4] — (1238.)

— Quum deberemus domino Symon de Campo Remigii, militi, v solidos et I denarium de censu, diversis terminis pro vineis et terris quas ab eo tenemus, apud Fresmont, apud Harmes et apud Calloay [Hermes et Cailloel], ipse concessit nobis ut de cetero reddamus prefatum censum in similiter sine emendis. — (1244.)

F°. 9. Officialis Belvacensis condempnavit abbatiam de Flay [5] ad restituendas nobis decimas quarumdam terrarum et vinearum sitarum in territorio de Goherval apud Tardonam [6]. — (1244.)

---

[1] Sains-Moranvillers, canton de Maignelay, arr. de Clermont (Oise).

[2] Campremy, canton de Froissy, arr. de Clermont (Oise).

[3] Noyers-St.-Martin, canton de Froissy, arr. de Clermont (Oise).

[4] Il y a en note « Hec terra dicitur serva. »

[5] St.-Germer de Fly.

[6] Therdonne, canton de Nivillers, arr. de Beauvais (Oise).

FROIMONT. — De quodam famulo nostro per quemdam monachum monasterii nostri necato.[1] — (1337.)

— Hersendis, domina de Ballolio, dedit nobis iv minas bladi capiendas in quodam camparto suo de Laverchines[2]; Domina Aelidis dedit nobis dimidium modium bladi; Dominus Haumericus, dedit nobis unum modium vini capiendum in vinea dou Seu. — (1245.)

— Gregorius de Campo Remigii, miles, nobis dedit duo arpenta vinee, site in Delimont. Garnerus de Fiere vile et Manasserus de Hes[3] hanc elemosinam confirmaverunt. (1245.)

F° 9 v°. Guillelmus de Bernolio,[4] de eadem vinea. — (1245.)

— De uno arpento vinee site in Delimont nobis dato à Bartholomeo Testart, burgensi Clarimontis. — (1248.)

— Petrus, vavassor de Braele, nobis dedit partem quam habebat in quadam petia nemoris quod vocatur nemus de Crotoy, situm super Fontem Alerici. — (1244.)

— Renerus de Calceia, vendidit nobis xv denarios censuales quos habebat super terram que vocatur Patella montis. — (1252.)

— Girardus de Seins, miles, quitavit nobis xiv minas bladi quas debebamus annuatim apud veterem abbatiam, item vii quartas vini in pressorio nostro de Fresmont. — (1252.)

— Johannes, Villanus de Harmis, nobis quitavit querelam quam habebat adversum nos super quodam alneto sito juxta veterem abbatiam.[5] — (1250.)

— Approbatio alte justicie Frigidi montis ville. — (1356.)

— Informatio facta pour le fait du Greeilg de Braelle. — (1348.)

— De sententia et ordinatione compromissi pro justitia viarum et semitarum ville Frigidimontis et patelle montis. — (1323.)

---

[1] Cette notice est écrite en caractères du xive siècle.
[2] Laversines, canton de Nivillers, arr. de Beauvais (Oise).
[3] Hez est situé sur la carte de Cassini à l'O. de Villers-St. Sépulcre.
[4] Berneuil, canton d'Auneuil, arr. de Beauvais (Oise).
[5] Cette notice est répétée au bas du f° 11.

—Reginaldus de Fremincourt [1], armiger, ratificat approbando v minas bladi annui redditus super terram suam de Conde.[2] — (1365.)

Harmes.[3]

F°. 10. Aelidis, Domina de Bules, nobis dedit quicquid in dominio possidebat in montana terra Harmarum.— (1136.)

— Monachi de Vilers, dederunt nobis duas partes majoris decime montis Harmarum. — (1134.)

— Canonici sancti Mychaelis Belvacensis nobis dederunt tertiam partem majoris decime quam pertinebat ad eos in terra montis Harmarum —(1134.)

— Galterus, prepositus Harmarum, dedit nobis duas terrulas in monte Harmarum, etc. — (1191.)

— Henricus Chotars quitavit nobis omnem viariam et omnem illam justitiam que vulgo dicitur *Vicontez*, utcumque illam clamabat, excepta via publica, que vulgo dicitur *Roiaus chemin*, etc. — (1192.)

— Vualo de Grant Vile [4], miles, vendidit nobis quicquid habebat in molendino de Harmes. — (1205.)

— Radulfus, comes Clarimontis, quitavit nobis III denarios de censu quos debebamus ei pro prato Matildis Melliere. — (1190.)

—Guillelmus, dominus de Mello [5], de eodem.—(1190.)

— Renaldus de Balegni [6] vendidit nobis quicquid habebat in molendino de Harmis. — (1210.)

— Johannes de Moy [7] confirmavit hanc venditionem.— (1216.)

— Johannes de Moy vendidit nobis IV modios bladi

---

[1] Framicourt est un hameau de Ponchon, canton de Noailles, arr. de Beauvais (Oise).

[2] Ces quatre dernières pièces sont écrites en caractères du xv° siècle.

[3] Territorium Harmarum. Auj. Hermes, canton de Noailles (Oise).

[4] Granville, écart du territoire de Hermes.

[5] Canton de Creil, arr. de Senlis (Oise).

[6] Balagny-sur-Therain, canton de Neuilly-en-Thelle, arr. de Senlis (Oise).

[7] Mouy, canton de l'arr. de Clermont (Oise).

FROIMONT.

quos habebat annuatim in molendino de Harmis. — (1219.)

F°. 10 v°. Confirmatio Guillelmi de Follenges [1], militis. (1219.)

— Confirmatio Drogonis de Moy. — (1219.)

— Agnes, uxoris Johannis de Moy, de eodem. — (1219.)

— Nevelo de Insula vendidit nobis dimidium modium molture, in molendino de Harmis. — (1225.)

— Symon Faber, de Harmis, dedit nobis terciam mensuram vini totius plante de Fossa.[2]

— De eodem. — (1218.)

— De eodem. — (1218.)

— Renaldus Morel, de Harmis, vendidit nobis quamdam terram sitam juxta nemus nostrum de Betonval. — (1219.)

— Johannes de Moy confirmavit venditionem Odonis Moreaus, III quartariorum terre sementis, site apud Mesieres. — (1221.)

— Petrus et Radulfus, filii Adonis Morel, vendiderunt nobis IV minatas terre sementis apud Mesieres. — (1221.)

F° 11. Petrus Faber, de Harmis, vendidit nobis quamdam vineam sitam apud Harmas, sitam juxta quarreriam in pede montis. — (1221.)

— De quadam terra nobis vendita ab Henrico, filio Johannis Clerici de Harmes. — (1222.)

— Ursio de Sonions, cognomento Coipel, quicquid de feodis suis acquisivimus, nobis concessit. Item, quitavit nobis querelas quas habuit adversum nos, pro quadam vinea que vocatur Couve, pro terris que vocantur Herbenpre, Faucille, Vallis Hermanni, pratellum de Riu et de le Sauchele. — (1229.)

— Carta Aelidis, uxoris prefati Ursionis, que nobis concessit omnia que acquisivimus apud Harmas. — (1239.)

— Johannes Villanus, de Harmis; quitavit nos de omnibus querelis, et maxime de illa quam moverant contra nos, super quadam petia terre site juxta molendinum nostrum de Harmis, in quo quidem noster conversus planta-

---

[1] Foulanges, canton de Neuilly-en-Thelle, arr. de Senlis (Oise).
[2] Le rédacteur du cartulaire ajoute : « *De hoc non habuimus cartam.* »

verat salices. Item, super quodam alneto sito juxta veterem abbatiam, item super tribus quarteriis vinee site in larrico de Fay. — (1230.)

— Simon Jordain concessit nobis iv denarios de censu, quos Petrus, clericus de Harmis, avunculus ejus, nobis quitaverat, super pratum de ponte Lohorenc. Item concessit elemosinam quam idem Petrus fecit nobis super pratum de Riu. — (1232.)

F°. 11 v°. Johannes, major de Harmis, dedit nobis unam vineam que vocatur Erquemondain, sitam apud Harmes juxta crucem peregrini, etc. — (1233.)

— De eodem. — (1233.)
— De eodem. — (1234.)

— Henricus, clericus de Harmis, vendidit nobis viii denarios de censu, super terra que vocatur la Sauchele. Item dedit nobis iii denarios de censu apud Corbincamp, etc. — (1234.)

— Johannes, major de Harmis, recognovit quod totum pratum de Fossa Aveline, situm inter Harmas et Ballolium, de quo possidemus unam partem, debet termino vi solidos de censu etc. — (1235.)

— Petrus de Valle, Arnulfus de Boulongne, et ceteri de Bertecourt, vendiderunt nobis duos arpennos prati, juxta pratum dou Broil. — (1236.)

— Hanc venditionem concessit dominus Manasserus pauper, dominus de Hes. — (1237.)

— Beatrix, relicta Haimardi Boschart, vendidit nobis duas pecias terre apud le Sauchele. — (1237.)

— Drogo, medicus de Harmis, nobis dedit duas pecias terre, infra nemus nostrum inter Harmes et Betonval, quorum una dicitur Gohouignes et altera, avesna de Himbercourt. — (1237.)

F°. 12. Renaldus de Cochegnicourt [1], miles, de eodem. — (1237.)

— Renaldus, carpentarius de Harmis, vendidit nobis unam petiam terre, juxta nemus nostrum de Betonval, que terra vocatur Gohoignes juxta avesnam Martini. — (1237.)

---

[1] Coussenicourt est situé sur la carte de Cassini au N. d'Ully-Saint-Georges.

FROIMONT.
— Guillelmus de Braithol [1], dictus d'Angi [2], vendidit nobis totum pratum, inter pratum dou Broil et Tharam. — (1238.)

— Emelina, relicta Renaldi de Insula [3], vendidit nobis terram in latere montis Harmarum sitam juxta nemus nostrum, versus Betonval. — (1238.)

— De eodem. — (1238.)

— Robertus au Bribans vendidit nobis unam petiam terre, juxta nemus nostrum de Betonval, que dicitur Rogavesne. — (1238.)

— Johannes Choyns, de Harmis, vendidit nobis II petias terre, sitas juxta nemus nostrum de Betonval, quas tenebat de domino Renaldo de Cochegnicourt. — (1247.)

— Gervasius Baudeloque quitavit nobis quicquid juris habebat in una pecia terre sita inter clausum nostrum de monte Harmarum et pressorium de Bulis, supra Betonval. (1251.)

F°. 12 v°. Guillelmus, filius quondam Nicholai de Rochi, vendidit nobis unum denarium de censu quem debebamus ei super quamdam terram, in territorio Harmarum, juxta vineam de Bulis, et unum alium denarium, super vineam dou Re, etc. — (1252.)

— Petrus de Grandivilla vendidit nobis VI denarios census quos debebamus pro terra sita juxta Gohoignes — (1252.)

— Drogo Grimout vendidit nobis quamdam vineam sitam inter duos martroies, juxta pressorium de Bulis. — (1239.)

BRAELLE, TOUVOIE.

— Henricus, li cointes de Condé [4], vendidit nobis quicquid habebat in censu vinearum que fuerunt Reneri de Bragella [5], in territorium de Touvoie [6] sitarum. — (1257.)

---

[1] Bretheuil ou Brethel est un écart au Nord de Berthecourt, canton de Noailles, arr. de Beauvais (Oise).

[2] Angy, canton de Mouy, arr. de Clermont (Oise).

[3] L'Ile-Adam, arr. de Pontoise (Seine-et-Oise).

[4] Rochy Condé.

[5] Bresle, canton de Nivillers, arr. de Beauvais (Oise).

[6] Ce territoire touchait probablement celui de Bresles.

Callouay. Bus.

F°. 13. Simon Pauper[1] de Hes, miles, dedit nobis unum modium vini capiendum in clauso Joscelini apud Calloay[2] et xxii sextarios et unam quartam vini in vineis Emeline de Monchi[3], Nevelonis de Insula, Lanton dou Bus, Gregorii fratris ejus, Johannis de Poncon[4], Henrici dou Bus, Gadre de Harmis, et Aveline. — (1220.)

— Idem Simon dedit nobis dimidium modium vini capiendum in clauso suo dou Bus. (s. d.)

— De causa inter nos et Manasserum, filium predicti Simonis, super ventas predictarum vinearum. — (1238.)

— Ansoldus de Monchi dedit nobis xii den. de censu et pressoragium et rotagium et omne aliud jus, quod habebat in quadam petia vinee site apud Calloay super vicum Velenoise. — (1238.)

— De eodem. — (1244.)

— Johannes filius quondam domini Bernardi de Insula, militis, dedit nobis unum modium vini. — (1241.)

— Manasserus de Hes, miles, iturus Hierosolimam, dedit nobis unum quarterium vini capiendum annuatim in vinea sua dou Bus. — (1248.)

— De eodem. — (s. d.)

Bertecourt.[5]

F°. 14. Isabella, domina de Faïello[6], dedit nobis duas minatas frumenti capiendas super terram suam de Fossa, in parrochia de Bertecourt. — (1230.)

— De eodem. — (1238.)

---

[1] Il avait probablement reçu ce surnom de sa nombreuse famille, car dans cet acte on voit qu'il avait huit enfants.

[2] Caillouel est un écart à l'Est d'Hermes, canton de Noailles, arr. de Beauvais (Oise).

[3] Mouchy-le-Chatel, canton de Noailles, arr. de Beauvais (Oise).

[4] Il y a en note Ponchon. Aujourd'hui Ponchon, canton de Noailles, arr. de Beauvais (Oise).

[5] Berthecourt, canton de Noailles, arr. de Beauvais (Oise).

[6] Fayel est un écart de Cauvigny, canton de Noailles, arr. de Beauvais (Oise).

FROIMONT. — Escambiamus terras de Berthecourt cum nobili Evrardo de Sancto Medardo, clerico et buticulario Belvacensi. Itaque, pro predictis terris, nobis tradidit quartam partem ville, cum appendiciis Hermarum, cum dominio et justitia totali. — (1352.)

Fay prope Saint-Felis.[1]

— Possumus hospites de Fay convocare ad placita in monasterio. — (s. d.).
— Sententia pro justitia et scala de Fay. — (1331.)
— Executoria dicte sententie. — (1331.)
— Instrumentum regale, de eodem. — (1331.)

Longviler.[2]

— Juliana, soror domini Theobaldi, militis de Faïello, relicta Manasseri de Spina, militis, dedit nobis duas minas frumenti, capiendas super campartum suum de Longovillari. — (1230.)

Houdainville.

— De duabus minis bladi super molendinum de Houdainville[3]. — (1244.)
F°. 14 v°. Eustachius de Hes, miles, profecturus cum fratri suo Manasseri de Hes Iherosolimam, dedit nobis unum quarterium vini annui redditus, capiendum super census suos de Houdainville. — (1248.)
— De IV minis bladi super molendinum de Houdainville. — (1352.)

Fay.[4]

— Guido d'Atainvile[5], miles, quitavit novis VI denarios quos debebamus ei in vindemiis, de tertia parte unius quadrigature. — (1204.)
— Idem Guido concessit nobis, pro VIII sextariis vini sibi annualim reddendis, quasdam portiones terrarum et vinearum, in valle Haimonis, in territorio quod vocatur Fas-

---

[1] Fay-sous-Bois, commune de Saint-Félix, arr. de Beauvais (Oise).
[2] Longvillers, commune de Noailles, arr. de Beauvais (Oise).
[3] Houdainville, canton de Mouy, arr. de Clermont (Oise).
[4] Le même que Fay-sous-Bois.
[5] Attainville, canton d'Écouen, arr. de Pontoise (Seine-et-Oise).

cie, apud Pierrekiers, in vinea Alardi, et quoddam pratum super Tharam. — (1213.)

— Idem G. dedit nobis unum modium vini capiendum annuatim in vindemiis, in clauso suo de Fay. — (1228.)

F°. 15. Monachi sancti Luciani Belvacensis dederunt nobis quidquid habebant apud Fay. — (s. d.)

— Beatrix, relicta Petri Lupi, quitavit nobis unum modium vini apud Fay. — (1222.)

— Johannes de Vilers [1] dedit nobis unum arpennum vinee situm in valle de Fay. — (1229.)

— Johannes, villanus de Harmis, quitavit nobis querelam quam habebat adversum nos super III quarteriis vinee sitis in larrico de Fay. — (1230.)

— Ansoldus de Mellein [2] vendidit Allelmo, majori de Sancto Felice [3], II arpennos et dimidium vinee et IV minas terre sementis, sitos in valle de Fay. — (1221.)

— Allelmus memoratus dedit nobis hanc vineam. — (s. d.)

— De eodem. — (1231.)

— Gervasius de Milli [4], miles, quitavit et confirmavit nobis quicquid juris et dominii habebat in vineis que fuerunt Ansoldi de Mellein, etc. — (1233.)

— De eodem. — (1235.)

F°. 15 v°. Robertus Floris concessit et quitavit nobis vineam unam apud Fay. — (1236.)

— Beatrix, domicella de Busencourt [5], dedit ecclesie nostre, ubi suam elegit sepulturam, quintum tocius hereditatis sue. (1239.)

— Odo de Busencourt vendidit nobis totum feodum quod tenebat à Matheo Mangeraut. — (1243.)

— Carta Johannis d'Atainvile. — (1243.)

— Petrus Floris, de Claromonte, dedit nobis unam petiam vinee sitam apud Fay. — (1246.)

— Vuiardus de Fay, burgensis de Claromonte, quitavit

---

[1] Villers-Saint-Sépulcre, cant. de Noailles. arr. de Beauvais (Oise).

[2] Peut-être Molliens-en-Beauvaisis, canton de Formerie, arr. de Beauvais (Oise).

[3] Saint-Félix, cant. de Mouy, arr. de Clermont (Oise).

[4] Milly, cant. de Marseille, arr. de Beauvais (Oise).

[5] Bizancourt, commune d'Avrechy, cant. et arr. de Clermont (Oise).

FROIMONT.

nobis IV denarios censuales quos debebamus ei annuatim super quamdam vineam sitam apud Thoyri.[1]—(1237).

— Johannes, miles, dominus de Moy, dedit nobis VII solidos et dimidium annuatim capiendos in censibus quos habet apud Fay. — (1254.)

VERRERIA.[2]

F°. 16. Allelmus de Balegni, miles, dedit nobis quicquid ad cum pertinebat in loco qui vocatur vallis Verrerie. Item Hersendis de Cressonnessart dedit nobis aliam medietatem. — (1151.)

— Ingerrannus, miles, dominus de Tria, dedit nobis unam quarrugatam terre, in monte Sancti Felicis, prope grangiam Verrerie. — (1177.)

— Basilia prefata, soror domini Guillelmi de Mello, senioris, dedit nobis unam quarrugatam terre in monte Sancti Felicis. — (1177.)

— De eodem. — (1190.)

— Abbatia sancti Luciani Belvacensis movit quamdam querelam adversus nos super duabus decimationibus, videlicet in monte de Thoiri et de Sancto Felice. — (1177.)

— Petrus, major de Sancto Felice, iturus Iherusalem, quitavit nobis in perpetuum duas minas avene quas ei debebamus annuatim apud Verreriam. — (1190.)

— Balduinus, miles de Moustiers, filius quondam domini Bernardi de Moustiers, dedit nobis quicquid redditus, juris et dominii habebat in territorio grangie de Verreria. (1191.)

— Petrus de Moustiers, miles, dedit nobis totum campartum et quicquid juris sive justicie habebat in omnibus terris quas tenebamus sub ejus dominio apud Verreriam, etc. — (1237.)

F°. 16 v°. De eodem. — (1237.)

— Robertus de Toiri, canonicus Belvacensis, dedit nobis masuram suam quam habebat apud Toiri. — (1191.)

— De uno modio vini apud Filerval[3]. — (1358.)

---

[1] Thury-sous-Clermont, cant. de Mouy, arr. de Clermont (Oise).

[2] La Verrière est situé sur la carte de Cassini au N. de Thury-sous-Clermont, sur les limites de la forêt de Neuville-en-Hez.

[3] Filerval est situé sur la carte de Cassini au S. de Verrière, au N. de Thury.

— De ii peciis vinearum juxta viam au Chevalier. — (1361.)

— De ii modiis avene ad mensuram Clarimontis.

— Dominus Guillelmus de Melloto legavit nobis duos modios bladi capiendos in molendinis de Bullis, item LX solidos super traversum de Bailleu [1], item unum modium vini capiendum in vineis de Karieres [2]. — (s. d.)

— Charte de Regnault de Mongroisin, chevalier, seigneur de Baillegny-les-Moy [Balagny-sur-Therain], relativement au délai que lui ont donné les moines de Froidmont, pour deux muids qu'il leur devait.[3] — (21 avril 1370.) En fr.

Balegni [4]. Troussencourt [5]. Himbercourt.

F°. 17. Radulphus, dominus de Balegni, miles, dedit nobis unum modium frumenti ad mensuram de Monchi, sumendum apud Troussencourt. et ii modios vini apud Balegni. — (1191.)

— Radulphus, miles, de Grantviler [6], dedit nobis unum modium frumenti ad mensuram de Monchi, medietatem super terram suam de Troussencourt et medietatem super terram suam de Himbercourt. — (1218.)

— De eodem. — (1229.)
— De eodem. — (s. d.)

F°. 17 v°. Galterus, miles, dominus de Moy, concessit nobis quicquid de feodo suo tenebamus. — (1188.)

— Iterum, idem Galterus dedit nobis quarreriam de Genvile, ab illo loco ubi nostra quarriera desinebat, usque ad nemus vicinum. — (1190.)

---

[1] Bailleu sur Therain.

[2] Carrière est situé sur la carte de Cassini au N.-O. de Thury, très-près de Filerval.

[3] Charte entière.

[4] Balagny-sur-Therain, canton de Neuilly-en-Thelle, arr. de Senlis (Oise).

[5] Canton de Breteuil, arr. de Clermont (Oise).

[6] Grandvilliers-aux-Bois, canton de St-Just-en-Chaussée (arr. de Beauvais (Oise).

FROIMONT.

— Guillelmus de Alonnete, miles, dedit nobis II modios vini. — (1220.)

— Johannes, miles, dominus de Moy, dedit unum modium vini albi, super census de Trie. — (1349.)

— Carta de v modiis vini annui redditus super decimas vinearum de Moy. — (s. d.)

MONCHI [1].

F° 18. Odenia, domina de Monchi, dedit nobis XL solidos annuatim percipiendos in censibus suis de Monchi, item III modios vini in censibus de Helles [2] et de Courceles, item libertatem piscandi in aqua sua de Thara, a parte Harmarum usque ad molendinum Aachim. — (1207.)

— Odo Scotus, burgensis de Monchi, dedit nobis curticulum Radulphi regis situm apud Monchi ad faciendam cressonariam ad usum conventus. — (1209.)

— Postea Patricius Scotus obligavit se ad facienda duo fossata in sua propria terra nostre cressonarie contigua, etc. — (1234.)

— Johannes, miles, dominus de Tria, et Drogo de Moy, miles, dederunt nobis in escambium XL sol parisis annui redditus pro quodam campo sito apud Calloay [Caillouel].-- (1219.)

— Matheus, dominus de Tria, miles, dedit nobis XX solidos annui redditus capiendos perpetuo in traverso de Monchi, etc. — (1234.)

— De VII solidis super traversum de Saint Felis. — (s. d.)

— Johannes, comes de Donno Martino, de Tria et de Monchiaco, dedit nobis omnes conquestus suos apud villam de Plesseyo [3]. — (s. d.)

F° 18 v°. Guillelmus, dominus de Mello, senior, dedit nobis liberum transitum rerum nostrarum in omni loco dominationis sue. — (s. d.)

— Idem, dedit nobis II modios vini, apud Mello. — (1190.)

— Renaldus, miles, dominus de Mello, dedit nobis XII modios frumenti, apud Mello. — (1201.)

— De eodem. — (1201.)
— De eodem. — (1204.)

[1] Mouchy-le-Chatel, canton de Noailles, arr. de Beauvais (Oise).
[2] Heilles, canton de Mouy, arr. de Clermont (Oise).
[3] Peut-être le Plessier-Billebault.

— Manasserus, dominus de Mello, dedit nobis vineam suam que est juxta clausum de Messi, item XL solidos census apud Bellum puteum, item quitavit nobis nassam quam reclamabat contra nos in molendino de Cires [1]. — (1216.)

— De eodem. — (1219.)
— De eodem. — (1219.)
— Guillelmus, clericus, miles, dominus de Mello, dedit nobis unum modium vini accipiendum annuatim ad clausum suum de Carieres. — (1222.)
— Johannes de Auffemont [2], miles, approbavit XIV modios bladi accipiendos annuatim in molendinos suos de Melloto. — (1344.)

BULES [3].

F°. 19. Robertus, castellanus de Bules, dedit nobis XL sol. Belvacenses ad emendam ceram pro luminari altarium, accipiendos annuatim ad essartum de Houssoy. — (1202.)
— Confirmatio Katerine, comitisse Clarimontis. — (1201.)
— Confirmatio Johannis de Conti, militis. — (1202.)
— Confirmatio episcopi Belvacensis. — (1202.)
— Guillelmus, clericus, dominus de Melloto, dedit nobis II modios bladi percipiendos annuatim ad molendinum de Bulis. (1222.)
— Beatrix de Sancto Rumoldo [4] dedit nobis unum modium bladi apud molendinum de Bulis. — (1266.)

FOURNIVAL [5].

— Bartholomeus de Fournival, senescallus de Bullis, dedit nobis III modios frumenti, super terram suam de Fournival. — (1185.)
— Carta Drogonis de Fournival, filii prefati Bartholomei, de eodem. — (1190.)

---

[1] Cires-les-Mello, canton de Neuilly-en-Thelle, arr. de Senlis (Oise).

[2] Offemont, commune de St.-Crépin-aux-Bois, arr. de Compiègne (Oise).

[3] Bulles, canton de l'arr. de Clermont (Oise).

[4] St.-Rumault est situé sur la carte de Cassini à l'O. d'Essuilles, canton de St.-Just-en-Chaussée, arr. de Clermont (Oise).

[5] Canton de St.-Just-en-Chaussée, arr. de Clermont (Oise).

FROIMONT. — Balduinus de Fournival omnes querelas nobis in perpetuum dimisit. — (s. d.)

Nova Villa [1].

F°. 19 v°. Balduinus de Fournival, miles, dedit nobis quicquid habebat redditus et feodi apud Novam Villam Comitis. — (1224.)

— Petrus Talons de Nova Villa Comite, recognovit se debere nobis singulis annis dimidium modium bladi, etc. — (1224.)

— Tradidimus Eremburgi Coinonne, de Nova Villa, quasdam terras, de feodo de Lis [2], juxta cimiterium de Courliu, in loco qui dicitur Campus Bernardi, in territorio Nove ville, in l. q. d. Vallis Auduin in eodem territorio, etc. — (1251.)

Noverat [3].

F °20. Robertus, filius Manasseri, domini de Noverasto, quitavit nos de omnibus querelis quos habebat contra nos. — (1206.)

Charron [4].

— Isabella, domina de Antin, dedit nobis XL libr. parisis, ad emendos redditus unde fierent due pitencie. Hanc donationem Balduinus Ursicampi et Salicius de Fresmont, abbates, approbaverunt. — (1207.)

Cosdunum [5].

— Johannes, miles, dominus de Cosduno, dedit nobis XII libras parisis annui redditus capiendas annuatim in censibus de Cosduno. — (1233.)

— Idem, legavit nobis XII libras parisis. — (1246.)

---

[1] Neuville-en-Hez.
[2] Litz, canton et arr. de Clermont (Oise).
[3] Noroy, canton de St.-Just-en-Chaussée.
[4] Je n'ai pu retrouver l'emplacement de cette localité.
[5] Coudun, canton de Ressons, arr. de Compiègne (Oise).

Belvacus[1].

F.° 20 *v.*° Humbertus, prior sancti Lazari Belvacensis, fecit nos liberos et absolutos in perpetuum ab omni redditu tam venditionis quam emptionis et ponderis in feria sua. — (1176.)

— Gilebertus de Hospitio, civis Belvacensis, molestavit nos super medietate cujusdam domus ubi nunc manemus, quam Girardus Mahommes nobis olim contulerat, etc. — (1182.)

— De eodem. (s. d.)

— De eodem. — (1206.)

— Genovefa, cognomento de Gerberoy, dedit nobis quamdam domum sitam in platea sancti Stephani. (s. d)

— Dedimus Soiero de Banea XL libras parisis.—(1223.)

— De eodem. — (1223.)

— De eodem. — (1225.)

— Canonici sancti Vedasti concesserunt nobis habere barram cum clave ante domum nostram. — (1231.)

F.° 21. Guillelmus, theolonearius Belvacensis, dedit nobis unum modium vini capiendum annuatim in vineis suis de Populo. — (1206.)

— Vivianus Pernintarius de Frigidimonte, dedit nobis domum suam apud Belvacum, in parrochia sancti Salvatoris, in vico sancti Andree, cum duabus cameris sitis in vico de Portechar. — (1222.)

— De eodem. — (1234.)

— Laurencius, Bernerus, Johannes Calleur, fratres, cives Belvacenses, dederunt nobis III solidos censuales. — (1246.)

— Guido Rufus, Johannes et Joscelinus, fratres, cives Belvacenses, vendiderunt nobis totam masuram inter porticum sancti Vedasti et vicum sancti Simphoriani, ubi stabula nostra, puteus et curia sunt, etc. — (1238.)

— De eodem. — (1238.)

— De eodem [2]. — (1239.)

F.° 21 *v.*° Nicholaus de Chambli, canonicus sancti Petri Belvacensis, dedit nobis IV cameras sitas versus Pen-

---

[1] Beauvais.

[2] Il y a en note : *Hoc factum fuit ad multas et multorum preces.*

FROIMONT.

temont, quas tenebat ab abbatia sancti Simphoriani Belvacensis. — (1233.)

— Thomas Scotus [1], clericus, de eodem. — (1242.)

— Idem Thomas dedit domum dou deloir cuidam barbarie, qui vocabatur Wilardus. — (1244.)

— De xii solidis nobis datis. — (1244.)

— Petrus Babouinus, civis Belvacensis, vendidit Nicholao, clerico, cementario de Lusarchiis, quamdam domum in parrochia sancti Egidii, contiguam aque de Caufour. — (1242.)

— Idem Nicholaus dedit nobis vi sol. annui census super eamdem domum. — (1242.)

— Idem Nicholaus vendidit nobis totam prefatam domum. — (1243.)

F.° 22. Johannes de Bourgaignemont [2], miles, vendidit nobis quamdam peciam vinee, sitam super vicinum locum. — (1146.)

— Thomas Cordoanarius, civis Belvacensis, dedit nobis domum suam sitam in vico sancti Simphoriani retro cellarium nostrum. — (1252.)

— Sabina, vidua, relicta Thomé Scoti, de Belvaco, clerici, legavit nobis quamdam domum sitam extra muros Belvaci in calceia sancti Nicholai, sicut itur a Belvaco apud Sanctum Paulum. — (1253.)

— De eodem. — (1242.)

— Episcopus Belvacensis habuit condam (sic) querelam adversus nos, petens a nobis foragium vinearum nostrarum que vendimus in civitate Belvacensi. — 1241.)

— Judicium de eodem. — (1242.)

— F.° 22 v.° Guillelmus Brikes debet nobis singulis annis iii solidos parisis et tres partes unius coustume in Natali super domum sitam in vico Giliberti de Landela. — (s. d.)

— De uno modio et xxi quartis vini, de Pede calido, nobis datis a G. et Mabillia, uxore ejus. — (1232.)

— Super theloneo et stalla piscium ville et civitatis

---

[1] On lit en note cette remarque sur Scot: *Hoc fuit de voluntate nostra, erat enim iste Thomas nobis multum dilectus.*

[2] Bourguillemont, commune de Therdonne, canton de Nivillers, arr. de Beauvais (Oise).

Belvacensis habemus xxv soubz parisis annuatim, in festo sancti Johannis Baptiste ex dono quorumdam dominorum; item, in dicta villa et civitate super theloneum dou menu mestier : xl soubz. (s. d.)

BAERNA [1].

F.° 23. Adam de Baerna, [2] presbyter, dedit nobis quicquid habebat apud Baernam, in loco qui dicitur Poumereth. — (1209.)

— De eodem. — (1209.)
— De eodem. — (1209.)
— Carta R. de Courchon, apostolice sedis legati. — (1214.)
— Carta Symonis de Gouviex [3], de eodem. — (1214.)
— De eodem. — (1228.)
— De vi jornalibus terre sitis apud Baernam, nobis datis. — (1220.)
— Guido de Campaniis [4] nobis concessit quicquid habemus apud Baernam, etc. — (1220.)
— Galterus de Haimercourt, major de Brueriis [5], dedit nobis vineam suam de Roondel. — (1221.)

F.° 23 *v.*° Margareta, relicta Odonis de Haimercourt vendidit nobis totam vineam suam de Roondel. — (1221.)

— Guillelmus de Campaniis vendidit nobis vineam de Boaval. — (1223.)

— Petrus Brodas, presbyter de Baerna, quitavit nobis v denarios, de vi quos debebamus ei annuatim super duos arpennos terre sitos juxta magnum pontem Belli montis [6]. (1229.)

— Robertus de Triengnel, miles, dedit nobis duo jornalia terre, sita inter Baerne et Morangle [7], in campo qui dicitur la Malle. — (1231.)

---

[1] Bernes, canton de l'Ile-Adam, arr. de Pontoise (Seine-et-Oise).
[2] Il y a en note : *Non erat tunc presbyter, sed postea extitit.*
[3] Gouvieux, canton de Creil, arr. de Senlis (Oise).
[4] Champagne, canton de l'Ile-Adam, arr. de Pontoise (Seine-et-Oise).
[5] Bruyères, canton de l'Ile-Adam, arr. de Pontoise (Seine-et-Oise).
[6] Beaumont-sur-Oise.
[7] Morangles, canton de Neuilly-en-Thelle, arr. de Senlis (Oise).

FROIMONT.

— Petrus de Brueriis nobis dedit in escambium quasdam terras de super Baernam ad viam de Chenelevre, ad locum qui dicitur Liuloye; apud Boutenfosse; ad campum de Petra juxta terram templi. — (1239.)

— De eodem. — (1237.)

— Carta Marie, domine de Parcench [1], de eodem. — (1237.)

— De eodem. — (1237.)

F.° 24. Petrus de Masura, de Baerne, vendidit nobis unam peciam terre, sitam versus Morangle, in terra q. d. dou perier. — (1238.)

— Philippus de Brueriis, miles, vendidit nobis unum jornale terre situm super Baernam apud Boutenfosse. — (1237.)

— Idem Philippus vendidit nobis duas pecias terre, scilicet, unam, que vocatur terram dou buisson, sitam juxta viam que dicitur Bornoise, alteram, in territorio de Piru, juxta terram sancti Leonorii de Bellomonte. (1238.)

— Idem Philippus vendidit nobis unum jornale terre in valle Hugonis. — (1239.)

— De eodem. (1239.)

— Johannes, de Borrench, vendidit nobis unam terram apud Wacheviler. — (1239.)

— Carta monialium de Borrenc [2], de eodem. — (1239.)

— Noellus Puiaus de Baerna nobis vendidit quamdam terram in viam de Bornoise, in valle Hugonis. — (1242.)

— De eodem. — (1242.)

— Adam de Masura, de Baerna, vendidit nobis quamdam terram, sitam apud Baernam, in loco qui dicitur le Flaas. — (1245.)

— Carta Adami de Montegni la potiere [3]. — (1246.)

— De eodem. — (1246.)

— Renoldus de Baerna nobis dedit sex jornalia terre in diversis peciis, quarum una sita est aus Agieus, secunda ad viam de Fossatis, altera in loco qui dicitur Foucheray, etc. — (1249.)

---

[1] Persan, canton de l'Ile-Adam, arr. de Pontoise (Seine-et-Oise).

[2] Boran, canton de Neuilly-en-Thelle, arr. de Senlis (Oise).

[3] Montigny-le-roi, commune de Champagne, canton de l'Ile-Adam, arr. de Pontoise (Oise).

— Petrus de Baerna nobis dedit in escambium, unum arpentum terre arabilis in loco qui dicitur Fourchesvoies. (1253.)

*F.*º 25. Carta Johannis, cognomento Thibaud de Chambli, et Radulfi de Magicourt, de eodem. — (1253.)

— Acte par lequel les religieux de Froimont sont maintenus dans la justice et seigneurie d'une maison qu'ils possédaient à Berne.[1] — (1385.) En fr.

*F.*º 25 *v.*º Margareta, domina de Brueriis, dedit nobis XLVIII minas frumenti. — (1213.)

— Eadem Margareta dedit nobis II modios et dimidium bladi, ad mensuram Belli montis, et Beatrix, filia ejus, IV duplarios vini. — (1222.)

— Robertus de Triengnel, frater domini Petri de Triengnel, militis, dedit nobis VI modios bladi et II modios vini. — (1231.)

— Petrus le Coc vendidit nobis totam vineam suam apud Bruerias, in loco qui vocatur la feste de Vilers. — (1237.)

— Guido, de Brueriis, nobis dedit unum arpentum terre apud Buscum Eremburgis. — (1237.)

— Renaldus, frater Th., militis de Brueriis, vendidit nobis unum arpentum terre ad Buscum Eremburgis. — (1237.)

— Philippus de Brueriis, frater Th., antedicti, dedit nobis in escambium vineam sitam in loco qui dicitur la feste de Vilers, pro quadam vinea que vocatur le grant Callonnoy. — (1238.)

*F.*º 26. De vinea que vocatur la noe de Corberu, sita in loco q. d. Vilers, pro II peciis vinee, quarum una vocatur le gardin Soren, altera Hugonis le bel. — (1238.)

— Abbas et conventus vallis Beate Marie dederunt nobis in escambium, x jornalia terre sita apud Bruerias juxta viam que ducit a Brueriis ad Croy [2], aliud jornale apud Bruerias super Ysaram, juxta portum de Courceloy et unum arpentum apud Mardellam, pro II petiis vinee apud Bellum montem, in territoriis de Marthevignole et de Boaval. — (1240.)

---

[1] Charte entière.
[1] Crouy-en-Thelle, canton de Neuilly-en-Thelle, arr. de Senlis (Oise).

FROIMONT. — De una petia vinee, sita in festo de Vilers, quam Galterus de Haimercourt nobis elemosinavit. — (1247.)

— Adam de Noysi [1] et Heluidis la Chauele nobis vendididerunt unam petiam vinee apud Vilers. — (1240.)

Bellus mons.

F.º 27. Matheus, Belli montis comes, concessit nobis rebusque nostris per terram suam ire et redire sine impedimento et absque ulla consuetudinis redditione. [2] — (1166.)

— Erardus, presbyter de Bello-monte, dedit nobis pro remedio anime sue et Mathei, quondam comitis Belli-montis, unam vineam sitam in territorio quod dicitur Croissant, apud Bellum-montem. — (1219.)

— Johannes de Praeriis [3], de eodem. — (1219.)

— De eadem vinea. — (1225.)

— Dedimus dictam vineam ad escambium monachis Vallis Beate Marie, pro II peciis vinee, quarum una dicitur Marthevignole, in territorio quod dicitur Mons Grifon, alia in territorio quod dicitur Boaval. — (1232.)

— Fulco de Bello monte, de Avers [4], vendidit Nicholao de Chambli, dimidium arpentum vinee situm apud Bellum montem ad Gardinum Soren. — (1228.)

— Nicholaus prenominatus dedit nobis hanc vineam supra dictam. — (1233.)

Sanctus Dyonisius [5].

F.º 28. Alelmus Piseis, de sancto Dionysio, nobis dedit domum suam de sancto Dyonisio, et masuram juxta barram. — (1207.)

— De eodem. — (1212.)

— De eodem. — (1217.)

---

[1] Noisy-sur-Oise, canton de Luzarches, arr. de Pontoise (Oise).

[2] Cet acte a été ignoré de notre savant confrère et obligeant ami, M. Douet d'Arcq, dans ses *Recherches sur les anciens comtes de Beaumont-sur-Oise.*

[3] Presles, canton de l'Ile-Adam, arr. de Pontoise (Seine-et-Oise).

[4] Auvers-sur-Oise, canton et arr. de Pontoise (Seine-et-Oise).

[5] St.-Denis, arr. du dépar. de la Seine.

— Matheus de Montmorenci, de eodem. — (1226.)   FROIMONT.
— Julianus Piscator, de sancto Dyonisio, vendidit nobis stillicidium domus supra dictæ. — (1228.)
— De domo supra dicta, ante prioratum de Strata, sita. — (1358.)

PARISIUS [1].

$F.°$ 28. $v°$. Littera obligatoria domus nostre eundo ad Nostram Dominam de Campis. [2] — (1341.)
— Census quos debet domus nostra juxta cimiterium. (1363.)
— De VII libris annui redditus quos habemus super partem dicte domus et super domum episcopi Cameracensis. (s. d)
$F.°$ 29. Adelina, domina de Alneto [3], dedit nobis unum modium frumenti percipiendum annuatim in territorio de Savegni. [4] — (1191.)
$F.°$ 29 $v°$. Aubertus Dorez, civis parisiensis, vendidit nobis magistro Nicolao, vicario Beate Marie parisiensis, quamdam masuram vacuam, intra muros parisienses, inter portam sancti Victoris et portam sancti Marcelli, in censiva sancte Genovefe majoris. — (1221.)
— Postea dictus Nicholaus vendidit predictam masuram, magistro Petro Lombardo, phisico domini regis, pro XXXIII libris parisis. — (1227.)
— Hanc venditionem concessit et confirmavit abbas sancte Genovefe et predictum magistrum Lombardum de predicta masura fecit investiri. — (1227.)
— Idem magister P. Lombardus emit diversas terre pecias in censiva sancte Genovefe. — (1227.)
— Contentio inter predictum P. Lombardum et Johan-

---

[1] Paris.

[2] Il y a en note : *Amisimus causam.*

[3] Probablement Aulnoy-les-Bondy, canton de Gonesse, arr. de Pontoise (Seine-et-Oise).

[4] Il y a en note : *Notandum est quod predicta carta perforata est versus finem*, et plus loin : *littere episcopi multo meliores sunt quam littere officialis.*

FROIMONT.

nem clericum super quadam domo, in monte sanctæ Genovefæ [1]. — (1236.)
— Testamentum predicti Petri Lombardi. — (1247.)
— Carta executorum predicti Petri. — (1249.)

F.° 30. Abbas sancte Genovefe confirmat venditionem omnium domorum predicti Petri Isembardo factam. — (1249.)
— Carta Guillelmi de Noisiaco et Gileberti de Nigro, majorum de Thiron [2], de eodem. — (1249.)
— Carta Rogeri de Vile d'Avrai [3], armigeris, de eodem. (1249.)
— Carta Nicholai de Gonesse [4], de eodem. — (1249.)
— Carta Petri Boni, civis Cremonensis [5] et More de Moris, fratrum predicti Petri Lombardi, de eodem. — (1250).
— Item, Isembardus predictus dedit nobis omnes predictas domos. — (1250.)
— Confirmatio Innocentii, pape quarti. — (1250.)
— De eodem. — (1250.)
— De eodem. — (1250.)
— De eodem. — (1250.)
— Dulcia de Paris, vidua, vendidit nobis totam grangiam quam emerat apud Balbigniacum [6]. — (1251.)

F° 30 v°. Eadem Dulcia nobis dedit quasdam terras, in territorio quod dicitur Vallis Pentini [7], in territorio quod dicitur Mons Cokerel, in vico sancti Jacobi de Piru. — (1251.)
— Johanna de Parisius, filia dicte Dulcie, dedit nobis quintum tocius hereditatis sue. — (1251.)

CLARUS MONS.

— Pro justitia et libertate domus Clarimontis. — (1347.)
— Super feodum vocatum le fief Carbonnel, in territorio Clarimontis. (s. d.)

[1] La montagne sainte Geneviève, à Paris.
[2] Commune de Breval, canton de Bonnières, arr. de Mantes (Seine-et-Oise).
[3] Ville d'Avray, canton de Sèvres, arr. de Versailles (Seine-et-Oise).
[4] Canton de l'arr. de Pontoise (Seine-et-Oise).
[5] Cremone.
[6] Bobigny, canton de Pantin, arr. de St.-Denis (Seine).
[7] Pantin, canton de l'arr. de St.-Denis (Seine).

— Super clausum vinearum situatarum juxta domum Mathei de Mota, in vico porcorum. (s. d.) FROIMONT.

F° 31. Radulphus, comes Clarimontis, Iherosolimam profecturus, dedit nobis potestatem acquirendi in castello Clarimontis etc. — (1197.)

— Katerina, Comitissa Clarimontis, concessit nobis unam domum in Claromonte. —(1101 [1].)

— Theobaldus, comes Clarimontis, concessit nobis domum nostram de vico sancte Andree. — (1218.)

— Radulphus de Henu [2], iter arripiens apud Albigienses, dedit nobis vineam et domum suam de Wandenge. — (1210).

— Petrus, Clericus, cognomento Burgensis de Claromonte, dedit nobis quamdam portam sitam inter portam sancti Sansonis et portam de Fontibus et IV arpenta terræ apud Mathueles. — (1214.)

— De libertate ejusdem domus. — (1178.)

F.° 31. v°. De eodem. — (1214.)

— De eodem. — (1216)

— Vuasso Faber, de Claromonte, vendidit nobis medietatem cujusdam domus. — (1228.)

— Querela inter nos et predictum Wassonem, super prefato pinaculo. — (1231.)

— De eodem. — (1251.)

— De eodem. — (1236.)

— Girardus, clericus de Claromonte, dedit nobis II arpenta vinee in valle de Betencourt [3]. — (1189)

F.° 32. De eodem. — (1192.)

— Radulphus, miles, dominus de Warti, quando profectus est Iherosolimam, quitavit nobis XII denarios de censu, in vinea de Betencourt. — (1201.)

— De eodem. — (1217.)

— Emelina, filia Odonis Morvilein, dedit nobis vineam suam que vocatur Mathuele. — (1202.)

— De pace facta inter nos et Gerardum de Bes, super quibusdam vineis de Mathueles et de Cruce. — (1214.)

---

[1] C'est 1201 qu'il faut lire.

[2] Commune d'Oroer, canton de Nivillers. arr. de Beauvais (Oise).

[3] Béthencoort, commune de Bailleval, canton de Liancourt, arr. de Clermont (Oise).

— De eodem. — (1214.)
— De eodem. — (1216.)

F.° 32, v°. Guillelmus Buffars de Claromonte, molestavit nos similiter super quibusdam vineis in territorio Clarimontis. — (1215.)

— Gorredus, presbyter, capellanus sancte Andree de Claromonte, dedit nobis totam suam culturam, que dicitur de Cultura. — (1216.)

— Garnerus de Rosoy [1] dedit nobis totam decimam de Breche. — (1220.)

— Wibertus, cognomento viduus de Ranetecourt, vendidit nobis quamdam vineam apud Fosseous. — (1220.)

— Vuasso Babouraz, de Claromonte, dedit nobis II modios vinee capiendos in vineis suis de Orgival. — (1222.)

— Quintinus Alutarius, de Claromonte, dedit nobis se et omnia bona sua. — (1228.)

— De eodem. — (1228.)

F.° 33. Robertus Lisiars concessit nobis unam vineam ad crucem. — (1245.)

— De donatione Quintini Alutarii. — (1239.)

— Magister et fratres domus Dei de Claromonte quittaverunt nobis quoddam predolium. — (1228.)

— Vuasso, miles de Aneth, dedit nobis unum quarterium vini, capiendum super vineam suam dou Muret, in calceia Clarimontis. — (1231.)

— Petrus Boute Karete, nobis quitavit et vendidit pro L solidis Parisis, facturam que sarpa vocatur quam habebat in dimidio arpento vinee site juxta Pancheron. — (1234.)

— Fulco de Piru, Johannes Louchars, Petrus le Gastelier, et Odo Roussel vendiderunt nobis quamdam masuram apud Clarummontem. — (1244.)

— Johannes de Fay, Buhutarius de Claromonte, dedit nobis se et omnia sua, scilicet quasdam vineas in clauso sancti Lazari, ad crucem de Betencourt et in valle Cambiatoris. — (1246.)

F.° 33, v°. Petrus de Sancto-Justo, presbyter, capellanus sancte marie Clarimontis, dedit nobis quasdam vineas apud Orgival etc. — (1250.)

---

[1] Rosoy, canton de Liancourt, arr. de Clermont (Oise).

— Bartholomeus Testars dedit nobis unum quarterium vinee situm au pire. — (1248.)

— Maria Boulee dedit nobis unum quartarium vini, super vineas suas de Tiullois. — (1251.)

— Petrus, miles de Sancto-Andree, Clarimontis, dedit nobis III quarteria vinee sita apud Tuillois et unum aliud quarterium in eodem loco juxta Crosse Bourse. — (1251.)

— Escambium inter nos et Gilonem [1], filium Balduini, militis, domini de Auviler [2]. — (1254.)

— Restitutio justicie domus nostre Clarimontis. — (1353.)

VILLE CIRCA CLARUM MONTEM.

Warti [3].

F.° 34. Maria, domina de Warti, vidua, concessit nobis et confirmavit quicquid in suis feodis acquisivimus. — (1252.)

Berona [4].

— Guillelmus de Berona, miles, approbavit XVII minas grani, percipiendas super terram suam de Berona. — (S. d.)

Le Cauchiete de Bequerel.

— Matheus, miles, dominus de Espineuses [5], renuntiavit ad pasturam animalium suorum habendam en le Cauchiete de Bequerel. — (1356.)

Bekerel [6].

— Johannes de Novo molendino [7], dedit nobis quicquid juris habebat in Novo molendino sito in calceia de Bequerel. (S. d.)

---

[1] Il y a en note : *Hic erat tantum domicellus et sigillum non habebat.*
[2] Auviller, commune de Neuilly-sous-Clermont (Oise).
[3] Je n'ai pu retrouver l'emplacement de cette localité.
[4] Beronne est situé sur la carte de Cassini au S. d'Erquery.
[5] Épineuse, canton et arr. de Clermont (Oise).
[6] Becrel est situé sur la carte de Cassini au S. de Beronne.
[7] Neufmoulin, commune de Plailly, canton et arr. de Senlis (Oise).

FROIMONT.

— Postea dominus Renaldus de Berona, miles, dedit nobis dictum molendinum [1] de Becquerel et vivarium [2] ejus et vineas omnes suas de Ooni [3] et pressorium. — (1229.)

— Confirmatio predictorum, Ludovico, comite Blesensi. — (1201.)

— Philippus, comes Boloniensis et Clarimontis, confirmat predictam elemosinam. — (1232.)

— Guillelmus de Valescourt [4], confirmavit de eodem. — (1234.)

LE CAUCHIETE DE BEQUEREL.

— Renunciatio Johannis armigeri, domini de Beronna, de pasturagio non habendo en le Cauchiete de lès le Cauchie de Bequerel. — (1357.)

HERKINVILER [5].

F.° 34, v°. Johannes de Valescourt, miles, dedit nobis unum modium frumenti percipiendum in grangia sua de Herquinviler. — (1244.)

VALESCOURT.

— Guillelmus de Valescourt, miles, dominus de Berona, quando profectus est Iherosolimam, dedit nobis III minas bladi et totidem avene recipiendas in grangia sua de Valescourt. — (1248.)

HERBERGES.

— Guido, presbyter sancti Remigii super aquam [6], emit ab heredibus Balduini Morel, omnem decimam in terram de Herberges, que Herbergie sunt inter Herquinviler et Quingnieres [7] et Hargellium [8], juxta vias que descendunt

---

[1] Il y a en note : *Destructum est.*

[2] Il y a en note : *Vivarium redactum est in prata.*

[3] Uny est situé sur la carte de Cassini au N. de Rantigny, canton de Liancourt, arr. de Clermont (Oise).

[4] Canton de Neuilly-St-Front, arr. de Clermont (Oise).

[5] Erquinvillers, canton de St.-Just-en-Chaussée, arr. de Clermont (Oise).

[6] St.-Remy-en-l'eau, canton de St.-Just-en-Chaussée, arr. de Clermont (Oise).

[7] Cuignières, canton de St.-Just-en-Chaussée, arr. de Clermont (Oise).

[8] Argenlieu, commune d'Avrechy, canton et arr. de Clermont (Oise).

apud Sanctum Remigium per vallem que vocatur Beliost. — (1235.)
— Hanc decimam Guido memoratus dedit nobis [1].

LOUVENCOURT. [2] BALLONVAL [3].

— Alelmus de le Noue et Maria ejus uxor, de Ballonval, dederunt nobis quintam partem totius hereditatis sue, assignatam super terram suam que dicitur Campus Mallardi, et edificium apud Louvencort. — (1239.)

RANTENI [4].

F.° 35. Simon Lisiardus, Burgensis Clarimontis, dedit nobis quamdam decimam in parrochia de Ranteni. — (1239.)
— De eodem. — (1239.)
— De eodem. — (1240.)

CAMBERONA [5].

F.° 35, v°. Isabella, filia Emeline de Ruella, dedit nobis unam vineam apud Camberonam. — (1248.)

BRUOLIUM.

— Hugo de Credulio [6] dedit nobis se et sua in territorio Bruolii [7] versus Malleriam, apud Bruolium siccum [8], juxta ruellam kaalon, apud Gresillum, in loco, q. d. Saulons, apud Lierval, etc. — (1248.)

SACHI [9].

— Domina Eufemia de atrio de Sachiaco, molestavit

---

[1] Il y a en note : *Non habemus cartam.*
[2] Louveaucourt est marqué sur la carte de Cassini au S. de Bailleval.
[3] Bailleul, canton de Liancourt, arr. de Clermont (Oise).
[4] Rantigny, canton de Liancourt, arr. de Clermont (Oise).
[5] Cambronne-les-Clermont, canton de Mouy, arr. de Clermont (Oise).
[6] Creil, canton de l'arr. de Senlis (Oise).
[7] Breuil-le-Vert, canton et arr. de Clermont (Oise).
[8] Breuil-le-Sec, canton et arr. de Clermont (Oise).
[9] Sacy-le-Grand, canton de Liancourt, arr. de Clermont (Oise).

FROIMONT.

nos, super hoc quod dicebat se habere herbagium in prato apud Sachi quod appellatur pratum Rohardi [1]. — (1239.)

NONGENT [2].

— Renaldus, dominus de Melloto, dedit nobis tres modios vini, apud Nongent. — (1201.)
— De eodem. — (1203.)

SENECOURT [3].

F.° 36. Basilia, soror Guillelmi, senioris de Mello, dedit nobis II modios vini, recipiendos in clauso suo de Serincourt. — (1201.)
— Renaldus de Claromonte, cognomento monachus, dedit nobis quintam partem totius hereditatis sue apud Senecourt et Clarummontem. — (1223.)

SARNOY [4].

— Albertus et Bernardus, fratres et domini de Sarnoy, dederunt nobis duos modios frumenti, recipiendos in grangia de Sarnoy. Hanc elemosinam confirmavit Symon, miles, dominus de Noveroi [5]. — (1222.)

KENEEL [6].

— Arnulfus, miles, filius Balduini de Keneel, militis, recognovit se debere dimidium modium frumenti, apud Keneel. — (1229.)

JUMEAUS [7].

F.° 36, v°. Matheus et Symon, filii [8] Symonis de Quin-

---

[1] Il y a en note : *Hoc pratum dedimus in escambium cuidam viro de le Bruere pro II arpentis prati, quorum unum apud Pancheron, alter juxta calceiam de Vuarti.*

[2] Nogent-les-Vierges, canton de Creil, arr. de Senlis (Oise).

[3] Senescourt, commune de Bailleval, canton de Liancourt, arr. de Clermont (Oise).

[4] Cernoy, canton de St–Just-en-Chaussée, arr. de Clermont (Oise).

[5] Noroy, canton de St.-Just-en-Chaussée, arr. de Clermont (Oise).

[6] Le Quesnel-Aubry, canton de Froissy, arr. de Clermont (Oise).

[7] Je n'ai pu retrouver l'emplacement de cette localité.

[8] Il y a en note : *de sua prima uxore Suple.*

gnieres, militis, dedit nobis duos modios frumenti, percipiendos in molendino qui dicitur Essie, et in molendino de Jumeaus. — (1187.)

Haurechi [1].

— Margareta de Haurechi, uxor Symonis de Quingnieres [2], dedit nobis duos modios frumenti apud Haurechi juxta vivarium. — (1187.)

— Odo de Hargelliu [Argenlieu] filius predicte Margarete, dedit nobis duos modios frumenti. — (1202.)

Mesnil juxta Valescourt [3].

— Girardus dou Mesnil, juxta Valescourt, miles, cruce signatus, dedit nobis III minos bladi. — (1248.)

Plesseyum. [4]

F.° 37. De compositione facta inter nos et Johannem de Tria, militem, qui petebat usuagium suum in nemoribus abbatie. — (1268.)

Homblenouse [5]. Fossa Thiboldi [6].

F.° 37, v°. Ascelinus de Cingula, miles, et Fressendis uxor ejus, dederunt nobis terram cultam et incultam in territorio de Hombleneuse. — (1140.)

— Conventiones factæ inter nos ex una parte et ecclesiam Beati Martini de Ruricurte [7], ex altera, super territorio de Homblenose. — (1140.)

---

[1] Avrechy, canton et arr. de Clermont (Oise)

[2] Ce chevalier, quoique marié, avait pris l'habit au monastère de Froidmont, et mourut avant sa femme.

[3] Valescourt, canton de St.-Just-en-Chaussée, arr. de Clermont (Oise).

[4] Les termes de la charte ne sont pas assez explicites pour indiquer si ce lieu est le Plessier-Billebault, ou le Plessier-sur-Bulles, ou le Plessier-sur-St.-Just.

[5] Le titre est en haut et au milieu du folio.

[6] Le titre est en rubrique sur la marge du folio.

[7] St.-Martin-aux-Bois ou Ruricourt.

FROIMONT.

— Odo de Brunviler [1], filius Haimardi, militis de Brunviler, nobis dedit quartam partem terragii quam in terris nostris de Homblenose habebat. — (1186.)

— Hugo de Magneliers [2], miles, accepit a nobis, quandam portiunculam terre in territorio de Homblenose, in avesnis prope domum Radulphi de Quenois [3], ubi postea molendinum construxit [4]. — (1213.)

— Vualo de Brunviler, filius Haimardi, militis, dedit nobis tertiam partem decime, quam habebat in territorio de Homblenose. — (1231.)

F.° 38. Hugo Gruchon dedit nobis duas minatas terre, in loco qui dicitur Bosdiom, et duas minatas terre, in loco qui dicitur Bus Johannis, et alia apud Homblenose. — (1230.)

— Radulfus, miles de Courreel [5] quitavit nobis quicquid juris habebat in terra de Homblenose. — (1234.)

— Quintinus de Courreel quitavit nobis omnes querelas et maxime illam quam habebat adversus nos super VI minatis terre sitis juxta culturam nostram de Homblenose. — (1200.)

FOSSA THIBOLDI.

F.° 39. Odo Cauche de leu, de Montegni [6], dedit nobis quamdam terram juxta Fossam Thiboldi. — (1184.)

TERRITORIA DE ESOVILER [7], DE SAINS [8], DE MENIL [9].

F.° 39, v°. Guido, quondam filius Petri, militis de Hou-

[1] Brunvillers-la-Motte, cant. de St.-Just-en-Chaussée, arr. de Clermont (Oise).

[2] Maignelay, cant. de l'arr. de Clermont (Oise).

[3] Le Quesnoy est situé sur la carte de Cassini immédiatement au-dessous du petit Crèvecœur, cant. de Maignelay, arr. de Clermont (Oise).

[4] Il y a en note : *Destructum est et terram vacuam tenemus.*

[5] Coivrel, cant. de Maignelay, arr. de Clermont (Oise), ou le Caurel, situé très-près de Coivrel.

[6] Montigny, canton de Maignelay, arr. de Clermont (Oise).

[7] Ansauviller-en-Chaussée est situé sur la carte de Cassini à l'O. de Gannes et au N.-O. de Quinquempoix.

[8] Sains-Moranvillers, cant. de Maignelay, arr. de Clermont (Oise).

[9] Le-Mesnil-St.-Firmin, cant. de Breteuil, arr. de Clermont (Oise).

doviler¹, quitavit nobis quicquid juris tenebat, super quibusdam terris sitis in territorio de Esoviler. — (1187.)

— Osmondus, miles de Sains, dedit nobis II modios frumenti percipiendos in grangia sua de Sains, etc. — (1191.)

— Robinus de Sains, dedit nobis IV minatas terre apud Sains. — (1226.)

— De eodem. — (1231.)

Ausoviler ².

F.° 40, v° ³. Petrus junior, miles de Ausoviler, tradidit nobis in escambium IV pecias terre arabilis in territorio Fosse Thiboldi, quarum una appellatur rupticium domini Jacobi, secunda sita est inter culturam Fosse Thiboldi et Leuroimont ⁴, tercia juxta eamdem culturam, quarta in semita que ducit de Leuroimont ad Montegni. Nos vero, propter hoc, tradidimus peciam terre nostre de Legniviler, sitam in semita que ducit de Brunviler ad Belin. ⁵—(1246.)

Plainval ⁶.

F.° 41. Fin d'une notice.

— Paganus Gambons, dedit nobis quartam partem decime de Pleinval. — (1143.)

— Ecclesia sancti Amandi, sita in pago Noviomensi, nobis dedit quicquid habebat in eadem decima. — (1150).

— Petrus, miles de Houdoviler, dedit nobis quicquid habebat in eadem decima. — (1205.)

— Galterus, miles de Planavalle, dedit nobis quicquid habebat in eadem decima. — (1221.)

F° 41 v° Idem Galterus, Iherosolimam profecturus, impignoravit nobis redditum predicte decime. — (1226.)

¹ Audivillers est situé sur la carte de Cassini au S. E. de Montigny.

² Ansauviller-en-Chaussée.

³ Ce folio, dont il n'existe plus que la moitié, a son recto complètement blanc.

⁴ L'Evremont est situé sur la carte de Cassini à l'E. de Plainval, au S. de la Fosthibaut.

⁵ Blin est situé sur la carte de Cassini entre Gannes et Quinquempoix, au N.-O. de Brunvillers-la-Motte.

⁶ Plainval, cant. de St.-Just-en-Chaussée, arr. de Clermont (Oise).

FROIMONT.

— De eodem. — (1226.)

— Hec omnia concesserunt Aelis, domina de Plenavalle, Symo de Noeroi et Nevelo de Kiquenport [Quinquempoix]. — (1226.)

— De eodem. — (1229.)
— De eodem. — (1229.)
— De eodem. — (1243.)

F.° 42. Jacobus, filius predicti Galteri, dedit nobis duas minatas terre, quas habebat ad viam nemoris de Conastre. — (1236.)

— Houdardus Boudins, de Plena valle, vendidit nobis tres minatas terre, sitas infra culturam nostram de Conastre. — (1239.)

— Petrus de Leuroimomt vendidit nobis IV minatas terre, sitas juxta Fossam Thiboldi. — (1239.)

— De eodem. — (1239.)

— Emelina de Sancto Lazaro, de Sancto Justo [1], vendidit nobis, duas minatas terre sitas ad Pirum. — (1239.)

— Petrus, filius Basilie de Plena valle, concessit nobis unam minatam terre sitam prope Pirum [2]. — (1239.)

— Robertus Asinarius, de Plena valle, nobis vendidit III minatas terre et dimidiam, sitas in loco qui dicitur Perreus, sicut itur à Sancto Justo ad Mondidier. — (1241.)

— De eodem. — (1241.)

— Guillelmus Anglicus nobis vendidit quamdam terram, sitam juxta Perreus. — (1241.)

— Johannes Berrius vendidit nobis terram sitam inter chiminum Montis Desiderii et grangiam Fosse Thiboldi. — (1245.)

F.° 42, v°. De eodem.

— Idem Jacobus, miles, nobis confirmat quicquid acquisieramus de feodo et dominio suo. — (1248.)

— Idem Jacobus, Iherosolimam profecturus, [3] remisit nobis unum modium frumenti percipiendium in grangia nostra de Fossa Thiboldi. — (1248.)

---

[1] Saint-Just-en-Chaussée, cant. de l'arr. de Clermont (Oise).

[2] Par une note placée au f° 32 v° de ce cartulaire, on voit que les mots Pire ou Perier sont synonymes. *Vinea dou perier vel dou pire, quod idem est.*

[3] Il y a en note : *Mortuus fuit in terra illa.*

— Radulphus, frater ejusdem, apud nos habitum monachi assumens, remisit nobis II modios frumenti quos habebat singulis annis in grangia Fosse Thiboldi. Hanc elemosinam fecit ipse antequam intraret probatorium noviciorum. — (1250.)

F.º 43, vº [1]. Richardus de Plena valle, cognomento de Mongenain, vendidit nobis quasdam terras sitas ad Plenam vallem subtus haiam Tertuyn. — (1239.)

— De eodem. — (1239.)

— Vualo de Plena valle Iherosolimam profecturus [2], vendidit nobis quasdam terras, sitas retro Fossam Thiboldi. — (1239.)

— De eodem. — (1239.)

— Ingerranus, dominus de Brunviler, vendidit nobis quasdam terras, super viam que ducit ad Montem Desiderii. — (1242.)

— Petrus Bourdius, de Plena valle, vendidit nobis terram sitam in territorio de Nueville. — (1250.)

Hinart.

F.º 44, vº [3]. Ascelinus de Plena valle [4], miles, dedit nobis, partem suam nemoris de Legniviler [5], quod tunc vocabatur boscus Guidonis, etc. — (1187.)

— Confirmatio Radulphi, comitis Clarimontis. — (1190.)

— Haldeburgis de Castellon [6], soror predicti Ascelini, et Renaldus Hinars, primogenitus ipsius, dederunt nobis quamdam terram in territorio Plenevallis, que sita est juxta grangiam Fosse Thiboldi. — (1192.)

— Aelidis, Comitissa Clarimontis, confirmavit supradictam elemosinam, post quam comes Radulphus, maritus ejus, profectus fuit Iherosolimam. — (1192.)

---

[1] Le recto de ce folio est blanc.

[2] Il y a en note : *Hic fuit postea miles.*

[3] Le recto de ce folio est blanc.

[4] On lit en note : *Hic fuit avunculus Reneri Hinart. Hic etiam habitum religionis apud nos assumpsit.*

[5] Par une note du f.º 49 de ce cartulaire on voit que Legniviler faisait partie du territoire de Gannes.

[6] Catillon, canton de St.-Just-en-Chaussée, arr. de Clermont (Oise).

FROIMONT.

— Post mortem prefate Haldeburgis, predictus Renaldus cepit movere querelas adversum nos pro hereditate quam clamabat in grangia Fosse Thiboldi; tamdem vero omnes querelas quitavit. — (1202.)

— Idem Renaldus quitavit nobis iterum omnes querelas. — (1207.)

— Idem Renaldus dedit nobis quartam partem camparti sex modiorum terre sementis ubicumque vellemus accipere in territorio Plenevalle, etc. — (1209.)

F.° 45. Idem R. vendidit nobis totum campartum suum quod habebat in x minatis terre et dimidia, retro Quarreriam, apud haiam Chache de leu, apud haiam Tertuin. — (1220.)

— Idem Renaldus dedit nobis, campartum, justitiam et totum dominium terre site juxta haiam grangie de Fossa Thiboldi. — (1222.)

— Idem Renaldus dedit nobis, justitiam et campartum terre site inter Quarreriam et Fossam Thiboldi. — (1222.)

— Idem Renaldus dedit nobis quinque minas terre de avesna juxta haiam Tertuin. — (1225.)

— Gilebertus le Fediu, de Plena valle, dedit nobis in escambium XVII minatas terre, sitas retro Fossam Thiboldi [1] — (Sept. 1225.)

F.° 45. *v*°. De eodem escambio. — (1225).

— Johannes Hurebez, de Plena valle, dedit nobis in escambium circiter IV minatas terre sitas juxta grangiam Fosse Thiboldi ultra iter Montis Desiderii, pro quadam masura apud Sanctum Justum. — (1226.)

— Petrus de la Mare, de Plena valle, vendidit nobis duas minatas terre inter grangiam fosse Thiboldi et iter Montis desiderii, etc. — (1226.)

— Thomas de Plenavalle, clericus, vendidit nobis quamdam terram sitam inter grangiam Fosse Thiboldi et la Quarriere. — (Mai 1226.)

— Predictus Renaldus Hinars dedit nobis totum campartum et dominium et justitiam quam habebat in diversis peciis terre. — (Sept. 1226.)

F.° 46 *r*.° Bartholomeus Cayus, de Plena valle, vendidit nobis unam minatam terre sitam au Perreus. — (Oct. 1226.)

---

[1] On lit en note : *Hec vocatur terra au Fediux.*

— Matheus Tourpins, de Plena valle, vendidit nobis quandam terram, sitam au Perier. — (Mai 1227.) FROIMONT.

— Giroldus de Montegni vendidit nobis quandam terram, sitam inter Fossam Thiboldi et Quarreriam. — (Mai 1227.)

— Predictus Renaldus Hinars dedit nobis dimidium modium frumenti et dimidium avene. — (Novembre 1228.)

— Renaldus Hinars quitavit nobis omnes querelas quas habebat vel habere poterat adversum nos usque ad illum diem. — (Nov. 1230.)

— Predictus Renaldus vendidit nobis quicquid habebat in terra que fuit Geroldi de Montegni. (1233.)

F.° 46. v°. Predictus Renaldus nobis vendidit dimidium modium frumenti annui redditus (Juin 1233.)

— Post mortem dicti Renaldi Hinart, Gila, soror ejus, nobis quitavit quicquid habemus vel acquisivimus in dominio dicti Renaldi. (1236.)

— Maria Chiertans, de Plena valle, vendidit nobis unam peciam terre, sitam au Perier ante Fossam Thiboldi. — (1238).

— Johannes Berrius, de Plena valle, vendidit nobis tres minatas terre sitas juxta viam per quam itur a Fossa Thiboldi ad Mondidier. — (Déc. 1238.)

— Marga de Leuroimont, relicta Petri de Crois, vendidit nobis ab sustentamentum et alimentum liberorum suorum tres minatas terre, contiguas vie sicut itur de Castellon ad Mondidier. — (Déc. 1239.)

— Villa de Plena valle, communi assensu et una omnium voluntate, vendidit nobis IV minatas terre, sitas in territorio grangie de Fossa Thiboldi. — (Déc. 1239.)

F.° 47. Ingerrannus, miles de Brunviler, vendidit nobis unam peciam terre sitam juxta iter de Mondidier. — (Fév. 1242.)

— Symon de Dargies, miles, concessit nobis et confirmavit quicquid acquisivimus de feodo Renaldi Hinart. — (Déc. 1242.)

— Johannes Berris vendidit nobis unam minatam terre sitam juxta murum grangie de Fossa Thiboldi. — (Nov. 1245.)

— De emptione IV modiorum grani Johanni de Viana, per Johannem de Chiriaco. — (1362.)

FROIMONT.

— Guillelmus, miles, dominus de Moy, legavit nobis xxx minas bladi et totidem avene. — (1352.)

BRUNVILER [1].

F.° 47. v°. Gilo, miles de Brunviler, dedit nobis duas partes decime de Brunviler. — (1156.)

— Haimardus, miles de Brunviler, dedit nobis terram in territorio Fosse Thiboldi, omnino liberam. — (1189.)

— Petrus, miles, senior, dominus de Brunviler, dedit nobis quicquid habebat vel habere poterat, in decima de Brunviler, etiam dedit quicquid habebat in nemore de Bouvete quod est apud Grosmenil [2], etc. — (1214.)

— De eodem. — (1213.)

F.° 48. Petrus Keneel, de Brunviler, vendidit nobis quamdam peciam terre, sitam inter Leuroimont et viam de Mondidier prope grangiam Fosse Thiboldi. — (1238.)

— Ingerrannus, miles, filius Petri de Brunviler, militis. vendidit nobis, duas petias terre, in territorio dou Perreus — (1244.)

— Petrus et Radulphus, filii Ingerranni predicti, jam defuncti, dederunt nobis quicquid habebant, in decima cujusdam terre site inter nemus de Conastre et villam de Brunviler, etc. — (1249.)

— Benedictus de Brunviler vendidit nobis quandam peciam terre, sitam infra culturam nostram de Perreus. — (1250.)

— Robertus de Brunviler quitavit nobis omne jus quod habebat in terra sita inter nemus de Conastre et fossetum. — (1234.)

GANNES. [3] YVERI [4].

F.° 48. v°. De IV jornalibus terre in cultura d'Yveri. — (1294.)

— De VII minis terre in cultura d'Yveri escambiatis olim cum dominum de Gannes. — (1296.)

---

[1] Brunviller-la-Motte.
[2] Grandmesnil situé entre Camp-Remy et Ausanviller.
[3] Gannes, canton de St.-Just-en-Chaussée, arr. de Clermont (Oise).
[4] Par une rubrique du f.° 49 de ce cartulaire, on voit que Yvri, Legniviler et Gannes ne forment qu'un seul lieu.

— De renuntiatione et quittatione justitie et campipartis culture d'Yveri et terrarum inter Brunumvillare et Gannez. — (1340.)

— Acte du prévôt de Montdidier, qui remet aux religieux de Froimont un batteur en grange, qui dépendait de la Fosthibaut, dont la justice appartenait auxdits religieux. — (8 mai 1346.)

— Acte du sergent de la prévôté de Mondidier relatif au même sujet. — (7 mai 1346.)

Le F.° 49 commence par cette remarque en rubrique : NOTA. Quod Gannes et Legniviler et Yvri faciunt unam culturam. Item omnes terre de Yvri, libere sunt omnino a dono et camparto, preter duas minas et dimidium.

— Domini de Gannes, Radulphus et frater ejus Ascelinus, similiter cognomento de Cingula, dederunt nobis xv modiatas nemoris in territorio de Yvri. — (1179.)

— Hanc elemosinam Philippus, Flandrensis et Viromandensis comes, concessit et confirmavit. — (1177.)

— Hescia, soror dominorum de Gannes, dedit nobis xii minatas terre. — (1182.)

— Radulphus de Cingula concessit nobis quasdam terras rusticanas, in territorio de Yvri et de Gannes. — (1186.)

— Ascelinus de Plena valle, dedit nobis partem suam nemoris de Legniviler [1]. — (1187.)

— Matheus de Cingula dedit nobis totam partem suam nemoris, in territorio de Legniviler. — (1190.)

F.° 49. v°. Petrus, senior, miles de Ansoviler, dedit nobis totam partem suam nemoris ejusdem territorii. — (1190.)

— De eodem. — (1190.)

— Symon de Gannes et Osmundus, frater ejus, milites, dederunt nobis quicquid juris habebant in terris rusticanis apud Gannes et Legniviler. — (1190.)

— Matheus de Cingula, miles, dedit nobis xi minatas terre apud Legniviler. — (1193.)

— Idem Matheus quitavit nobis unum modium frumenti apud Legniviler. — (1202.)

— Post mortem Mathei, domina Mathildis, uxor ejus, cepit nos molestare et vexare super rebus et possessioni-

[1] On lit en note. : *Antiquitus vocabatur boscus Guidonis.*

FROIMONT.

bus nostris ; tandem vero, recognovit in jure, quod nihil dotalicii habebat in terris nostris, etc. — (1209.)

— Post mortem Symonis de Gannes, Osmondus, frater ejus, quitavit post multas querelas, quicquid habebat in territorio de Yvri. — (1207.)

— Idem Osmondus dedit nobis partem suam camparti quam habebat in terris nostris de Gannes. — (1217.)

— De eodem. — (1218.)

— Odo de Gannes, miles, et Hubertus, fratres prefati Osmondi, dederunt nobis totum compartum omnium terrarum quas colebamus in territoriis de Yvri, de Legniviler et de Gannes. — (1209.)

— De eodem. — (1219.)

— Radulphus, filius Roberti de Gannes, quitavit nobis quicquid habebat in terra que dicitur la Gressiere, sita juxta Quikenpoit. — (1219.)

— Vuerricus de Gannes quitavit nobis totam terram sitam inter Gaunes et Quikenpoit. — (1224.)

— Petrus de Gannes et Clarellus, frater ejus, recognoverunt quod nihil omnino habebant in terris inter Gannes et Quikenpoit. — (1226.)

— Osmondus, miles, de Gannes, dedit nobis quandam terram in territorio de Yvri. — (1236.)

— De eodem. — (1238.)

F.º 50 v.º Odo, miles, frater prefati Osmondi, indigens pecunia, vendidit nobis quamdam terram apud Legniviler juxta molendinum de Quikenpoit, etc. — (1237.)

— De eodem. — (1237.)

— De eodem. — (1237.)

— De eodem. — (1237.)

— P. senior, miles, dominus de Ansoviler, dedit nobis totum campartum, dominium et justiciam in terra nostra de Legniviler, sita inter Brunviler et Quikenpoit. — (1237.)

— Radulphus, advocatus de Harissart [1], miles, indigens pecunia, vendidit nobis IV modios frumenti, etc. — (1237.)

— Carta Guillelmi, militis, domini de Magneliers, de eodem. — (1237.)

— De eodem. — (1237.)

---

[1] Harissart est situé sur la Carte de Cassini, au Sud de Welle.

F.° 51. De eodem. — (1238.)

— Werricus de Gannes, Johannes Capa asini, et Girardus, filius ejus, quitaverunt nobis omnes querelas quas habebant et habere poterant adversum nos. — (1250.)

Herele [1].

F.° 52. Matheus de Angiviler, cognomento Malquiert, dedit nobis totam decimam suam, quam tenebat in feodo de episcopo Belvacensi in territorio de Aioviler et de Lombus [2], etc. — (1189.)

— Ascelinus, miles de Gannes, dedit nobis terram quam dicebatur Aioviler [3] prope Lombuz. — (1189.)

— De eodem. — (1189.)

— Carta conventus Compendii, de eodem. — (1197.)

— Arnulfus, miles de Montegni, dedit nobis totum nemus suum quod ibidem habebat. — (1190.)

— Post multum temporis, abbas noster B. vendere voluit et vendidit prefatum territorium totum cum predicto manerio de Herele, priori de Mondidier. Sed, cum idem prior non posset impetrare [4] assensum et voluntatem conventus nostri, renunciavit contractui et ipsum territorium nobis in perpetuum quitavit et reddidit. — (1228.)

— Milo, episcopus Belvacensis, mandavit abbati Sancti Justi, in virtute obedientie, ut faceret nos gaudere, et iterum ut excommunicaret in ecclesia sua et faceret excommunicari in aliis vicinis ecclesiis, omnibus divinis diebus et festis, omnes contradictores, perturbatores et molestatores nostros in predictis, specialiter Hugonem de Lombuz [5] et Radulphum de Montegni, milites, et eorum fa-

---

[1] La Herelle, canton de Breteuil, arr. de Clermont (Oise).

[2] Longbus est situé sur la carte de Cassini au S. de Moranviller.

[3] Il y a en note : *Herele*.

[4] Ce mot *Impetrare* fournit la sortie suivante au rédacteur du cartulaire « *anime eorum per quos impeditum fuit, requiescant in pace, amen.* »

[5] Le rédacteur ajoute ceci dans une note. « *Hii cogebant nos, quantum poterant vendere hec omnia, nec volebant pati, ut pacifice possideremus ea.* »

milias, donec desisterent molestare nos super premissis. — (1228.)

— Prefatus Hugo de Lombus, miles, voluit ac benigne concessit ut nos possideamus in perpetuum totam illam partem territorii, quam movebat de suo feodo. — (1229.)

— Carta Arnulphi, primogeniti Hugonis predicti, de eodem. — (1248.)

— Idem Arnulfus dedit nobis totum nemus suum quod apellabatur Fourreis, situm inter terras de Herele et nemus quod apellatur Borreel. — (1248.)

— De eodem. — (1248.)

F.° 53. De eodem. — (1249.)

— Quittatio Johannis, advocati de Harissart, super territorium de Herele. — (1251.)

— Maria, soror supra dicti Arnulfi de Lombuz, dedit nobis, post mortem suam, mobilia et immobilia sua, habita et habenda, cum omnibus juribus et pertinenciis eorumdem et specialiter quinque modiatas terre sitas inter Lombuz et Gannes. — (1250.)

— Gila, soror prefate Marie, dedit nobis post mortem suam mobilia et immobilia sua et IV modiatas terre contigue nemori de Lombuz, etc. — (1250)

F.° 53. v°. De eisdem. — (1250.)

— Radulphus, miles de Montegni, dedit et quitavit nobis escambium inter nos et ipsum factum (apud Herele, ad haiam Chauchier de Leu, super molendinum de Humont), etc. — (1253.)

— De eodem. — (1253.)

— De eodem. — (1253)

F.° 54. v.° Carta Petri, militis de Lombuz, de eodem. — (1253.)

— De eodem. — (1253.)

REDDITUS QUOS RECIPIT FOSSE THIBOLDI, CARDINETUM [1].

F.° 55. Johannes, cognomento Rage, dominus de Cardineto, dedit nobis duos modios frumenti, recipiendos in grangia sua de Cardineto. — (1189.)

---

[1] Le Cardonnois, canton et arr. de Montdidier (Somme).

Contoirre [1].

Johannes de Heronval tenetur solvere annuatim duos modios frumenti, super feodum de Contoirre. — (1352.)

Pierrepont [2].

— Ingerranus, clericus, frater Johannis, militis de Cardineto, dedit nobis duos modios frumenti recipiendos apud Pierrepont. — (1207.)
— De eodem. — (1207.)

Gondainviller [3].

— Super decimas territorii de Gondainviller, ab antiquo habemus unum modium bladi, etc.

Mondider [4].

— Adam Aspec, quondam burgensis de Mondider, dedit nobis domum suam apud Mondider. — (1188.)
— De eodem. — (1196.)
— Johannes Rage, miles, dominus de Cardineto, dedit nobis xx solidos annui census quos habebat apud Mondider super domum Clementis de Crespi. — (1216.)
— Idem Johannes, laborans in extremis, dedit nobis xx solidos parisis de censibus quos habebat ipse apud Mondider. — (1221).

Marqueteglise [5].

$F.°$ 55. $v°$. Petrus de Campo Remigii [6], miles, dictus Lechelle, nobis tenetur annuatim in octo minis bladi super terram et grangiam de Marquette Eglise. — (1347.)

Angiviler [7].

— Johannes Campdavaine, armiger, nobis tenetur in II minis frumenti super clausum de Angiviler.

---

[1] Contoire, canton de Moreuil, arr. de Montdidier (Somme).
[2] Canton et arr. de Montdidier (Somme).
[3] Godenvillers, canton de Maignelay, arr. de Clermont (Oise).
[4] Montdidier, arr. du département de la Somme.
[5] Marquéglise, canton de Ressons, arr. de Compiègne (Oise).
[6] Campremy, canton de Froissy, arr. de Clermont (Oise).
[7] Angivillers, canton de St.-Just-en-Chaussée, arr. de Clermont (Oise).

FROIMONT.

— Larga, condam uxor Nicholai, burgensis de Mondidier, dedit nobis VIII minatas terre sitas apud Angiviler. — (1226.)

— De eodem. — (1226.)

— Johannes Camdavaine, miles, dedit nobis dimidium modium frumenti recipiendum singulis annis super manerium suum de Angiviler; preterea dedit nobis XX s. parisis annui redditus percipiendos super traversum suum de Ressons seur le Mas [1]. — (1200.)

— Johannes Botterel nobis tenetur annuatim in VIII minis bladi apud Angiviller. — (s. d.)

— Heredes Guiton de Lieuviller [2] tenentur in XXI minis frumenti. — (s. d.)

GRATEPANCHE [3].

F.° 56. Laurencius, miles de Gratepanche, dedit nobis dimidium modium frumenti recipiendum in grangia sua de Gratepanche. — (1233.)

DONFRONT [4].

— Matheus, miles, dominus de Morisel [5], dedit nobis unum modium frumenti, super terram suam de Donfront. — (1224.)

— De eodem. — (s. d.)

LOMBUS [6].

— Johannes, miles de Tornella [7], dedit Johanni de Ferrariis [8], domino de Moranviler [9], x libratas terre, in territorio de Lombuz. — (1232.)

---

[1] Ressons, canton de l'arr. de Compiègne (Oise).

[2] Lieuvillers, canton de St.-Just-en-Chaussée, arr. de Clermont.

[3] Grattepanche est situé sur la carte de Cassini au S. de Ferrières, à l'E. du petit Crévecœur.

[4] Domfront, canton de Maignelay, arr. de Clermont (Oise).

[5] Morisel, canton de Moreuil, arr. de Montdidier (Somme).

[6] Longbus est situé au S. de Moranvillers, à l'E. de Gannes.

[7] Tournelle, commune de Plailly (Oise).

[8] Ferrières, canton de Maignelay, arr. de Clermont (Oise).

[9] Moranvillers, commune de Sains-Moranvillers (Oise).

— Predictus Johannes de Ferrariis, liberos non habens, dedit nobis unum modium frumenti super prefatam terram de Lombuz. — (1232.)

— Idem Johannes dedit nobis in elemosinam XL solidos parisis accipiendos singulis annis super eamdem terram. Hanc elemosinam confirmavit Johannes de Tornella. — (1235.)

GROSMENIL [1].

$F.^o$ 57. Odo, quondam miles de Grosmenil, dedit nobis territorium quod dicitur Grosmesnil, etc.— (1142.)

— Ecclesia Britulii [2] dedit nobis tertiam partem decime quam habebat per omne territorium de Grosmesnil, pro qua dedimus in recompensationem eidem ecclesie unum modium frumenti et tertiam partem decime de Wavegnies [3], ita tamen quod acquirere poterimus in prefato territorio usque ad vallem de Prepourcel. — (1143.)

— Hanno Faget dedit nobis totam decimam circum adjacentem territorio de Grosmenil, ab illo loco qui dicitur de Preporcel, etc. — (1156.)

$F.^o$ 57 v°. Goscio et Gotrannus, fratres, dederunt nobis, ut haberemus in perpetuum, amplam viam per terram suam, qua bestie et quadrige nostre possent large transire, etc.— (1181.)

— Gotrannus, miles de Keneel [4], dedit nobis unum modium frumenti, apud Gromenil percipiendum, et duos modios apud Masium et III modios bladi apud Grosmenil pro anima Huberti de Fournival, militis, etc. — (1186.)

— Fulco de Keneel dedit nobis terram vacantem juxta grangiam de Grosmenil. — (1189.)

— Ursio de Moiri [5] multas injurias intulit nobis super terra de Grosmenil, et tandem nobis quitavit. — (1189.)

$F.^o$ 58. Emelina, uxor Fulconis viarii de Odorio [6], moverat quondam querelas adversum nos, tandem quitavit nobis istas querelas. — (1203.)

---

[1] Grandmesnil est situé au S.-E. de Campremy, au N. de Wavignies.
[2] Breteuil, canton de l'arr. de Clermont (Oise).
[3] Wavignies, canton de St.-Just-en-Chaussée, arr. de Clermont (Oise).
[4] Le Quesnel-Aubry, canton de Froissy, arr. de Clermont (Oise).
[5] Mory-Moncrux, canton de Breteuil, arr. de Clermont (Oise).
[6] Oudeuil, canton de Marseille, arr. de Beauvais (Oise).

FROIMONT.
— Eva, quondam uxor Petri Sarrasin, de Campo Remigii, traxit nos in causam, super quibusdam terris sitis in territorio de Grosmesnil, tandem liti renuntiavit. — (1212.)

— Confirmatio Amicie, domine Brithulii, super Grosmesnil. — (1221.)

— Odo, miles, cognomento Suget, dedit nobis quicquid habebat nemoris et terre inter grangiam de Grosmesnil et illam magnam vallem que est inter inter Wavegnies et Grosmesnil. — (1193.)

— Hugo molendinarius, filius Renaldi de Gornaco [1], quitavit nobis dimidium modium frumenti apud Grosmesnil et dimidium modium in grangia de Brueria et IV minas vel plus sementis, sitas inter terras nostras de Grosmesnil et vocatas le bus Nicholet. — (1197.)

F.° 58 v°. Thomas de Wavegnies dedit nobis quicquid habebat in Busco Nicholet et in Busco Ermein. — (1227.)

— Radulfus, nepos Gotranni de Campo Remigii, dedit nobis quamdam terram que dicitur vallis sancti Nicholai, etc. — (1205.)

— Werricus de Wavegnies, filius Odonis de Buri [2], dedit nobis duas minatas terre sitas ad Buscum domine Ermein. — (1230.)

— Idem Werricus dedit nobis talem partem qualem habebat in Busco Ermein et terram subtus Boscum Richardi in valle sancti Nicholay, quam mater ejus Houdiardis, nobis antea donavit. — (1234.)

— De eodem. — (1234.)

— Iterum, supradictus Werricus fecit fieri quoddam sigillum novum, quo confirmavit elemosinas et quitationes predictas. — (1235.)

— Idem Werricus dedit nobis totam avesnam suam quam habebat in valle sancti Nicholai. — (1235.)

— De eodem. — (1235.)

F.° 59. Balduinus de Peleevile [3] nobis penitus quitavit super quodam nemore juxta grangiam de Grosmesnil. — (1190.)

---

[1] Gournay-sur-Aronde, canton de Ressons, arr. de Compiègne (Oise).
[2] Bury, canton de Mouy, arr. de Clermont (Oise).
[3] Plainville, canton de Breteuil, arr. de Clermont (Oise).

— Petrus, senior, miles de Brunviler, dedit nobis quicquid habebat in nemore de Bouete. — (1214.)

— Theobaldus Fages, miles, quitavit nobis super terra de Bouete et Prepourcel. — (1235.)

— Werricus, dominus de Wavegnies, dedit nobis VIII minatas terre juxta Bouete. — (1236.)

— Petrus Sorel de Pallart [1] concessit nobis IV minatas terre sue sitas in territorio de Grosmesnil, in monte de Tilloy. — (1232.)

— Erardus, frater majoris de Campo Remigii, dedit nobis V minatas terre sue sitas in loco qui dicitur Montilloy, et nos dedimus ei V minatas terre, in valle de Mormeson. — (1236.)

— Radulfus, miles, castellanus Britholii, dedit nobis IV minatas terre sitas sub Beauvoer [2]. — (1233.)

— Johannes, dominus de Campo Remigii, miles, dedit nobis quamdam terram contiguam terre nostre que dicitur Spina Bernardi, apud Grosmenil. — (1243.)

F.° 59, v°. Gregorius de Campo Remigii, miles, dedit nobis quintam partem totius hereditatis sue. — (1232.)

— Colardus, miles de Campo Remigii, dedit nobis quintam partem totius hereditatis sue. — (1251.)

BEAUFAY [3]. GROSSA SILVA. BUS MENART [4].

F.° 60. Hugo Lusius, miles de Wavegnies, dedit nobis quamdam terram ad campartum. — (1178.)

— Hugo dedit nobis nemus suum quod vocabatur Grossa silva et Albericus, dominus de Keneel, miles, dedit nobis duas alias porciones nemoris, juxta nemus quod dicitur Corniletum. — (1192.)

---

[1] Paillart, canton de Breteuil, arr. de Clermont (Oise).

[2] Beauvoir, canton de Breteuil, arr. de Clermont (Oise).

[3] D'après un acte qui se trouve au f.° 60 v.° du cartulaire, on voit que Beaufay était aussi appelé *rupticium domini Ermengardis*. D'après une pièce de 1234 qui est transcrite au f.° 61 du même manuscrit, on trouve que ce *rupticium* dépendait du territoire de Bonvillers. Beaufay était donc du canton de Breteuil.

[4] D'après l'examen attentif des pièces, on reconnaît avec certitude que ces deux territoires dépendaient de Grandmesnil.

— Katerina, comitissa, et Ludovicus, comes Clarimontis, hoc confirmaverunt. — (1202.)

— Balduinus Luscus, filius predicti Hugonis, dedit nobis totum campartum totius predicte terre. — (1210.)

— Idem Balduinus vendidit nobis iv modios medium frumenti et avene. — (1214.)

— De eodem. — (1214.)

— Bernardus Luscus vendidit nobis duos modios medium frumenti et avene. — (1238.)

— De eodem. — (1238.)

— De eodem. — (1214.[1])

F.° 60, v°. Ermengardis de Britulio dedit nobis totam terram suam de Beaufay[2], etc. — (1193.)

— Abbatia Brithulii dedit nobis terciam partem decime de Beaufay et iv minatas terre inter districtum et Brueriam sitas. — (1195.)

— Balduinus, dominus de Wavegnies, miles, dedit nobis quedam nemora sua que vocabantur Beaufay, Busmenar, Grossa silva. — (1202.)

F.° 61. Idem Balduinus vendidit nobis iv modios, medium avene et medium frumenti. — (1214.)

— De eodem. — (1214.)

— Werricus, miles, filius Balduini predicti, dedit nobis unum modium frumenti. — (1237.)

— De xl minis frumenti et avene a Nicholao[3], presbytero de Campo Remigii, filio prefati Balduini, nobis collatis. — (1237.)

— Werricus de Wavegnies, quondam filius Odonis de Buri, concessit nobis illam adcensitionem, de terra de Beaufay. — (1216.)

— Petrus, miles, de Bon Viler, molestavit fratres nostros de Grosmenil, super quodam camparto xiv minarum terre, in territorio de Beaufay, etc. — (1223.)

— Arnulfus, major de Wavegnies, concessit nobis donum territorii de Beaufay. — (1232.)

— Petrus, miles, de Bos au denier, quitavit nobis cam-

---

[1] Cette date est certainement fausse.

[2] Le rédacteur a mis en note: *Hec terra vocatur rupticium domine Ermengardis.*

[3] Il y a en note: *Hanc elemosinam fecit quum proficisci debuit Iherosolimam.*

partum et quicquid juris habebat in vii minatis terre, sitis juxta rupticium domine Ermengardis in territorio de Bon Viler ¹. — (1234.)

FROIMONT.

— Werricus de Wavegnies concessit nobis omne donum, elemosinam, vendicionem sive concessionem que Odo pater et Houdiardis, mater ejus fuerunt nobis. — (1251.)

*F.*º 61, *v*º. Gervasius Baudeloque, de Wavegnies, quitavit nobis quicquid habebat in territorio nostro de Beaufay. — (1251.)

Wesomenil ².

*F.*º 62. Galterus junior, dominus de Moy, miles, dedit nobis quicquid nemoris habebat apud Wesomenil. — (1179.)

— Radulfus, ad extrema deveniens, quitavit nobis duos modios recipiendos in grangia de Grosmenil. — (1186.)

— De eodem. — (1194.)

— Radulfus, clericus de Sauqueuses ³, dedit nobis quamdam terram in territorio de Grosmenil, que dicitur terra de Wesomenil. — (1203.)

— Carta Drogonis, militis de Moye, de eodem. — (1204.)

— Drogo de Moy, dedit nobis quicquid juris habebat in territorio de Wesomenil. — (1208.)

— Carta Ansoldi, militis, domini de Ronqueroles ⁴, de eodem. — (1208.)

— Odo Herichon, de Campo Remigii, vendidit nobis iv minatas terre apud Wesomenil sitas. — (1227).

Goy ⁵.

*F.*º 63. Balduinus, miles de Fournuival (sic), dedit nobis quicquid habebat in territorio de Goy. [S. d.]

— Carta Garini, abbatis Britholii, de medietate de Goy ⁶. [S. d.]

---

¹ Bonvillers, canton de Breteuil, arr. de Clermont (Oise).

² On voit par l'acte de 1203 de cette série que Wesomenil était le nom d'une terre située dans le territoire de Grandmesnil.

³ Sauqueuse-St.-Lucien, canton de Nivillers, arr. de Beauvais (Oise).

⁴ Ronquerolles, commune d'Agnetz (Oise).

⁵ Goui est situé sur la carte de Cassini au S. de Noyers-St.-Martin.

⁶ Il y a en note : *Magna pars ipsius territorii erat tunc in nemore.*

FROIMONT.

— Ecclesia Viziliacensis nobis quittavit in perpetuum illam partem decimarum quam competebat in omni territorio de Goy. — (1135.)

— Abbatia Brithulii quitavit nobis sextam garbam decime per omne territorium de Goy. — (1143.)

F.° 63 v.° Ugerius de Noiers dedit nobis quartam partem territorii de Goy, etc. — (1156.)

— Berengerius de Noiers dedit nobis unam terram jacentem ante portam de Goy, etc. — (1189.)

— Robertus de Nigris vallibus [1] diu vexavit ecclesiam nostram, clamando injuste tertiam partem decime de Goy; tamdem confessus est aperte quod nihil penitus habebat in omni eo quod clamabat. — (1190.)

— Petrus de Montatere [2] dedit nobis unam terram sitam apud Noiers. — (1202.)

— Johannes, miles de Tiux [3], cognomento de Cingula, et filius Radulfi de Cingula, dedit nobis unam terram, in territorio de Goy, que dicitur Campus Andree. — (1208.)

— Radulfus, dominus de Alli et de Bulis, confirmat istam adcensitionem. — (1208.)

F.° 64. Carta Roberti de Bulis et de Conti, de eodem. — (1208.)

— De eodem. — (1208.)

— Johannes de Tiux vendidit nobis duos modios frumenti. — (1229.)

— Johannes, dominus de Conti, filius Roberti de Conti, hanc venditionem confirmavit. — (1229.)

— De eodem. — (1229.)

— Amicia, domina Britulii, confirmavit omnes elemosinas quas habemus a predecessoribus suis apud Goy et in aliis locis. — (1221.)

— Petrus, miles dou Keneel, dedit nobis XVI minatas terre, inter Fresneaus [4] et Buscans [5], in loco qui dicitur Bus Ernaut. — (1236.)

— De eodem. — (1236.)

— De eodem. — (1236.)

---

[1] Noirvaux est situé sur la carte de Cassini au N. de Sainte-Eusoye.

[2] Montataire, canton de Creil, arr. de Senlis (Oise).

[3] Thieux, canton de Froissy, arr. de Clermont (Oise).

[4] Fresneaux est situé au S.-O. de Thieux.

[5] Bucamps, canton de Froissy, arr. de Clermont (Oise).

GRANTMESNILG. PROFUNDA VALLIS.

— De pace facta inter nos et ecclesiam sancti Luciani super decimis plurimarum hereditatum in territoriis Profunde vallis [1] et Grandis menilii. — (1266.)

ROHART. PARMONT [2].

F.° 65. Guillelmus, major de Kieuremont [3], vendidit nobis dimidiam minam bladi et tres pecias avesne quarum una sita est inter vaucellum Grimont et grangiam de Goy, altera inter terram Garneri et nemus Rohart, tercia inter nemus Rohart et terram Odonis de Fresneaus. — (1238.)

— De eodem. — (1238.)

— Garnerus, de Kieuremont, vendidit nobis quamdam avesnam, sitam subtus nemus Rohart. — (1238.)

— Odelina, de Capramonte, vendidit nobis quamdam avesnam. — (1238.)

— Petrus Caigne vendidit nobis quamdam avesnam subtus nemus Rohart. — (1238.)

— Houdiardus, de Capramonte, vendidit nobis unam avesnam in eodem loco. — (1238.)

— De eodem. — (1238.)

— Petrus Bouvet, de Capramonte, vendidit nobis duas pecias avesne subtus nemus Rouhart. — (1238.)

— Guillelmus, major de Capramonte, vendidit nobis quamdam terram sitam inter vaucellum Grimont et Kieuremont, contiguam bosco de Parmont. — (1238.)

F.° 65, *v°*. Galterus et Robertus de Capramonte vendiderunt nobis quamdam terram, sitam subtus nemus de Parmont. — (1238.)

— Symon Bergarius, de Capramonte, vendidit nobis unam terram sitam in landis de Capramonte. — (1238.)

— De eodem. — (1238.)

— Johannes, miles de Tiux, cognomento de Cingula, has emptiones confirmavit. — (Mai 1239.)

— Johannes, miles, dominus de Gannes, nepos prefati Johannis militis, confirmavit nobis omnes acquisitiones, elemosinas ab antecessoribus et specialiter avunculo suo predicto Johanne de Tiux, factis. — (1242.)

---

[1] La Grand Vallée est située sur la carte de Cassini, au N. de Goui.
[2] Rohart et Parmont étaient situés dans le territoire de Quevremont.
[3] Quevremont est situé sur la carte de Cassini au S. de Troussencourt.

FROIMONT. — Radulfus de Brunviler vendidit nobis quamdam terram, sitam juxta viam que ducit ad Hondiviler. — (1239.)

— Petrus de Capramonte, domicellus, vendidit nobis totum nemus suum quod dicitur nemus Rohart, etc. — (Décembre 1239.)

$F.^o$ 66. Carta Guillelmi de Valescourt [1], et Balduini de Ruolio [2], militum, de eodem. — (Décembre 1239.)

— De eodem. — (1239.)

— Matheus de Mota vendidit nobis III arpenta nemoris, contigua nemori Rohart, et quamdam terram que dicitur des Landes, etc. — (Décembre 1239.)

— De eodem. — (1239.)

— De eodem. — (1239.)

— Radulfus de Brunviler vendidit nobis IV minatas terre sitas juxta viam que ducit ad Houdiviler. (Février 1239.)

— Carta Guillelmi, majoris de Kieuremont, de eisdem. — (Janvier 1239.)

— Carta Orrici, majoris de Capramonte. — (Février 1239.)

— Matheus de Mota vendidit nobis XXXII arpenta nemoris sui de Paarmont. — (1242.)

— De eodem. — (1242.)

— De eodem. — (1243.)

$F.^o$ 67. Ermengardis, relicta Johannis de Conti, militis, confirmavit quicquid acquisivimus a Petro, domicello de Capramonte, et Matheo de Mota, nepote suo. — (Avril 1243.)

— Eustachius de Conti hoc similiter fecit. — (Juillet 1243.)

MESNIL APUD MALREGARD [3].

$F.^o$ 68. Matheus de Terines [4] dedit nobis tertiam partem de Mesnil, nemus de Moienmont [5] et Cornelloie et avesnas que Estencheneuses vocantur. — (1157.)

---

[1] Valescourt, canton de St.-Just-en-Chaussée, arr. de Clermont (Oise).

[2] Reuil-sur-Brèche, canton de Froissy, arr. de Clermont (Oise).

[3] Le bois du Mesnil est situé au N. de Mauregard, très-près de Reuil-sur-Brèche.

[4] Therines, canton de Songeons, arr. de Beauvais (Oise).

[5] Moymont est situé sur la carte de Cassini au N.-E. de Noiremont.

— Garnerius, Hugo et Henricus, fratres, de Braithoil, FROIMONT. dederunt nobis tertiam partem de Mesnil, etc. — (1173.)

— Henricus supra dictus dedit unum modium frumenti monachis de Prato, videlicet quandiu capellanus non fuerit constitutus et residuus in capella de Odorio castello. — — (1228.)

— Odo, miles, cognomento Deschaus, dedit monachis de Prato, tres modios bladi. [S. d.]

— Conventio inter nos et conventum de Prato, super predictis modiis bladi. — (1230.)

— Aelidis, Margareta et Matildis, filie Bartholomei, quondam senescalli de Bulis, dederunt nobis tertiam partem de Ploiz, de Mésnil, de Cornelloye, de Moienmont, de Estencheneuses cum appendiciis suis et homagio majoris sui de Ruolio, etc. — (1200.)

— Predicta Margareta et Garnerus de Bosco, maritus ejus, vendiderunt Johanni Bulet, burgensi Clarimontis, xxi minas medium bladi, medium avene [1]. — (1211.)

— Aelidis de Plena valle dedit nobis III minas bladi, etc. — (1227.)

— Balduinus, filius Aelidis supra dictæ, vendidit nobis xxIII minas ejusdem redditus. — (1242.)

— De eodem. — (1242.)

— Carta Symonis de Dargies, domini Britulii, de eodem. — (1242.)

— F.° 69. Johannes Burneaus, de Noiers, dedit nobis in escambium IV minatas terre, sitas juxta Moïenmont, in valle de le Cornelloie, pro IV minatis terre sitis in valle Rôhart. — (1234.)

— Idem Johannes vendidit nobis IV minatas terre, in valle de le Cornelloie. — (1239.)

MALREGART [2].

F.° 70. Sangalo de Gerberroi [3] dedit nobis quicquid hereditarii juris habebat in territorio de Malregart. — Symon, miles, de Sailli, quicquid in predicta terra possidebat, nobis in perpetuum donavit; unde ipse Symon, Iherosolimam

---

[1] Il y a en note : *De quo, non habuimus cartam.*
[2] Mauregart est situé entre Reuil et Montreuil-sur-Brèche.
[3] Gerberoy.

FROIMONT.

profecturus, recepit a nobis xxviii libros et unum palefridum. — (1147.)

— De eodem territorio, transactio inter nos et fratres de Moleine [1].

— Ludovicus, miles de Hodenc, nepos prefati Sangalonis, dedit nobis unum modium frumenti. — (1225.)

— De eodem. — (1225.)

— Idem Ludovicus vendidit nobis tres modios frumenti. — (1228.)

— De eodem. — (1228.)

— Otho, miles, filius Eustachii, prepositi de Enchre, dedit nobis totam decimam de Malregart. — (1151.)

— Sangalo de Milli, post querelas, totam illam decimam nobis quitavit. — (1154.)

— Matheus, filius Huberti, filii Ugeri, assensu Acelini de Cingula, avunculi sui, dedit nobis vivarium de Betonval, terram que dicitur Petrosa, et viariam atque justitiam grangie de Malregart. — (1151.)

F.° 70, v°. Galeranus de Britholio dedit nobis viariam de Malregart et campum sancti Martini, apud Goy. — — (1154.)

— Haimericus, cognomento rufus, miles, dedit nobis quicquid juris habebat in communi nemore [2], quod est inter terram de Goy, de Malregart et de Mesnil, et nemus quod situm est ex altera parte aque, sub censu duorum modiorum. — (1159.)

— Prefatos duos modios [3] frumenti emit Bartholomeus, Belvacensis episcopus, etc. — (1177.)

— Balduinus de Sancto Justo, dedit nobis quicquid juris habebat in nemore quod est inter terram de Goy et de Malregart et de Mesnil. — (1159.)

— De pace facta inter nos et Balduinum supradictum, super molendino [4] quod construximus infra ambitum gran-

---

[1] On lit en note: *De hoc, non habemus cartam, forte ipsi habent [templarii sunt]*.

[2] Il y a en note: *les Communieus*.

[3] Voici ce que dit le rédacteur du cartulaire à l'occasion de ces deux muids: *Hic est redditus, de quo infantes emunt annuatim cornua et lanceas in vigilia sancti Johannis Baptiste, apud Belvacum*.

[4] Il y a en note: *Hoc destructum est*.

gie de Malregart, dicens quod rivulus aque quem detorseramus ab antiquo suo cursu, et terra per quam aqua illa de novo fluebat ad illud molendinum, erat de viaria sua. — (1173.)

— F.° 71. Galterus, miles de Nouroimont [1], dedit nobis terram ad duos modios que dicitur Bus Erart, sub nemore de Malregart, etc. — (1173.)

— Bernardus de Ruolio, miles, frater prefati Galteri, quitavit nobis duos modios prefatos, etc. — (1190.)

— Ecclesia beati Petri Belvacensis quitavit nobis pasturas quas ipsi homines habebant in nemoribus de Goy et de Malregart, etc. — (1221.)

— Bulla conservatoria Gregorii IX, pape, de eodem.

F.° 71, v°. Aelidis, domina de Conde, quitavit nobis totum campartum quod habebat in terris nostris de Malregart. — (1222.)

— Symon de Ruolio, miles, nobis quitavit corveiam unius carruce quam debebamus pro terra Ernaudi, sita inter Forestellum et Malregart, juxta campum Gontaud. — (1225.)

— Idem Symon vendidit nobis campartum et omne jus quod habebat in terra Ernaudi, et in alia pieca terre, que dicitur Campus dolens, sita juxta Forestellum. — (1233.)

— De eodem. — (1233.)
— De eodem. — (1233.)
— De eodem. — (1233.)
— De eodem. — (1233.)

— Balduinus, domicellus, primogenitus Aveline de Ruolio quitavit nobis unam corveiam, in terra Leschars, sita au Perier. — (1225.)

— De eodem. — (1230.)
— De eodem. — (1230.)
— De eodem. — (1230.)
— De eodem — (1246.)

F.° 72. Thescia, filia Radulfi, cognomento de le Malliere de Lefraie [2], habuit querelam adversum nos super IX minatis terre, in cultura nostra de Malregart. — (1225.)

— Johannes Karetele, de Bulis, vendidit nobis campartum quod habebat in sex minatis terre, inter Malregart et Ruolium. — (1230.)

---

[1] Noiremont, canton de Froissy, arr. de Clermont (Oise).
[2] Lafraye, canton de Nivillers, arr. de Beauvais (Oise).

FROIMONT.

— De eodem. — (1230.)
— De eodem. — (1230.)
— Renaldus Waignars, de Noiers, quitavit nobis VIII minatas terre sitas juxta grangiam de Malregart, in campo qui dicitur Bellus campus, et XII minatas terre, subtus Forestel. — (1231.)
— De eodem. — (1240.)
— Odo de Ravenel [1], quitavit nobis totum campartum quod habebat in terris nostris de Malregart. — (1232.)
— Domicella Beatrix de Busencourt, soror prefati Odonis, dedit nobis quintam partem tocius hereditatis sue. —
— (1239.)
— Henricus Tricherie, de Bulis, vel de Poncheaus, dedit nobis tres modios bladi percipiendos in grangia sua de Ponchel. — (1237.)
— Idem Henricus dedit nobis XXI minatas terre inter Malregart et Goy sitas. — (1239.)
— Gregorius de Campo Remigii, miles, quitavit nobis VIII minas bladi. — (1232.)
— Aelidis, domina de Conde et Petrus de Laverchines, miles, maritus ejus, quitavit nobis omnes querelas quas moverant contra nos. — (1228.)
— Eadem domina vendidit nobis unum modium bladi. — (1233.)
— Johannes de Montoiles, miles, vendidit nobis duos modios frumenti. — (1241.)
— De eodem. — (1241.)
— Johannes Burneaus, de Ruolio, vendidit nobis totum usuagium quod habebat in nemoribus nostris de Malregart. — (1250.)

CORMELLES [2].

F.º 74. Ludovicus, Blesensis comes, et Katerina, comitissa Clarimontis, ejus uxor, dederunt nobis totam forestam que dicitur Cormelle. — (1200.)
— Bulla Innocentii III, pape, de eodem. — (s. d.)
— De querela inter nos et Petrum filium Genduini, de Cormellis, de quarterio ejusdem foreste, pacificata per Ludovicum, comitem. — (1201.)

---

[1] Canton de St.-Just-en-Chaussée, arr. de Clermont (Oise).
[2] Cormeilles-le-Crocq, canton de Crévecœur, arr. de Clermont (Oise).

— Quitatio usuagii in foresta de Cormellis nobis facta a Richardo, cognomento Rousseaus. — (1202.) FROIMONT.

— Manasserus de Bulis, miles, dominus de Cormellis, et homines ejus habuerunt querelam contra nos, super nemoribus nostris de Cormellis, et querela terminata fuit in hunc modum : Ploia que cingit villam de Cormellis remansit dicto Manassero; nemus quod vocatur Haia [1], situm juxta agros fontanicos [2] remansit nobis libere; nemus vero quod vocatur Polete, et nemus quod vocatur Boscus Petri nobis dimiserunt, etc — (1206.)

F.° 74 v. Johannes, major de Cormellis, vendidit nobis partem suam hujus redditus. — (1206.)

— Albinus, nepos prefati Johannis, vendidit nobis medietatem partis sue quam habebat in eodem redditu. — (1208.)

— Hugo de Dolancourt vendidit nobis duos modios frumenti et dimidium et xvIII minas avene. — (1242.)

— Symon de Dargies, miles, hanc venditionem confirmavit. — (1242.)

— De eodem. — (1242.)

— Manasserus de Bulis, miles, dominus de Cormellis, dedit nobis quicquid habebat inter puteum Logiarum et viam que ducit de Hardiviler ad Crevecuer. — (1218.)

— Theobaldus, comes Blesensis et Claromontis, dedit nobis terram de Awis, sitam juxta territorium grangie de Cormellis, prope calceiam. — (1215.)

— De eodem. — (1218.)

— De terre de Awis. — (1216.)

— De eodem. — (1226.)

— De eodem. — (1226.)

— De eodem. — (1231.)

F.° 75. Theobaldus, comes Blesensis et Clarimontis, concessit nobis grangiam de Cormellis. — (1218.)

— Amicia, domina Brithulii, confirmavit nobis quicquid acquisivimus in omni dominatu suo. — (1221.)

— Matheus de Sancto Justo, burgensis Brithulii, quitavit nobis in perpetuum unum modium bladi, percipiendum in grangia de Cormellis. — (1227.)

---

[1] Le bois de la Haie touche à Fontaine-sous-Catheux.

[2] Fontaine-sous-Catheux, appelé aussi aussi Fontaine-Bonneleau, canton de Crévecœur, arr. de Clermont (Oise).

FROIMONT. — Gaufridus de Castello, anglicus, Burgensis Brithuliensis, dedit nobis quasdam terras que vocantur Poulegnies [1] et le Corbinoie, sitas inter logias de Cormellis et villam de Beeleaus [2], videlicet inter viam qua itur a Villari vice comitis [3] usque ad Hardiviler et nemus dominorum de Crevecuer. — (1227.)

— De eodem. — (1236.)

— Guillelmus, major de Puteis, dedit nobis quicquid juris habebat in predicta terra. — (1235.)

— Carta Guidonis de Crevecuer, militis, de eodem. — (1238.)

F.° 75. v°. Carta Johannis de Crevecuer, militis, fratris dicti Guidonis, de eodem. — (1238.)

— Carta Odonis de Ronkeroles, militis, fratris predicti Guidonis, de eodem. — (1238.)

— De eodem. — (1238.)

— De eodem. — (1238.)

— Hugo de Verrines, miles, vendidit nobis quandam terram, que vocatur campus Sancti Martini. — (1233.)

— Carta Hugonis de Dargies, militis, et Roberti, militis de Warmoise, de eodem. — (1233.)

— Hugo de Dargies, miles, vendidit nobis vɪ minatas terre, sitas in territorio de Cormellis, ad haiam anglicam — (1233.)

— Carta Simonis de Dargies, de eodem. — (1233.)

— De eodem. — (1233.)

— Gaufridus de Capella, miles, quitavit nobis dominium quod habebat in valle vitalis. — (1233.)

— De eodem. — (1233.)

— Hugo, miles, dedit nobis quoddam fossatum quod vocatur fossatum de Largilloie, inter essartum Christiani et nemus de Gantel. — (1234.)

F.° 76. Idem Hugo, miles, vendidit nobis totum nemus suum quod vocatur essartum Christiani, situm de super villam de Blancfosse [4] prope haiam anglicam. — (1237.)

[1] Le redacteur met en note: *Vulgo appellatur Rupticium Clemencie vel Rupticium des Rendus.*

[2] Esbeliaux est situé au S. de Villers-le-Comte, à l'O. de Breteuil.

[3] Villers-le-Comte, canton de Breteuil, arr. de Clermont (Oise).

[4] Blancfossé, canton de Crévecœur, arr. de Clermont (Oise).

— Carta Simonis de Dargies, de eodem. — (1237.)
— Hugo, miles, vendidit nobis totum nemus suum quod vocatur Roiseliere, etc. — (1239.)
— Carta Symonis de Dargies, fratris ipsius Hugonis, de eodem. — (1239.)
— De eodem. — (1239.)
— Idem Hugo, miles, dedit nobis duos modios bladi. — (1239.)
— Albinus de Cormellis, vendidit nobis unam peciam terre sitam ad puteum de Logis in valle Belvacensi [1]. — (1236.)

F.° 76. v°. Idem Albinus vendidit nobis quamdam avesnam, sitam in valle Belvacensi, prope fossatum, juxta le Crooniere. — (1237.)
— Clemens Burneaus, burgensis Brithulii, dedit nobis VII minatas terre, de terra sua de Praiis [2]. — (1237.)
— Richaudis, relicta Theobaldi, filii Ade de Hardiviler quitavit nobis quicquid habebat in quadam terra que dicitur terra in valle de Cormellis. — (Oct. 1238.)
— Radulfus le Gantier de Hardiviler, vendidit nobis quamdam terram, in valle de Cormellis subtus Malassise [3]. — (Nov. 1238.)
— Honoratus dou Croc [4], dedit nobis medietatem cujusdam terre, site juxta calceiam Ambianensem, prope vallem que dicitur Bernardi, in vallem que dicitur Beauvoisien. — (1239.)
— Albinus de Cormellis, vendidit nobis tres pecias terre, quarum una sita est in loco qui dicitur campus Martini, secunda in vaucello juxta li Plooiz, tertia in loco qui dicitur campus Fontenois. — (1242.)
— Hugo de Dargies, miles, hanc venditionem confirmat. — (1242.)

F.° 77. Carta Simonis de Dargies, de eodem. — (1242.)
— Carta Roberti, militis de Warmoises [5], de eodem. — (1242.)

[1] Puits-la-Vallée, canton de Froissy, arr. de Clermont (Oise).
[2] Il y a en note : Praie.
[3] Malassise est situé sur la carte de Cassini entre Vieux Villers et Hardivillers.
[4] Le Crocq, canton de Crévecœur, arr. de Clermont (Oise).
[5] Warmaisse est situé sur la carte de Cassini entre Chepoix et Mory.

FROIMONT.

— Hugo de Dargies, miles, quitavit nobis quicquid camparti habebat in III minatis terre. — (1242.)

— Meinsendis Hasarde, de Cormellis, vidua, quitavit nobis IV minas bladi. — (1240.)

— De eodem. — (1249.)

— Albinus de Cormellis vendidit nobis medietatem camparti IV minatarum terre. — (1244.)

— Petrus senior, miles, dominus de Jumellis [1], dedit nobis XIV minas frumenti ad faciendas annuatim hostias, capiendas super culturam de le Raule et super alias terras apud Puteos [2] et apud Francum Castellum [3]. — (1246.)

— Amicia, domina Brithulii, dedit Homfredo, barbitonsori suo, unam modium terre apud Album fossatum [4]. — (1225.)

— Hanc terram emit Renaldus, major Brithulii — (1254.)

F.° 77 v°. De eodem. — (1254.)

— Carta Hugonis de Dargies, de eodem. — (1254.)

BEELEAUS [5].

F.° 78. Amicia, domina Brithulii, dedit nobis locum qui vocatur Beelaus, terram suam que vocatur nemus de communia, et usuagium pasture per forestam de Gardo, inter Hardiviler et Brithulium extra calceia. — (1210.)

— Renaldus de Dargies dedit nobis XX jornalia nemoris. — (1246.)

— Carta Symonis de Dargies, patris dicti Renaldi, de eodem. — (1246.)

— Symon de Dargies, miles, dedit nobis IV jornalia terre sita ultra viam, sicut itur de Beelaus ad Troussencourt [6].

— Guillelmus de Bello Saltu dedit nobis XXVI jornalia nemoris. — (1247,)

— Benedictus, senex, de Beeleaus, vendidit quoddam curticulum situm apud Beelaus. — (1238.)

[1] Jumelles, canton d'Ailly-sur-Noye, arr. de Montdidier.
[2] Puits-la-Vallée.
[3] Francastel.
[4] Blancfossé.
[5] Esbeliaux. Voy. la note 2 de la page 372.
[6] Il y a en note : *Non habuimus cartam.*

— Benedictus supra dictus vendidit nobis unam peciam terre de la Roiseliere. — (1239.)

F.° 78. *v°*. Hugo textor, Lambertus de le Warde, Arnulfus textor, Philippus Capra, Ligerius Gallicus, et Matildis le pignié, homines de Villaribus vicecomitis, habuerunt quamdam querelam adversum nos super quadam terra, sita in territorio de Villaribus que vocatur Froimont. — (1248.)

— Antedictus Legerius Gallicus vendidit predicto Arnulfo textori LXXX virgatas terre apud Froimont. — (1248.)

— Idem Arnulfus textor vendidit nobis tres minatas terre apud Froimont. — (1251.)

— Widria et Laurencia, filie Johannis de Custadio, vendiderunt nobis IV minatas terre apud Froimont. — (1253.)

PROFUNDA VALLIS [1].

F.° 79. Drogo de Mellemont [2], dedit nobis quamdam vineam, vocatam clausum de Mellemont. — (1155.)

— Hugo senior, miles de Braithoil et Henricus, frater ejus, vineam predictam male ratione extorserunt a nobis et diu eam possederunt. — (s. d.)

— Petrus, filius predicti Hugonis, injuste detinuit sed penitentia ductus nobis reddidit et dedit nobis nemus de Cathena. — (1201.)

— Idem Petrus concessit nobis quasdam terras, juxta nemus Cathene, juxta Orbum seu Orbe fontem, apud Belincamp. — (1202.)

F.° 79. *v°*. Petronilla de Harmis, quitavit nobis IV minas avene et unam minam frumenti, pro duabus terris in cultura inter Mousteroil et Mellemont. — (1202.)

— Supradictus Petrus de Braichoil dedit totum nemus [3] de Cathena, hoc tamen excepto, quod prefatum nemus non poterit extirpari [4]. — (1209.)

FROIMONT.

---

[1] Profondeval, ou St. Arnoult est un écart au Sud de Merlemont.

[2] Merlemont, commune de Warluis, canton de Noailles, arr. de Beauvais (Oise).

[3] Il y a en note : *hoc dedit nobis postquam reversus est de Iherusalem.*

[4] Voilà une réflexion du rédacteur du cartulaire, qui laisse entrevoir une mauvaise foi patente : *hoc non debet dici omnibus.*

FROIMONT.

— Idem Petrus concessit nobis omnes aisentias in omnibus pasturis et liberum transitum, etc. — (1209.)

— Magna contentio inter nos et homines de Mellemont super communitate vie, per quam pecora de Mellemont vadunt in Marescum. — (1216.)

F.° 80. Leprosaria Belvacensis vendidit nobis clausum quod vocatur Kaalon. — (1197.)

— Symon de Hez, cognomento prepositus, vendidit nobis quamdam petiam terre, contiguam clauso de Kaalon. — (1208.)

— Fressendis de Mellemont habuit querelam adversum nos super nemore ab Herneio de Mellemont, ejus fratre, nobis vendito. — (1218.)

— Odo de Tourliu, miles, habuit querelas adversum nos super quibusdam terris. — (1218.)

— De eodem. — (1218.)

— Petrus de Goincourt, miles, habuit querelas super quibusdam terris. — (1226.)

F.° 80. *v°*. Johannes de Tourliu quitavit nobis omnem querelam quam habebat adversum nos, de via antiqua que solebat ducere de Matencourt [1] apud Mellemont, inter clausum et ortum nostrum de Parfunde val. — (1227.)

— Aelidis [2], domina de Conde, et Petrus, miles de Laverchines, maritus ejus, quitaverunt nobis omnes querelas quas adversum nos moverant. — (1228.)

— Hugo de Bosco Auberti concessit nobis quartam partem pasturarum et aesantiarum feodi sui in territorio de Mellemont. — 1230.

— Petrus de Brethuel, junior, dominus de Mellemont, miles, filius Hugonis de Mellemont, concessit et confirmavit nobis quamdam petiam nemoris, sitam juxta nemus Hernoy, nemus situm apud Profondam vallem juxta viam de Moienaunoi. — (1233.)

F.° 81. Idem Petrus legavit armigero suo, Johanni de Cipro, vi libratas terre, super quintam partem hereditatis sue scilicet xxviii arpenta terre in territorio de Mellemont, in loco qui dicitur Orbefontaine, contigui nemori

---

[1] Mattancourt est situé au S. de Merlemont.

[2] Il y a en note : *Hec fuit soror domini P. senioris de Braithuel, quæ defuncto priore marito suo, Henrico de Conde, militi, nupsit Petro, milite de Laverchine.*

quod dicitur les arpens et nemori hominum de Mellemont quod dicitur le Wauge. — (1239.)

— Supradictus Johannes de Cypro, vendidit nobis omnia supra scripta. — (1239.)

— Galterus Peulars de Mellemont vendidit nobis II arpenta nemoris, in loco que dicitur Wastelugne, inter Orbefonteine et boscum de Mellemont. — (1239.)

— Maria de Mellemont, relicta Petri de Braichoil, junioris, quitavit nobis omnes querelas inter nos initas. — (1242.)

— Eadem Maria, apud nos eligens sepulturam, dedit nobis medietatem cujusdam vinee, in territorio de Mellemont. — (1242.)

— De eodem. — (1242.)

F.° 81 v°. Petrus de Spina [1], Iherosolimam profecturus, dedit nobis unam minam bladi, ad mensuram de Monci. — (1248.)

— Rogerius de Roolot [2], de Mellemont, dedit nobis quamdam domum, apud Mellemont. — (1249.)

— Johannes, miles, dominus de Cosduno [3], legavit nobis partem suam cujusdam terre, apud Oiri. — (1241.)

— De pace facta inter nos et Henricum de Liheus super justitia loci, ortorum et vie ante portam Profonde vallis. — (1353.)

— De fagis [4] vocatis le feus Gille nobis adjudicatis per gentes dominorum Mellimontis. — (1360.)

— De justicia domus Profunde vallis inter nos et dominum Henricum de Liheus et de Mathecourt. — (1353.)

F.° 82. De compositione inter nos et ecclesiam sancti Luciani juxta Belvacum, pro decimis, in territorio Profonde vallis, Grandismenilgii et quibusdam aliis locis. — (s. d.)

— De uno modio bladi super terram du Bosmorel. — (s. d.)

— De eodem. — (s. d.)

— De II minis bladi, super redditus de Hez.— (s. d.)

---

[1] L'Épine est situé entre Merlemont et Mattancourt.
[2] Rollot, canton et arr. de Montdidier (Somme).
[3] Canton de Ressons, arr. de Compiègne (Oise).
[4] On lit en note : *Quequidem fagi vocantur les feus l'abbé.*

FROIMONT. **653. Chartularium Frigidimontis.**

Ms. in f°. de 374 pages, papier. — Écriture du xviii° siècle.
B. I. n° 5471 anciens fonds latin.

Ce manuscrit n'étant que le résumé de celui que nous venons d'analyser, nous n'en présentons ici qu'un compte-rendu sommaire.

P. 1re. Liste des abbés de l'abbaye de Ste-Marie de Froimont, ordre de Citeaux, diocèse de Beauvais (tirée d'un martyrologe).— P. 5. Autre liste des abbés de Froimont. 1161-1684. — P. 11-22. Huit dessins de tombes plates mal esquissées.— P. 23. Épitaphe. — P. 24. Baerne, 53 notices avec la représentation du sceau (mal fait). — P. 35. Bragella (Braille), 2 notices. — P. 37. Brueres, 5 notices. — P. 39.[1] Clermont, 21 notices. — P. 43-59. Sept chartes entières des comtes seigneurs de Clermont (Philippe, comte de Boulogne; Alfonse de Portugal; Robert, fils de St-Louis; Louis, sire de Bourbon; Louise, mère de François Ier), de 1232 à 1531. — P. 59. Continuation de Clermont, 10 notices (les sceaux sont bien faits et mis sur des carrés de papier collés sur le folio. — P. 63. Fay, 13 notices. — P. 67. Fossa Thiboldi (la fosse Thibault), 67 notices. — P. 87. Froidmont et Bailleul, 34 notices. — P. 95. Mauregart, 31 notices. — P. 99. Mello, 15 notices. — P. 103. Cormeilles, 37 notices. — P. 111. Goy, 18 notices. — P. 117. Grosmainil, 27 notices. — P. 125. Herele, 6 notices. — P. 127. Hermes, 78 notices. — P. 147. Monesy, 8 notices. — P. 149. La Nuefville, 6 notices. — P. 151. Plesseys, 11 notices. — P. 153. Quesnel, 2 notices. — P. 157. Profundavalle (Prefunval), 18 notices.[2] — P. 165. Verreria, 3 notices. — P. 167. Miscellanea (Condé, Herberges, Sires, Lieviler, Bertecourt, Moudidier, Raissons, Menin, Mercatéglise, Houdainviller, Cardenehem, Furnival, Bulles, Husseria, Moi), 41 notices.

A partir de la page 187 la rédaction est nouvelle, l'écriture est très lisible, tout est fait avec soin.

P. 187. Nomina abbatum Frigidimontis. — P. 191.

---

[1] Entre les pages 38 et 39 on a intercallé une feuille double qui contient neuf extraits de chartes relatifs à Chèvremont.

[2] Entre les pages 160 et 161 on a intercalé un titre de 1222.

Extrait du cartulaire de l'abbaye de Froimont.— ABBATIA, FROIMÓNT. 33 notices.

Ce ne sont plus ici des notices comme celles dont nous venons de parler. Celles-ci sont des résumés de chartes ; quelquefois les chartes s'y trouvent presque entières ; certaines mêmes sont complètes. A la fin de chacune d'elles il y a une indication de folio, renvoyant probablement à un autre cartulaire.

P. 204. Frémont, 6 notices. — Baillolium, 16 notices. — P. 211. Harmes, 28 notices. — P. 216. La Bassée, 1 notice. — P. 217. Bertecourt, 2 notices. — Touvoye, 1 notice. — Fayel, 3 notices. — P 218. Foy, 8 notices. — P. 219 Le Bus le Colombier, 1 notice. — P. 220. Verrière, 8 notices. — P. 222. Armes de l'abbaye (d'azur à trois châteaux d'argent et croche d'or parmi). — P. 223. Havery, 1 notice. — Baleigny et Troussencourt, 3 notices. — P. 225. Imbercourt, 2 notices. — Angivilliers, 7 notices.— P. 226. Kesneel, 3 notices. — Fillerval et Thoiry, 3 notices. — P. 227. Anuel, 1 notice. — Moy, 6 notices. —P. 229. Moncy, 9 notices. — P. 231 Longuillier (Longovillare), 1 notice. — P. 232. Mellotum, 12 notices. — P. 235. Bellus mons, 7 notices. — P. 236. Brueres, 6 notices. — P. 237. Baerne, 28 notices. — P. 244. Bosmorel, 3 notices. — P. 245. Sanctus Dionysius, 2 notices. — P. 246. Alnetum, 1 notice. Belvacus, 9 notices. — P. 248. Braella, 9 notices. — P. 252. Igi, 2 notices. Charron, 1 notice. Bulles, 3 notices. — P. 253. Fornival, 2 notices. — P. 254. Novavilla, 3 notices. — P. 255. Noverast, 1 notice. Ravenel, 1 notice. Morisel, 1 notice. Domfront, 2 notices. Mainbouille, 2 notices. — P. 256. Botenangle, 1 notice. Sernoy, 1 notice. Houdainville, 1 notice. — P. 257. Menin, 1 notice. Contoire, 1 notice. Mons desiderii, 2 notices. Plessier, 1 notice. — P. 258. Cardinetum, 7 notices. — P. 259. Cosdunum, 2 notices. P. 260. Clarus mons, 29 notices. — P. 266. Bruelium, 3 notices. — P. 267. Valescourt, 1 notice. Mesnil juxta Valescourt, 1 notice.—Béronne, 5 notices.—P. 268. Homblenouse fossa Theobaldi, 7 notices. — P. 270. Plena vallis fossa Theobaldi, 8 notices. — P. 273. Yvri fossa Theobaldi, 15 notices. — P. 277. Legnevillier-fosse Theobaldi, 9 notices. — P. 280. Hysnart fosse Theobaldi, 14 notices. — P. 283. Territorium fosse Theobaldi, 31 notices. — *P.* 291. Plainval, Brunviller, 16 notices. — *P.* 295. Herele fosse Theobaldi, 13 notices. — *P.* 299. Territorium de Grosmesnil, 29 notices. — *P.* 306. Grossa silva, 4 notices. — *P.* 307. Vesomesnil, 8 notices. — — *P.* 309. Beaufoy et Wessonmesmil, 6 notices. — *P.* 311. Goy, 38 notices. — *P.* 319. Mesnil apud Malregart, 7 notices. — *P.* 321. Malregart, 32 notices. — *P.* 330. Territorium de Cormeilles, 50 notices. — *P.* 339. Territorium de Beeliaus, 4 notices. — *P.* 341. Parfondeval, 21 notices. — *P.* 349. Extraict du 2º Cartulaire de l'abbaye de Froimont. Abbatia, 2 notices. Béronne, 3 notices. — *P.* 350. Condé, 1 notice. Fay, 1 notice. Baerne, 14 notices. *P.* 353. Brueres, 2 notices. Parisius, 18 notices. — *P.* 357. Braelle, 1 notice. Clarusmons, 9 notices. — *P.* 359. Mesnil, 1 notice. Valescourt, 3 notices. — *P.* 360. Fossa Thibaudi, 1 notice. Herelle, 8 notices. — *P.* 363. Grosmesnil, 4 notices. — *P.* 364. Goy (1258), 1 notice. Malregart (1258), 1 notice. Bosmorel (1253), 1 notice. Husserie (1258), 1 notice. — *P.* 365. Cormeilles (1225-1261), 6 notices. — *P.* 366 Parfondeval (1257), 1 notice. Goy (1250) 1 notice. Brueres (1232-1245), 4 notices. — *P.* 367. Laverchine (1270), 1 notice. Fosse Thibaut (1282), 1 notice. — *P.* 368. Fresmont-la-Ville (1268-1271), 4 notices. — *P.* 369. Plessie (1263-1270), 6 notices. — *P.* 370. Harmes (1249-1273), 2 notices.

654. Table des Sceaux.

Ms in-8, en 5 vol., papier. — Ecriture du XVIIIe siècle.

B. I. nº 207. f^{ds} des Cartul.

Ce manuscrit, qui provient de la Bibliothèque de la Chancellerie, m'a été communiqué par mon obligeant confrère, M. Léopold Delisle.

Les trois premiers volumes renferment un grand nombre d'actes sur Chaalis, Saint-Nicolas-d'Acy, Saint-Vincent-de-Senlis et l'abbaye de la Victoire.

Les tomes IV et V concernent l'abbaye de Froimont.

Le titre que portent les volumes, le soin particulier que l'on a eu de décrire les sceaux, l'atlas qui accompagnait l'ouvrage et qui devait en être même la partie principale, enfin le dépôt littéraire où il se trouvait avant d'appartenir à la Bibliothèque impériale, me font supposer que cette collection, qui ne nous est parvenue qu'incomplète, a été faite en vue d'une histoire sigillographique.

La division adoptée est celle du premier cartulaire que nous avons analysé, c'est-à-dire, selon le classement des actes tels qu'ils se trouvaient placés dans les archives de l'abbaye. Les notices sont généralement longues, mais les noms de personnes et de lieux sont horriblement défigurés. Après la notice de l'acte, le rédacteur a le soin de marquer la longueur et la largeur de la pièce, ainsi que ses différentes cotes.

Chaque notice est sur un feuillet séparé. Voici un exemple qui fera comprendre, mieux que tout ce que je pourrais dire, la méthode adoptée par le rédacteur de ce travail.

N° II. QUESNEL.

1259

Reconnaissance par Baudouin du Quesnel, aux religieux de Froidmont, de six mines de bled de rente à prendre sur la ferme du Quesnel, avec et au pardessus d'un muid qu'il devoit déjà auxdits religieux à cause de la donation qu'Arnaud du Quesnel, son père leur avoit ci-devant faite.

Cette charte a 5 pouces de hauteur sur 5 pouces 8 lignes de largeur ; cotte B.

N.° 11. Angiviller, caze 1re, Liasse 1re.

Cette reconnaissance est scellée du sceau de Beaudouin du Quesnel, de forme ronde, et en cire verte, on y voit une molette à six rayons. L'inscription circulaire est † S. Bauduin du Cainel dessiné pl. 16.

L'enveloppe de la charte est n.° 2531.

Voici les divisions du tome IV.

Angiviller, 4 not. (1189-1231). — St.-Remy-en-l'eau, Boutelangue, 1 p. (1235). — Quesnel, Fresneaux et Bucamp, 2 not. (1236). — Quesnel, 1 not. (1259). — Quesnel, Moulin-Taperel, Ecouy, Mauregard, 1 not. (1351). — Quesnel, Queuvremont, Tuperel, 1 not. (1352). — Amortissement, Froidmont, 2 not. (1304). — Amortissement, 1 not. (24 décembre 1474). — Avrechy, St.-Remy, l'Abbaye, 1 not. (1202). — Ansacq, 2 not. (1391-1409). — Bailleux, Laversine, 1 not. (1245). — Bailleux, Merlou, 1 not. (1190). — Bailleux, Campremy, Grand Menil, Mauregard, 1 not. (1232). Bailleux, 1 not. (juillet 1258). — Berne, 1 not. (1253). — Bailleux, 1 not.

FROIMONT. (1202). — Bailleux, Merlou, 1 not. (1190). — Beaumont, 6 not. (1166-1240). — Beaumont, Berne, 1 not. (1242). — Beauvais, 12 not. (1182-1420). — Beauvais, Bequerel, Oeuy, 1 not. (1234). — Bequerel, Waarty, 1 not. (1357). — Bequerel, Oeuy, St.-Remy-en-l'eau, Valencourt, 1 not. (1201). — Berne, 30 not. (1209-1303). — Herele, 1 not. (1248). — Laborde, Herelle, Fosse Thibaut, 1 not. (1261). — Beronne, 1 not. (1234). — Bresle, 6 not. (1191-1381). — Bulles, 3 not. (1202-1222). — Bruyere, 11 not. (1221-1257). — Brunviler, 4 not. (1156-1260). — Caillouel, 4 not. (1219-1279). — Cardinet, Angiviler, 1 not. (1189). — Camberogne, 2 not. (1248-1260). — Sernois, 1 not (1222). — Chepoix, 1 not. (1272). — Clermont, Plainval, Legniviler, 1 not. (1192). — Clermont, 20 not. (1201-1425). — Conde, 1 not. (1254). — Corneille, 26 not (1197-1261). — Fay, 7 not. (1204-1286). — Forest de Hez, La Houssière, etc. 3 not. (1190-1282). — Fosse-Thibault, 29 not. (1187-1277).

Voici les divisions du tome v.

Fosse-Thibault, 3 not. (1322-1408). — Fournival, 2 not. (1185-1190). — Froidmont, 15 not. (1170-1497). — Gouy, 31 not. (1134-1280). — Grandmenil, 38 not. (1178-1380). — Harmes, 17 not. (1216-1299). — Homblon, 3 not. (1140-1229). — Hombleneuse, 1 not. (1253). — La Houssière, Bruyère, Wareville, 5 not. (1226-1237). — Legniviller, 5 not. (1190-1237). — Longbus, 2 not. (1232-1250). — Hardiviller, 2 not. (1247). — Mauregard, 15 not. (1159-1242). — Betonval, Harmes, 1 not. (1247). — Mauregard, 3 not. (1256-1265). — Marqueteglise, 1 not. (1271). — Cire les Mello, 1 not. (1198). — Mello et Cire les Mello, 8 not. (1204-1344). — Mont de Harmes, 1 not. (1192). — Montdidier, 3 not. (1216-1231). — Mouy, 4 not. (1188-1323). — Nointel, 1 not. (1217). — Noyers, 1 not. (1202). Oiry, 1 not. (1264). — Plainval, 3 not. (1143-1269). — Plessier-Billebault 8 not. (1238-1265). — Plessier-sur-St.-Just, 1 not. (1232). — Poligny, 2 not. (1238). — Merlemont, 1 not. (1155). — Profondeval et Merlemont, 9 not. (1239-1248) — Montreville-sur-Therain, 1 not. (1274). — Montigny, 9 not. (1239-1474). — Quittances, 1 not. (1180). — Rentes,

1 not. (1253). — Savigny, 1 not. (1191). — St.-Denis, 3 not. (1214-1226). — Thury, 1 not. (1177). — Troussencourt, 1 not. (1218). — Ivry, 7 not. (1179-1340).

Si les notices que renferme ce manuscrit sont précieuses au point de vue historique, les indications qu'il donne sur les sceaux ne le sont pas moins sous le rapport historique et sigillographique ; néanmoins il faut se défier de l'exactitude du texte des inscriptions lues sur les sceaux par le rédacteur.

Voici la liste des sceaux décrits dans ce volume.

Sceaux de Richard I, abbé de Saint Corneille de Compiègne, de Jean de Camp d'avaine, Nevelon de saint Remy, Raoul de Buterangles, Renaud du Quesnel, Baudouin du Quesnel, de la prévôté d'Angy, d'Avise, dame de Bailleux, de Guillaume de Mello, de l'officialité de Beauvais, d'Aelise, dame de Bailleux, de Grégoire de Camp-Remy, de Renaud de Dargies, Guillaume de Grez, évêque de Beauvais, du chapitre de Monchy, de Pierre I, abbé de St.-Just, de Mathieu, comte de Beaumont, de Pierre Braadas, curé de Bernes, de Hugues de Bruyeres, Thibaut de Bruyères, de Julienne, veuve de Guillaume d'Aulnoy, de Jean Bercher de Beaumont, d'Henry, évêque de Senlis, de Philippe, évêque de Beauvais, de Guiburge, prieure de Wariville, du chapitre de Saint Vast de Beauvais, du doyen de Beauvais, de St-Jean des Vignes, de l'abbé d'Ourcamp, de Nicolas de Touloiers, seigneur de Morlaine, de la comtesse de Clermont, d'Anson de Champagne, de Bucard, curé de Chambly, de Guy de Boloville, Pierre de Bruyères, de Beatrix, dame de Persan, d'Enguerrand de Traisnel, d'Isabelle, prieure de Borrenc, de Pierre de Chaumont, de Julienne, dame de Launoy, d'Adam de Montigny, Raoul de Machicourt, de Regnaut de Nully, Renaut de Morangle, Jean Bercher de Beaumont, de Tillard de Chambly, Simon de Ronqueroles, Petronille, veuve de Simon de Campremy, d'Enguerrand Tranche, seigneur de Jouy, de la vicomté d'Evreux, de Jean de Montataire, Pierre de Ronquerole, Arnaud de Lombus, Robert de la Tournelle, Guillaume de Valescourt, Raoul de Bresles, Guillaume de Mello, Raoul de Franconville, Etienne de Bruyères, Henri de Morenci, de Guillaume de Moranci, Guillaume de Gales, de Henri, évêque de Beauvais, de Jean

FROIMONT.
de Brunviler, Jean de Trie, Jean de l'Ile Adam, Jeanne d'Auchy, Thibaut, évêque d'Amiens, Adelaïde, comtesse de Clermont, du Chapitre de Clermont, d'Alphonse, roi de Portugal, comte de Clermont, de Pierre de St-André, Marie de Warti, de Gilles d'Auviler, Raoul Blondel, Dreux de Milly, Raoul de Clermont, connétable de France, Jean de la Fourmenterie, Louis, comte de Clermont, Catherine comtesse de Clermont, Manasses de Bulles, Hugues de Verrennes, Hugues de Dargies, Pierre de Jumelles, Renauld, maire de Breteuil, Guillaume de Beausault, de l'officialité d'Amiens, de Gui d'Atainville, Gervais de Milly, Mathieu de la Cengle, Raoul Flamand, d'Amicie, dame de Breteuil, de Raoul de Sains; Jean de Gaunes, Jaques de Plainval, Enguerran de Brunviller, Pierre d'Ausonviller, Jacques de Plainval, de l'abbé de Froimont, de Jean de Riencourt, Renaud de Canni, Gobert de Dargies.

Dans le tome v la description du sceau est beaucoup plus concise, la matière de l'attache, la forme du sceau, la couleur de la cire, et le nom du signataire sont les seuls renseignements que l'on y rencontre, aussi au point de vue sigillographique ce volume offre-t-il beaucoup moins d'intérêt que l'autre.

655. Collection Duchesne.

1 vol. in-f°, papier. Ecriture du XVIIe s.

B. I. Coll. Duchesne. Tome IV.

On trouve au fol. 277 de ce volume quelques actes relatifs à Froimont, et recueillis, je crois, dans le but de former un tableau généalogique des maisons de Clermont, Mello, Bulles et Monchy, tableau qui se trouve ébauché à la fin de cet extrait, au folio 289.

Ce recueil est intitulé : *Extraitz des cartulaires de l'abaye de Fresmond de l'ordre de Cisteaux*: Du plus gros cartulaire des deux.

FROISSY.
656.

I. Rémission en faveur de Jehan Sart, de Froissy, qui avait été en compagnie du seigneur de Gamaches et autres capitaines et gens d'armes, *courir, piller, robber à l'encontre du parti anglais* et qui avait été pris à Froissy, par le prévôt de Montdidier. — (1428).

A. I. Sect. hist., *Trés. des Ch.*, J. reg. 174, f.° 125 v°.

FROISSY.

II. Rémission accordée par Henri VI, roi de France et d'Angleterre, à Jehan Sare le Jeune, âgé de xxxvi ans, *povre homme laboureur, chargié de femme ensainte d'enfant et de deux autres enfans demourans en la ville de Froissy la ville*, qui s'était laissé endoctriner par des gentils hommes du pays pour se joindre à eux, et combattre les Anglais à Compiègne, à Clermont en Beauvoisis, et à Ivry la Chaussée, où il brûla *un ostel* et fit prisonnier les *bien vueillans* qui s'y étaient réfugiés. — (Décembre 1423).

A. I. Sect. hist., Trés. des Ch., J. reg. 172, f° 212 v°.

III. Plan du domaine de Froissy et d'une partie des prés et marais dépendants de la commune de Chuignolles.[1]

A. I. Sect. adm. N. (Somme), 3ᵉ cl. n.° 58.

657. **FROYELLES.**

I. Vente de la haute justice dans l'étendue de la paroisse de Froyelles[2]. — (4 juillet 1697.)

A. I. Sect. adm. Q. cart. 1551.

II. Aveu et dénombrement de la terre et seigneurie de Froyelles. — (28 mai 1766.)

A. I. Sect. adm. Q. 1532.

III. Relief, foi et hommage de deux pièces de terre, sises au territoire de Froyelles. — (14 novembre 1774.)

A. I. Sect. adm. Q. cart. 1532.

658. **FROYMENTEL.**

I. Aveux et dénombrements de la seigneurie de Froymentel.[3] — (1749-1772.)

A. I. Sect. adm. Q. cart. 1542.

II. Aveux et dénombrements de la terre, fief et seigneurie de Froymentel, mouvant du roi à cause de son château de Péronne. — (29 juillet 1749 et 30 avril 1767.)

A. I. Sect. adm. Q. cart. 1542.

---

[1] Canton de Bray-sur-Somme, arr. de Péronne (Somme).
[2] Canton de Crécy, arr. d'Abbeville (Somme).
[3] Cette seigneurie était sise dans la paroisse de Feuillères, canton et arr. de Péronne (Somme).

FULAINES. **659.**

I. Procédures, anciens baux, déclarations, mémoires, lettres missives et autres titres relatifs à une pièce de pré dépendante de la seigneurie de Fulaines.[1]

A. I. Sect. adm. Q. cart. 860.

II. Biens à Fulaines, appartenant au prieuré de St-Lazare, près la Ferté-Milon.

A. I. Sect. adm. Q. cart. 4.

FULIÈRES. **660.**

Rémission en faveur d'Etienne Caffart, dit Labbé, *povre jeune homme laboureur chargié de jeune femme*, demourant à Fulières.[2] — (1423).

Voici le récit du délit commis par ledit Etienne.

« Que comme environ le jour de la feste de la Magdelaine derrenier passé, ledit Estienne, un nommé Jehan le Marie demourant au Hen[3], et plusieurs autres compaignons de ladite ville de Fulières eussent joué ensemble, au jeu de paulme en icelle ville, et après leur jeu failli, feussent alez boire en la taverne....... pour occasion du quel jeu se feussent menés plusieurs parolles entre ledit Jehan le Marie et ycellui Estienne pour ce que ledit Estienne ne vouloit mie quicter audit Marie la parte qu'il avoit fait audit jeu de paulme, iceulx Marie et Estienne après lesdites parolles prindrent chascun son plançon qu'ilz avoient pour vouloir férir l'un sur l'autre, mais les compaignons qui estoient avec eulx audit hostel, les tindrent et empeschèrent d'eulx entrebattre et firent la paix d'eulx deux et les firent boire ensemble par accord et fut leur noise appaisée. Et tantost après ce qu'ilz eurent fait leur estoc et fine à l'oste, ledit Estienne Caffart se parti de la dicte maison et s'en ala seoir sur une boise au devant et près d'icelle maison, sans ce qu'il deist ne feist quelconque chose audict Jehan le Marie. Mais incontinent icellui Marie qui estoit demouré encore à la table avec aucuns autres, commença à réciter ladicte noise et parler contre icellui Estienne, en le disputant et disant de plu-

---

[1] Canton de Mareuil-sur-Ourcq (Oise).
[2] Auj. Feuillères, canton et arrondissement de Péronne (Somme).
[3] Le Hem-Monacu, cant. de Combles, arr. de Péronne (Somme).

sieurs laides parolles mal gracieuses et non honestes .... **FULIÈRES.**
.... Mais ledit Estienne veant le mal voulente dudit le Marie, doubtant qu'il ne le tuast ou affolast se mist à deffense à l'encontre de lui....... et en soy deffendant le fery un seul cop en la poitrine d'un plançon qu'il avoit en sa main jusques à effusion de sang au costé senestre ; du quel cop il chey à terre. Et le lendemain ledit Marie fut porté en sa maison audit lieu de Han, qui est près de ladicte ville de Fulières et n'y a que la rivière de Somme entre deux. Et trois ou quatre jours après icellui Marie alla en la ville de Péronne en laquelle il fut par aucun temps avec aucuns de ses amis, et ilec se fist aisier et appoinctier par sururgiens et gens en ce congnoissans et après s'en retourna en sa maison audit lieu de Hen, et estoit presque gary. Mais par un mauvais et petit gouvernement et qu'il ne tenoit compte de sa bleceure, et avoit une jeune femme qui le gardoit mal, et aussi que par avant il estoit malade et entechié du mal Saint-Quentin, pour laquelle maladie il avoit envoié en pellerinage en la ville de Saint-Quentin pour faire sa neuvaine, icellui Jehan le Marie ala de vi a trespassement, environ neuf sepmaines après ladite bateure. Pour occasion duquel cas ledit Estienne, doubtant rigueur de justice, s'est absenté du pays, etc.

A. I. *Sect. hist.*, *Trés. des Ch.*, J. reg. 172, f.º 200 v.º

661.
Procès-verbal de visite des bois des Galets et de Lugères dependants de l'abbaye de Beaupré, et situés sur la paroisse de Frevillers[1] — (28 mai 1764 — 10 juin 1782).

GALETS (Bois des).

A. I. *Sect. adm.* Q. cart. 867.

662.
Aveu et dénombrement du fief Galland[2] — (1747).

GALLAND (Fief).

A. I. *Sect. adm.* Q. cart. 8.

663.
Vente faite moyennant 102 livres comptant par Jacques Rissent, prêtre, curé de St.-Genêt, diocèse de Bordeaux,

GAMACHES (Fief de).

[1] Canton de Crévecœur, arr. de Clermont (Oise).
[2] Ce fief était situé à Bertaucourt, canton de La Fère, arr. de Laon (Aisne).

GAMACHES (Fief de).

au profit de Pierre Popillon, chevalier, seigneur de Paray, Ansacq et Cambronne, chancelier de Bourbonnais, du fief de Gamaches [1], avec toutes ses appartenances, mouvant immédiatement du comté de Clermont en Beauvaisis. — (29 juillet 1517), 2 pièces.

A. I. Sect. adm. Q. cart. 856.⁹

GAMACHES. **664.** Recueil de chartes originales, ou copies de chartes, tirées des collections des bibliothèques de Paris, et des archives de l'Empire.

M. Darsy, membre de la Société des Antiquaires de Picardie, a publié dans les tomes XIII et XIV des mémoires de la Société, une monographie fort intéressante sur Gamaches. Malheureusement éloigné de la capitale, et presque forcé de n'utiliser que les documents manuscrits de sa localité, il n'a pu faire un travail aussi complet qu'il l'aurait désiré. De tous les documents que j'ai rassemblés sur cette ville, plusieurs m'ont paru avoir le plus grand intérêt et dignes en tous points d'être publiés *in extenso*. La donation de Gamaches, faite par le roi d'Angleterre à l'un de ses favoris, [voy. la pièce XX de cette série], est un document précieux qui relate un fait ignoré jusqu'à présent. Il permet également de voir que Gamaches appartenait encore à cette époque à la famille d'Amboise, ce que M. Darsy semble contester dans son histoire. (Mém. des Antiq. de Picardie, tom. XIII, p. 188). Quant au traité de reddition de la ville entre les mains du comte de Warwick, je n'ai pas besoin d'en signaler l'importance, et je regrette que M. Darsy ne lui ait consacré qu'une courte analyse. Si j'ai donné une étendue inaccoutumée aux notices des lettres de rémission relatives à certains habitants de Gamaches, c'est qu'elles m'ont semblé dépeindre assez bien l'état du pays à cette époque malheureuse de la domination anglaise. — J'ai réuni sous la même rubrique les actes relatifs à Gamaches-en-Vexin (arr.ᵗ des Andelys, Eure), cette seigneurie ayant appartenu à Matthieu de Gamaches, par le don que lui en fit sa cousine Aenor de St.-Valery. J'ai eu le

---

[1] Ce fief, anciennement nommé le fief Florent de Milly, était situé à Boisicourt, cant. de Mouy, arr. de Clermont (Oise).

soin néanmoins de marquer d'une * les actes relatifs à cette localité, qui appartient à la Normandie.

I. Promesse d'Aenor, comtesse de Dreux, de livrer au roi saint Louis le château de Gamaches[1] lorsqu'elle en serait requise. — (Avril 1234).

A. I. Sect. hist., Trés. des Ch. J. cart. 218, n° 14.

II. Aveu de la comtesse de Dreux par lequel elle reconnaît qu'elle tient du roi à foi et hommage lige la terre de Gamaches à charge de service. — (Décembre 1237).

A. I. Sect. adm., P. 2288, f° 590.

III. Toustain Erembert, bourgeois de Gamaches, vend au couvent de Lieu-Dieu (conventui Loci-Dei) neuf journaux de terre, sis à Harcelaines[2] (in territorio de Herselaines prope asvesnas de Cokerel) et 20 sous parisis percevables annuellement sur une maison que Hugues de Gamaches habitait dans la Grande rue de la dite ville — (Juillet 1253).

B. I. cart. 1792.

* IV. Délaissement par Jean de Tournebusc, chevalier, seigneur du Bec Thomas[3], et Isabelle de Beaumont, sa femme, au roi, des fiefs y spécifiés, les bois de la Haye, du noef Marchie, le moulin de Besu, Talemont, le fief Giles de Gamaches, escuier, c'est à savoir : 22 livrées et 10 soudées à tournois à Talemoustier[4] en Vexin-le-Français (Janvier 1290). Acte scellé de deux sceaux en cire verte.

A. I. Sect. hist., Trés. des Ch. J. cart. 217 p. 5.

* V. Acte par lequel Philippe III concède à Enguerrand de Marigny le droit de haute justice dans les villes de Gamaches, Mesnil-Guilbert[5], etc. etc.— (mars 1308).

A. I. Sect. hist., Trés. des Ch. J. Reg. 17.

---

[1] Canton de l'arr.t d'Abbeville (Somme).
[2] Commune de Maisnières (Somme).
[3] Cant. d'Amfreville-la-Campagne, arr. de Louviers (Eure).
[4] Auj. Talmontiers, cant. de Coudray-St.-Germer, arr. de Beauvais (Oise).
[5] Mesnil-Guilbert, commune de Bezu-le-Long (Eure).

GAMACHES.

* VI. Lettres par lesquelles le roi donne à Jean de Gamaches la garde du château de Mortemer sur Eaune [1] [Castrum de Mortuo mari supra Alnam] aux gages accoutumés, [datum apud sanctum Germanum in Laya]. — (7 février 1317).

A. I. Sect. hist., Trés. des Ch. J. Reg. 54.

* VII. Donation faite par le roi à Robert de Gamaches, son chambellan, de certains revenus annuels qu'il rend perpétuels. *Considerantes*, dit la charte, *obsequia, que dictus miles nobis diucius et fideliter exhibuit et adhuc exhibere non cessat.* — (octobre 1317).

A. I. Sect. hist., Trés. des Ch. J. reg. 53, f.° 143 p. 247.

* VIII. Droit d'usage dans la forêt de Lyons [2] [in foresta de Leonibus], concédé à Robert de Gamaches, chevalier, — (1319).

A. I. Sect. hist., Trés. des Ch. J. Reg. 59.

* IX. Droit d'usage dans la forêt de Lyons, concédé au seigneur Robillard de Gamaches pour son manoir de Bonnemare [3] [de Bonna mare]. — (1320).

A. I. Sect. hist. Tr. des Ch. J. reg. 59.

X. Guillaume de Gamaches, écuyer, se désiste des droits qu'il prétendait avoir sur le tiers du patronage de l'église de Gamaches, qu'il avait vendu à la reine Clémence de Hongrie, femme du roi Louis X. — (1325), en fr.

B. I. cart., n° 1792.

* XI. Assignation faite à Martin des Essarts, de 258 liv. 18 sous 6 deniers parisis, relative aux terres de Robillard de Gamaches. — (1329).

A. I. Sect. hist., Trés. des Ch. J. reg. 67.

* XII. Assignation de 258 livres 18 sous 6 deniers parisis, faite par le roi sur le Trésor, à Paris, en faveur de Robillard de Gamaches, pour la terre de Ferrand de Pic-

---

[1] Auj. Mortemer-en-Bray, canton et arr. de Neufchâtel-en-Bray (Seine-Inférieure).

[2] Dans le département de l'Eure.

[3] Commune de Radepont, arr. des Andelys (Eure).

quigny qui lui avait été donnée, puis enlevée. — (1329.)

A. I. *Sect. hist. Tr. des Ch.* J. Reg. 67.

XIII. Hommage de la terre de Gamaches, par Pierre d'Amboise, chevalier. — (20 juin 1380).

A. I. *Sect. adm.*, PP. 1. f° 192.

XIV. Hommage de la terre de Gamaches, par M. de Harcourt. — (1 mars 1396).

A. I. *Sect. adm.*, PP. 1, f° 193 v°.

XV. Traité fait pour la reddition de la ville de Gamaches au roi d'Angleterre [1]. — (Juin 1422).

A. I. *Sect. hist. Tr. des Ch.* J. cart. 638.

XVI. Rémission accordée par Charles VII, roi de France, en faveur de Charlot Bournel, écuyer, âgé de XVI ans, qui avait tenu le parti contraire au roi de France, dans les villes de Gamaches et du Crotoy. — (Juillet 1422).

A. I. *Sect. hist. Tr. des Ch.* J. Reg. 172, f.° 37.

XVII. Rémission accordée par Charles VII, roi de France, en faveur de Guillaume Bournel, *povre gentilhomme du pays de Boulenois, qui, à la prière et requeste de Loys Bournel, chevalier, lors soy disant capitaine de par le Roi des ville et chastel de Gamache-en-Vimeu*, était venu dans cette ville *avec plusieurs autres gens d'armes et de traict faignant et disant que c'estoit pour tenir le dit chastel et ville en l'obéissance du Roi*, etc. — (Juillet 1422).

A. I. *Sect. hist. Tr. des Ch.* J. Reg. 172, f° 37 v°.

XVIII. Semblable rémission pour Guillaume de Betencourt, dit du Bourgeel, natif du pays de Boulenois, pour les mêmes faits. — (Juillet 1422).

A. I. *Sect. hist. Trés. des Ch.* J. Reg. 172, f° 38.

XIX. Semblable rémission pour Jehan Marchys, natif de Hallencourt. — (juillet 1422).

A. I. *Sect. hist. Trés. des Ch.* J. Reg. 172. f°. 38 v°.

---

[1] Voy. plus loin le texte de ce traité, confirmé par le roi d'Angleterre, en 1413.

GAMACHES.

XX. Don de la ville de Gamaches, fait par le roi d'Angleterre, à Regnier Pot, seigneur de la Roche.—(16 avril 1423).

Henry, par la grâce de Dieu, roy de France et d'Angleterre, savoir faisons à tous présens et à venir, que pour considéracion des grans et notables services que nostre amé et féal chevalier, Regnier Pot, seigneur de la Roche, a fais au temps passé à feux nos très-chiers seigneurs ayeul et père, Charles, roi de France, et Henry, roy d'Angleterre, héritier et régent de France, derrenierement trespassez, que Dieu absoille, et depuis à nous fait encores en chacun jour et esperons qu'il face ou temps advenir, et pour le aucunement récompenser des grans pertes et dommaiges qu'il a euz à l'occasion desdis services, au contempt desquelz, les ennemis et adversaires rebelles et désobéissans de nosdis seigneurs ayeul et père, et les nostres ont prins et occupé plusieurs de ses villes, chasteaulx et forteresses, et destruictes ses terres, hommes et subgez, et pour aucunes causes et raisons à ce nous mouvans, au dit Regnier Pot, de nostre plaine puissance, auctorité royal et grâce especial, et par l'advis et délibéracion de nostre tres-chier et tres-amé oncle Jehan, regent nostre royaume de France, duc de Bedford, avons donné, cédé et transporté, donnons, cédons et transportons par ces présentes, les chastel, ville, terre, seigneurie et justice de Gamaches avec ses appartenances et appendances, qui souloient appartenir à Pierre, seigneur d'Emboise, à nous acquises, escheues, forfaictes et confisquées parce que le dit seigneur d'Emboise est rebelle et désobéissant à nous, favorisant, comfortant, aidant, servant et adhérent à l'encontre de nous, Charles, soy disant daulphin et ceulx de sa partie, ses aliez et complices, noz ennemis et adversaires, pour en joir et user par ledit Regnier, ses hoirs masles, légitimes, venant de lui en directe ligne, à tousjours mais, héréditablement, plainement et paisiblement, pourveu qu'il paiera les charges et fera les devoirs d'iceulx seigneurie, chastel, ville, justice et appartenances desus dictes, deuz et acoustumez selon raison. Et, s'il advenoit au temps advenir que les hoirs dudit Regnier en directe ligne failleissent, nous voulons en ce cas que toutes les choses dessus dictes, par nous ottroyées audit Regnier, retournent et reviennent à nostre domaine. Si donnons en mandement à nos amez et feaulx gens de noz comptes à Paris, trésoriers et généraulx gouverneurs de toutes noz finances, commissaires et depputez sur le fait des confiscations et forfaictures, au bailli d'Amiens et à tous noz autres justiciers et officiers à qui il appartiendra ou à leurs lieutenans presens et à venir que le dit Regnier Pot ou son procureur pour lui mettent ou facent mettre au cas dessus dit en possession et saisine desdictes seigneurie, chastel, ville, rentes, revenus et appartenances dessus dictes et d'icelles fassent, seuffrent et laissent le dit Regnier, ses dis hoirs et successeurs, comme dit est, joir et user plainement et paisiblement, sans leur faire ou donner, ne souffrir estre fait ou donné aucun empeschement ou destourbier au contraire. Et afin que ce soit ferme chose et estable à tousjours nous avons faict mettre nostre scel à ces présentes, sauf en autres choses nostre droit et l'autruy en toutes. Donné à Amiens le xvi⁰ jour d'avril, l'an de grâce mil IIII^c xxiii, et de nostre règne le premier. Ainsi signé par le roy, à la relation de M le regent le royaume de France, duc de Bedford. — J. de Rinel.

A. I. Sect. hist. Trés. des Ch. J. Reg. 172.

XXI. Rémission accordée par Henri VI, roi de France et d'Angleterre, en faveur de Gilet de Ricarville, prisonnier à Beauvais, qui avait rançonné, détroussé, pris forteresses et exercé fait de guerre, en compagnie du sire de Gamaches, de Louys Bournel, de Charlot de St.-Cler et d'autres rebelles et désobéissants. — (18 avril 1423).

A. I. Sect. hist. Tr. des Ch. J. Reg. 172, f⁰ 119.

XXII. Rémission accordée par Henri VI, en faveur de Guillot de Levemont, prisonnier à Beauvais, pour le même fait. — (18 avril 1423).

A. I. Sect. hist. Tr. des Ch. J. reg. 172, f⁰ 119, v⁰.

XXIII. Rémission accordée par Henri VI, en faveur de Piot de Villepoix, prisonnier à Beauvais, pour le même fait. — (18 avril 1423).

A. I. Sect. hist. Tr. des Ch., J. reg. 172, f⁰ 120.

XXIV. Rémission accordée par Henri VI, en faveur de

GAMACHES.

Guillaume Prévost, dit petit Prévost, prisonnier à Beauvais, pour le même fait. — (18 avril 1423)

A. I. *Sect. hist. Tr. des Ch.*, J. reg. 172, f° 120 v°.

XXV. Rémission accordée par Henri VI, en faveur de Jehan de Gamaches, pauvre jeune homme, qui avait occupé la ville de Rue, pendant deux ans, en compagnie des ennemis du roi d'Angleterre. — (Juillet 1423).

A. I. *Sect. hist. Trés. des Ch.*, J. reg. 172, f° 168.

XXVI. Rémission accordée par Henri VI, à Jehan de Hermencourt, dit Toussains, de l'aage de xxvIII ans, demeurant au pays de Beauvoisis, qui s'était tenu en la compagnie de Guillaume de Gamaches, *qui pour lors tenoit et occupoit la ville de Compiengne.* — (sept. 1423).

A. I. *Sect. hist. Tr. des Ch.*, J. reg. 172, f° 196.

XXVII. Traité conclu, le 11 juin 1422, entre les habitants de Gamaches et le comte de Warwick, pour la reddition de cette ville, confirmé par le roi d'Angleterre, le 6 septembre 1423.

Henry, par la grace de Dieu, roy de France et d'Angleterre, savoir faisons à tous présens et à venir, nous à la supplicacion des non nobles, bourgois, manans et habitans des ville et chastel de Gamaches, avoir veu certain traictié fait avec eulx par nostre amé et féal cousin, le comte de Warrewik et d'Aubmalle, séellé de son scel, duquel le teneur est tele : C'est le traictié et appointement fait par hault et puissant seigneur, monsieur le conte de Warrevik et d'Aubmalle, seigneur de Lisle et cappitaine de Callais, commis et deputé en ceste partie par tres haulx, tres puissans et tres excellans princes, le roy de France et le roy d'Angleterre son beau filz, héritier et regens de France, d'une part, et messire Loys Bournel, chevalier, Adam de Hault Guenon, dit Germain, Loys le Beuf, Guillaume de Ricquerville, Pierre du Pont, Guillaume Bouterel, escuiers, Pierre le Carpentier, Gueroult Aubrei, Jehan Dioubal et Colars, jeunes bourgois, pour et au nom des gens d'eglise, nobles, hommes d'armes et de trait, bourgois, manans et habitans et autres estans en garnison es ville et chastel de Gamaches, d'autre part, en la manière qui s'ensuit : Premièrement les dessusdits feront plaine et entière ouverture et obéissance auxdiz roys ou à leurs commis desdictes ville et chastel de Gamaches, et les rendront et restitueront réaument et de fait à yceulx roys ou à leurs diz commis, dedans demain x hures du matin, XIIe jour de ce présent mois de juing ; item, que le cappitaine desdictes ville et chastel de Gamaches et ceulx qui s'en vouldront aler desdiz lieux en sa compaignie, s'en pouront aler seurement et paisiblement oultre la rivière de Seine jusques aux places obéissans à cellui qui se dit daulphin, et auront bon et loyal sauf-conduit et seront conduiz oultre la dicte rivière de Seine par hérault ou poursuyvant, et se emporteront et amenront avecques eulx leurs chevaulx, harnois ou argent, vaisselle, joyaulx et quelxconques leurs autres biens, sans touteffois emporter calices, vestemens, joyaulx ou autres ornemens de esglises ; item laisseront esdictes ville et chastel tous canons, pouldres, ars, arbalestres, traits et autres abillemens de guerre appartenans ausdictes ville et chastel sans les gaster ne consumer, et avec ce laisseront lesdites ville et chastel raisonnablement advitailliez. Item, restitueront ausdiz roys ou à leurs diz commis tous prisonniers de l'obéissance desdits roys qu'ilz ont par devers eulx et les quicteront de leurs fois, seremens, pleiges et obligations. Item restitueront pareillement tous anglois, yrois [1], normans et autres qui ont fait le serment de la paix générale derrenierement faicte entre lesdits roys et ceulx aussi qui sont coulpables de la mort de feu monsieur le duc de Bourgoigne, s'aucuns en y a avec tous leurs biens quelzconques, sans en rien receler, et parmi ce les dessusdiz et un chascun d'eulx en faisant par eulx le serement à la dicte paix, demourront en la bonne grâce desdits roys et seront restituez à leur bonne fame et renommée, au pays et à leurs biens meubles et héritages quelzconques non donnez et leur remettront, quicteront et pardonneront lesdicts roys tous cas, offenses, crimes et déliz qu'ilz puent avoir commis et perpétrez pour cause et occasion des debas et divisions qui ont esté en ce royaume, et de ce auront bonnes lettres et convenables. Item, et pour ce que depuis certain appointement à eulx baillié par lesdits roys, plusieurs gens se sont absentez et alez hors de la dicte ville

---

[1] Probablement écossais : *irish*.

GAMACHES.

et chastel de Gamache, lesdits cappitaine, bourgois et autres seront tenuz de faire diligence d'enquerir et savoir ou tous les biens quelxconques, appartenans ausdits absents seront et yceulx mettre en certain hostel et livrer, sans en celer ou musser aucuns en tant qu'il en vendra à congnoissance. Item, les dessusdits seront tenuz rendre et restituer tous les prisonniers quelxconques qui par eulx ont esté prins es lieux et mectes estans en l'obéissance desdits roys, depuis le jour dudit appointement à eulx baillié par lesdiz roys, comme dit est, se ilz sont en nature de chose avec leurs biens ou la valeur qu'ilz pouoient valoir, quant au regart de la course derrenierement faicte à Guillercourt. Item se aucuns de la dicte ville ont de leurs biens au dict chastel, ilz les pourront retraire en la dicte ville, sans préjudice dudit appointement, reservez tous vivres et abillemens de guerre. Pour l'accomplissesement et seureté desquelles choses, les dessusditz bailleront reaulment et de fait en hostaige à nous, comte de Warrewick, dessus nommé, dedans le jourd'huy xi° jour de ce présent mois de juing, six gentilshommes pour le dit chastel de Gamaches des plus notables après le cappitaine, et pour la dicte ville, quatre bourgois des plus notables et receans d'icelle, lesquelz seront renduz et restituez à la reddicion des dites ville et chastel. En tesmoing de ce, nous, comte de Warrewick dessus nommé, avons mis nostre scel à ces présentes. Donné au chastel de Lourroy-les-Gamaches, le xi° jour dudit mois de juing, l'an de grâce mil cccc xxii. Lesquelz non nobles, bourgois, manans et habitans nous ont humblement supplié que le dit traittié veillons avoir aggreable et confirmer en leur remectant, aquictant et pardonnant tous cas, crimes et offenses qu'ilz pourroient avoir encouru envers nous et nos prédécesseurs, à cause des guerres et divisions qui ont esté en nostre royaume de France. Pour quoy nous voulans miséricorde et doulceur préférer à rigueur de justice, ycellui traictié ayans agreable, ycellui avons conferme et confermons par ces présentes et ausdits suppliants et à chascun d'eulx qui sont capables du dit traictié, avons quicté, remis et pardonné, quictons, remectons et pardonnons tous cas, crimes et offenses qu'ils ont encouru envers nous, etc.

Donné à Paris, le vi° jour de septembre, l'an de grâce

mil CCCC XXIII, et de nostre règne le premier. Ainsi signé par le Roy, à la relacion du Grand Conseil.— J. de Rinel.

A. I. Sect hist., Tr. des ch.. J. Reg. 172, f° 189.

XXVIII. Rémission en faveur de Jean de Gamaches. — (avril 1425).

Nous donnons les principaux passages de cet acte :

Henry, par la grace de Dieu, roy de France et d'Angleterre, savoir faisons à tous presens et advenir, nous avoir recu l'umble supplicacion de Jehan de Gamaches, prestre, natif de la ville d'Escouis contenant, comme des sept ans a ou environ, il se feust parti et absenté du dit lieu d'Escouis[1] pour doubte de la guerre et s'en feust alé demourer au service de la dame de Gamaches, en faveur de ce qu'elle lui avoit donné certains bénéfices d'eglise, qu'il l'avoit servie dès le temps de sa jeunesse et eust esté avecques elle en nostre ville de Compiengne par l'espace de quatre ans ou environ, durant lequel temps, icelle ville estoit tenue et couppée par noz ennemis et adverses....... toutevoies puis nagueres il est venu en nostre bonne ville de Paris.........,... en le compaignie de Philippe de Gamaches, abbé de St.-Pharon-les-Meaulx....... en regard et consideracion.... que le dit suppliant est homme ancien de soixante ans ou environ qui onques ne se arma ne mesla aucunement de fait de guerre et n'a esté avec nos dits adverses ne aucunement à aucunes courses, pilleries ne roberies contre nous ne nos subgiez....... au dit Jehan de Gamaches avons quicté, remis et pardonné....... a toutes voies que ledit suppliant fera bon et loyal serement es mains du dit prevost (de Paris) ou son lieutenant de tenir et garder sans enfraindre le traictié de la paix final des deux royaumes de France et d'Angleterre et de ce baillera caucion souffisante, etc. — (Avril 1425).

A. I. Tr. des ch., Sect. hist., J. reg. 173, f° 68 v°.

XXIX. Rémission en faveur de Frémin Garet le jeune, de Gamaches, et de Garet l'aisné, de Tilloy-les-Gamaches[2]. — (1425).

---

[1] Ecouis, canton de l'arr.t des Andelys (Eure).
[2] Auj. Tilloy-Floriville, cant. de Gamaches, arr. d'Abbeville (Somme.)

GAMACHES.

Voici la teneur de cette pièce :

Henry, par la grâce de Dieu....... savoir faisons.........
nous avoir receu l'umble supplicacion de Jehannin de
Cahon, povre enfant de l'aage de vint ans ou environ,
jadis varlet servant, apprentiz et nepveu de Fremin Garet
le jeune, charpentier demourant à Gamaches, nepveu
aussi de Fremin Garet l'aisné, laboureur, demourant à
Tilloy-lez-Gamaches ; iceulz Fremins frères, contenant,
que au mois de may derrenier passé nostre amé et feal
conseiller Raoul le Sage, chevalier, seigneur de St.-Pierre,
lui estant de nouvel arrivé au chastel d'icelle ville de
Gamaches fist prendre et mettre prisonnier au dit chastel,
le dit Fremin l'aisné pour souspeçon d'avoir receu, soustenu et susteuté en sa maison au dit lieu de Tilloy et
ailleurs, un meurtrier et brigant des bois nommé Freminot
le Vaasseur son parent et autres brigans. Et tantost après
nostre dit conseiller chargea a notre procureur de le conté
de Pontieu et a deux de noz sergens estans avec lui de le
mener du dit lieu de Gamaches prisonnier en nostre chastel d'Abbeville devers nostre seneschal de Pontieu, pour
enquerir et savoir la vérité. Laquele chose vint à la congnoissance de son dit frère demourant au dit lieu de Gamaches, et lui fut alors rapporté que on menoit pendre le
dit prisonnier son frère ; et pour ce, lui meu d'amour frater-
nelle, pour eschever la mort d'icellui son frère...hastivement
et chaudement présent en sa compaignie, le dit suppliant
nepveu de lui et de son dit frère, lesquelz s'en alerent
mectre et bouter en la maison du four de la ville de Tours [1],
qui estoit et est au passage par lequel les dessusdits nostre
procureur et sergens devoient passer, a tout le dit prisonnier qu'ilz menoient monté sur un cheval. De laquele
maison lesdit Charpentier et son dit nepveu suppliant,
prestement qu'ilz les virent passer, issirent au devant,
chascun aiant une demie lance en son poing, les escriant, et
telement procederent que le dit prisonnier fut rescoux ; et
pour ce nosdit procureur et sergens ne les actendirent pas,
et toutevoies ne furent aucunement atouchies, et presen-
tement lesdits frères ensemble se retrairent en l'eglise du
dit lieu de Tours, là où ilz furent environnez de gens,

---

[1] Cant. de **Moyenneville**, arr. d'Abbeville (Somme).

et neantmoins assez tost après iceulz frères eulx repentans de ce, yssirent hors de la dicte église, vindrent bailler obéissance et furent tous deux menez prisonniers en nostre dit chastel d'Abbeville, ou quel le dit charpentier confessa la dicte rescousse avoir faicte, et le dit laboureur confessa que par deux fois les dits brigans avoient esté en sa maison au dit lieu de Tilloy, contre son gré et voulente et par leur force et puissance lui osterent son pain avec les chausses de sa femme et mengierent du lait de ses vaches. En laquelle prison pour celle cause lesdiz frères ont esté très estroictement detenuz prisonniers par l'espace de cinq sepmaines ou environ au pain et a l'eaue, et pour ce nous eusmes d'eulx de leurs femmes et enfans pitié et compassion, mesurement qu'ilz estoient tenuz et reputez de bonne vie, renommée et de honneste conversacion, leur fismes grace, remission et pardon dudit cas, etc. — (Rouen, juillet 1425).

A. I. Sect. hist., Tr. des ch., J. reg. 173, f° 339 r°.

XXX. Rémission en faveur de Jehan du Puchet, tavernier à Gamaches, qui avait donné à boire et à manger à un nommé Leliévre, échappé des prisons d'Arques, et qui n'avait pas prévenu à temps les habitants de Gamaches pour l'arrêter, de façon que le prisonnier avait pu se mettre en franchise environ soleil levant au moutier de la ville appelée le Trenleel. — (mars 1429).

A. I. Sect. hist., Tr. des ch., J. reg. 174, f° 123 v°.

XXXI. Hommage du duc de Bretagne au roi Charles VII en présence de Philippe de Gamaches et d'autres seigneurs. — (1450).

A. I. Sect. hist., Tr. des ch., J. cart. 245, n° 104.

XXXII. Acte de foi et hommage de Guillaume de Chalons, au roi, pour la principauté d'Orange, en présence de Joachim Rouault, seigneur de Gamaches. — (10 juin 1475).

A. I. Sect. hist., Tr. des ch., J. cart. 285, n° 18.³

XXXIII. Le Maréchal de Gamaches est établi l'un des conservateurs de la trève conclue entre Louis XI et Charles, duc de Bourgogne. — (13 sept. 1475).

A. I. Sect. hist., Tr. des ch., J. cart. 258, n° 34.

GAMACHES.

XXXIV. Établissement de foires à Gamaches, en faveur de Jean, seigneur du dit lieu. — (1477).

A. I. Sect. hist., Tr. des ch., J. reg. 207.

XXXV. Hommage de la terre de Gamaches par Alouf Rouault, écuyer. — (Avril 1509.)

A. I. Sect. adm., PP. 1, f° 212 v°.

XXXVI. Union de plusieurs terres et seigneuries de la châtellenie de Gamaches, et le tout érigé en titre de marquisat avec dérogation à l'édit d'union au défaut de males [1]. — (mai 1620).

A. I. Sect. jud., Reg. G. G. G., f° 434.

XXXVII. Relief de la surannation pour la vérification des dites lettres, et lettres de justice pour la dite vérification. — (25 octobre 1642).

A. I. Sect. jud., Reg. G. G. G., f°s 435 et 436.

XXXVIII. Relief du Marquisat de Gamaches, du comté de St.-Valery, pays et rocq de Cayeux. — (21 juillet 1770).

A. I. Sect. adm., Q. cart. 1535.

GAMACHES. (Collégiale N.-D. de)

665. Cartulaire de l'église collégiale de Notre-Dame de Gamaches, diocèse d'Amiens.

Ms. in-4°. — Écriture du XVIII° siècle, papier.

B. S.te-Géneviève, H.F. 8.

Ce Ms. renferme un cartulaire de N.-D. de Sery et une généalogie des comtes d'Eu. Le cartulaire de l'église N-D. de Gamaches se trouve à la page 155.

Au verso du premier feuillet de ce Ms., à la suite de la note sur l'abbaye de Sery, on lit : « j'ai copié ce qui regarde le chapitre de Gamaches sur un cartulaire en velin qui m'a été communiqué par le sieur Godmont, doyen du chapitre. » Je ne sais ce qu'est devenu ce cartulaire. Dans tous les cas il n'est point à Gamaches, car M. Darsy, qui consacre quelques pages à l'histoire de cette collégiale, ne le mentionne pas. Cet antiquaire ne s'est servi du reste que de documents tout à fait modernes.

---

[1] Vérifié le 6 février 1642.

Ce cartulaire commence ainsi :   GAMACHES.
« Ensuivent par forme de cartulaire les formes et teneurs (Collégiale N.-D. de)
des chartres, lettres et enseignements des droits, privilèges, auctoritez, seigneuries et revenues, prérogatives et autres droits appartenants aux trésorier et chanoines de l'église Notre-Dame, fondée au château de la ville et chastellenie de Gamaches, fait et renouvellé en l'an mil cinq cens et seize, vivant et regnant, seigneur du dit lieu de Gamaches, noble et puissant seigneur, monsieur Alof Rouaut, chevalier, conseiller et chambellan ordinaire du roi notre sire, seigneur châtelain du dit Gamaches, par tels chanoines et chappelains qui s'ensuivent, vivants au dit temps, et presents ; messire Mahieu Creton, M. Antoine Contet, M. Benoist Platel, M. Michel des Essarts, M. Pierre de Saint-Pierre, tous chanoines, et messire Jean de Poilly, prestre et chappelain au lieu de M. Jean Lefebvre, chanoine de la ditte église et chapelle, et icelles lettres et chartes collationnées aux originaux par Philippe Durot, bailly de la dite chastellenie de Gamaches. »

L'article ci-dessus est barré et on y a substitué ce qui suit :

Le xxiiie jour de mars l'an mil cinq cent quarante huit par nous Pierre Miquignon et Jacques le Gau, nottaires commis par le roy nostre sire en le prévosté de Vimeu, à la requeste et instance de discrètes et vénérables personnes maistre Jean Bocquet, Fremin Weniffroy, Martin de Beaupré, Noel de Lecourt, Nicole le Roy et Pierre Brunet, prestres et chanoines de l'église Notre-Dame au château de Gamaches, avons veu, leu et entendu et diligemment regardé mot après mot, plusieurs titres et enseignements en parchemin, contenant les chartres, dons, fondations, droits, privilèges, auctorités, prérogatives, seigneuries, revenues et autres quelconques appartenants aux dits chanoines, fondez au château du dit Gamaches, réduits en forme de cartulaire, lesquelles lettres, chartres et titres avons collationné bien et duement au long aux originaux et vidimus d'yceux, selon et en la forme et manière qu'il s'ensuit.

P. 157. Bulle d'Honorius III qui prend sous sa protection l'église de Gamaches. — (Viterbe. V. kl. Décemb).

P. 158. Charte de Richard, évêque d'Amiens, par laquelle il confirme les biens donnés à l'église de Gamaches

GAMACHES.
(Collégiale N.-D. de)

par Bernard de St.-Valeri [decima omnium reddituum, de personatu de Cahom [1]] — (Sept. 1207).

P. 162. Confirmation par Thomas de St.-Valeri, des donations faites à la chapelle Sainte-Marie de Gamaches, par Bernard de Saint-Valeri, son père [decima de Moncheles [2], personatum de Seigneville [3]]. — (s. d.)

— Confirmation par Thomas de St.-Valery, du don fait à l'église Notre-Dame du château de Gamaches, par Hugues de St.-Hilaire, de certaines dîmes à St.-Hilaire [4], à Bovaincourt [5]. — (s. d.)

P. 163. Vente faite par Henri, dit Daniel, et Pierre, son fils, à l'église Notre-Dame de Gamaches, d'une rente de 40 sous parisis. — (Oct. 1245).

P. 164. Confirmation par Henri de Aisencort [6] de la donation faite à l'église de Notre-Dame de Gamaches, par Thomas de Friecort.[7] — (Mars 1246).

P. 165. Acte par lequel Robert, comte de Dreux et de Montfort, confirme une donation de 25 sous 3 mailles tournois et de 2 livres de cire faite par son homme, Pierre Daniel, à l'église Notre-Dame de Gamaches. (Avril 1280).

P. 166. Acte par lequel, Robert, comte de Dreux, confirme les donations faites par ses prédécesseurs à Notre-Dame de Gamaches. — (Mai 1268).

P. 167. Acte par lequel Hugues de St.-Hilaire concède à Notre-Dame de Gamaches la troisième gerbe de la dîme de son fief et du fief de Guillaume de Ramburelles [8], chevalier, au dit St-Hilaire, ainsi que la sixième gerbe de tout le fief de Rogon de Bonchien, à Boucincort. — (1214).

P. 168. Don de 20 sous parisis de rente faite à Notre-Dame de Gamaches par Thomas de Saint-Valery, pour en-

---

[1] Auj. Cahon, canton de Moyenneville, arr. d'Abbeville (Somme).
[2] Monchelet, commune de Maisnières, canton de Gamaches (Somme).
[3] Saigneville, canton de St.-Valery-sur-Somme, arr. d'Abbeville (Somme).
[4] St.-Hilaire est situé sur la carte à l'O. de Bouvaincourt.
[5] Bouvaincourt, canton de Gamaches, arr. d'Abbeville (Somme).
[6] Peut-être Aizecourt-le-Haut, canton et arr. de Péronne (Somme).
[7] Fricourt, canton d'Albert, arr. de Péronne (Somme).
[8] Canton de Gamaches, arr. d'Abbeville (Somme).

tretenir nuit et jour une lampe dans la chapelle S.te-Marie de l'église du château de Gamaches. — (Juillet 1210).

GAMACHES.
(Collégiale N.-D. de)

P. 169. Concession faite par Thomas de Saint-Valery à son clerc, Hugues Liger, d'une prébende en l'église Notre-Dame du château de Gamaches, à laquelle sont attachées une dime dans le territoire de Monchelet, une autre à Bernaville [1] [apud Bernardi villam], etc., etc. — (Décembre 1208).

P. 170. Don de xl sous parisis de rente, percevables à la St.-Remi, sur les cens de Gamaches, fait à l'église Ste.-Marie au château de Gamaches, par Daniel d'Aisincourt, et Pierre, son fils aîné. — (Juillet 1232).

P. 171. Lettres des maire et échevins d'Airaines, relatives à la donation ci dessus. — (1304). En fr.

P. 172. Confirmation par Thomas de St.-Valeri des revenus [decima omnium reddituum vice comitatus Gamachiarum, videlicet caponum, herbagiorum, censuum, anguillarum, foragiorum, cambagiorum, stallagiorum], accordés par son père à l'église du château de Gamaches, et fixation des droits canonicaux percevables par les chanoines résidants d'après ce principe *qui non laborat, non manducet*. — (s. d.)

P. 175. Jugement rendu par Henri, abbé du Tréport, Gui, abbé d'Eu, et Clément, prieur de Tréport, délégués par le pape Honorius III, sur la cause mue entre les chanoines de Gamaches et l'église du Tréport, au sujet des dîmes du territoire de Basseronde, appartenant à l'église de Cahom. — (1225).

P. 176. Acte par lequel Wiot Esperon, J. Buffart, Jullien du Marcquel, de Saigneville, et Bernard de Pinche-Falise [2], reconnaissent chacun pour leur part, avoir pris à cens, les dîmages des chanoines de l'église *Notre-Dame du castel de Gamaches* sis à Saigneville et à Cahom. — (Juillet 1311). En fr.

P. 179. Lettre de G., archidiacre de l'église d'Amiens, adressée au curé de Cahom par laquelle il lui enjoint d'avertir le curé de Saigneville, de payer aux chanoines de Gamaches la somme de xx sous parisis. — (1262).

[1] C'était une grange qui n'existe plus.
[2] Commune de Boismont, canton de St.-Valery-sur-Somme, arr. d'Abbeville (Somme).

GAMACHES.
(Collégiale N.-D. de)

P. 180. Relation du doyen de Gamaches à l'official d'Amiens, de la vente faite à l'église N.-D. du château de Gamaches par Reginald de Daregny [1], de terres sises près de la voie qui mène de Darregny à Eu, et dans un champ nommé *Campus Tierricii*. Dans le même acte, Reginald de Daregny asseoit le douaire de sa femme sur plusieurs terres sises dans le territoire de Daregny [ad locum q. d. Bapamus, decem jornalia nominata *le finasteis* juxta territorium d'Isengremers [2], in locum q. d. les vaschiaux]. — (1263).

P. 182. Lettre de l'official d'Amiens relatant la vente faite aux chanoines de l'église du château de Gamaches par Guillaume de Daregny, de XI journaux de terre, situés en divers lieux [in via de Daregny apud Bauchien [3], de Daregny apud Audum [4], ad campum Boiardi]—(Déc. 1269).

P. 184. Acte de la vente relatée ci dessus. — (Oct. 1269).

P. 186. Confirmation par Guillaume de Cayeu, chevalier et seigneur de Boulaincourt [5], de la vente ci dessus. — (Oct. 1269).

P. 187. Confirmation par *Robers, cuens de Dreues et de Montfort, et sire de Saint-Valeri*, de la donation ci-dessus. — (Novemb. 1269). En fr.

P. 188. Acte par lequel *Willeaume Mauborgne, esquier, demourant adonc à Isengremers*, reconnaît avoir vendu à Hue du Gardin, *capelain de la capelle du castel de Gamaches*, XVIII journaux de terre, sis à Yzengremers, qu'il tenait en fief lige du comte de Dreux *et est le dit pieche de terre acatée pour la cause de l'augmentation d'une capellerie en l'église du castel de Gamaches dessus dit à l'autel saint Jehan*. — (Janvier 1303).

P. 190. Don de trois sous parisis de revenus percevables au moulin de Broustel [6], fait par Eubert de Kayeu,

---

[1] Auj. Dargnies, canton de Gamaches, arr. d'Abbeville (Somme.)
[2] Yzengremer, canton d'Ault, arr. d'Abbeville (Somme).
[3] Beauchamp, canton de Gamaches, arr. d'Abbeville (Somme).
[4] Eu, canton de l'arr. de Dieppe (Seine-Inférieure).
[5] Bouillancourt-en-Serie, cant. de Gamaches, arr. d'Abbeville (Somme).
[6] Brutelles, canton de St.-Valery-sur-Somme, arr. d'Abbeville (Somme).

GAMACHES.
(Collégiale N.-D. de)

seigneur de Brustele, chevalier, au prêtre curé de Gamaches, pour qu'il puisse célébrer annuellement un anniversaire pour le repos de son ame et de celles de ses ayeux. — (1262).

P. 191. Don de xii sous parisis de rente, fait à l'église et aux chanoines de N.-D. du château de Gamaches, par Guillaume, dit de Friecourt. — (1262).

P. 192. Jugement du lieutenant du prévôt de Vimeu, par lequel Robert de Longueville, demeurant à Dargny, est condamné avec dépens à restituer aux chanoines de Gamaches une bête à laine qu'il avait prise au lieu dit le Polinet, dans la ville de Dargny, en exerçant les fonctions de sergent, dont il était revêtu. — (13 nov. 1397). En fr.

P. 195. Lettre des abbé et prieur du Tréport, et de l'abbé d'Eu au doyen de la chrétienté d'Abbeville, par laquelle il lui enjoint de mettre le chapelain de Gamaches en possession de la dîme de Basseronde, etc. — (1225).

P. 196. Jugement définitif du prévôt de Vimeu qui ordonne à Laurent de Cateux, bourgeois d'Abbeville, Hennequin Groguet, demeurant à Dargny, Guillaume Obin, Jean de Mares, Guerart le Fel, Jean le Caron, dit Tanneur, et à Enguerrant de Nibat [1], de restituer à l'église de Gamaches, une pièce de terre sise à Dargny, et les revenus qu'ils avaient perçus depuis qu'ils en étaient les possesseurs. — (11 février 1454). En fr.

P. 200. Confirmation par l'official d'Amiens de la donation faite aux chanoines de Gamaches, par Béatrix, dite Comtesse, d'une terre sise à Tilloy [2] [in feodo de Tilloy, in una pechia que aboutat (sic) ad iter per quod itur de Fractamola [3] apud Blangiacum [4]] pour l'entretien de la chapelle de St-Thomas de Cantorbery, etc. — (1294).

P. 202. Vente faite par Nicolas d'Eu aux chanoines de Gamaches de xx sous tournois de cens annuel percevables sur une terre sise dans le territoire de Gamaches, à Boutancourt [5] [ad viam quæ ducit de Gamachiis apud Helicu-

[1] Nibas, canton d'Ault, arr. d'Abbeville (Somme).
[2] Tilloy-Floriville, canton de Gamaches, arr. d'Abbeville (Somme).
[3] Frettemeule, canton de Gamaches, arr. d'Abbeville (Somme).
[4] Blangy, canton de l'arr. de Neufchatel-en-Bray (Seine-Inférieure).
[5] Bouttencourt, canton de Gamaches, arr. d'Abbeville (Somme).

GAMACHES.
(Collégiale N.-D. de)

riam [1]) et confirmation faite par le même d'un legs de xx s. tournois de rente, fait par son père Martin du Maisnil [Martinus de Maisnilio] aux dits chanoines — (1300).

P. 204. Désistement donné par devant le bailli de Saint-Valeri, par Willelmine de Hanchis [2], du droit qu'elle pouvait avoir sur certaines redevances qui lui étaient dues, et dont elle laisse jouir les chanoines de N.-D. du château de Gamaches. — (Mai 1309). En fr.

P. 208. Reconnaissance de Jehan du Suel, par devant Robert Maillart, bailli de Gamaches, du scel pendant aux lettres annexées à la dite reconnaissance, et dans lesquelles se trouvaient certains droits réclamés par le chanoine de N.-D. du château de Gamaches. — (2 fév. 1393).

P. 210. Vente de x sous parisis de cens, percevables sur une maison sise à Gamaches, faite par Adam de Vaux à l'église de *N.-D. de le capelle del castel de Gamaches.* — (Avril 1298). En fr.

P. 211. Vente d'une pièce de terre sise dans le territoire d'Eu [pechia qui vocatur d'Aliegny, juxta viam quæ ducit de Audo apud Augustam [3]], faite par Guillaume Pacier à Martin du Menil, chapelain d'Eu et constitution de douaire sur vii journaux de terre sis à Cayeu. —(1293).

P. 213. Mémoire de v journaux de terre sis au terroir d'Aut, sur le mont Rogel, appartenant aux chanoines de Gamaches. — (s. d.)

P. 213. v.º Bail fait à Martin Huart par les chanoines de Gamaches, de terres sises à Ault. — (6 mars 1444).

P. 214. Don de x sous tournois de cens fait à l'église N.-D. du château de Gamaches par Hue Lamy, bourgeois de Gamaches, pour l'obit de Martin Lamy, son frère, jadis chanoine de la dite église. La dite rente percevable sur une masure sise à Gamaches, *en le grant rue... aboutant d'un bout au froc de le ville* et sur une pièce de terre, sise au dessus *du quemin qui tent de la porte du marquié de Gamaches à Heliscourt.* — (26 févr. 1375). En fr.

P. 216. Vente de xxii sous tournois de cens, faite à

---

[1] Helicourt, commune de Tilloy-sur-Ry, canton de Gamaches (Somme).

[2] Hanchy, commune de Coulonvillers, canton d'Ailly-le-Haut-Clocher, arr. d'Abbeville (Somme).

[3] Ouste-Marest, canton d'Ault, arr. d'Abbeville (Somme).

Ricart, prêtre, par Jehan Lefevre, bourgeois de Gamaches. — (14 oct. 1377). En fr.

GAMACHES.
(Collégiale N.-D. de)

P. 217. Acte passé par devant le bailli de Gamaches, par lequel Jean Faucon, prêtre, renonce, au profit des chanoines de l'église N.-D. du château de Gamaches, à la propriété d'un pré sis à la poterne de Gamaches, et chargé envers les dits chanoines de vi sous parisis et d'une geline de cens. — (4 juin 1421). En fr.

P. 218. v.º Vente faite à Guillaume Potier, par Martin du Maisnil, chatelain d'Ault, de xiv journaux de terre sis *au quemin qui maine d'Aut à Ouste.* — (Oct. 1292). En fr.

P. 220. Acte par lequel Laurent Bouteux, bourgeois de Gamaches, reconnaît devoir à l'église N.-D. du château de Gamaches xiv sous parisis de cens. — (26 février 1375).

P. 221. Bail d'une maison sise à Gamaches, *accostant d'un costé au presbitaire et aboute au froc,* chargée de cens envers l'église N.-D. de Gamaches, le vicomte de Gamaches et les héritiers de Jacques du Mareskiel. — (4 nov. 1388). En fr.

P. 222. Acte par lequel Jehan Rouffins reconnaît avoir vendu à Jehan de Beeloy, bourgeois de Gamaches, quatre journaux de terre *el terroir de Herselaines,* tenus de Guiffroy d'Aubemasle, chevalier, baron, et de Marie de Noiellette, sa femme. — (Décemb. 1278). En fr.

P. 223. Vente par Ouffren le Pissonnier, bourgeois de Gamaches, à l'église de N.-D. de la chapelle du château de Gamaches, de x sous tournois de cens percevables sur une maison sise à *Lambercourt.* [1] — (Janvier 1304). En fr.

P. 224. Certificat du receveur de l'évêché d'Amiens. — (1352).

P. 225. Acte par lequel Lucienne, dite Lamie, reconnaît avoir donné à sa sœur, Marie d'Eu, trois sous tournois de cens annuel qu'elle percevait à Gamaches. — (1260).

P. 226. Reconnaissance par le trésorier royal sur le fait des finances des fiefs et nouveaux acquets, des sommes reçues des chanoines de Gamaches, pour certaines propriétés qu'ils avaient acquises ou qu'on leur avait données. — (Novemb. 1347).

---

[1] Commune de Miannay, canton de Moyenneville, arr. d'Abbeville (Somme).

GAMACHES.
(Collégiale N.-D. de)

P. 227. Vente par Emeline, dite Aspenières, à Robert Mil', de 2 sous parisis de cens annuel percevables sur une maison sise au bourg de Gamaches. — (Mai 1360).

P. 228. Adam le Brouettier, bourgeois de Gamaches, reconnaît devoir v sous tournois de cens à l'église du château de Gamaches. — (Sept. 1308). En fr.

— Vente faite par Gautier Langlois [Walterus Anglicus] et Emeline, sa femme, à Guillaume Boche, bourgeois de Gamaches, d'une maison sise au dit lieu, dans la rue de la Chaussée [in vico calceiæ]. — (Février 1275).

P. 229. Vente faite à Osbert, dit Dany, par Jean de Beneval, d'une maison sise à Gamaches, dans la rue Pierre Daniel [in vico Petri Daniel] et assignation d'un nouvel immeuble pour le douaire de sa femme — (1284).

P. 231. Vente d'un manage sis à Gamaches, faite par Barthelemi, dit Cambier, [dictus Cambarius] à Robert, dit de Gamaches. — (1285).

P. 232. Relation du doyen de Gamaches, adressée à l'official d'Amiens, constatant la reconnaissance de vente faite par Pierre et Isabelle, sa femme, d'une masure sise à Gamaches, à Wilard de l'Angle [de Angulo]. — (1345).

P. 234. Acte par lequel Ysabel de Gamaches, *habitante* du dit lieu, baille à l'église du château de Gamaches, trois sous parisis de cens, pour l'obit de feu Jacquemin Horquet, son mari. — (26 févr. 1375). En fr.

P. 235. Lettre de Jehan, sire de Bains, chevalier, bailli d'Amiens, qui rejette l'appel formé par Fremin de Monchy, bourgeois de Gamaches, d'une sentence prononcée contre lui par le prévôt de Vimeu, en faveur des chanoines de N.-D. du château de Gamaches. — (Février 1394). En fr.

P. 237. Lettre de Richard de Beauchamp, seigneur de Gamaches, qui enjoint au receveur du dit lieu, de payer aux chanoines de N.-D. de Gamaches, la rente qu'ils ont l'habitude de percevoir sur la recette de la vicomté de Gamaches. — (18 nov. 1431).

P. 238. Relation à l'official d'Amiens par le doyen de Gamaches, de la vente faite par Jean de la Marre [J. de Mara] aux chanoines de l'église du château de N.-D. de Gamaches, de terres sises au territoire de Tilloy [in territorio de Tilloy, in una pechia inter arborem de Tilloy et Fractam mollam] et de la constitution du douaire de sa femme sur une terre au même territoire [in campo de le Comblete]. — (1262).

P. 240. Lettre de l'official d'Amiens sur le même sujet — (Mai 1262).

P. 241. Lettres du doyen de Gamaches sur le même sujet. — (1262).

P. 242. Quittance donnée par Jean, dit Louvet, à la comtesse de Dreux, de l'argent qu'il a reçu d'elle, pour les dîmes de Maigneville, qu'il lui a cédées. — (1265).

P. 243. Lettres par lesquelles Robert, comte de Dreux reconnaît avoir donné à son chapelain *Hue dou Gardin*, deux journeux de terre, *poi plus poi mains, assis ou terroir de Tilloy*. — (1318).

— Acte par lequel Jean Lefebvre reconnaît devoir aux chapelains de N.-D. de Gamaches xx sous parisis de rente. — (1393).

P. 245. Acte par lequel Jean le Fournier reconnaît devoir aux chanoines de N.-D. de Gamaches vii sous tournois de cens annuel. — (1393).

P. 246. Acte par lequel Beatrix, veuve de Jehan le Roux, tieulier, reconnaît devoir aux chanoines de N.-D. de Gamaches, ii sous parisis de cens, à cause d'une maison et *tenement assis derrière le marquié, en le rue ou de present est le tieulerie.* — (1391). En fr.

P. 248. Acte par lequel Raoul le Roy reconnaît qu'il prend à cens et à rente de Baudouin Quenart, une demie masure sise à Gamaches, *en le grant rue du marquié, et doit ledit Raoul ou ses hoirs faire faire sur ledit lieu une maison sur rue de xxiv pieds de parne et de xiii pieds de bauche dedans deux ans prochains.* — (15 mai 1375). En fr.

P. 249. Acte par lequel Martin le Carpentier reconnaît prendre, à la place de Jean de Fauqueuse, et aux mêmes conditions, une maison sise à Gamaches *en le rue de le Cauchie* et appartenant aux chanoines de l'église. — (1397).

P. 251. Vente faite par Jean Quenart à messire Riquart Paré, prêtre, de v sous tournois de cens à prendre sur un manoir sis au bourg de Gamaches. — (1392).

P. 254 Vidimus de deux extraits *des registres des plais de court commune de Gamaches* relatifs à une rente due aux chanoines de N.-D. de Gamaches, sur un manoir sis audit lieu. — (13 janv. 1393).

P. 257. Ajournement par devant le bailli de Gamaches

GAMACHES.
(Collégiale N.-D. de)

adressé à Frement de Monchy, à la requête des chanoines de l'église N -D. de Gamaches. — (18 juin 1388).

P. 258. Reconnaissance par Jean Mauguier, bourgeois de Gamaches, de certaines redevances envers les chanoines de N.-D. de Gamaches, et abandon de certains droits sur un tenement situé devant *le molin de le castel de Gamaches juxte le ruelle au Dien*, aboutant au *froc de le ville*, à la condition d'une messe annuelle pour le repos de son âme et de celle de sa femme. — (Fév. 1497).

P. 260. Jugement rendu par le bailli de Gamaches sur une cause mue entre Jean le Mauguier d'une part et les chanoines de l'église N.-D. du château de Gamaches, par lequel Jean le Mauguier est débouté de ses prétentions, etc. — (Janv. 1396).

P. 269. Acte de Jacques de Beaulevrier, châtelain de Gamaches, par lequel Jehan de Morival reconnaît tenir à xiii sous parisis de cens, de Beaudouin Lemaire, bourgeois de Gamaches. — (18 mars 1326).

P. 270. Vidimus d'un acte de vente faite par Enguerrand Aucquier, à Estiennot Béton, d'une maison sise à Gamaches — (19 avril 1485).

P. 272. Commandement à Jehan de Paques, de payer aux chanoines de l'église N.-D. du château de Gamaches, la somme de ix sous ii deniers parisis d'arrérage dus pour certains tenemens en la ville de Gamaches. — (9 mars 1391).

P. 273. Ordre au sergent de la prévôté de Vimeu de faire jouir les chanoines de l'église N.-D. de Gamaches, des dons à eux faits par Gilles Fusinel et Simon du Prier. — (19 juillet 1377).

P. 274. Vente faite par Jehan Potée à Robert Choquinel, bourgeois de Gamaches, de trois journaux de terre sis au dit lieu [laquele terre siet en verbus]. — (1349).

P. 275. Vente faite par Jehan Goulaffre, bourgeois de Gamaches, aux chanoines de l'église N.-D. du château de Gamaches, de v sous parisis de cens sur une maison sise rue du bourg, au dit lieu — (14 juin 1371).

P. 276. Acte par lequel Jehan le Marquier reconnaît avoir pris à cens des chanoines de l'église N.-D. du château de Gamaches, certaines maisons sises à Gamaches. — (18 août 1398).

GAMACHES.
(Collégiale N.-D. de)

P. 278. Acte par lequel Jehan Arune, curé de Gamaches, reconnaît avoir baillé à cens à Massinot Morel un tenement non amasé, sis à Gamaches. — (8 mars 1453).

P. 279. Acte par lequel Gilles le Maire assigne xx sous de rente annuelle et perpétuelle sur une maison sise à Gamaches *seant de costé l'iaue qui dessend du pont à pisson au molin du castel*, aux chanoines de l'église N.-D. du château de Gamaches. — (12 janv. 1375).

P. 280. Vente par Pierre le Favellie, à Ricart Paie, prestre, de xvii sous parisis et d'un chapon de cens percevables sur un manage sis à Gamaches. — (1373).

P. 282. Acte par lequel Jehan le Prevost, l'aîné, laboureur, reconnaît avoir vendu à Pierre de Poilly, une pièce de terre sise *au camp de la maladrerie de Gamaches*, chargée de cens envers les chanoines de l'église N.-D. de Gamaches. — [22 mars 1483).

P. 284. Jugement du prévôt de Vimeu par lequel Nicolas de Houdencq, naguères vicomte fermier de Gamaches, est condamné à payer aux chanoines de l'église N.-D. de Gamaches la somme de cinquante-six sous parisis. La cause avait été appelée quelque temps auparavant puis ajournée *pour le grant habundance de neiges lors estant sur terre*. — (11 mars 1398).

P. 287. Acte par lequel Nicolas Pourette, bourgeois d'Amiens, reconnaît tenir des chanoines de l'église N.-D. de Gamaches une maison sise audit lieu. — (4 sept. 1401).

P. 288. Vidimus d'une sentence du bailli de Gamaches pour Guillaume de Harcourt et Isabeau de Thouars, sa femme, seigneur et dame de Gamaches, portant convention passée entre les chanoines de l'église N.-D. du château de Gamaches et Baudouin Canart, sur une maison sise audit lieu. — (1488)

P. 292. Sentence du lieutenant du prévôt de Vimeu, par lequel Willelmine Quenart, fille de Baudouin, et son mari Jehan Evrart sont condamnés à payer xl sous parisis de cens aux chanoines de l'église N.-D. du chatel de Gamaches. — (17 juin 1399).

P. 297. Acte par lequel Regnaut de Wuicourt[1] prend à cens des chanoines de l'église N.-D. du château de Ga-

---

[1] Woincourt, canton d'Ault, arr. d'Abbeville (Somme).

GAMACHES.
(Collégiale N.-D. de)

maches, quatre journaux de terre sur le chemin de Gamaches à Hélicourt. — (15 oct. 1468).

P. 299. Sentence du lieutenant de Gamaches par laquelle Massin Morel est condamné à payer aux chanoines de l'église N.-D. de Gamaches trois sous de rente annuelle. — (7 juillet 1481).

P. 300. Commission du bailli de Gamaches au premier sergent du bailliage de sommer Massin Morel de payer aux chanoines de l'église N.-D. de Gamaches ce qu'il leur doit. — (12 janv. 1481).

— Bail à cens par les chanoines de N.-D. de Gamaches à Thomas Morel, d'un tenement amasé, sis audit lieu. — (27 juin 1482).

P. 302. Sentence du prévôt de Vimeu par laquelle il confirme les chanoines de l'église N.-D. de Gamaches dans la possession des dons et aumônes à eux faits par Gilles Fusinel et Symon du Prier. — (14 juillet 1377).

P. 304. Lettres des ducs cardinaux à l'official d'Amiens, par lesquelles ils lui enjoignent de rechercher dans les archives du diocèse, les priviléges accordés aux chanoines de l'église collégiale de Gamaches, qui pourraient les empêcher de contribuer à la dîme qui leur était demandée, et de leur en adresser copie pour qu'ils puissent juger en connaissance de causes [1]. — (1348).

P. 306. Fondation par Jean, comte de Dreux, d'une chapelle en l'honneur de la vierge, en la chapelle du château de N.-D. de Gamaches. — (1330).

P. 310. Sentence du lieutenant du bailli d'Amiens par laquelle Jean de Craon, chevalier, seigneur de Dampmare [2] et de Bernaville est condamné à payer aux chanoines de l'église N.-D. du château de Gamaches, la rente d'un muid de blé, percevable à la grange du château de Bernaville. — (21 janv. 1393).

P. 312. Sentence du bailli d'Amiens relative au même sujet. — (1481).

P. 317. Bail à cens par les chanoines de Gamaches,

[1] On trouve dans cet acte le passage suivant : præsertim, cum ipsi, ut dicunt, non faciant capitulum, nec in eorum ecclesia præpositus, thesaurarius vel decanus existant, sed tantum modo canonici vocaliter nuncupantur, etc.

[2] Domart-lès-Ponthieu, canton de l'arr. de Doullens (Somme).

à Jehan le Vasseur, pareur de draps, d'une demie masure sise à Gamaches. — (20 février 1483).

GAMACHES.
(Collégiale N.-D. de)

P. 318. Sentence du bailli de Gamaches, pour Joachim Rouault, maréchal de France, seigneur de Boismenart[1], de Hélicourt, etc, par laquelle le procès mu entre les chanoines de l'église N.-D. de Gamaches d'une part, et Robinet de Savoye, d'autre part, est remis à quinzaine. — (19 sept. 1470).

P. 321. Sentence du lieutenant de Gamaches par laquelle il est donné acte aux chanoines de l'église N.-D. de Gamaches de la reconnaissance de Regnaut de Woincourt que le tenement tenu par Pierre de la Haye est chargé de cinq sous de cens percevables par les dits chanoines. — (7 mai 1482).

P. 322. Sentence du bailli de Gamaches pour Guillaume de Harcourt, comte de Tancarville, duc de Montgommery, vicomte de Melun, seigneur de Noyelle-sur-mer, Gamaches, etc., par laquelle Bertrand de Bellemainières, sergent à cheval dudit seigneur prend à certaines conditions des chanoines de l'église N.-D. du château de Gamaches, une maison sise audit lieu. — (Juin 1448).

P. 325. Acte par lequel il est reconnu que les chanoines de l'église N.-D. du chatel de Gamaches ont le droit de percevoir II sous parisis de cens sur une certaine maison sise audit lieu. — (Août 1392).

P. 328. Sentence du bailli de Gamaches par laquelle il condamne Honoré Bataille à payer aux chanoines de l'église N.-D. du château de Gamaches une somme de II sous parisis qu'il leur devait pour arrérage d'une rente de douze deniers. — (24 avril 1465).

P. 330. Exécution dudit arrêt. — (14 janv. 1465).

— Sentence du lieutenant du bailli de Gamaches, par laquelle il condamne Jehan le Josne à payer aux chanoines de l'église N.-D. de Gamaches six sous six deniers de cens, pour un tenement sis audit lieu. — (27 janv. 1486).

P. 331. Commission du prévôt de Vimeu de mettre à exécution la sentence prononcée en faveur des chanoines de l'église N.-D. de Gamaches contre Willelmine Quenart[2]. — (4 nov. 1399).

---

[1] Busmenard, commune de Translay, canton de Gamaches, arr. d'Abbeville (Somme).

[2] Voy. un acte inséré dans ce même cartulaire à la page 292.

GAMACHES.
(Collégiale N.-D, de)

P. 332. Vente faite par Jean le Vasseur, bourgeois de Gamaches, aux chanoines de l'église N.-D. de Gamaches d'une rente de six sous parisis percevable sur une maison sise à Gamaches, près du pont aux poissons. — (20 déc. 1392).

P. 336. Bail à cens par Martin Lenoir, bourgeois de Gamaches, à Jehan Miquignon, d'un tenement non amasé, contenant *une masure ou environ séant en le rue de le Cauchie qui maine à le forest de Eu auprès de le porte acostant au froc*. — (10 oct. 1456).

P. 337. Vidimus d'un contrat de vente passé entre Gilles de Hélicourt et Jehan Wirefroy, d'une grange sise au bourg de Gamaches. — (19 avril 1485).

Après cette charte on lit : *fin du cartulaire*, puis à la page 34.e, sous la rubrique *ex autographo*, se trouvent les pièces suivantes :

P. 341. Confirmation par Navarrot d'Anglade, seigneur de Coulombiers et de Gamaches, des priviléges accordés par ses prédécesseurs aux chanoines de la chapelle de Gamaches. — (9 février 1482).

P. 243. Aliénation faite par les chanoines de Gamaches d'un fief noble sis à Saulcourt[1], pour subvenir à la cotisation de 64 écus, suivant la taxe des députés du clergé d'Amiens. — (1 fév. 1589).

P. 345. Confirmation par Aenor, comtesse de Dreux, dame de St.-Valery, *de la communauté des bourgeois de Gamaches semblable au jugement commun de St.-Quentin.* — (Juillet 1230).

Ce qui suit est un extrait du cartulaire de Sery.

GANDELUS. 666.

I. Plan du bois de Gandelus[2].

A. I. *Sect. adm.*, N. (Aisne), 2e cl., n° 23.

II. Carte générale des bois de Gandelus, Montigny l'Allier, Bornonville, Cerfroy, etc., par Hachart.

A. I. *Sect. adm.*, N. (Aisne), 2° cl., n° 23.

---

[1] Saucourt, commune de Nibas, canton d'Ault, arr. d'Abbeville (Somme).

[2] Canton de Neuilly-Saint-Front, arr. de Château-Thierry (Aisne).

GANDELUS.

III. Amortissement de xxix livrées de terre, à Gandelus et à Brumez, fait en faveur des religieux de Cerfroy, par les seigneurs de Chatillon — (Nov. 1344.)

A. I. Sect. hist., Trés. des Ch., J. Reg., 75, f° 126.

IV. Remission en faveur de *Jehan sans terre, naguère demourant à Moncornet en Tiéraische*, qui avait tué à Gandelus, lors appartenant à Charles d'Orléans, Jehan de Rouviller, *jadis sergent dudit Charles d'Orliens, homme très orguilleux, haultain et de mauvaise renommée*. — (Janvier 1411.)

A. I. Sect. hist., Trés. des Ch. J. Reg. 166 f.° 15, v°.

V. Hommage de Renier Pottier, seigneur de Tresmes, pour raison de la chatellenie de Gandelus, relevant du duché de Chateau-Thierry. — (Juin 1651.)

A. I. Sect. adm., PP. 3, f° 141, v°.

GANNES.

667.

Remission en faveur de Jehan Boulle, demeurant à Gannes[1], qui, d'après l'ordre de la dame de *Monteigny en austrevant*, dame de Gannes, s'était rendu auprès d'un nommé Fagelin, son parent, qui, avec d'autres brigands, tenaient les bois des environs, et qui, au lieu de l'engager à revenir audit Gannes pour reprendre ses héritages tenus de ladite dame *et delaissier à faire pluseurs et innumérables maulx que chacun jour ils faisoient sur le pays*, lui facilita les moyens de voler, à Gannes, deux paires de chausses, du pain et du vin. — (22 septembre 1427.)

A. I. Sect. hist., Trés. des Ch. J. Reg., 176, f° 27.

GANNES (Fief de).

668.

I. Hommage d'une partie du fief de Gannes, séant au village de Montmartin[2], par Louis Tocq, comme procureur de la veuve de Jean Aubery. — (29 octobre 1539.)

A. I. Sect. adm., PP. 1, f° 256.

II. Hommage d'une partie du même fief, par Jean Paseguyer, dit de Bulles. — (16 février 1557.)

A. I. Sect. adm., PP. 1, f° 260, v°.

[1] Canton de St.-Just-en-Chaussée, arr. de Clermont-(Oise).
[2] Canton d'Estrées-Saint-Denis, arr. de Compiègne (Oise).

GANNES
(Fief de).

III. Hommage d'une partie du fief de Gannes, séant au village de Montmartin, par Louis Feret, comme procureur de Christophe de Latre, etc. — (Juin 1560.)

A. I. Sect. adm., PP. 1, f° 261, v°.

IV. Hommage d'une partie du fief de Gannes, par Mathieu de Cernoy, écuyer. — (25 février 1560.)

A. I. Sect. adm., PP. 1, f° 261, v°.

V. Hommage d'une partie du fief de Gannes, par Louis Feret, prêtre, comme procureur de Christophe de Latre et Charlotte Feret, sa femme. — (13 avril 1562.)

A. I. Sect. adm., PP. 1, f° 262, v°.

VI. Hommage d'une partie du fief de Gannes, par Adrien de Cernoy, écuyer. — (19 mars 1575.)

A. I. Sect. adm., PP. 1, f° 264, v°.

VII. Hommage d'une partie du fief de Gannes, par Anne de Cernoy, écuyer. — (12 juillet 1583.)

A. I. Sect. adm. PP. 1, f° 268.

VIII. Hommage de la moitié des fiefs de Gannes et Hemart, par Symon d'Araine. — (19 juillet 1584.)

A. I. Sect. adm. PP. 1, f° 268, v°.

669.

Aveu et dénombrement des fiefs de Gannes, de Bethencourt et de Cotterouge, sis à Remerangles [1], mouvant du roi à cause de son château de Clermont en Beauvoisis, et baillé par les doyen et chanoines du chapitre de Beauvais. — (3 juillet 1607.)

A. I. Sect. adm. PP. 6, f° 174, v°.

GAPENNES. 670.

Aveu et dénombrement des fiefs et seigneuries de Gapennes [2], Les Rue, Beauvoir et Darnatal. — (31 juillet 1769.)

A. I. Sect. adm. Q. Cart. 1534.

[1] Canton et arr. de Clermont (Oise).
[2] Canton de Nouvion en Ponthieu, arr. d'Abbeville (Somme).

671. GARD. (Abbaye du).

I. Philippe-Auguste prend sous sa protection les abbés, moines et frères du Gard, du Val-Notre-Dame, de Chaalis, Longpont [1], etc. — (Juin 1190.)

A. I. Sect. hist., K. 26, n.º 13.

II. Acte de Philippe-Auguste semblable au précédent [2]. — (1221.)

A. I. Sect. hist., Trés. des Ch.
- J. Reg. 53, n° 1.
- J. Reg. 99, n° 556.
- J. Reg. 130, n° 168.
- J. Reg. 199, n° 128.

III. Confirmation d'un accord, rédigé par Robert, évêque d'Amiens, et Henri, abbé de Cîteaux, conclu entre Renaut, vidame d'Amiens, seigneur de *Pinquingny*, chevalier, et le couvent de Notre-Dame-du-Gard, 1° sur *la pescherie en la rivière de Somme* sur laquelle le vidame avait un navel; 2° *sur la justice et seigneurie haute et basse sur les ostes de Croy* [3], réclamée par l'abbaye; 3° sur les délimitations du bois de Harnery; 4° sur la coupe des herbes dans ledit bois; 5° sur la garde des dits bois, *sanz ars, sanz saietes et sanz arbalestres ;* 6° sur la *logete* faite pour garder la warene; 7° sur le *navel du pont de Pinqueigni*. — (Juillet 1314.) En fr.

A. I. Sect. hist. Trés des ch., J. Reg. 50, f° 29, v°

IV. Confirmation d'un accord entre les religieux du Gard et les seigneurs de Thalmond. — (1380.)

A. I. Sect. hist., K. 53, n° 87.

V. Déclaration du temporel de l'abbaye du Gard. — (1766.)

A. I. Sect. adm. Q. Cart. 1547.

672. GARMEGNY.

I. Hommage fait au roi par Marie, dame de Roye, pour

---

[1] Voy. Delisle. *op. cit.*, p. 75, n° 314.

[2] Voy. J.-B. de Machault, *Histoire du B. Jean de Montmirel*, p. 529. Muldrac, *Abbatiæ Longipontis chronicon*, p. 225 et 319. Rec. des Ord. des rois de France, tom. v, p. 142. Delisle, *op. cit.*, p. 465, n° 2099.

[3] Crouy, canton de Picquigny. arr^t. d'Amiens (Somme).

GARMEGNY.

raison du fief et terre de Garmegny, mouvant du château de la Herelle [1], et étant en la main du roi par défaut d'homme. — (21 septembre 1399.)

A. I. Sect. adm. PP. 1, f° 195, v°.

II. Lettres par lesquelles Henri II, à la demande de Charles de Roye, seigneur de Garmegny, établit audit lieu une foire et un marché par semaine. — (Juin 1549.)

A. I. Sect. hist., Trés. des Ch., J. Reg. 259, f° 243.

GAROT.
(Bois de).

673.

Plan du bois de Garot [2].

A. I. Sect adm., N. (Aisne), 3e. cl. n°. 151.

GAUCOURT.

674.

I. Hommage de la terre de Gaucourt, assise à Villiers-sous-Saint-Leu-d'Esserant [3], mouvant du château de Senlis, par Jacques Erlant. — (22 août 1498.)

A. I. Sect. adm. PP. 1, f° 221, v°.

II. Hommage de la terre de Gaucourt, par Sidonie de Cyvrieu, damoiselle, vefve de feu Jacques Erlant. — (13 juillet 1509.)

A.. I. Sect. adm., PP. 1, f° 226.

III. Hommage des terres de Gaucourt et Hebecourt, par Jehan d'Herlant. — (14 avril 1526.)

A. I. Sect. adm. PP. 1, f° 229, v°.

GAULCOURT.

675.

Aveu et dénombrement de la seigneurie de Gaulcourt, près Fervaques [4], tenu par Cl. Jos. Barn. de Vitasse, chevalier, seigneur de Vermandovillers [5]. — (1749.) Cahier de 10 folios parch.

A. I. Sect. adm., Q. Cart. 11.

[1] Canton de Breteuil, arr. de Clermont (Oise).
[2] Ce bois était situé dans le canton de Fère-en-Tardenois, arr. de Château-Thierry (Aisne).
[3] Villers-sous-Saint-Leu, canton de Creil, arr. de Senlis (Oise).
[4] Canton de Saint-Quentin (Aisne).
[5] Canton de Chaulnes, arr. de Péronne (Somme).

676.

Hommage des fiefs de Gaulne, assis au village de Villiers-les-Potz [1], d'Antilly, de Mercadé, séant à Cumeruyon, et du fief de Germancourt, assis en la paroisse dudit Cumeruyon [2], par Fiacre de Billy, écuyer. — (18 juin 1548.)

A. I. *Sect. adm.*, PP. 1, f° 283.

GAULNE.

677.

Procès-verbal de visite du bois Gaültier [3], appartenant à l'abbaye de Fontaine. — (1763.)

A. I. *Sect. adm.*, Q. Cart. 869.

GAULTIER (Bois).

678.

Aveu et dénombrement du fief de Genermont, près Chaulnes [4]. — (4 octobre 1766.)

A. I. *Sect. adm.*, Q. Cart. 1540.

GENERMONT (Fief de).

679.

Aveu baillé par Wault Chimaie, demeurant à Bray-sur-Somme, pour son fief de Genchy, mouvant du roi à cause de son château de Péronne. — (12 octobre 1384.)

A. I. *Sect. adm.*, PP. 6, f° 270.

GENCHY.

680.

I. Hommage d'un fief assis à Gency [5] et Cergy, par Denise de La Barre, damoiselle, veuve de Guillaume Le Forestier. — (16 février 1498.)

A. I. *Sect. adm.* PP. 1, f° 221.

II. Hommage des terres de Gency, Trye-la-Ville, Trye-le-Chastel, Fresnes et Laiguillon, au bailliage de Senlis, par Guy d'Estoutteville, chevalier. — (10 novembre 1501.)

A. I. *Sect. adm.* PP. 1. F° 224.

GENCY.

---

[1] Villers-les-Pottées, commune de Cuvergnon, canton de Betz, arr. de Senlis (Oise).

[2] Cuvergnon, canton de Betz, arr. de Senlis (Oise).

[3] Ce bois était situé dans le canton de Nanteuil-le-Haudouin, arr. de Senlis (Oise).

[4] Canton de l'arrondissement de Péronne (Somme).

[5] Commune de Cergy, arr. de Pontoise (Seine-et-Oise).

[6] Commune de Villequier-au-Mont, canton de Chauny (Aisne).

GENCY.

III. Hommage du fief Guillaume-Peillon, appelé depuis fief Guillaume-Forestier, à Gency, par Claude Guibert. — (26 août 1528.)

A. I. Sect. adm. PP. 1. F° 230, v°.

GENLIS. 681.

I. Rémission accordée à Jean Coquerel, de Fresnoy, près Roye en Vermandois, qui avait tué Jean Hareppe, de la même ville, et qui pour ce crime avait passé vingt ans en la prison du seigneur de Genlis [in carceribus domini de Janliaco, videlicet in fovea et cum anulis ferreis, per spacium viginti annorum]. — (Juillet 1357.)

A. I. Sect. hist. Trés. des Ch. J. Reg. 89, f° 49, v°.

II. Lettre par laquelle François reconnaît avoir reçu l'aveu de foi et hommage que Jehan de Hangest, évêque de Noyon, était tenu de lui faire pour ses fiefs, terres et seigneuries de Genly, Abbecourt [1] et Bichancourt [2], Erblincourt [3], la Taulle en Beauvoisis [4], Gournay [5] et Auteul [6]. — (8 mai 1533.)

A. I. Sect. adm. P. 16, pièce 6,028.

III. Copie d'un hommage fait au roy, par Jean de Hangest, évêque et comte de Noyon, des terres et seigneuries de Genly, Abbecourt, Baichancourt, Herblancourt, la Taulle en Beauvoysis, Gournay et Auteul. — (8 mai 1533.)

A. I. Sect. adm., PP. 2, f° 287, v°.

IV. Hommage fait au roi par Philippe de Vaulx, comme procureur de Madeleine de Lannoy, autorisée par justice au refus de Simon de Loges, chevalier, pour raison des fiefs, terres et seigneuries de Genlys, Abbecourt, etc. — (3 mai 1577.)

A. I. Sect. adm., PP. 2, f° 305.

[1] Canton de Chauny, arr. de Laon (Aisne).
[2] Bichancourt, canton de Coucy-le-Château, arr. de Laon (Aisne).
[3] Le bac Arblincourt est situé sur les bords de la Lette, à l'E. de Manicamp, et au S. de Bichancourt.
[4] La Taulle, canton de Ressons, arr. de Compiègne (Oise).
[5] Gournay-sur-Aronde, canton de Ressons (Oise).
[6] Canton d'Auneuil, arr. de Beauvais (Oise).

V. Hommage fait au roi par Jehan de Montenay, chevalier, pour raison des terres de Genly, Abbecourt, Bichancourt, le bac d'Arblincourt, etc. — (10 décembre 1577.)

A. I. Sect., adm., PP. 1, f° 220, r°.

VI. Hommage de la terre de Genlys, par Pierre Bruslart, sieur de Crosne. — (18 mars 1583.)

A. I. Sect. adm., PP. 1, f° 220, v°.

VII Hommage des terres de Genlys, La Motte, Abbecourt, Bichancourt et le bac de d'Arblaincourt, par Pierre Bruslart, sieur de Crosne. — (26 mars 1594.)

A. I. Sect. adm., PP. 1, f° 220, v°.

VIII. Erection de la terre de Genlis en marquisat. — (Mai 1645).

A. I. Sect. jud., Reg. HHH. f° 438.

IX. Hommage du marquisat de Genlis, du fief de La Motte, Viry, etc., par Pierre Bruslard de Genlis, abbé de Sainte-Elisabeth de Genlis. — (3 mai 1686.)

A. I. Sect. adm., PP. 3, f° 301, v°.

X. Hommage du marquisat de Genlis, du fief de La Motte, Viry, etc., par Charles Bruslard, de Genlis, archevêque d'Embrun, etc. — (3 juin 1687.)

A. I. Sect. adm., PP. 3, f° 306.

XI. Hommage du marquisat de Genlis, du fief de La Motte, Viry, etc., par Pierre Bruslard de Genlis, abbé de Genlis. — (XIII décembre 1697.)

A. I. Sect. adm., PP. 3, f° 343, v°.

XII. Trois aveux et dénombrements baillés par Pierre Brulard, secrétaire d'Etat, pour la terre de Genlis. (S. d.)

A. I. Sect. adm., PP. 6², f° 465.

XIII. Enregistrement des lettres patentes du roi, en date du mois de juin 1736, portant création, en faveur de Charles Brulard, d'un marché tous les lundis de chaque semaine et de 4 foires par an au bourg de Genlis, relevant du roi à cause de la grosse tour du Louvre. — (Février 1737.)

A. I. Sect. jud., Parl. de Paris, Ordonn. VII. A. f° 273.

XIV. Bois tenus en gruerie par l'abbaye de Genlis.

A. I. Sect. adm., Q. Cart. 14.

GENLIS.

XV. Plan de la terre et seigneurie de Genlis.

A. I. Sect. adm., N. { 2ᵉ classe, n° 15.
3ᵉ classe, nᵒˢ 79 et 80.

682. Inventaire de l'émigré Villequier.
Deux cartons.

A. I. Sect. adm. T. 238 1 et 238 2.

Ces deux cartons contiennent beaucoup de pièces que, vu leur peu d'importance, nous n'examinerons pas ici.
Nous citerons seulement :
I. L'acquisition de la terre de Genlis par le duc de Villequier, moyennant 600,000 livres au marquis de Genlis le 5 octobre 1772.
Dossier de 22 pièces (1772-1773) contenant lettres, déclarations, mémoires, etc.
II. Composition du marquisat de Genlis suivant le contrat de vente [1].
Les grandes fermes du château et de Touvent [2], l'Epinoy et Gollemprise, la ferme de Hellot [3], les fermes des grands et petits Roués [4], la seigneurie de Viry Noreuil et la ferme appelée du Sart, chef-lieu de la seigneurie.
Les seigneuries d'Abbecourt, Ongne [Ognes], et les fiefs et seigneuries de Marest [Marais], la Motte, Viry, Dampcourt et Niveloy.
III. État général des droits seigneuriaux et domaniaux qui ont lieu dans l'étendue du duché de Villequier au Mont, autrefois domaine de Genlis, composé des terres et fief d'Abbécourt, Ognes, Moulin de Chevreux, Marest, Dampcourt, Niefueloy [Nieulieu], Blecourt, de la Mothe, Fercot, Grand Longueval, seigneurie de Noreuil, fief de Sart, terre de Condren.
Cet état renferme des détails intéressants sur les droits de justice, de lods et ventes, de quint et de requint, corvée, fouage, afforage, échevinage, gruerie, etc.

---

[1] Le contrat de vente forme un gros cahier qui se trouve dans le carton T. 238 2.
[2] Touvent est situé au N.-O. de Genlis.
[3] Helot est situé au-dessus de Roué.
[4] Roué est situé entre Genlis et Noureuil.

GENLIS.

IV. Etat de tous les titres et papiers composant le chartier de la terre et marquisat de Genlis, remis au duc de Villequier, le 5 octobre 1772.

V. Etat des domaines, droits utiles et honorifiques du marquisat de Genlis et de toutes les terres et seigneuries qui le composent, d'après les dénombrements, baux, adjudications, comptes et états des revenus et autres pièces justificatives du produit actuel.

Il commence ainsi :

MARQUISAT DE GENLIS. — La terre a été érigée en marquisat au mois de mai 1645 et confirmée en juin 1736. Elle est régie par la coutume de Chauny, et mouvante du roi à cause de sa tour du Louvre.

LE CHATEAU est situé dans la paroisse de Genlis, et placé au milieu de deux grands canaux dont les eaux se renouvellent quand on veut. Il est flanqué de quatre grandes tours et sur deux ailes de bâtiment d'un 1er et 2e étage, solidement bâti en briques et pierres de taille, à la moderne. Le château a deux ponts pour entrer, le 1er en bois, le 2e en pierre de taille. Il y a une chapelle dans le château desservie par l'un des deux curés qui résident à Genlis, etc.

On trouve dans cet état des renseignements du même genre pour les dépendances du château, fermes, etc.

Ce carton renferme encore un Mémoire sur la terre de Marest, dépendante de Genlis.

Le reste concerne le marquisat de Piennes, et contient des mémoires et des plans sur les mines de charbon en Boulonois.

GENNETRAIS (Chantier du).

683. Chantier du Gennetrais près Mont-l'Evêque[1] et Senlis.

A. I. Sect. adm., N. (Oise), 3e cl. n° 123.

GENONVILLE.

684. Lettres patentes de Louis XIV portant création d'un marché par semaine et de trois foires par an à Guénauville[2], près Amiens. — (Août 1679.)

A. I. Sect. jud. Parl. de Paris. Ord. 4. E. f° 290.

---

[1] Canton et arr. de Senlis (Oise).
[2] Genonville, commune de Moreuil (Somme).

— 424 —

GENVRY. **685.**

Lettres par lesquelles Charles VI accorde aux habitants de Genvry [1] le privilége d'établir dans leur ville une place où les ouvriers qui voudront se louer, pourront venir. — (Août 1389.)

A. I. Sect. hist. Trés. des Ch. J. Reg. 136, pièce civ.

GENY. **686.**

I. Fondation par Barthelemi, évêque de Laon, de la paroisse de *Jeniaco* [2] qui n'était auparavant qu'une chapellenie ou succursale de la paroisse *de Ulliaco* [3]. — (1133.) Cette précieuse pièce est un peu endommagée.

A. I. Sect. hist. Cart. L. 1154.

II. Vidimus de la prévôté de Paris des lettres de Philippe VI qui permet aux habitants de Geny de se choisir entre eux, un ou plusieurs procureurs pour se défendre contre le doyen et chapitre de Laon qui exigeaient d'eux plusieurs servitudes, et de se lever eux-mêmes une taille pour subvenir aux frais des dites poursuites.—(Mars 1337.)

B. I. Cab. des Ch. CC. 260.

GEORGES (Fief de). **687.**

Hommage fait au roi par Henry de Londreselles pour raison du fief et seigneurie de Georges, assis à Airaines [4]. —(12 déc. 1505.)

A. I. Sect. adm., PP. 2. f° 211 v°.

GERBEROY. **688.**

I. Philippe-Auguste donne à Guillaume de Garlande le village d'Ons-en-Brai; cette donation subsistera quoique le roi fasse de Gerberoi.[5] — (1203. Ante Gaillardum [6].)

B. I.
{ Fonds des cartul., n.° 172., f°. 116.
Fonds français. { 9852. 2. f° 159 v°.
9852.2.2.B. f°216 v°.
9852. 5. f° 175.

[1] Canton de Noyon, arr. de Compiègne (Oise).
[2] Auj. Geny, commune de Cuissy-Geny (Aisne).
[3] Euilly est marqué sur la carte de Cassini au sud de Pargnan.
[4] Canton de Molliens-Vidame, arr. d'Amiens (Somme).
[5] Voy. Martène, *Collect.*, tom. I, p. 1043, et Delisle. *Catal. des actes de Philippe-Auguste*, n° 788, p. 178.
[6] Château Gaillard.

II. Remission en faveur de Jehan Roussel, *povre homme charpentier demourant à Gerberoy* qui avoit tué en se défendant Jean de la Barre, de Glatigny [1]. — (Paris, juin 1303.)

Voici l'exposé des motifs :

« Que comme au mois de may derrenier passé, ledit exposant et Jehan de la Barre demourant à Glatenguy, eussent beu et disné ensemble en la ville de Beauvez, et dilec se feussent départis, par bonne amour, pour retourner chascun deulx en leurs maisnis ; et en retournant, assez près du marez l'evesque, ledit de la Barre bouta le dit exposant d'un hault turel a val, en la quarrière dessoubz ledit turel, et non content de ce ledit de la Barre se reprint de rechief audit exposant, et l'abaty soubz lui. Et lors ledit exposant print ledit de la Barre par la gorge de son mantel pour luy relever, et fu deschire la gorgie d'icellui mantel, et pour ce, ycellui de la Barre fist semblant de soy courcier. Et en eulx en alant parmi le bos du parc de emprès Beauvez orent plusieurs paroles ensemble, sentans menaces de la partie dudit de la Barre, lequel de la Barre se party et destourna du chemin et entra dedans le dit bos et ala quérir une boise ou gros baston, et s'en vint après ledit exposant, et en monstrant sa male volonté, escria de dedenz le dit bos ledit exposant et lui dist : deffent toy. Et en aprouchant pour luy courir sus pour le ferir du dit gros baston, ledit exposant doubtant le péril de la mort et le cop dudit baston, et n'avoit autre chose que son coutel à charpentier dont il se peust defendre, sacha son dit coutel et en fery ledit de la Barre, dont il ala depuis de vie à trespas. Pour lequel fait ledit exposant est en péril lui, sa femme et enfans d'estre povres et desers à tous jours, etc. »

A. I. Sect. hist. Très. des Ch. J. Reg. 122, f° 166 v°.

III. Rémission en faveur de Regnaulde, femme de Jehan de Largilliere, emprisonnée à Gerberoy, par ordre du *conseiller et per de France l'evesque de Beauvais* pour avoir volé *une escuelle d'estain, une paire de petis cousteaux, un petit escrin, un couvercruoir (sic) rouge de deux lez, deux cottes hardies de drap vert, l'une double de bougueran et*

---

[1] Canton de Songeons, arr. de Beauvais (Oise).

GERBEROY.

l'autre sengle, une courroye et une tasse de cuir. — (Fév. 1397.)

A. I. *Sect. hist. Trés. des Ch.* J. Reg. 153, f° 51 v°.

IV. Lettres par lesquelles Charles, duc de Normandie, régent du royaume, accorde à l'évêque de Beauvais, le droit d'établir une foire à Gerberoy [apud villam Geborredensem] le premier jour du mois de mai, semblable à celle qui se tenait au même lieu, le jour de saint Michel. — (Mai 1359.)

A. I. *Sect. hist. Trés. des Ch.* J. Reg. 90, f° 277.
B. I. *Cab. des Ch.*, carton CC. 267.

V. Coutumes générales du vidamé de Gerberoy, levées et accordées audit lieu. — (23 août 1507.)

B. I. *MS. de Colbert.* 8407. 3. 3, f°s 180 à 204.

VI. Rémission en faveur de Willemot Petrin, demeurant à Gerberoy, qui avait été enlevé par des brigands, et qui s'était vu forcé, pour avoir la vie sauve et ne point payer de rançon, à les accompagner dans toutes leurs courses, et à piller, ardre ou voler en leur compagnie. — (14 mars 1426.)

A. I. *Sect. hist. Tr. des Ch.* J. Reg. 173, f.° 327.

VII. Lettres par lesquelles Henri II établit un marché par semaine à Gerberoy. — (Déc. 1551.)

A. I. *Sect. hist. Trés. des Ch.* J. Reg. 261, f° 556.

VIII. Contrat de vente des droits seigneuriaux par échange de l'évêché, comté et chatellenie de Beauvais et vidamé de Gerberoy. — (3 novembre 1683.)

A. I. *Sect. adm.*, Q. Cart. 870.

IX. Lettres-patentes registrées en faveur de M° Antoine de Cavroy pour jouir de la pension qu'il s'est réservée sur le doyenné de Gerberoy en le résignant, bien qu'il n'ait pas desservi le temps prescrit par l'ordonnance. — (17 mai 1709.)

Table des Reg. du parlement [1], tom. 117, V. f° 122 v°.

---

[1] D'après un Ms. de la bibliothèque Mazarine, n.° 1413.

X. Procès-verbal de visite des bois de la maison des pauvres de Beauvais, situés près Gerberoy. — (31 mars 1783.)

GERBEROY.

A. I. Sect. adm., Q. Cart. 866.

689. Recueil de pièces tirées des collections des Bibliothèques de Paris et des archives de l'empire.

GERBEROY
(Collégiale de St.-Pierre de).

I. Acte par lequel Denis de Pisseleu reconnaît avoir vendu au chapitre de Saint-Pierre de Gerberoy, 4 sous parisis de cens annuel, qu'il percevait chaque année sur un bois à Pisseleu [1], situé près de son manoir, et qu'il tenait en fief de P. de Mousseux [2] [P. de Monsseurs.] — (Janvier 1252.)

B. I. Cart., n° 1780.

II. Pierre, dit de Mousseux, chevalier, vend à l'église Saint-Pierre de Gerberoy, XI sous 6 deniers parisis, 19 chapons, cinq quartiers de froment, 5 mines et demi d'avoine de cens annuel, qu'il percevait sur ses terres d'Oudeuil [3] et lieux circonvoisins. — (Novembre 1254.)

B. I. Cart. n° 1780.

III. Acte par lequel le chapitre de Gerberoy reconnaît avoir donné à Jacques, chapelain de l'autel Sainte-Croix dans l'église Saint-Pierre de Gerberoy, 30 sous parisis de rente à prendre chaque année à Oudeuil [apud Odorum].— (1255.) Texte altéré.

B. I. Cart. n° 1780.

IV. Confirmation par Pierre de Mousseux de la vente faite au chapitre de Gerberoy, par Nicolas, clerc, de Pisseleu, d'un fief sis au lieu dit li Prés-Gerard, etc. — (Juillet 1256.) En mauvais état.

B. I. Cart. n° 1780.

V. Acte par lequel Raoul Drocon prend à ferme, du

---

[1] Canton de Marseille, arr. de Beauvais (Oise).

[2] Ecart au N.-O. de Hannaches, canton de Songeons, arr. de Beauvais (Oise).

[3] Canton de Marseille, arr. de Beauvais (Oise).

GERBEROY
(Collégiale de St.-Pierre de).

chapitre de Gerberoy, deux pièces de terre sises au territoire d'Oudeuil [de Odoro castro], au lieu dit *Camp-Perron* [intra terras domine de Braachel], au lieu dit.... ad montem Elluehien. — (1260.)

B. I. Cart. n° 1780.

VI. Vente faite par Hugues de Caigny [1], de Campeaux [2] [de Campiax], au chapitre de Gerberoy, de 10 muids d'avoine, percevables à Campeaux. — (Avril 1268.)

B. I. Cart. n° 1780.

VII. Acte par lequel Raoul de Haincourt [3] [de Hyncort], reconnaît avoir vendu, au chapitre de Gerberoy, 3 mines d'un pré qu'il tenait de l'évêque de Beauvais, à Haincourt [apud Hyncort juxta pratum Aufridi de Hamello et aboutant vico de Ponte]. — (1269.)

B. I. Cart. n° 1780.

VIII. Acte par lequel Jean dit Damoiseau-d'Oudeuil [dictus domicellus de Odorio] vend au chapitre de Saint-Pierre de Gerberoy tous les champars qu'il avait sur les lieux sis dans la vallée de Bequerel, au grand chêne près Villers [4], etc. [in valle de Bequerel, ad magnam quercum versus villare, in campo subtus molendinum versus album fossatum, in terra du Rislon]. — (Avril 1270.)

B. I. Cart. n° 1780.

IX. Vente par Pierre de Mousseux, écuyer, au chapitre de Gerberoy, de la 4e partie du moulin de Bequerel. — (1296.) En fr. Acte en mauvais état.

B. I. Cart. n° 1780.

X. Evocation en la prévôté de Beauvaisis d'une affaire entre l'évêque de Beauvais et le chapitre de Gerberoy. — (1407.) En fr.

B. I. Cart. n° 1780.

---

[1] Cagny, commune de Crillon, canton de Songeons, arr. de Beauvais (Oise).
[2] Canton de Formerie, arr. de Beauvais (Oise).
[3] Hameau d'Hecourt, canton de Songeons, arr. de Beauvais (Oise).
[4] Probablement Villers-sur-Bonnières, canton de Marseille, arr. de Beauvais (Oise).

690.   GERBETTES (Bois des).

Arpentage du bois des Gerbettes [1].

A. I. *Sect. adm.*, N. 3e cl., nos 38, 43, 45, 49 et 119.

691.   GERCYES.

I. Hommage fait au roi par Bobert de Bar, pour raison du château de Gercyes [2], de la moitié de la terre et châtellenie de Marle, et de la terre et châtellenie de Ham. — (16 août 1413.)

A. I. *Sect. adm.*, PP. 2, f° 202.

II. Vente de la justice et des droits domaniaux de la terre de Gercy et aveu du fief du moulin de Gercy.

A. I. *Sect. adm.*, Q. Cart. 12.

692.   GESVRES (Fief de).

Vente des droits seigneuriaux du fief de Gesvres [3]. — (1680.)

A. I. *Sect. adm.*, Q. Cart. 870.

693.   GEZAINCOURT.

I. Aveu et dénombrement baillé par Jehan d'Esclary, dit Lancellot, sieur de Gesaincourt [4], pour raison de ladite terre et seigneurie, mouvant du roi à cause de son château de Doullens. — (16 mai 1383.)

A. I. *Sect. adm.*, PP. 6, f° 254, v°.

II. Hommage de la terre de Gezincourt, par Charles Crouy, prince de Cimay. — (17 juillet 1582.)

A. I. *Sect. adm.*, PP. 2, f° 220, v°.

694.   GICOURT.

I. Hommage de la terre de Gycourt [5], du fief de Morelesart, assis à Boulincourt [6], avec droict d'usaige en la forest

---

[1] Ce bois était situé dans le canton de La Capelle, arr. de Vervins (Aisne).

[2] Gercy, canton et arr. de Vervins (Aisne).

[3] Ce fief était situé dans l'arr. de Beauvais (Oise).

[4] Gezaincourt, canton et arr. de Doullens (Somme).

[5] Gicourt, commune d'Agnetz, canton et arr. de Clermont (Oise).

[6] Boulincourt, commune d'Agnetz, canton et arr. de Clermont (Oise).

GICOURT. de la Neufville en hez et des deux partz du fief du Liz, par François du Brueil, escuyer. — (1 avril 1558.)

A. I. *Sect. adm.*, PP. 1, f° 254, v°.

II Hommage fait au roi, par Arthus du Brueil, écuyer, pour raison du droit successif et autre droit à lui appartenant de son chef, des terres de Gicourt et Boullencourt. — (16 mars 1558.)

A. I. *Sect. adm.*, PP. 1, f° 261.

III. Hommage des terres de Gicourt et Boulincourt, par Jehan Le Beau, procureur de M° de Nevers. — (9 mai 1577.)

A. I. *Sect. adm.*, PP. 1, f° 265, v°.

GIGNY. 695.

Plan du terroir de Gigny [1].

A. I. *Sect. adm.*, N. (Oise), atlas n° 7.

GIRAUCOURT. 696.

I. Hommage des terres de Giraucourt [2], Isle-Adam [3], Vaulmondoys [4] et Nogent-sur-Oize [5], par Anthoine de Villiers [6], écuyer. — (4 septembre 1498.)

A. I. *Sect. adm.*, PP. 1, f° 222.

II. Hommage des terres de Giraucourt, Isle-Adam, Vaulmondoys et Flolu, par Anne de Montmorency, chevalier. — (11 septembre 1527.)

A. I. *Sect. adm.*, PP. 1, f° 230.

GIROMESNIL. 697.

I. Hommage de la terre de Giromesnil, par Louis de Vaulx, écuyer, comme procureur de damoiselle Jeanne La Boutillière, sa mère. — (11 avril 1499.)

A. I. *Sect. adm.*, PP. 1, f° 223.

---

[1] Ce terroir était situé dans le canton de Crespy, arr. de Senlis (Oise).
[2] Probablement Gerocourt, canton et arr. de Pontoise (Seine-et-Oise).
[3] Isle-Adam, canton de l'arr. de Pontoise (Seine-et-Oise).
[4] Valmondois, canton de l'Isle-Adam, arr. de Pontoise (Seine-et-Oise).
[5] Nogent, commune de l'Isle-Adam (Seine-et-Oise).
[6] Villiers-Adam, canton de l'Isle-Adam (Seine-et-Oise).

II. Hommage de la terre de Giromesnil, par Louis de **GIROMESNIL.**
Vaulx, chevalier. — (23 septembre 1527.)

A. I. *Sect. adm.*, PP. 1, f° 230.

698. **GISI.**

I. Renonciation faite par Marguerite, veuve de Girart Roussel, de Gisi [1], aux droits qu'elle pouvait avoir sur un moulin situé au finage de Gisi. — (1313.)

A. I. *Sect. hist., Trés. des Ch.*, J. Cart. 163 B. n° 53.

II. Vente de la moitié d'un moulin à Gisy, sur la rivière d'Oureuse, faite à Charles, comte de Valois. — (1314.)

A. I. *Sect. hist., Trés. des Ch.*, J. Cart. 163 B. n° 62.

III. Adjudication à Charles, comte de Valois, de la moitié d'un moulin et de plusieurs vignes sises à Gisy. — (1314.) Sc. pend. en cire jaune.

A. I. *Sect. hist., Trés. des Ch.*, J. Cart. 163 B. n° 63.

IV. Pièce relative audit moulin. — (1315.) Sc. pend. en cire brune.

A. I. *Sect. hist., Trés. des Ch.*, J. Cart. 163 B. n° 64.

V. Echange entre Ch. de Valois et Philippe de Bestisi de trois arpents de pré, à Gisy, pour trois autres arpents, situés au même lieu. — (1318.) Sc. pend. en cire brune.

A. I. *Sect. hist., Trés. des Ch.*, J. Cart. 163 B. n° 61.

VI. Rémission en faveur de Watier, Jehan Colin, et Jehannon Lambaille, demourant à Gisy, qui, étant à boire dans une taverne le jour de la fête de la ville de Marchaiz [2], et entendant crier sur la route : *Gisy! Gisy! issirent hors de la dicte taverne et s'en alèrent au cry et hard de Gisy, Gisy*, pour secourir Jehan de Maiquigny [3], qui les avait appelé à son secours, pour se défendre de Jehan Billart, avec

---

[1] Gizy, canton de Sissonne, arr. de Laon (Aisne).
[2] Marchais-sus-Liesse, canton de Sissonne, arr. de Laon (Aisne).
[3] Macquigny, canton de Guise, arr. de Vervins (Aisne).

GISI. lequel il était en dispute, de laquelle mêlée il résulta plusieurs morts. — (Janvier 1376.)

A. I, Sect. hist. Trés. des Ch, J. Reg. 110, f° 50, v°.

GISORS. 699.

Plan des environs de Gisors [1].

A. I. Sect. adm., N. (Oise), 2° cl., n.° 7.

GIVENCHY-LE-NOBLE. 700.

Acte par lequel le duc de Bourgogne accorde des franchises aux habitants de Givenchy-le-Noble. — (Avril 1545.)

A. I. Sect. hist. Trés. des Ch., Cart. 1,017, n° 51.

GIVRY (Bois de). 701.

I. 21 dossiers renfermant des contrats de vente de portions de bois de Givry [2].

A. I. Sect. adm., Q. Cart. 14.

II. Pièces de procédure servant de renseignements sur une saisie faite à la requête du procureur du roi, pour la la conservation du domaine de Givry, près Château-Thierry. — (9 juillet, 7 août et 15 novembre 1516.)

A. I. Sect. adm., Q. Cart. 4.

III. Pièces relatives aux bois et terres situés sur la montagne de Givry.

A. I. Sect. adm., Q. Cart. 7.

GLENNES. 702.

Vidimus de la prévôté de Paris des lettres de Philippe VI, qui permet aux habitants de Glennes [3] de se choisir entre eux un ou plusieurs procureurs pour se défendre contre le doyen et chapitre de Laon, qui exigeaient d'eux plusieurs servitudes, et de se lever eux-mêmes une taille pour subvenir aux frais desdites poursuites. — (Mars 1337.)

B. I. Cab. des Ch., CC. 260.

[1] Canton d'Avesnes-le-Comte, arr. de St.-Pol-sur-Ternoise (Pas-de-C.)
[2] Givry était situé près de Château-Thierry.
[3] Canton de Braisne, arr. de Soissons (Aisne).

703. GLORIETTE.

Hommage de Gloriette [1], Malleborne [2], Sainct-Remy-en-l'Eaue [3] et du Quesnel sur ledit Saint-Remy, par Claude de Lannoy, écuyer. — (13 juin 1561.)

A. I. Sect. adm., PP. 1, f° 262.

704. GODENVILLERS

Hommage fait au roi par Pierre de Fontaine, écuyer, comme procureur de M° Charles de Halluin, chevalier, pour raison des terres et seigneuries de Goudainvillier [4], Ginerzy [5], Maignelles [6], Royaucourt [7], Tricot [8], Le Troncoy [9], Roullot [10], etc — (6 février 1554.)

A. I. Sect. adm., PP. 2, f° 218

705. GOLANCOURT.

I. Rémission accordée à Oger Florent, *povre laboureur, chargié de femme,* demourant à *Goulencourt-lez-ham* [11] en Vermandois, qui, étant à Ham, en compagnie de Philippot Pain moillié, dit Leleu, et de Jehan le blont, seigneur de Golencourt, se rendit *en l'ostel ou est l'enseigne de l'Escu de France*, pour y manger des flans. Ayant rencontré Kaisin Heurart, qui lui offrit des pâtés, ils ne tardèrent pas à se disputer, et Kaisin Heurart fut blessé à mort par Philippot Pain moillié, qui fut mis immédiatement es prison de Jehan de Luxembourg, sire de Ham, comme baulx de sa femme, ayant le bail de la comtesse de Marle. Quant à Oger Florent, qui s'était enfui hors du pays en attendant la grâce du roi, il fut

---

[1] Gloriette est situé sur la carte de Cassini, à l'O. de St.-Remy-en-l'Eau.

[2] Malborgne, commune de St.-Remy-en-l'Eau, canton de St.-Just-en-Chaussée (Oise).

[3] Canton de St.-Just-en-Chaussée, arr. de Clermont (Oise).

[4] Godenvillers, canton de Maignelay, arr. de Clermont (Oise).

[5] Je n'ai pu retrouver l'emplacement de cette localité.

[6] Maignelay, canton de l'arr. de Clermont (Oise).

[7] Royaucourt, canton de Maignelay, arr. de Clermont (Oise)

[8] Canton de Maignelay, arr. de Clermont (Oise).

[9] Canton de Maignelay, arr. de Clermont (Oise).

[10] Rollot, canton et arr. de Montdidier (Somme).

[11] Golancourt, canton de Guiscard, arr. de Compiègne (Oise).

GOLANCOURT.

condamné à 60 sous d'amende envers l'hostel Dieu de Paris. — (Avril 1321.)

A. I. Sect hist. Trés. des Ch. J. Reg. 171, f° 227 v°.

II. Rémission accordée pour le même fait à Philippot Pain moillié, à condition de garder *prison fermée* un mois au pain et à l'eaue, et de payer, *à chacun des deux hostels des povres petiz enfans de Paris séans en la heaumerie, en la cité*, cent sols tournois. — (Avril 1421.)

A. I. Sect. hist. Trés. des Ch. J. Reg. 171, f° 228 v°.

GOMER-FON-TAINE. (Abbaye.)

706. Recueil de pièces tirées des collections des bibliothèques et des archives de l'empire.

L'abbaye de Gomer-Fontaine, faisait partie du diocèse de Rouen. Elle était située dans le département de l'Oise sur les extrêmes limites de la Normandie et de la Picardie. J'aurais donc pu m'abstenir jusqu'à un certain point d'analyser les documents relatifs à cet établissement religieux, si je n'avais trouvé dans ces documents mêmes des renseignements précieux pour l'histoire de cette partie de la Picardie.

I. Lettres de Hugues de Chaumont, par lesquelles, de la volonté et du consentement de Pétronille, sa femme, il donne, pour le repos de l'âme de Balon, son père, aux religieux de Citeaux, tout son manage de *Goumer Fontaine*.[2] etc. — (S. d.).

A. I. Sect. hist., K. 191. 6[1].

II. Lettres de Hugues de Chaumont et de Pétronille, sa femme, qui, du consentement de leurs enfants, donnent aux religieuses de Citeaux de l'église N. D. de Gomer Fontaine, leur maison audit lieu, le bois de Guillauré, une vigne dans la vallée de Jouy[3], etc., etc.[4] — (1209.)

A. I. Sect. hist., K. 191. 6[2].

[1] Chaumont en Vexin, canton de l'arr. de Beauvais.
[2] Voy. *Gall. Christ.* tom. XI, col. 31, pr.
[3] Jouy-sous-Telle, canton d'Auneuil, arr. de Beauvais (Oise.)
[4] Voy. *Gall. Christ.* tom. XI, col. 32. pr. — *Hist. des grands Offic. de la Couronne*, tom. VI, p. 43, arr. Chaumont.

III. Lettres de Guillaume de Pincencort, par lesquelles il donne aux religieuses de N. D. de *Waumer-Fontaine* deux de ses hôtes de *Boocourt*, de l'agrément de J. de Boissy [1], seigneur du fief. — (1210.)

A. I. Sect. hist., K. 191. 6s.

IV Lettres de Pétronille de Chaumont, par laquelle elle reconnait avoir donné aux religieuses de N. D. de *Waumer Fontaine* 22 journaux de terre labourable au dit lieu, etc. — (Avril 1212.)

A. I. Sect. hist., K. 191. 6 [4].

V. Lettres par lesquelles Guillaume de Chaumont donne à l'église N. D. de *Waumer-Fontaine* la couture *del Pisseiz* sise sous Mongenoult et x sous parisis de cens à Chaumont. — (1213.)

A. I. Sect. hist., K. 191. 6 [5].

VI. Lettres de Guillaume Faguet, de Gamicourt, par lesquelles il cède, ainsi que son frère Thibault, à Gautier fils du prévôt de Chaumont, tout le bois de Crenne. — (Avril 1214.)

A. I. Sect. adm., K 191. 6 [6].

VII. Ratification par Robert, archevêque de Reims, de la donation faite en 1213 aux religieuses de Gomer-Fontaine par Guillaume de Chaumont. — (4 kal. jun. 1214.)

A. I. Sect. hist., K. 191. 6 [8].

VIII. Lettres de Hugues *de Visorum* (des vues) chevalier, par lesquelles il approuve la donation d'une dîme du bois Guillon faite par Hugues de Chaumont aux religieuses de Gomer-Fontaine. — (1218.)

A. I. Sect. hist., K. 191. 6 [9].

IX. Lettres par lesquelles, Jean, chevalier, seigneur de Trie, donne aux religieuses de Gomer-Fontaine trois journaux de terre au mont de Boocourt. — (1219.)

A. I. Sect. hist., K. 191. 6 [10].

X. Lettres par lesquelles Guillaume de Chaumont

GOMER-FON-
TAINE.
(Abbaye.)

---

[1] Boissy-le-Bois, canton de Chaumont en Vexin, arr. de Beauvais (Oise).

GOMER-FON-
TAINE.
(Abbaye.)

donne aux religieuses de Gomer-Fontaine deux muids d'hivernage sur sa grange de *Montjeu*, et toute sa coutume de *Pisseis*. — (Nov. 1220.)

A. I. *Sect. hist.*, K. 191. 6 [11].

XI. Lettres par lesquelles Pétronille, dame de Chaumont, donne, du consentement de Jean de Chaumont, seigneur de Mello, son fils, aux religieuses de Gomer-Fontaine, sa maison, avec tout le pourpris enclos dans le circuit desdites religieuses. — (1223.)

A. I. *Sect. hist.*, K. 191. 6 [12].

XII. Lettres par lesquelles Jean de Chaumont, chev., seigneur de Mello, autorise les religieuses de Gomer-Fontaine à moudre annuellement à son moulin dudit lieu, vingt-cinq muids de blé, pour l'usage de leur maison. — (Février 1235.)

A. I. *Sect. hist.*, K. 191. 6. [13].

XIII. Confirmation par Jean de Chaumont, de la donation faite aux religieuses de Gomer-Fontaine de 22 journaux de terre labourable. — (Fév. 1223).

A. I. *Sect. hist.*, K. 191. 6. [14].

XIV. Lettres par lesquelles Jean de Chaumont permet aux religieuses de Gomer-Fontaine de faire un fossé auprès de son vivier. — (Février 1223.)

A. I. *Sect. hist.*, K. 191. 6 [15].

XV. Don de deux muids de blé, percevables sur la grange du bois Montjeu, fait aux religieuses de Gomer-Fontaine, par Guillaume de Chaumont, chevalier. — (1224.)

A. I. *Sect. hist.*, K. 191. 6 [16].

XVI. Lettres par lesquelles Gilles et Gervais, père de Jean de Chaumont, chevalier, donnent aux religieux de Gomer-Fontaine, II muids de blé, percevables sur la grange du seigneur de Val-Dampierre [1], et sur la ville de Monthellant [2]. — (Octobre 1224.)

A. I. *Sect. hist.*, K. 191. 6 [17].

[1] Canton d'Auneuil, arr. de Beauvais (Oise).
[2] Montherlant, canton de Meru, arr. de Beauvais (Oise).

XVII. Donation d'un septier de blé mensuel, percevable sur le moulin Jumel près Chaumont, et d'un tonneau de vin annuel sur les vignes de Mareuil, faite par Jean de Trie, chevalier, aux religieux de Gomer-Fontaine. — (Juin 1224.)

GOMER-FONTAINE.
(Abbaye.)

A. I. Sect. hist., K. 191. 6 18.

XVIII. Lettres de Pierre d'Auvers, portant qu'Henri de Hez a donné aux religieuses de N. D. de Gomer-Fontaine sa vigne de Flaucourt, sa maison et tout le pourpris, et que Jean de Montchevreuil [1] a confirmé cette donation, en sa qualité de seigneur foncier du fief. — (Août 1224.)

A. I. Sect. hist., K. 191. 6 19.

XIX. Lettre de Mathilde, veuve de Richard d'Anet, qui remet aux religieuses de Gomer-Fontaine la dîme qu'elles lui devaient à cause de sa vigne de Floocourt. — (Janvier 1225.)

A. I. Sect. hist., K. 191. 6 20.

XX. Lettres de Guillaume de Chaumont, par lesquelles il donne aux religieuses de N. D. de Gomer-Fontaine deux pièces de terre attenant à leur culture, et le droit d'herbage pour leurs bestiaux. — (Avril 1227.)

A. I. Sect. hist., K. 191. 6 21.

XXI. Lettres de Hugues de Chaumont, chevalier, par lesquelles il donne aux religieuses de N. D. de Gomer-Fontaine, le terrain sur lequel est construit le mur de clôture de leur maison. — (Mai 1228.) Cet acte est scellé du sceau de Jean de Chaumont, son frère, seigneur du fief, sous la condition que *lorsque lui Hugues sera chevalier, il les scellera du sien.*

A. I. Sect. hist., K. 191. 6 22.

XXII. Lettres de Hugues de Latainville [2], chevalier, par lesquelles il donne aux religieuses de Gomer-Fontaine, une rente annuelle de 9 setiers de blé, à la mesure d'Andely [3],

---

[1] Montchevreuil est situé sur la carte au S.-O. de Val Dampierre.
[2] Lattainville, canton de Chaumont en Vexin, arr. de Beauvais (Oise).
[3] Les Andelys, chef-lieu d'arr. du départ. de l'Eure.

GOMER-FON-
TAINE.
(Abbaye.)

à prendre sur la grange de Jean de Bourris [1] à Boisemont [2]. — (Mars 1231.)

A. I. Sect. hist. K. 191. 6 23.

XXIII. Lettres de Hugues de Chaumont, chevalier, par lesquelles il donne aux religieuses de Gomer-Fontaine tout ce qui lui appartenait sur le moulin dudit lieu, ainsi que la pêcherie. — (Septembre 1237.)

A. I. Sect. hist., K. 191. 6 24.

XXIV. Lettres d'Yves de Chaumont, par lesquelles il approuve la donation de trois pièces de terre à Gemmericourt, faite aux religieuses de Gomer-Fontaine, par Pierre Masson, de Chaumont. — (Novembre 1239.)

A. I. Sect. hist., K. 191. 6 25.

XXV. Lettres de Gilles de Chaumont, qui ratifie, en sa qualité de seigneur du fief, la vente faite au mois de septembre 1237, aux religieuses de Gomer-Fontaine, par Hugues de Chaumont, chevalier. — (Décembre 1254.)

A. I. Sect. hist., K. 191. 6 26.

XXVI. Lettres de Hugues de Chaumont, chevalier, par lesquelles il fait un échange avec les religieuses de Gomer-Fontaine, au sujet de dîmes qui leur avaient été vendues par feu Hugues de Chaumont, chevalier, son père. — (1245.)

A. I. Sect. hist., K. 191. 6 27.

XXVII. Confirmation par Hugues et Gilles de Chaumont, d'une vente faite par Gilles de Gisors, saunier, aux religieuses de Notre-Dame de Gomer-Fontaine, de ce qu'il possédait dans le fief de Flocourt. — (Avril 1246.)

A. I. Sect. hist., K. 191. 6 28.

XXVIII. Donation de xxv sous parisis de rente annuelle faite par Jean de Gommecourt, chevalier, aux religieuses de Gomer-Fontaine. — (Juin 1247.)

A. I. Sect. hist., K. 191. 6 29.

---

[1] Boury, canton de Chaumont en Vexin, arr. de Beauvais (Oise).
[2] Canton et arr. des Andelys (Eure).

GOMER-FON-
TAINE.
(Abbaye.)

XXIX. Lettres de Raoul de Marines, chevalier, par lesquelles il donne aux religieuses de Notre-Dame de Gomer-Fontaine x arpents de terre situés dans la couture de Montjeu. — (Mai 1248.)

A. I. Sect. hist., K. 191. 6 30.

XXX. Donation faite par Hugues, fils de Gautier, sieur de Chaumont, au couvent de Notre-Dame de Gomer-Fontaine, de la première partie du bois de Crenne, près Gemericourt. — (Juillet 1249.)

A. I. Sect. hist., K. 191. 6 7.

XXXI. Lettres de Guillaume de Gisors, chevalier, par lesquelles il donne, aux religieuses de Notre-Dame de Gomer-Fontaine, une pièce de bois. — (Juin 1262.)

A. I. Sect. hist., K. 191. 6 31.

XXXII. Lettres de Mathieu, comte de Dammartin, par lesquelles il donne aux religieuses de Notre-Dame de Gomer-Fontaine la coupe d'une pièce de bois située sur le territoire de Radeval. — (Mai 1264.)

A. I. Sect. hist.. K. 191. 6 32.

XXXIII. Lettres de Mathieu, comte de Dammartin, par lesquelles il donne, aux religieuses de Notre-Dame de Gomer-Fontaine, une pièce de bois située sur le territoire d'Ernoncourt [1], en échange de laquelle elles lui en cèdent une autre sur le territoire de Gisors. — (Mai 1264.)

A. I. Sect. hist., K. 191. 6 33.

XXXIV. Lettres de Mathieu, comte de Dammartin, par lesquelles il donne, aux religieuses de Notre-Dame de Gomer-Fontaine, quatre pièces de terre, à la charge de faire des prières pour lui, pour Marsilié, sa femme, et pour feue Mathilde, comtesse de Boulogne. — (Décembre 1264.)

A. I. Sect. hist., K. 191. 6 34.

XXXV. Lettres de Gautier de Courcelles, chevalier, par lesquelles il donne, à l'église de Gomer-Fontaine, toutes

---

[1] Enencourt-le-Sec, canton de Chaumont en Vexin, arr. de Beauvais (Oise).

GOMER-FONTAINE.
(Abbaye.)

les terres labourables qui lui appartiennent au territoire d'Helloy [1]. — (Septembre 1265.)

A. I. Sect. hist., K. 191. 6 35.

XXXVI. Lettres du doyen de l'église de Paris, qui confirment un échange entre les religieuses de Notre-Dame de Gomer Fontaine et l'Hôtel-Dieu de Paris, d'une rente sur le péage de Conflans-Sainte-Honorine, contre une rente en hivernage sur la grange de feu Hugues de Chaumont. — (Octobre 1265.)

A. I. Sect. hist., K. 191. 6 36.

XXXVII. Lettres de Philippe de Courcelles, écuyer, par lesquelles il donne à l'église de Notre-Dame de Gomer-Fontaine, un demi-muid de blé de rente annuelle, percevable sur le moulin situé près de Latainville [2]. — (Février 1266.)

A. I. Sect. hist., K. 191. 6 37.

XXXVIII. Lettres de Mathieu de Trie, comte de Dammartin, par lesquelles il autorise les religieuses de Notre-Dame de Gomer-Fontaine à posséder en main-morte une pièce de terre qu'elles ont acquise de Gilbert dit Guerlain, de Tierceville [3]. — (Novembre 1268.)

A. I. Sect. hist., K. 191. 6 38.

XXXIX. Lettres de Mathieu de Trie, comte de Dammartin, par lesquelles il fait remise, aux religieuses de Notre-Dame de Gomer-Fontaine, des droits de censive et champart qu'elles lui devaient pour l'acquisition de la pièce de terre ci-dessus. — (Août 1271.)

A. I. Sect. hist., K. 191. 6 39.

XL. Lettres de Gilles de Chaumont, écuyer, par lesquelles il confirme et amortit la donation faite aux reli-

---

[1] Confirmé par Anseau de l'Isle, écuyer, par lettres du même mois, et par Matthieu, comte de Dammartin, seigneur de Trie, en juillet 1266.

[2] Confirmé en janvier 1274, par Gilles de Chaumont.

[3] Commune de Bazincourt, canton de Gisors, arr. des Andelys (Eure).

gieuses de Notre-Dame de Gomer-Fontaine par son père, Hugues de Chaumont. — (Janvier 1273.)

GOMER-FON-
TAINE.
(Abbaye.)

A. I. Sect. hist., K. 191. 6 ⁴⁰.

XLI. Lettres en idiome picard de *Jahan de Cleri*, chevalier, et de sa femme Marguerite, par lesquelles ils fondent une chapellenie dans l'église de Gomer-Fontaine, la dotent de x livres parisis de rente, et lui donnent 60 livres parisis pour l'achat des ornements. — (Octouvre 1274.)

A. I. Sect. hist., K. 191. 6 ⁴¹.

XLII. Lettres de Robert, Gilles et Jean de Chaumont, écuyers, par lesquelles ils confirment certaine donation faite, en 1245, aux religieuses de Notre-Dame de Gomer-Fontaine, par leur père, Hugues de Chaumont. — (Novembre 1275.)

|A. I. Sect. hist., K. 191. 6 ⁴².

XLIII. Lettres de Robert de Chaumont, par lesquelles il confirme la donation faite par sa mère, Alix de Lonconville [1] aux religieuses de Notre-Dame de Gomer-Fontaine, de 10 mines de blé de rente, percevable sur la grange de Loconville. — (Juin 1283.)

A. I. Sect. hist., K. 191. 6 ⁴³.

XLIV. Lettres de Jehan, comte de Dammartin, sieur de Trie et de Moucy, par lesquelles il confirme les donations faites par son père, Mathieu, comte de Dammartin, et ses oncles, Jehan, sire de Trie, et Remus de Trie, aux nonnains de Gomer-Fontaine. — (Mars 1284.)

A. I. Sect. hist., K. 191. 6 ⁴⁴.

XLV. Lettres de Robert de Chaumont, chevalier, et de Jehan, son frère, écuyer, par lesquelles ils confirment les donations testamentaires faites par Gilles de Chaumont, écuyer, leur frère, à l'église de Gomer-Fontaine. — (1286.)

A. I. Sect. hist., K. 191. 6 ⁴⁵.

XLVI. Lettres de Gilles de Chaumont, par lesquelles il

---

[1] Loconville, canton de Chaumont en Vexin, arr. de Beauvais (Oise).

GOMER-FON-
TAINE.
(Abbaye.)

fait certaines donations à l'église de Gomer-Fontaine. — (Avril 1286.)

A. I. Sect. hist., K. 191. 6 [46].

XLVII. Sentence arbitrale rendue à Trie-le-Chatel, par *homme noble et sage, monsegnor Jehen, comte de Dammartin*, entre Robert de Mortefontaine, écuyer, à cause de sa femme, fille d'Ives de Flocourt, chevalier, d'une part, et les religieuses de Gomer-Fontaine d'autre part, par laquelle elles sont maintenues dans le droit de pêche en la rivière de Gomer-Fontaine jusqu'au pont de Bertrichieres [1]. — (1295.)

A. I. Sect. hist., K. 191. 6 [47].

XLVIII. Lettres de Jehan de Hellai, par lesquelles il se reconnaît débiteur envers les religieuses de Notre-Dame de Gomer-Fontaine de x livres parisis de rente, données auxdites religieuses par Regnaut de Trie, frère de noble homme et sage Jehan, comte de Dammartin, sire de Trie et de Muncy, lequel avait droit de les prendre sur lui. — (1289.)

A. I. Sect. hist., K. 191. 6 [48].

XLIX. Lettres de Philippe IV par lesquelles il donne aux religieuses de Gomer-Fontaine, la dîme du pain et du vin que lui, la reine et son fils aîné consommeront tant qu'ils résideront à Chaumont, Gisors, Neaufle, Moyenneville et Longchamp [2]. — (Août 1303.)

A. I. Sect. hist., { Trés. des Ch., J. Reg. 37, n° 90.
K. 191. 6 [49].

L. Extrait du testament de *Yolent de Dreues*, comtesse de Dampmartin, par lequel elle élit sa sépulture dans le monastère de Gomer-Fontaine, et lui lègue tout ce qui lui appartient sur le moulin à tan de Villarcy. — (1309.)

A. I. Sect. hist., K. 191. 6 [50].

---

[1] Bertichère est situé sur les bords de la Troesne, au sud de Gomer-Fontaine.

[2] Confirmé par Jean, duc de Normandie, fils de Philippe VI, le 26 février 1347 (K. 191. 6 [52]), et par le même, alors roi de France, le 19 janvier 1352. Confirmé également par Charles, duc de Normandie, le 2 janvier 1355 (K. 191. 6 [53]).

GOMER-FON-
TAINE.
(Abbaye.)

LI. Amortissement de 25 livres parisis de rente annuelle, percevable sur le moulin à tan [in molendino ad tenuam prope Triam castrum], et sur la terre de Villauroy, léguée à l'abbaye de Gomer-Fontaine par Yolende, comtesse de Dammartin [apud Mediam villam]. — (1314.)

A. I. Sect. hist., Trés. des Ch., J. Reg. 50, f° 15, v°.

LII. Lettres de Gilles de Chaumont, chevalier, seigneur de Saucourt et de Lonconville, par lesquelles il donne à l'abbaye de Gomer-Fontaine IV arpents de terre sis au terroir de Boncourt, à la charge de leur payer VI sous parisis de cens annuel pour chaque arpent. — (1327.)

A. I. Sect. hist., K. 191. 6⁵¹.

LIII. Déclaration du temporel de l'abbaye de Gomer-Fontaine les Chaumont en Vexin. — (15 mai 1383.)

A. I. Sect. adm., PP. 6². f.° 254.

LIV. Transaction passée entre Guillaume de Chaumont, écuyer, seigneur de Qureton, Bertrichères et du fief de Monchevrel, d'une part, et Robert Le Becque, écuyer, archer de la garde du roi, et demoiselle Katherine du Perthuis, sa femme, d'autre part, au sujet du bornage de la seigneurie de Flocourt, acquise par ladite dame de l'abbaye de Gomer-Fontaine. — (2 janvier 1514.)

A. I. Sect. hist., K. 191. 6⁵⁴.

LV. Contestation entre les abbesse et religieuses de Gomer-Fontaine et le sieur Fleury, pour raison de la haute justice par eux prétendue sur deux pièces de terre situées sur le territoire d'Enancourt-Léage [1], dont ces religieuses jouissaient depuis plusieurs siècles, sans jamais avoir été assujéties à aucune espèce de charges et devoirs féodaux [2]. — (30 janvier 1788.)

A. I. Sect. adm., Q. Cart. 853.

[1] Canton de Coudray-Saint-Germer, arr. de Beauvais (Oise).
[2] Ce dossier renferme 35 pièces. Deux surtout méritent d'être examinées, en ce qu'elles renferment des textes d'actes du XIII° siècle, sur lesquelles s'appuyaient les religieuses pour maintenir leur droit.
Il y a des copies certifiées de trois chartes du XIII° siècle. Ce sont :

GOMER-FON-
TAINE.
(Abbaye.)

LVI. Dessin de la porte d'entrée de Notre-Dame de Go-mer-Fontaine, entre la route de Chaumont et La Tresne [à l'encre de Chine].

B. I. *Dép. des Cartes et Plans. Collect. Topogr.* V. A. 23.

GOMIÉCOURT. 707.

Acte par lequel le duc de Bourgogne accorde des franchises à la commune de Gomiécourt [1]. — (Septembre 1545.)

A. I. *Sect. hist., Trés. des Chart.*, J. Cart. 1,017 n.° 132.

GOMONT. 708.

Plan de Gomont, paroisse de Marly [2].

A. I. *Sect. adm.*, N. (Aisne), 3e. cl., n°. 6.

GONDREVILLE. 709.

I. Vente faite par Jean de Beaumont à Charles, comte de Valois, de ce qu'il avait reçu en don de sa mère, dame de Clichy, à Gondreville [3]. — (Novembre 1311.) Sc. pend. en cire verte.

A. I. *Sect. hist., Trés. des Ch.*, J. Cart. 163 A, n° 47.

II. Quittance pour ladite somme. — (Novembre 1311.) 3 Sc. pend. en cire verte.

A. I. *Sect. hist., Trés. des Ch.*, J. Cart. 163 B, n° 48.

III. Don d'une maison, sise à Gondreville, donnée par

I. Donation du bois des Dames, par Mathieu de Trie, aux dames de Gomer-Fontaine. — (Janvier 1241.)

II. Cession par Jean d'Ernancourt (Johannes de Ernencuria) à Mathieu de Trie de tous ses droits seigneuriaux sur le bois des Dames (apud Hernencuriam quod nemus situm est inter fagum divisionum et nemus quod fuit Dyonisii de Ruilliaco). — (Novembre 1238.)

III. Cession par Denis de Reilly (Donisius, miles, dominus de Rilliaco) de tous ses droits seigneuriaux sur le bois des Dames. — (Novembre 1238.)

[1] Canton de Croisilles, arr. d'Arras (Pas-de-Calais).
[2] Canton de Guise, arr. de Vervins (Aisne).
[3] Gondreville-le-Dairen, canton de Betz, arr. de Senlis (Oise).

la dame de Clichy à son fils, Jean de Beaumont. — (1311.) GONDREVILLE.
2 sc. pend. en cire verte.

A. I. Sect. hist., Trés. des Ch., J. 163 A, n° 49.

IV. Acte par lequel Gautier d'Aunay abandonne à Charles de Valois les droits qu'il pouvait avoir sur les terres de Gondreville et de Levignen. — (Décembre 1314.)

A. I. Sect. hist., Trés. des Ch., J. 163 B, n° 58.

V. Trois pièces relatives au même sujet. — (Décembre 1314.)

A. I. Sect. hist., Trés. des Ch., J. 163 B, n°s 59, 60 et 61.

710. GORENFLOS.

I. Sentence de maintenue de la jouissance du droit de mort et vif herbage. — (25 août 1531).

A. I. Sect. adm., Q. cart. 1531.

II. Anciennes déclarations et aveux et dénombrements du fief de Gorenflos [1], près Abbeville. — (1529-1567). 10 pièces.

A. I. Sect. adm., Q. cart. 1531.

711. GORGES.
(Fief de.)

Aveu et dénombrement d'un fief nommé le fief de Gorges, sis au terroir d'Airaines-en-Ponthieu [2], par Henri de Londreslette. — (13 décembre 1505).

A I. Sect. adm., PP. 6 ² f° 389.

712. GORGES.
(Fief de.)

Déclaration d'un fief à Gorges [3]. — (1547).

A. I. Sect. adm., Q. cart. 1550.

713. Recueil des pièces tirées des collections des biblio- GOURNAY-SUR-thèques de Paris et des archives de l'Empire. ARONDE.

I. Hommage du fief nommé le *fief de madame Jeanne de*

---

[1] Canton d'Ailly-le-Haut-Clocher, arr. d'Abbeville (Somme).
[2] Canton de Molliens-Vidame, arr. d'Amiens (Somme).
[3] Canton de Bernaville, arr. de Doullens (Somme).

GOURNAY-SUR-ARONDE.

Gournay, assis à Gournay-sur-Aronde [1], de la terre de Pisseleu [2] et du fief de la mairie de Sacy-le-Grand [3], par Jean Courtin au nom de ses frères et sœurs, et comme procureur de Geneviève du Bois, sa mère. — (19 avril 1532).

A. I. Sect. adm. PP. I. f° 250.

II. Lettres par lesquelles François Ier à la demande du prieur de Gournay établit foire et marché au dit lieu. (Mars 1538).

A. I. Sect. hist. Tr. des Ch. J. Reg. 253 n° 180.

III. Hommage des terres de Gournay-sur-Aronde et Hemevillers [4], par Guillaume Courtin. — (Janvier 1552).

A. I. Sect. adm. PP. I. f° 258 v°.

IV. Hommage de la terre de Neufvi [5] près de Gournay-sur-Aronde, par Guillaume le Jars. — (6 juillet 1574).

A. I. Sect. adm. PP. I. f° 264.

V. Jugement relatif à la prétention de Jehanne de Hacqueville, dame de Gournay, et du nommé Huart, qui leur ordonne de communiquer au procureur du roi les titres en vertu desquels ils élèvent des prétentions sur les vieux murs de la ville de Gournay-sur-Aronde. — (20 mars 1587).

A. I. Sect. adm. Q. cart. 859.

VI. Hommage fait par Jean Hamelot, pour raison des terres de Gournay, Neufvy, et fief de l'Epinette, relevant du roi à cause du comté de Clermont en Beauvoisis. — (14 décembre 1630).

A. I. Sect. adm. PP. 3. f° 115 v°.

VII. Hommage fait par Pierre de Creil, pour raison des terres de Gournay, Neufvy, et fief de l'Epinette, relevant

---

[1] Gournay-sur-Aronde, canton de Ressons, arr. de Compiègne (Oise).
[2] Canton de Marseille, arr. de Beauvais (Oise).
[3] Canton de Liancourt, arr. de Clermont (Oise).
[4] Canton d'Estrées-St.-Denis, arr. de Compiègne (Oise).
[5] Neufvi-sur-Aronde, canton de Ressons, arr. de Compiègne (Oise).

du roi à cause du comté de Clermont en Beauvoisis. — GOURNAY-SUR-ARONDE. (3 septembre 1621).

A. I. Sect. adm. PP. 3 f° 142 v°.

VIII. Note d'un arrêt du conseil relatif aux charges locales de la seigneurie de Gournay. — (19 janvier 1661).

A. I. Sect. adm. Q. cart. 855.

IX. Plan de la ville de Gournay-sur-Aronde.

A. I. Sect. adm. N. 3e cl. n° 184.

714. GOUSSANCOURT

I. Confirmation par Philippe VI, d'un amortissement *de quatorze journeuls de terre, ou journel de Roie, au terroir de Marcaisviller* [1] *et de Diencourt* [2], *tenant d'une part à le voie qui va de Marcasviller à le Mote au Boz*, fait par Florent, chevalier, sire de la Boissière [3], en faveur de Raoulz, dit li Borgnez de Goussencourt [4], écuyer, qui voulait y fonder *une chapellerie pour le salut de s'âme.* — (Août 1340).

A. I. Sect. hist. Tr. des Ch. J. Reg. 75 f° 363.

II. Rémission en faveur de Jean Souquart le jeune, de Goussencourt, qui s'étant rendu à Coulenges [5], en compagnie d'Oudot de Chaalons, chevalier, avait brûlé les lettres appartenant au vicomte d'Acy [6], que le nommé Etienne Marie, chapelain de Coulonges, avait chez lui [7]. — (Février 1411).

A. I. Sect. hist. Tr. des Ch. J. Reg. 166 f° 98.

---

[1] Marquivillers, canton et arr. de Montdidier (Somme).

[2] Diencourt est situé sur la carte de Cassini à l'O. de Roye, sur les bords de l'Avre, au N. de Marquivillers.

[3] Canton et arr. de Montdidier (Somme).

[4] Goussancourt, canton de Fère-en-Tardenois, arr. de Château-Thierry (Aisne).

[5] Auj. Coulonges, canton de Fère en Tardenois, arr. de Château-Thierry (Aisne).

[6] Canton de Braisne, arr. de Soissons (Aisne).

[7] Le chapelain avait pour ce fait été rendu à l'évêque de Soissons, son ordinaire, et le chevalier condamné à faire amende honorable au vicomte.

GOUSSANCOURT **715.** Les noms et armes des Croisez, tant de la terre sainte qu'autres croisades contre les infidelles et heretiques. Recherche faicte par F. M. de Goussencourt, célestin. — (1605).

Ms. in-4° de 400 folios environ, papier. — Ecriture du XVII S. Dessins et gravures.

B. I. *Minimes.* n° 56.

Ce manuscrit devait être imprimé, car le privilège du roi, obtenu pour sa publication, se trouve reproduit au commencement du martyrologe des chevaliers de Malte, paru en 1643.

On trouve dans ce manuscrit, qui semble avoir été écrit de la main de l'auteur et qui est probablement unique, une suite de portraits des principaux membres de la famille de Goussencourt. Ce sont ceux de Robert de Goussencourt [1], conseiller au parlement de Paris, d'Anne d'Arquinville [2], sa femme, et de Quentin de Goussencourt, chevalier, seigneur de Misery, sur lequel on peut citer cette particularité, qu'il avait pour prénom Quentin, qu'il était né à Saint-Quentin, en 1507, qu'il fut le gouverneur de cette ville, et qu'il mourut à cinquante ans en 1557 à la bataille de Saint-Quentin.

Le blason de la famille de Goussencourt était d'hermine au chef de gueule.

Ce manuscrit serait bon à consulter pour une histoire des croisades; on y trouverait, je crois, d'utiles renseignements. Il y a un grand nombre de blasons esquissés, et quelques arbres généalogiques.

GOUVIEUX. **716.**

I. Philippe-Auguste, en échange de Vernon [3] et de Longueville [4], donne à Richard de Vernon, pour 800 livres parisis

---

[1] Il y a 2 portraits différents de ce personnage.
[2] Il y a 2 portraits semblables.
[3] Arr. d'Evreux (Eure).
[4] Longueville est situé près de Vernon.

de rente, ce qu'il avait à Gouvieux [1], à Auvers [2], à Montmeliant [3] et à Roberval [4], avec ses hotes de Louvres. [5] — (1196) [6].

A. I. *Sect. hist.* K. 26 n° 20.

II. Lettre de Richard de Vernon, relatif au même sujet. [7] — (1196).

A. I. *Sect. hist. Tr. des Ch.* J. cart. 216 n° 1. — (Vernon).

III. Accord entre les habitants de Gouvieux et les religieux de Saint-Denys d'une part, et les religieux de Royaumont, de l'autre.

B. I. *Roul. du Parl.* 1er cart. p. 302.

IV. Lettres du roi par lesquelles il donne au comte de Dammartin le travers de Gouvieux, qui lui était venu de la commune de Senlis, et le réunit au comté de Dammartin, en échange de la foi et hommage que le roi devait au dit comte, à cause de deux fiefs qu'il possédait à Paris, et à Lusarches. — (Janvier 1332).

A. I. *Sect. hist. Tr. des Ch.* J. Reg. 67.

V. Vente au roi Charles V, par Charles, comte de Dammartin, seigneur de Nesle, tant en son nom qu'en celui de Jeanne d'Amboise sa femme, de l'étang de Gouvieux [8].— (13 janvier 1374).

A. I. *Sect. hist. Trés. des Ch.* J. cart. (Paris II) n° 91.

A. I. *Sect. adm.* P. mercurial D. n° 287.

---

[1] Canton de Creil, arr. de Senlis (Oise).
[2] Canton et arr. de Pontoise (Seine-et-Oise).
[3] Montméliant est situé près de Morfontaine, canton et arr. de Senlis.
[4] Canton de Pont-Sainte-Maxence, arr. de Senlis (Oise).
[5] Canton de Luzarches, arr. de Pontoise (Seine-et-Oise).
[6] Voy. LA ROQUE, *Hist. de Harcourt*, t. IV. 2185.— MARTÈNE, *Ampl. collect.*, t. I. 1008, et DELISLE, *op. cit.* p. 112, n° 474.
[7] Voy. BRUSSEL, *Usage des Fiefs*, tom. I, p. 436.— *Rec. des Hist. des Gaules*, tom. XVII, p. 43, — DELISLE, *op. cit.* p. 113, n° 475, etc.
[8] Voy. DUPUY, *Traitez touchant les droits du roy très chrestien sur plusieurs estats et seigneuries, etc.*, Paris, 1655, in-f.° p. 843.

GOUVIEUX.

VI. Union de l'étang de Gouvieux et de la Chatellenie de Creil au domaine de la couronne. — (15 janvier 1374).

A. I. Sect. hist. Tr. des Ch. J. { Reg. M.
cart. (Paris IV.) n° 14.

VII. — Lettres de rémission accordée à Jean et Lorin le limier, à Andrieu Taisson, à Jehan Nyvart et à Martin Postel, demeurant à Gouvieux, qui s'étaient battus avec des jeunes gens habitant la ville de Précy [1], qui avaient pris des poissons et tendu des filets dans une *flache d'eaue nommée d'Osay, laquelle est des franchises et droits de la commune de Gouvieux*, etc. (Mai 1412).

A. I. Sect. hist. Tr. des Ch. J. Reg. 166 f° 118 v°.

VIII. Semblable lettre pour Loys le boiteux, de Gouvieux. (Mai 1412).

A. I. Sect. hist. Tr. des Ch. J. Reg. 166 f° 221 v°.

IX. Rémission en faveur de Jehan Barbette, *povre jeune homme impotans d'une jambe, chargié de femme grosse et de trois povres enfants demourant à Gouvieux*, qui, à l'instigation d'un parent, religieux de l'abbaye de Royaumont, avait été vendre à Paris *six à sept cents livres de vielz plonc*, provenant du dit couvent, et que le religieux son parent lui avait donné à *heure de nuyt en une place dedans le bois de la dite abbaye, à l'endroit d'un mur troué..... pour [ce] que son abbé ne lui vouloit baillier chausseure*, lequel plonc apporta vendre a Paris sur une jument, et le vendit XXVI *frans*, dont le dit religieux ot a sa part XIII *francs*, et ledit suppléant le résidu, dont il acheta *une vache de* VI *francs*, et les autres V *francs il en achetta du grain pour semer*. — (Mai 1425).

A. I. Sect. hist. Tr. des Ch. J. Reg. 73 f° 68.

X. Acceptation du don fait par Louis XI à l'abbaye de Saint-Denis, de l'hôtel, étang et chaussée de Gouvieux, diocèse de Senlis. — (Octobre 1467).

A. I. Sect. hist. Tr. des Ch. J. cart. 156. n° 10.

[1] Precy-sur-Oise, canton de Creil, arr. de Senlis (Oise).

GOUVIEUX.

XI. Echange fait entre le roi, par ses députés, de l'étang de Gouvieux et de ses appartenances contre la seigneurie du Mesnil Poirot, appartenant à madame la duchesse et au duc de Montmorency, au baillage de Rouen. — (11 avril 1573).

A. I. *Sect. jud.* Reg. U. 1018.

XII. Ratification de l'échange susdit. — (19 septembre 1573).

A. I. *Sect. jud.* Reg. U. 1018.

XIII. Confirmation faite par le roi des dits contrats et mandements au parlement pour la vérification de l'échange dessus dit. (Juin 1576).

A. I. *Sect. jud.* Reg. U. 1018.

717. **GOUY-EN-TERNOIS.**

Lettres par lesquelles le duc de Bourgogne accorde des franchises à la commune de Gouy-en-Ternois.[1] — (décembre 1546).

A. I. *Sect. hist. Tr. des Ch.* J. cart 1017 f° 235.

718. **GOYAVAL.** (Forêt de.)

I. Hommage fait au roi par Marguerite de Croze, pour raison du quart de la forêt de Goyaval,[2] mouvant du roi à cause de son comté d'Amiens. — (6 mars 1660).

A. I. *Sect. adm.* PP. 3. f° 163.

II. Aveu et dénombrement du quart de la forêt de Goyaval et du moulin d'Harondel. — (10 septembre 1774).

A. I. *Sect. adm.* Q. cart. 1538.

719. **GRAMBUS.**

I. Hommage du fief, terre et seigneurie de Grambus, sis au bourg de Cressy[3], relevant du comte de Ponthieu, par Réné Poussepin, écuyer, correcteur des comptes. — (16 juin 1690).

A. I. *Sect. adm.* PP. 3. f° 344 v°.

---

[1] Canton d'Aubigny, arr. de St.-Pol-sur-Ternoise (Pas-de-Calais).
[2] Le bois de Goyaval est situé dans le canton de Domart, arr. de Doullens (Somme).
[3] Crécy, canton de l'arr. d'Abbeville (Somme).

GRAMBUS.

II. Relief, foi et hommage du fief de Grambus, sis à Crécy. — (27 juillet 1774).

A. I. Sect. adm. Q. cart. 1532.

GRANDCOURT. 720.

I. Rémission en faveur de Jehannette de Herangnye, *de l'aage de* XVI *ans, détenue prisonniere* ès prison de Raoul de Coucy, chevalier, seigneur de Montmirail, pour avoir laissé mourir par son fait et sans baptême *un enfant né de son ventre*, laquelle *condempnée à mourir, fut liée a l'estache pour estre executée*, et bientôt après *desliée et destachée et remenée es dictes prisons*, pour avoir été réclamée par Henuin Buignet, de Graincourt [1], âgé de 22 ans, qui *pour la pitié du cas promet la prenre en nom de mariage comme sa femme et espouse*. — (Septembre 1376).

A. I. Sect. hist. Tr. des Ch. J. Reg. 109 f° 124.

II. Hommage fait au roi par Louis de Waucourt, chevalier, des terres de Grandcourt, Pont de Remy [2], Manencourt [3], Aubert [4], Barale [5], Bussy [6] et Noyelle sur l'Escaut [7]. — (13 février 1431).

A. I. Sect. adm. PP. 2. f° 204 v°.

III. Plan du village et territoire de Grandcourt.

A. I. Sect. adm. N. atlas n° 5.

GRAND-FRESNOY. 721.

I. Procès-verbaux de visite du prieuré du Grand-Fresnoy. [8] — (1739-1754).

A. I. Sect. adm. Q. cart. 869.

---

[1] Grandcourt, canton d'Albert, arr. de Péronne (Somme).

[2] Pont-Remy, canton d'Ailly-le-Haut-Clocher, arr. d'Abbeville (Somme).

[3] Manancourt, canton de Combles, arr. de Péronne (Somme).

[4] Peut-être Aubers, canton de la Bassée, arr. de Lille (Nord).

[5] Baralle, canton de Marquion, arr. d'Arras (Pas-de-Calais).

[6] Je ne sais quel est le *Bussy* dont il est ici question.

[7] Canton de Marcoing, arr. de Cambrai (Nord).

[8] Canton d'Estrées-St.-Denis, arr. de Compiègne (Oise).

II. Plan des bois du prieuré du Grand-Fresnoy.   GRAND-FRES-
NOY.

A. I. *Sect. adm.* Q. cart. 868.

III. Plan de la montagne Sainte-Catherine, située au territoire du Grand-Fresnoy.

A. I. *Sect. adm.* N. 3ᵉ cl. n₀ 186.

722.   GRAND-LUP.

Concession faite par le chapitre de Laon aux religieux de Chantrude [in curte que Chantruis ¹ vulgo dicitur] d'un cimetière à Grandlup ², [in parochia sancti Remigii de Grandi luco]. (1145).

A. I. *Sect. hist.* L. cart. 1152. Liasse de p.ᶜᵉˢ div.

723.   GRANDMONT-
CHOISY.
(Abbaye de).

I. Lettres par lesquelles Philippe II, roi de France, donne aux religieux de Grandmont domiciliés dans le bois de Choisy ³, sur le ruisseau d'Elley, tout le bois et la terre qui lui appartenaient dans l'enceinte de leurs fossés. — (1219).

A. I. *Sect. hist.* K. 185. 11 ¹.

II. Lettres de Philippe V, roi de France, par lesquelles il maintient le prieur de Choisy dans le droit d'usage en la forêt de Cuise. — (Décembre 1320).

A. I. *Sect. hist.* K. 185. 11 ².

III. Lettres de Henri IV par lesquelles il ordonne au grand maître des eaux et forêts, au siège de la table de marbre du palais de Paris, et au maître particulier des eaux et forêts de Compiègne, de faire jouir le prieur de Choisy au bac du droit d'usage dans la forêt de l'Aigle. — (27 novembre 1595).

A. I. *Sect. hist.* K. 185. 11 ³.

IV. Lettres semblables du même. — (7 mars 1600).

A. I. *Sect. hist.* K. 185. 11⁴.

---

¹ Chantrude n'existe plus. Il est placé sur la carte de Cassini au sud de Grandlup.

² Canton de Marle, arr. de Laon, (Aisne).

³ Choisy-au-Bac, canton et arr. de Compiègne (Oise).

GRANDMONT-
CHOISY.
(Abbaye de).

V. Lettres semblables du roi Louis XIV. — (Avril 1657).

A. I. Sect. hist. K. 185. 11.⁵

GRANDRIEUX. **724.**

Rémission en faveur de Pierre Thiesselin, *demourant à Grant Rieux,* ¹ *chargié de femme et d'enfans, et qui est jeune homme et se mesle et entremect souvanteffoiz de jouer d'instrumens et fréquenter dances et plusieurs compaignies joyeuses et à ceste cause a plusieurs grans acointances à hommes et à femmes,* lequel, s'étant rendu en pélerinage à N. D. de Liesse, *distant du dit lieu de Grant Rieux de six lieues ou environ,* y rencontra cinq ou six femmes entre lesquelles étoit une nommée Jehanne, femme de Jehan Sureau, clerc, demeurant à Parfondeval ², et avec lesquelles *il fist très-bonne chière cellui jour ou du consentement d'icelle Jehanne et de toutes les autres coucha la nuit en suivant avec elles toutes ensemble.* Informé de ce fait, Jehan Sureau, un jour que ledit Pierre Thiesselin passa à Parfondeval, *print un baston appellé bec de faulcon, pour le battre mutiler ou tuer; ce que voyant, le dit Pierre Thiesselin getta son espiet en la poitrine et au pis du dit Sureau, qui incontinent ala de vie à trespas.* — (Septembre 1458).

A. I. Sect. hist. Tr. des Ch. J. Reg. 187 fº 174 vº.

GRANDVIL-
LIERS.

725. Recueil de pièces tirées des collections des Bibliothèques de Paris et des archives de l'Empire.

I. Rémission en faveur de Noël le flament, *povre homme laboureur de bras, habitant de la ville de Champuis* ³, qui, *estant surprins de vin, embla une tasse d'argent à l'ostel de Jehan Noel à Granviller* ⁴, *où il avait été invité à la noce.* ⁵ — (Février 1397.)

A. I. Sect. hist. Trés. des Ch. J. Reg. 153 fº 54 vº.

---

¹ Canton de Rozoy-sur-Serre, arr. de Laon (Aisne).
² Canton de Rozoy-sur-Serre, arr. de Laon (Aisne).
³ Auj. Cempuis, canton de Grandvilliers, arr. de Beauvais (Oise).
⁴ Grandvilliers, canton de l'arr. de Beauvais (Oise).
⁵ Ce n'était pas son premier coup d'essai, car il avoue, dans l'interrogatoire que lui fit subir le prévôt de Beauvais, qu'il avait volé à Amiens *une*

II. Rémission en faveur de Fremin Langlois, *aagié de* XXXII *ans ou environ de Damenaucourt*[1] *en la prévosté de Beauvoisis*, qui par une nuit obscure avait tué à Grandvillers le nommé Estoquet. — (Octobre 1421). GRANDVILLIERS.

Voici le passage saillant de cette pièce :

Comme six ans a ou environ lui estant à Grantviller en Beauvoisis en l'ostel de Michiel Costin, lors tavernier demourant audit lieu, se feussent assis à table pour soupper..... ledit Costin dit audit suppliant qu'il avoit voulente de prendre le IVe du vin qui se vendroit à détail en la ville de Sarnoy[2], et que pour ce il partiroit lendemain pour aler en la ville d'Amiens le mettre à pris, auquel respondi ledit suppliant aimablement que s'il vouloit il seroit son pleige, lequel Costin dist qu'il n'avoit cure de sa plegerie et lors se meurent paroles entre lesdits Costin et suppliant, eulx estans à table à heure de soupper, comme dit est ; tellement que d'icelles paroles ledit suppliant fut moult injurié par ledit Costin, pour quoy il print un petit couteau, dont il tranchoit son pain à table, duquel il s'efforça de frapper ledit Costin, dont il ne le frappa aucunement; et incontinent se leva de la dite table ledit Costin et monta hastivement en sa chambre pour prendre un plançon, et lui estant en ycelle, vint devers ledit suppliant la femme dudit Costin, qui est cousine germaine de la femme dudit suppliant et lui dist : « Mon cousin, mon mary est en sa chambre où il se habille pour vous venir grever, se il peut, en laquele chambre a un huys par lequel ne vous donrrez garde qu'il ne saille sur vous, je vous prie que tantost vous en alez. » lequel suppliant obtempéra ausdites paroles et yssi hors dudit hostel; et comme il s'en aloit et estoit bien arrière d'icellui hostel, qu'il estoit nuit ne ne veoit goute, ledit Estoquet compaignon dudit suppliant s'en aloit après ledit suppliant pour lui tenir compaignie, et comme ledit suppliant le oy venir et marchier après luy,

bende de charrette; au moulin à guede de Champuis, IIIe *de guede ou environ*; à Grandvilliers, *un baselaire à un manche de noire corne; à un estal de mercier, une escuelle, de la vesce et du blé.*

[1] Dameraucourt, canton de Grandvilliers, arr. de Beauvais (Oise).

[2] Sarnois, canton de Grandvilliers, arr. de Beauvais (Oise).

GRANDVIL-
LIERS.

doubtant que ce feust ledit Costin qui le suivist pour le batre, se retourna devers ledit Estoquet, et d'un plançon qu'il tenoit frappa ledit Estoquet sur la teste, dont trois jours après ou environ il ala de vie à trespassement. Pour lequel cas... Nous ces choses considérées, voulant miséricorde préférer à rigueur de justice à ycellui suppliant ou cas dessus dit avons quittié, remis, pardonné....... satisfaction faite à partie, parmi ce qu'il paiera deux escuz d'or à l'ostel Dieu de Paris. — (Octobre 1421.)

A. I. Sect. hist. Tr. des Ch. J. Reg. 171 f° 266 v°.

III. Lettres par lesquelles François Ier à la demande du seigneur de Granvilliers établit deux foires et un marché franc au dit lieu. — (Janvier 1538.)

A. I. Sect. hist. Tr. des Ch. J. 253, n° 79.

IV. Lettres patentes d'Henri II confirmant celles de François Ier de janvier 1538 portant établissement à Grandvilliers de deux foires ; l'une le 2e jour de mai et l'autre le 1er septembre de chaque année, plus d'un marché franc le lundi de chaque semaine. — (Janvier 1547.)

A. I. Sect. adm. Chambre des Comptes SS. f° 363.

V. Arrêt du Conseil qui approuve et confirme les statuts et réglements des maîtres des manufactures de serges de Grandvilliers. — (23 août 1666).

A. I. Sect. adm. E. 1730.

VI. Minute du contrat de l'office du contrôleur du grenier à sel de Grandvilliers. — (15 nov. 1655).

A. I. Sect. adm. Q. cart. 870.

726. Inventaire de l'émigré Cauzan.

Carton renfermant 7 liasses et un registre.

A. I. Sect. adm. T. 548 t.

Le marquis de Cauzan possédait plusieurs biens en Picardie, entr'autres la ferme de Courcelle, à Savignie près Beauvais [1], la terre de Suzy [2], les terres de Foucecourt [3], etc.

[1] Savignies, canton et arr. de Beauvais (Oise).
[2] Canton d'Anizy-le-Château, arr. de Laon (Aisne).
[3] Foucaucourt, canton de Chaulnes, arr. de Péronne (Somme).

GRANDVILLIERS.

La liasse concernant Grandvilliers renferme 7 pièces, dont quelques plans et des notes sur le fief d'Achy, sis entre Troissereux [1] et Candeville [2], qui relevait de la cour d'Auneuil, laquelle relevait de Milly, relevant de Bulles, qui relevait de Clermont.

La liasse sur Glisy [3] renferme un ancien bail, un procès-verbal de visite fait en 1741 et un état des revenus de cette terre.

GRANDVILLIERS-AUX-BOIS.

727.

I. Aveu par Vacier Mauchevalier du Mage, pour raison d'un fief sis à Grandviller-lès-la-Neuville-le-Roy [4]. — (26 août 1367.)

A. I. *Sect. adm.*, PP. 6 [1], f° 208.

II. Aveu baillé par Jeanne de Pottez [5], pour une maison sise à Grandvillers. — (19 avril 1383.)

A. I. *Sect. adm.*, PP. 6 [2], f° 254, v°.

III. Aveu baillé par Jehan de La Neuville [6], écuyer, pour une maison sise à Grandvillier. — (26 mars 1394.)

A. I. *Sect. adm.*, PP. 6 [2], f° 290, v°.

IV. Hommage fait au roi par Le Begue de Farel, pour certaines acquisitions à Grandvillier, Neufville-le-Roy et Aruele. — (28 décembre 1403.)

A. I. *Sect. adm.*, PP 2, F° 217.

V. Hommage de la terre de Grandvillier, par François Prudhomme, écuyer. — (20 juin 1581.)

A. I. *Sect. adm.*, PP 2, F° 220, v°.

---

[1] Canton de Nivillers, arr. de Beauvais (Oise).

[2] Campdeville, commune de Milly, canton de Marseille, arr. de Beauvais (Oise).

[3] Canton de Sains, arr. d'Amiens (Somme).

[4] Grandvilliers-aux-Bois, canton de St.-Just-en-Chaussée, arr. de Clermont (Oise).

[5] Potte, canton de Nesle, arr. de Péronne (Somme).

[6] La Neuville-Roy, canton de St.-Just-en-Chaussée, arr. de Clermont, (Oise).

GRANDVIL-
LIERS-
AUX-BOIS.

VI. Aveu de la terre et seigneurie de Grandvilliers-au-Bois, tenues du roi à cause de sa salle de Montdidier, baillé par François de Preudhomme, chevalier, sieur de Freschines. — (30 décembre 1606.)

A. I. Sect. adm., PP. 6 ¹, f° 173.

VII. Aveu baillé par Lancelot de Rouviller, écuyer, pour raison d'un fief sis à Grandvillers. [S. d.]

A. I. Sect. adm., PP. 6 ¹, f° 231.

GRANDVIVIER. **728.**
(Bois du).

Plan des bois du Grand-Vivier ¹.

A. I. Sect. adm. N (Aisne), 3° cl , n°ˢ 31, 32 et 122.

GRANDVILLE. **729.**

Autorisation donnée par le roi Charles IV à Gérard de Frechencourt ² (Gerardus de Ferchencuria) de vendre, au chapitre d'Amiens, les terres qu'il possédait à Granville ³ (in territorio de Graanvilla) *ou terroer de Dours* ⁴, entre le chemin d'Amiens d'une part, et le chemin de Bussi ⁵, etc. ⁶. — (Novembre 1322.)

A. I. Sect. hist. Trés. des Ch., J. Reg. 61, f° 124.

GRATTE-
PANCHE.

730.

Hommage fait au roi par Michel Gaillart, chevalier,

---

¹ Ce bois était situé dans le canton d'Aubenton, arr. de Vervins (Aisne.)
² Canton de Villers-Bocage, arr. d'Amiens (Somme).
³ Ce territoire était situé près de Daours.
⁴ Daours, canton de Corbie, arr. d'Amiens (Somme).
⁵ Bussy-les-Daours, canton de Corbie, arr. d'Amiens (Somme).
⁶ Cet acte contient l'estimation de la terre. « Li pris du fie que Guerart de Ferchencourt, escuiers, a mis à vente as chapelains Nostre-Dame d'Amiens, parce que je en trouvay par bonnes gens dignes de foy au miex et le plus loialment et par le conseil que je l'ay peu faire et enquerre par foy et par serment des anciens et preudomes du lieu et du pays, vaut à juste et loyal prix cinquante libres sept sols onze deniers une poitevine et le tiers d'une poitevine à parisis, chascun an à perpétuité et non plus, ou quel fie il a contenu cent et seize journels et un quartier de terre, ou la entour appartenant audit fie de Granvilla. »

pour raison des terres et seigneuries de Gratepence [1], Bovelles [2], Freucamps [3], Cayeurs en Santers [4], Cays [5]. Harbonnières [6], etc. — (16 février 1487.)   GRATTE-PANCHE.

A. I. Sect. adm., PP. 2. F° 207, v°.

731.

Plan de la rivière de Grattepierre [7] ou Dartoise.   GRATTE-PIERRE.

A. I. Sect. adm., série N (Aisne), 3ᵉ cl., n° 172.

732.

Aveu et dénombrement du fief de Graval, situé dans la banlieue d'Amiens. — (1ᵉʳ septembre 1787.)   GRAVAL (Fief de).

A. I. Sect. adm., Q. Cart. 1547.

733.

Renseignements sur le bois de la Grave [8].   GRAVE (Bois de la).

A. I. Sect. adm., Q. Cart. 14.

734.

Plans et arpentage du bois des Gravelles [9].   GRAVELLES (Bois des).

A. I. Sect. adm., N (Aisne), 3ᵉ cl., nᵒˢ 38, 43, 45, 47, 119.

735.

Déclaration d'un fief et noble ténement, tenu du fief de Graville [10], par Colin de Reu. — (11 décembre 1547.)   GRAVILLE (Fief de).

A. I. Sect. adm., Q. Cart. 866.

---

[1] Grattepanche, canton de Sains, arr. d'Amiens (Somme).
[2] Canton de Molliens-Vidame, arr. d'Amiens (Somme).
[3] Fricamps, canton de Poix, arr. d'Amiens (Somme).
[4] Cayeux, canton de Moreuil, arr. de Montdidier (Somme).
[5] Caix, canton de Rosières, arr. de Montdidier (Somme).
[6] Canton de Rosières, arr. de Montdidier (Somme).
[7] Cette rivière passe à Aubenton.
[8] Ce bois était situé dans le canton de Coucy, arr. de Laon (Aisne).
[9] Le bois des Gravelles était situé dans le canton de La Capelle, arr. de Vervins (Aisne).
[10] Le fief de Graville était situé à Sommereux.

GRÉBAUMES- 736.
NIL.

I. Aveu et dénombrement du fief du Bosquet, sis au terroir de Grébaut-Mesnil [1]. — (15 juin 1733.)

A. I. Sect. adm., Q. Cart. 1533.

II. Aveu et dénombrement de trois fiefs, situés dans le territoire de Grébaut-Mesnil. — (10 août 1765.)

A. I. Sect. adm., Q. Cart. 1533.

GREBERT. 737.

Aveu et dénombrement de la seigneurie de Grebert, situé au village de Bouquemaison [2]. — (11 juillet 1768.)

A. I. Sect. adm., Q. Cart. 1538.

GREMEVILLERS 738.

Hommage des terres de Gremevillers [3], Marseillez [4], Espatiz [5], Villepoix [6], Pisseleu-au-Boys [7], Pisseleu-en-l'Eaue [8], Blecourt [9], Mathencourt [10], etc., par François de Rochechouart, à cause de damoiselle Anthoinette de Pisseleu, sa femme. — (28 août 1550.)

A. I. Sect. adm., PP [1]. F° 258.

GRENA. 739.

Rémission accordée à Colin Mahieu et Simon Caverois

---

[1] Grebaumesnil, canton de Moyenneville, arr. d'Abbeville (Somme).
[2] Canton et arr. de Doullens (Somme).
[3] Canton de Songeons, arr. de Beauvais (Oise).
[4] Marseille, canton de l'arr. de Beauvais.
[5] Les Patis forme un écart de Bonnières, canton de Marseille, arr. de Beauvais.
[6] Commune de St.-Omer-en-Chaussée, canton de Marseille, arr. de Beauvais (Oise).
[7] Canton de Marseille, arr. de Beauvais.
[8] Pisseleu-en-l'Eau appelé également Cabeau ou le Cabeau-Robert, est un hameau dépendant d'Oudeuil, canton de Marseille, arr. de Beauvais (Oise).
[9] Blicourt, canton de Marseille, arr. de Beauvais (Oise).
[10] Mattancourt, commune d'Abbecourt, canton de Noailles, arr. de Beauvais.

et autres, qui, *à l'occasion de ce que Mahieu Caverois avoit* GRENA. *nagaires coppé et esbranquiet une haye ou buisson estans assez près du bois de Grenast* [1], *s'étoient battus sur le chemin qui maine de Grenast à Luceu* [2], contre Guillaume Auguier et Jehan du Puch, qui mourut des suites de ses blessures. — (28 août 1550.)

A. I. *Sect. hist. Trés. des Ch.*, J. Reg. 172, f° 130, v°.

740. GREVILLERS.

Acte par lequel le duc de Bourgogne accorde des franchises à la commune de Grevillers [3]. — (Septembre 1545.)

A. I. *Sect. hist.*, *Trés. des Ch.*, J. Cart. 1017, n.° 142.

741. GRIANNE (Bois de).

Procès-verbal de visite du bois de Grianne [4]. — (1739.)

A. I. *Sect. adm.*, Q. Cart. 867.

742. GRIMANCOURT.

Hommage d'un fief assis à Grimancourt [5], nommé le fief du Boys-ou-Soult, par Jehan de Villiers, écuyer. — (28 avril 1529.)

A. I. *Sect. adm.*, PP. 1. F° 281, v°.

743. Liasse de titres et pièces relatifs à la propriété de GRISOLLES. biens dépendants de la fabrique de Grisolle, au diocèse de Soissons.

Carton renfermant plusieurs dossiers.

A. I. *Sect. hist.* L. 1164.

I. Paroisse de Saint-Remy de Grisolles [6], doyenné d'Ouchy. Etat des fondations de la paroisse de Saint-Remy de

---

[1] Grena, commune de Pommera, canton d'Avesnes-le-Comte, arr. de St.-Pol-sur-Ternoise (Pas-de-Calais).

[2] Lucheux, canton et arr. de Doullens (Somme).

[3] Canton de Bapaume, arr. d'Arras (Pas-de-Calais).

[4] Ce bois était situé dans le canton de Clermont.

[5] Grimancourt est situé sur la carte de Cassini au N.-O. de Bonneuil-en-Valois, canton de Crepy, arr. de Senlis (Oise).

[6] Canton de Neuilly-Saint-Front, arr. de Château-Thierry (Aisne).

GRISOLLES.
Grisolles, dressé par ordre de Mgr l'évêque de Soissons, ce quinte juin mil sept cent quarante-cinq. — Signé Fr. Ed. de Soissons.

II. Bail par le curé de Grisolles de xiv arpents de terre environ. — (8 décembre 1753.)

III. Deux mesurages des terres de la cure de Grisolles, contenant 14 arpents, 51 verges et demie [10 avril 1738 et février 1661], renfermant le plan de chaque pièce de terre.

IV. 24 comptes des marguilliers de la paroisse. — (1624-1745.)

V. Quittance de Pierre Pidou, conseiller du roi, de la taxe de x livres, à laquelle la fabrique de Grisolles avait été assujettie pour le droit d'amortissement, à cause de son bien temporel. — (12 octobre 1640.)

GRISY. **744.**

Vente d'une grange, à Grisy [1], faite à Anseaume de Garlande, seigneur de Tournon, et à Isabeau, sa femme. — (1274.) Scellé.

A. I. *Sect. hist. Trés. des Ch.*, J. Cart. 165, n° 48.

GRIVE (Bois de). **745.**

Procès-verbal de visite des bois de Grive [2].

A. I. *Sect. adm.*, Q. Cart. 867.

GRONART. **746.**

Renseignements sur le domaine de Gronard [3].

A. I. *Sect. adm.*, Q. Cart. 11.

GUEMICOURT. **747.**

I. Hommage des terres et châtellenies de Geymecourt [4] et de Hornoy [5], et du fief de Montigny [6], par Claude de Marle, comme procureur de Charles, sire de Rambures. — (31 juillet 1606.)

A. I. *Sect. adm.*, PP. 2. F° 223, v°.

[1] Canton de Marines, arr. de Pontoise (Seine-et-Oise).
[2] Ces bois étaient situés dans le canton de Clermont.
[3] Canton et arr. de Vervins (Aisne).
[4] Guemicourt, canton d'Hornoy, arr. d'Amiens (Somme).
[5] Hornoy, canton de l'arr. d'Amiens (Somme).
[6] Canton de Gamaches, arr. d'Abbeville (Somme).

II. Lettres patentes portant distraction de quatre jour- GUÉMICOURT. naux de pré appelé *le Pré-Salmon*, de la seigneurie de Guémicourt et union à celle d'Orival. — (28 juin 1754.)

A. I. Sect. adm., Q. Cart. 1549.

748. GUERBIGNY.

I. Hommage rendu par A. M. de Belleforière, comte de Tilloley [1] et de Tupigny [2], pour raison des terres et seigneuries de Guerbigny [3], Neuville-le-Roy [4], Crapomenil [5], etc. — (22 décembre 1664.)

A. I. Sect. adm., PP. 3. F° 180, v°.

II. Lettres patentes de Louis XIV, portant confirmation de foires et marchés en faveur du sieur marquis de Soyecourt, en son bourg de Guerbigny. — (Juillet 1672.)

A. I. Sect. jud., Parl. de Paris, Ord. 4. A. F° 35.

III. Hommage rendu par A. M. de Belleferriere [*sic*], comte de Tilloley et de Tupigny, pour raison des terres et seigneuries de Guerbigny, etc. — (14 décembre 1679.)

A. I. Sect. adm., PP. 3. F° 269.

IV. Hommage des terres et seigneuries de Guerbigny, relevant de la chatellenie de la Herelle, de La Neuville-le-Roi, de Crapeaumenil, etc., etc., par Thimoléon-Gilbert de Seiglière, chevalier, seigneur de Bois-Franc, maître des requêtes, à cause de Marie-Renée de Belleforière de Soyecourt, son épouse, etc. — (22 août 1690.)

A. I. Sect. adm., PP. 3. f° 321.

749. GUESCHARD.

I. Aveu et dénombrement de la seigneurie de Belle-

---

[1] Tilloloy, canton de Roye, arr. de Montdidier (Somme).
[2] Canton de Wassigny, arr. de Vervins (Aisne).
[3] Canton et arr. de Montdidier (Somme).
[4] Neuville-Roy, canton de St.-Just-en-Chaussée, arr. de Clermont (Oise).
[5] Crapeaumesnil, canton de Lassigny, arr. de Senlis (Oise).

GUESCHARD. voise, située au terroir de Gueschard [1]. — (17 novembre 1770.)

A. I. Sect. adm., Q. Cart. 1532.

II. Plan des terres mouvans de la commanderie des Fieffes, situées dans la paroisse de Gueschard.

A. I. Sect. adm., N., 3e cl., n°s 32 et 46.

GUEUDECOURT. 750.

I. Aveu baillé par Mahieu Hastes, demeurant à Gheudecourt [2], pour quelques terres et censives audit lieu. — (6 septembre 1374.)

A. I. Sect. adm., PP. 6 1, f° 225, v°.

II. Aveu baillé par Jehan Roussiaus, demeurant à Gueudecourt, pour une maison sise audit lieu, tenu en fief, foi et hommage du roi, à cause de son château de Péronne. — (8 avril 1383.)

A. I. Sect. adm., PP. 6 2, f° 251, v°.

III. Aveu baillé par Mahius Hastes, demeurant à Gueudecourt, pour quelques terres et censives audit lieu. — (11 avril 1383.)

A. I. Sect. adm, PP. 6 2, f° 252, v°.

IV. Aveu baillé par Jehan Roussel, pour une maison et jardin, sis à Gueudecourt. — (25 septembre 1398.)

A. I. Sect. adm., PP. 6 2, f° 301, v°.

V. Aveu baillé par Mahy Haste, écuyer, pour un fief sis au terroir de Gueudecourt, au champ de la Carnoye.—(23 décembre 1398.)

A. I. Sect. adm., PP. 6 2, f° 302, v°.

VI. Procès-verbal de visite de 714 pieds d'arbres trouvés au village de Gueudecourt, appartenant au chapitre de Saint-Fursy, de Péronne. — (6 mai 1783.)

A. I. Sect. adm., Q. Cart. 1551.

[1] Canton de Crécy, arr. d'Abbeville (Somme).
[2] Gueudecourt, canton de Combles, arr. de Péronne (Somme).

751.

GUEULLEFIN-LES-FLESQUIÈRES.

Rémission accordée à Giles Mares, *fresle et ancien homme de l'âge de 56 à 60 ans, demourant* en la paroisse de Gueullefin-les-Fliquières [1], qui, après une dispute, *avoit feru d'un marteau de plong que lors il tenoit en sa main*, Jehan Savereux, curé de Fliquières, *desquelle bateures et navreures, ledit deffunt curé ala de vie à trespassement* [2]. — (Novembre 1423.)

A. I. Sect. hist. Trés. des Ch., J. Reg. 172, f° 209.

752.

GUIBERSMENIL

Liasse de 44 pièces de contestation au sujet des provisions du prieuré-cure de Saint-Jean-lez-Brocourt et de Notre-Dame de Guibersménil [3], son annexe, dépendant de l'abbaye de Selincourt, au diocèse d'Amiens.

A. I. Sect. adm., Q. Cart. 1547.

753.

GUIBIENFAIT.

Aveu et dénombrement d'un fief situé au terroir de Guibienfait [4]. — (10 décembre 1749.)

A. I. Sect. adm., Q. Cart. 1531.

754.

GUINCOURT. (Bois de).

Procès-verbal de visite des bois de Guincourt, appartenant à l'abbaye de Saint-Paul-les-Beauvais, et situés non loin du monastère. — (Avril 1784.)

A. I. Sect. adm., Q. Cart. 866.

---

[1] Flesquieres, canton de Marcoing, arr. de Cambrai (Nord).

[2] Cette dispute était survenue à propos d'un legs fait à l'église de Fliquières, par Ancel du Forestel. Ce legs consistait en une rente que l'on devait employer à acheter une cotte d'homme ou de femme à aumoner au plus pauvre homme ou à la plus pauvre femme du village, qui, revêtu de ladite cotte, devait prier pour l'âme du donataire, le jour du service annuel, célébré en son honneur. Le curé voulait changer le but que s'était proposé le pieux donataire, et désirait, avec la rente, acheter *trois paires de chausses à usage de femme*, pour les donner à qui bon lui semblerait.

[3] Canton d'Hornoy, arr. d'Amiens (Somme).

[4] Canton et arr. d'Abbeville (Somme).

GUIGNECOURT. **755.**

I. Quittance de la somme de 50 livres parisis, donnée par Gautier de Guignecourt [1], écuyer, et Agnès, sa femme, au roi saint Louis, pour l'achat fait par le roi audit écuyer, de 6 sous parisis de rente, percevables sur le travers du pont de Beaumont. — (Mars 1262.)

A. I. Sect. hist. Trés. des Ch., J. Cart. 160, n° 8.

II. Permission donnée au chapitre de Beauvais d'acquérir une maison au village de Guignecourt. — (1773.)

A. I. Sect. adm., Q. Cart. 852.

GUINES. **756.** Recueil de pièces tirées des collections des bibliothèques de Paris et des archives de l'Empire.

I. Hommage d'Arnould III, comte de Guines [2], au roi, comme comte d'Arras, pour le comté de Guines, la baronnie d'Ardres [3], la châtellenie d'Angles [4] et une terre à St.-Omer [5]. — (Mai 1248.)

A. I. Sect. adm. Mém. de la Ch. des Comptes. P. 2290, p. 111.

II. Vente par devant les échevins de Guines, comme avoués de la léproserie de Spellekes [6] de trois mesures et demie de terre, faite à la dite léproserie par Christine, fille d'Henri d'Ogtinghem [7]. — (Déc. 1257.)

B. I. Cab. des Ch. CC. 195.

III. Vente faite au roi Philippe III, par Arnould III,

---

[1] Canton de Nivillers, arr. de Beauvais (Oise).

[2] Canton de l'arr. de Boulogne-sur-Mer (Pas-de-Calais).

[3] Canton de l'arr. de St.-Omer (Pas-de-Calais).

[4] Le pays de Langle comprenait les paroisses de Saint-Folquin, Sainte-Marie-Kerque, Saint-Nicolas et Saint-Omer-Capelle (Voy. *Chronique de Guines et d'Ardre*, édit. God. Menilglaise, p. 513.)

[5] And. Du Chesne, *Histoire généalogique des maisons de Guines, d'Ardres, de Gand, etc.* Paris, 1631. in-f.°, p. 171 et *Pr.* p. 287.

[6] Aujourd'hui St.-Blaise, près Guines.

[7] Audinghen, canton de Marquise, arr. de Boulogne-sur-Mer (Pas-de-Calais).

comte de Guines, de tous les droits qu'il pouvait avoir dans les villes et territoires de Guines, de Lemontoire [1] et de Tornehem [2]. — (Février 1282 [3].)

A. I. Sect. hist. Trés. des Ch. J. Reg. 34, f° 37 v.°

IV. Lettres des échevins de Guines qui nomment des procureurs pour la levée des subsides extraordinaires à fournir au comte d'Artois, se rendant en Sicile au secours du roi de France. — (1298.)

B. I. Cab. des Ch. CC. 5.

V. Confirmation de l'accord entre Enguerrand de Guines, sire de Coucy, d'Oisy et de Montmirail, et Jean de Guines, son frère, vicomte de Meaux, sur le partage des biens provenant de la succession de leur oncle Enguerrand de Coucy. — (Juillet 1311.)

A. I. Sect. hist. Trés. des Ch. J. Reg 46, n° 60.

VI. Acte par lequel le roi se désiste en faveur de Jeanne, comtesse d'Eu et de Guines, de tout le droit qu'il avait sur les marais de Guines. — (1321.)

A. I. Sect. hist. Trés. des Ch. J. Reg. 59, n° 157.

VII. Vidimus des contrats de mariage passés entre Gaucher de Châtillon et Jeanne de Guines. — (1323).

A. I. Sect. hist. Trés. des Ch. J. Reg. 62, n° 27.

VIII. Lettres par laquelle le roi confirme la donation faite par Blanche de Guynes *qui avoit volenté et en propos de fonder et instituer en la ville d'Abbeville, une habitation de deux maisons joignanz ensamble, contenant cinquante piez de large et six vins de lont ou environ, pour vint et cincq ou trente povres escoliers et leur maistres, pour les entroduire es principes de gramaire et de logique, assise devant l'église de Nostre-Dame de la dite ville, et pour la sustentacion d'iceuls à eulx pour veoir et assouer quatre vins livres pari-*

---

[1] La Montoire était une seigneurie située dans la paroisse de Zutkerque, canton d'Audruicq, arr. de St.-Omer (Pas-de-Calais).

[2] Tournehem, canton d'Ardres, arr. de St.-Omer (Pas-de-Calais).

[3] Voy. Du Chesne, *op. cit.* p. 174 et *Pr.* p. 294.

GUINES.

sis de rente chascun an et amortit la rente qu'elle institue en leur faveur [1]. — (Déc. 1340.)

A. I. *Sect. hist. Trés. des Ch.* J. Reg. 72 . f⁰ 103 v⁰.

IX. Lettres par lesquelles le marché de la ville de Guines qui se tenait le dimanche aura lieu dorenavant le mercredi. — (Oct. 1343) en fr.

A. I. *Sect. hist. Trés. des Ch.* J. Reg. 74, n° 130.

X. Delaissement du comté de Guines, et des terres et châtellenie de Calais, Merk [2], Wale d'Oye [3], Sangate [4] et Hames [5], fait par le roi d'Angleterre. — (St.-Omer. Nov. 1360.)

A. I. *Sect. hist. Trés. des Ch.* J. Reg. 89 ; f₀ 327 v⁰.

XI. Lettres patentes de Louis XI portant don à Antoine de Croy, du comté de Guines. — (Sept. 1461.)

A. I. *Sect. adm.* P. Mémorial. M. n° 93.

XII. Déclaration du roi par laquelle il appert qu'en donnant à Antoine de Croy, comte de St.-Porcien, le comté de Guines, il a entendu y comprendre la baronnie d'Ardres, la châtellenie d'Angles [Langle] et la terre que le comte de Guines possède à St.-Omer. — (27 juillet 1463.)

A. I. { *Sect. hist. Trés. des Ch.* J. Reg. 199.
{ *Sect. adm.* P. Mémorial. M. n° 106.

XIII. Lettres touchant le don fait par le roi à Antoine, bâtard de Bourgogne, de la comté de Guines. — (Mars 1476.)

A. I. *Sect. jud.* Reg. U. 1018.

XIV. Lettres par lesquelles Charles VIII confirme les priviléges des habitants de Guines. — (Nov. 1488.)

A. I. *Sect. hist. Trés. des Ch.* J. Reg. 219, n° 234.

---

[1] Voy. Du Chesne, *op. cit.* p. 179 et *Pr.* p. 309.
[2] Marcq est situé entre Calais et Oye.
[3] Oye, canton d'Audruicq, arr. de St.-Omer (Pas-de-Calais).
[4] Sangatte, canton de Calais, arr. de Boulogne-sur-Mer (Pas-de-Calais).
[5] Canton de Guines, arr. de Boulogne-sur-Mer (Pas-de-Calais).

XV. Confirmation du don fait à Antoine, bâtard de Bourgogne, du comté de Guines. — (1498.)

A. I. Sect. hist. Trés des Ch. J. Reg. 230, n° 163.

XVI. Lettres patentes portant confirmation à Jean, seigneur de Gruthuse, du don à lui fait dudit comté et de la seigneurie de Crévecœur [1]. — (30 mai 1504.)

A. I. Sect. adm. P. Mémorial. X. f° 114.

XVII. Le comté de Guines est délaissé à Jean de Rambures, échanson du roi, sa vie durant.— (1er mai 1519).

A. I. Sect. adm. P. Mémorial. AA. f° 403.

XVIII. Provisions de l'office de bailli au comté de Guines, et ordonnance de la Cour du Parlement qu'il sera informé des vie, mœurs, religion et expérience au fait des armes du nommé d'Alygues. — (29 mai 1576.)

A. I. Sect. jud. Reg. U. 621.

XIX. Arrêt sur ladite information. — (2 juin 1576.)

A. I. Sect. jud. Reg. U. 621.

XX. Création de deux notaires royaux en la ville de Guines. — (Sept. 1581.)

A. I. Sect. jud. Reg. U. 1018.

XXI. Procès-verbal de visite des bois de Guines. — (1672.)

A. I. Sect. adm. Q. Cart. 924.

XXII. Acte relatif à la vente du moulin de Guines. — (26 août 1707.)

A. I. Sect. adm. Q. Cart. 899.

XXIII. Vente par les commissaires du Conseil à François Dufour et Charles Pihen de 30 mesures de terre, située dans la paroisse de Guines. — (19 mars 1723.)

A. I. Sect. adm. Q. Cart. 899.

XXIV. Vente par les commissaires aux habitants et

---

[1] Canton de Marcoing, arr. de Cambrai (Nord).

GUINES.

commune de Guines en Picardie, des terrain et emplacement de l'ancien château de Guines, à la charge de payer au domaine un cens annuel et perpétuel de 20 liv. — (7 juillet 1762.)

A. I. Sect. adm. Q. Cart. 899.

XXV. Arrêt du conseil qui ordonne ladite vente. — (25 avril 1762).

A. I. Sect. adm. Q. Cart. 899.

XXVI. Vente d'un terrain inculte, situé dans les marais de Guines, faite à Antoinette Broutin par les commissaires du Conseil. — (1er sept. 1757.) 4 pièces.

A. I. Sect adm. Q. Cart. 899.

XXVII. Lettres patentes du roi Louis XVI enregistrées à Paris portant établissement d'un marché dans le bourg de Guines. — (Juin 1774.)

A. I. Sect. jud., Parl. de Paris, Ord. 10, B, f° 361.

XXVIII. Vente par les commissaires du Conseil à Pierre Jacques Abraham Lallemand, d'une maison et de quelques terres sises à Guines. — (18 août 1787. 5 pièces.)

A. I. Sect. adm. Q. Cart. 899.

-757. Lamberti, Ardensis ecclesiæ presbiteri, super Ghisnensium historiam, etc.

MS. in-f°, papier. — Ecriture du XVIe siècle.

B. I. n° 5996.

Cette chronique, dont quelques fragments avaient paru dans les recueils de Duchesne et de Dom Bouquet, et dans les *Reliquiæ manuscriptorum* de Ludewig, a été éditée avec le plus gand soin en 1855, par M. le marquis de Godefroy Ménilglaise, sous ce titre : *Chronique de Guines et d'Ardre*, par Lambert, curé d'Ardre [918-1203], textes latin et français en regard, revue sur huit manuscrits. 1 vol. in-8°.

Des huit manuscrits de la chronique de Lambert, consultés par M. de Ménilglaise pour établir le texte, un seulement se trouve à Paris. Les autres sont conservés dans les dépôts publics des départements et de l'étranger, à Amiens, St.-Omer, Boulogne, Bruges, Bruxelles et Rome.

J'ai examiné moi-même ce dernier au Vatican; c'est le plus ancien de tous ceux que l'on connaît. Il est dans le fonds de la reine Christine, et porte le n.° 696.

En dehors de ces huit manuscrits, M. le marquis de Godefroy aurait pu citer deux copies modernes de la chronique de Lambert, conservées dans le supplément latin de la Bibliothèque impériale, et une autre copie également moderne, à la Bibliothèque Mazarine sous le n° 2810.

758. Comté de Guisnes.

A. I. *Sect. hist. Tr. des Ch.*, J, carton 811.

Ce carton renferme une grande variété de documents, tous relatifs cependant à la grande question des limites et des enclavements d'Artois. — On y trouve :

I. Extracta ex libro manuscripto, antiquo charactere, abbatiæ sancti Johannis Baptistæ in pratis juxta Chocques[1] vulgo martyrologium vocant, in quo diversis paginis sequentes obitus annotantur.

Cahier de 16 folios, parchemin. — Écriture du XVI.e siècle avec des reproductions en couleur de sceaux et de pierres tombales assez bien exécutées.

II. Un dossier intitulé : Pièces et procédures tendantes à prouver contre les prétentions du roi catholique que le comté de Guisnes et ses limites, Ardres, Beaurain[2], Gandeluz et Souik[3] ne font point partie de l'Artois appartenant pour lors à sa dite majesté, mais bien de la province de Picardie.

Ce dossier se compose de 38 copies de pièces, dont : 1° Quatre pièces des 20 mai 1535, 18 octobre 1519, 16 septembre 1540 et 23 septembre 1561, relatives à la baronnie de Zelthun[4]. — 2° Une contribution des XII barons, pairs et seigneurs féodaux du comté de Guisnes. (1540). — 3° Statuts et ordonnances de le conté de Guisnes où les XII barons sont tenus comparoir par chacun an qu'elles

---

[1] Canton et arr. de Béthune (Pas-de-Calais).

[2] Auj. Beaurainville, cant. de Campagne-lès-Hesdin, arr. de Montreuil-sur-Mer (Pas-de-Calais).

[3] Souich (le), canton d'Avesnes-le-Comte, arr. de St.-Pol-sur Ternoise (Pas-de-Calais).

[4] La seigneurie de Seltun était à Polinchove, canton d'Audruicq, arr. de St.-Omer (Pas-de-Calais).

GUINES.

se renouvellent. (1561). — 4° Relief de Souick, tenu de Beauval. (18 juin 1531). — 5° Vente d'une partie du domaine de Souick, tenu en fief de la seigneurie de Beauval [1]. (21 avril 1560). — 6° Deux reliefs de Beauval, tenu du roi à cause de son château de Doullens. (1509-1558). — 7° Dénombrement de la terre et seigneurie de Frelinghen [2], située au comté de Guine, tenue du roi à cause de son château d'Ardres. (1561). — 8° Extrait des coutumes locales et droictz particuliers de l'évesché, ville, cité royalle et banlieue de Thérouenne, estant en ung cahier de parchemin, desquelles il ressort qu'Ardinghen [3] est du ressort de la prévoté de Montreuil et du baillage d'Amiens. — 9° Extrait d'un compte de la seigneurie de Bouvelinghen [4], etc. (1501). — 10° Aveu et dénombrement de la pairie de Recq [5], tenue du roi à cause de son comté de Guisnes. (1540-1550), 2 p. — 11° Aveu du fief et noble tenement qui se nomme la Nœufverue, tenu de la pairie de Recq. (octobre 1504), cahier. — 12° Extrait du rapport et dénombrement de la baronnie du Wal en Surques [6], au comté de Guisnes. (3 février 1550). — 13° Extrait du dénombrement de Courteheuse en la paroisse de Lousches [7], au conté de Guines. (1508). — 14° Extrait du dénombrement d'un fief en la paroisse de Lousches, tenu de la baronnie de Bavelinghen [8]. (20 décembre 1550). — 15° Extrait d'un vieil et ancien cartulaire où sont contenuz les fiefs dépendants du bailliage de Cressy-en-Ponthieu, lequel couvert d'esselles de boys et le dit bois de cuir noir, contenant 158 feuillets en parchemin. — 16° Enfin quelques autres pièces concernant l'abbaye

---

[1] Canton et arr. de Doullens (Somme).

[2] Ferlinghem, commune de Brêmes, canton d'Ardres, arr. de St. Omer (Pas-de-Calais).

[3] Hardinghen, cant. de Guines, arr. de Boulogne-sur-Mer (P.-de-C.)

[4] Bouvelinghem, canton de Lambres, arr. de St.-Omer (Pas-de-Calais).

[5] Recques, canton d'Ardres, arr. de St.-Omer (Pas-de-Calais).

[6] Surques, canton de Lumbres, arr. de St.-Omer (Pas-de-Calais).

[7] Louches, canton d'Ardres, arr. de St.-Omer (Pas-de-Calais).

[8] Auj. Bayonghem-lès-Éperlecques, canton d'Ardres, arr. de St.-Omer (Pas-de-Calais).

de Licques [1], Sangan [2], Ruberges [3], Bresmes [4], Esclemy [5], Læulinghen [6], Wolphus [7], baronnie d'Allembon [8], Sainghen-le-Comte [9], l'abbaye Saint-Andrieu [Saint-André-aux-Bois], en la chatellenie de Beaurain, seigneurie de Lespinoy[10], Montenay[11] et Buyres[12], Argulles[13], Domynois[14], Dompierre [15], Roy [16], Drucat [17], Baillœul [18], Merlimont [19], chatellenie d'Authie [20], Waban [21].

III. Une liasse renfermant des pièces de procédures, ordonnances, coutumes, aveux, tendant à prouver les droits du roi à la chatellenie de Beaurain, et à justifier l'engagement de la seigneurie de Gandelus. 30 pièces de 1314-1566.

IV. Un recueil de 51 pièces ou dossiers relatifs à la question des enclavements d'Artois, tels que dénombrements, quittances de relief, comptes, coutumes, extraits de la chambre des comptes, pièces de procédure, inventaires,

[1] N.-D. de Licques, abbaye de Prémontré, fondée en 1131, était située dans le canton de Guines.
[2] Sanghem, canton de Guines, arr. de Boulogne-sur-Mer (Pas-d.-Cal.)
[3] Rebergues, canton d'Ardres, arr. de St.-Omer (Pas-de-Calais).
[4] Brémes, canton d'Ardres, arr. de St. Omer (Pas-de-Calais).
[5] Éclémy, hameau de Licques, canton de Guines, était l'une des douze baronnies du comté de Guines.
[6] Leulinghem, canton de Marquise, arr. de Boulogne-sur-Mer (P.-d-C).
[7] Commune de Zouafques, canton d'Ardres, arr. de St.-Omer (P-d-C).
[8] Alembon, canton de Guines, arr. de Boulogne-sur-Mer (P.-de-C.).
[9] Sanghen, canton de Guines, arr. de Boulogne-sur-Mer (P.-de-C).
[10] Lepinoy, canton de Campagne-lès-Hesdin, arr. de Montreuil-sur-Mer (Pas-de-Calais).
[11] Maintenay-Roussent, canton de Campagne-lès-Hesdin, arr. de Montreuil-sur-Mer.
[12] Buire-le-Sec, canton de Campagne-lès-Hesdin.
[13] Argoules, canton de Rue, arr. d'Abbeville (Somme).
[14] Dominois, canton de Crécy, arr. d'Abbeville (Somme).
[15] Dompierre, canton de Crécy, arr. d'Abbeville (Somme).
[16] Raye, canton de Hesdin, arr. de Montreuil-sur-Mer.
[17] Drucas est situé au S.-E. d'Auxy-le-Château.
[18] Bailleul, canton de l'arr. d'Hazebrouck.
[19] Merlimont, canton et arr. de Montreuil-sur-Mer (Pas-de-Calais).
[20] Authies, canton d'Acheux, arr. de Doullens (Somme).
[21] Waben, canton et arr. de Montreuil-sur-Mer (Pas-de-Calais).

assiettes de tailles, etc, relatives à cette question, et propres à assurer les droits du roi de France à l'encontre de ceux du roi d'Espagne.

V. Une liasse renfermant des extraits de registre des dénombrements du bailliage de Vermandois, des comptes des aides d'Amiens, recette de la conté de Guisnes, extrait du registre de la prisée du conté de Boulogne.

759. Comté de Guisnes.

A. I. *Sect. hist., Tr. des Ch.*, J. carton 812.

Ce carton ne renferme qu'un gros registre en parchemin de 194 folios, contenant les dépositions des témoins produits par les rois de France et d'Espagne, au sujet de l'abbaye de Saint-Jean au mont de Thérouenne. — (juillet 1561).

Document fort intéressant pour Thérouenne et pour la topographie de cette ville, qui n'existe plus. Il renferme des documents non moins intéressants sur la justice de l'évêque et sur les dépendances des abbayes de ce diocèse.

760. Coutumier de Guysnes.

Ms. in-8° de 273 f.os Papier. — Écriture du XVe siècle.
B. I. n.° 10,393.

Ce manuscrit très-curieux a été copié et collationné en entier par M. Marnier, bibliothécaire de l'ordre des avocats.

En 1856, M. Tailliar, de Douai, l'a publié aux frais de la Société des Antiquaires de la Morinie [1]. Je pourrais donc me dispenser d'étendre cette notice, et renvoyer simplement à la publication que je viens de citer. Mais l'importance excessive du manuscrit, et le petit nombre d'exemplaires de l'édition de M. Tailliar, qui peut très-bien ne pas être entre les mains de ceux qui consultent mon livre, m'ont engagé à publier la notice que j'avais faite de ce manuscrit, il y a bientôt cinq ans.

Je donne seulement la table de ce vieux coutumier, avec quelques notes que j'ai puisées dans le texte même. Elle fera suffisamment connaître sa valeur au point de vue de l'histoire du droit.

Les titres de la table sont quelquefois plus courts que

---

[1] Le livre des usaiges et anciennes coustumes de la conté de Guysnes. — Manuscrit du xve siècle; avec une introduction et des notes par

ceux du texte, quelques-uns d'autre part n'y figurent point. J'ai rétabli les suppressions, mais en ayant toujours soin de les indiquer entre parenthèses.

[C'] est la table de ce présent livre des loix, usaiges et coustumes de la ville et conté de Guysnes, ainsi que bien et ouvertement on porra veoir et congnoistre en ceste dicte table, ainsi que cy après ensuit :

Premièrement.

Comment les XIII barons de la conté de Guysnes estoient assemblez chacun an. — De la court des francs hommes, de ses officiers, des plaidz et jugemens d'icelle et des prévileiges des barons.

F°. 1. L'ordonnance des Barons[1] et de leurs adjournemens.

F°. 2. Comment le Bailly tenoit sa cour[2] et quant francs hommes il y devoit avoir. — Combien il doit avoir de sergens à cheval.[3] — Le bailly doit avoir ung clerc.

F°. 3. Le Bailly doit avoir ung procureur pour le seigneur. — L'ordonnance de la franche vérité. — Prévilège des Barons.

F°. 4. Encore des Barons. — La franche vérité.

F°. 5. L'ordonnance des francs hommes par quatre articles.

F°. 6. Le fee et salaire du bailly. — Le fee et salaire du clerc.

F°. 7. Jugement pour la confession de partie.

F°. 8. (Salaire des advocats). — L'admende de celluy qui fait faulx clayme[4]. — L'admende du deffendeur qui denye la debte[5].

F°. 9. L'admende de ceux qui accordent sans court[6]. — Délaiz acoustumez pour plaiz et descors.

F°. 10. Pugnicion d'ung malfaicteur. — Remedde pour bannys.

F°. 11. Le fee et salaire des francs hommes, quant ung prisonnier est quictes. — Le fee et salaire des dits francs hommes, se le prisonnier estoit penduz.

F°. 12. Se le prisonnier estoit clerc. — Liberté des francs hommes et bourgoys de la ville[7].

M. Tailliar, conseiller à la cour de Douai, et un aperçu historique sur le comté de Guines, par M. Courtois, avocat. St.-Omer, 1856, in-8°.

[1] Au nombre de XIII. — [2] De quinzaine en quinzaine. — [3] Au nombre de IV. — [4] x s. — [5] x s. av. frais et dépens. — [6] x s.

[7] Les francs hommes de toute la conté de Guysnes et les bourgoys de

GUINES.

F°. 13. Salaire des sergens. — Extorcion des sergens.

F°. 14. Le droit du cheppier. — Le cheppage. — Le repast du prisonnier.— Se le prisonnier est à sa propre table.

F°. 15. La charge du cheppier en cause de debte. — La charge du dit cheppier en cause de cas de crime. — Le prisonnier jugié à mort.

F°. 16. Se le franc homme estoit commissaire en ung procès. — Se ung franc homme alloit à Saint-Omer pour avoir conseil. — Se les francs hommes besongnent pour le seigneur.

De l'élection, serement et plaiz des eschevins.— Des bourgoys et leur serement.— Des droiz et sallaires des bailly et eschevins.

F°. 17. Election des eschevins [1]. — Le serement des eschevins. — Comment eschevins [2] tenoient leurs plaiz [3].

F°. 18. Le sergent appellé le varlet de l'eschevinage et ung aman [4]. — Bourgoys et leur serement.

F°. 19. Quelles personnes viendront à la vérité, et le fee et salaire du bailly, et l'admende de ceulx qui sont absens.

F°. 20. Le droit du bailly et eschevins se aucune maison est vendue.— Les droitz du bailly et eschevins sur les admendes.

F°. 21. Comment le bailly et eschevins n'auront rien pour le seigneur. — Se aucun destourboit les plez — Le fee et salaire du bailly, se le prisonnier est mort.

F°. 22. Le fee et salaire du bailly et eschevins, se le prisonnier estoit purgiez..

De plusieurs denrées et marchandises sur lesquelles avoit coratiers et regards.

Les noms des officiers de la ville [5].

F°. 24. Coraterie de pain.

F°. 26. Coraterie de vin.

F°. 28. Coraterie de char.

F°. 30. Coraterie de poisson.

Guysnes, d'Ardre et d'Audruic, sont et ont toujours été quictes de toutes coustumes au pont de Newnam et à Calais.

[1] Une fois l'an.— [2] Au nombre de XIV.— [3] De quinzaine en quinzaine à la halle.— [4] C'est un sergent.

[5] Marrigliers pour gouverner le fait de l'église. — Taveliers pour la table des pouvres. — Cauchiers. — Priseurs de vin. — Coratiers de pain. —

GUINES.

F°. 31. Coraterie de cuyr pour soliers et autrement.
F°. 34. Coraterie de bled et mesurage d'icelluy. — Pour pourceaulx allans au marchié.
F°. 35. Coraterie de potiers de terre.
F°. 40. Coraterie de toutes manières de drapperies.

Estatutz et ordonnances pour l'eschevinage.

F°. 46. Contre ceulx qui mectent le fiens sur la rue.
F°. 47. Pour le bourdel. — Encontre ribauldes. — Pour faulx chartriers. — Des mesures des poiz et balances.
F°. 48. De remouvoir les palez et bondes. — L'office du barbier. — Pour les fossez de la ville.
F° 49. Pour les joueurs de detz. — Pour le marchié. — Que nul ne mecte feu ne cendres parmy les rues.
F°. 50. Pour les hayes et jardins. — Pour les chargeurs de vin.
F°. 51. Pour laboraiges de terre. — Coraterie ou moys de mars.
F°. 52. Pour les fontaines.— Pour le mesuraige de bled.
F°. 53. Pour l'admendement des chemins. — Pour le prouffit des maraiz. — Et pour la communité.

Le ban d'aoust, fait par les barons.[1]

F°. 54. Que nul ne aille en son champ devant soleil levant, ne après soleil couchant.
F°. 55. L'admende de celluy qui est prins par nuyt es champs [2]. — Chascun peut arrester en son propre bled.
F°. 56. Chascun peut aller en son propre champ par nuyt. — Chascun peut oster bestes hors de son dommaige par nuyt. — Se aucun enfant prent le bled d'aultruy.

Coratiers de chars, de poisson et de saulse. — Cor. de draps; des draperies; de cuyrs et de solers; du marchié de poulaille, de sel et companage; de craye de terre; de potz; du marchié au bled; de cloux; de cervoyse. — Regard sur la mesure de l'aulne. — Refrondeur de cauchie. — Regard sur toutes manières de mesures. — Coraterie de chevaulx. — Regardeur de porceaulx. — Le minaige de la semence de lin. — Le poys de la ville. — Les servitutes des marais. — Coraterie de chandelles de suyf et d'ecquebant. — Coraterie de laynnes. — Argentiers de la ville.

[1] Les barons de la conté de Guysnes ont fait les ordonnances pour le ban d'aoust pour le commun proufit, commençant le jour St.-Pierre, premier jour d'aoust en l'an mil III^c xLI, ainsi qu'il suit, etc.

[2] x s. parisis.

GUINES.

F°. 57. Se aucun allant par nuyt est prins hors du droit chemin. — Que nul ne syee en sa charrette par derrière [1]. — Que nul ne aille en aultruy jardin, l'an durant. — Pour feu et cendres.

F° 58. L'ordonnance des glaneurs. — Que nul ne donne gerbes à aultruy. — Que nul ne fasse pigner, carder, ne filer en aoust.

F° 59. Pour les cuilleurs de dysmes. — Pour les bolengiers. — Que nul ait colombier.

F° 60. Que nul ne porte armes. [2] [arcs, trousses de flesches, coustel à pointe, hache deffensable, faulx, arcs, masses de fer ou de plonc, broches]. — Pour les ribauldes. — Encontre le jeu des detz.

F° 61. Pour la droicte mesure. — Que nul ne preigne coulons. — Que nul ne destourbe les charuez. — Que nul passant de pyé ne porte espée hors chemin.

F° 62. Pour l'admendement des chemins. — Pour le mesurer des bleds. — Que nul ne vende fers de charuez. — Pour les rons fossez parmy les chemins.

F° 63. Pour bestes prinses en boys. — Pour le musnier. — Que nul ne siffle par nuyt, s'il n'est gentilhomme ou sergent. [3] — Comment le sergent serait creu par son serement. — Que nul ne preigne œufz aux marais.

F° 64. Le sergent ne peut estre avant parlier. — Pour bestes prinses en pastures. — Nul ne peut estacher sa beste à lyen par le chemin. — Que nul ne carie sans cordel. — Que nul ne coppe boys.

F° 65. Que nul ne tiengne maulvais hostel. — Que nul ne carie devant soleil, ne après. — Se aucun garde ses bestes en boys ou que elles soient eschappées. — Se aucun rompoit par nuyt aucunes maisons.

F° 66. Se aucun enfraint la main du Seigneur. — De l'office du sergent par IV articles ensuyvans.

F° 67. Des brasseurs. — Qui vendra beuvraige il doit mectre l'enseigne dehors la maison. — Qui fait riot ou débat. — Que nul ne mecte fyens sur les rues.

F° 68. Que nul excommeniez ne entre dedens le moustier. — Des fontaines. — Que nul ne siee en taverne après x heures. [4] — Quel temps et combien dure le ban d'aoust. [5]

---

[1] x. s. parisis. — [2] LX s. parisis. — [3] x s. parisis. — [4] x sous parisis.

[5] Le ban d'aoust durera du dimanche prochain ensuivant après la feste

Autres ordonnances des barons pour le commun prouffit.

F° 69 L'ordonnance de poyser pain. — Des ensoynes et délaiz. — Comment le tavernier leaulment peut et doit estre creu par son serement. — Du bailly et clerc des barons, et comment le clerc doit user de son seing manuel.

F° 70. Qui oppose et déchiet de son opposicion. — Le franc homme ne doit estre avant parlier. — Quelz sergens doyvent entrer en la seigneurie des barons. — Comment chascun peut garder ses bledz soir et matin.

F° 71. Nul sayeur ne sayresse de bledz ne doit emporter gerbe du champ. — Que nul charretier ne donne à mengier à ses bestes.— De la manière de succession et particion.

F° 72. Pour les orphenins. — Salaire des arbitres. — Pour femme tencant. — Pugnicion de ceux qui vendent maulvais lyn [1].

F°. 73. Ordonnance pour les balances. — Que nul ne gecte pierres ne cailleux contre le moustier. — Pour ceulx qui font les chandelles de suif. — Des joueurs aux balles. — Nul estrangier ne fasse pasturer ses bestes en l'eschevinage.

F.° 74. Pour ceulx qui tirent le vin hors de caves ou de celliers. — Des ensoinnes. — Des censiers qui sont arrière de leurs rentes.

F°. 75. Comment les tesmoings seront examinez. — Des coustz et frais de justice. — Des ensoinnes.

F°. 76. Qui feroit noize par nuyt en taverne [2].— Comment les sergens pourront porter toutes manières d'armures. — Que nul bastel ne parte de terre pour aller par nuyt en l'eaue [3].

F°. 77. Comment tous bastelz seront fermez par nuyt.— Comment chascun digne de foy peut rapporter et présenter.

Les articles de la feste de Guynes.

F°. 78. — La franche feste de Saint-Pierre en aoust.— La franchise de la feste. — Que nul ne destourbe la feste. — Que nul ne herbarge ne loge bannys.

F°. 79. Que nul ne porte armures en la feste. — Des

de la Magdelaine, jusques à la feste de la décolacion saint Jehan Baptiste prouchain ensuyvant.

[1] x s. parisis. — [2] xi. s. parisis. — [3] lx s. parisis.

GUINES.

balances et poys. — Que toutes aulnes soyent bonnes. — Chascun doit aulner justement.

F°. 80. Que toutes mesures soyent bonnes. — Que chascun mesure bien et justement. — Que nul ne mesle vin. — Que chascun mesure byère et cervoyse bien justement. — Que toutes mesures soyent bonnes.

F°. 81. Que chascun poyse par le poys de la ville. — L'ordonnance des estaulx en la dicte feste. — L'ordonnance des payemens en la dicte feste.

F°. 82. — Que chascun paye son tolieu. —

Travers de Guisnes.

Ce sont les droictures du travers de Guysnes, lequel travers est tout entièrement au seigneur.

L'usaige de la loy de l'eschevinage.

F°. 83. Qui tyre hors de la guayne ou fourrel ung coustel à poincte [1]. — Se aucun ferist ung aultre d'un baston ferré.

F°. 84. Se aucun ferist ung aultre de son poing [2]. — Se aucun ferist ung aultre d'une pierre [3]. — Se ung homme gectoit vin au visaige d'ung aultre [4]. — Qui mectra la main au bailly, sergent ou eschevin [5]. — Comment bourgoys sont quictes de tonlieu. — Qui roberoit marchans [6].

F°. 85. Se ung homme tue ung aultre [6]. — Se aucun embloit des biens [6].

Maletotes de Guysnes.

F°. 86. Comment bourgoys sont quictes de toutes maletotes.

Après cet article commence la série des maletotes que

---

[1] Se il ayt féru aucune personne à playe ouverte, il est en amende de coupper le poing.

[2] xxx s. paris. — [3] x livres paris. — [4] x livres paris. [5] Le poing coppé.

[6] Pendu. — A la suite il y a un article qui n'a point de titre; il est ainsi conçu : — Item est à savoir que la rivière qui maine à Calais, à St.-Omer, peut ung vaissel de la charge de IV tonneaulx de vin passer partout, de St.-Omer, par charroy, à Ardre, parmy leurs terres, c'est assavoir par 4 lieues de terre, et d'Ardre, la rivière qui mainne jusques à Bruges, à Gand, à Ypres et à Tournay, et ailleurs au pays d'environ.

on a à coustume de prendre sur les estrangiers. (très-curieux).

F°. 88. Item en la franche feste, chascun estal et chascune beste doyvent doubler ainsi que cy après est spécifié, dit et déclairé.

F°. 90. — Les coustumes de delfage.

F°. 91. Pour le deffault et contumasse d'ung homme deffaillant en court. — L'ordonnance des brasseurs.

F°. 92. Se aucun vendoit bestes mises en sa maison, à savoir s'il doit tonlieu ou non. — Du rachapt des biens vendus par la voulente de partie.

F°. 93. Et s'ilz sont venduz par justice. — Le droit du Seigneur, de ceulx qui vont de vie à mort en la conté.

F°. 94. La loi des bastars.

F°. 95. Des tuteurs des orphains.

F°. 96. Se aucun eschevin révelle le secret de la court, ou dit villenye au bailly.

F°. 97. Se aucun navroit ou baptoit son adversaire.

F°. 98. Se aucun disoit villenie au clerc de la court. — L'ordonnance des garennes.

F°. 99. L'ordonnance des volilles et perdrix. — Se aucun peut aliéner sa terre hors la conté de Guines [sans congié du seigneur].

F°. 100. Se aucun disoit encoutre l'escripture du clerc. — Se aucun veult jurer pouvreté.

F°. 101. Que nul ne vende si non par mesure scellée. — Le salaire du bailly, se aucun se purge de cas de crime.

F°. 102. Le bailly n'a riens pour lever ung corps tuez. — La chartre de la feste de Guisnes, après pasques [1].

F°. 103. Les coustz, missions, fraiz et despens des parties et de leurs advocatz.

F°. 104. Quelles choses sont chastelz, et l'ordonnance de particion.

F°. 105. Comment on doit appeller.

Les coustumes de l'eschevinage de la conté de Guisnes.

F°. 106. Comment le bailly de l'eschevinaige tenoit le viestare et l'officie de l'aman.

F°. 107. Les eschevins ont haulte justice de leurs bourgoys et habitans [en l'eschevinaige].

---

[1] Edwardus III, dei gratia rex Anglie... .. anno regni nostri quadragesimo secundo (1369).

GUINES

F°. 108. Se aucun est arresté dedens l'eschevinage par le souverain bailly et ses sergens, [il doit estre délivré au bailly et aman de l'eschevinage].

F.° 109. La liberté du souverain bailly en la franche feste. — La liberté du bailly de l'eschevinage en la franche feste. — Le bailly souverain ne ses sergens ne porroient arrester en l'eschevinage.

F°. 110. Le sergent du bailly souverain ne peut arrester en l'eschevinage [sans congié du bailly du dit eschevinage]. — Le procès de la requeste du bailly de l'eschevinage faite au souverain bailly [pour renvoyer les borgoys au viestare]. — Ung bourgoys ne peut faire adjourner aultre bourgoys devant le souverain bailly. — Se ung bourgoys fust arresté à Saint-Omer. — Se ung soubz manant en l'eschevinage fust arresté par l'aman, [et disoit qu'il est borgoys, et il ne l'est mie].

F°. 112. Ung habitant non bourgoys ne peut cryer bourgoisie. — Comment ung bourgoys doit aydier ung aultre. — Se ung bourgoys a fait aucune noise ou débat [pour quoy il soit mis en prison].

F°. 113. Se ung bourgoys navrast ung autre à la mort. — Nul ne peut faire mestier de bourgoys sans congié. — Quel droit ung bourgoys doit payer à son entrée.

F°. 114. Quans eschevins doyvent estre, et leurs seremens. — Se ung eschevin alloit de vie à trespas.

F°. 115. Comment le varlet des eschevins doit faire son office. — La responce d'ung homme adjourné devant eschevins.

L'ordonnance de la viestare.

F°. 116. Comment le bailly en la viestare tenoit ung banc [et comment l'aman et conseil du seigneur, etc]. — Comment le bailly en la viestare sera assis, et VII eschevins seront sur ung autre bancq. — Sept vielz eschevins doyvent seoir sur ung autre bancq.

F°. 117. Quans eschevins pevent bannir le viestare. — Comment le viestare doit commencer.

F°. 118. Comment l'aman doit bannyr le viestare. — Nul ne peut parler sans conseil. — Le droit et salaire du clerc en la viestare. — Comment la partie doit requérir conseil.

F°. 119. Comment l'advocat doit parler pour son

maistre. — Après le viestare bannye, nul eschevin ne clerc ne se peut lever du bancq.

F°. 120. Comment l'aman doit arrester. — Le procès des parties est ou jugement des eschevins.

F°. 121. Comment la partie arrestée doit congnoistre ou denyer la debte. — La manière du serement des parties en la viestare.

F·°122. Se aucun est arresté par l'aman pour debte ou pour héritaige. — Le conjurement du bailly en la viestare.

F°. 123. Quantes preuves sont nécessaires en la viestare. — Se ung bourgoys fait adjourner [ung autre, comment doit faire, et le privilége du bourgoys]. — Comment ung manant non bourgoys doit estre arresté et non adjourné par l'aman.

F°. 124. Comment l'aman peut arrester bien meubles. — Comment la partie doit poursuyr les biens en la viestare.

F°. 125. Comment la partie doit estre cryée par trois dimenches [pour deffendre ses biens, et comment après les biens seront vendus par justice]. — Les causes civilles ne doyvent estre plaidées les jours ·des cas et causes cricriminelles.

F°. 126. Comment le bailly et eschevins tenoient leur viestare sur la mort et bannissement. — Quans respiz les bailly et eschevins ont en ung procès en la viestare. — Se aucun disoit encontre les chartes des eschevins.

F°. 127. Comment pour le debte congneu, les eschevins et aman peuvent faire exécucion sur les gaiges d'ung bourgoys. — Se aucun bourgoys ou soubz manans sont en procès en aultre seigneurie pour leur delict.

F°. 128. Se deux bourgoys ou manans avoient combatu dedens autre seigneurie [et retornoyent sans estre prins, savoir auquel seigneur apartient l'admende]. — Comment ung peut arrester ung aultre.

F°. 129. Comment les baillifz et receveurs et autres officiers du bailliaige pourront faire arrester aucuns, pour les choses concernant et appartenans leurs offices. — Comment ung clerc, advocat, procureur ou sergent pevent avoir exécution sur leurs salaires.

F°. 130. Encores pour demander les salaires des advocats et procureurs. — Comment ung qui appelle d'ung procès doit trouver pleiges pour poursuyr.

GUINES

F°. 131. Privileige pour demander les salaires des officiers.

Assises selon la coustume d'Ardre.

— Ensuyvent les assises selon la coustume d'Ardre, qui apartient à la réfection de la ville (très-curieux).

F.° 132. les droictures apartenans aux eschevins. — Ung homme peut estre bourgoys pour v sous parisis de rente. — Se ung bourgoys trespassoit et ses hoirs demourassent hors du pays.

F°. 133. Se ung bourgoys peut vendre sa rente à ung autre bourgoys. — Se ung bourgoys trespassoit ayant bien en autres seigneuries. — Se une bourgoise prent ung étrangier en mariaige.

F°. 134. Nul ne peut estre bourgoys en deux villes.— Se ung bourgoys banny vient à Guysnes. — Le droit du seigneur de vin ou cervoise vendus.

Encore les articles du ban d'aoust.

— Se ung désobéissoit au seigneur [1].

F°. 135. Ung franc homme ne peut estre advocat ne procureur. — Les sergens de la haulte justice seront creuz par leur serement. — Comment les taverniers et autres seront creuz par leur serement. — Nul seigneur ne nul baron ne pevent tenir les plaiz le dimenche [2].

F°. 136. Après que ung a congneu ou denye, en quelle admende est la partie qui délaisse le poursuyr. —Comment toutes cours seront enregistrées.

F°. 137. Le clerc doit signer devant que on scelle. — Le clerc doit enregistrer devant qu'il passe dessoubz le scel. — Comment les xv^{nes} seront proclamées encontre ceulx qui auront fait debat. — [Et le salaire du clerc et du sergent]. — Que nul ne tiengne harnas de fillay.

F°. 138. Que nul ne preigne les oyseaulx.— Contre celluy qui fait noise et débat. — Le sergent à cheval peut entrer en la seigneurie des barons.

F°. 139. Comment ung manant peut arrester l'autre hors de la dicte conté. — Ung ne peut faire arrester l'autre de la conté pour ung procès jugié en la dicte conté.

F°. 140. Celluy qui a perdu le procès ne doit avoir nulz despens. — Se ung bourgoys de Calais fait arrester ung soubz manant de Guysnes. — Se ung soubz manant fait arrester l'autre soubz manant à Calais.

[1] LX s. parisis. — [2] LX s. parisis.

F°. 141. L'admende encontre celluy qui a fait tel arrest. — Les assises de la ville d'Ardre qui doyvent apartenir en tel cas à la ville de Guysnes, par la grâce du seigneur [1].

F°. 144. Ce sont les franchises et libertés que donne le conte de Guysnes à ses hommes et barons [2].

Choses notoires deuement recongneues.

F°. 151. Nul homme ne peut faire mestier dedens la ville, s'il ne fait serement à la dicte ville. — L'ordonnance de la balance de la ville au prouffit du seigneur.

F° 152. Nul homme de religion ne peut faire warpe ne congnoissance devant Loy. — Le père ne la mère ne doyvent estre contrains pour le fourfait de leurs enffans. — Le bourgoys se peut deffendre en sa maison, sans admende. — Le père peut aydier ses enffans, et les enffans leur père, sans admende.

F°. 153. Enqueste du pays, et les articles avecques les lectres d'icelle et conclusions. — Comment ung homme peut estre purgié en quatre cours.

F°. 154. Comment ung homme peut estre purgié au lieu et seigneurie où le délict a esté fait, et à quelles personnes il doit estre certiffié par lectres. — Par quel temps doit estre en prison celluy qui veult estre purgié.

F°. 155. Se ung enforçoit une femme et se mect à l'enqueste du pays. — Comment ung homme prins par suspection peut estre purgiez.

F°. 156. Le jour que on tient l'enqueste le prisonnier doit estre franchement desserré, et peut demander noms et surnoms des tesmoings.

F°. 157. Les causes pour quoy celluy qui a faict aucun délict doit rapaisier sa partie adverse.

F°. 158. Se ung homme emmaine la femme d'aultruy par le pays et le mary de la dicte femme les poursuit.

F°. 160. Excusacion pour ung homme qui emmaine la femme d'aultruy.

F°. 161. Ensuyvent les lectres des articles des sus dictes [Et premièrement commission réquisitoire pour purgier ung homme de mort pour ung cas piteusement advenu] [3].

---

[1] Henry, par la grace de Dieu, roy de France et d'Angleterre..... l'an de grace 1433.
[2] Ernoul, comte de Guysnes, may 1273.
[3] 15 avril 1344.

GUINES.

F°. 163. Relacion du sergent sur la dicte commission [d'avoir fait l'adjornement tant à la dicte vesve et amis carnels du dit mort].

F°. 166. Ung mémoire comment par trois jours on doit publier au jour de marchié en la halle ou par trois dimenches en l'église parochiale, où il n'a point de jour de marchié en une ville, l'enqueste d'ung homme ou femme, par le seigneur du lieu, présens deux eschevins, ou deux francs hommes du roy, ou d'autres seigneurs.

F°. 167. Relacion du sergent et de deux francs hommes qui ont par les dis trois jours de marché en la halle, ou trois dimenches en l'église parochialle, publié et cryé la dicte enqueste [et ne doit faire ceste relacion, par les dis sergents et frans hommes de bouche, sans escript en plain jugement].

F°. 168. Lectres de la renonciacion des parens et amis charnelz du mort, quant partie a fait son traictié de paix, ausdicts amys de leur poursuicte.

F°. 170. Se les amys d'ung mort ne veullent poursuyr.

F°. 171. [Le jour que l'enqueste doit estre ouverte pour toutes gens venir].

F°. 172. La conclusion comment on doit estre purgiez.

F°. 173. Lectres de l'absolution de l'enqueste dessus escripte et jugée par sentence de jugement.

F°. 178 Le salaire du bailly, des francs hommes et du clerc, pour tenir l'enqueste. — Ung clerc ne peut estre jugié par justice laye.

F°. 179. Se ung homme est blecié par ung archier. —

Ensuyvent les articles d'ung homme qui accuse ung autre de cryme à justice.

F°· 180. La pugnicion de celluy qui accuse ung autre sans cause. — L'admende du seigneur en cause de cryme, et comment le cryme est hors par eslargissement de prison.

F°. 181. Se aucune personne laissoit de poursuyr son accusacion, comment il le doit admender au seigneur, au bailly et à la partie.

Des donations et ordonnances de testament.

F°. 182. Ensuyvent les questions d'une personne de loyal mariage gisant en son lyt mortel, s'il peut donner ses biens meubles et héritaiges. — Comment ung homme peut déshériter son hoir. — Comment ung estant en son lyt mortel peut donner ses héritaiges qu'il a acquestez.

F°. 183. Comment ung homme marié peut donner ses propres acquests, et la femme aussi. — Se ung homme peut donner à sa femme. — Comment ung homme peut donner à sa femme, et la femme à son mary.

F°. 184. Se ung homme ou femme gisant en son lyt mortel peut donner pour le salut de son ame, et comment. — Quelle somme d'argent peut donner une personne pour le salut de son ame [1].

F°. 185. Comment le père et la mère pevent partir sur leur lyt [leurs biens à leurs enffants].— Comment une personne peut chargier son héritaige pour certaine somme d'argent, et comment le seigneur doit estre quintié.

F°. 186. Se ung homme avoit esté marié à deux femmes, et il eust plusieurs enffans des dictes deux femmes, comment doit estre départi son héritaige.

Ensuyvent les articles d'ung bastard, dont il y a plusieurs manières de bastards.

F°. 187. Bastars en avoutrie. — Bastars de prestres et de nonnains. — Bastars d'ung homme marié et de femme non mariée. — Bastars d'un chevalier et femme non mariée. — Bastars de jeunes gens non mariez.

F°. 188. Comment le bastard peut donner en son lyt mortel. — Se ung bastard donnoit et avoit donné ses biens en sa plaine vie. — Se ung bastard peut donner à son filz bastard, et comment.

F°. 189. Se ung bastard n'a nulz enffans en mariaige. — Se ung bastard ou bastarde est hoir de son père, ou de sa mère, selon les coustumes de la conté de Guysnes.

F° 190. Se une fille bastarde doit partir avecques sa sœur non bastarde.

F°. 191. Conclusion de la prouchaine question dessus escripte. — Les articles pour appeller. — Ensuyvent les noms des XII pers de la conté de Guysnes [2].

F°. 192. La déterminacion se l'éritaige vient de par le père ou de par la mère, et comment hoir peut succéder. — Se l'éritaige vient de par le père.

F° 193. Comment le hoir peut succéder es deux ar-

---

[1] XL s. parisis au plus.

[2] Ardres — Niellez — Autingues — Alembom — Mailnebourse — Seltini — Surques — Bouvellinghen — Loc de Barne — Foucquehoire Froyton — et Neel.

GUINES.

ticles dessus dictz. — Des bestes estranges. — Se aucun prent à garder bestes d'estrangiers, sans congié du seigneur.

F°. 194. Comment le seigneur doit admender les chemins, en deffault des tenans.

F° 195. Ensuyvent les articles qui fait à sa concubine, à sa femme ou à son varlet aucun empeschement. — Se aucun navroit son varlet ou sa chambrière. — Se ung homme bapt sa femme à sang courant.

F° 196. Se aucun tuoit sa femme [1]. — Se ung homme marié apportoit son larrecin en sa maison, sa femme n'en seroit tenue coulpable. — Se ung homme marié tenoit varletz ou chambérières, larrons en sa maison. — Se aucun gardoit les chemins pour baptre ung autre et il est prins. — Se celluy ou ceulx qui ainsi garderoient les chemins ne povoient estre prins.

F° 198. Articles des droictures et relief, quant une personne vent sa terre en seigneurie, et comment il doit relever à son seigneur. — Se aucun vendoit sa terre devant autre justice que la justice ou seroit sa dicte terre située et assise.

F° 199. Le relief d'une baronnie de Guysnes. — Les reliefz de ceulx qui tiennent xxx ou xl mesures de terre. — L'autre manière de relief.

F°. 200. Se aucun achapte terre ou seigneurie sans en donner la congnoissance au seigneur par xxx ou xl ans. — Se aucun tenoit aucune seigneurie xx ou xxx ans sans relief.

Articles de la franchise de saincte église.

F°. 201. Ung homme peut demourer en l'église ou en l'atre xl jours et non plus.

F°. 202. Se aucun est banny il peut demourer en l'église. — Se aucune personne faisoit sacrilége en l'église. — Comment l'atre peut estre interdit, et non point l'église. — Se l'église est interdicte, l'atre est interdit.

F°. 203. Se aucun, après qu'il est à refuge à l'église, navroit ung autre hors l'atre. — Se aucun tout armé a refuge en l'église.

F°. 204. Ensuyvent les articles sur plusieurs choses et manières usées et acoustumées faire en la conté de Guysnes, touchant fait de bannissement, d'ommicide et de larrecin,

[1] Pendu.

bannys de plusieurs pays. — Ung banny peut demourer en la conté de Guysnes, et pour quelles causes et raisons.

F°. 205. Comment les bannys peuvent demourer en la conté de Guysnes, seurement et sauvement. — Les salaires des francs hommes et du clerc d'ung homme qui seroit banny pour avoir dit maulvais langage.

F°. 206. Le seigneur n'a nulle admende d'ung banny hors de la conté. — Un banny hors de la conté ne doit payer nul despens de prison.

F°. 207. Se on bannist aucune personne hors de la conté, le seigneur où la partie payeront les despens. — Le juste procès comment ung homme doit estre banny.

F°. 208. Ung homme banny ne doit perdre nulz de ses biens. — Se aucun est banny hors du royaulme de France. — La justice doit garder secrètement l'onneur des bannys.

F°. 209. La justice layc ne peut bannir ung clerc ne ung prestre fors de lite mageste. — Comment une justice peut poursuir ung banny devant autre justice où il demeure, pour l'admende.

F°. 210. Ensuyvent les articles appartenans à homme mis en prison, tant pour cryme comme pour debte. — L'admende de celluy qui partiroit de la ville quand il en seroit party après que on lui auroit deffendu [1].

F°. 211. Se ung prisonnier eschappe hors de prison. — Se aucun prisonnier était bien enserré par le regard de la justice et après s'enfuyst. — Un chepier doit garder l'onneur de son seigneur.

F°. 212. Ensuyvent autres articlez pour tesmoings produis, bons ou maulvais. — Se on peut jugier par trois tesmoings, depposans par oyr dire, par commune voix. — Par informacion des tesmoings, le bailly peut emprisonner ung homme.

F°. 213. Comment faulx et maulvais tesmoings seront pugnis. — Comment faulx tesmoings doyvent satisfaire la partie.

F°. 214. Se faulx tesmoings s'enfuyent, comme ils doivent estre bannys sur la langue. — Douze hommes en ung lignaige, tesmoings en une chose, sont ung tesmoing et non plus.

[1] LX s. parisis.

GUINES.

F°. 215. Comment tesmoings pevent debatre de leur déposition. — Ensuyvent les articles comme se aucun fust mis à mort en la maison on maisons d'aucuns.

F°. 216. Comment ung homme peut estre en dangier par sa renommée. — Se ung homme fut occis en une taverne. — Se aucun fust occis en la maison d'ung notable homme.

F°. 217. Comment ung homme doit faire, quand son varlet est occis par son charriot ou charrecte.

F°. 218. Ensuit le stille, coustume et usaige du pays, comment un homme vefve et une femme vefve doyvent partir l'ung contre l'autre, après le trespas l'ung de l'autre, puisqu'ils sont ensemble par mariaige et bien ayent enffans ensemble.

F°. 219. [De plusieurs choses appartenans à un trespassé]. — [Se ung riche homme prend une pouvre femme et se une femme riche prend ung pouvre homme en mariaige].

F°. 220. [Comment à la requeste que le mary fait à sa femme elle peut donner de sa part, ou à la requeste que la femme fait à son mary, il peut donner semblablement de sa part, par leur testament l'ung à l'autre]. — [Ensuyvent les articles par quelle manière enffans et hoirs doyvent partir en biens meubles et héritaiges, les ungs contre les autres].

F°. 221. Comment le père et la mère seront héritiers de leurs enffans en l'eschevinage et en la conté de Guysnes.

— Comment le seigneur partira contre la vefve es biens de son mary qui sera bastard.

F°. 222. Comment le seigneur seroit hoir en deffault que héritiers ne se appairront dedens ung an. — Comment les hoirs qui tiennent rente héréditable doyvent relever et dedens quel jour, et comment le seigneur peut contraindre pour son relief.

F°. 223. Se ung homme donnoit à sa fille cent francs en mariaige et ladicte fille trespassait, sans avoir enffans, son père et sa mère seroient ses hoirs. — Ensuyvent les articles comment et en quelle manière une loy peut et doit rappeller une personne bannye d'une ville ou d'ung pays. Mais que la dicte loy et justice en soit requise par la partie bannye ou de ses parents et amis.

F°. 224. Se une personne est banny à temps, il ne peut estre rappellé devant ledict temps.

F°. 225. Comment une personne bannye sur la teste peut estre rappellé à la voulenté du seigneur. — Comment ung banny pour ung an et jour ne peut revenir sans la voulenté de la loy. — Comment ung banny à tousjours ne peut revenir sans lectres patentes de son seigneur.

F°. 226. Comment un bourgeoys doit estre banny. — Nul bailly seul ne peut faire rappel sans hommes.

F°. 227. Ensuivent les articles d'une personne faisant son testament en son bon sens et mémoire de sa derrenière voulenté. — Comment et par quelle manière le seigneur et les testamenteurs en doyvent gouverner en ce. — Se ung homme a donné par avant mariaige.

F°. 228. Comment le testament d'ung homme peut et doit estre décrétez devant la loy, et comment les testamenteurs en doyvent rendre compte. — Comment la loy doit faire, se ung homme trespassoit sans faire testament.

F°. 229. Comment ung homme peut eslire sa femme à testamenteur. — Comment le derrenier vivant partira aux biens du trespassé et aux debtes.

F°. 230. Quelles choses sont et apartiennent à testament, es quelles choses le derrenier vivant ne seroit point chargié. — Ensuyvent autres articles comment la loy et justice de la ville se doit gouverner après le trespas d'ung homme et d'une femme, puis qu'ilz ont hoirs de loyal mariaige, ayans leur aage ou soyent mineurs d'ans ou non, ayans nulz enffans et l'omme ou la femme demeure en vie.]

F°. 231. L'ordonnance des inventaires. — Quelle personne doit garder l'inventaire fait par la loy. — Se les exécuteurs faisoient particion sans congié de la loy.

F° 232. Comment les exécuteurs doyvent traicter la vefve gracieusement et luy faire doulcement, etc., quand ils sont décrétez par la loy.

F°. 233. Quelles choses les testamenteurs doyvent avoir en leur garde, et se aucune chose est encores redevables par don de mariaige, etc.

F°. 234. Se l'inventaire est fait par la loy, comment la vefve sera creue par son serment. — Comment la vefve et hoirs pevent contraindre les exécuteurs pour rendre compte.

F°. 235. Comment la vefve seroit contrainte par la

GUINES.

loy et justice de rendre la moitié des biens du trespassé [et non pas par force ne autrement.]

F°. 236. Comment les exécuteurs doyvent rendre pleiges de paix, pour la partie de la vesve et hoirs.

Explicit la table de ce présent livre.

Le Coutumier finit ainsi :

Et toutes les choses contenues en ce présent livre sont vrayes, notoires et manifestes de droit, usaige, coustumes et vray stille en ce royaulme. — Explicit.

GUISCARD. 761.

I. Lettres patentes de Louis XIV portant érection de la terre et seigneurie de Magny en marquisat, et qui établissent des foires et marchés au dit lieu.— (janvier 1703).

A. I. Sect. adm., E. 3389, f° 17 v°.

II. Contrat d'aliénation registré, fait au nom du roi au profit de Louis, comte de Guiscard, lieutenant-général des armées du roi, des petits droits domaniaux et seigneuriaux restant au roi dans le domaine de Chauny, non compris dans le contrat d'échange passé entr'eux, lesdits petits droits consistant en celui de pêche sur la rivière d'Oise, etc., moyennant 13,650 liv.— (6 sept. 1710),

A. I. Sect. jud., Reg. du parl., tom. 117, V. f° 356 r°.

III. Lettres patentes registrées en faveur du sieur Louis, comte de Guiscard, portant confirmation du droit de faire exercer la justice ordinaire par son bailli et autres officiers du marquisat de Guiscard dans les territoires de Touel et de Coudron, etc. etc. — (6 septembre 1710).

A. I. Sect. jud., Reg. du parl., tom. 117, V. f° 359.

IV. Bail à cens d'un terrain sis à Guiscard. — (1775).

A. I. Sect. adm., Q. cart. 859.

GUISE. 762. Cartes et plans.

Atlas grand in-f°.

B. I. Dép.t des cartes et plans, collect. topogr. V. a. 28.

Ce volume [1], qui contient les cartes, plans et dessins,

[1] Il y a aussi dans le volume de la collection topographique côté V. a 29 un profil des ouvrages qui sont devant l'église St.-Pierre en la ville de Guise.

imprimés et manuscrits, des arrondissements de St.-Quentin et de Vervins, possède, concernant Guise :

1° Plan de Guise. — 2° Plan des fortifications de Guise. 3° Les ville et château de Guise (teinté). — 4° Plan des forts de Guise et environs (teinté), — 5° Plan de la ville et chasteau de Guise et environs (teinté). — 6° Plan de Guise en 1769, par Daullé. — 7° Vue de la ville et chasteau de Guise, étant sur la montagne de Marlat, par le sr du But, ingénieur, en 1682.

763. Recueil de Pièces tirées des collections des bibliothèques de Paris et des archives de l'Empire.

I. Coutumes de Guise, octroyées par Jean de Chatillon, comte de Blois.[1] — (Juillet 1270.)

B. I. *Suppl. Fr.*, n° 1225, p. 195.

II. Acte par lequel Adam de Guise se soumet à l'arbitrage de Charles, comte de Valois, au sujet du différend survenu entre lui et Jean de Proy[2], écuyer. — (1324.)

A. I. *Sect. hist., Trés. des Ch.*, J. Cart. 164, n° 53.

III. Rémission, pour cause *de joieux et premier advenement en la ville de Laon*, en faveur de Jehannon Le Fevre, lieutenant du prevot de Guise, qui, en se rendant à Puisieux[3] pour *les besongnes dudit prevost*, rencontra Jehan de Le Cour, de Proissis[4], qui, lui ayant donné *d'une espée parmi le bras*, en reçut de lui un autre qui le fit mourir. — (Laon, octobre 1392.)

A. I. *Sect. hist., Trés. des Ch.*, J. Reg. 153, f° 359, v°.

IV. Aveu baillé par Marie, reine de Jérusalem et de Sicile, pour la terre de Guyse. — (17 mars 1394.)

A. I. *Sect. adm.*, PP. 6 2, f° 264, v°.

V. Hommage des chateaux et chatellenies de Guise,

---

[1] Voy. plus loin le texte de cette coutume.
[2] Proix, canton de Guise, arr. de Vervins (Aisne).
[3] Canton de Sains, arr. de Vervins (Aisne).
[4] Proisy, canton de Guise, arr. de Vervins (Aisne).

GUISE.

Yrson[1] et d'Oysi[2], par le roi de Jérusalem et de Sicile. — (25 avril 1405.)

A. I. *Sect. adm.*, PP. 2, f° 198.

VI. Rémission en faveur de Pierre Corps d'Omme, charron, fermier de la chaussée de Guise, qui, *d'un petit coustel tranchepain*, frappa, *par chaude cole, esmeu et courroucié*, un nommé Jéhan Le Fevre, demourant à Montigny[3] dessus Crecy en Laonnais, qui lui devait de l'argent et ne voulait le payer. Cette rémission est accordée à la condition d'un pélerinage à Nostre-Dame de Boulongne-sur-la-Mer, d'un autre à Nostre-Dame-de-Lieuce, après une prison fermée, au pain et à l'eaue, pendant deux moys. — (Décembre 1412.)

A. I. *Sect. hist.*, *Trés. des Ch.*, J. Reg. 166, f° 267.

VII. Don fait à Jehan de Luxembourg, chevalier, seigneur de Beaurevoir, de la comté de Guyse en Thiérache.[4] — (Février 1421.)

A. I. *Sect. hist.* Tr. des ch., J. reg. 172, f° 122, v°.

VIII. Rémission accordée par Henry VI, roi de France et d'Angleterre, à Mahieu de Sernoy, qui avoit aidé et favorisé le parti opposé à celui des Anglais, et avoit tenu *les villes et chastel de Guise à l'encontre de nous et de nos commis et deputez, qui, en notre nom et pour notre commandement, y ont mis le siége, jusques à ce que le cappitaine dudit Guise, ledit suppliant et autres estans en icellui Guise, sont venuz à traictié de rendre icellui Guise au premier jour de mars prochain*. — (20 octobre 1424.)

A. I. *Sect. hist.*, *Trés. des Ch.*, J. Reg. 172, f° 370.

IX. Rémission accordée à Jehan de Hugremont[5], dit Jehan Maille, povre jeune homme, qui, après avoir dîné

---

[1] Hirson, cant. de l'arr. de Vervins (Aisne).
[2] Oisy, canton de Wassigny, arr. de Vervins (Aisne).
[3] Montigny-sur-Crecy, cant. de Crecy-sur-Serre, arr. de Laon (Aisne).
[4] Voy. PÉCHEUR, *Hist. de la ville de Guise*, p. 308 et suivantes.
[5] Probablement Hugemont, commune de Dompierre, canton et arr. d'Avesnes (Nord).

avec le maire, le procureur, et autres personnes de la ville de Guise, *estant surprins de vin et moult tendre de la teste, prist une petite sainture ferrée d'argent,* qui pouvoit valoir deux flourins ou environ. — (Juin 1427.)

A. I. Sect. hist., *Trés. des Ch.*, J. Reg. 174, f° 4, v°.

X. Rémission en faveur de Perrenet Le Vasseur, qui s'était tenu à Guise avec les ennemis du roi d'Angleterre, et qui, lors de la reddition de cette ville, avait reçu de Jean de Luxembourg l'autorisation de se retirer soit à La Fère-sur-Oise, soit au Chasteller, soit à Castillon.[1] — (19 juillet 1427).

A. I. Sect. hist., *Trés. des Ch.*, J. Reg. 173, f° 362, v°.

XI. Lettres portant don à Jean d'Armagnac, duc de Nemours, et à Louis, son frère, du comté de Guise, et des terres et seigneuries du Nouvion, Chatellerault, etc. — (29 mars 1491.)

A. I. Sect. adm., P. *Mémorial* S, f° 280.

XII. Copie informe des lettres de Charles VIII, registrées au parlement le 18 avril, et à la chambre des comptes le 4 mai 1491, portant délivrance, à Jean et Louis d'Armagnac, de la comté de Guise en Tiérache, à eux advenue par le décès de la duchesse d'Anjou, leur tante [2]. — (29 mars 1491.)

A. I. Sect. adm., Q. Cart. 11.

XIII. Hommage fait au roi par le comte de Guise de son comté de Guise et de la seigneurie de Nouvyon, etc. — (Septembre 1492.)

A. I. Sect. adm., PP. 2, f° 261, v°.

XIV. Lettres patentes portant don au comte de Guise de la faculté de nommer aux offices royaux de Guise, Lunel et Marcillargues [3]. — (12 janvier 1495.)

A. I. Sect. adm., P. *Mém.* T, f° 148.

---

[1] Chatillon-sur-Oise, canton de Moy, arr. de St.-Quentin (Aisne).

[2] Il y a en note Ms. de Bethune 8457, f° 88.

[3] Voy. ANSELME, *Hist. général.*. tom. III, p. 478, et PECHEUR, *Hist. de Guise*, tom. I, p. 365.

GUISE.

XV. Hommage fait au roi par le comte de Guise de son comté de Guise et de la seigneurie de Nouvyon, etc., etc. — (Juin 1498.)

A. I. Sect. adm., PP. 2, f° 262.

XVI. Lettres par lesquelles Louis XIII, à la demande du comte de Guise, établit à Guise deux foires franches de deux jours chacune. — (Août 1498.)

A. I. Sect. hist., Trés. des Ch., J. Reg. 230, n° 258.

XVII. Hommage fait au roi par le duc de Lorraine, pour raison du comté de Guise et seigneurie de Nouvyon en Thiérache. — (6 décembre 1504.)

A. I. Sect. adm., PP. 2, f° 211, v°.

XVIII. Lettres de don au comte de Guise du droit de nomination aux offices royaux du grenier à sel de Guise. — (23 mars 1514.)

A. I. Sect. adm., P. Mém. 3, f° 104.

XIX. Lettres portant don à Claude de Lorraine de l'usufruit dudit comté. — (26 janvier 1526.)

A. I. Sect. adm., P. Mém. DD, f° 267 et 269.

XX. Lettres patentes portant érection du comté de Guise en duché, en faveur de Claude de Lorraine, comte de Guise et d'Aumale. — (Janvier 1527.)

A. I. Sect. adm., P. Mém. 2 E, f° 103.

XXI. Article du conseil qui continue aux habitants de la ville et faubourg de Guise et des villages, hameaux et paroisse du duché de Guise, et des chatellenies de Novyon et Herisson en dépendant, l'exemption pour six ans de toutes tailles et creues. — (Février 1605.)

A. I. Sect. adm., E. 8.

XXII. Arrêt du conseil rendu sur la requête du duc de Guise, qui ordonne que la ville de Guise jouira de l'affranchissement de tailles porté par les lettres du 26 octobre 1609. — (Janvier 1612.)

A. I. Sect. adm., E. 34.

XXIII. Bulle du pape Paul V confirmant l'institution des Frères Minimes à Guise. — (1616). Acte curieux.

B. I. Cart. n° 1771.

XXIV. Arrêt du conseil qui renvoie à l'intendant de Soissons la requête des maire, eschevins et habitants de Guise, tendant à être déchargés du paiement de l'ustancile pour les gens de guerre. — (18 janvier 1648.)

A. I. Sect. adm., E. 228.

XXV. Arrêt du conseil rendu sur la requête des maire, lieutenant, échevins et habitants de la ville de Guise, qui leur permet de lever, pendant 20 ans, tous les droits d'imposition des 8e et 20e, pour être, les deniers qui en proviendront, mis entre les mains d'un notable bourgeois nommé chaque année à cet effet par lesdits habitants, et employés à fermer, réparer et fortifier la ville, et ce nonobstant les lettres patentes du 10 mars 1651, qui déchargeaient lesdits habitants desdits droits de 8e et 20e. — (Août 1651.)

A. I. Sect. adm., E. 1696.

XXVI. Arrêt du conseil qui ordonne qu'il sera imposé chaque année, sur les habitants de la ville de Guise, la somme de 308 l. pour le logement du gouverneur de la ville. — (Mai 1666.)

A. I. Sect. adm., E. 1731.

XXVII. Hommage rendu par Marie de Lorraine pour raison du duché de Guise, mouvant de la grosse tour du Louvre. — (2 juillet 1675.)

A. I. Sect. adm., P. 3, f° 255.

XXVIII. Arrêt du conseil qui casse l'élection faite des mayeur et échevins de la ville de Guise. — (Mai 1678.)

A. I. Sect. adm., E. 1794.

XXIX Arrêt du conseil qui, en exécution de celui du 6 mai 1678 et 27 février 1679, permet au gouverneur de la ville de Guise d'assister aux élections des officiers municipaux de cette ville. — (27 février 1679.)

A. I. Sect. adm., E. 1800.

GUISE.

XXX. Arrêt du conseil qui, en exécution de celui du 6 mai 1678, permet au gouverneur de la ville de Guise de se mêler des élections des officiers municipaux de cette ville. — (31 juillet 1679.)

A. I. *Sect. adm.*, E. 1800.

XXXI. Arrêt du conseil qui supprime un droit de péage prétendu par le comte de la ville de Guise. — (22 juillet 1749.)

A. I. *Sect. adm.*, E. 2292.

XXXII. Arrêt du conseil qui maintient la ville de Guise dans la jouissance de différents droits d'octroi et règle le tarif de la perception. — (30 septembre 1749.)

A. I. *Sect. adm.*, E. 1257.

XXXIII. Arrêt du conseil qui maintient la ville de Guise dans la perception de ses anciens octrois. — (Août 1760.)

A. I. *Sect. adm.*, E. 1353.

XXXIV. Lettres patentes qui maintiennent les maire et échevins de la ville de Guise dans le droit de percevoir 6 sols 8 deniers par chaque pièce de vin, à l'entrée de la ville, faubourg et banlieue de ladite ville, 10 sols par pièce qui se vend en détail, et 2 sols par chariot, 1 sol par par charrette et 3 deniers par cheval et autres bêtes de somme entrant chargées dans la ville. — (Septembre 1760.)

A. I. *Sect. adm.*, *Mém.*, 6.

XXXV. Arrêt du conseil qui règle la forme des élections municipales de la ville de Guise. — (Juillet 1763.)

A. I. *Sect. adm.*, E. 2408.

XXXVI. Arrêt du conseil, en forme de règlement, qui réunit en une seule communauté les marchands drapiers, merciers, quincailliers, lingers, bijoutiers, parfumeurs, féronniers et autres de la ville de Guise. — (Novembre 1774.)

A. I. *Sect. adm.*, E. 2505.

XXXVII. Pièces relatives à l'arrêt qui ordonne que le marché se tiendra sur la place d'armes et non sur la place du Toquet, à Guise. — (27 janvier 1781.) 4 pièces et 1 plan.

A. I. *Sect. adm.*, Q. Cart. 11.

XXXVIII. Plan du duché et gruerie de Guise.

A. I. *Sect. adm.*, N. (Aisne), { 1re cl., nos 1 et 2.
2e cl., nos 3, 4, 5 et 10.
3e cl., nos 2, 12, 14, 30, 34, 52, 56 et 59. }

XXXIX. Plan des cazernes de Guise pour la cavalerie, avec des notes et mémoires des travaux faits.

A. I. *Sect. adm.*, N. (Aisne), 3e cl., n° 13.

XL. Plan général des terres et prés, situés sur les terroirs et prairies de la ville de Guise et des châtellenies de Nouvion et d'Oisy.

A. I. *Sect. adm.*, N. (Aisne), 1re cl., n° 2.

XLI. Plans des bois dépendants de la gruerie de Guise [La Petite-Arrouaise, La Motte, Couvron, Marly, Lesquielles, Epaissenoues, Saint-Germain, La Justice, les Aulneux, Beaurain, Van, etc., etc.].

A. I. *Sect. adm.*, N. (Aisne), { 3e cl., nos 4, 5, 6, 7, 8, 14, 15, 17, 18, 19, 20, 21, 22, 23 et 28. }

XLII. Plan du grand chemin de Guise à Landrecies.[1]

A. I. *Sect. adm.*, N. (Aisne), 2e cl, n° 7.

766. Cartulaire de la terre de Guise.

Ms in-f.° de 372 folios, parch. Ecriture des XIV.e, XV.e et XVI.e siècles.

B. I. Fonds Gaignières, n.° 822.

Un savant aussi modeste que distingué, à qui on devra bientôt une histoire du diocèse de Soissons, a fait paraître en 1851 une *Histoire de la ville de Guise*[2], honorée d'une distinction à l'Académie des inscriptions et belles-lettres, et qui ressort, aussi bien par les mérites du style que par ceux de l'érudition, des travaux du même genre

---

[1] Canton de l'arr. d'Avesnes (Nord).
[2] Histoire de la ville de Guise et de ses environs, de ses seigneurs, comtes, ducs, etc., par M. l'abbé Pécheur. Vervins, 1851. 2 vol. in 8°.

GUISE.

publiés en province. Malheureusement il n'a pas connu le précieux manuscrit que je vais analyser, et qui aurait pu servir de base à son ouvrage.

Le cartulaire de la terre de Guise est un manuscrit de la plus haute importance pour l'histoire du pays et qui se distingue des recueils du même genre, en ce qu'il renferme des documents politiques purement civils. Il n'avait pas échappé aux recherches du savant Du Chesne qui l'a certainement consulté pour son histoire de la maison de Chatillon, car toutes les fois qu'il renvoie au numéro de la charte du *chartulaire de la terre de Guise estant en la chambre des comptes de Paris*, la concordance est toujours parfaite.

Le soin qu'à eu le rédacteur de ce cartulaire de donner une traduction de tous les actes latins, mérite d'être signalé. Au point de vue philologique la lecture comparative des deux textes offre de singuliers rapprochements et facilite l'interprétation de mots presque incompréhensibles. Aussi ai-je eu le soin de mettre les mots latins entre [ ] à côté des mots en langue vulgaire, qui me semblaient les plus curieux.

Parmi les documents que j'ai publiés *in extenso*, je signalerai particulièrement les actes de fondation ou les constitutions de coutumes d'Hirson en 1156, de Mondrepuis en 1170, du Nouvion en 1196, de Hanappes en 1210, du Sart-St-Martin en 1222, de Wimy en 1241, et de Guise en 1279.

Le cartulaire de Guise renferme également des pièces fort intéressantes sur les abbayes des environs. Quelques-uns de ces documents complètent les notices que j'ai consacrées antérieurement aux abbayes de Bucilly, de Fervaques et de Foigny.

On lit au $F.^o 2 v.^o$:

« Il est à savoir que en ce livre on trouvera les rebriches des chartres des ville et des églises de Guise et de la terre de Guise ou $VI.^{xx} IX.^{me}$ feuillet de ce livre ; et après en sivant en trouvera les teneurs des dites chartres.

» Item il est à savoir que les lettres que on registerra des ores en avant en ce livre, on les escrira tantost après les lettres qui sont escriptes après ces rebriches en continuant et seront rebrichies en ces rebriches et saingniés par nombre.

» Et les chartres des villes et des églises on escriraa près les chartres des villes et des églises, et seront saingniés et rebrichiés ainsi comme elles sont ordenées en gardant la fourme et le ordenance de ce présent livre.

» Item il est à savoir que on a extrait des ıı cartulaires tant de la terre d'Avesnes comme de la terre de Guise, toutes les lettres, tant le latin comme le francois qui touchent bos et font mention de bos ; et les doit avoir li baillins des bos par devers li, pour garder le droit monseigneur et de ses subges. »

La table des rubriques de la première série commence au f.º 3, elle est précédée d'une note indicative, ainsi conçue :

« Ou non de Dieu, amen. Ce sont les rebriches des chartres et des lettres de toute la terre de Guise des appartenances et dou resort qui estoient ou cartulaire dou chastel de Guise escriptes en ce livre, l'an de grâce mil ccc vint sept, saingniés par nombre de lettres et par nombre de fuelles. Et trouvera-on en ce cartulaire sus la rebriche de chascune lettre, le nombre des lettres ainsi comme elles sont saingniés en ces présentes rebriches, et briement ce dont elles doivent parler, et au bout de ces presens rebriches trouvera-on le nombre des fuelles ou elles sont escriptes et contenues. Et est à savoir que celles qui sont en latin sont doublées, quar l'original dou latin est premiers escrips, et tantost après le francois ; et sont saingniés ces deux lettres, c'est à savoir celle en latin et celle en francois, en la rebriche sous un nombre, quar les deux lettres ne font que une lettre. Et se il en y a plusieurs qui soient d'une matere escriptes en divers lieus pour ce que on n'eut pas toutes les lettres à une fois et que on ne savoit pas toute la matere, les contrais, les marchiés et les causes qui appartenoient à chascune lettre, on trouvera en ces rebriches qui s'ensuient le nombre par lequel on touvera (sic) celles qui s'acordent et appartiennent au fait et à la matere de chascune lettre, au miex que on l'a peut extraire. Et se il y a defaute, ou se on s'en sent en doubte, si voie-on toutes les rebriches, si ne sera-on pas deceu »

La table des rubriques suit en effet, elle occupe quinze folios.

Le folio 18 est blanc, et sous un nouveau foliotage commence la transcription des chartes.

GUISE.

En tête de chaque pièce se retrouve la rubrique déjà transcrite à la table des rubriques, dont je viens de parler. Comme ces rubriques m'ont paru généralement bien faites, je les ai prises comme bases de mes notices.

D'après le préliminaire qui se trouve au folio 1, on voit que ce Ms. est une copie d'un cartulaire qui se trouvait au château de Guise.

« In nomine domini, amen. Ce sont les copies et les teneurs des chartres et des lectres de toute la terre de Guise, des appartenences et dou ressort qui estoient ou cartulaire dou castel de Guise qui furent fait l'an de grâce mil trois cens vint et sept au mois de ottembre.

PREMIÈRE PARTIE.

F.° 1. Une lettre de l'abbé et dou couvent de Bucillis qui fait mention comment li dis abbés et couvens renoncent à toutes chasseries, à toutes prises de bestes sauvages, de oysiaus de proie et de faisans que il avoient en tous les bois [et molin del Mont del Pui [1], et el bies de seur le molin] ou ils partent à moitié contre le conte de Blois, Jehans de Chastillon, sires d'Avesnes et de Guise, fors mis le bos com claimme Thyerissuele, qui siet entre Jante [2] et Bucillis [3]. — (Janvier 1273).

— Lettre de Gile Louvet et de Marie, sa femme, qui font mention de la pescherie et de l'yaue dou Robisseul, laissée et quittée à Jehan de Chasteillon, dès le pont qui siet si comme on va de Faimy [4] à la maison dou Robiseul [5] en aval, si comme le fil de l'iaue le porte; et conservée par les susdits, d'ou pont devant dit en amont par tout et à touz engiens jusques au pont de Bergues [6] et doit estre li cors de l'yaue frans et delivrés, si comme il a esté jusques ci dès le vivier d'Oisi [7] jusques au pont de Bergues. — (Octobre 1261).

[1] Mondrepuis, canton d'Hirson, arr. de Vervins (Aisne).
[2] Jantes, canton d'Aubenton, arr. de Vervins (Aisne).
[3] Bucilly, canton d'Hirson, arr. de Vervins (Aisne).
[4] Fesmy, canton de Nouvion, arr. de Vervins (Aisne).
[5] La Maison de Robizeux est marquée sur la carte de Cassini au N.-E. d'Oisy, sur les bords de la Sambre.
[6] Bergues, canton de Nouvion, arr. de Vervins (Aisne).
[7] Oisy, canton de Wassigny, arr. de Vervins (Aisne).

F°. 1 v°. Lettre comment li abbés et li couvens de St.-Michiel en Thierasche recongnoissent comment il ne pueent acquerre en la terre le conte de Blois fors sept livrées de terre en la terre fors de ses fortreces, que il devoient avoir acquis dedens quatre ans adonques prochainnement ensivans et par le don dou dit conte, en eschange fait à Raoul Flamenc de la terre de Crupillis [1], contre celle du dit Raoul à Yrecon [Hirson]. (fait à Yrecon le jour de la devision des apostles 1260, el mois de Jul).

F°. 2. Lettre comment li abbés et li couvens de St.-Vincent de Laon ont ottroiet au conte de Blois, li nobles et gentius hom, messires Jehans de Chasteillon, sires de la terre d'Avesnes et de Guise et de Leskieres [2], certain cens à Lesquieres, pour ce que il leur donna terre entre le chemin de Guise et la priorté de Lesquieres, qu'ils pourront enclorre de bon mur soufisant à bone closure sans faire forteresce ne trop fort muraille. — (Octobre 1259).

— Lettre comment Jehans, chevaliers, sires de la Planoie [3], a ottroié à religieuses dames l'abbesse et couvens de Monsteruel l'abie [4], de l'ordre de Citiaus, en l'éveschié de Laon, un mui [5] de blé à touz jours au molin d'Anglaincourt [6]. — (Mars 1300).

F°. 2. v°. Lettre comment madame Jehenne, comtesse de Blois, d'Alençon et Chartres et dame d'Avesnes, a donné à Oudart de Cramellies [7], chevalier, en acroissant son fié de la ville d'Estrées, sa fort meson que elle a en la Neusville deseur Estrées en Thiersche [8], en retenant à lui et à ses hoirs seigneurs de Guise leur venir et leur dessendre et leur demourer en la dicte meson quant il vodront. — (Juin 1286).

---

[1] Crupilly, canton de la Cappelle, arr. de Vervins (Aisne).

[2] Lesquielles-St.-Germain, canton de Guise, arr. de Vervins (Aisne).

[3] La Plesnoie est situé sur la carte de Cassini à l'O. de Crupilly.

[4] Abbaye de Montreuil-les-Dames.

[5] Il y a en note : « Cis muis de blé est rachetés et en a-on lettres escriptes ci-après.

[6] Englancourt, canton de La Capelle, arr. de Vervins (Aisne).

[7] Cramailles,

[8] Etrœungt, canton et arr. d'Avesnes (Nord).

GUISE. — Lettre comment li abbés et li couvens de St.-Michiel en Thierasche ont donné et quitté à tous jours au conte de Blois et à ses hoirs la moitié des molins de Flavigni[1] qui estoit leur, en rendant à la dicte églize cuint muis de blé à la mesure de Guise à la quinzainne dou noel a penre sus les dis molins ou sus les molins de Guise[2]. — (Janvier 1256).

F°. 3. Lettre comment li abbes et li couvens de Clereffontainnes pueent vendre et aliéner leurs bos et le treffons, et comment ils recongnoissent que il sont en la garde dou conte de Blois. — (Décembre 1251).

F°. 3 v° Lettre comment Marie, contesse de St.-Pol et Jehans de Chastillons, cuens de St.-Pol, ses fiex, welent et otrient à monsigneur Guy de Chastillon, conte de Blois, leur neveu et cousin, que il ne li porte nul préjudice se il paie aucunes debtes de mons. le conte Hue de Blois, son père, que il n'en puist avoir recours ou il devera (1318).

— Lettre comment messires Jehans, dit Tournes de Moy[3], chevaliers, sires d'Estrées en Arowaise[4], vendi au conte de Blois l'ommage qu'il avoit sus quinze livrées de rente que demisele Ysabiaus, femme Maingot de Moy avoit sus le winage de Guise et tenoit en foy et en hommage dou dit monsigneur Jehan dit Tournet, qui s'en devétit en le main de Pierre de le Marlière, adonc baillis de la terre de Guise et des hommes du conte de Blois, Goulart, signeur de Moy, chevalier, Gérart de Vilers[5] et Jehan d'Aisonville[6], escuier. — (1323).

F°. 4. Lettre comment freres Jehans de Vecueil, chambrier monseigneur St.-Denis en France, chacoit es bos de Cleresfontainnes, la u il ne pooient ne devoient, si comme il recongneissent et comment li contes de Blois prist leurs chiens, liquels de sa grace et de s'auctorité leur rendi. — (1320).

F°. 4 v°. Lettre que mesires Wiars d'Ohies[7] recognoist qu'il a vendut au conte de Blois moyennant deus cens

---

[1] Canton de Guise, arr. de Vervins (Aisne).
[2] Voy. Du Chesne, *Hist. de la maison de Chatillon*, p. 106.
[3] Canton de l'arr. de St.-Quentin (Aisne).
[4] Estrées, canton du Catelet, arr. de St.-Quentin (Aisne).
[5] Villers-lès-Guise, canton de Guise, arr. de Vervins (Aisne).
[6] Canton de Guise, arr. de Vervins (Aisne).
[7] Ohis, canton d'Hirson, arr. de Vervins (Aisne).

livres de petis noirs tournois, forte monnoie, touz frans, les pasturages qu'il avoit ou bos de le Cele et de le foresterie de Wimi que il tenoit en fief dou dit conte et qu'il s'en est devestu en le main de Jehan Muistel, bourgois de Guise, liu tenant à ce jour monseigneur Estienne de Saillenay, chevalier, bailliu d'Avesnes et de Guise et par devant les hommes dou chastel de Guise, c'est assavoir : Jehan d'Aisonville, Bauduin Bastot, Godart de Walers [1] et Gillon, jadiz fill Bauduin de Buscoit [2], escuiers, pour ravestir et ahireter le devant dit monseigneur de Blois. — (Mai 1322).

F°. 5 v°. Lectres que li abbés de l'église Nostre-Dame de Vermans et li couvens de ce meime lieu, recongnoissent que li contes de Blois a le garde et le ressort de tout le fié qu'il tiennent à Grengies [3]. — (Mars 1275).

F°. 6. Lettre que li maires et li juré de St.-Quentin et li procureur dou roy rendirent le retour as gens le conte de Bloys en sa court à Guise d'une cause dont il les poursivoient es assises de le baillie de Vermandois à St.-Quentin. — (Mercredi 19.ᵉ jour d'Aoust 1327).

F°. 6 v°. Lectre de l'acort fait par le conte Jehan entre l'abbé et le couvent de Faimy d'une part et les bonnes gens de la ville d'Oisi de la pescherie de Sambre et dou pasturage des prés apendans à la maison de Gourgoutes [4], qui est lesdiz religieux. — (Avril 1265).

F°. 7. Lettre que li abbés et li couvens de Foisny requièrent au conte de Bloys que il les weille garder d'aucuns maufaiteurs ki ja les ont destourbés et fait trop grant damage, ensi comme si ancisseur avoient fait, et leur envoier deus serjans u deus escuiers. — (1271).

— Lettre de Béatris, contesse de Luxembourk, qui recongnoist que c'est de grace de son cousin le conte de Blois, de passer par le winage de Guise pour ses pourveanches, vitailles et nourrecons de pluseurs manières de

---

[1] Wallers, canton de Trelon, arr. d'Avesnes (Nord).

[2] Bucquoy est situé sur la carte de Cassini au S. d'Andigny.

[3] Il y a Grogies et Grougies dans l'acte. Auj. Grougis, canton de Wassigny, arr. de Vervins (Aisne).

[4] Gourgouges est situé sur la carte de Cassini au N.-O. de l'abbaye de Fémy.

GUISE.   biestes, de Clamliu[1] et Couveron[2], séans en le castellerie de Guise. — (Août 1314).

F° 7 v°. Lettre comment li bailli de Guise mist gardes en l'abbéie de Foisny et comment il y mena dez hommes dou conte de Blois à la requeste de trois abbés envoiés a la dicte abbéie par leur concile general de l'ordre de Cystiaus pour faire aucune correpcion de leurs moingnes, lequel bailliu li trei abbé avoient requis qu'il les gardat de forsse et de violence en faisant la dicte correpcion.

Cette charte fort curieuse pour l'histoire de l'abbaye de Foigny, et très caractéristique quant aux mœurs monacales, a été complètement ignorée de M. Piette[3]. Elle est trop intéressante pour ne pas la publier ici *in extenso*.

A tous chiaus qui ches présentes lettres verront et orront, Jehans diz li boulengiers, baillius, à noble prinche et poissant monseigneur le conte de saint Pol en le terre de Guise, Jehans, sires de Proysis, Willaume de le Mote[4], Wiars d'Ohies, et Jehans, sires de Monchiaus sus Perron[5], chevalier et homme de le court de Guise, salut et amour. Sachent tout que l'an de grace mil ccc et onze, le nuit de le feste saint Martin en yver, nouvelement passée, nous tous présens avoec autres dignes de foy, en le fin de ches présentes lettres dénommés, vinrent en l'abbéie et églize nostre-dame de Foisny en Thierasche, de l'ordre de Cystiaus et de le dyocèse de Loon, religieuses personnes et honnestes, c'est assavoir li abbés de Chierliu, li abbés de Troisfontaines et li abbés de Lonc pont, tout troi abbé del ordene de Cystiaus, esleut et députet commissaire si com il disoient de par le consile general de Cystiaus daerainnement passet pour faire certainne correpcion de pluseurs personnes moines et convers de le dicte églize de Foyny, liquel estoient contenu en lor commission. Et pour la controversie qui estoit meute entre yaus et leur abbé de

[1] Clanlieu, commune de Puisieux, canton de Sains, arr. de Vervins (Aisne).
[2] Couvron est situé sur la carte de Cassini entre Macquigny et Guise.
[3] Histoire de l'abbaye de Foigny. Vervins 1847, in-8°.
[4] La Motte est situé au Sud de Guise.
[5] Aujourd'hui Monceau-le-Neuf, canton de Sains, arr. de Vervins (Aisne).

Foysni, liquel troi abbet requéroient et avoient requis à grant instance, si com il disoient à nous bailliu de Guise en le présence de nous hommes de le court de Guise deseur nommés en ayde de droit, que nous, Jehans, baillius deseur nommés comme sires, et pour monsigneur leur baillissiens en le dicte églize de Foysni le bras séculer, confort et aide de aemplir l'ordenance dou dit capitre général tant par le vertu de le commission deseur dicte comme par le vertu d'une autre commission qu'il avoient dou roy, qui de chou faisoit mention. Nous, Jehans, baillius deseur dis, en le présence de chiaus qui la estoient leur respondi, raison et justice wardée, que se li troi deseur dit abbé et commissaire entendoient à avoir affaire en le dicte églize correction, prisse ou pugnission aucune que il alaissent dedens le dicte eglize, fust en moustier, en chapistre, en cloistre ou en autre liu publique dedens le terre monseigneur de saint Pol ou Guyon de Blois de cui il tient le baille, nous iriens avoec yaus piet à piet, ou devant, se mestiers estoit, et leur offri à livrer le bras seculer force et ayde en acomplissant le teneur de leur commission et de leurs requestes tant et si avant comme à nous appartenoit par monseigneur et pooit appartenir pour faire aconplissement de justice, raison wardée, et l'onneur de monseigneur le conte de saint Pol, par quoi en nostre deffaute ne pooient ne devoient à autre seigneur traire. De laquele response et offre faire de nous bailliu de seur nommé, li deseur dit troi abbé et commissaire se tinrent pour bien paiet et leur souffri si com il disoient, et n'avoient mie conseil quant à présent de plus à faire, anchois requirent à nous que nous hors de le dicte églize sous sauvegarde les vausisiens conduire; et à tant paisiulement et sans plus faire se partirent de le dicte eglize avoec nous bailliu et hommes deseur nommés et autres grant plente de gens de armes, hommes de le court de Guise et autres dignes de foy que nous baillius de seur nommés espéciaument pour chou et a leur requeste y aviens amenés. En tesmoingnage des queles choses nous Jehans, baillius deseur nommés avons ces présentes lettres séelées dou seel de la baillie de Guise, et nous, Jehans, sires de Proysis, Willaumes de le Mote, Wiars d'Ohies et Jehans sires de Monchiau sur Perron, chevalier, avoec le scel de la baillie de Guise, comme chil qui fumes tout present

GUISE.

GUISE.
avec pluseurs hommes de le court de Guise et autres bonnes personnes, c'est assavoir, mons. Jehan de Vrevin [1], Jehan de Lersis [2], Jehans de Mascons [3], le fill mons. Wiart d'Ohies, Pieron de Septenai, Colart de Mailli, hommes de le court de Guise, et y furent messires Jehans d'Anles, chevalier, bailli de le terre d'Avesnes, Nichaises li boutilliers et li recheveres de Guise, avons mis nos seaus a ches presentes lettres, en aprouvant toutes les choses deseur dites. Ce fu fait l'an et le jour deseur diz. Item est-il encore assavoir que nous Jehans baillius deseur nommés dou conseil des hommes de seur diz, présimes en le main de monseigneur touz les biens temporeus, appendans à le dicte églize estans en le terre monseigneur, et y establesimes laieus wardes pour monseigneur, c'est assavoir Renier de Busignies [4] et Bosquet, sergens en le baillie de Guise. Et à toutes ces choses faire, fu avoec les personnes deseur dictes Jehans Rapine, baillius des bos monseigneur en Thierache, à ce temps. Ce fu fait l'an et le jour deseur dis.

F°. 8 v°. Lettre dou vendage que Robers Foynons, fiex jadis monseigneur Robert Foynons, de Vernuel, chevalier, fist au conte de Bloys de soissante livrez de blans qui li diz Robers avoit seur le winage de Guise (1312, le merquedi prochain apres le miquaresme quatre jours, en march devers le fin).

F°. 9. Lettre que li abbes de Bohories a amendé en plaine assise à Guise au conte de Bloys un faus aveu que Jehans, abbés, avoit fait au roy de leur dicte églize et congnoissent que li diz contes est leurs sirez et leurs gardiens. — (Février 1320).

F°. 9 v°. Lettre dou bailli de Vermandois qui devoit avoir mis gardien de par le roy à Bohoriez, comment par le mandement dou roy contenu en ces lettres, devoir oster le dit gardien, se la dicte églize estoit en la garde dou dit conte et comment par sa informacion il vost que li diz contes y meist gardien. — (1319).

[1] Vervins, chef-lieu d'arr. du dép. de l'Aisne.
[2] Lerzy, canton de La Capelle, arr. de Vervins (Aisne).
[3] Mâcon est situé sur la carte de Cassini à l'O. de Chimay, au S.-O. de Salles.
[4] Busigny, canton de Clary, arr. de Cambrai (Nord).

F°. 10. Lettre d'un compromis qui fu fais entre l'évesque de Cambrai, d'une part, et le conte de Blois, d'autre part, d'un kariot de Gant, carchiet de draps, venant de le feste de Mousteruel, qui fu arrestés par les gens l'évesque de Cambrai ou chemin commun près de Chastillon [1], ville dou dit évesque, ou chascune des parties disoit avoir jurisdiction. Lequel kariot, li contes de Blois voloit ravoir, tant par la jurisdiction dou dit lieu qu'il maintenoit à lui appartenir, comme par la franchise de la dicte feste de Mousteruel, ou quel compromis est anexée une lettre en latin de chapistre de Cambrai par laquele il consentent et accordent le dit compromis. — (1320).

F°. 11 *v*°. Assentement et accordance du capistre de Cambray au compromis dessus dit. — (1320).

— C'est le francois de la lettre en latin dessus dicte.

— Lettre de vendage que Robers de Mortaingne, escuiers, fist au conte de Blois de cent livrées de terre qu'il avoit sus le winage de Guise. — (Février 1320).

F°. 12. Lettre dou vendage que Maingos de Moy et demisiele Ysabiaus, sa femme, firent au conte de Bloys de quinze livrees de rente [2]. — (1323).

F°. 12 *v*°. Lettre de quittance de Tassart de Rocheffort [3] de mil livres qu'il eut pour le pais de le mort de Jaquemin de Rochefort sen frère que li contes de Blois fist mettre à mort pour despit qu'il li avoit fait [4] (à Valenchiennes, le nuit saint Leurench 1327).

F°. 13. Lettre de quittance de Gerart de Marchi recevant pour Oudart de Hollon de quatre vins livrez parisis qui li contes de Bloys pooit devoir au dit Oudart pour le signeur de Vrevin. — (Guise 1323).

F°. 13 *v*°. Lectre d' l'acort fait entre le conte de Bloys, d'une part, et l'abbé et le couvent de Clerc fontainnes, d'autre, de la chace des bos des diz religious, par lequel acort l'une partie et l'autre y puet chacier, hayer, tendre et prendre toutes bestes, tout à leur volente, par aus, par

GUISE.

---

[1] Catillon, canton de Le Cateau, arr. de Cambrai (Nord).
[2] Voy. la pièce du f.° 3 v.° du cartul. indiquée plus haut, page 504.
[3] Rochefort, commune de Saint-Michel, canton d'Hirson, arr. de Vervins (Aisne).
[4] Voy. Pecheur, *Hist. de la Ville de Guise*, tom. 1, p. 257 et suiv.

GUISE.

leurs gens et de leurs chiens sans nul empeschement. — (Mars 1320).

F°. 14. Lectre de l'accort de la pais faite entre le conte de Bloys d'une part et Tassart de Rochefort ses frèrez et ses autres amis pour cause de la mort Jaquemin de Rochefort, frère dou dit Tassart, liquel li diz contes de Bloys fist mettre à mort pour despis et meffais que li diz Jaquemins avoit fait à lui et à ses subgès, dont il estoit bennis de sa terre et déffié de lui et des siens, parmi lequel accort li diz Tassars eut mille livres dont la quictance est ci deriere escripte. — (1327).

F°. 16. Lectre dou conte de Haynau fichié et anexée parmi ces lettres si dessus escriptes par lesqueles lettres li diz contes de Haynaut, loe, grée, conferme, promest à tenir, faire tenir, warder et à emplir toutes les choses contenues es dites lettres. — (1327).

F°. 16 v°. Lectre comment li contes de Bloys, li doyens et li chapitres de l'églize saint Gery de Cambray s'acordèrent que la dicte églize pooit acheter de monseigneur Gile de Busignies, signeur de Chin, l'avouerie de le dicte églize en le ville de Busignies, tenue dou dit conte, et comment li doyens de le dicte églize en devoit faire foy et hommage. — (Janvier 1320).

F°. 17 v°. Lectre de l'évesque de Cambray, comment il conferme loe et approeve les conventions faites entre le conte de Bloys d'une part et le doyen et chapitre de saint Gery de Cambray de l'autre, pour la vouerie de St.-Gery tenue à Busignies. — (Janvier 1320).

F°. 19. C'est li francois dou latin qui est contenus en la lettre deseur dicte.
— Lettre dou vendage de un mui de blé que l'église de Monsteruel les dames de l'ordre de Chistiaus, de l'éveschié de Laon, prenoient chascun an sus les molins du conte de Bloys, à Englencourt, par le don de mons. Jehan, signeur de La Planoie. — (Janvier 1326).

F°. 19 v°. Lectre que li abbés et li couvens de Bohories quictent quatre muis de blé, à le mesure cambrisienne, qu'il avoient de rente par an seur le fief que li sires de Busignies tenoit à Honnechies[1] dou conte de Bloys pour

---

[1] Honnechy canton Le Cateau, arr. de Cambrai (Nord).

cause de l'avouerie de saint Geri de Cambray [1]. — (Avril 1320).

F°. 20 *v°*. Lectre de quictance de Jehans Waudris, maires de Hanapes [2], et des eschevins, de wit livrez que li contes de Bloys devoit à la ville de Hanapes, que li bourgois de le dicte ville li avoient presté. — (1325).

— Lectre de quictance de Pierre li Sanson, maires d'Erloit [3], et des eschevins, de diz livres parisis que li ville d'Erloit avoit jadiz prestés au conte de Bloys. — (1322).

F°. 21. Lectre que li abbés et li couvens de Clerefontainnes quittent et donnent au conte de Bloys les deux parties qu'il avoient ou moulin de Lusoir [4], parmi douze muis de blé qu'il prennent sus la grange d'Avesnes. — (Avril 1261).

— Lectre de Thumas de Coucy, chevaliers, et sires de Vrevin, qu'il est hons le conte de Bloys de quatre vins livres de rente qu'il a à Wimi [5] et à Guise, sauf les hommages qu'il à fait avant, c'est à savoir au seigneur de Coucy, au roy de France, au conte de Champaingne, et au signeur de Rosoy. — (Mai 1248).

F°. 21 *v°*. Lectre de l'ommage-lige que Bauduins, chevaliers, vidame de Loonnois et sires de Clachi [6], a fait au conte de Bloys pour un four banel qu'il tient dou dit conte, à Mons en Loonnois et doit avoec acheter diz livres de rente qu'il doit mettre avoec ce fief, dont il lui a fait hommaige après ses autres signeurs, c'est assavoir :

GUISE.

---

[1] Cette convention termine par une approbation de l'abbé de Foigny. « Et nous freres Jehans dis abbés de Foisny, pères abbés del églize de Bohories dessus dicte et li couvens de ce meisme liu, faisons savoir à touz, que nous à le requeste et supplicacion des devant diz abbé et couvens de l'églize de Bohories, le permutacion, les convenanches, les obligacions, les promitions, les exceptions et le quictance contenues en ces présentes lettres de point en point, et d'article en article, volons, gréons, otrions et approuvons, etc.

[2] Hannape, canton de Wassigny, arr. de Vervins (Aisne).

[3] Erloy, canton de La Capelle, arr. de Vervins (Aisne).

[4] Luzoir, canton de La Capelle, arr. de Vervins (Aisne).

[5] Wimy, canton d'Hirson, arr. de Vervins (Aisne).

[6] Clacy, canton et arr. de Laon (Aisne).

GUISE. à l'évesque de Laon, le roy de Navarre, le signeur de Coucy, le signeur de Cherisi¹, le signeur dou Bos² et demoiselle Ide de Borguegnon³. — (Août 1262).

— Lectre de confirmation dou roy de l'acort fait entre Huon de Chastellon, conte de Bloys et signeur de Guise et d'Avesnes, d'une part, et l'églize saint Martin de Laon d'autre, des descors qu'il avoient des manoirs de Clamlieu, de Couveron et de Maquigny⁴. — (Mai 1293).

F°. 22 v°. C'est li francois dou latin qui est contenus en la lectre dessus dicte.

F°. 23. Lectre que l'abbesse et li couvens de Monstruel a quitté à Jehan de Chastillon, conte de Bloys, tout ce que elles avoient au sart de Nouvion pour autres rentes qu'il leur donna en le ville dou Nouvion⁵ et en le ville de Barisi⁶. — (A Guise, avril 1260).

— Lectre de la copie de l'amortissement de vint et deus moies, cuinc setrées quarante sept verges de terre ahennaule et de trois hommages mouvant dou fief mons. de Bloys, lequel amortissement le doyen et le chapitre de saint Quentin en Vermandois, ont et tiennent dou dit mons. de Bloys, et en doivent livrer homme un chanoine de leur églize après le mort Mahiu Poquet. — (1314).

F°. 24 v°. Lectre de la cense dou viverel de Wimi faite as habitans de le ville de Wimi parmi quarante saus de blans de Valenchiennes de cens à paier au terme de la saint Remi. — (1323).

F°. 25. Lettre de l'assenement, parcon et terre que li contes de Bloys, Hue de Chastellon, donna et assigna à Guy de Chastellon, conte de saint Pol, sen frere, pour diz mille livrées de terre, en le terre de Luceu⁷ et de

---

¹ Quierzy, canton de Coucy-le-Château, arr. de Laon (Aisne).

² Peut-être le bois du Midi, commune de Folembray, peut-être le bois des Vaches situé au-dessous. Cette dénomination *du Bois* est si fréquente, qu'il est presqu'impossible de pouvoir fixer d'une manière certaine l'emplacement des localités qui portent ce nom.

³ Bourguignon, canton de Coucy-le-Château, arr. de Laon (Aisne).

⁴ Macquigny, canton de Guise, arr. de Vervins (Aisne).

⁵ Le Nouvion, canton de l'arr. de Vervins (Aisne).

⁶ Barzy, canton de Nouvion, arr. de Vervins (Aisne).

⁷ Lucheux, canton et arr. de Doullens (Somme).

Encre [1] que li diz contes de Bloys avoit promis au dis conte de saint Pol ou mariaige faisant de lui et de la fille au duc de Bretaingne, Jehan, conte de Richemont. — (1293, le merquedi après les brandons).

F°. 25 v°. Lectre de Raous, diz li Foisseus de Moyencourt [2], escuiers, sires de Viry [3] en partie, qui quitte le conte de Bloys des levées de la terre d'Assigny [4] parmi trois cens livrez que li diz contes paia au borgne de Cramailles [5]. — (Mai 1324).

F°. 26. Lettre de l'assennement de soixante livrez de blans, sus le winaige de Guise, faite à Robin Foysnon par ses frères, par l'eschance de Jehan Foynon, leur cousin, qui prenoit la dicte rente sus le dit winaige. — (1312).

F°. 26 v°. Lectre de la confirmation de Wautiers, chevaliers, signeur de Tupigny [6], dou vendage des bos de Le Celle, tenus de lui, faite au conte de Bloys, par Gerart Crakars, sires de Le Celle [7], et quictance de ce bos donné au dit conte pour autre reconpensation que li diz contes fist au dit chevalier, c'est assavoir l'amortissement de XIX muis de blet et XI muis d'avainne guisois seur le maison de Bonno [8], etc. — (Nov. 1269).

F°. 27. Lectre dou doyen et chapitre saint Geri de Cambray que il se obligent à mons. Gui, conte de Bloys, et à la contesse, sa femme, chascun an, une messe dou saint esperit tant comme il viveront pour aus et l'office sollempne de mors, quant par le commandement de Diu ils seront delivret de la carche de ceste char [cum ab hujus carnis sarcina absoluti]. — (12 Janvier 1320).

F°. 27 v°. C'est li francois de la lectre en latin dessus dicte.

F°. 28. Lectre dou vendage fait au conte de Bloys,

---

[1] Auj. Albert, canton de l'arr. de Péronne (Somme).
[2] Moyencourt, canton de Roye, arr. de Montdidier (Somme).
[3] Viry-Noureuil, canton de Chauny, arr. de Laon (Aisne).
[4] Essigny-le Grand, canton et arr. de St Quentin (Aisne).
[5] Canton d'Oulchy, arr. de Soissons (Aisne).
[6] Canton de Wassigny, arr. de Vervins (Aisne).
[7] L'Échelle, canton de La Capelle, arr. de Vervins (Aisne).
[8] Bonno est situé sur la carte de Cassini à l'Est de Léquielles, auj. Léchelle.

GUISE.

dez rentes et de toutes les revenues que demisielle Jehenne de Waudencourt [1], comme hiritière, et Renaus de Honcourt [2], ses maris, avoient à Lesquières [3]. — (Sept. 1322).

F°. 29. Lectre de LXXV moiées et VIII jalois, LVIII verges de bos tenans à le haye de Nouvion, vendus par le signeur de Le Celle [4] au conte de Bloys. — (Nov. 1269).

F°. 29 v°. Lectre pour le anniversaire le conte Jehan et la contesse de Bloys faire en l'abbéie saint Martin de Tournay. — (Mars 1260).

F°. 30. Lectre de quittance des damages que Gérars d'Espoucyn [5] avoit eu par ce qu'il rendi et delivra Perret d'Englebermes [6], chevaliers, ou royaume de France, que Bazins de Gotignis [7] avoit pris et raubé pour cause dou conte de Bloys. — (Juin 1306). Acte curieux.

F°. 30 v°. Lectre de quictance de l'abbé et dou couvent de Bucillis, de trente cuinc livres que la contesse Jehenne leur laissa, pour les queles trente cuinc livres li contes de Bloys leur asséna vint solz de rente sus le winaige del Mont del puis [8]. — (Déc. 1300).

F°. 30 v°. Lectre de l'eschange entre Jehan de Chastillon, cuens de Blois, et Gile de Warigny [9], chevalier, de deus pièces de bos joingnans à la haie dou Nouvion, desqueles l'une des pièces est assise à la Noe Ogier, et l'autre, au Roilleis, au conte de Blois, pour la maison dou Losquignot [10], les prés, les bos et toutes les appartenances de celle maison. — (Juin 1269).

F°. 31. Lettre dou devis et de l'accort des fies de Bou-

---

[1] Vadencourt, canton de Guise, arr. de Vervins (Aisne).
[2] Peut-être Honnecourt, canton de Marcoing, arr. de Cambrai (Nord).
[3] Lesquielles-St.-Germain, canton de Guise, arr. de Vervins (Aisne).
[4] Voy. plus haut la notice d'un acte de novembre 1269.
[5] Esplechin, arr. de Tournai (Province du Hainaut).
[6] Englebelmer, canton d'Acheux, arr. de Doullens (Somme).
[7] Gottignies, arr. de Soignies (Province du Hainaut).
[8] Mondrepuis, canton d'Hirson, arr. de Vervins (Aisne).
[9] Wargnies-le-Grand, canton Le Quesnoy, arr. d'Avesnes (Nord).
[10] Loquignol est marqué sur la carte de Cassini au centre de la forêt de Mormal, au S.-E. de Le Quesnoy (Nord). Il y en a un autre situé au N.-E. de Catillon-sur-Sambre. Il m'a été impossible de distinguer lequel des deux.

haing [1], [c'est assavoir le fié et l'ommage dou siré de la Male maison [2], celui de la demoiselle de Roquegnyes [3], celui de Jehan de Fayel [4], celui du sénéchal de Fonsomme [5], celui de Suriiens de Ville, celui de Pierres li Monniers, celui de Jehan Sarrazin, celui de Girars de Acheri [6], celui du sire de Honecourt [7], celui de Scchehart [8], la justice es maisons de Harchies [9], qui est l'abbé de Vicongnes [10], la maison de Honnechies [11] qui est l'abbé de Liessyes [12], la maison de Ville qui est l'abbé de Vermans, la maison de Boignonchamp, de Biau-trou [13] et de Hermenonville [14], qui sont l'abbé de Clairesfontaines, le fiet et l'ommage de Jehan de Villers outre yaue [15], de Jehan de Mainlevrel [16] dit Pinart, de Girart d'Yssegni [17], de Rogues de Fayel, à cause de Monbrahain [18]], fait entre le conte de Blois, d'une part, et la contesse et le conte de saint Pol, sen fill, d'autre, tenus avecques le chastel de Bouhaing à une foy dou dit conte de Blois. — (20 mars 1318).

F°. 32. Lectre de l'accort fait entre le conte de Blois,

GUISE.

[1] Bohain, canton de l'arr. de St.-Quentin (Aisne).

[2] Malmaison (la), commune de Busigny, canton de Clari, arr. de Cambrai (Nord).

[3] Rocquigny, canton de La Capelle, arr. de Vervins (Aisne).

[4] Auj. Fayet, canton de Vermand, arr. de St.-Quentin (Aisne).

[5] Canton et arr. de St.-Quentin (Aisne).

[6] Achery, canton de La Fère, arr. de Laon (Aisne).

[7] Honnecourt, canton de Marcoing, arr. de Cambrai (Nord).

[8] Sequehart, canton Le Catelet, arr. de St. Quentin (Aisne).

[9] Archie est marqué sur la carte de Cassini au N. de Bohain.

[10] La Vicoigne, Abbaye.

[11] Honnechy, canton Le Cateau, arr. de Cambrai (Nord).

[12] Liessies, canton de Solre-le-Chateau, arr. d'Avesnes (Nord).

[13] Beautrou est situé sur la carte de Cassini au S. d'Etave, canton de Bohain, arr. de St.-Quentin (Aisne).

[14] Je n'ai pas retrouvé les emplacements de Boignonchamp et d'Hermenonville.

[15] Villers-Outreau, canton de Clary, arr. de Cambrai (Nord).

[16] Auj. Mennevrel, canton de Wassigny, arr. de Vervins (Aisne).

[17] Essigny-le-Petit, canton de St.-Quentin (Aisne).

[18] Montbrehain, canton de Bohain, arr. de St.-Quentin (Aisne).

GUISE.

d'une part, et l'abbé et le couvent de saint Martin de Laon de le justice de Clainliu [1], de Couveron [2] et de Macquigny [3]. — (Avril 1293).

F°. 33. Lettre que li abbés de Prémonstré conferme l'eschange que li contes de Blois a fait à l'églize de Bucillis, de ce que li cuens devant diz pooit avoir el molin del Mont del puis [Mondrepuis] pour les caceries de prises de bestes sauvaiges, de oisiaus de proie, de faisans, que li devant dis couvent avoient es le bos com claimme Tierissuele. — (1274, le jour de closes paskes).

F°. 33 v°. Lectre de quittance de cent livres que li contes de Blois devoit au prévost d'Irecon [Hirson] dont il avoit lettres qui furent perdues. — (Nov. 1323).

— Lectre de l'assenement que Jehans de Walers [4] banis dou royaume de Franche, fist à Katherine, sa fille, de deus cens livres lesqueles deux cens livres il obliga les minaiges qu'il avoit à Guise tant que li hoir dou dit Jehan les aroient racheté de deus cens livres, sans riens rabattre de ce que elle aroit levé. — (Sept. 1323). Acte important pour la coutume de la chatellenie de Guise.

F°. 34. Lectre de l'abbé et dou couvent de Clerefontainnes, que li contes Jehans, leur donna les aisences à leurs bestes es bos de Fourmies [5], de Wimy [6] et de Lusoir [7], vint livres pour faire sen obit, et la pescherie en sa rivière de Oise, ainssi comme cil de Foisny l'ont, et parmi ce il quitteront toutes autres aisences. — (Avril 1261).

F°. 34 v°. Lettre dou vendage fait à Pierre d'Origny [8] par le comte de Blois, des minaiges que Katherine de Walers avoit à Guise. — (1326).

F°. 35 v°. Lettre [9] dou conte de Haynaut comment il

---

[1] Clanlieu, c^{ne}. de Puisieux, c^{on}. de Sains, arr. de Vervins (Aisne).

[2] Couvron est situé sur la carte de Cassini entre Macquigny et Guise.

[3] Macquigny, canton de Guise, arr. de Vervins (Aisne).

[4] Wallers, canton de Trelon, arr. d'Avesnes (Nord).

[5] Fourmies, canton de Trelon, arr. d'Avesnes (Nord).

[6] Wimy, canton d'Hirson, arr. de Vervins (Aisne).

[7] Luzoir, canton de La Capelle, arr. de Vervins.

[8] Origny-en-Thiérache, canton d'Hirson.

[9] Il y a au dessus de cette rubrique, la note suivante: ceste lettre appartient à mons. de Bloys et est au cartulaire d'Avesnes.

quitte et absolt ciaus qui prirent et firent penre Jehan de Gotignies et le mirent à mort, et ainssi de Jaquemin de Rochefort, et comment il s'acorda de faire enquerre dou fief de Dourles [1] et comment il quitte et absolt ciaus de la terre d'Avesnes, qui n'avoient mie fourjuré en sa court à Mons avant cest accort. — (Février 1324).

F°. 36. Lettre dou dénombrement dou fief de Martigny [2] et des appartenences, bailliet par Huon de Lorrainne, signeur dou dit lieu.[3] — (1326).

F°. 37. Lettre dou vendaige fait au conte de Bloys de lx livres de blans que Robines Foynons avoit sus le winage de Guise. — (1312, le lundi après la quinzaine des brandons).

F°. 37 v°. Lectre en latin que li sires d'Avesnes et de Guise, prenans le chemin dou pélerinage de Jherusalem, puet mettre garde ou bos appartenant au quartier de Blici [4], qui est de l'églize de Bucillis, avec le garde de le dicte églize et doit avoir le moitiet des fourfais et li églize l'autre, lequel bos il ne pueent sarter ne ahenner ne cultiver. — (xi kl., julii 1217).

F°. 38. C'est li francois de la dicte lettre en latin. — (1217).

— Lettre en latin que l'églize de Clerefontainnes reçoit en participant et compaingnon, Wautier, conte de Bloys, seigneur d'Avesnes et de Guise, en leur terre qui est dicte le Sart St.-Martin. [5] — (1222).

F°. 39. C'est li francois de la lettre en latin :

— Je Willaumes par la souffrance de Diu, diz abbés et li chapitres de Clerefontainnes, faisons chose congnute tant as présens comme a ciaus à venir : que comme nostre église eust une terre qui est dicte li Sars saint Martin [Sartum sancti Martini] li quele estoit nostre propre, sans parti-

GUISE.

---

[1] Dourlers, canton et arr. d'Avesnes (Nord).

[2] Martigny-en-Thiérache, cant. d'Aubenton, arr. de Vervins (Aisne).

[3] Le rédacteur de la rubrique ajoute : Et est à savoir que li maisons de Watignis et les appartenances de cette maison qui sont grandes qui sont des fies dou conte de Bloys, n'est mie en ce dénombrement.— Du Chesne a cité cette pièce d'après le Ms. dont nous nous servons. (*Hist. de la maison de Châtillon*, p. 100.)

[4] Blissy, commune de St.-Michel.

[5] Le Sart, canton de Nouvion, arr. de Vervins (Aisne).

cipant et sans compaingnon, nous, de nostre pure volente avons reçiut en participant et en conpaingnon Wautier, conte de Bloys et signeur d'Avesnes et de Guise, à faire ville frainche en ce meismes terroit par ceste manière : li églize baillera terre à faire la ville pour les mes ou masurages [pro mansis] trois aiussins guisois de terre à chascun bourgois, qui tant en vorra avoir et non plus, et cil aissin seront aempli en la ville ou dehors, en tel maniere que pour chascun aissin on donra tous les ans en la feste saint Remi un jaloy d'avainne et dedens les quatre jours de la Nativité nostre Seigneur, un chapon et un denier et un pain, selonc ce que li un en aront plus et li autres mains; et se aucun se partent de la dicte ville li masure laissié sera de la dicte églize à faire sen pourfit dusques à dont que li bourgois revenra qu'il weille ens habiter et rendre le cens deu et chascuns tant bourgois comme autres, weillans manoir en la franchise de la ville donront à la feste saint Remi douze deniers pour la bourgoisie et quatre pour la franchise dou tonliu; et sera li ville franche et gouvernée selonc la loy de Guise, hors mis que les maisons ne seront mie abatues pour le fourfait d'aucun, ne li sires de Guise ne porra mener les hommes de la ville à tournoiement, ou en guerre ou en chevauchié, [ad tornamentum vel in exercitum vel in equitatum] fors pour la terre de Guise et de Vermandois deffendre. Et si ne porra penre giste ne avoir maison en celle ville, ains sera la dicte ville commune entre l'églize et le signeur de Guise en justice et en ban et en rentes et en toutes obventions qui venront de la ville et possesserunt toutes ces choses indiviséement en tel manière qu'elles seront parties par moitié entre l'églize et le signeur de Guise. Et en tel manière que li sires de Guise ne porra riens acquerre en la ville sans l'églize, ne li églize sans le signeur de Guise, fors aucunes choses que li églize a retenu à ly nomméement son parconnaige, c'est à savoir : l'églize et l'aittre et le mainaige [atrium et managium] de ciaus qui la habiteront de par l'églize, et toute la disme de la ville et tout ce qui appartient au droit parrochial et les ventes et le molin et les fours, et à ce molin et as fours seront homme de la ville bannier. Et porront venir et habiter en celle ville tout cil qui ne seront mie de la terre de Guise, mais cil qui seront de la terre de Guise n'i porront venir sans le congié dou signeur de

Guise. Et li maires sera establis en la ville par l'églize et le signeur de Guise et sera renouvelés chascun an par commun assent, le tiers jour de Pasques, et jurra féauté à l'une partie et à l'autre, c'est assavoir à l'églize et au signeur de Guise et aussi chascun an seront renouvelé li eschevin ensamble et li juré. Et se aucune masure ou maisons estoit donnée en aumosne à l'églize, elle le vendera dedens an et jour, c'elle treuve acheteur, par quoi elle revaingne en communauté à l'églize et au signeur de Guise. Et li bourgois de la ville cultiveront les terres de l'églize à droit terrage et à droite disme, à ce que li terrage et les dismes seront cueillues ensamble dou sergent de l'églize, et cis terrages sera amenés des cultiveurs en la grange de l'églize, et seront li terrages et li disme de l'églize. Ne porra aucuns cultiver ces terres, qui ne demourra en la ville, mais se il laisse la ville, il perdera la terre, sauf ce toutes voies que cil revient dedens an et jour il rendera à l'églize le débite de la terre [debitum terre], s'il n'a esté reçus dailleurs, et ara celle terre; se il ne vient dedens an et jour, il ne porra plus riens de droit demander en celle terre. Et en tout le terroit qui sera dehors la ville, li sires de Guise n'y auera riens, fors la moitié de la justice contre quelconques personne il sera fourfait, ou c'est assavoir, contre l'églize de son droit ou de ses rentes, ou contre autre. Toutes voies, se celle meisme ville estoit gastée [vastaretur] en aucun temps, que ja n'avaingne, en telle maniere qu'elle n'eust nulz habitans, elle ne porroit retourner à autre signourage [dominium] que au signourage de l'églize de Clerefontainnes. Mais es temps perpetuez, quiconques sera sires de Guise, il sera compainon et parconnier de l'églize de Clerefontainnes, de la ville dou Sart saint Martin; et de ceste convention tenir ensement li églize ne porra aliéner sa partie sans le consentement dou signeur de Guise. Ces choses jura li sires de Guise lui garder fiaulement, à tout temps. Et ce ossi seront tenus de jurer li hoir d'icelui signeur de Guise, quand il venront à terre tenir, dedens quarante jours après la sousmonition l'abbé, se il weulent avoir aucune chose en la dicte ville. Et à ce donques que ces choses soient gardées à tout temps nient corrumpuement. Ce présent escrit fait seur ces choses, avons fait garnir de l'impression dou seel l'abbé et l'églize. Ce fut fait l'an de grace mil deus cens vint et deus.

GUISE.

F°. 40. Lectre dou pape Innocent III, en latin, que il prent en sa protection et en sa garde la chapellerie d'Avesnes, de Landrechies, d'Oisy, de Guise, de Ainglaincourt et de Yrechon [Hirson] et conferme les biens et les possessions des dictes chapelleries. — (Ides de novembre, pontif. an. XVII — 1203).
— C'est li françois de la dicte lettre en latin.

F°. 40 v°. Lectre en latin de l'acort fait entre l'église saint Marc de Soissons et le conte de Bloys pour le bos de Veleroil et toute la haie qui est outre le riu de Braon, de celle part dou chastel de Cambresis [1] dusques à la voie de Wassegnies [2] qui est maintenant nommée Ruillie. — (juin 1208).

F°. 41. C'est li françois de la lectre en latin dessus dicte.

F°. 41 v°. Lectre en latin de l'abbé et dou couvent de l'églize Saint-Denis de France que li contes de Bloys, Wautiers, peust faire fortresse à Estrées [3] en rendant en eschainge autant de bos comme la dicte forteresse porroit tenir de terre, et pour les fossés et les appendances, lesquelz appendances doivent contenir dusques à deus cens piés tout environ hors des fossés. [4] — (février 1223).

F°. 42. C'est li françois de la dicte lettre en latin.

F°. 42 v°. Lectre en latin des aliances qui furent faites entre le signeur d'Avesnes d'une part et Enguerrand de Coucy, conte de Roussy, d'autre, et dou compromis qu'il firent ensamble dou winaige de Estrées, dont débas estoit entre yaus, et pour lequel ils se sont mis en quatre compositeurs, c'est assavoir en Raymon d'Espany, maistre Simon de Marle, en Werry, seneschaut de Guise, en Richier d'Espinoit. — (1203).

F°. 43. C'est li françois de la dicte charte en latin.

F°. 43. Lectre en latin dou doyen et dou chapitre de Laon que il doivent faire l'aniversaire de Gautier, signeur d'Avesnes et conte de Bloys, et de Marguerite, sa femme,

---

[1] Cateau Cambresis.
[2] Wassigny, canton de l'arr. de Vervins (Aisne).
[3] Estrées-St.-Denis, canton de l'arr. de Compiègne (Oise).
[4] Cette pièce se trouve également dans le cartul. blanc de St.-Denis, LL. 1157, p. 789, col. 2. Voy. p. 37 de ce volume.

dont il en ont cent solz de rente sur le winaige d'Estrées, et se il ne souffisoit, li sires de Guise seroit tenus dou parfaire ce qu'il en fauroit, et se li diz contes et contesse voloient assegner dismes ou autres rentes autant vaillans il estoient quictes des cent solz devant diz. — (oct. 1228).

F°. 43 v° C'est li francois de la lettre en latin dessus dicte.

F°. 44. Lectre en latin de l'abbé et dou couvent de Saint-Denis de l'acort qui fu fais entre le conte de Bloys d'une part et lesdiz religieux d'autre, des débas qui estoient entre yaus des bos devers Buironfosse [1] et vers la Flamenguerie [2] et vers Roquignies [3], Wingnechies [4] et Sorbais [5] et Fontenelles [6], par lequel acort li dit religieus eurent quatre vins moyes de bos.[7] — (février 1223).

F°. 44 v°. C'est li francois de la dicte lettre en latin.

F°. 45. Lectre en latin dou dénombrement dou fief de Monciaus-sus-Perron [8] [apud Moncellos supra Perron], et de Monciaus-le-Vies [9] [apud Vetera Moncella]. — (mars 1233).

F°. 45 v°. Lectre en latin que li abbés et li couvens de Saint-Michiel en Thierasche recongnoissent que li sires de Guise est leurs sires souverains. — (s. d.)

— C'est li françois de la lettre en latin dessus dicte.

F°. 46. Lectre en latin de l'abbé de Faimy comment il voloit garantir touz ses sergens de Faimy de la taille le conte de Blois, dont il fu debas; et à la pardefin il fu accordé que il en porra garantir sis et non plus. — (août 1260).

— C'est li françois de la lettre en latin dessus dicte.

F°. 46 v°. Lettre en latin dou dit et de la sentence des

---

[1] Canton de la Capelle, arr. de Vervins (Aisne).

[2] La Flamengrie, canton de la Capelle, arr. de Vervins (Aisne).

[3] Rocquigny, canton de la Capelle, arr. de Vervins (Aisne).

[4] Wignehies, canton de Trélon, arr. d'Avesnes (Nord).

[5] Canton de la Capelle, arr. de Vervins (Aisne).

[6] Canton de la Capelle, arr. de Vervins (Aisne).

[7] Cette pièce se trouve également dans le cartul. blanc de St.-Denis, LL. 1158, p. 128, col. 2, p. 167 de ce volume.

[8] Auj. Monceau-le-Neuf, canton de Sains, arr. de Vervins (Aisne).

[9] Auj. Monceau-le-Vieil, commune de Chevresis-le-Meldeux, canton de Ribemont, arr. de St.-Quentin (Aisne).

GUISE.

arbitres dou conte de Bloys et dou signeur de Coucy, dou débat qui estoit entre euls deus des fortresses assises à Estrées. — (mars 1223).

— C'est li françois de la lettre en latin dessus dicte. — Voici la sentence, plus curieuse encore au point de vue archéologique qu'au point de vue historique :

« C'est assavoir que messire Enjorrans de Coucy en sa fortresse que il a à Estrées, fera palis et bretecque de laingne [palicium et breteschas ligneas], tele comme il vorra, mais en celle il ne porra riens faire de pierre. Et entour celle fortresse, il porra faire ces fossés comme il a ourdi en lonc, c'est assavoir et en lée. Et li devant diz G. contes de Blois, porra faire palis et ses breteques de laingne à la hauteur dou palis et des breteques mons. Enjorran de Coucy, et parfera son fossé ainsi que il l'a commencié a ourdir, et porra ce fossé enbraidir de pierre [coriare de lapidibus] et se mote ensement au dit de monsigneur Hugue, et de cimentier que nous avons la envoié avec lui, liquel c'est assavoir ficheront metes si comme il vorront, que celle mote se puist soustenir, et li diz G. contes ne porra faire en sa fortresse d'Estrées mur de pierre ne tornelle ou tournelles de pierre, ne autre fossés que celui qui est maintenant ourdiz.

F°. 47. Lettre en latin de l'abbé et dou couvent de saint Denis, que il weullent que li contes de Blois peuist parfaire la fortresse qu'il avoit commencié en leur treffons de Estrées, en rendant par eschainge autant de bos comme li fortresse, li fossé et les appendances contenront. — (février 1223).

F°. 47 v°. C'est li françois de la lettre en latin dessus dicte.

— Lectre de l'abbé et dou couvent de Vicoingne de l'accord qu'il firent au conte de Bloys de leur court de Harchies [1], des terres et des héritages appartenans à la dicte court en la chastellenie de Bouhain, desqueles court, terres et héritages il donnèrent au dit conte la garde et la justice [2]. — (octobre 1292).

[1] Archie est marqué sur la carte de Cassini au N. de Bohain.

[2] Voici le résumé des droits que se réservaient les parties. Huon de Casteillon avait la garde et toute justice es bos, es terres de Harchies, sauve le mairie et le kache, il n'avoit nule justice ne nule prise en la dite court

F°. 49. Lectre de tesmoingnage que Jehans Foysnons dou Plaissier, escuyer est mors et transit de ce siècle, et que Robines et Henris Foisnons sont si hoir. — (1312).

F°. 49 *v°*. Lectre dou bailliu et des hommes de Guise dou don que Jehans de Walers fist a Katheline, sa fille, femme Clarin de Mairage, de Mondrepuis, de deus cens livres dont il l'en assena sur les minaiges de la ville et de le terre de Guise. — (1313).

F°. 50. Lettre en latin comment monsigneur Huon de Rumigny quitta Belrain [1] et Maquigny [2] [Bellum-Ramum et Marquigniacum] à mons. de Blois pour le fief d'Aubenton en la présence dou roy et sous sen seel. — (Février 1264).

— C'est li francois de la lettre en latin dessus dicte.

F°. 50 *v°*. Lettre en latin dou doyen et du chapitre de Guise, que Giles dou Bucoy [Egidius de Buscoy [3]] a prins le molin de le Bouissière [4] [molendinum de Busseria] de l'abbé et dou couvent de Prumes [5] à touz jours parmi quatre muis de froment à le mesure de Guise. (oct. 1271).

F°. 51. C'est li francois de la lettre en latin dessus dicte.

F° 51 *v°*. Lectre dou bailliu et des hommes d'Avesnes, et ne pouvoit faire justice d'afolure, ne de mort de homme, ne de femme, ne fourques lever, sauve la prise des meffaisans hors de la court de Harchies, et ne puet prendre les varles, ne les biestes, se ce n'est à présent fourfait, se li varlet n'ont fait sanch, u burine, u vilain fait, u domage apparent, il devoit garder les biens de la court de Harchois, et y placer quatre wardes, qui lui preteront serement. Il laissera chil qui demourront à Harchies karier les biens des terres. Des amendes sont fixées pour les domages que pourraient causer réciproquement les animaux du dit seigneur et ceux de l'abbaie. (vaques, keval, poutrain, brebis, aingnel, pourciel) Les gens de Bohain, pourront aller moudre au moulin de Harchies.

[1] Auj. Beaurain, canton de Solesmes, arr. de Cambrai (Nord).

[2] Macquigny, canton de Guise.

[3] Bucquoy est situé sur la carte de Cassini au S. d'Audigny.

[4] Il y a de la Busserie dans la traduction. Le moulin de la Bussière est situé sur la carte de Cassini à l'Est de Guise, sur les bords de l'Oise.

[5] Il y a dans le texte français: église de Prumines, de l'évesché de Trèves. C'est l'abbaye de Prum, située à 10 lieues au N. de Trèves. (Prusse rhénane).

GUISE.

comment Bauduins de Waulers quicta à Clarembaut de Moraige, maris de la suer dou dit Bauduin, tous les minaiges que li peres dou dit Bauduin asséna à la seur dou dit Bauduin pour deus cens livrez qu'il li donna à mariaige, lesquels minages il prenoit à Guise. — (1323).

F°. 52. Lectre dou conte de Namur, comment il recongnoist avoir en garde les lettres seelées des seaus de Alixandre, roy d'Escoce, qui parlent dou doaire la contesse de Guelre qui fu puis donnés à la contesse Béatrix de Blois. — (Janvier 1320).

F°. 52 *v°*. Lectre en latin de l'abbés et dou couvent de Clerefontainnes que il doivent tenir un clerc de siècle [clericus unus de seculo] à touz jourz qui doit dire un sautier [psalterium unum dicet] touz les jours et vigiles et commendacion des ames pour l'ame medame Aeliz, dame de Guise, pour l'ame son père Bouchart et de sa mère Aeliz et pour les ames de ses devanciers et de ses hoirs, et doivent le dit clerc pourvoir de vivre et la dicte dame de v sous seur le winage de Guise pour son vestir. — (1199).

F°. 53. C'est li francois de la lettre en latin dessus dicte.

F°. 53 *v°*. Lectre en latin de l'acort fait entre le conte de Blois, d'une part, et l'abbé et le couvent de St-Michiel en Thierache seur la dissention qu'il avoient ensemble des bos de saint Michiel si comme il se comporte, c'est assavoir dou vivier de Watignies jusques au bos de Cimay [Chimay] et dou bos de Cimay jusques à Oize, aussi comme elle court et comme elle s'estent dusques au wes, liquels est diz communaument Fournier et de ce wes devers Yrecon[1] et devers St-Michiel dusques au bos dou Quartier, et de ce bos dou Quartier qui est moiens jusques au champ de l'Estrit, et de ce champ selonc le bos de Watignies jusques au vivier de Watigni. — (Nov. 1300).

F°. 54. C'est li francois de la lettre en latin dessus dicte.

F°. 54 *v°*. Lectre en latin de l'abbé de Prémonstré, conment il acompaingne le conte de Bloys à la ville de Hanappes à la juridiction et as appartenances d'ycelle. — (1210).

Voici la traduction de cette pièce intéressante, qui est

[1] Hirson.

pour ainsi dire l'acte de naissance de la ville de Hanapes.[2]

Je, Gervaises, par la patience de Dieu dis abbés de Prémonstré, et li couvens de ce meisme lieu, faisons congnute chose à tous, tant présens comme à venir, que comme nous, nous euissiens une court qui estoit dicte Hennapes, laquele estoit notre propre à tout le terroit, agisant sans participant et sans compaingnon, nous de nostre pure volente avons receu homme noble Wautier, signeur d'Avesnes et signeur de Guise, en participant et compaingnon à faire en ce meisme terroit une ville franche, en ceste manière : Nous baillerons terre à faire la ville, c'est assavoir trois aissins de terre à chascun bourgois qui tant en vorront avoir et non plus, et cil troi aissin seront compli en le ville ou hors la ville, en tel manière que pour chascun aissin, on donra un jaloi d'avainne chascun an à le feste saint Remi, et dedens les quatre jours de la nativité nostre signeur, un chapon et un pain et un denier, selonc ce que li uns en ara plus et li autres mains ; et à baillier les mainnages, nous donrons deus carruées de terre, c'est assavoir : quarante II moies de terre, se il est mestiers. Se aucun s'en départent, li masure laissié sera nostre, à faire nostre pourfit, dusques à donc que bourgois sera venus qui weille ens habiter, et rendre le cens deu. Et aussi chascuns tant bourgois que autres voillans manoir en la franchise de la ville, donront à la feste saint Remi douze deniers pour bourgoisie et quatre deniers pour la franchise dou tonneliu. Et li ville si comme dessus est dit sera frainche, et ara marchié le juedi, et sera gouvernée tant li ville comme li marchiés, selonc la loy de Laon, excepté que les maisons ne seront mie abatues pour fourfait d'aucun; ne icils Wautiers ne porra mener les hommes de la ville au tournoiement, ou en ost ou en chevauchié, [ad torniamentum vel in exercitum vel in equitatum] fors pour deffendre la terre de Guise ou de Vermendois. Et ne porra ossi penre giste ne avoir maison en icelle ville, quar la ville sera commune entre nous et le dit signeur de Guise, en justice et en ban et en rentes et en toutes obventions qui venront en la ville; et possesserons toutes ces choses, sans division en tel manière que elles seront parties par moien entre nous

---

[2] Hanappes, canton de Wassigny, arr. de Vervins (Aisne).

GUISE.

et lui, ne il ne porra aussi riens acquerre en la ville sans nous ne nous sans lui, fors aucunes choses que nous avons retenu nomméement à nous sans parçonnerie, c'est assavoir l'églize et l'aitre et le mainnage de ciaus qui y habiteront de par nous, et toute la disme de la ville, et tout ce qui appartient au droit de le parroche, et les yaues et les molins et les fours, et seront à ces molins et à ces fours li hommes de la ville bannier. Et porront venir demourer en celle ville tout cil qui ne seront de la terre de Guise, et sera li maires establis en la ville par nous et par le devant dit signeur de Guise, et sera renouvelés chascun an par commun assentement, le tiers jour de pasques et jurra féalté tant à nous comme au signeur deseur dit, et chascun an seront renouvelet ensamble li eschevin et li juret. Et s'aucune maisons ou masure estoit donnée en aumosne à l'églize, elle le vendera dedens an et jour, se elle trueve acheteur, par quoi elle revaingne en nostre communauté, c'est assavoir et dou signeur de Guise dessus dit. Nous ossi avons retenu à nous dehors le ville deus carruées de terre et tout nos prés et vingt moies de bos à ent faire notre volente. Et des terres demourans, et dou remanant dou bos, il est ainssi couvenu entre nous et lui pour l'amendement de la ville, que nous en venderons as hostes de la ville à tenir de nous et à cultiver à droit terrage et droite disme, en tel maniere, que li diz terrages et li disme seront cueilluez de nostre sergent ensamble et amené en nostre grange des ahenniers [et in grangiam nostram ab agricolis adducentur]; ne ne porra nuls cultiver ces terres qu'il ne demourra en la ville, mais se il laissé la ville il perdera la terre, sauf ce que se il revient dedens an et jour, il nous paiera le débite de la terre, se on ne la receut dailleurs, et ara celle terre ; se il ne vient dedens an et jour il ni porra riens de droit demander. En tout le terroit qui sera hors de la ville, soit en bos ou en prés, li devant diz sires de Guise n'ara riens fors la moitié de la justice contre quelconques il soit forfait, c'est assavoir ou contre nous de nostre droit ou de nos rentes ou contre autre. Après se celle meisme ville estoit watée ou temps à venir, que ja n'avaingne, en tel manière qu'il y eust nuls habitans, elle ne porroit retourner à autre signourage que à no signourage. Après de toutes les choses qui sont otriiés au devant dit signeur de Guise, il ne porra rien donner à nelui en fief ou en aumosne ou en quelconque autre manière, fors tant seulement à l'églize de Prémonstré, mais à tous jours quiconques sera sires de Guise, il sera compains et parcionnaires à l'églize de Prémonstré de la ville de Hanapes, et de ceste convenance tenir, nous aussi ne porrons aliener de nous nostre partie sans l'assentement de lui. Et ce, ont juré yaus loyalement garder li devant diz sires de Guise, Wautiers, et ossi noble dame Marguerite la contesse, sa femme, et ce ossi seront tenus de jurer li hoir dou devant dit Wautier, qui après lui seront signeur de Guise, quant il venront à terre tenir, dedens quarante jours après la monition de l'abbé, se il welent riens avoir en la ville. Et por ce que toutes ces choses soient gardées [1], etc.

F°. 56. v°. Lectre en latin dou roy Philippe IV qu'il a octroié que li contes de saint Pol si hoir et si successeur taingnent le chastel de Bohaing [castrum de Bhouaing in Taresca] et les appartenances dou conte de Bloys et de ses hoirs et de ses successeurs, contes de Blois.— (Février 1298).

— C'est li francois de la lettre en latin dessus dicte.

F°. 57. Lectre en latin de priières dou grant maistre de l'ordre de la sainte Trinité et des Chetis, pour le conte Wautier. — (1233).

— C'est li francois de la lettre en latin dessus dicte.

F°. 57 v°. Lectre en latin que li abbés et li couvens de saint Michiel en Thiérasche font participant le conte de Bloys de leur bos et li donnent congié de faire une forte maison en toute leur terre fors mis saint Michiel et Rochefort. — (Janvier 1183).

— C'est li francois de la lettre en latin dessus dicte.

F°. 58. Lettre en latin que Giles, sires d'Estrées, et si successeurs ne peuvent vendre ni eschangier ne mettre hors de leur main le fief d'Estrées que li diz sires tient dou signeur de Coucy, et se il ou si hoir le faisoient, il wet que li

---

[1] L'acte correspondant émané du seigneur de Guise a été longuement analysé par M. l'abbé Pécheur *Hist. de Guise*, t. I p. 166, mais malheureusement d'après un titre fort incomplet. Nous publions plus loin la partie restée inconnue à ce savant [Voy. page 564 de ce volume]. d'après le texte du cartulaire, f° 143 v°.

GUISE.

sires d'Avesnes, contes de Blois, ou si hoir praigne vᶜ mars d'argent au grant poys seur ce que il tient de lui. — (Octobre 1224).

— C'est li françois de la lettre en latin dessus dicte.

— Lettre en latin des vicaires généraus l'évesque de Laon, de la transmutation de le chapelerie saint Nicholay de Biauchamp [1] faite en la maison le conte de Blois à Oisy [2]. — (1325).

F°. 59. C'est li françois de la lettre en latin dessus dicte.

F°. 59 v°. Lettre dou pape Jehan XXII, sers des sers de Dieu, par la vertu de laquelle quatre chapeles sont fondées es chastiaus de Blois, en l'honenr de nostre Dame; de Freteval [3], en l'onneur St-George le martyr; de Chatiau Renaut [4], en l'onneur de St-Jehan-Baptiste; et en le maison de Biauchamp, en l'onneur St.-Nicholay —(1325).

F°. 60. C'est li francois de la lettre en latin dessus dicte.

F°. 60. v°. Lectre en latin que li doyens et li chapitres de Laon promettent à warder une ymage d'argent faites en la fourme de la vierge Marie tenent son benoit fill que la contesse de Blois, Marguerite, donna et offri à estre tous jours devant le lait Nostre Dame, à Laon. — (1223).

— C'est li françois de la lettre en latin dessus dicte.

F°. 61. Lettre en latin de l'évesque de Laon, de le dicte ymage d'argent. — (Avril 1224).

F°. 61 v°. Lettre en latin que li sires d'Estrées et si successeur ne pueent vendre ne eschangier ne mettre hors de leur main le fief d'Estrées, que li diz sires tient dou signeur de Coucy; et se il le faisoient, il wet que li sires d'Avesnes, conte de Blois ou ses hoirs praingne seur ce qu'il tient de lui, cinc cens mars d'argent, au grant pois et ce doit-il recongnoistre devant le roy, par quoi il en doint ses lettres ouvertes. — (Octobre 1224).

— C'est li francois de la lettre en latin dessus dicte.

F°. 62. Lettre en latin que li sires d'Estrées ne si hoir ne pueent vendre ne donner ne mettre hors de leur main

---

[1] Beaucamp est situé sur la carte de Cassini au N. de Nouvion-en-Thierache, sur les bords de la Sambre.

[2] Oizy, canton de Wassigny, arr. de Vervins (Aisne)

[3] Canton de Morée, arr. de Vendôme (Loir-et-Cher)

[4] Canton de l'arr. de Tours (Indre-et-Loire).

sa maison d'Estrée et tout ce qu'il tenoit de fief dou signeur de Coucy sans le consentement dou signeur d'Avesnes, contes de Blois, se il ne le donnoit en aumosne, ne ne puet donner la fortresse qu'il a à Estrées en aumosne ne vendre sans le consentement dou dit conte: — (Avril 1224).

— C'est li francois de la lettre en latin dessus dicte.

F°. 62 v°. Lettre en latin de Watier d'Avesnes qu'il donna l'ommage que messire Willaume Fourcys, de Peronne, chastelains de Neele, tenoit de lui en fief à Buissiu [1] à mons. Mahiu de Hardecourt [2], chevalier. — (Avril 1236).

— C'est li francois de la lettre en latin dessus dicte.

F°. 63. Lettre en latin que messires Mahius de Hardecourt, chevalier, est hons liges dou signeur d'Avesnes de l'oumaige que messires Willaumes Fourcis tenoit à Buissiu dou dit signeur d'Avesnes. — (Avril 1236).

— C'est li francois de la lettre en latin dessus dicte.

— Lettre en latin pour faire en l'églize de Guise l'obbit de Watier d'Avesnes, conte de Blois, et le conte Hue de saint Pol et de leurs femmes et pour Jehan, conte de Blois et Sebile, sa femme. — (1263).

F°. 63 v°. C'est li francois de la lettre en latin dessus dicte.

F°. 64. Lettre en latin dou vendage fait au conte de Blois par Willaume Amiet et la Havarde, sa femme, de tout ce qu'il avoient ou terroit et es appartenances de Lesquières, c'est assavoir dou fief qui fu monseigneur Nichaise de Rochefort, jadiz marit à la dicte femme. [3] — (1325).

— F°. 64 v°. C'est li francois de la lettre en latin dessus dicte.

F°. 65. Lettre de l'abbé et dou couvent de saint Nicholay es prés [4], d'une maison et terre qu'il ont à Gauraing [5] qui fu Grigoire le Bougre et congnoissent qu'il en sont en la garde le conte de Bloys. — (1263).

[1] Bussus, canton et arr. de Péronne (Somme).
[2] Ardecourt est situé au N. de Macquigny.
[3] Il y a en note: *Ceste lettre est defective et y a faus latin, ne n'est mie bonne selonc le vendaige de la chose et ainsi est li originauls.*
[4] St.-Nicolas-des-Prés.
[5] Gaurain est situé à l'Est de Tournai.

GUISE.

F° 66 *v*. Lettre en latin de cuinc chapons, que la contesse de Blois donne à tous jours as chanoine d'Origny pour faire son obit. — (Février 1220).

— C'est li francois de la lettre en latin dessus dicte.

F°. 66. Lettre en latin de l'oumage que li contes et li contesse de Blois firent au roy de France de dis wit cens livrées de terre qu'il avoient en Flandres. — (1300).

— C'est li francois de la lettre en latin dessus dicte.

F°. 66 *v*. Lettre en latin que Amourris d'Auteville[1] donna au signeur d'Avesnes et signeur de Guise et à ses hoirs à tous jours tout ce que il avoit à Macquigny et es appendences, et qu'il li emporoit venir de par sa taye pour l'eschange de ce que il li avoit donné à Baiues[2] et ou terroir de Bourc. — (1211).

— C'est li francois de la lettre en latin dessus dicte.

F° 67. Lettre en latin comment li églize de Feemy donna au conte de Blois et à ses hoirs la colacion et la présentacion de la chapelerie de son ostel de Nouvion. — (1298).

— C'est li francois de la lettre en latin dessus dicte.

F°. 67 *v*. Lettre en latin comment li abbés de Bucillis et li sires de Guise s'acordèrent comment li ville dou Mont dou puis[3] fust édéfiié ou terroir de la commune qui estoit propre de l'églize. — (1170).

Cette pièce a été incorrectement imprimée en latin dans les *Annal. Premonstr.* tome I. p. CCCXXXIX. C'est d'après les annales que l'auteur de l'histoire de Guise l'a analysée (tome I. page 119 et suiv.). Voici l'acte en langue vulgaire, tel qu'il se trouve dans le cartulaire que nous examinons.

En non de la sainte et indivisible trinité. Je, Loeis, par la grâce de Dieu, abbés de l'églize de Bucillis, à tous féaules crétiens à tous jours. Nous volons estre faite chose congnutte tant as futurs comme as présens, nous, par l'assentement de nostre chapitre et Jaques, signeur de Guise, avoir convenu en ce que nous édefions ensamble ville ou terroir de la commuigne qui est propre de nostre églize par la loy par laquelle Vervin est faite, ou lieu qui est diz

---

[1] Hauteville, canton de Guise, arr. de Vervins (Aisne).
[2] Baives, canton de Trélon, arr. d'Avesnes (Nord).
[3] Mondrepuis, canton d'Hirson, arr. de Vervins (Aisne).

Mons dou puy en tel maniere que nous détenons toute la disme, le terrage, les cens des prés, les bocaiges, les ées, et le droit des cendres, [census pratorum, silvagia, apes et jus cinerum] retenons à nous dou tout en tout le franchise dou terroit et ossi les molins banniers, et ne porra autres édefier autres molins, fors ciaus qui seront propre de l'églize, et les viviers à toute la pescherie, et les fours banniers, et ne loira mie avoir autres que banniers. Esquels fours nous avons ottrié la moitié à monsigneur Jaque sa vie tant seulement, après la mort dou quel il retourneront en notre part, et retenons à nous le droit des vendages ou en la ville ou hors la ville ; et arons ossi en la ville ou il plaira maisons à toutes les aisences néccessaires franche de toute exaction. S'aucuns enfraint la frainchise de la ville, il ne sera mie délivrés par l'aide de la maison [si quis libertatem ville fregerit, domus refugio non liberabitur]. S'aucuns de la maisnie [de familia] de l'églize tencans ensamble, [rixantes se invicem] se lesdengent dedans la circuitute de la court ou se blescent, li églize les apaisera sans la justice de la ville ; se il ne wellent estre apaisié et il en font clameur, il seront traitié par le loy de la ville, et toute voies li maisons de l'églize ne sera soumise en nule manière à le loy de la ville, car elle est toute frainche, ne li fourfais d'aucun ne sera retournés en icelle. Se li masuriers [masuarius] se part de la ville, li églize cultivera sa terre dusques à donc que il ou autres revaingne qui la cultive, et se il avient que la ville soit destruite, li terre sera cultivée de l'églize dusques a dont que elle soit raédéfiié par la loy par laquelle elle fu premièrement faite par commun assentement, c'est assavoir de la devant dicte églize et dou signeur de Guise. Li églize ossi a ottrié au signeur de Guise Jaque et à ses successeurs, les autres rentes de la ville et les autres querelles selonc la loy de Vervin qui ne porront estre muées de lui et deus caruées de terre, des queles il paiera et terrage et disme, si comme autres cultiveres de terre, et fera mener le terrage en la grainge de l'églize. Toute voie se li sires ne wet cultiver la terre, il le loira cultiver à l'églize. Li sires de Guise ara en la ville maison de tele frainchise comme est li maisons de l'églize. Celle ville ou les rentes de la ville ou la terre ottroié au signeur de Guise ne porra estre donnée à aucun en aumosne ou en fief ne

GUISE.

GUISE. estre muée n'estre vendue, n'estre enwagié fors à l'églize dont elle descent. Et pour ce que li teneurs de ceste page ne soit enffrainte folement, nous l'avons fait garnir de la subscription de tesmoings et de la division de cirographe et de l'impression dou seel de nostre églize et ossi dou seel dou devant dit signeur; le sing Godefruy de Guise. S. de Wautier de Bouzies, S. de Renier de Sains S. de Dreue Docilun, S. Gerart de Puisues, S. Dreue de Biaurain. S. Clarenbaut de Fasti, S. Gerart de Segoncourt. Ce fu fait et confermé l'an nostre Signeur en charne mil cent soissante dis.

F°. 68 *v.* Lettre en latin de prieres dou grant maistre de l'ordre de la sainte Trinité et des Chétis pour M. contesse de Blois. — (1232).

F°. 69. Cest li francois de la lettre en latin dessus dicte.

— Lettre en latin de l'accort fait entre le conte de Blois d'une part et l'abbé et le couvent de saint Denis de France d'autre part, pour les bos de Buironfosse [1], de la Flamanguerie [2], de Roquegnies [3], de Wignehies [4], de Sorbais [5] et de Fontenelles [6]. — (Février 1223).

F°. 69 *v.* C'est li francois de la lettre en latin dessus dicte.

F°. 70. Lettre en latin de l'official de Laon que li maires et li eschevin de Mucencourt [7] confessent qu'il doivent au conte de Blois chascun an à touz jours douze livres de rente. — (Mars 1265).

F°. 70 *v.* C'est li francois de la lettre en latin dessus dicte.

F°. 71 *v.* Lettre en latin comment li roys de France Loeis VIII recut en hommage le conte de Blois dou fief d'Andignies et de Vilers. — (Novembre 1223).

— C'est li francois de la lettre en latin dessus dicte.

F°. 72. Lettre en latin de l'escange de Ferrières les

[1] Buironfosse, canton de la Cappelle, arr. de Vervins (Aisne).
[2] La Flamengrie, canton de la Cappelle, arr. de Vervins (Aisne).
[3] Rocquigny, canton de la Cappelle, arr. de Vervins (Aisne).
[4] Wignehies, canton de Trelon, arr. d'Avesnes (Nord).
[5] Sorbais, canton de la Cappelle, arr. de Vervins (Aisne).
[6] Fontenelle, canton de la Cappelle, arr. de Vervins (Aisne).
[7] Probablement Muscourt, canton de Neufchatel, arr. de Laon (Aisne).

Walon [1] pour Andignies et Vilers, fait entre Wautiers, sires d'Avesnes et Gile, fill la dame de Roisin [2]. — (Juin 1224).

— C'est li francois de la lettre en latin dessus dicte.

F°. 72 v. Lettre en latin que li doiens et chapitres de Laon proumettent à mettre un cierge de demi livre de cire à le livre de Laon, qui nuit et jour sans cesser ardera à la devant dicte eglize devant le liu ou quel li sains benois lais de la benoite vierge Marie repose pour quinze livres de rente que li contes de Blois leur donne seur son winage à Estrées que il puet racheter par autres rentes donner ou acheter. — (Octobre 1229)

— C'est li francois de la lettre en latin dessus dicte.

F°. 73. Lettre en latin comment li abbés et li couvens de Vermans accompaignèrent mons. Jaque d'Avesnes et ses hoirs à leurs rentes de Mesleurel [3] et li donnèrent la justice dou sanc et dou larron. — (Aout 1217).

F°. 73 v. C'est li francois de la lettre en latin dessus dicte

— Lettre en latin que Gérars de Busignies [4] tient dou signeur d'Avesnes ce qu'il a à Busignies en la vouerie et es appendences d'icelle et aussi ce qu'il a à Honnechies [5] et à Chaufours. [6] — (Sept. 1234).

F°. 74. C'est li francois de la lettre en latin dessus dicte.

— Lettre en latin que li prévos de Saint-Quentin congnoist que les terres que Pierres de Tombes vendi à Jehan de Sommette [7] et à Aubri de Ham et a Mons. Renier de Bessencourt [8] que il tenoit dou dit prévost assises entour

---

[1] Peut être Ferrières-la-Grande, canton de Maubeuge, arr. d'Avesnes (Nord).

[2] Arr. de Mons (province de Hainaut).

[3] Il y a aussi Mainleurel. Auj. Mennevret, canton de Wassigny, arr. de Vervins (Aisne).

[4] Busigny, canton de Clary, arr. de Cambrai (Nord).

[5] Honnechy, canton de le Cateau, arr. de Cambrai (Nord).

[6] Ecauffourt est situé sur la carte de Cassini au S. d'Honnechy.

[7] Canton de St.-Simon, arr. de St.-Quentin (Aisne).

[8] Probablement Berseaucourt, commune de Pertain, canton de Nesle, arr. de Péronne (Somme).

GUISE.

Tombes[1] et Biauvoir[2], il tient en fief dou conte de Blois. — (Avril 1229).

— C'est li francois de la lettre en latin dessus dicte.

F°. 74 v. Lettre en latin que li prévos de Saint-Quentin congnoit que il tient dou conte de Blois les terres que Pierres de Tombes avoit vendu assises entour Tombes et Biauvoir, et quitte au dit conte, tous les autres fiez qu'il tenoit de lui ducques a res dou dit fié — (Mai 1229).

— C'est li francois de la lettre dessus dicte.

F°. 74 v. Lettre en latin dou compromis le signeur de Coucy[3] de tous les débas que il avoit au conte de Blois hors mises les contentions des forteresses dont il se estoit compromis ou chancelier[4] et ou chambrelan[5] de France. — (Mars 1223).

F°. 75. Lettre en francois de la lettre en latin dessus dicte.

F°. 75 v. Lettre en latin dou dit et de l'arbitrage que Hues de Athies, li pennetiers de France, dit dou commandement le roy de France pour le conte de Blois et le signeur de Coucy pour un fosset que li sires de Coucy faisoit à sa forteresse d'Estrées et qui avoit clos une voie commune. — (Mai 1224).

— C'est li francois de la lettre en latin dessus dicte.

F°. 76. Lettre dou dit des arbistres le conte de Blois et le signeur de Coucy, dou fief d'Estrées outre Oise vers Avesnes, assigné au conte de Blois pour la ville d'Origni outre Aubenton vers Yrecon, assigné à Enjorran de Coucy. — (Décembre 1223).

— C'est li francois de la lettre en latin dessus dicte.

F°. 76 v. Lettre en francois de l'arbitrage que li contes de Bouloingne rendi entre le conte de Blois et le signeur

---

[1] Tombe est situé sur la carte de Cassini au S. de Beauvoir.

[2] Beauvoir, auj. Beauvois, canton de Vermand, arr. de St.-Quentin (Aisne).

[3] Les arbitres d'Enguerrand de Coucy, étaient le comte de Bar, Th. de Couci, et Robert de la Bove; ceux du comte de Blois, Thierry de Eufalise, Oudart de Walencourt et Gile de Vresiaus; celui qu'avait choisi le roi, était Hue de Atheis.

[4] G. évêque de Senlis.

[5] H. de Roie.

de Coucy de tout l'achat que Eudes de Wadencourt avoit fait de Ancel de Monciaus, lequel achat li contes de Blois maintenoit estre de son fief de Sains et li sires de Coucy de son fié de la Frete [de feodo Feritatis]; et il fu pronuncié estre dou fief de Sains. — (Juin 1233).

— C'est li latins de la lettre en francois dessus dicte.

F°. 77. Lettre en latin dou roy de France Phelippes IV, qui mande au bailli de Vermendois qu'il fasce tenir et garder l'ordenance faite par le chancelier et le chambrelain de France, arbitres esleus des parties, de la dissencion qui estoit entre le conte de Blois et le signeur de Coucy pour les fortresses d'Estrées [1]. — (à Villeneuve-le-Conte, près de Crécy, 1294).

— C'est li francois de la lettre en latin dessus dicte.

F°. 77 *v*. Lettre en latin que li abbés et li couvens dou mont saint Martin promettent au conte de Blois que il ne retourneront mie vers lui pour avoir warandise de quinze muis de froument que il ont acheté de mons. Thumas de Fontainne, chevalier, les quiels il tenoit en fief dou dit conte, quoique il leur en doive avenir. — (1223).

— C'est li francois de la lettre dessus dite en latin.

— Lettre en latin de l'accort fait entre le doyen et le chapitre de Cimay, dou débat que il avoient au signeur d'Avesnes pour le bos de sainte Manegon. — (Février 1209).

F°. 78. C'est li francois de la lettre en latin dessus dicte.

F°. 78 *v*. Lettre que Baudris, chevaliers, sires de Roizin, vost que on receut Jehan, sen fill, de ce que il tenoit à Flavigny [2] dou conte de Blois. — (Mars 1258).

---

[1] Voici le dispositif qui est assez curieux: Et se nos amés et fiauls li sires de Coucy a souffert ou par sa négligence ou enbaudissement [per suam conniventiam] a soustenu que Jehans, diz de Cramailles, chevaliers, fievés dou dit signeur de Coucy, ait fait une forteresse à Estrées en son fief en venant contre l'ordenance devant dicte, tu contraingnes les devant diz nostre amés et féauls le signeur de Coucy et Jehan, son fiévé, et se tu trouves aucune fortresse ou autre chose estre faite contre l'ordenance devant dicte, fai le estre ramenée au premier estat, se li diz sires de Coucy est trovés en deffaute.

[2] Canton de Guise, arr. de Vervins (Aisne).

GUISE.

— Lettre comment li églize de Clerefontainne pour aucuns debas rendi au conte de Bloys chartres de pitable ramembrant Bouchart, jadis signeur de Guise, seur ce qu'il ottroia la pescherie de Yrecon dusques à Guise, pour ent faire ce que bon seroit, et comment la dicte églize le recognoit à leur fondeur. — (Juillet 1257).

F°. 79. C'est li francois de la lettre en latin dessus dicte.

F° 79 v. Lettre que li sires de la Male Maison[1] congnoist que il tient dou conte de Bloys, III moies de terre cambrisiens, dales le bos de Bohaing[2] par devens Bequignies[3], dales le chemin qui va de Bohain à Busegnies.[4] — (Aout 1249).

— Lettre en latin que Pierres de Tombes a vendut à Jehan Ysaac, bourgois de St.-Quentin quatre moies de terre assises ou terroit de Tombes, lesquelles li dit Pierres tenoit dou conte de Bloys. — (Juillet 1243).

F°. 80. C'est li francois de la lettre en latin dessus dicte.

F°. 80 v. Lettre de Bauduins, abbé de Hombelieres[5], que il a unes lettres sus l'achat que fist Willaumes Fourscis, chevaliers, de la ville de Buissu, laquelle il doit monstrer quant on vorra. — (Novembre 1233).

— C'est li francois de la lettre en latin dessus dicte.

F°. 81. Lettre en latin de l'aumosne, c'est à savoir de la Vme partie des dismes de le Flamenguerie et de la chapelle que li sires de la Flamenguerie donna à l'église saint Denis[6]. — (1218 sept.).

[1] Malmaison, commune de Busigny, canton de Clari, arr. de Cambrai (Nord).

[2] Bohain, canton de l'arr. de St.-Quentin (Aisne).

[3] Becquigny, canton de Bohain, arr. de St.-Quentin (Aisne).

[4] Busigny, canton de Clari, arr. de Cambrai (Nord).

[5] Homblières (abbaye d').

[6] J'ai publié dans ce volume, à l'art. *Flamengrie,* une série de pièces fort curieuses relatives aux querelles continuelles élevées entre les seigneurs de ce lieu et les habitants ou l'abbaye de St.-Denis. On voit, par une clause assez rare dans cet acte, que les contractants n'avaient pas une entière confiance dans la bonne foi de celui qui l'avait souscrit. « *Et est à savoir,* dit-il, *que je donray toute la seurté que je porray donner à*

— C'est li françois de la lettre en latin dessus dicte.

F°. 81 v Lettre en latin que li abbés de Prémonstré wet et ottroie que ville soit faite au sart saint Martin.

— C'est li françois de la lettre en latin dessus dicte.

Ce document curieux a rapport à l'acte de fondation de la ville du sart Saint-Martin, que nous avons publié plus haut et qui se trouve au f°. 38 de ce cartulaire.

A noble et très chier signeur en Jésus-Christ W. conte de Bloys et signeur d'Avesnes et de Guise, frères C. dis abbés de Prémonstré, salut, et dévote volente as services avecques orisons. Comme nouvelement nous feissiemes trespas [1] par la maison de Roioncamp qui est de l'église de Clerefontaines ; nous, prié de l'abbé et d'aucuns frères de l'église de Clerefontainnes qui estoient présent, alames personelment au lieu qui est dis li sars saint Martin, ou quel ycil abbés et frère entendent à créer ville, et nous considérans que au pourfit de la dicte église de Clerefontainnes, li lieus soit souffisans et convenables a faire ville la endroit, à la requeste des dis abbé et frères, nous avons mis nostre assentement et nostre faveur, wellans et ayans aggréable que ou nom de nostre signeur, ville y soit faitte et soit gouvernée selonc les us et les coustumes qui sont contenues en la chartre de Hennapes, sauf ce que li devant dit abbés et frère, se il wellent, porront ajouter ou détruire en la dicte chartre quant il l'ordeneront à faire. Donné en celle maison de Roiomcamp, ou jour de la Tiephaine, l'an de grace M. CC. vint deuz.

F°. 82. Lettre par cyrographe que Jehans de Thainieres [2], si hoir et si successeur, doivent quatre livres parisis de

ce que celle aumosne soit estable et ferme. En seur que tout se je, usans d'aucun senestre consail, venoie folement contre ce fait, je me sousmes à la juridicion monsigneur l'évesque de Laon, que il ait pooir de my escumenier et de mettre toute ma terre en entredit, ducques a donc que je aroie satisfait à plain à la dicte eglise. Ne il ne me loise mie appeler à aucun souverain, quar je renonce à tout appel. »

[1] Il serait impossible de comprendre ce passage, si on ne possédait pas le texte latin. *Faire trespas*, dans le sens de la pièce, c'est séjourner, passer, *facere transitum*, et non mourir, ce qui n'aurait aucun sens.

[2] Taisnières-en-Thiérache, canton et arr. d'Avesnes (Nord).

GUISE.

rente chacun an au conte de Bloys pour un postis et pour un pont qu'il ont derrier leur maison à la porte au poisson, es murs de le fermeté de le ville. Et Raouls Bourgeles, si hoir et si successeur, doivent vint sols parisis pour un postis qu'il ont derrier leur maison assis près de la dicte porte. Et toutes fois que y plairoit au dit mons. de Bloys à ses hoirs ou à celui qui aroit cause de lui pour cause de guerre, il porroit faire estouper les postis dessus dis à se volente. — (Janvier 1327).

F°. 83. Lettre comment Willaumes Havars et demisiele Willaume, se femme, vendirent à Pierre d'Origny pour le conte de Bloys l'ommage que il avoient ou fief tenu de mons. de Vilers, séant à Vilers, c'est à savoir de dymes et de terrages qui sont tenu à un seul fief de mons de Bloys. Item, l'ommage que Sandras li Guys Descormain à cause de doaire, et demoiselle Jehenne, sa femme, tenoient dou dit Willaume Havart. — (Mai 1327).

F°. 83 *v*. Lettre comment Bauduins de Walers, loe et grée le vendaige que Clarins de Mairage et Katherine se femme, suer dou dit Bauduin, fisent au conte de Bloys de leur minages qu'il avoient à Guise et doit acquitter li dis Bauduins VII livres de tournois que li capelains de le capele de le Mote y soloit demander de rente. — (Mars 1327).

F°. 84. Lettre comment li religieux de Foysni recognoissent que une pièce de terre, con dist la Rosiere, séant au terroir de Foucausis [1], que li dit religieus ont achetée de Jehan de Monciaus, escuier, et de demoiselle Guillaume de Pynon, sa femme, est en la garde et ou ressort le conte de Bloys. Et en y a une, annexée parmi ceste lettre, de Guillaume, sires de Couchi, de Monmirail et d'Oysy, comment il renonce en ceste dicte pièce à toute signourie, à toute garde et ressort. — (Février 1327).

F°. 84 *v*. Lettre comment Tassars de Rochefort [2] acorde les poins et les articles qui sont en la lettre de la pais faite entre mons. de Bloys et le dit Tassart et ses amis pour la mort Jaquemart de Rochefort, son frère, et quitte le dit conte de l'argent qu'il en devoit avoir [3]. — (Août 1328).

[1] Faucouzy, commune de Monceau-le-Neuf, canton de Sains, arr. de Vervins (Aisne).

[2] Rochefort est situé sur les bords de l'Oise, à l'Est d'Hirson.

[3] Voy. l'acte du f° XII de ce cartulaire relatif au dit accomodement.

F°. 85. Lettre par cyrographe comment Maroie, jadis femme Jehan sans terre, dou Nouvyon, et Baudes, ses fiex, ont pris à cens de mons. de Bloys le menoir et l'estre qui fu Gillon Lescot, séant au Nouvyon, en la rue que on dit de Prices [1]. — (Mars 1328).

F°. 85 *v.* Lettre dou vendage que Godars de Walers et Aelis, se femme, ont fait à mons. de Bloys de leur masure que il avoient séant au bos dou Ploich, ensi comme elle se comporte. — (1328).

F°. 86. Lettre dou vendaige que Colars de Biaufort et demoiselle Sébile, se femme, ont fait à mons. de Bloys de vi livres xv sous de blans que il avoient chascun an sus les bourgesies de Lesquieles. — (Mars 1328).

F°. 86 *v.* Lettre comment Werris d'Effris [2] appella au parlement à Paris d'un jugement fait contre lui, en le court le signeur de Feingneules, à Effris, de quoi il fu dit par jugement en l'assise à St.-Quentin que mons. de Bloys en devoit avoir la cognissance en sa court à Guise. — (Février 1328).

F°. 87. Lettre de xviii c livrées de terre que mons. de Bloys a chascun an sur le thonlieu du Dam [3], c'est à savoir moitiet à le nostre dame mi aoust et l'autre moitié à le chandelleur. — (Juin 1329).

F°. 88. Lettre comment Loys, contes de Flandres, de Nevers et de Retez, wet qui li contes de Bloys ait et praingne xviii c livrées de terre sur le thonlieu dou Dam, etc. — (1329).

F°. 88 *v.* Lettre pour mons. de Bloys du fief et dou blé de Louvri [4] qui estoit tenus de Jean de Malli des fiefs de Guise, le quel hommage mons. de Blois a accaté au dit Jehan de Mailli, et comme li dis Jehans le recognoist par devant le bailliu et les hommes du castel de Guise. — (Juin 1330)

F°. 89. Lettre comment Bauduins de Walers et demi-

---

[1] Le maire de Nouvion était Colars de Hetru; les échevins, Bauduins, Gales, Gierars Rolie, Gile de Hennechies, Jehans Platiaus, Jehans Sandras et Colars Turpins.

[2] Effry, canton d'Hirson, arr. de Vervins (Aisne).

[3] Dam est situé près de Bruges (Belgique).

[4] Louvry est situé sur la carte de Cassini, au Sud d'Andigny.

GUISE.

selle Béatrix, se fame, cognoissent que il ont vendu au conte de Bloys leur maison qui jadis fu mons. Willaume de le Mote, séant au castel de Guise, ensi comme elle se comporte entre les bonnes et comment il se tiennent à paié dou dit mons. de Bloys. — (1329).

F°. 89 *v*. Lettre de procuration comment li doyens et li capitles de Saint Quentin en Vermendois supplient au conte de Bloys, que il welle recevoir en foy et en hommage, pour yaus et ou non de leur église, Jaque de Waulaincourt, leur concanoingne, de XXII moiiés, Y sestrées et XLVII verges de terre avec trois hommages que il ont séant à Esseigny. — (1330).

F°. 90. Lettre comment li procureres mons. de Bloys eut jugement pour mons. de Bloys en l'assise de Saint Quentin, contre le procureur de l'église de Farvaques et le procureur dou roy, de le justice et de le garde de le maison dou Sourt. — (7 mars 1330).

F°. 90 *v*. Lettre comment mons. Hue de Loherene, chevaliers, sires de Beure et de Martigny, cognoist que li contes de Bloys a le souveraineté, le garde, le justice et le ressort en le maison de Watignies[1], de grant Rival[2], de Wartoise[3], de le Logette[4], et de toutes les appartenanches, maisons des religieux de Foysny, et wet que ses procureurs le cognoisse en l'assise de Saint Quentin. — (Déc. 1330).

F°. 91. Item, le lettre dou bailliu de Vermendois, comment li procureur dou dit mons. Hue cognut en l'assise à St.-Quentin que il tenoit en fief dou dit conte, le maison de Watignies, de grant Rival, de Wartoise, de le Logette et toutes les appartenanches. — (Février 1330).

— Lettre de l'escange que li contes de Bloys a fait de

---

[1] Watigny, canton d'Hirson, arr. de Vervins (Aisne).

[2] Grand Riaux est situé sur la carte de Cassini au milieu de la forêt de Thierache, au N. de la Neuville-aux-Joutes.

[3] J'ai consacré à ce mot une note à la page 208 de ce volume, et j'ai commis une erreur en indiquant *les Woitines* comme le lieu actuel correspondant, c'est tout simplement l'Artoise, ruisseau qui coule à travers la forêt de St.-Michel, avant de se jeter dans l'Oise.

[4] La Lobjette, comme l'écrit Cassini, est située au N. de la forêt de St.-Michel, sur les bords de l'Oise.

plusieurs terres, au lieu con dist à Gressie ; à Larsilliere; en le valée des Gressieres, qu'il acata a Godart de Walers ; au doyen et au capitle de l'église St.-Gervais de Guise, de rente qu'il avoient sur le winage de Guise et de capons et de cens et de blé et d'autres rentes qu'il avoient assises en pluiseurs lieus.

F°. 92. Lettre dou dénommément que messire Hues de Chasteillon, sires de Rosoy eu therasche [1] et vidame de Loenois, tient en fief dou conte de Bloys, c'est assavoir le four de Mons en Loonois [2]. qui est bennes à la dicte ville, et puet valoir environ XIV livres parisis par an ; item, la justice de la ville de la Nisicourt [3] et dou bos Rogier [4], et un pau de cens et de vinages et environ v hommes de corps appendant à la dicte ville ; item, II boches et puet valoir tout cela environ XII livres parisis par an ; item, un fiez que tient Gérars Férons, séant à la Nisicourt. — (Mars 1329).

— Lettre de dénommément, de ce que Jehans de Bochenoe tient en fief et en hommage dou conte de Bloys, c'est à savoir l'issue dou curtillage d'Origny [5] devers Yrecon, au dehors des courtis, mouvant de le fosse dusqu'au pont Martin, et dou pont Martin, alant à le raiere de Foyni ; tout le treffons dusque au treffons de Leheris [6], d'Esparsi [7], de Buires [8], de Nuevesmaisons [9] et dou chevain dou riu de Corbiaulchaine issant dou bos des haies d'Origny et puis ycel chevain, treffons et bos selonc le fosset dou bos mons. de Bloys dusqu'au bos de Foisny, et revenant à le raiere ; item, le treffons, outre le bos devers Hohis [10] entre les Wastines Brouart et le vies voie

GUISE.

[1] Rozoy-sur-Serre, canton de l'arr. de Laon (Aisne).
[2] Mons-en-Laonnois, canton d'Anisy-le-Château, arr. de Laon (Aisne).
[3] Laniscourt, canton d'Anisy-le-Château. arr. de Laon (Aisne).
[4] Le bois Roger est situé sur la carte de Cassini à l'O. de Laniscourt.
[5] Origny en Thiérache, canton d'Hirson, arr. de Vervins (Aisne).
[6] La Herie, canton d'Hirson.
[7] Eparcy, canton d'Hirson.
[8] Buire, canton d'Hirson.
[9] Neuve-Maison, canton d'Hirson.
[10] Ohis, canton d'Hirson.

GUISE.

d'Effris [1]; item le bos de Rostieres, de le Charmoie et des Ferieres et au riu Baudri. — (S. d.)

F°. 92 v. Lettre comment demoiselle Jehenne de Billy a vendu à mons. de Bloys tout ce qu'elle tenoit de lui en fief dou castel de Guise, c'est assavoir le maison et lestre tout ensi qu'il se contient dedens les bonnes séant en le rue S. Péchine à S. Quentin, et xvii livres x s. parisis de rente perpétuelle qu'elle avoit cascun an sour le grange des religieux de Vermans à Priieres. — (Janvier 1330).

F°. 93. Lettre de l'escange que li contes de Bloys a fait à Bauduin de Walers et à demiselle Beatrix, se fame, d'un gars tenant au bos dou Plois et de plusieurs terres qu'il avoient ou terroir de Guise, [à le posterne, tenant au chemin de Bohoris; au chemin de Couveron; as Gressieres; à le Barette; à Largilliere, tenant au chemin d'Origny; à le valée des Gressieres; à le Sablonniere, tenant à le valée le Drouarde; à le haiette l'Ostelier et au chemin de Laon; à Baise Piere] pour plusieurs terres que li contes de Bloys avoit ou terroir de Walers et environ [terre dessous le bos du Fait; à le fontaine du bourg; à Thumeries; as Castelers; au perron au lès devers Walers; le vivier de Walers, le tordoir et les resors tout entour le vivier du bourgh; le pret par dessus et les fleues terres tout entours le rieu entre les deuz viviers, les queles terres pret et vivier sont séant en le castellerie de Trelonc] — (Janvier 1330).

F°. 94 v. Lettre de l'escange que li contes de Bloys a fait à Jehan d'Aison ville [2] de iii jalois et xxiv verges de terre pour eslargier le nouvel gart de Guise, et li dis contes l'en rent autant en escange. — (1331).

F° 95. Lettre de l'escange que li contes de Bloys a fait à Pierre d'Origny de iiii jaloys et xlii verges de terre et le courtil qui fu le Bouquette, contenant lxxi verges de tere pour eslargir le nouvel gart de Guise, et li dis contes l'en rent autant de terre en escange. — (Octobre 1331).

F° 95 v. Lettre comment la ville et le communauté de Guise ont quitié à mons. de Bloys par escange l'argillière,

---

[1] Effry, canton d'Hirson.
[2] Aisonville, canton de Guise, arr. de Vervins (Aisne).

les quemins et le puis séans entour le bos dou Ploich pour eslargir le nouvel gart de Guise. — (1331).

F°. 96 v. Lettre de quittance sous le seel de Chastellet de Paris, comment Dymenche Scaramp pour lui et pour ses freres et pour pluiseurs autres tout compaingnon ensamble, quitte mons le conte Hue, que Diex absoille, mons. le conte Guy qui ore est, mons. Guy jadis conte de Saint Pol, et mons. Jehan, conte de St.-Pol, à présent, de pluisieurs grosses sommes d'argent. — (5 Mai 1332).

F° 97. Lettre comment Willaumes Havars et se fame, cognoissent que il ont vendu à tous jours au conte de Bloys, tout le droit et toute l'action que il avoient et pooient avoir es fours de Guise. — (1331).

F° 98. Lettre de VII sous VI deniers blans que li contes de Bloys acata à Godard de Walers et à se fame, que il avoient sur le viese argilliere de Guise. — (1331).

F°. 98 v. Lettre comment li contes de Bloys acquist à le demiselle Colaie de Vilers, qui avoit fondé une capelenie en son manoir de Makigni, tout le droit et l'action quelle avoit sur les fours de Guise et XVII livres XIII sous IV deniers blans qu'elle devoit avoir sur le winage de Guise. — (1330, le prochain venredi après le jour de l'an).

F°. 99 v. Lettre par Chirographe de IIII sols, II jalois de blé, II capons, et IIII deniers blans que Jehan d'Effris et se fame, doivent tous les ans au conte de Bloys, sur leur four de Biaurain et sur une pièce de terre que on dist le champ le conte, tenant à le voie qui va de Biaurain à le riviere. — (Avril 1331).

F°. 100. Lettre par Chirographe d'un aissain de terre que li contes de Bloys a acaté à Jehan de Taisnières et à Maroie, se fame, pour eslargir le nouvel gart de Guise. — (Décembre 1331).

F°. 100 v. Lettre par Chirographe de C sous tournois que li contes de Bloys a tous les ans sus les hayons que on dist as mynes et à le lormerie séans à Moustruel[1], pour cause de che que li dis cuens offri à moisonner les maisons con dist as mynes et à le lormerie, séans à Mousteruel, ou fons St.-Hubert de Maroles sur le terre de Jehan li

---

[1] Montreux écrit Moutreux par Cassini est un hameau de la commune de Lesquielles-St.-Germain, canton de Guise, arr. de Vervins (Aisne).

GUISE.

mousche, et Jehenne sa suer, la quelle terre il tiennent des povres de Lesquieles. — (Novembre 1327).

F° 101. Lettre en latin de l'acort fait entre le conte de Bloys d'une part et l'évesque de Laon d'autre part, de ce que li baillius de Guyse eust pris ou fait penre religieuses personnes les frères et le suer de le maison Dieu d'Estrées, de le dyochèse de Laon, et yciaus mener à Guyse et en ce meisme lieu il eust detenut yciaus en prison [1]. — (1331).

— C'est li francois de la lettre en latin dessus dicte.

F°. 101 v Lettre en latin comment li capitles de Guise a otrié au conte de Bloys et à ses hoirs le patronnage de la capellenie que le demiselle Colaye de Vilers [2] a fondée en sa maison de Maquigny, et comment li dis capitles supplie au vesque de Laon que il le welle confremer. — (1330).

F°. 102. C'est li francois de la lettre en latin dessus dicte.

F°. 102 v. Lettre en latin comment li vesques de Laon conferme le patronnage que li capitlez de Guyse a donné au conte de Bloys de le capellenie le demiselle de Villers qu'elle a fondée en se maison de Maquigni. — (20 oct. 1330).

F°. 103. — C'est li francois de la lettre en latin dessus dicte.

— Lettre en latin comment li officiaus de Laon tesmoingne que li pappes a fait grace au conte de Bloys d'avoir le patronnage de pluiseurs capellenies en se terre et espécialement d'une capellenie que Jehan d'Asonc le ville [Aisonville] a fondée en le ville de Wymi et ne puent li hoir ne li executeur jamais aler encontre. — (Octobre 1332).

F° 103 v. C'est li francois de la lettre en latin dessus dicte.

[1] Comme l'official de Laon avait, en apprenant cette usurpation de pouvoir du bailli de Guise, fait cesser le service divin tant à Guise qu'à Estrées, il a soin de terminer l'acte en disant : *il nous plait que es lieus es quels on cesse des devines choses pour l'oquison des choses devant dictes, li chant de le devine loenge soient repris.*

[2] M. l'abbé Pécheur a cité cette fondation (tom. I. p. 259), seulement il l'attribue à un nommé *Colars Damoiseau*, tandis que c'est à une demoiselle appelée Colaye.

F°. 104 *v*. Lettre en latin comment Iianos de Tesnieres et se fame ont ottroié, par devant l'official de Laon, le patronnage de le capellenie que il ont fondée en le ville de Guise, et comment li dis official en a veu le burle dou pape Jehan XXII. — (Oct. 1332).

F°. 105. C'est li francois de le lettre en latin dessus dicte.

F°. 105 *v*. Lettre en latin comment messire Jehans li Fevres, prestres, a ottroié devant l'official de Cambray que li contes de Bloys ait le patronnage de le capellenie que il a fondée en le maison dou dit conte, à Fayt le castel. — (1322).

F°. 106. C'est li francois de le lettre en latin dessus dicte.

F°. 106 *v*. Lettre en latin dou pape Jehan XXII comment il fait grace au conte de Bloys qu'il ait le patronnage de IIII capellenies en ses terres d'Avesnes et de Guise, c'est assavoir : à Trelon, à Fayt le Castel [1], à Guise et à Wymi. — (1331).

F.° 107. C'est le francois de le lettre en latin dessus dicte.

F.° 107 *v.°* Lettre comment messire Jehans li Fevres, de Fayt, prestres, a recognut devant le doyen et le capitle de Guise que il a donné au conte de Bloys, pluiseurs héritages pour fonder une capellenie à Fait le castel. — (1332).

F.° 108. Lettre comment mons. Pierre de Becond, chevalier, seigneur de Flechinel, avoit acaté à demoiselle Jehenne, jadis femme Puilloys et Sandras le juif, à Jehan de Fayt, et à demoiselle Jehenne, se femme, jadis fille Puilloys, un fief que il tenoient de mons. de Bloys, séant en se vile de Guise, ou lieu que on dist en Chante Rayne, le quel fief li dis messire P. a revendu audit conte de Blois. — (Septembre 1331).

F.° 110. Lettre comment li dis messire P. de Becond cognoist devant le bailliu et les hommes de fief, que il a vendu au conte de Bloys, le fief qu'il avoit acaté à demoiselle Jehenne, jadis fame Puillois. — (1332).

F.° 110 *v.°* Lettre comment li contes de Bloys accata à Colart dou Gart, le pré que on dist le champ Bouchier

[1] Fay.

GUISE. séant ou terroir de le Nueville dales Dorenc [1]. — (Août 1329).

F° 111. Lettre comment Jehans Pates et se fame ont pris à cense dou conte de Bloys, trois essins et deus verges de pret, séans en Canteraine, tenant à le voie qui va à Flavignies, parmi trente solz parisis chascun an au jour saint Esteuene. — (Janvier 1332).

— Lettre de pluiseurs hèritaiges que li contes de Bloys a acquis au dehors de le porte du Ploich, pour eslargir son gars à Guise. — (Le nuit de l'an 1332).

F.° 112. Lettre comment li doyens et li capiteles de saint Gervais de Guise accordent l'escange que li contes de Bloys a fait à mons. Jehans Loke pour le capellenie de le Mote. — (Janvier 1332).

F.° 112 v.° Lettre en latin comment li vesques de Laon conferme le lettre dou doyen et dou chapitle de Guise dessus dicte. — (26 Janvier 1332).

F.° 113 C'est le franchois de le lettre en latin dessus dicte.

F.° 113 v.° Lettre en latin par instrument comment Philippes et Jehans, enfant jadis de Colart Henri, de Trelon, et demiselle Marie, se femme, ont reçongneut, par devant tabellion publique, que il ont donné et otryet au conte de Bloys le droit dou patronaige de le cappelerie que li dis Henris leur pères a fondée en le ville de Trélon. — (Lundi 8 février 1332).

F..° 114. C'est li franchois de le lettre en latin dessus dicte.

F.° 115. Lettre par chirographe de chinquante et VI verges de preit que li contes de Bloys a acatet à Bertran Foukes et à Maroie, se femme; item, quarante wit verges de terre à Colart Marotine et à Maroie, se femme; item, XV verges de preit à Colart Morel et à Margue, se femme. — (Avril 1333).

F.° 115 v.° Lettre dou roy Philippe VI de l'accort fait entre le conte de Bloys et le conte de St.-Pol pour les debtes le conte Hue, que Diex absoille, et pour autres pluisieurs debtes [2]. — (6 mai 1332).

[1] La Neuville-les-Dorengt, canton de Nouvion, arr. de Vervins (Aisne).
[2] Du Chesne a publié cet acte *in extenso*, dans son *Hist. de la maison de Chatillon*, pr., p. 175.

F.º 117 v.º Lettre comment li religieus de Foysny pevent faire nouviaus hommes pour leur justice d'Esparcy par l'acort et de grace espécial que le conte de Bloys a fait as dis religieus. GUISE.

Comme cet acte se rappor e à une lettre du seigneur de Proisy que j'ai publié *in extenso* [1], et qu'il renferme des détails intéressants sur les justices seigneuriales, je le donne ici en son entier.

Nous, Guy de Chastillon, conte de Bloys, sires d'Avesnes et de Guise, et nouz frères Jehans, par le permission de Dieu, humles abbés del abbeye de Foisny, de l'ordene de Cistiaus, del éveschiet de Laon, et tous li couvens de celi églyse, estans en l'espécial garde de nostre chier signeur, mons. le conte de Bloys dessus dit, avecques nos cours, rentes, terres et possessions sèans et estans en la terre de Guyse, salut : Comme débas ou descors fust ou peust estre entre nouz conte de Blois, d'une part, et nous abbé et couvens dessus dis, d'autre part, seur ce que nouz abbés et couvens dessus dis, disiens et mainteniens nous et nos devanchiers, ou non de noste ditte abbeye, avoir esté et estre en possession et saisine de faire et pooir faire hommez pour tenir, garder et excercer justice, et jugier en nostre terre et justice d'Esparsy, en touz cas que nouz avons à coustume à jugier par hommes, et que ce faire nouz appartenoit, comme nostre bon droit. Nouz, conte de Bloys disans et maint nans au contraire, et que les dis abbés et couvens ne pooient faire hommes de nouvel à Esparsi, pour bien de pais, pour Dieu et pour aumosne, Nous, conte dessus dis avons volu, et accordé de grace espécial as dis abbé et couvent, que il puissent faire de nouvel et à touz jours mais, trois hommes de fief, avecques le signeur de Proisy, li quelz est leur hons pour cause de la dite terre d'Esparsy. Et donront au dit signeur de Proiziz, 1 muy de blé de rente par an héritablement, à prendre seur le grange d'Esparsi, et de 1 mui de blé qui leur doit de rente par an il le quitteront, et de ces 11 muis de blé à hiritaige, li dis sires de Proisy en sera leur honz, et lez tenra-il et si hoir en fief; et fera encore li dite églyse deux hommez de fief héritablez as quelz il donront à chascun 11 muis de blei à hiretaige sour la dicte maison d'Esparsy ; et feront encore li dit religieux 1 homme qui sera leur hons à vie, auquel il donront

[1] Voy. page 187 de ce volume, art. Foigny.

GUISE.

II muis de blei seur le maison d'Esparsi dessus ditte, à sa vie, et quant ichiz hons viagiers sera mors, il en deveront faire un autre viagier, à qui il donront II muis de blé à sa vie. Et tenront chascuns des hommes héritiers dessus dis, sa partie des choses dessus ditez en fief et en hommaige des devant dis abbé et couvent, eus et leur hoir, as usaiges et coustumes dou pays; et parmi les dittes choses, les dis hommez héritiers et viagiers seront tenut de maintenir, exploitier et excercer la justice des dis abbé et couvent, au dit lieu d'Esparsi et des appartenances d'ycelui lieu, et de jugier et de faire touz jugemens en tous cas qui à justice appartiennent deument, et ensi qu'il appartenra de raison, en la manière, as usaiges et coustumez que nostre homme de nostre castel de Guise ont à coustume à jugier, et jugent en nostre castel de Guise. Et est assavoir que se li fief dessus dit ou aucun d'yciaus revenoient en la main des religieus dessus dis, par quelconque voie que ce fust, li dit religieus seroient tenut de faire autant de hommes, et les fiés de le valeur et estimation dessus dicte, et avons promis et promettons loialment et en bonne foy, nouz conte, abbés et couvens dessus dit pour nouz et pour nos successeurs, toutes les choses devant dittes tenir et faire tenir, garder et accomplir, sans venir encontre par nouz ne par autres. Sauf et réservé as dis religieus en toutes autres choses, tel droit que il ont ou puent avoir en la justice d'Esparsy, par la vertu d'une lettre donné as dis religieus par nostre chier signeur et père, mons. le conte Hue, liquel se commence Hugo de Castellione, comes Blesensis, etc. et se désine ainsi. Datum anno domini m.° cc.° nonagesimo octavo, mense Junio. En tesmoingnaige desquelz choses, Nous conte, abbés et couvens dessus dis avons ces présentes lettrez scellées de nos propres seaus, qui furent faites l'an de grace mil cccxxxII, le xvI.° jour dou mois de march.

F.° 118 v.° Lettre par chirographe de xv s. de blanz de rente que Jehennons Pikardons de Chinis[1] doit cascun an à mons. de Bloys, pour un vies cours de le rivière qui est entour le pret des cordonniers. — (Mai 1333).

— Lettre par chirographe de II capons de rente que Estevenars de le Forge et Maroie, se femme, doivent

---

[1] Chigny, canton de la Capelle, arr. de Vervins (Aisne).

cascun an au conte de Bloys, pour le vies cours de le rivière que on dist en Bonnelet pret. — (Mai 1333).

F.° 119. Lettre comment messires Renaus de Honwecourt[1] et medame Jehane de Waudencourt[2], se femme, recongnoissent à mons. de Bloys que il renoncent à toute droiture de justice et signourie, que il pooient ou porroient réclamer ou demander en l'abéie de Bohories, par manière de prise ou arrest, ne ens ou clos aussi, ch'est assavoir de avoir et lever de chascun faukeur, cascun an faukant en commencement de fauchisons, au lieu que on dist l'escange, séant en l'abéie de Bohories, qui est à prè, pour cause de corvée, pour les personnes des faukeurs tant seulement et non pour le dit pré, quant li lieus est à pré et on y fauke, wit deniers blans à cascun faukeur. etc. — (Juillet 1333).

F.° 119 v.° Lettre par chirographe coment li contes de Blois a acaté as hoirs Jehan de saint Germain une maisure séant devant le castel à Yrechon. — (1333).

— Lettre coment li contes de Bloys achète pluiseurs rentes séans ou pourpris de le ville de Guyse, ch'est assavoir en deniers, en capons et en terraiges, à Willaume Havart et à demiselle Guillaume, sa femme. — (Août 1333).

F.° 121. Lettre comment li contes de Bloys a acheté pluiseurs terraiges à Godart de Wallers sour pluiseurs piéches de terre et autres rentes. — (1333).

F° 121 v.° Lettre coment li évesques de Laon tesmoingne que Jehans Moreles, portiers de la court de Laon, prist Colin le Herbert, clerc, à le feste de Monstruel l'an M CCC XXXII. — (6 octobre 1333).

F.° 122. Lettre de l'acat que li contes de Blois a fait à Jehan Ysart, sires de Buironfosse et à Marie, se femme, dou molin de Buironfosse, du vivier et des prés qui sont depuis le haie au les par devers le ville de Buironfosse... en venant dusques as Sauchois, etc. — (1333).

F.° 123. Lettre par cirographe comment Jehans de Loonois et se femme ont renonchiet à II boues séans en

---

[1] Probablement Honnecourt, canton de Marcoing, arr. de Cambrai (Nord).

[2] Vadencourt, canton de Guise, arr. de Vervins (Aisne).

GUISE.
Canterene, lesquelles sont desous le castel de Guise. — (Août 1333).

F.º 123 v.º Lettre par cirographe coment Marie, femme Colart de Bourdon jadis, Jehans d'Anisi et Mehaus, se femme, ont renonciet à tout le droit que il avoient en ii bours qui furent Jehans de Lonois — (Octobre 1333).

F.º 124. Lettre comment Wautiers li sires de Bousies [1], chevaliers, et Ysabiaus, dame de Bousis, renonchent au fieve que il avoient à Guise, et comment il receurent par grace le restitution que mess. le conte de Bloys leur fait par les dittes lettres. — (Octobre 1333).

F.º 124 v.º Item, unes autres lettres faisans mention des choses contenues en la lettre dessus dicte. — (1333).

F.º 125. Lettre par chirographe comment li contes de Bloys a acquis le boue Jehans Gossain et le maison de le dite Boue, séans outre la porte de Chanterene, desous le castel de Guise. — (Janvier 1333).

F.º 125 v.º Lettre de l'acort fait entre mons. Hue de Lorrainne et les religieus de Foisni, comment li dit religieus ont cause de garder et faire garder leurs bos, prés, terres et yaues appartenans à leurs maisons et cours, et esliront quatre sergents tant seulement purs laïs et non autres, pour yaus avoir la prise, l'arest et la correction et pugnition de tous maufaiteurs [2]. — (Août 1334).

F.º 127. Lettre dou roy de France qui fait mention de l'ordenance dou mariage le duc de Lorrainne et de le fille mons. le conte de Bloys [3]. — (Mai 1334).

DEUXIÈME PARTIE.

Au folio 129 commence une nouvelle série de chartes précédée d'une table des rubriques, à la tête de laquelle on lit ce qui suit :

---

[1] Canton de Landrecis, arr. d'Avesnes (Nord).

[2] Cet acte fort important pour l'histoire de l'abbaye de Foigny a été ignoré de M. Piette.

[3] Du Chesne (*Hist. de la maison de Chatillon*, pr., p. 102) cite ce contrat de mariage, d'après notre manuscrit. Il a mal lu le nom de lieu, où le roi a ordonné cet acte ; ce n'est pas Monteuel, mais Moncuel, encore l'u est-il pointé au dessous, ce qui fait Moncel, lieu situé près Pont-Ste-Maxence et fort connu pour avoir été habité par les rois de la 3.ᵉ race

Ce sont les rebriches des copies des chartres et des priviléges que li signeur de Guise ont donné et ottroié as villes de Guise et as églises et as autres villes et églises de le terre de Guise, de le chastellerie et dou ressort qui sont chartrées, escriptes en ce livre l'an de grace mil ccc xx vii, saingniés par nombre de lettres, et trouvera-on sus le rebriche de chascune chartre ou privilège, le nombre, ainsi comme elles sont saingnées et de quels ville ou église elles sont. Et est à savoir que de celles qui sont en latin, li francois est tantost après, et ne sont saingnées ces ii lettres que d'un seul nombre sus la rebriche, quar les deux lettres, c'est à savoir le latin qui est original et est primiers escript et li francois qui l'ensuit après, ne font que une seule lettre.

Premiers: des villes qui sont chartrées.

La table occupe 15 folios (f.° 129 à 143) et est séparé du texte par 15 feuillets blancs non mumerotés. Le foliotage reprend au chiffre 137.

F.° 137. Ce sont les chartres et li privilège que li signeur de Guise, conte de Bloys, ont donné et ottroié as villes de Guise et as autres villes de le terre de Guise et dou ressort et des églises qui sont chartrées. Premiers s'ensuit li teneurs de le chartre de Guise en francois dont li teneurs est telz: Jou Jehans, etc., et ja soit ce qu'elle se commence par vidimus sous le scel de la baillie de Guise, si a on fait collation certainne de ce présent cartulaire à l'original de la propre chartre.

Ce précieux document a été publié par M. l'abbé Pecheur[1], malheureusement d'après une copie conservée à la mairie de Guise, et tellement fautive que la plus grande partie des articles est incompréhensible. En publiant de nouveau cet acte, j'ai eu le soin d'indiquer en notes les différences sensibles existant entre mon texte et celui donné par M. Pecheur, qui, je m'empresse de le répéter, s'est servi du seul document dont il pouvait disposer, et qui renfermait des incorrections sans nombre auxquelles il n'a su comment remédier.

A tous ceus qui verront et orront cestes présentes lettres, Estiennes de Saillenay, chevaliers, baillis d'Avesnes et de Guise, salut. Sachent tuit que l'an de grace mil ccc et

[1] *Histoire de Guise*, tome i, p. 222 et suiv.

GUISE

vint ou mois de Janvier, nous veimes et leumes unes lettres sainnes, entieres, sans corruption nule si comme il apparissoit de plainne veue, séelées dou seel de très haut et très puissant prince Jehan de Chastillon, jadis cuens de Bloys et sires d'Avesnes, contenans mot à mot la fourme qui s'ensuit. Jou, Jehans de Chastillon, cuens de Bloys et sires d'Avesnes, fais à savoir à tous ceaus qui verront ces présentes lettres, que jou, pour Dieu et pour le remède de m'ame et à la requeste des bourgois de Guise, weil et ottroy que my bourgois de le ville de le mairie de Guise, aient et poursivent paisiblement à tous jours mais, les us, les coustumes et les loys ci dessous nommées [1]. Jou weil et ottroy que quiconques soit bourgois de Guise, puisse vendre heritage en le mairie de Guise hors de franc fief et puisse jouir de ses biens paisiblement juques à droit; et weil et ottroy que cil bourgois puissent marier yaus et leur enfans par tout là où il vorront sans mes villes batiches et sauf chou quil ne puissent marier, ne aux, ne leurs enffans à mes hommes ne à mes femmes taillables, sans mon espicial congiet, se il ne weillent estre as us et as coustumes des villes batiches. Et weil et ottroy que li bourgojs de la dicte ville puissent aler et venir hors de le ville manoir, quant il leur plaira, en faisant créant de leurs debtes que il devront, et des meffais qu'il auront fais, avant qu'il s'en partent de le ville et puissent revenir arrières en la ville sans nul fourfait. De rechief, je weil et otroi que quiconques soit maires et eschevin de Guise puissent recevoir à bourgois toutes gens, sauve le droiture as signeurs de Guise et l'autruy. Jou ne autres signeur de Guise ne porront faire ban sus les bourgois de Guise, sans le maire et sans les eschevins, ne il sans moy, et les amendes seront moies toutes, et mes successeurs ne porrons faire ban sus les bourgoys fors de vint et deuz sols et demi de blans et les menus bans de cuinc sols d'amende. Et weil que li dit bourgois usent des pastures et des aisances et des yaues paisiblement et n'y puissent peschier né faire peschier par autrui, ne encombrer la rivière en telle manière qu'il facent damage à moy ne à autruy. Et sera la chaucié à le ville as us et as coustumes que on la reccute, sauf chou qu'il en doivent retenir touz les pons

---

Et non *les loix et deffaulx només* ce qui n'a pas de sens.

qui sont en le ville et en le mairie, et doivent aussi retenir la chaucié et les maus pas de la ville ¹. Et chou qu'il recevront de le cauchié, je weil que il comptent chascun an à moy ou à mon commandement pour chou que je weil savoir que bien soit emploiet chou qu'en recevra pour le raison de le cauchié. Et ne porra nuls vins vendre à Guise, se il n'est aforés par maïeur et par eschevins, qu'il ne soit à vint et deus solz et sis deniers de blans d'amende qui seront à moy et à mes hoirs. Et pourra chascuns bourgois avoir pois et mesures, sauf chou qu'elle soit justicée par maïeur ou par eschevins ou par moy et par mes hoirs, se il en deffailoient. Et s'aucuns use de faus pois ne de fausse mesure, et il en soit repris par tesmoingnage, il sera à vint et deus sols et sis deniers de blans d'amende à moy et à mes hoirs, et se il en est repris plus d'une foys, il sera à tele amende, comme drois et coustume de pais donra ². Et weil et ottroy que jou, ne my hoir ne puissons tenir bourgois ne bourgoise ne leur enffans en prison, se il puet donner seuretet souffissant parmi le loy de le ville, se n'estoit de cas qu'il feissent à mes sergens propres, et se ce n'est de vilain cas approuvet ou par cri ou par commune renommée. Et weil que se aucuns se lieve encontre autre, par ire faite sans mettre main, se il en est prouvet, que il pait à moy et à mes hoirs amende vint et deus solz et sis deniers de blans. Et weil que nus ne puisse achater héritage en la mairie de Guise, s'il n'est bourgois, et se il ne l'est, qu'il le deviengne anchois qu'il entre en hiretage. Et weil et ottroy que li bourgois de le dicte mairie manant ens le ville, molent as molins de Guise au sezime, et se li blet demeure la nuit et il est perdut, que li manniers le rende. Et wel et ottroy que nuls bourgois, ne bourgoise, ne fill, ne fille de bourgois de Guise, ne puisse estre arrestés en mes villes batiches pour debte de catel, se li debte n'est faite par devant l'ayue dou lieu là où il seroit arrestés. Et wel que de toutes les choses, de quoy eschevin ne seront sage, voisent à Laon pour estre ensaingniet. Et weil et ottroy

¹ Et hon *sauf chou qu'y l'en doibvent retenir tous les ans pour qu'y sont en le ville et en le mairye et doibvent aussi retenir la cauchée et les mains pour de le ville*, ce qui est complètement incompréhensible.

² L'article des poids et mesures a été passé dans la copie conservée à Guise.

GUISE.

que li maires et li eschevin de le dicte ville mettent et ostent porteours as fours, messiés à blés warder, sergens qui wardent le vile par nuit, asniers qui portent les blés as molins et raportent les farinnes,[1] et sergens pour les vins crier, et pour faire les besoingnes de la ville, et as cous de le ville. Quiconques vendra vin à Guise, il ne devra à moy ne à mes hoirs de le caretée, que demi setier de vin d'afforage, et de le carée, que un setier. Nuls bourgois de Guise ne me devra point de winage ne de tonlieu de son avoir, qu'il mainne des chevaux qui sont dou fief de Guise, c'est assavoir à Guise ne ou fief de Guise ; mais ailleurs, il le me paieront, si comme il l'ont acoustumé. Et est à entendre que nuls bourgois n'est quittes des thonieus, se il n'est manans dedens le mairie de Guise, et se il faisoient mener à aucun estrange, il me paieroient mon guinage ; li brassins de goudalle me devra quatre los de forage, et li brassins de cervoise seze los. Se il avient que aucuns entrepraingne sus les aisemens de le ville en quelque manière que ce soit, il sera cerquemennés et adrechiés par le maïeur et par les eschevins de le ville et par le prévost le signeur de Guise, et li prévos il sera tenus à aler et à faire tenir toutes les foys qu'il en sera requis par le maïeur et par les eschevins. Et chou qui sera trouvé hors de cerquemenage si comme, li seurfais demoura au signeur et li aissemens à le ville. De rechief je weil et ottroy que se aucuns se claimme au maïeur et as eschevins, pour debte, que jou et my successeur garderons le prisonnier quinzaine, jou et my successeur le rendrons au maïeur au chief de le quinsainne, et li maires le deliverra à celuy à qui est le debte par ensaingnemens des eschevins, s'il affiert par le loy de le ville, et cils le gardera dedens les quatre tors de le ville sus rue souffisans en fers ou en buies[2], et par tant li maires et li eschevin en seront délivré. Et weil que

---

[1] Voici la phrase telle que je la trouve dans l'édition de M. Pecheur. *Et veul et octroye, que le maire et échevins de la dicte mettent et ostent pourtours aux jours messiers as bledz warder sergens quy wardent le ville, par mes asniers quy portent les bledz au molin et rapportent les fermes*, etc. Il est impossible de réunir autant de fautes de lecture en si peu de lignes.

[2] Il y a dans le texte conservé à Guise, et *sy le gardera dedans les quatre coings de la rue sus ville souffisante en forces ou en vives !!!*

si comme il ont uset, qu'il puissent mettre en le maladerie de Guise les mesiaus de le nation de Guise et de Lescaeles, tant comme il appartient à moy. Et weil que les deus ville puissent mettre et oster maistre en celle maladerie, si comme il l'ont uset pour le profit de la maison. Et weil que nuls ne puissent recevoir frère ne sereur en celle maison, se ce n'est par le conseil de moy ou de ma gent et des deus villes. Et weil que l'ostelerie de Guise soit wardée par le maieur et par les eschevins de Guise, et weil que li dit bourgois puissent arrester leurs debteurs de forains par un des autres bourgois, tant que il ait la justice, et celui à qui il le livera soit tenus à lui aidier dou tenir, tant que il l'ait livré à la justice à son pooir. De rechief, je weil que li avoirs qui vient devers France [1], ne doit point de winaige à Guise, se il ne passe Oise, se l'en ne voit par le conseil dou signeur ou des hommes de le court que il y ait mauvaise fraude pour le wignaige amenrir. De rechief, je weil que quiconques vient au marchiet de Guise ne doive à moy ne à mes hoirs point de guinage, alant et venant à la journée pour vendre ne pour acheter ses denrées au dit marchiet. Quiconques vendra à Guise en l'année le plus chier vin, il devra à moy et à mes hoirs la value d'un mui de celui vin. Se aucuns bourgeois vient à hustin ne à mellée pour deffaire, se il y fait ne mal ne griete, il l'amendera par le loy de le ville. Derechief je weil que li bourgeois de le ville puissent faire assise pour leurs frais, toutes les foys que il verront que ce soit le profit de le ville, mais que ce soit de mon congiet ou par ma gent; et je sui tenu dou donner, ou ma gent à leur requeste, se je voi que raison y ait. Et weil que tous ceaus qui s'aiseront es aisenses de le ville, aident à paier les frais de le ville, exceptes les gentius hommes et les gens as églises qui maintenant y mainnent [2]. Et weil que le mardi de Pasques que li justice soit remuée chascun an et qui a esté maires un an, que il ne le soit pas l'autre an après, et que cils qui istra de le mairie soit tenus à compter devant les eschevins et devant

GUISE.

---

[1] On lit dans le même texte: *je veul que l'avoir quy vient derniers frans.*

[2] On lit: *Et veul que tous ceulx quy saisiront des aisances de le ville ayent à paeyer les frais de la ville, exceptés les gentilz-hommes et les gens d'église quy maintenent et manquent.*

GUISE.

la communalté de le ville, de l'estat et des frais de le ville et faire bon compte et loyal, et aussi de le cauchie. Et weil que li ville puisse prendre trois preudes hommes, et de ces trois, li sire face maieur dou quel qu'il voudra, et li autre dui demourront eschevin, et cil troi li maires et li diu eschevin pourront prendre cinc hommes à eschevins, sauf ce que il n'en puisse demourer que trois de ceaus qui y auront esté en l'année devant. Et je et my hoir en prendrons le sairement, et weil que quant je et mi hoir mettrons de nouvel, bailliu et prévost en le ville de Guise, qu'il facent sairement à le ville de garder le loy de le ville. Et weil que se aucuns marcheans vient demourer et marchander en le ville de Guise, qu'il soit tenus à mettre as frais de le ville, au conseil de le ville et par le conseil dou signeur de Guise ou de sa gent, où l'en li deffendra la marchandise. Et pour toutes les choses dessus dictes et chascune par soy ottroyer et donner as bourgois de le dicte mairie, li dit bourgois sont tenut et obligiet à paier à moy et à mes hoirs et à mes successeurs chascun an, au jour de la saint Remy à tous jours mais par durablement, cent livres de tournois de rente, et en ont obligiet li dit bourgois à moy, à mes hoirs et à mes successeurs yaus et leurs hoirs et leurs biens présens et avenir, en quelque liu que il soient. Et est à entendre que je retieng à moy et à mes hoirs et à mes successeurs, par la dicte mairie de Guise, mon ost et ma chevauchée, toutes les foys que il m'en sera besoings pour moy et pour mes signeurs. Et je ne les puis semondre, se ce n'est pour ma terre deffendre, ou la terre à mes signeurs. Et est à entendre que les deus sous, que je avoie acoustumet à prendre sus les bourgois de la dicte mairie en nom de bourgoisie, ne seront plus rendut à moy ne à mes hoirs, ains en useront li ville pour yaus des bourgoisies ainssit comme il en ont uset pour aidier à paier les cent livres de rente devant dis; et ne porray plus demander as bourgoys que les cent livres de tournois par an, se il ne le welent faire de leur gret, sauf à moy et à mes hoirs, toutes les choses dessus dictes, et sauf à moy et à mes hoirs, l'aide de ma reanchon, et la chevalerie de mon fill ainsnet, et le mariage de ma fille ainsnée. Et weil et ottroy que toutes les choses et les aucunes qui escherront ens le dicte ville de Guise soient jugiés par le maieur et par les eschevins de le dicte ville de Guise, hors mises les grosses amendes, c'est assavoir : rat, murdre, larrechin, arssin et mes winages, mes bos et mes ayues. Et weil et ottroy que li dit bourgois aient cloque pour yaus assambler, se il leur plait, et pour yaus appeler. Et se il avenoit que jou ne my hoir ne la ville eussiens besoing de l'aide de la ville, nous pourrions faire sonner la cloque, et qui n'y venroit, il paieroit deus sous d'amende, et celle amende seroit à moy et à mes hoirs. Et se il avenoit que bourgois ou fill de bourgois ou bourgoise de la ville de Guise, s'otast de le loy de le ville en quelque manière que ce fust, je et my hoir porriens prendre ses meubles et son héritage, et tenir et esploitier jusques à tant qu'il revenist à le loy de le ville et m'eust amendet chou qu'il auroit meffait à moy et à le ville, et cil amende seroit jugié par moy et par mes hoirs et par le maïeur et par les eschevins de le vile. Et est assavoir que je n'enteng pas, ne ne weil que par chose qui soit ci dessus dicte, ne ottroie as dis bourgois de Guise que il ait point de commune à Guise, ne que li bourgois de Guise puissent demander, ne dire qu'il aient commune à Guise, ne par l'ottroy que je leur fas de la cloque avoir, ne par autre ottroy que je leur aie dessus fait. Quar en telle maniere leur fas-jou les choses dessus dictes, que par ce ne leur soit point de droit acquis d'avoir commune, et que il ne puissent commune demander ne dire que il l'aient. Et toutes les choses dessus dictes ai-je consenties sauf mon droit et l'autrui et à toutes les choses dessus dictes toutes ensamble et chascune par soy tenir et garder fermement et loyaument à tous jours mais, je lie et oblige moy et mes hoirs et mes successeurs, sauf à moy et à mes hoirs, toutes les autres droitures et rentes que jou avoie et pooie avoir sus les bourgois de la dicte mairie, qui ne sont nommées en ceste chartre. En tesmoing desquelles choses, et que chou soit ferme chose et estable, je donne de chou as bourgois de le ville et de le mairie de Guise cestes présentes lettres séelées de mon seel. Chou fu fait l'an de l'incarnation nostre signeur mil cc soissante et dis nuef, ou moys de juillet.

F.° 139 r.° C'est la chartre en latin des franchises des estatus et des ordenances que Wautiers, sires d'Avesnes, donna et ottroia as bourgois de le ville dou Nouvyon. — (1196).

GUISE.

F.° 141 v°. C'est li francois de la chartre dou Nouvyon, en latin dessus dicte.

En non dou père et dou fill et dou Saint Esperit, amen. Cognute chose volons faire tant as futurs comme as présens, que Jo Wautiers, sires d'Avesnes, par le consail de toute ma court et par le commun assentement des bourgois de Nouvyon, les loys et la commune et les couvenances et les franchises que cil de Prices tiennent sans aucune moleste ou travail [sine aliqua molestia vel inquietudine] de mes successeurs, avons ottroié à ces meismes bourgois à tenir à tous jours. Quiconques tenra manoir [mansum] en la ville de Nouvyon, il doit paier en la feste Saint Remy XII deniers et I mencaut d'avainne, à le mesure de Landrecies, et dedens le quart jour de la Nativité nostre Signeur, II pains et II capons; et se il tient II manoirs il paiera les rentes d'ambedeus les manoirs, hors mis les XII deniers. Il ne loira à nelui tenir manoirs fors II, et se il en wet acheter un ou pluiseurs, ou il les wet acquerre, il paiera entierement les rentes des achetes et des acquis [ex emptis et acquisitis]. Qui ne tenra manoir, et il welle demourer en la franchise de celle meismes ville, il paiera tant seulement XII deniers en la feste Saint Remy. LE MARCHIÉ OSSI ESTABLIT. Chascuns des manans en ycelle ville doit à la feste saint Martin IIII deniers pour thonlieu, et li marchant survenant paieront le thonlieu deu par la coustume d'Avesnes, et se il ne le paient, il le doivent amender par la loy d'Avesnes. DOU VENDAIGE DE VIN. Se aucuns bourgois amainne vin en celle ville par IIII roes ou par II [quatuor rotis vel duabus] le charche d'une jument ou d'un asne et il le vent, il ne doit nulle rente de celi, et se il ou autres wet vendre ce vin ou autre par foraige, il donra de IIII roes, un sestier; et de II, demi sestier; de le charche d'une jument ou d'un asne, maillie de vin [obolatam vini]. Et se aucuns survenans y amainne vin, il donra de III roes, IIII deniers; et de II roes, II deniers; de la charche d'une jument ou d'un asne, maalle. DE LA CAMBE. Quiconques vaura faire cambe en celles ville, il le fera, et de chascune cervoise, il paiera II setiers de cervoise; et se li sires wet faire cambe, il li loira avoir. Qui vendera miessée [medium], il en donra un sestier à la mesure qu'il la vendera. Quiconques vaura faire four, il le fera en tel manière qu'il en paie au signeur tous les ans

III pains à III tempoires [tribus temporibus]; au Noel, à Pasques, à la Penthecouste; à chascun tempoire, un pain. DE LE LOY DE CIAUS QUI VONT AU MARCHIÉ. Li homs de celle ville alans au marchié paiera en alant les rentes et le winage, et en revenant, il ne paiera ne rentes ne winages. Et de leurs terres il donront dyme et terraige. Chascuns tenans pré en celle ville paiera pour chascun journel I denier à le feste saint Jehan, il porra arer le pré un an sans terrage, et se il le ere ou secont an, il en paiera dyme et terrage. Il est ossi ordené que il ne doivent donner au signeur nulle exaction ou queste [exactionem sive querelam], fors les rentes establies, se il ne le font de leur volenté. Se aucuns wet waster ou oster le propre héritage dou signeur de celle meismes ville, il les porra mener v fois en l'an encontre ses adversaires; le premier jour, il yront à leurs propres despens, et les autres jours, as despens de leur signeur, il les porra mener par tout là u il vaura, une foys en l'an, un jour, toutes voies à leurs despens. DOU MAIEUR [de villico]. Nous avons ossi establi dou maieur que nuls n'en puist estre fais, ayans, se il n'est de leur loy, et que il ne puist demourer en celle mairie [in eadem villicatione], fors tant que il plaira au signeur et as bourgois. DES MESURES. Toutes les mesures tant de froument comme d'avainne et de vin, doivent estres faites par le consail dou signeur et des bourgois, selonc les mesures d'Avesnes et se aucuns fait fraude de ces meismes mesures, il l'amendera par le pris de XV sous: X au signeur, V as bourgois. DES WAGES DOU SIGNEUR. Se li sires met son wage à aucun bourgois pour aucune chose vendable, il le wardera XV jours, et ces XV jours passés en la présence dou signeur, li soit offers devant tesmoingnages, et se il ne le wet racheter de ce jour en avant, il li loira mettre en wages ou vendre; et se il i faut aucune chose dou pris, li sires l'emplira, et se il i seurabonde aucune chose, li sires l'ara. Se aucuns des chevaliers doit aucune debte à aucun des bourgois, et il nie, il se porra deffendre par leur loy. Se bourgois n'a tesmoingnages souffisans et se il cognoist la debte et il ne le welle paier, en quelconque lieu que le sien propre sera trouvé en celle ville, soit en sa présence ou sans sa présence, se il ne le tient en sa main, il soit pris pour la debte, et ce en ceste manière il

GUISE. ne puet avoir la debte, li hostes et la chose vendable de celle ville li soit deffendus devant tesmoingnages. Et se aucun des bourgois ne garde ce, il paiera la debte. Se aucuns doit aucune debte à aucun, et il li nie, et clameurs vient devant le juge, se li clamans a tesmoingnages souffisans, il recevera sa debte, et donra li debteres pour l'amende dou fourfait, au signeur, III s ; et au clamant, II. Se li bourgois ont ordené aucune chose entre yaus, et aucuns d'yaus le contredit, en après se par son ire il rent sa bourgoisie pour ceste cause tout, primiers, il paiera ce qui est ordonné, en après il donra pour le retour de sa bourgoisie XII deniers et donra au signeur pour l'amende, III sous, et as bourgois, II, et se purgera par son serement, quar il n'a mie ce fait à leur deshonneur. Se aucuns en quelconque manière sans juge oste aucune chose à aucun, il l'amende au signeur par X s. et par V au clamant. Chascuns puet vendre sa maison à son voisin, sans aucune rente. Nulle maisons ne puet estre vendue en tel maniere qu'elle soit menée hors de la ville. DES ISSANS HORS DE LA VILLE. Chascuns homs wellans issir de celle ville porra vendre quanque il ara à chascun, fors à glise, et appelés ses voisins, il paiera ce qu'il doit et s'en istera par leur congié, et donra au signeur pour sen yssue, XII den. et il le conduira tant comme il porra sans engien. Il ne donront nul paasnaige [pastinagium] es propres bos de leur signeur. Il est ossi establi que li homme de celle ville envoieront leurs fiex et leurs filles à mariage quel part que il vorront, et se il en amainent des estrenges en celle ville, il leur loira. Il est ossi en leur loy que il ne porront, nului de la terre leur signeur, sans son congié retenir en celle meismes ville. DE CIAUS QUI MEURENT SANS HOIR. Se aucuns est mors en celle ville sans hoir et tel hoir qui soit ses enfes, ou enfes de son fill ou de sa fille, ou de son frère ou de sa suer, il porra donner en aumosne la moitié de son avoir ; et l'autre moitié sera wardée ducques à an et jour ; se hoirs vient, il le ara tout entièrement ; et se il ne vient, li sires l'ara ; et se il muert de mort soudainne, ses avoirs sera wardés ducques au terme devant dit. Se hoirs ne vient, li bourgois en penront le moitié et le donront en aumosne, et li autre partie sera en l'usaige dou signeur. Li homs recevera ses choses après la mort de sa femme, sans aucune occoison, ensement li fame après la mort de sen mari. Des survenans en la ville. De rechief, se en celle meismes ville aucuns vient et y welle demourer, li quels ait fait tele chose que il n'ose venir à jugement, il ne le receveront mie. Et se il avient que il soit tels trovés, tant que il osera venir à jugement, il demoura seurs entre yaus et ara leur aywe [auxilium]; se ce non, il le meûront hors de leurs fins avec seurté, tant comme il porront sans engien. Des homicides. Se aucuns fait homicide ocultement, et il a fuit à celle ville et aucuns l'ensuit, il ne li loira mie aucune chose faire en lui sans leur loy. Nuls homs de la maisnie dou signeur, ne sera amenés en tesmoingnage contre yaus. Se toutes les rentes dou signeur ne sont paiés as termes establis, elles doivent estre amendées par le loy, de II s. Se aucuns dist vilenie à aucun, se il a tesmoingnages souffisans et il mainne la chose dusques à clameur, cils qui ara dit la vilenie l'amendera au signeur par x sous et au clamant par v. Qui ferra de poing ou de baston ou de verge sans perdre membre ou sans sanc, en tele maniere que li ferus ne chicce, il l'amendera de XX sous, v au feru, XV au signeur; den après [Deinde] ferme pais sera entre aus II et leurs amis ; et qui ne vorra tenir la pais, si soit mis hors En quelconque manière aucuns ferra aücun, en tel manière que sans en isse ou li ferus chicce, il donra lx sous : XX au feru, XL au signeur, se il pert membre, quelconque blesure que il li ait faite et tele le soustenra, ce est œl pour œl, dent pour dent, mort pour mort, de la en avant ferme pais et establc. De la tencon des fames [De rixa mulierum]. Li femme qui dira vilenie à femme, se la vilenée a tesmoingnages de II hommes, ou d'omme et de fame, ou de II fames, se elle en va à clameur, celle qui a dit la vilenie, donra x s. ou elle portera à son col, dou chief de la ville dusques à la fin, II pierres qui y sont establies, et se li x s. sont donné, il soient despendu en l'usaige de la ville par la main des bourgois. Dou lecheur. Se aucuns lecherres acoustumés [lecator assuetus] dist vilenie à aucun homme en celle ville, li homs ne querra mie fust, se il ne l'a, mais il le ferra III fois dou poing se il wet. Se autrefois il li dist vilenie, il le menra au juge et il en fera justice, et se il li dist vilenie dedens sa maison, il le batera tant comme il vorra sans mort et sans perdre membres, depuis se il li plait, il le getera en la boe [in ceno projiciet]. Dou larron. En quel-

GUISE.

conque lieu que li lerres sera trouvés, en moustier ou en aitre, li bourgois le penront et en feront venjance; se il a emblé plus grant pris de v s, il sera pendus, se il leur plait; et se il ne wellent, il le bailleront au signeur et il fera vengeance de lui. DES FUITIS. Se aucuns des demourans de celle ville s'enfuit reponnaument [clam] sans le congié dou signeur et des bourgois, et porsivis il puet estre pris, primiers, il paiera debte se il le doit, depuis il et toute sa possessions seront en la main dou signeur. Nous otroions ossi cest establissement de pais, cest à savoir que dedens les termes de la pais, nuls ne puist penre sans justice aucun serf ou franc, fors pour pais brisié; et se aucuns fait aucune injure à aucun, ne dou lieu ou estrenge, se cils qui a fait l'injure, est de la pais, il ammonestés vaingne dedens le quart jour devant le maïeur et les jurés, et ou il se purge de la coulpe, que on li enmestera, ou il l'amende ensi que il li sera jugié; et se il n'est de la pais cils qui a fait l'injure, il li convenra ensiuir justice dedens le xv.⁰ jour, et se il ne wet venir à la justice ou par son signeur ou par nous, il loise au maieur et as jurés penre justice de lui et de ses choses sans fourfait. Se aucuns dist aucun blame à aucun, ou il le fiert sauf nostre droit, il sera en la volente dou maieur et des jurés dou remenant. Nous mettons hors dou tout en tout les mortes mains. Se aucuns a hayne envers aucun, il ne li loise mie, celui issant de la pais ensivir, ou au venant tendre agais [insidias tendere], et se il le fait hors des termes de le pais, il vaigne respondre, si comme de pais brisié, et se il li trenche membre, ou il le tue, et il est vaincus par loyal tesmoingnage, il rendera membre pour membre, ou chief pour chief, ou il paie souffisant rachat par la qualité dou membre ou dou chief, selonc la consideracion dou maïeur et des jurés. Li homme de la pais ne seront mie contraint de plaidier hors de la pais, se il ne fourfont hors de la pais, et se il fourfont hors de la pais et il reviengnent en pais, il plaideront dedens les termes de la pais. Et se il entreprendent aucune chose de nostre droit ou dou droit de nos barons, il leur loise amender sans fourfait dedens le xv.⁰ jour que il ara esté à yaus monstré Se aucuns a possession dedens les termes de le pais et il le tient an et jour sans loyal calenge, il la tenra en après en pais, fors mis ciaus qui sont hors dou païs [exceptis expatriatis] et ciaus qui n'ont mie vois de plaidier par deffaute d'aage. Et se il n'ont héritage, mais de lors marchandises en faisant acquest soient enrichi de substance [sed de mercimoniis questum facientes substantia ampliati fuerint,] l'un d'aus mort, tous li avoirs remenra à l'autre. Et se il avient que aucuns ne weille penre droit par le maieur et par les jurés, li maires li deffende, que à celui cui il bet, ne face mal, et se il li fait mal, soit dedens la pais soit dehors la pais, il sera au jugement de pais brisié[1]. S'aucuns fourfait tele chose que sa maisons doie estre abatue par les lois, ou elle sera ou destruite ou laissie par le consel dou signeur. Et pour ce que ceste chose ne puist estre enfrainte par aucun, nous l'avons confermée de nostre seel et par les tesmoingnages qui sont ci dessous escrips. Ensurquetout je ai juré de nostre assentement et des bourgois l'amendement de la ville dou Nouvion et mes hoirs le jurra et loera, et li devant dit homme de Nouvion le jurront ensement à luy. En après nous ostons dou tout en tout champ de bataille dou Nouvion, fors de traison et de murdre. Se aucuns claime cateil sus aucun, il le prouvera par sa seule main, et li autres se deffendera par la tierce main, et se il ne se wet deffendre, il rende la debte. Après se li sires de la ville claime cateil sus aucun, li sergens au signeur qui warde sera de le ville, jurra pour le signeur, et li bourgois se deffendera par la tierce main, et se il ne se wet deffendre par son sairement et ensi comme il est dit, il rendera la debte. De ces choses sont tesmoing, Je, Wautiers, sires d'Avesnes, qui ceste loy ay donnée et ottroié à tenir, et l'ai juré selon la coustume et la loy de Priches, mes tayons Nicholes et sa femme Mehaus [Matildis], ma taye et mes pères Jaques et ma mère Andeluy [Adeluya] le jurèrent ancois. Tesmoing sont de ceste chose, Jaquemes, mes frères de Landrechies et Nicholes de le Flamengerie qui le jurèrent avec moy. Ce fut fait l'an mil cent quatre vins seze.

F°. 143. C'est li chartre en latin des libertés, des fran-

---

[1] Depuis le commencement de cet acte jusqu'ici, le texte est complètement semblable à celui de la coutume de Buironfosse. Voy. plus loin pages 573 et 574.

GUISE. chises, des estatus et des ordenances de le ville de Hennappes. — (Mai 1211).

F°. 145 v. C'est li francois de la chartre de Hanapes.

Cet acte est le complément de l'acte d'association que nous avons donné plus haut [1] et que M. l'abbé Pécheur a analysé [2], d'après une version qu'il a trouvée dans le cartulaire manuscrit de Prémontré. Voici ce document, qui est beaucoup plus long et beaucoup plus important que l'autre.

En non dou père et dou fill et dou Saint Esperit. Sachent tout qui verront ceste présente page, que comme homme religieux, Gervais, abbés et li couvens de l'église de Prémonstré, possessassent la court de Hanapes avec ses appartenances, sans participant et sans compaignon, de leur pure volenté receurent en participant et en compaignon noble homme Walier, signeur d'Avesnes et de Guise, à faire franche ville en ce meismes terroir, et à gouverner par le loy et par les coustumes de Laon, exceptées aucunes choses qui pour l'amendement de la ville et pour la pais des manans en ycelle sont expressées ci dessous. — Chascuns bourgois pour leurs maisons porront avoir III aissins de terre, se il welent et non plus, et cil aissin seront aempli selonc la volenté des signeurs dedens la ville ou dehors; et à faire la ville, li église de Prémonstré baillera II charruées de terre, et pour chascuns aissins de terre, qui appartenront as maisons, seront donné chascun an en la feste Saint Remy I jaloy d'avaine, et dedens le quart jour dou Noel I capon, I pain et I denier, selonc ce que li un en aront plus et li autre mains. Et s'aucuns s'enfuient de la ville, ou il délaissent leurs maisons, dou tout li manoirs laissiés sera à l'église pour faire de là en avant sen pourfit, [comodum suum] ducques à tant que bourgois sera venus qui y welle habiter et rendre le cens deu; et chascun, tant borgois comme autre, qui vorront demourer en la franchise de la ville, donront en la feste saint Remi XII deniers pour la bourgoisie, et IIII deniers pour la franchise dou tonniu. Et est

---

[1] Voy p. 525 de ce vol.
[2] *Op. cit.* tom. 1. p. 166.

establi que la ville sera franche en telle manière que li bourgois ne doivent donner nulle taille, ne nulle exaction as signeurs, fors leurs justes rentes, et les drois fourfais droitement jugiés, se il les meffont. En la ville ossi appartenra li marchiés ou jour dou jeudi, et sera gouvernés tant li marchiés comme la ville, selonc la loy de Laon, sauves ces choses qui sont contenues en cest escript. Nulle maisons ne sera abatue pour le fourfait d'aucun, ne li sires de Guise ne porra mener les bourgois de le ville à tournoiement ou en ost, ou en chevauchié, fors à deffendre la terre de Guise et de Vermendois, selonc la coustume par laquelle li homme de Buironfosse sont tenu aler en ost ou en chevauchié; ne ne porra en celle ville avoir giste, ou maison li sires de Guise. Et celle ville sera commune entre l'église de Prémonstré et le signeur de Guise, en rentes et en justice et en ban et en toutes autres obventions, qui de la ville venront, et toutes choses possesseront sans division, en telle maniere, que entre yaus partiront par le moien, et que li uns ne li autres n'aquerra aucune chose en la ville sans l'autre, fors aucune chose que li église a retenut à li, nomméement sans parconnage c'est à savoir: l'église et l'aitre et le maisnaige d'yciaus qui là habiteront de par l'église, et toute la dyme de la ville et tout ce qui appartient au droit de la paroche, et les yaues et les molins et les fours, et à ces molins et fours seront li homme de la ville banniers. Et porront venir à celle ville pour habiter, tout cil qui ne seront de la terre de Guise, mais de celle terre de Guise, nuls n'y porra venir sans le congié dou signeur de Guise. Et sera establis li maires en la ville par le commun assent des signeurs et sera renouvelés chascun an par yaus, le tiers jour de Pasques, et sera ossi en le volenté des signeurs et des bourgois li mutations des eschevins d'an en an. Et li église retint à soi ii carruées de terre dehors la ville, et tous ses prés et les yaues et vint moiies de bos à faire sa volentet, et des autres terres et dou remenant dou bos, il est ensi convenu entre l'église et le dit mons. W. pour l'amendement de la ville, que li église vendera ycelles as hostes de la ville, à tenir et à cultiver de l'église à droite dyme et à droit terrage en tele maniere que li terrages et li dyme seront cueillut ensamble dou sergent de l'église; et tout li homme qui tenront terres à terrage, donront pour le car-

GUISE.

GUISE.

riage de la dyme chascun an denrée de cire à l'église, ou jour de la feste saint Gile. Et li sires de Guise n'ara riens en tout le terroir qui sera hors des maisons de la ville, ne en bos, ne en prés, fors la moitié de la justice. Mais se celle ville estoit wastée en aucun temps, que ja n'avaingne, elle ne porroit retourner à autre seigneur que à la signourie de l'église de Prémonstré. Et ottroia li dis mess. W. as hommes de celle ville, toutes les aisences de sa terre à tous jours, ainsi comme li autre homme et li sien bourgois les ont. Et de toutes choses des quelles ventes seront deues, li homme de Hanapes seront absoult par le vintesizime denier de la chose vendue, selont la loy et la coustume de Laon, en telle manière que là, où les rentes sont communes, les ventes seront là communes, et là, où l'église a rentes par soy, elle ora ensement les ventes par soy. Ne nuls ne porra cultiver les terres de celle ville assignées as bourgoys, se il ne maint en celle ville. Et li marchant survenant paieront tonnyeu, et se il ne le paient, il l'amenderont par la loy de Laon. Se aucuns des bourgois amainne vin en la ville et il le vent en gros, il n'en doit nulle rente, et se il ou autres vent celle vin, ou autre à broche [ad brocam], il devera de IIII roes, un sestier; de II, demi; de la carche d'un cheval ou d'un aasne, maillie de vin. Se aucuns survenans là amainne vin, il donra de IIII roes, IIII deniers; de II, II; dou fais d'un cheval ou d'un asne, maille. Qui en celle ville vorra faire cambe, il le fera, et de chascun brassin, il paiera II sestiers de cervoise. Qui vendera miessée [medum] par celle mesure que il le vendera, il en donra un sestier de celi meismes. Il ne loira mie as signeurs faire cambe en la ville ; et li maires ne sera mie la mis, se il n'est de la loy de la ville, ne il demourra en la mairie fors tant que il plaira as signeurs et as bourgois. Toutes les mesures tant de froument comme d'avainne et de vin seront selonc les mesures de Leschieres, et se fraude est trouvée es mesures, il sera amendé par XV s., c'est asavoir X s. as signeurs et as bourgois V. Se li sires a mis sen wage à aucun des bourgois, il le wardera par XV jours, les quels trespassés, il li offerra devant tesmoingnages, et se il ne le wet racheter de ce jour, ou il sera mis en wage, se li crediteres wet, ou il sera vendus, et s'il défailloit aucune chose dou pris, li sires le aemplira, et se il surcroit aucune chose, li sires l'ara[1] etc. Et que li pris des terres campestres soit seus [ut pretium terrarum campestrium sciatur], lesquelles li église de Prémonstré vendera as bourgois à venir pour la ville habiter, à savoir est que de la moie de la milleur terre cultivée, seront donné en l'encommencement VIII libres de blans et non plus ; de la moie de la pieur terre cultivée seront donné VI libres , et de la moie de bos seront donné C s. de blans, en telle manière, c'est à savoir que li seurfais dou bos sus la terre sera de l'église et li tronc et les racines seront de l'acheteur pour la terre sarter. Et toutes ces choses, ensi comme elles sont dessus expressées, proumist en parole de verité, Dans Gervaises, abbés de Prémonstré, lui à warder en bonne foy pour lui et pour sen couvent. Ce meismes jurèrent ossi li devant dis mess. Wautiers et enseurquetout noble contesse Marguerite, sa femme, et confermèrent ceste présente chartre sus ces choses faite par le tesmoingnage de leurs seyaus. Ce meismes ossi seront tenu de jurer li hoir de ce meismes mons. Wautier qui seront signeur de Guise, quant il venront à terre tenir, dedens XL jours, après la monition de l'abbé de Prémonstré, se il wellent aucune chose avoir en le ville de Hanapes ; laquel chose, s'il ne le font, li abbés porra saisir et tenir sans nul fourfait tout ce qui appartenra au signeur de Guise en la ville, ou au terroir de Hanapes, ducques à dont que cils sairemens sera fais à lui et à ses bourgois. De ceste chose sont tesmoins Jehans d'Avesnes, chanoinne de Saint Quentin, capelains de mons. Wautier, maistres OEudes, capelains de madame la contesse, Watiers de Proysi, chevaliers, Bernars de Quincy, jadis prévos d'Oysi et moult d'autre. Ce fu fait à Ainglencourt, ou moys de may, l'an de l'incarnation nostre signeur mil CC. onze.

F.º 147 v.º C'est la chartre des franchises, des estatus et des ordenances de le ville d'Yrecon [Hirson], dont li teneur est tels en latin. — (1156).

F.º 148. Item une copie d'une autre chartre de celle meimes ville d'Yrecon. — (1202).

[1] Les articles suivants sont complètement semblables, sinon par la forme, du moins dans le fonds à ceux de la loi du Nouvion que j'ai publiés plus haut, p 558 et suiv.

GUISE

F.º 148 v.º C'est li francois de la chartre des franchises en latin dessus dictes.

Cognute chose soit à tous tant as futurs comme as présens, que Godefrois de Guise et Nycholes d'Avesnes et Jacques, ses fiex, par l'assentement de me dame Aelis, femme Bouchart, après le mort d'ycelui, conjure par le serement de leur foy ceste franchise as habitans d'Yrecon à devoir estre tenue. Que chascuns d'yaus qui vivent de leur propre pain et ont maisnie, paiènt chascun an à la pasque au signeur de Guise, II s. de bonne monnoie, lesquels paiiés, il ne donront riens justement au signeur par tout l'an dores en avant, se li sires n'estoit pris, ou il mariast sa fille, ou li fourfait ci dessous escript n'avenoient ou chastel. Se pour cause de champ de bataille li wage sont donné au prévost, li champs de bataille se fera et ce que li bataille requiert ou cil qui sont en la cause donront LX sous tant seulement, se li bataille demeure. Se aucuns fiert son voisin, en quelconques menniere, dedens le vile ou dedens le ban de le ville, et il li fait sanc et doy juré [duo jurati] voient ce prouvé par le tesmoingnage d'yaus, il paiera LX sous dou larrecin. Se aucuns est vainchus par le tesmoingnage de II jurés, il sera en la main dou signeur. Se aucuns fait à aucun, dedens la pais de la ville, orbes, blessures, et doy juret le voient, li courpables paira VII s. et demi. Tout ce que doy juret auront tesmoingnié, il sera estable de toutes leurs complaintes, li cause et li jugemens sera terminés dou prévost et des juges par la loy et par la coustume de Laon. Se aucuns estrenges wet venir habiter en la ville, il sera receus par la loy de II sols tant comme il li plaira. Se il se wet départir, il puet retourner à ses propres choses ou autrement passer, quant il li plaira par li congié dou prévost, et se ignorant le prévost et les jurés, il se part et il est pris, il sera bailliés au signeur. Se li sires vient en le ville, il se procurra de son propre. Il ne refuseront mie à penre ses wages pour choses vendables, se il est mestiers. De toutes les voies et messaigeries [de viis et missaticis] que il faisoient jusques à ores, il seront franc dores en avant, II s. donnés dou commun au doyen. Tous les fourfais qui appartenront au signeur, li juré le nonceront tant seulement au prévost. Qui brisera le pais de la ville, et il est pris, il sera bailliés au prévost et paiera LX sous. Quiconques sera entrés en la ville, il ara pais entière.

De tout fourfait de la ville li sires ne penra riens que VII s. et demi et non plus, fors de sanc et dou wage. Li sires jugera le larron loyalment vainchu [convictum]. A la deffense dou chastel, il donront ayde avec les autres hommes de leur signeur, de toutes leurs besoingnes qu'il aront à plaidier, il insteront point de la ville, mais selonc leur loy et leur coustume, il aront leur plait en la ville devant le signeur ou le prévost. Toutes ces choses mess. Godefrois frères Bouchart et Jaques, par l'assentement et le consail de sen père, toute injuste occasion ostée, ont juré par le sacrement de leur foy et l'ont afermé par les tesmoingnages ci dessous escrips, le cyrographe fait : cil sont tesmoingnage : Godefrois de Guise, Nicholes d'Avesnes, Jaques ses fiex, Simons, prévost de Cymai, Godeschaux, Renies, maistres de l'escuelle [dapifer], Werris Havars, Rohars de Fasti, Drogons de Ducelon, Evrars li legiers, Clarembaus de Fasti, Ernouls de Lesdain, Froumentins, Robers de Ultroise. Et se li sires de la terre, quiconques tenra la terre de Guise par droit héritage, fait injure à aucun de la ville sus les choses qui en ceste présente page sont escriptes, que ja n'aviengne, cils homs s'en istra de la ville, et se li sires ne se délaisse dedens XV jours de celle desraison, tout li autre s'en istront après celui. Il est à savoir que se li prévos ou aucuns des menistres dou signeur treuve aucun de la ville trenchant dedens la haye, il ne le porra convaincre sans tesmoins. Ce fu fait l'an mil cent LVI, Godefrois, frère Bouchart, gouverneur de la region ; Jaque, hoir de la terre par le mariage Audeline, fille Bouchart, establi en ans d'enfant [in annis pueribilis constituto].

F.° 149. Confirmation par Gautier, sires d'Avesnes, de la coutume d'Hirson. — (1202).

F.° 149 *v.°* C'est la chartre qui fait mention d'aucunes franchises que Hues, contes de Bloys, ottroia as bourgois d'Irecon, es bos saint Michiel en Thierasche, par l'assentement des religieus dou dit saint Michiel. (Décembre 1300).

F.° 150. C'est la chartre par laquelle Pierre des Barres, chevalier, sire de Chaumont et de Neuvesmaisons, ottroia aux habitans de Neuves maisons la loy d'Aubenton. — (Mai 1256).

F.° 150 *v.°* C'est li chartre comment Watiers, sires d'Avesnes afranchi les habitans de la ville de Wymi.

Je Watiers, sires d'Avesnes, fas savoir à tous chiaus

GUISE.

qui ces lettres verront, que je, pour Dieu et pour l'âme de my et de mes anciseurs, ay quittet à tous jours à la ville de Wymi et à tous les manans les tailles et les corvées que jou y avoie haut et bas à ma volenteit, et ay quittés les poules et xxx et et v sous de chievaige, que on me doit en celle ville meisme, et ay afranchie la ville et les manans à tous jours parmi xxiiii lib. blans de rente annuel, de toutes ces choses devant dites, lesquels trente quatre livres il doivent rendre chascun an à la feste saint Remy en octombre, sauves toutes mes autres droitures, que jou ay en la ville. Et c'est à savoir que le ville de Wymi ne puet retenir nul homme ne nulle femme qui soit mes taillaules, se ce n'est par ma volenté. Et retient la ville de Wymi par mon assent, teille loy comme il ont, et se il ont mestier de conseil d'aucune querelle de quoy il doutent, il doivent aler querre consel à Guise. Et est à savoir que tout cil qui sont couchant et levant dedens le terroir de Wymi, doivent aidier à paiier les devant dictes livres par loyal assise de la communauté de la ville, se il ne sont clerc ou chevalier. Et l'avainne que on me doit en la ville, je le doy faire recevoir à la feste saint Remy devant dicte, et les chapons l'andemain dou Noel, et se jou, en cel jour n'avoie mestier de chapons, et il demouroient à paier, on m'en doit rendre pour la rente de chascun chapon, sis deniers. Et se puet la ville chascun an remuer maïeur et eschevins, se il leur plait, selonc la loy de la ville, et se y doivent appeler de mon conseil, et se doit estre le merquedi dedens pasques, et li maires li eschevins ne doivent faire faute. Et se li boulengiers fourfait de pain, il y ert quittes dou fourfait parmi ii soulz et demi d'amende. Et toutes ces choses devant dictes a-je jureit à tenir loyaument, et se oblège mes hoirs après my à jurer et à tenir. Et pour chou que je veil que toutes ces choses soient fermes et estaules en permenabletet, je les conferme par le apension de men saiel. Et ce fu fait en l'an de l'incarnation nostre signeur mil cc et quarante un le moys de Jule.

Les folios 151 et 152 sont blancs.

F.° 153. Ce sont les chartres des églises de la terre de Guise.

— Lettre en latin comment Reniers de Guise donna par devant l'évesque de Laon à l'église de Foisny, pluiseurs terres et possessions es terrois ci desous devisés, c'est à savoir : le terroir de Sains, de Marfontaines, de Rogeris, ou terroir de saint Pierre de Vouspais, de Marli, de Gomunt, de Proisy, de Fasti, de Diurserler, si comme elle est devisée d'une part de la ville qui est dicte Sains dou terroir de Duiserler parmi le val de Suylis jusques au terroir de Chevesnes, laquelle toute terre estoit bos [1]. — (1161).

F.° 153 v.° C'est li francois de la lettre en latin dessus dicte.

F.° 154. Lettre en latin dou conte et de la contesse de Flandres et de Vermendois, que il conferment le don que Reniers de Guise fist à l'église de Foisny de la terre que il leur donna à terraige, laquelle terre estoit appellée li terre de la Mer [2]. — (1173).

— C'est li francois de le lettre en latin dessus dicte.

F.° 154 v.° Lettre en latin de l'accort fait entre le conte Jehan de Bloys et l'église de Foisny de ce que il voJait avoir l'estrain, le paille, et tout le forraige [stramen paleam et forragium] des terres de leur court qui est dicte la Mers. — (Janvier 1263).

F.° 155. C'est li francois de le lettre en latin dessus dicte.

F.° 155 v.° Lettre en latin de l'évesque de Laon comment Clarembaus de Rosoy donna la ville d'Esparsy à l'église saint Martin de Thournay, par l'otroy dou dit évesque, laquelle ville est dou chasement de l'église de Laon [3]. — (1130).

F.° 156 v.° C'est li francois de le lettre en latin dessus dicte.

---

[1] Voy. le *Cartul. de Foigny*, p. 211 et 212 de ce volume au f.° 64 du cart.

[2] Voy. le *Cartul. de Foigny* au f.° 65 v°.

[3] Voy. le *Cartul. de Foigny*, p. 195 de ce vol. au f° 14 v° du cartul. Dans cette pièce fort curieuse, il y a un passage important qui regarde Adeline, fille de Bouchard IV, seigneur de Montmorency, femme de Guy de Guise, d'après ce passage M. l'abbé Pecheur aurait peut-être modifié l'opinion qu'il s'est formée sur le caractère généreux de cette dame. « Porro, est-il dit dans l'acte, domina Machania de Guisia que, tempore guerre illius ville, *terragia violenter accipere solebat*, annuentibus filiis suis, illam malam consuetudinem sancto Martino quietam clamavit. »

GUISE.

F.° 157 v.° Lettre en latin comment li abbés de saint Martin de Tournay donna à l'église de Foisny tout le tenement d'Esparsy [1]. (s. d.)

— C'est li francois de le lettre en latin dessus dicte.

F.° 158. Lettre en latin de l'évesque de Laon comment li abbés de saint Martin de Thournay, donna à l'église de Foisny par la main dou dit évesque, la terre d'Esparsy que il avoit eue de Clarembaut de Rosoy, ossi franchement comme il le tenoit [2]. — (1147).

— C'est li francois de la lettre en latin dessus dicte.

F.° 158 v.° Lettre en latin de l'évesque de Laon, comment Clarembaus de Rosoy donna à l'église saint Martin de Tournay tout ce qu'il tenoit en la ville d'Esparsy en terres, en yaues, en prés et en toutes autres choses pour ce que il avoit travillié lonc tamps par injures, par damaiges et par diverses exactions, les possessions de le dicte église, dont il estoit escumeniés. — (1142).

F.° 159. C'est li francois de le lettre en latin dessus dicte.

F.° 160. Lettre en latin que li sires de Guise ottrie à l'église de Foisny que elle taingne les bos joingnant à leur église et le bos d'Esparsi franchement sans riens retenir de coustume [3]. — (1174).

— C'est li francois de le lettre en latin dessus dicte.

F.° 160 v.° Lettre en latin que li contes de Bloys recognoit que la justice de la maison et dou terroir d'Esparsi appartient as religieus de Foisny [4]. — (Juin 1298).

F.° 161. C'est li francois de la lettre en latin dessus dicte.

F.° 161 v.° Lettre de la fondation de la chapelle d'Ainglencourt par Andeline, dame de Guise [5]. (Juin 1200).

— C'est li francois de le lettre en latin dessus dicte.

F.° 162. Lettre en latin comment W., sires d'Avesnes, loe et approuve ce que ses pères J. d'Avesnes prist à terraige toute la partie que li église de Faymi avoit ou terroir

---

[1] Voy. le *cartul. de Foigny*, p. 195 de ce vol. au f.° 15 v°.
[2] Voy. le *cartul. de Foigny*, p. 195 de ce volume.
[3] Voy. le *cartul. de Foigny*, p. 195 de ce volume.
[4] Voy. le *cartul. de Foigny*, p. 197 de ce volume.
[5] Ameline, alors veuve du célèbre Jacques d'Avesnes.

d'Estruen, par trecens, de quatre muis de froument et de quatre muis d'avainne [1]. — (Juillet 1211).

F.° 162 *v.°* C'est li francois de le lettre en latin dessus dicte.

F.° 163. Lettre en latin dou conte de Bloys de l'accort fait entre lui et les religieux de Faimy, comment il peuent franchir VI de leurs sergens de la rente que li ville de Faymi doit au dit conte. — (Août 1260).

F.° 163 *v.°* C'est li francois de le lettre en latin dessus dicte.

— Lettre en latin comment li contes de Blois coguoist que il a prins toute la part qui appartient as religieus de Faimy, ou terrage dou terroir de Estruen, à cens annuel de IIII muys de froument et de IIII muis d'avainne. — (1189).

F.° 164. C'est li francois de la lettre en latin dessus dicte.

F.° 164 *v.°* Lettre en latin par copie et faite collation à l'original, comment Nycholes, sires d'Avesnes, ottroia à l'église de Foisni le winage par toute sa terre de leurs propres choses [2]. — (Mars 1164).

F.° 165. C'est li francois de le lettre en latin dessus dicte.

F° 165 *v.°* Lettre en latin par copie et faite collation à l'original, comment Wautiers, sires d'Avesnes, ottroia as religieus de Cleresvaus, de l'ordre de Cytiaus et à toute la génération de yciaus, tant de moinnes comme de nonnains, d'aler et de venir les choses à yaus appartenans par toute sa terre, sans nul winage [3]. — (1244).

— C'est li francois de la lettre en latin dessus dicte.

F.° 166. C'est li chartre en latin des franchises, des estatus et des ordenances que Jaques, sires d'Avesnes, donna et ottroia as habitans de le ville de Buironfosse et se il y a aucune défaute, ainsi est-il en l'original. — (s. d.)

F.° 168. C'est li francois de la lettre en latin dessus dicte.

---

[1] On lit cette note, à la marge du Ms.: *Ramembrance que on n'a mie fait collation as originaus lettres de ces III lettres en latin de Faimy qui s'ensuivent, quar li abbés ne les voulut? monstrer.*

[2] Voy. le *Cartul. de Foigny*, p. 236 de ce vol. au f.° 183 v.° du cartul.

[3] Voy. le *Cartul. de Foigny*, p. 237 de ce vol., au f.° 186 v.° du cartul.

GUISE.

Cet acte important n'est point daté, il doit avoir été rédigé entre 1170 et 1190, année du départ de Jacques d'Avesnes pour la terre sainte, où il mourut. Il a servi de modèle aux chartes communales de Nouvion, publiées en 1196, et de Hanapes, donnée en 1211. Cette charte commence ainsi :

Ou non dou père et dou fil et dou saint Esperit, amen. Nous volons faire cognute chose, tant as futurs comme as présens, que je, Jaques, sires d'Avesnes et Gautiers de Popiole et Gautiers de Bouzis, par le consail de toute ma court, et par le commun assentement des bourgois de Buironfosse, avons otroié à ces meismes bourgois, à tenir à tousjours, les loys ci dessous escriptes, et les convenences, et les rentes et les franchises de Perices [1], sans aucune moleste ou travail de mes successeurs, hors mis le four et le commune.

Tous les articles qui suivent jusqu'à celui qui termine et que je vais reproduire, sont complètement semblables à ceux de la coutume du Nouvion, que j'ai publiée plus haut [2]. Voici l'article qui termine :

En après nous ostons dou tout en tout champ de bataille de Buironfosse, ne mie de traison ou de murdre. Se aucuns claime catel seur aucun, il le provera par une seule main, et li autres se deffendera par la tierce main, ou se il ne se wet deffendre il rende la debte. Toutes voies, se li sires de la ville claime catel seur aucun, li sergans dou signeur qui sera garde de la ville, jurra pour le signeur et li bourgois se deffendera par la tierce main, ou se il ne se wet deffendre par son serement et ainsi comme il est dit par la tierce main, il rendera le debte.

F.º 169 v° C'est la chartre en latin de la ville de Mainlevrel, comment li religieus de Vermand acompaingnent le conte de Bloys en la dicte ville [3]. — (Juin 1217).

F.º 170. C'est li francois de la chartre de Meslevrel en latin dessus dicte.

Je Gautiers, sires d'Avesnes, fas cognute choses à tous tant futurs comme présens, que li église de Vermans acompaigna Jaque mon père et ses hoirs à tous jours à

[1] Prisches.
[2] Voy. p. 558 et suiv. de ce volume.
[3] Voy. la première partie de ce cartul., p. 533 de ce volume.

toutes les rentes de le ville de Meslevrel, hors mis le dyme qui appartient à la dicte seule église de droit, et li justice de sanc et dou larron est mienne sans partage. Et ycil homme de Meslevrel me sont tenu de rendre chevauchiés et redevances, si comme mi autre homme. Et toutes les autres rentes seront égaument devisées entre my et l'église devant dicte. En après, il est à savoir que en chascune feste saint Jehan Baptiste, maires y sera establis de l'assentement de l'église devant dicte et dou mien, qui sera bourgois de la dicte ville, liquelz maires c'est à savoir sera féauté à moy et à l'église dou droit de l'une partie et de l'autre, et de la ville garder. Ce fu fait l'an de grâce mil ccxvii, au mois de Juing.

F.º 170 v.º Lettre de baillie de quittance comment li bourgois de Lesquieles quittent pour tout le commun de le dicte ville, mons. de Bloys vi^{xx} v libres tournois que il prestèrent jadis à mons. Hue de Chasteillon, signeur d'Avesnes et de Guise, pour I ost qui fu jadis. — (Juillet 1334).

F.º 171. Lettre par chirographe d'un capon de rente que li contes de Bloys a accaté à Colart le Fevre, de Guise, et à Keterine, se femme, que il avoient sur le maison qui fu Maroie le Cadaue séant au Ploys [1]. — (Nov. 1334).

— Lettre de l'accort fait entre le conte de Bloys et l'abbé et le couvent de l'église de Faymy pour le chace des bos de Heudymont, [la chace des conuins, regnars, lièvres et taissons et toutes autres bestes, exceptés les grosses bestes, c'est assavoir cers, bisches, sainglers, pors sauvages, lees, chevreux et dains] pour rente que li dit religieus avoient sur le grange d'Oisy et autre rente, de quoi on rabat partie pour l'obit dou conte Hue de Chasteillon. — (Décembre 1334).

F.º 172 Lettre comment messire de Blois, Guys de Chasteillon, afranchist les religieus de Prémonstré dou winaige de Guise. — (Jenvier 1334).

F.º 173. Lettre comment Guy de Chastillon, cuens de Blois, sires d'Avesnes et de Guise otroye as bourgois de

---

[1] Cette vente était faite par devant Jehans Bourgelos, maire de Guise, Jehans li Fevres, Jehans dou Nouvyon, Jehans Martequins, Daniaus de Haussi, et Pierre de Coleret, eschevins.

GUISE.

Guise d'acheter une maison qui jadis fu Herbaille le pescheur, séant à Guise, à le rivière de Oyse, pour faire une pescherie pour vendre tout le pisson que on vendroit en la dite ville. — (Décembre 1334).

F.º 173 v.º Lettre de le fondation de le capelle que Hennos de Tesnières, bourgois de Guyse et Ysabiaus la Bourgelote, se femme, ont fondé ou marchiet à Guise, en l'onneur de Dieu, de le benoite vierge Marie et de mons. saint Jehan, et des héritaiges ou proufit du chapellain ou des chapellains qui des ores mais en avant seront institué pour le dicte chapellenie desservir [terres au Ral de Brissart[1], au pret de Bohories, au pont de Robes, en Chanteraine, devers le vies chemin qui va à Bertignimont, au lieu que on dist en Marchaumont, ou terroit de Lesquielles, à Sauchelles, entre Bonnot et Yron au champ que on dist les povres]. — (Mai 1335)

F.º 174 v.º Lettre comment Guys de Chastillon, cuens de Bloys, amortist une chappellenie que Hennos de Tesnières et Ysabiax, se femme, ont fondée en le ville de Guise. — (Juin 1329)

F.º 175 v.º Lettre par pluiseurs chirographes, chi après contenus et devisés aveuc une lettre de baillie, tout faisans mention des héritaiges, dont Hennos de Tesnières et se femme, ont fondé une chapellerie séans ou marchiet à Guise. — (Avril 1334).

F.º 177. Lettre comment li religieus de Clerefontene ont vendut au conte de Blois, pour lui, pour ses hoirs et successeurs le terraige que on dist dou Mes, séans ou terroit de Wimi. — (Juin 1335).

F.º 178. Lettre de l'acort fait du conte de Blois d'une part et des religieus de Clerefontene, d'autre part, de pluiseurs choses, de la justice haute basse et moienne en toutes les maisons et héritages des dis religieus, assis en la chastellenie de Guise hors lieu saint, et comment li dis religieus sont en li espécial garde mons. le conte de Blois en chief et en membres. — (Mai 1335).

F.º 179. Lettre de pluiseurs acors que li contes de Blois fait as religieus de Prémonstré de pluiseurs prises que les gens le conte de Blois avoient fait as dis religieus en pluiseurs villes, c'est à savoir des bestes des dis religieus ou terroit de Hennapes, item de autres pluiseurs

---

[1] Écrit dans l'acte suivant : *au Radebissart.*

prises es terrois de le ville de Dorenc, de Ribaufontaine [1], et d'un surcot pris sur le carette tout le monde dou Nouvion [2]. — (17 février 1334).

F.º 180. Lettre de Thumas de Prouvins, baillius de le terre de Guyse, comment Jehans Gossuins, congnut et confessa que il ne pooit ne ne devoit tenir ni avoir coulombier en se maison à Guise comme en le terre de Guyse et appartenanches d'ycelle, pour chou que il estoit personne non noble, se ce n'estoit par le gré et consentement de mons. le conte de Bloys. — (Vendredi 25 août 1235).

F.º 180 v.º Lettre par compromis de pluiseurs acors fais dou conte de Blois, d'une part, et de religieuzes personnes le abbé et couvens de l'église de Bucillies, d'autre part, liquel acort sont fait par Hennot de Tesnières et Piere d'Origny, eslut de la partie le conte de Blois, Colart le Camus, d'Aubenton, et Jehan Toursin, de Marle, eslut de la partie des dis religieus. [3] — (21 avril 1235)

F.º 184 v.º Lettre comment li contes de Blois et li religiex de Bucillis conferment et ratefient le dit et le sentense rendue de pluiseurs débas et descors qui estoient meu ou apparant de mouoir entre le dit conte de Blois et les dis religieus. — (Mai 1335).

F.º 185 v.º Lettre dou vendaige que Renaus de Rouveroi a fait au conte de Blois de le cache que il avoit es bos dou dit conte et es bos des religiex de l'église de Buchillis [les bos de saint Pierre, les bos le Chevalier de Buyres, la haie d'Origni, es bos que on dist les Castellers entre Hyrechon et Mondrepuis, au bos le maïeur, au ront buisson, es bos de Sourdon, de Wimerouel jusques à le Bouloie, en le haie du Merdier, en Robert Fay vers Gerignies [4], le haie de Wimi mouvant de Coquelet Rieu près Effris]. — (Vendredi 11 octobre 1335).

F.º 186 v.º Lettres de pluiseurs héritaiges que Robers

---

[1] Riboisfontaine est situé sur la carte de Cassini au S.-E. de Doreng.

[2] Ce curieux passage ferait croire qu'il y avait déjà des voitures publiques à cette époque.

[3] Voy. le cartul. de Bucilly, p. 355 du t. I de nos *notices*, au f.º 96 v.º de ce cartulaire.

[4] Gergny, canton de La Capelle, arr. de Vervins (Aisne).

GUISE.

de Mortaigne [1] a raporté en le main de monsigneur Guy de Chastillon, conte de Blois, par le pris de wit deniers le denier, pour cause et pour double de chou que demiselle de Potelles [2], se femme, porroit avoir au tamps avenir, doaire en pluiseurs héritaiges qui sont vendut au tamps passé au dit mons. de Blois. — (25 nov. 1335).

F.° 187 v.° Lettre de pluiseurs hiretaiges que Robers de Mortaingne et demiselle Agnes de Potelles, se femme, ont vendut au conte de Blois. — (Samedi 25 novembre 1335).

F.° 188 v.° Lettre comment li contes de Blois amortit les obis, lais, dons et aumosnes fais à l'église et au curé de Nouvion et dez messes que li curés qui ore est et qui sera ou tamps à venir doivent dire pour mons. de Bloys. — (Mai 1335).

Le rédacteur du cartulaire ajoute cette observation :

Et en ceste fourme et en ceste maniere sont toutes les autres lettre des autres curés de le terre de Guise qui ont volut baillier leur obis pour admortir, car trop grief eust esté de lez toutes registrer.

F.° 190 v.° Lettre de la déclaration d'aucunes clauzes contenues ès lettrez de l'admortissement des obis, dons, lais et aumosnes, que Guys de Chasteillon fait [3]. — (1335).

F.° 191. Lettre, par commission dou bailli de Vermendois, d'un jugement fait entre Pierre d'Origni pour le cause de se femme contre le signeur de Mastaing [4], de xv c l. parisis à lui appartenir, comme hoir universel, à cause de se femme, dou testament dou dit feu Guillaume d'Avesnes et a estés rendus par les hommes dou roy. — (Mercredi, 27 septembre 1335).

[1] Mortagne, canton de St.-Amand-les-Eaux, arr de Valenciennes (Nord).

[2] Potelle, canton le Quesnoy, arr. d'Avesnes (Nord).

[3] Cet amortissement général en faveur des établissements religieux et hospitaliers de la terre de Guise avait été accordé par Guy de Chatillon, à cause d'une guérison presque miraculeuse. « *Pour les grans gracez et courtoisies que nostre sire nous a fait, espécialment d'une grant maladie que nous eusmes, telle que nulz ne devoit penser que nous deussons garir sans grace divine, de laquelle nous fumes gari pour sa grâce et pour le remède de l'âme de nous.* »

[4] Canton de Bouchain, arr. de Valenciennes (Nord).

F.° 192 *v.°* Lettre comment Pieres d'Origny quitte mons. de Blois de quinse cens livres tournois, que li dis Piere a rechut pour cause de se feme, dou dit conte, pour cause d'une obligation, dont mess. de Bloys estoit obligiés envers les exécuteurs de feu sires Willaume d'Avesnes. — (27 septembre 1335).

GUISE.

F.° 193. Lettre par chirographe de l'acat fait dou conte de Blois à Colart Perrin et à Ysabiau, se femme, de Nuemaisons, d'une pieche de terre, con dist en Gerondelle.— (Mercredi 29 novembre 1335).

F.° 193 *v.°* Lettre par chirographe passé par devant le maïeur et les eschevins de Guise des quinse cens livres tournois que Pieres d'Origny quicte au dit conte pour le cause des executeurs de feu sires Guillaume d'Avesnes.— (27 septembre 1335).

F.° 194 Lettre par procuration comment mess. Hues de Lorrene donne pooir et auctorité à Hancquin, dit de Kais, de rechevoir le vesture de l'escange faite du conte de Blois au dit mons. Hue, c'est assavoir de terres sises ou liu que on dist en Putambuy tenant au chemin qui va à Bohories, as arsillieres de Guise tenant au chemin qui va à Couveron, pour le maison de le Wastine, terres, bos, prés, yauwes et justice appartenans à ycelle. — (1335).

F.° 194 *v.°* Lettre de l'escange fait de pluiseurs héritaiges de Guy de Chatillon, comte de Blois à mons. H de Lorrene, chevalier, sire de Martigny. — (1335).

F.° 195. Lettre comment Jehane, comtesse d'Alenchon, ordena les villes en le terroir qui sont du sart de Nouyon.

Voici cette lettre qui est le complément de la charte communale du Nouvion, rédigée en 1196, et qui renferme des détails précis sur les limites qui séparaient alors la France de l'empire.

A tous cyauls qui ces présentes lettres verront et orront, Jacques Clabaus, baillius de le terre de Guise, salut. Sachent tout que nous, l'an de grâce mil III° et VI, le mardi après pasques flories, ou mois de march, veismes unes lettres séellées, non cassées, non canchellées, ne en aucun lien de elles corrompues ne mal mises, contenans le forme qui s'ensieut : Nous, Jehane, comtesse d'Alenchon et de Bloys, et dame de Guise faisons savoir à tous chiauls qui ces lettres verront et orront que comme li terme [limite]

GUISE.

de le paix et de la commune des bourgois de Novyon en Therasce ne fuissent pas nommé ne desclairiet en leur chartre, que il ont de mons. Watier d'Avesnes, nostre amé, laquel chartre se commenche ensi : « In nomine patris et filii et spiritus sancti, amen. Notum facere volumus, tam futuris quam presentibus, quod Ego Walterus, etc » et se défine ensi : « Testes sunt eciam hujus rei Jacobus, frater meus de Landrechis, Nicolaus de Flamengeria, qui eciam hoc mecum juraverunt. Actum anno incarnati verbi millezimo centesimo nonagesimo sexto » il nous requisent que les vollissiens nommer et desclairier, ensi comme il les ont usés et tenus tous jours, jusques à ore, et que les termes devant dis nous les feissiens esbouner, partout où il seroit mestiers, en tel maniere que débas ne peuist estre dore en avant ; et nous, à leur requeste et à leur prière des bonnes gens pour cui nous estiemes bien tenu de faire grãnt cose, qui de ceste cose, nous prièrent affectueuzement, nous sommes ottroiiet à faire leur requeste et leur prière, se disons et desclairons que li terme devant dit, ont esté et sont ensi comme il le sont usés de lonc tamps, ce est que les villes de Novion [1], et de Bonweis [2], de Bergues [3], et de Baresis [4] et tout ensi comme li terroir de ces villes se comportent entre le rieu con appelle le Sambre es l'autre rieu que on appelle le Robissuel [5], liquelz Robissiut depart et devise le royaulme de France de l'empire, et l'évesquiet de Loon et de Cambray tout ensi comme ces ii iawes se comportent jusques au vivyer d'Oisi et par deseur devers Fontenelles de le Sambre mouvant à aler tout selonc les terres de l'abéie de Liesses, que on appelle les sars les moinnes, et tout selonc le haie Quieurelecche jusques au rieu qui vient de la dicte haie et chiet ou vivyer de Biau-

[1] Nouvion-en-Thierache, arr. de Vervins (Aisne).
[2] Boué, canton de Nouvion, arr. de Vervins (Aisne).
[3] Bergues, canton de Nouvion, arr. de Vervins (Aisne).
[4] Barzy, canton de Nouvion, arr. de Vervins (Aisne).
[5] Le Robizeux tombe dans un bras de la Sambre près d'Oisy. Ce ruisseau était probablement desséché quand Cassini leva le plan de cette partie du territoire, car il l'indique par quelques points et il ajoute : *ancien lit de la Sambre*. S'il n'avait pas eu le soin d'indiquer la ferme de Robizeux qui devait probablement son nom à son voisinage du cours d'eau, il aurait été presque impossible de déterminer l'emplacement actuel de ce ruisseau.

camp. Et volons et consentons que la cartre devant dicte ne soit par ceste présente chartre damagié ny anientie. Et prometons ces choses à garder à tous jours fermement, et volons que se nous ou nostre hoir, ou cil tenront la terre ou la commune devant dicte après nous, ne voloient garder les coses devant dites ou aucunes d'elles que nostres chiers sires, li roys de Franche, nous, et nos hoirs, et nos successeurs contrainsist à garder les. Et pour chou que ces coses soient fermes et estaules, nous avons ces présentes lettres données as bourgois devant diz seellées de nostre seel, en l'an del incarnacion nostre signeur mil II^c IIII^{xx} et x, ou mois de may. Et pour chou que ce soit cose certaine, que nous, Jaques baillius dessus dis, avons veues les lettres, et dilligaument entendues et oies, contenans le fourme dessus ditte, nous avons mis le scel de la baillie de Guise à cest présent transcripst en tesmoingnage. Ce fu fait en l'an ou mois et ou jour desseuredis.

GUISE.

F.^{o} 195 *v.*^{o} Lettre par chirographe comment Willaumes li Fevres et Agnès, se femme, ont fait loial about à Guy de Chatillon, de paier chascun an quarante sols parisis pour pluiseurs heritaiges que tiennent à le Nueville à Dorenc. — (Nov. 1335).

F.^{o} 196 *v.*^{o} Lettre par chirographe comment Maihius Drouissars et Ysabiaus, se femme, Wiars Baillie et Maroie, se femme, de Sorbais, ont vendu au conte de Bloys trois jalois et vint verges de preit séant à Sorbais, ou treffons l'abbé saint Denys de France, par sept livres et dis sous le jaloit de deniers waris. — (1335).

F.^{o} 197. Lettre en latin comment li abbés et li couvens de Prémonstré aferment, loent, gréent et ratefient de l'acort fait entre le conte de Bloys d'une part et les religieus de Buchillis, d'autre, d'aucuns débas et distentions qui avoient esté entre yaus. — (Octobre 1336).

F.^{o} 197 *v.*^{o} Lettre dou traitiet et de l'acort fait d'aucuns débas meus ou apparans de mouvoir entre le conte de Blois d'une part et mons. l'abbé et couvent de saint Remy de Rains. — (1336).

F.^{o} 198. Lettre coment messire Jehans de Haynaut, sires de Biaumont, et medame Marguerite, dame de Biaumont et contesse de Soyssons, sa femme, congnoissent et confessent que li conte de Bloys a haérité Loys de Bloys son

GUISE.

fil de xxve livrées de terre, en sa terre de Guise. — (Nov. 1336).

F.° 198 v.° Lettre de pluiseurs héritaiges que Jehans de Homblieres et demiselle Marie de Blecourt, sa femme, ont vendut au conte de Bloys. — (Novembre 1335).

F.° 200. Lettre du roy Philippe, comment il fait grâce à mons. Gui, conte de Bloys, et signeur de Guise que les xxve livrées de terre qu'il donna à son fils Loys, à cause de mariage, assisses en la terre de Guise, que li dis Loys les tiengne du dit conte son père. — (14 nov. 1336)

— Lettre par chirographe de vi s. tourn. de rente que Flourie Jambe solait avoir sur le maison qui jadis fu Maroie le Cadaue séant au Ploys, lesquelz mons. de Bloys a accatés au maieur et as esquevins de Guise, comme gouverneurs de le église saint Pierre de Guise. — (Nov. 1334).

F.° 200 v.° Lettre comment Gui de Chastillon, cuens de Blois et sires de Guise, est en possession et en saisine de avoir la justiche, la garde et la prise en la maison dou Sourt appartenans as religieuses de Farvaques. — (11 Déc. 1336).

F.° 202 v.° Lettre de pluiseurs acors fais de pluiseurs héritaiges de Ferrant d'Ohies, escuier, et de demoiselle Jehenne, se femme, au conte de Bloys. — (28 mars 1336).

F.° 203 v.° Lettre par jugement rendu es assises de saint Quentin de pluiseurs débas qui estoient meu entre les religieus de l'église de Prémonstré d'une part, et le conte de Bloys, d'autre part, sur la prise de deus hommes que les gens dou dit conte avoient faite en justichant en la maison des dis religieus en la ville de Dorene, en laquelle maison li dit homme estoit détenu pour cas criminel[1]. — (1321).

F.° 204. Lettre par chirographe comment Jehans li Paumentiers de Flavignies et Ysabiaus, se femme, ont pris au conte de Bloys à ferme et à loial cens, à tous jours, tous les heritaiges qui escheirent au dit mons. de Bloys de le fourmorture de Willaume Gourdoul — (Nov. 1337).

F.° 205. Lettre par chirographe comment Estevenins Ogiers et Gile, se femme, ont pris à ferme et à loial cens au

[1] Les hommes furent restitués à la justice de l'abbé de Prémontré, mais celui-ci fut obligé de les rendre aux officiers du comte de Blois pour les faire mettre à exécution.

conte de Bloys six jalois de terre séans en le mairie de Flavignis à tous jours. — (1337).

— Lettre par chirographe comment Reniers li couvreres, de Guyse, a arenté mons. le conte de Bloys de chinquante s. tournois sur se maison séans en Rosteleu, ou il maint pour faire un four en ycelle maison, pour kuyre pour lui et pour se boullengerie tant seullement [1]. — (Jan. 1337).

F.° 206. Lettre comment li procureres de religieux hòmmes l'abbé et couvens de saint Nicholay de Ribemont recongnut avoir vendut comme porteres de leurs letres pluiseurs héritaiges à Hennot de Tesnières pour cause d'une cense que demiselle Yde de le Val et demiselle Jehenne de Villers, se fille, tenoient des dis religieus. — (12 mars 1336).

F.° 207 Lettre comment Guys de Chastillon, cuens de Bloys et sires de Guyse, loe, grée et approuve l'amortissement comme sires souverains que mons. de Honnecourt, chevaliers, a fait des terraiges et terres appartenant au commun prouffit des capelains de saint Quentin en Vermendois et as testamenteurs de Robert Pourchelet. — (Août 1338).

F.° 207 v.° Lettre comment Guys de Chastillon, cuens de Bloys et sires de Guyse, amortist pluiseurs terres, rentes et possessions données et aumosnées à l'abbé et au couvent de Monstruel les Dames, au champ Bauduin, as haies Tourniches, à le terre Gryboede, à la terre Chelleryere, au champ au Fau, as Carbonnières, en le Fauygne, à la Fontenelle, en Caillouel, en le Vauchelle. — (31 décembre 1327).

F.° 208. v.° Lettre comment li conte de Bloys a admortit dis sols parisis de rente que on doit à l'église de Monstruel les Dames, sur un pret que on dist en Warehaut tenant à le rivière et au chemin qui s'en va de Monstruel à Roquignys, lesquels dis sols sont laissiés, donnés, aumosnés et ordenés pour alumer en ladite église devant le saint Vironique. — (30 septembre 1334).

— Lettre de pluiseurs héritaiges en la mairie de Biaurain, de Monchiaus et de Flavignis que Guis de Chastillon admortist à fonder une chapellerie pour Gille Cart le fiévé de Monchiaus sur Oise [2]. — (Août 1340).

[1] Cette pièce est annulée.
[2] Monceau-sur-Oise, canton de Guise, arr. de Vervins (Aisne).

GUISE.

F.° 209 v.° Lettre de l'acort fait entre les frères de l'ospital saint Jehan de Jherusalem, pour le maison de Bertignimont, et Jacques Bourderel, à cause de se femme, pour certaines maisons séans à Guise. — (23 avril 1339).

— Lettre de l'acort fait entre Guis, conte de Bloys, et religieuses personnes l'abbé et le couvent de saint Lambert de Liessis [1] de pluiseurs héritaiges et possessions estans es villes de Fontenelles [2] et de Pappeleu [3]. — (Mai 1339).

F.° 210 v.° Lettre de l'escange que mons. Jehan de Wassignis, chevaliers, a fait à mons. de Blois, de pluiseurs possessions et heritaiges à Louvry pour le baneleté que le dit conte avoit ou avoir pooit sur les bourgoys et habitans de Wassignys, qui aloient molre par ban au molin d'Oisy, de tel tamps et de si lonc qu'il n'est mémoire du contraire. — (Avril 1339).

F.° 211 v.° Lettre de pluiseurs acors fais par permutation de pluiseurs choses et convenanches faites entre le conte de Bloys, Guy de Chastillon, d'une part et les religieux de l'église de Femi assemblés en chapitle à heure deue et acoustumée de faire chapitle et à son de la campane, c'est à savoir de le sizime partie es molins et fours du dit conte, séans en la ville d'Estruen, contre les rentes d'avoines et d'argent que le dit contes pooit avoir sur les bourgois manans ou habitans en la ville de Fesmi, ville des dis religieus. — (Août 1339).

F.° 213. Lettre comment li religieus de l'église de Fesmi sont tenus de faire canter et chélébrer en leur dite église tous les ans, l'obit dou conte Hue, signeur d'Avesnes et de Guise. — (Décembre 1339).

F.° 213 v.° Lettre de l'escange fait entre mons. le conte de Bloys, Guy de Chastillon, et le seigneur de Wassignis, de chou que le dit avoit à Louvry, maison de Bohories, qu'il tenoit de le dame de Thorote [4], Agnès, dame de Loisy, de Thorote et de le Planoie. — (1 août 1339).

F.° 214. Lettre de l'escange que li conte de Bloys a

---

[1] Liessies, canton de Solre-le-Château, arr. d'Avesnes (Nord).
[2] Fontenelle, canton de la Capelle, arr. de Vervins (Aisne).
[3] Papleux, canton de la Capelle, arr. de Vervins (Aisne).
[4] Thourotte, canton de Ribécourt, arr. de Compiègne (Oise).

fait à mons. de Wassignys de le bannée que il avoit en le ville de Wassignys à l'encontre de ce que li dis mess. de Wassignis avoit en le maison de Louvry, qu'il tenoit du dit conte de Bloys. — (1 août 1339).

F.° 215. Lettre de l'amortissement que li conte de Bloys a fait à mons. Renaut de Honcourt, chevalier, de pluiseurs choses qui n'estoient mie admorties. — (1339).

F.° 215 v.° Lettre coment messires Renaus, sires de Honcourt [Honnecourt], chevalier, recongnoist que messire li conte de Bloys a toute justiche et signerie en se maison et es appartenances, séans en le ville d'Aisonville. — (19 juillet 1339).

F.° 216. Lettre de pluiseurs accors fays sur pluiseurs débas qui estoient meu entre le conte de Bloys d'une part et les religieus de Clerfontaines, d'autre.

L'acte original se trouve aux archives de l'empire, à la section historique, série L, cart. 1168, liasse de Clairefontaine [1]. — Il donne de curieux renseignements sur la législation des chemins à cette époque.

Voici cette pièce :

Nous Guy de Chastillon, cuens de Bloys et sires de Guise, et nous abbés et couvens de l'église de Clerfontaines de l'ordre de Prémonstré, de le dyocèse de Laon, à tous chiaus qui ces présentes lettres verront et orront, salut. Comme nous contes dessus dis, desissiens et maintenissiens par nous et par nos gens, que il doit avoir et a chemin trenchiet et limité, alant de le dite église à Wimy, parmi le teire des dis religieux, et dissiens aussi le dessus dit chemin estre tenut et gardet as us et as coustumes des chemins dou royaume de France, sans ce que li dit religieus ne autres puissent le dit chemin ahenner ne esbouler. Nous abbés et couvens dessus nommés, disans au contraire en affremant que suposé que chemin euist au dit liu, n'estoiche pas chemins qui deuist estre tenus et gardés comme chemins, mais estoit une piessente, ou une quariere tant seulement, lequel nous par nous ou par nos gens poiemes licitement et francement, sans estre traitiet à amande, caruer, esbouler, cultiver et ahenner, toutes foys et quante foys li cas s'y offroit, et que nos dictes terres estoient quaruées et ahennées. Saichent tout que pour bien de pais, de tranquilité

[1] Voy. le tome 1 de mes *notices et extraits*, p. 459.

GUISE.

et de concorde, et pour oster toute matère et occasion de plait et de discencion et de discorde, nous abbés et couvens dessus nommet, recongnissons accordons et confessons que le dit chemin *alant de le dite église de Clerfontainnes à le dite ville de Wimy soit tenus comme chemins de chertainne leeche, c'est assavoir de tele leeche comme les bonnes qui assises issont à l'entrée et à l'issue desinent et démonstrent, c'est assavoir que en le plus grant partie du dit chemin sont bonnes assis, dont il a entre les bonnes quatre vins piés et plus de largeur, et au les devers le maison de le dicte église con dist le hatrerie*, parmi les terres que li dit religieus porront par ces lettres ahenner, a bonnes assis dont il a entre les dites bonnes *et doit avoir chemin de trois quarières de large*, lesqueles bonnes viennent as autres bonnes dessus dictes, dont il a entre les dites bonnes quatre vins piés et plus si comme dessus est dit. Et nous contes dessus nommés, volons et acordons et à chou aussi expresséement et de certaine science nous consentons, que li dit religieus, non ostant le dito confession par yaus faite, puissent licitement, liberement et francement, le dit chemin des dictes trois quarières esbouler, quaruer et ahenner, par yaus et par leurs gens, toutes foys que li cas si offera, et qu'il ahenneront leurs dictes terres, parmi lesquelles li dis chemins est, sans che que les bonnes qui a présent y sont demourront sans estre ostées, sans ce que nous ou notre hoir puissemes ad présent, ne ou tamps à venir, fievir ou aprochier pour ceste cause les dis religieux ou leurs gens, ne traire à amande quelcunques; sauf et reservé, que non ostant que le dessus dit chemin soit ahennés, les gens dou païs et tout trespassant puissent licitement par le dit chemin passer, venir, et aler, carier, et mener leurs bestes, et ycelles bestes warder à warde faite, et faire paistre ou chemin de quatre vins piés de large dessus dit, et non en l'autre chemin des troys quarières dessus dictes. Derechief comme descors fust meus ou esperast à mouvoir entre nous conte dessus dis, nos bourgoys et habitans de notre ville de Luzoir, d'une part, et les dessus dis religieux abbé et couvent dessus nommés, d'autre part, sur chou que nous contes et nostre bourgois et habitant dessus dit, disons et maintenons d'avoir chemin cachaule, kariaule et paissaule, à toutes manières de gens, paisiulement sans contredit, en alant de notre dicte ville à le maison des dis religieux que on dit Sommerum[1], si comme li dit chemin passe tout oultre, à l'empêchement que fait ou fait faire avoient, li dessus dit religieux ou leurs gens, d'avoir le dit chemin ahennet, quaruet et esboulet, il avoient fait à tort et sans cause en tourblant et en empechant indeuement et de nouvel ; les dessus dis religieus, disans et maintenans au contraire, en disant que à bonne cause et à juste avoient le chemin quaruet, ahennet et esboulet, et qui leur loisoit à faire comme ce ne fust pas chemins mais estoient une piessente tant seulement. A le pardefin, nous, parties dessus dictes, nous sommes accordé et accordons ensanle, sans aucune division, que en alant de notre ville de Lusoir à le maison des dis religieus que on dit Sommerum, parmi les terres des dis religieux, lesqueles nous, contes et notre bourgois et habitant de notre ville de Lusoir dessus dit, disiens et mainteniens à avoir le chemin dessus dit, li dis chemins est et sera et demourra des ore mais et à tousiours et est sera et demourra de seze piés de large, par tout les lieus ou li dis chemins va, s'estent et comporte. Et porront li dis religieus ahenner, cultiver et caruer le dit chemin, non ostant le largeche dessus dicte, et toudis le dicte largeche demourer en se forche et vertu, sans ce que nous, notre hoyr ou notre successeur, empuissons les dis religieus ne leurs gens traire ne demander amende. Et réservé as bonnes gens dou pays et autres passans, que non ostant que li dis chemins soit quaruès, cultivés ou ahennés, les dictes bonnes gens et tout autre passant porront passer, aler, venir, quarier et mener leurs bestes franchement et sans meffait ; et retenu à nous toute justice, signourie et garde, seul et pour le tout, en tous les lieux dessus dis, pour nous contes dessus dis nos hoyrs et nos successeurs et sans ce que l'une partie se puisse aidier l'un contre l'autre ou temps avenir, en saisine ne en propriété, par esploit, par tenue, par prescription de tamps ou autrement. Lesquels choses et chascunes d'icelles, Nous, contes abbés et couvens dessus nommés, promettons pour tant comme à chascun touche à tenir entièrement et à garder parfaitement. Et à chou obligons nous, c'est à savoir nous

GUISE.

---

[1] Les deux *Sommeron* [Sommeron le haut et Sommeron le bas] sont situés entre La Capelle et Lusoir.

GUISE.

contes dessus dis nous et nos hoyrs, et nous abbés et couvens dessus nommés nous et les biens de notre église En tesmoingnage desquels choses nous contes, abbés et couvens dessus nommés, avons en signe de vérité ces présentes lettres scellées de nos seauls qui furent faites en l'an de grace mil trois cens et trente nuef, ou mois de septembre.

F°. 217. Lettre dou terraige con dist dou Meis, assis et scitué ou terroit de Wimy, que li contes de Bloys a donnet et otriet à cense à tous jours as religieus de l'église de Clerfontainnes. — (Sept. 1339).

F°. 217 v°. Lettre par chirographe de le moitiet d'une maison que Piere Kaille a pris à cense au conte de Bloys, li quelle maisons siet à Guise et eschey à mons. de Bloys de le four morture Renier de Busignis, jadis qui trespassa sans hoir avoir de sa char. — (Janvier 1339).

F°. 218. Lettre par chirographe comment Gilles de Boys, de Guise, et se femme, ont prins à loyal cens à tous jours, par devant les justices treffonsieres mons. de Wassignies et saint Ladre de Guise, le maison et le curtil qui fu Marion le Hersendelle — (1339).

F°. 218 v°. Lettre par chirographe de pluiseurs héritaiges que Li Blans de Saint Augis et se femme ont prins à cens à mons. de Bloys, c'est assavoir : ou Coutensis, au Ries à le bataille, à le voie d'Autreppe. — (1339).

— Lettre faisans mention par manière de chartre de pluiseurs choses que mons. de Bloys a otroiet as bourgois de sa ville de Guise.

Cet acte, qui est un complément de la charte de franchise accordée à la ville de Guise, paraît avoir été ignoré de M. l'abbé Pécheur.

Nous Guys de Chastillon, cuens de Bloys, sires d'Avesnes et de Guise, faisons savoir à tous ciaus qui ces présentes lettres verront et orront : que nous volons, otroions et avons otriet à la ville de Guise, que chius qui ara estet maires une anée, l'anée finée et acomplie, pusse estre eslus de la dite ville à maieur, aveucques deus autres, se il plaist à la dite ville. Et nous porrons tous jours lequel que nous volrons des trois personnes à nous présentées faire et instituer à maieur. Et se il avenoit que chius qui seroit maires de Guise trespassoit de cest siecle, durant l'anée de sa mairie, nous volons et acordons que la dicte ville puisse reslire trois hommes, quels qu'il li plairoit, pour présenter à nous pour la dite anée parfaire de celui de ces troys qui de nous seroit pris et institués a la dite mairie. Et n'est mie notre entente que pour cest présent acort et grâce que nous faisons à la dite ville, que la chartre ne la franchise que il ont de nos devanchiers soit de riens amenrie ne corrumpue. Et toutes les choses dessus dites et chascune par soy promettons nous loïaument et fermement à tenir et à emplir sans de riens aler en contre, sus l'obligation de tous nos biens. En tesmoignaige des quels choses nous avons ces présentes lettres scellées de nostre propre scel, qui furent faites l'an de grâce mil trois cens et sese, ou mois de février.

F°. 219. Lettre comment mons. le conte de Bloys admortit pluiseurs héritages pour fonder le cappellenie Jehan qui fu d'Asont le ville, et le dit mons. le conte doit admortir le remaing jusques à certaine somme d'argent. — (Décembre 1331).

F°. 220. Lettre en latin comment li doyens et capitles de Guise ont ottroié à mons. le conte de Bloys le droit dou patronnage de le capellenie que a fondée Giles dis li Fiévés, de Monciaus sur Oyse. — (Janvier 1339).

— Chi après s'ensuit li francois de la charte en latin dessus dicte.

F°. 221. Lettre en latin comment li évesques de Laon a ottroié à mons. le conte de Bloys le patronnage de le capellenie que fist fonder Giles, dis li Fiévés, de Monciaus sur Oyse, haiant Dieu devant les iex, considérans les choses célestiennes et perpétueles devoir aler devant les temporeles et terriennes. [Datum in domo nostra de Pooilliaco, xxix die mensis Augusti, anno 1340.]

— Chi après s'ensuit le francois de la charte en latin dessus dicte. — (29 aout 1340).

F°. 221 *v°*. Lettre comment Guy de Chastillon, conte de Bloys, rapelle et met au nient le possession et saisine en le quelle il estoit, par contrainte que il avoit faite sus ses subges [1], de estre banniers de ses molins et fours de Wimi, de Sorbais, de Nuemaisons, de le Boussiere et de le rue de Rosteleu. — (1340).

---

[1] Il y a dans la rubrique : *que il avoit faite ses sus buges*, ce qui ne signifie rien.

GUISE.

F°. 222. Lettre faisant mention comment messires Gerars de Woupais, chevalier, congnoist que il n'a nul droit de cachier ne de haier es bos de Foisny, de Buchillies, de Clerfontaines, de Monstruel les Dames. — (1340).

F°. 222 *v°.* Lettre faisant mention comment Maihius de Proizis, escuiers, raporta en le main dou bailliu de Guise, par devant noble homme Baceller de Proisis, escuier, Jehan de Wimi, Jehan de Marly et Godart de Wallers, tous hommes de fief du dit mons. le conte, jugans en sen chastel à Guyse, IIII jalois de pret ou environ, séans dessous le Bruylle, qu'il tenoit en foy et en homaige de mons. le conte de Blois et le rendy et y renoncha, en disant par mos expres que plus ne voloit tenir le dit pré ne estre hons dou dit mons. le conte pour la cause du dit pré. — (Juillet 1339).

— Lettre faisant mention de plusieurs accors, transsaccions et convenancez faites entre Guy de Chastillon, conte de Blois, d'une part et les religieus de l'église de Foysny, d'autre part, sur le justice haute, moienne et basse, es lieux et chemins ci dessouz nommés, c'est assavoir : ou chemin que on dit le routis, tout ainsy comme il se porte parmi les bois de la maison d'Esparsy des dis religieus, et ou chemin qui vient de Bucillis la ville et qui s'en va vers une maison appelée Buyres [1], et ou chemin qui vient de Leheris en Therasce et s'en va ou bois de la maison d'Esparsy. — (Juillet 1342).

F°. 224. Lettre comment li abbesse et li couvens de Monstruel les Dames doivent célébrer une messe en leur église chascune sepmainne pour mons. Guy de Chastillon, contez de Bloys, et seront les dites messes cantées et célébrées en une capelle en aoure de Saint Andriu, et sera la dicte chappelle armoié des armes du dit seigneur. — (Octobre 1338).

F°. 225. Lettre comment Nicaises Espiars, de le Raullie [2], et Jehans Rassons, d'Estruen, recongnoissent que en

---

[1] Il est dit dans cet acte que : *ou chemin de Bucillis à Buires on ayera des ore en avant chemin à cheval et à cherecte et à tous jours mais, les queles chemins seront bonnés et cherchemenés.*

[2] La Rouillé est situé sur la carte au S.-O. d'Etrœung, au N.-O. de Rocquigny.

la ville de Roquignis ne avoient nulles rentes ne réclamoient à avoir justice ne signerie aucune. — (Nov. 1336).

— Lettre faisans mention comment li religieus de l'église de Vermans doivent faire l'obit chascun an, en leur dicte église pour l'ame mons. Jehan de Chastillon, conte de Bloys, signeur d'Avesnes et de Guise, et de ma dame Alis, sa femme. — (Nov. 1279).

F° 225 v°. Lettre par chirographe comment mons. Jehans Remis, canoynes de Guise, tient le maison qui fu mons. Jehan d'Escuens, ou demeure à présent le demiselle de Thupigny, as us et as coustumes que sont li bourbourgois de Guise [1]. — (Mars 1336).

— Lettre en latin dou capitle de Guise de grâce que mons. de Bloys leur fist pour les fortresses dou castel de Guise. — (1340).

F°. 226. C'est li francois de la lettre en latin dessus dicte.

— Lettre d'un instrument contenans trois piaus de parchemin, signés de tabellions del auctorité dou pappe et de l'empereur, faisans mencions de pluiseurs restitutions que mons. le conte de Bloys avoit fait à le ville et habitans de Saint Soupplet pour pluiseurs damaiges que il avoient eus; li quels instrumens est mis ou cartulaire aveuc les chartres de mons. de Bloys.

Ce document n'est pas transcrit.

— Lettre de l'accat fait de le mairie d'Esqueheries que Jehans de Fontenoy et demiselle Marie, se femme, ont vendut; lequelle vente li bailliu de Guise retint au prouffit de monseigneur. — (7 décembre 1341).

F°. 227 v°. Lettre faisant mention de trois messes que li religieux de Saint-Miciel doivent canter chascune sepmaine en leur maison d'Yrechon en une chapelle fondée en l'église nostre Dame d'Irechon en l'onneur mons. saint Jehan Baptiste par Jehan d'Englebert (donné en l'an 1328 le nuit saint Luc l'éwangeliste).

F°. 228. Lettre faisant mencion dou fief séant en le ville et terroit d'Esqueheries, que Gosses de le Beque

---

[1] L'acte termine ainsi: *à ces convenances faire furent Jehans Bourgelos, comme maires à ce tamps, Jehans martequins et Jehans de Nouvion, comme eschevin.*

GUISE.

avoit acatet à demiselle Ysabel dou Tavillon et à se fille, le quel fief li bailliu de Guise reprist pour mons. de Blois. (5 juillet 1341).

F°. 229. Lettre faisant mention par chirographe d'un chemin qui estoit en débat entre mons. de Bloys, d'une part, et les religieux de Clerfontaines, d'autre.

Voici des extraits de cet acte intéressant, dans lequel il est très-curieux de voir la manière de procéder à cette époque, pour résoudre une question de quelque importance.

L'an de grâce mil ccc trente wit, le dimaince xxix° jour du moys de novembre furent assamblé pluiseurs personnes ou chemin qui vient de le ville de Wimi, parmi les bos mons. le conte de Bloys, à aler droit à une maison qui est as religieus de Clerfontaines, que on dist à le hayterie, pour savoir comment le dit chemin se portoit où devoit porter en lonc et en large. Et pour chou faire et diviser, furent pour mons. le conte de Bloys Thoumas de Provins, adonc bailliu de le terre de Guise, Jehans Hemars, bailliu des bos, Jaques de Tiaus, prévos d'Yrechon; et pour l'église de Clerfontaines, y furent dans Pieres, humbles abbés de le dicte eglise. Primes furent assamblé comme dessus est dit les personnes de le ville de Wimi qui cy après s'ensuient, c'est assavoir : Colart le Parmentier, Jehan Brouart, maieur........ Item, les personnes de le ville de Lusoir qui chi après s'ensuient; pour le partie mons. de Bloys, c'est assavoir Jehan Quauquet, maieur de Lusoir, Wiart Cucus........ Item, li maires et pluiseurs personnes de le ville de Roquignis, de Hugnehies et d'ailleurs tant pour le partie mons. le conte de Bloys comme pour les dis religieus. Adonc fu dit par le dit bailli de Guise as personnes dessus dictes « Signeur, nous sommes chy assamblé pour savoir comment li chemins se porte ou doit comporter qui vient de le ville de Wimi droit au bos mons. le conte de Bloys, li ques vient parmi le dit bos et du dit bos vient droit à ceste maison chi, que on appelle le Hatrerie et pour savoir combien il puet avoir de large. » Les dis religieus disant « que avoec les choses dessus dites les bonnes gens devoient enquerre comment il estoient en saisine et en possession d'ahenner et cultiver le dit chemin et faire deffenses et deffendre les passans faisans à yaus damaige, à cause et pour cause de leur

damaige tant seulement et parmi leurs terres ne devoit
avoir se chemin ni estoit trouvé, que une piésente et non
plus » et ensi requéroient qu'il fust dit et discerné aveuc
les choses desus dites. Le dit bailli de Guise disant que
commandé ne li estoit mie à faire ensi de messire Piere
de Becond et que autrement que commandé li avoit esté
et en leur présence il, en nulle manière, ne feroit le contraire « que vous mons. l'abbé, savés que vous requeriés
au dit mons. Pierre que jou seusse comment vous avies
usé du dit chemin, se chemin y avoit ahenner et cultiver,
prendre, arrester à cause et pour cause de damaige et
que vous fussiés tenus et gardés en vostre dicte saisine »
aveuc pluiseurs autres parolles, az quelles mes dis sires
vous respondy « que chou ne feroit-il nient dusques à
donc qu'il seroit seu se il y avoit chemin ou non, et de-
quelle largesse, et chou sceu avant toute œuvre. Mes dis
sires dist que ou kas qu'il seroit trouvé avoir un chemin,
et vous vous voliés proposer les usaiges ou saissines dessus dictes, le court de Guise vous en feroit droit et y seroit vostrez drois gardés » aveuc autrez pluiseurs parolles.
A le partefin, dit fu par le dit abbé « que on alast avant
de par Diu. » Li dis bailliu fist adonc les personnes
tendre leurs mains as sains et jurer que bonnement,
loyaument, sans peur, sans cremeur de nulles des ditez
parties, il ne laisseroient qu'il n'alassent le dit chemin der-
rengier en lonc et en large en le manière qui l'avoient veu
ou temps passé et firent cest serment tant pour mons. le
conte de Bloys comme pour les dis religieus, en disant par le
dit mons. l'abbé que ensi bien vouloient conduire pour
yaus les dites personnes pour mons. le conte de Blois. Et
chou fait, les dites personnes lèrent ensamble et vinrent
droit à l'issue du bos mons. le dit conte, en alant à le
dicte maison que on dit à le Haytrerie et là furent longuement à consel ensamble et fu dit par le conseil des maieurs
des justices et des autres bonnes gens des villez dessus
dites, par le bouce de Henry dit l'Auvregnat, de Lusoir,
« que li dis chemins se portoit et devoit porter ensi larges
comme il estoit au bos mons. le conte de Bloys, dont il
estoient à l'entré dou dit bos, comme dit est, dusques à
bleis vers que adonc estoient sur les dictez terrez des dis
religieus et parmi les dis blés tant outre dusques à le Hatrerie, devoit avoir chemin bon d'une karière, de II ou

38.

GUISE

de iii karières, et tel chemin que li harnas passans se y peuist bien et souffissamment aisier et par ycelles karières et chemin où li dit blet sont ou doit, et poet demainer, à qui qu'il plaira, bestes en cachant et menant ycelles sans meffait, sauf ce que on ne les y doit ne ne poet faire pastre ne warder à garde faire. » Du quel dit et prononciet, comme dit est, par le dit Henry, fu li dis Henris advoués des dessus dis maieurs justiciens et les autrez bonnes gens des dites villes dessus nommées sans nul contredit. Et nous toutez les personnes dessus nommées tesmoignans toutes les choses dessus ditez...... requirent à nous justices dessus dites, que en fussent fait escript par manière de chirograffe.

F°. 230. Acte[1] en latin par lequel les religieux de Bucilli nomment Jehan le Fèvre leur fondé de pouvoir dans toutes les causes qu'ils pourraient avoir à soutenir *et espécialement de recognoistre le maison parrochial de Luzoir non estre lieu sainct.* — (1341).

F°. 230 bis. Traduction française de la pièce décrite ci-dessus.

F°. 230 v°. Lettre par chirographe faisant mention de l'éritaige en le rue dou Plois que Tiebaus Tirelire, Jehans, li Lohorains, ses frères et leurs femmes vendirent à mons de Bloys. — (Juillet 1342).

F°. 231. Lettre par chirographe de l'irètaige que maistrez Jehans de Goy et se femme, ont vendut à mons. le conte de Bloys. — (19 juillet 1342).

— Lettre par chirographe faisant mention de l'éritaige, séant dou costé le porte dou Plois de Guise, que Jehans Feuderiaus et Agnès, se femme, ont vendut au conte de Bloys. — (1342).

F°. 231 v°. Lettre de Thomas de Prouvins, bailli de le terre de Guise, comment Jehan de Bocenoue[2], sires d'Orgni en Therache, cognoist par devant hommes de fief jugans ou chastel de Guise, Renaut de Rouvroy, escuier, Robert le Fée et Jehan dit Lardenoys, et welt et accorde que tout li esploit et cas de justice qui dores en avant en son fief soient jugiet, traitée et démené ou dit fief que il tient de mons. le duc de Bretaingne. — (Vendredi, 14 février 1342).

[1] Cet acte n'est point précédé d'une rubrique.
[2] Il y a *Boucenoe* dans l'acte.

F°. 232 v°. Lettre faisant mention d'un jugement fait par les hommes du roy, comment la justice, garde et saisine de la maison de Hemenlieu appartient à mons. le duc de Bretaingne. — (Avril 1339).

F°. 233. Lettre comment li religieux de Bohories accordent que li caiche que li baillius des bos de le terre de Guise, vault faire en le vigne de leur église, soit tenus et réputés comme non estre fais et non avenus. — (Janvier 1343).

F°. 233 v°. Lettre par chirographe faisans mention des heritaiges que Colars de Goy et se femme vendirent à mons. de Blois. — (1340).

F°. 234. Lettre par chirographe faisans mention des hiretaiges que Jaquemars Courderiaus et se femme vendirent à mons. de Bloys. — (Avril 1338).

— Lettre en latin faisant mention comment li abbés et li couvens de St.-Michiel accordent que la grace faite à dans Gille de Amie, prévot de leur église, pour demourer en le ville d'Yrechon et pour déservir la chapellenie fondée en ce meisme lieu, ne puist porter préjudice à mons. le duc. — (Aout 1344).

F°. 234 v°. Chi après s'ensuit li franchois de le lettre en latin dessus dicte.

— Lettre par chirographe faisant mention de xxx s. de rente que Jehan de le Tuille vendy à mons. le duc sur le maison qui fu Colart le Boursier, de Guise, tenant as murs de le porte as pissons. — (6 juin 1344).

F°. 235. Lettre faisant mention comment li abbés et couvens de l'église de Bohories ont prins à cens à mons. le duc xxix moyes et vi jalois de terre ou environ, le demy terraige ou terraiges de chinquante et troys moyes de terres assis ou territoire de Louvry. — (Avril 1344).

F.° 235 v.° Lettre par chirographe faisant mention comment Jehans de Marli et se femme doivent warandir à mons. le duc de Bretaingne, le quint de leur fief que il ont vendu au dit mons. le duc et en ont raporté pour xviii lib. une maison séant en Chanteraine — (31 Août 1344).

F.° 236. Lettre de l'accat dou viage dou fief que Jehans de Marli tenoit dou castel de Guise, séans ès villes de Marli, de Gomont, de Saint-Augis, d'Erloit, d'Englaincourt, de Chivis, de Crupillies et à le Plennoie,

38.*

GUISE. que mons. le duc a accaté au dit Jehan et à Katerine, se femme. — (Vendredi, 25 juin 1344).

F.º 237 v.º Lettre de l'accat de l'héritage dou fief qui fu Jehan de Marli et Katerine, se femme. — (Mercredi 4 août 1346).

F.º 239. Lettre de l'accat fait à Guerat l'omme [Gerars li homs] d'Erloyt, dou fief que il tenoit de mons. le duc de Bretaingne. — (Mardi, 14 janvier 1343).

F.º 240. Lettre de mons. Guerart de Woupais sous le seel de le baillie de Vermendois estaulit à Ribemont, comment li dis messire Gerars de Nuefmaisnil, chevaliers, sires de Wouppais et de Berzis, ne puet, ne doit chacier en tous les bos mons. de Bretaingne de sa terre de Guise. — (15 Sept. 1345).

F.º 240 v.º Lettre de l'abbé et dou couvent de Bucillies comment il accordent que li curet de Bucillies-le-ville, de Martigni, de Nœvesmaisons, de Mondrepuis, de Luzoit et d'Effris, qui sont leurs concanoines, s'oblegent à dire certaine somme de messes pour l'âme de mons. le conte Guy de Blois, qui Diex absoille, pour certain admortissement que il a fait as dis curés. — (Juin 1344).

F.º 241 v.º Lettre par chirographe de II verges de courtil dessous les pasquiers de Morcourt accatées à Colart Ogier et à se femme, pour assir un four à Flavigni, pour mons. le duc de Bretaigne.[1] — (Mardi, 25 octobre 1344).

— Lettre par chirographe de x jalois de blé que Thomas Roussiaus, de Flavigni, et Jehenne, se femme, doivent à mons. le duc de Bretaigne pour certains heritages séans ou terroir de Flavigni qu'il ont arrenté à tous jours. — (9 Mars 1344).

F.º 242. Lettre de II anniversaires que li religieus de Clerfontaines doivent faire cascun an en leur église pour les obbis de me dame la contesse Béautrix et mons. le conte Hue de Bloys, son mari, dont Diex ait les âmes. — (1 Juin 1344)

F.º 242 v.º Lettre d'un obbit que li religieus de Clerfontaines sont tenu de faire cascun an en leur église pour

[1] Le maire de Flavigni était alors Guerars Garchons, et les échevins : Jehan le Parmentier, Thumas Roussiaus, Adans Treuvenient et Gobers Quarres.

l'âme de mons. le conte Guy de Blois, à qui Diex fiche vray pardon. — (Juin 1344).

F.° 243. Lettre dou roy de France, Philippe VI, comment il quitte mons. le conte Gui de Bloys et mons. le duc de Bretaigne de telle droiture que il pooit ou devoit avoir pour cause de l'assignation faite au dit mons. le duc dou chastel de Guise et de IIII^m livres de terre séans au plus près du dit castel. — (Au bois de Vincennes, 16 juin 1337).

— Lettre de II obbis que li religieus de St.-Michiel s'oblegent à faire cascun an, en leur église, pour les âmes de mons. le conte Hue de Bloys et me dame le contesse Beautrix, sa femme, dont Diex ait les âmes. — (Novembre 1343).

F.° 243 v.° Lettre par chirographe pour une pieche de terre tenant au molin de Sorbais accatée à Maroie, jadis femme Colart Grongnet et Jehenne, se fille. — (1342).

F.° 244. Lettre par chirographe d'une masure et dou sourfais accaté à Thomas Fustins, d'Yrechon, et à se femme, liquelle masure est appliquié as murs de le fortreche dou castel d'Yrechon entre le porte du baille et le rivière de Glan. — (5 Février 1342).

F.° 244 v.° Lettre par chirographe d'un courtil accaté à Jehan Espillon, d'Yrechon, et à se femme, liquel tient as murs du baille de le dicte ville. — (Avril 1343).

— Lettre par chirographe d'un courtil accaté à Jehan le Bouchier et à Colin l'Avocas, d'Yrechon, appliquiet as murs du baille de le dicte ville, du quel courtil on a fait fortreche entour le dit baille. — (Avril 1343).

F.° 245. Lettre par chirographe d'un courtil accaté à Pieron Briquenay et à Maroie, se femme, apliquiet as murs du baille de le dicte ville, du quel courtil on a fait fortreche. — (Avril 1343).

F.° 245 v.° Lettre par chirographe d'un courtil accaté à Denise li archeniers, d'Irechon, et à Katerine, se femme, appliquiet as murs du baille de le dicte ville, etc. — (Avril 1343).

F.° 246 Lettre par chirographe d'un courtil accaté à maistre Pierre le Carpentier, appliquiet as murs du baille, etc. — (Avril 1343).

F.° 246 v.° Lettre dou doyen et chapitre de Guise,

GUISE

comment il doivent faire cascun an un anniversaire pour l'âme de mons. le conte Guy de Bloys, qui Diex absoille. — (22 Août 1344).

F.° 247. Lettre de l'abbé et dou couvens de St.-Michiel en Therasche, comment il doivent célébrer cascun an un obit pour l'âme de mons. le conte Guy de Bloys, qui Diex absoille. — (1344).

— Lettre de l'abbé et dou couvens de Foisny comment il doivent faire et célébrer cascun an II anniversaires ou obbis pour les âmes de mons. le conte Hue de Bloys et ma dame la contesse Beautrix, sa femme, et un obit pour mons. le conte Guy de Blois, leur fil, à qui Dix face vray pardon. — (19 juillet 1344).

F.° 247 v.° Lettre de l'abbé et dou couvent de Bucillis, comment il sont tenu de faire III anniversaires ou obis cascun an pour les âmes de mons. le conte Hue de Bloys, ma dame la contesse Beautrix, sa femme, et mons. le conte Guy de Bloys, leur fill, as quelz Diex face vray pardon. — (1344).

F.° 248. Lettre comment li religieux de Bohories sont tenu et obligiet de faire les obis de mons le conte Hue de Bloys, etc. — (9 août 1344).

F.° 248 v.° Lettre de l'abbeesse et dou couvent de Monsteruel les Dames, comment elles doivent faire cascun an au jour qu'il est contenut et escript en leur martreloge, II anniversaires pour les âmes de ma dame la contesse Beautrix et mons. le conte Hue de Bloys, son mari, et pour mons. le conte Gui, leur fil, etc. — (Août 1344).

F.° 249. Lettre des religieus de Buchillies, faisant mencion des messes de requiem que li curé de Buchillis le Ville, de Martigni, de Nœuvesmaisons, de Mondrepuis, d'Œffris, concanoinnes de le dicte église, doivent canter cascun an pour lez âmes de feu mons. le conte Guy de Bloys et aus signeurs ses prédécesseurs. — (Juin 1344).

F.° 250. Item unes lettres en latin scellées du scel du révérent père en Dieu mons. l'évesque de Laon, annexées parmi les dessus dictes lettres, esquelles li dessus dis messires li vesques conferme les choses contenues es dessus dictes lettres. — (27 juin 1346).

F.° 250 v.° Lettre comment Jehanz de Romeries et Maroie la Morelle, sa femme, vendirent à Guiart de Blois le fief que il tenoient de monseigneur à la Neuville, lequel mons. Jaques de Sains, chevaliers, gouverneur de la terre de Guise reprist pour monseigneur le duc de Bretaingne. — (16 janvier 1346).

F.º 251 v.º Lettre faisant mention comment li religieux abbé et couvens de l'église nostre Dame de Bohories recongnoissent XXIII muis de blé que mess. Jehans, sires de Tupegny, a aumosnez à leur église, sont venu d'un fief tenu dou chastel de Guise, pour coy la justice, la signourie, la garde, la souveraineté et ressort du dit blé appartient héritablement à mons. de Bretaingne, à cause de son chastel de Guise. — (Vendredi, 11 août 1346).

F.º 252. Lettre par manière de vidimus fait sous le seel de le baillie de Vermendois establi de par le roy à St.-Quentin, des lettres du conte Guy de Bloys, comment il amorti aus doyen et chapistre de l'église St.-Quentin en Vermendois, chertaines terres et hommages que il ont à Aisseigny [Essigny] et ou terroir d'icelle ville, que il tiennent en foy et hommage du chastel de Guyse à XXX livres tournois de relief. — (1314, le diemence jour de paskes flouries).

F.º 253 v.º Lettre du doyen et chapitre de l'église St.-Quentin en Vermendois, comment il présentent et establissent maistre Raoul de Maissemi, canoine de le dicte église, pour estre receu en le foy et hommage de chertaines terres et hommages que il ont à Aisseigny que il tienent en foy et hommage du chastel de Guise. — (26 juillet 1348).

— Lettre par chirographe coment Jehans Brandars de le Nœuve ville adorent a prins à rente perpetuelment à tous jours, à mons. le duc de Bretaigne, seigneur de Guise, une maison que le dit mons. le duc avoit à le Neuve ville qui fu accatée à Jehan de Rommeries. — (octobre 1347).

Fº. 254 Lettre par chirographe comment Jehans Gredins et Maroie li grande. se femme, ont prins à rente perpétuelment et à tous jours de mons. le duc de Bretaigne, seigneur de Guise, une maison séant à Marli[1] devant le hale, que mons. le duc accata à Jehan de Marli. — (novembre 1347).

---

[1] Marly, canton de Guise, arr. de Vervins (Aisne).

GUISE.

F°. 254 v°. Lettre faisant mention comment mons. de Vervin a vendut à mons. le duc de Bretaingne toute la propriété que il avoit en cent livrées de rente au tournois chascun an deubtez sur le feste de Monstruel dalez Lesquielles. — (16 janvier 1348).

F° 256. Lettre faisant mention comment me. dame Engnelz de Hans[1], dame de Vrevin, grée et rateffie le vendaige que mons Thomas de Coucy, sires de Vrevin, ses maris, a fait à mons. le duc de Bretaingne de cent livrées au tournois que il avoit cascun an de rente sur le feste de Monsteruel dales Lesquielles[2]. — (29 janv. 1349).

F°. 261[3] Lettres par chirograffe de la ville de Guize faisant mention comment Jehans Crespiaux de Guize et Maroie, se feme, et Pierre, ses fieux, recongnurent que il avoient vendu à mons le duc de Bretaigne 1 capon que li dis Crespiaux et si effant avoient caskun an sur l'estre que mons. acata à Caisin de Venduile et à Jehanne de Caudalle[4], se femme, séant au Ploys. — (14 mai 1350).

F°. 261 v°. Lettre du roy Philippe VI contre le ville d'Aubenton pour plusieurs viles de le castelerie d'Irechon que on voloit justichier et constraindre à contribuer à le fremeté de la dicte vile d'Aubenton.

Ph. par la grâce de Dieu, rois de France, à tous ceus qui ces présentes lettres verront ou orront, savoir faisons que comme nostre amé et féal neveu Challes, duc de Bretaigne, et ses subges de sa vile et castelerie d'Yrechon se complainsissent par devant nos gens de nostre conseil secret des habitans de Aubenton, en ce que ycheux habitans d'Aubenton s'efforchoient sous ombre de nos lettres par eux empetrées, entre les autres coses qu'il peussent lever et prendre certaine'imposicion pour fremer et clorre leur vile sur tous les habitans de et à trois liewes environ Au-

---

[1] Ham, canton de l'arr. de Péronne (*Somme*).

[2] On trouve au commencement de l'acte ce passage singulier : « L'an de grâce mil ccc quarante nuef, le xxixᵉ jour de jenvier, ou chastel à Landousis *sollempnelment empruntée pièce de terre pour faire et jugier es choses qui s'ensuivent.*

[3] Ce devrait être le f.° 257, car il n'y a aucune solution de continuité entre les feuillets. C'est une simple erreur de scribe.

[4] Ou Caudawe.

benton, dont les dis complaingnans se disoient grevés indewment comme il n'ewssent à ressortir à Aubenton ne à y avoir refuge ne ou sauvement contre nos ennemis et pour plusieurs autres coses et causes, Gille de Malle, procureur des dis habitans d'Aubenton, estably souffissamment par lettres scellées du scel de Rumilly, d'Aubenton et de Martigni en non d'euls et pour euls, se délaissa de la poursieute et demande de le dicte imposition sur les dis complaignans et y renonçia expressément, sauve sa poursieute envers les autres du pays de là. Ce fu fait à Paris le IIIᵉ jour de décembre, l'an de grâce mil ccc quarante wit.

F°. 262. Lettre faisant mention dou fief que Colins Collerie a vendu à mons. le duc, séans à Crupillis (1349).

F°. 263. Lettre faisant mention d'un fief de C. s. blans que mons. de Bretaingne a acaté à Philippe le Keus, de Landrechies et à Jehenne, sa femme, que il avoient chascun an au terme de le saint Jehan, sur le winaige de Guise. — (1350).

F°. 264 *v°*. Lettre par chirographe faisant mention dou contrassen que Bertrans li Fourbisseres a fait de XXXIII s. tourn. que il doit à mons. chascun an pour le maison qui fu Pierre le lait, pour tel droit que Pierre Becques y avoit. — (21 avril 1351).

F°. 265. Lettre faisant mention de l'assignation et accort que li conte Guys, dont Dix ait l'ame, fist à Loeys et Charle de Bloys, ses enfans. — (juin 1337).

F°. 267. Lettre faisant mention de la propriété des bos de Hartaing, séans entre les villes de Fasty et de Biaurain, que Wiars de Hartain vendy à mons. Pierre de Becont, chevalier, seigneur de Fléchinel. — (mercredi, 29 mars 1345).

F°. 268 *v°*. Lettre faisant mention comment mess. Pierres de Becond werpit au proffit de mons. le duc les bos de Hartaing, par un escange fait de ce entre euls. — (1350).

F°. 270. Lettre en latin faisant mention comment que li roys de France, Jehan II, a fait quittanche à mons. le duc de Brètaigne du rachat des terres que mons. le duc de Bretaigne tient de ses neveus les enfans le conte de Blois, à cause du baill. — (Paris, 27 janvier 1351).

— Lettre faisant mention comment Jehenne, contesse d'Alenchon, de Blois et de Chartres, dame d'Avesnes et

GUISE.

de Guise, escanga à mess. Jehan de Ville, chevalier, une pièce de bos séant entre Fasty et Biaurain, commençant à la rivière d'Oise et allant vers Pusiux, contenant environ xx moies pour xl livres de blans que li dis chevaliers avait de rente sus les winaige d'Avesnes, lequel bos est ad présent à mons. le duc de Bretaingne — (février 1285).

F°. 270 v°. Lettre en latin faisant mention dou don que li roys de France, Jehan, a fait à mons. le duc de Bretaingne, de le terre du seigneur de Wassignies, tant au dit Wassignies qu'à Guise, confisqué pour cause de lèse-majesté. — (février 1351).

F°. 271 v°. Lettre par vidimus comment li baillius de Vermandois baille au procureur de mons. le duc de Bretaingne la possession et saisine des hosteux, terres, maisons et revenues que li roys Jehans donne au dit mons. de le terre de Wassignies et de Guise qui fu feu Jehan de Wassignies. — (15 mars 1351).

F°. 272 v°. Lettre ennexée en le lettre précédente faisant mention comment Jehans Muses, sergent du roy nostre sire, a baillié au procureur Monsieur le duc par vertu des lettrez précédentes la possession et saisine de la terre et revenues de Wassignies et de Guise qui fu mons. Jehan de Wassignies, chevalier. — (21 mars 1351).

F° 273. Lettre faisant mention d'un jugement fait par hommes du roy notre sire en la court de St.-Quentin, comment il a esté dit que li procès que Gobers de Crois avoit obtenu en ladicte court du roy, pardevant le bailli de Vermendois contre le procureur Monsieur le duc de Bretaingne et noble homme mons. Pierre de Becond ou son procureur, seroit renvoiés en la court du castel de Guise. — (1 septembre 1349).

F°. 274 v°. Letre faisant mention comment li religieus de Bohoris recongnoissent que il n'ont nulle justice ne signourie en tout ce que il tiennent de sous leur très chier signeur mons. le duc de Bretaingne en sa terre de Guise et ressort — (août 1350).

F°. 275. Letre en latin faisant mention de pluiseurs messes que pluiseurs curet de le terre de Guise doivent célébrer chascun an en leurs églises pour le salut et remède de l'âme de feu de bonne mémoire mons le conte Guy. — (1335).

F°. 276. Letre comment li abbés et li couvens de Saint-Remy de Rains ont quittiet mons. Pierre de Becond sen manoir d'Ohies de toutes rentes. — (9 février 1344).

F°. 277. Letre en latin comment li évesques de Laon acorde que mons. Pierres de Becond puist faire chanter messe en sen auratoire de se maison d'Ohies. — (17 avril 1345).

F°. 277 *v°*. Lettre comment mons. le duc de Bretaingne a accaté à Gille Bascot de Puisix et à Maroie, se femme, deus fiefs sur le winaige de Guise. — (15 octobre 1352).

F°. 279. Lettre faisant mention comment li procureur dou maieur et jurés de St.-Quentin confessa en jugement que il n'avoient nul esploit de justice en la maison mons. le duc de Bretaingne estans à St.-Quentin — (17 avril 1353).

— Lettre faisant mention d'un fief que demiselle Colle de Puisiux, femme de feu Jehan Blanque, a vendu. — (6 mai 1353).

F°. 280 *v°*. Lettre faisant mention de le renonciation que li femme de feu Andriu d'Esqueheries a faite des meubles et hiretaiges que elle et ses dis maris tenoient ensamble au jour de sen trespas. — (26 juin 1353).

F°. 281. Lettre faisant mention comment li maires, eschevin, bourgois et habitant de la ville de Guise ont renonciet à une chymentière qui est dales le capelle de le maison de le Mote[1], pour certaine recompensation que il ont ewe, c'est assavoir de autre chimentière que mon dessus dit signeur leur a livrée assés près de l'église Saint-Marc close et bénite à ses cous et à ses frais[2]. — (4 et 5 novembre 1352).

---

[1] La Motte est situé sur la carte de Cassini au S.-O. de Guise.

[2] Voici les raisons pour lesquelles on changea l'emplacement du cimetière de Guise : « En laquele chimentière on a entéré et en terroit-on aucune fois les habitans de la dite ville de Guise et pour chou que à enterremens faire, il a mainte fois et souvent grant quantité et grant nombre de personnes selonc l'estat des personnes que on enterre, entre lesquelles se pueent immiscuer et mettre pluiseurs estranges et incongnutes personnes, laquelle chose, veu l'estat des guerres, porroit estre moult périlleuse et moult préjudiciable à la conservation du dit chastel. »

GUISE.

F°. 282 *v°*. Lettre comment li doiens et li chapitres de St.-Gervays de Guise ont renonchiet à tout le droit que il pooient avoir au chymentiere tenans à la cappelle de le maison de le Mote. — (5 novembre 1352).

F°. 283. Lettre par chirographe faisant mention d'un jalois de terre acaté à le femme de feu Jehan Martequin et à ses enfans, li quel jalois de terre tient à le voie qui tient à le cymentière-St.-Marc, et seront adjoint li dis jalois et le dicte voie à le dicte cymentière pour icelle ragrandir et eslargir. (Ce fu fait le nuit St.-Martin d'hiver, l'an de grâce mil IIIe chinquante et deux).

F°. 283 *v°*. Lettre comment li maires et osquevin do Lesquiellez congnoissent que il ne pueent censir nulz des pasturaiges de le ville, se ce n'est par le gré de Monseigneur. — (19 avril 1338).

F°. 284. Lettre comment li religieux de St.-Martin de Laon ont mis hors de leur main touz lez hiretaigez que il avoient à Audignis. — (23 mars 1343).

F°. 284 *v°*. Lettre faisant mention dez hiretaigez acatéz à Jaquemart de le Cambe et à Katerine, se femme, estans à le maison con dist Gisonpré. — (1353).

F°. 285 *v°*. Lettre faisant mention comment Jaquemars de le Cambe et Katerine, se femme, ont en couvent à warandir le vendaige que il avoient fait à Briseboz, de le moitiet dou fief de le maison de Gison pré. — (1353).

F°. 286. Lettre par chirographe de le moitiet dou censel qui est Monseigneur, appartenans à le maison de Gison pret. — (9 décembre 1353).

F°. 286 *v°*. Lettre en latin de le court de Laon comment li curet de le terre de Guise [Nouvyon, Chinis et Crupillis, Sains, Nuefville en coste Dorenc, Grougies, Malezis, Marli et Englaincourt, Flavigny et Biauraing, Bonwes, Wimy, Sourbais, Estrées et Frait-Estrées, Saint-Salveur de Flavigny [1]] se sont obligiet par le dicte lettre à dire messe cascuns en droit lui, pour cause des admortissemens que mess. li contes Guy de Bloys leur fist; et parmy ceste dicte lettre en y a une annexe dou vesque de Laon qui le conferme. — (1335).

[1] Le Nouvion, Chigny, Crupilly, Sains, La Neuville-les-Dorengt, Grougis, Malzy, Marly, Englancourt, Flavigny, Beaurain, Boué, Wimy, Sorbais, Etréaupont, Froit-Etré, Saint Sauveur de Flavigny.

F° 287. Lettre annexée dou vesque de Laon.— (1 septembre 1354).

F°. 287 v°. C'est li francois de le lettre de le court de Laon dessus dicte.

F°. 288. Chi après s'ensieut li françois de le lettre dou vesque de Laon.

F°. 288 v°. Lettre comment Pierres de Wimy et Jehenne, se femme, ont vendus au receveur mons. le duc, tout le droit que il avoient ou fief de le maison de Gison pré. — (26 janvier 1354).

F°. 289. Lettre par chirographe comment li dis Pierres de Wimy et Jehenne, se femme, ont vendut le censel appartenant à le maison de Gesompret.— (26 janvier 1354).

F°. 289 v. Lettre par chirographe comment Jehans Hernus et Luxienne, se femme, demourant à Guise, ont contrasséné mons. le duc de XIII s. v den. parisis de rente. — (18 avril 1355).

F°. 290. Lettre comment li sires de Honcourt a recognut en le court de Guise comment mons. de Bloys ou si hoir ont toute justice en le maison ou terroi et ou bos de le ville d'Aisonville. — (1324).

— Lettre faisant mention de II jalois de blé de rente que mons. de Bertaingne a sur certainez terres au terroir d'Audignis. — (14 mars 1353).

F°. 291 v. Lettre faisant mention d'un fief à Nueves maisons que Pierres de Mons avoit vendut à Thomas Penthecouste, li quels fu repris au prouffit de monseigneur.— (14 juillet 1356).

F°. 292 v. Lettre par chirographe de plusieurs terres séans au terroir de Waudencourt que Wautiers de Brenot et Betrix, se femme, ont prius à cens à tousjours, par devant le maieur treffoncier dou treffons de l'église de Vermans et eschevins de Waudencourt. — (25 octobre 1354).

— Lettre par chirographe de pluisers héritaiges ou terrois de Chinis [Chigny] que Thomas Lasnier de Chinis a prins à cens à tousjours. — (13 juillet 1355).

— Lettre par chirographe d'un courtil et estre séans à Estruen que Hennicos et Marguerite, se femme, ont prins à cens. — (13 février 1355).

F°. 293 v. Lettre par chirographe de pluisers héri-

GUISE.

taiges séans à Marly que Jehans dis Henaus et se femme ont prins a cens. — (mars 7355).

F°. 294. Lettre d'une cause d'appel faite en le court du roy contre le bailly des bos dont li cause fu du tout renvoié en le court du chastel de Guise pour d'ycelle cause conguoistre et avoir la congnoissance par le bailli de Guise et par les hommes jugans en la dicte court de Guise. — (10 octobre 1352).

F°. 295. Lettre par chirographe faisant mention de pluiseurs héritaiges séans en le ville et terroir d'Esqueheries que Josses de la Beque et se femme ont prins a cens. — (Mars 1354).

F°. 295 v. Lettre par chirographe faisant mention d'un courtil séans à Crupillis que Jehan Lohiers de Crupillis et se femme, ont prins à cens. — (Mars 1355).

— Lettre comment demiselle Alis, suer de feu André d'Esqueheries, et Colars dis li Manniers, demourant à Esqueheries, frères à la dicte demiselle, ont recongneut que il renonchent du tout à tout le droit que il pooient avoir en tous les héritaiges qui furent feu Colart d'Esqueheries et André, sen frère. — (5 septembre 1356).

F°. 297. Lettre faisant mention comment li doiens et chappitres de l'église S. Gervais de Guise congnoissent que pluiseurs murs estans entre les gardins de le Mote et le maison mons. Jehan Diguet appartiennent en fons et en propriété à mons. le duc. — (27 octobre 1356).

F°. 297 v. Lettre en latin du don du Chastel chastellenie de Ribemont que le roy Jehan nostre sire donna à mons. le duc d'Anjou son fils. — (Paris, 1er octobre 1361).

F° 298. Lettre faisant mention de l'acort et de le terre de Guise et de Yrecon appartenant lors à mons. le duc de Bretaingne et à présent à mons. le duc d'Anjou, à cause de sa femme héritière, par les quelles appartient le droit que le sire de Guise a esdictes terres, et la reconnoissance et confession que le conte de Blois en a fait au proufit du dit seigneur de Guise. — (8 février 1357).

Cette pièce, d'une importance extrême pour l'histoire de Guise donne la solution du procès entamé entre les enfants de Louis de Chatillon et Charles de Blois, duc de Bretagne, leur oncle. Je suis étonné que Duchesne ne s'en soit point servi. La voici *in extenso* :

A touz ceulz qui ces présentes lettres verront et orront. Jehans li pages, gardes de par le roy nostre sire du scel de la baillie de Vermendois establis en la prévosté de Ribemon, salut. Sachent tuit, que en l'an de grace mil CCCLVIII, le quatorzime jour du mois de may, nous veismes, teinsmes et leusme unes lettres saines et entières scellées en las de soie et en cire vert, du seel du roy nostre sire, en son chastellet de Paris, en l'absence de son grant seel, contenans de mot a mot la fourme qui s'ensuit. Johannes, Dei gratia francorum rex, notum facimus universis tam presentibus quam futuris, quod inter dilectos et fideles consanguineos nostros Karolum, ducem Britannie, ex una parte, et Ludovicum, comitem Blecensem, ex altera, concordatum extitit super infra scriptum, prout continetur in quadam cedula curie nostre parlamenti Parisiensis, tradita per magistrum Jacobum Monachi dicti ducis, et Johannem de Bonolio dicti comitis, procuratorem, prout apparebat per litteras ducis et comitis predictorum quarum tenores inferius sunt inserti, cujus cedule tenor sequitur in hec verba : Sur ce que feu le conte Guy de Bloys, dont Diex ait l'âme, ordena en son vivant, et aussi fu confermé du roy nostre sire, que le duc de Bretaingne, sen ainsné fil, eust en nom de assignation et de partage avecques le chastel de Guise en Thieraische, cinq mille livrées de terre au tournois, à prendre sur ses rentes et revenues au plus prez du dit chastel, si comme il appert par lettres sur ce faites, et les dictes cinq milles livrées de terre soient à assigner et à bailler au dit duc de Bretaingne par le conte de Bloys, son nepveu, et aussi sur pluiseurs arrérages deus au dit duc de Bretaingne par ledit comte de Bloys, par la deffaute de la dicte assiete non baillié et non délivrée au dit duc de Bretaingne et sur toutes autres choses que ils pooient avoir à faire ensemble. Appointié et acordé est, par grant délibéracion de conseil, entre les dessus diz duc de Bretaingne et conte de Bloys, son nepveu, pour pais, concorde et transquilité et amour naturelle nourrir et continuer entre eulz par la fourme et manière qui s'ensuit. Premiers, le dit conte de Bloys veult et acorde, que pour et ou nom de l'assiete des cinq mille livrées de terre au tournois dessus dictes, le dit duc de Bretaingne son oncle puist des maintenant pour lui et pour ses hoirs joir et possesser et joche et possesse héritablement en propriété

GUISE. et en saisine de toute la terre de Guise et de Thieraische et des appartenances ainsi comme tout se comporte et estent de toutes pars, en prez, en terres, en rentes et revenues soient de grains de deniers et de chapons ou autres quelconques et bois, tant en fons comme en forfais, tant en anciens arbres comme en bois taillables, ou garennes, en yaues, en hommages, en arrierefiez, en garde de églises, en toute justice et seignourie haute, moienne et basse, et en toutes autres choses quelconques que elles soient, ne comment elles puissent estre nommées ou appellées, en la fourme et manière que le dit feu conte Guy en jooit et possessoit au jour de son trespas, en eust joy et possessé jusques au jour de huy, se il fust en vie, sanz ce que le dit conte de Bloys y puist jamais aucune chose demander pour lui ne pour ses hoirs, se ce n'estoit pour nouvelle succession ou par nouvelle cause, excepté tout le sart du Nouvion, ainsi comme il se comporte, et excepté toute la haye du Nouvion et la haye de Keurelesche, lesquelles choses exceptées, demeurent entierement en demaine, en justice, en seignourie haute, moyenne et basse et en touz autres proufis, au dit conte de Bloys et à ses hoirs, sanz ce que le dit duc de Bretaingne y puist aucune chose par quelconque voie que ce soit réclamer ou demander, se n'estoit par nouvelle succession ou par nouvelle cause ; et ja soit ce que il y eust par avant ce présent acort pluseurs terres ou sart du Nouvion qui devoient terage au terrage d'Oysy, li terrages d'icelle demeure à présent et demoura au dit conte de Bloys et à ses hoirs. Item, se il y a aucun bois joignant aus dictes haies du Nouvion et du Kieurelesche, si comme le bois qui fu Ferrant d'Ohies, il demeure et demourra au dit duc de Bretaingne ; et se il y en a aucun joignant ou enclavé dedens les dictes haies qui appartiengne en demaine à l'église de Vermans ou à autres estranges personnes, et aient yssue sanz moien sur la terre du dit duc de Bretaingne, la justice et seignourie en demeure et demourra au dit duc de Bretaingne Item, touteffois et quante fois que l'eaue du vivier d'Oysi ystera hors de son canel, et entrera ou terroir du sart du Nouvion, la seignourie et la pescherie de la dicte yaue demourra au dit duc de Bretaingne tant que la pescherie y sera. Et n'y pourra ledit conte de Bloys ses genz ne ses subgez peschier, et aussi tost que l'eaue sera retraite, le lieu là u elle aroit esté dedens le dit sart redemeure en demaine, en justice et seigneurie au dit conte de Bloys, comme devant. Item veult et acorde le dit conte de Bloys pour tant que il li touche, que toute la rivière de Sambre au dessus du dit vivier d'Oysi, demeure en demaine, pescherie et en justice et seignourie au dit duc de Bretaingne, tant et si avant que le dit duc a justice et seignourie à l'un des lez d'icelle riviere. Et se il estoit trouvé que l'eaue de quoy mieut le moulin de Bon wez feust en demaine, en justice et en seignourie au dit duc de Bretaingne, veu ce que dit est. Si est à entendre que touz li dis moulins demeure en demaine, en justice et seignourie et en touz autres proufis au dit conte de Bloys, et ara toudis aisement de la dicte eaue, pour maure en la maniere acoustumée, sanz ce que le dit duc de Bretaigne y puist mettre aucun empeschement. Item la redevance que ciz de la ville d'Esqueheries, doivent au conte de Blois, de charier les fains de aucuns de ses prez du Nouvion, à la grange du Nouvion et transportée par le dit conte de Bloys au dit duc de Bretaingne, approuve et acorde toutes les choses dictes par le fourme et maniere et exception dessus dictes, et parmi ce, se tint pour paiez et satisfiez de l'assiete, et de cinq mille livrées de terre dessus dictes, et de touz les arrierages qui à la cause de la deffaute de la dicte assiete li pourroient estre deus. Item, quitta aussi li diz dus de Bretaingne au dit conte de Bloys, son nepveu, tout le droit que il a et puet avoir en le chastellerie de chasteau Renaut et es appartenances à cause de cest présent bail, depuis le jour saint Pierre entrant aoust l'an mil ccc cinquante et sept, prochainement venant en avant, et y renonca au prouffit du dit conte de Bloys, et des maintenant quitta le proufit de le despeulle des terres et prez de le dicte chastellerie de l'aoust prochain à venir, supposé que aucune chose en escheist en dedens le dit jour saint Pierre, entrant aoust. Item, a quittié et quitta li dessus diz contes de Bloys, le duc de Bretaingne son oncle, de touz mestoppages de grans arbres et de toutes deffautes de reffections de édéfices, dont il le peuist avoir sieuy, à cause du bail que le diz de Bretaingne eut de lui tant ou royaume de France comme en l'empire, tant par ce qui a esté jugié en le court de Mons en Haynaut comme autrement, et aussi de touz vivres dont le dit duc pouoit estre tenuz à lui, à cause du

GUISE.

GUISE.

dit bail, tant pour lui comme pour ses frères. Et ne pourra le dit conte de Bloys demander au dit duc de Bretaingne aucune chose pour cause de reffections de édéfices ne pour cause de vivres, pour cause de le dicte chastellerie de Chasteauregnaut. Ja soit ce que le dit duc l'ait à tenir jusques au dit jour saint Pierre entrant aoust. Et généraument et espéciaument li dessus dit duc de Bretaingne et conte de Bloys, ont par ce présent acort parfaitement et entierement quittié li uns l'autre de toutes choses quelconques, à quelconque cause que ce fust, dont il peussent avoir fait demande li uns à l'autre, ou suy li uns l'autre par quelconques voie, ne pardevant quelconques juge que ce fust, jusques au jour de le date de cest présent acort. Et ont encor volu et acordé que li dessus diz conte de Bloys, ne puist dore en avant copper, ne faire copper bois en la dicte terre de Guise ne de Thieraisse, excepté les dictes hayes du Nouvion et du Kieurelesche, mais y aura à son proufit les paiemens des bois que' il a fais vendre et copper en la dicte terre de Guise et de Theraisse; ja soit ce que li termes du paier soient encore à venir. Et aussi li dessus diz dus de Bretaingne, ne pourra faire vendre ne copper bois dores en avant en la dicte chastellerie de Chasteauregnaut, ne es appartenances, mais il aura à son prouffit les paiemens des diz bois que il y a fait vendre et copper, ja soit ce que li terme du paier soient encore à venir, et aussi aucunes debtes, se elles li estoient deues en la dicte chastellerie. Et li dessus contes de Bloys promis à acondure et à garandir au dessus dit duc, toutes les choses dessus dictes à lui bailliés pour cause et acomplissement de la dicte assiete. Et aussi li dessus dit dux et conte ont promis li uns à l'autre à tenir et garder toutes les choses dessus dictes et chascune d'icelles par la fourme et maniere dessus dictes. Et à ce ont-il obligié li uns à l'autre, eulz, leurs hoirs, leurs biens, et les biens de leurs hoirs, meubles et heritages présens et à venir. Tenor vero litterarum procuratoris dicti ducis talis est. Charles, dux de Bretaingne, viconte de Limoges, sire de Guyse et de Maenne, faisons savoir à touz que comme sur ce que nostre très chier et très amé nepveu le conte de Bloys estoit tenuz à nous, à nous bailler et asseoir avecques nostre chastel de Guise, cinq mille livres de rente au tournois au plus prez de nostre dit chastel, par la vertu de l'ordenance de nostre très chier et très amé feu seigneur et père, mons. le conte Guy de Bloys, dont Diex ait l'ame, et sur pluseurs arriérages es quelz nostre dit nepveu estoit tenuz à nous, à cause de la deffaute de nostre dicte assiete, et aussi sur pluseurs choses en quoy nous pouyons estre tenuz à nostre dit nepveu tant à la cause de ses édéfices n'on souffisaument retenuz, comme de ses bois mescoppez du temps que nous avons tenu le bail de lui, tant ou royaume comme en l'empire, et avecques ce sur les vivres de lui et de ses frères noz amez nepveuz asquelz nous pouons estre tenuz à lui pour cause du dit bail et généraument et espéciaument sur toutes choses par quelconques manieres que on les puist appeler, esquelles nous à lui et lui à nous, à quelconques cause que ce fust, pouons estre tenuz l'un à l'autre jusques au jour de la date de ces présentes lettres, nous et nostre nepveu par les consaulz de nous deux et pour bien de pais et de concorde soioumes accordé et aioumes l'acort promis à tenir par la fourme et maniere contenue en une cédule sur ce faite ; nous faisons et establissons noz bien amez maistre Jaque le moine, nostre clerc et conseiller, maistre Pierre de Vernon, nostre clerc, et chascun d'eulz pour le tout, noz procureurs généraulz et messages espéciaulz, par la teneur de ces présentes lettres, ausquelz noz dessus diz procureurs et chascun par lui et pour le tout, nous avons donné et donnons pouoir, auctorité et mandement espécial de recongnoistre et acorder devant mons. le Roy, ou son parlement pour nous et en nostre nom et promettre à tenir le dit acort, et toutes choses contenues en la dicte cédule, le quelle nous leur avons bailliet ; et de ce obligier à tenir nous, noz hoirs et touz nos biens, et de faire et promettre pour et ou nom de nous tant comme à chou, autant que nous pourriemes faire, se nous y estions présent. Et promettons à avoir ferme et estable et à tenir pour aggréable tout ce qui par noz dessus diz procureurs ou par l'un d'eulz sera fait sur le dit acort congneu et confessé, acordé et promis à tenir et obligier, selon la fourme et teneur de la dicte cédule, sur l'obligation de touz noz biens, les quelz nous obligons tant comme à chou. En tesmoing de ce, nous avons fait mettre nostre seel à ces présentes lettres, faites et données le xxixe jour du mois de novembre, l'an de grace mil ccc cinquante et six. Tenor autem litterarum dicti comitis talis erat. Loys de

GUISE.

Chasteillon, conte de Bloys et de Soissons, sire d'Avesnes, faisons savoir à touz, que comme sur ce que nous estions tenuz à bailler et à asseoir à nostre chier et amé seigneur et oncle, mons. le duc de Bretaingne avecques son chastel de Guise, cinq mille livres de terre au tournois, au plus prez de son dit chastel, par la vertu de l'ordenance de nostre très chier et amé seigneur et tayon, feu monseigneur le conte Guy de Bloys, son père, dont Dieux ait l'âme, et sur pluseurs arriérages esquiex nous estions tenuz à nostre dessus dit seigneur et oncle, à cause de la deffaute de sa dicte assiète, et aussi pour pluseurs choses en quoy il pouoit estre tenuz à nous, tant à la cause de noz édéfices mal retenuz comme de noz bois mescoppéz du temps qu'il a tenu le bail de nous, tant ou royaume comme en l'empire, et avecques les vivres de nous et de noz chers et améz frères, esquelz nostres dessus diz très chier et améz sires et oncles pouoit estre tenuz à nous pour cause de nostre dit bail, et généralment et espécialment sur toutes choses par quelconques mandement que on les peust appeller, es quelles il à nous et nous à lui, à quelconques cause que ce feust, pourriesmes estre tenuz l'un à l'autre, jusques au jour de la date de ces présentes, nostres dessus diz chiers et améz sires et oncles, et nous par les consaulz de nous deux, pour bien de pais et de concorde soyoumes acordé et ayoumes l'accort promis à tenir par la fourme et maniere contenues en une cédule sur ce faite. Nous faisons et establissons noz bien améz maistre Jehan de Bonneil, maistre Jehan de Pargant, mons. Nicole de Hornaing, prestre, et Jehan Sarazin, et chascun d'eulz pour le tout noz procureurs généraulz et messages espéciaulz par la teneur de ces présentes lettres, aus quelz noz dessus diz procureurs et chascun par lui et pour le tout, nous avons donné et donnons pouoir, auctorité et mandement espécial de recongnoistre et acorder devant monseigneur le Roy ou son parlement pour nous et en nostre nom, et promettons à tenir le dit acort et toutes les choses contenues en la dicte cédule, laquelle nous leur avons baillié, et de obliger à chou tenir, nous, noz hoirs et tous noz biens, et de faire et promettre pour et ou nom de nous tant que à chou autant que nous porriemes faire, se nous y estiemes présent. Et promettons à avoir ferme et estable et tenir pour aggréable tout chou qui par noz dessus diz procureurs ou par l'un d'eulz sera sur ce dit acord congneu et confessé, acordé, promis à tenir et obligié, selon la fourme et teneur de la dicte cédule, sur l'obligacion de touz noz biens, lesquelz nous obligons quant à chou. En tesmoing de ce, nous avons fait mettre nostre seel à ces présentes lettres faites et donnéez le premier jour du mois de décembre, l'an de grâce mil ccc cinquante et six. Nos autem acordum supradictum et omnia et singula supradicta, ad supplicationem partium predictarum, volumus, laudamus, approbamus et ea, auctoritate regia, tenore presentium confirmamus, prefatosque ducem et comitem et eorum quemlibet in personas procuratorum predictorum suorum condempnavit dicta curia nostra et per presentes condempnat, ad observacionem firmam et perpetuam omnium premissorum. Quocirca baillivo Viromandensi ceterisque justiciariis regiis, presentibus et futuris, aut eorum loca tenentibus et eorum cuilibet, ut ad eum pertinent, presentium tenore mandamus quantum prefatos ducem et comitem et eorum quemlibet et heredes suos, ac causam ab ipsius habentes, ad tenandum servandum et complendum omnia et singula supra dicta compellant que ut firma permaneant in futurum sigillum castelleti nostri Parisiensis presentibus litteris est appensum. Salvo in omnibus jure nostro et quolibet alieno. Actum Parisius, in parlamento nostro, anno Domini millesimo ccc° lvii°, die octava mensis februarii. En tesmoing de ce nous avons mis le scel de la dicte baillie à ces présentes lettres faites et données en l'an et ou jour dessus diz.

F°. 300 *v.* Lettre faisant mention comment li duc de Bretaingne amorti aus religieuses de Farvaques environ cinq moies de terre, laquelle terre les dictes religieuses acquierent à mons. Jehan de Marteville, par lesquelles appert le proufit que li diz messire li duc en eut et comment les dites religieuses confessent que touteffois que il ara nouvelle abbeesse en leur église et quantes, elles sont tenues à paier aus seigneurs de Guise, à cause de relief dedens xl jours après ce que elle sera créé, x muis de blé par la mesure de Saint-Quentin. — (1356).

F°. 301 *v.* Ceste lettre fait mention comment les religieux de Saint-Michiel en Therasche, accordèrent à feu mons. Pierre de Becont, la collation et presentation d'une certaine chapelle fondée par feu Amourry de Becond, frère

GUISE.

du dit Pierre, et laquelle est assise en la cimentière de Hericon, ou patronnage des diz religieus. — (Nov. 1343).

F° 302. Lettre en latin faisant mention comment l'évesque de Laon conferme la collacion et présentacion de le chapellerie de Yrechon, dont le privilège précédent fait mention. — (8 janvier 1343).

F°. 303. Lettre faisant mention comment le dit mons. Pierre de Becond à sa plaine vie ordena que après son décès, tout le droit que il avoit ou patronnage et presentacion de la dicte chapelle après son décès feust et apparteinst à mons. le duc de Bretaingne, comme seigneur de Guise et à ses hoirs. — (Nov. 1356).

F°. 304. Lettre faisant mention coment li doyens et chapitres de Saint-Gervais de Guise confessent que mess. Pierre de Becond a mis par devers eulz en garde en leur thésaurie de leur église, une laiète de bos, en laquele a pluseurs lettres touchant à la chapellerie Saint-Nicholas de Yrechon, fondée et ordenée par le dit mons. Pierre. — (8 sept. 1352).

F°. 304 v. Lettre faisant mention d'un eschange de xx livres de blans que les religieux de Behoris prenoient chascun an sur le winage de Guise, dont il se délaissent de xx livres tournois, pour le dit eschange faire, à la maison qui fu Ferrant d'Ohies, séant à Guise prez du chastel devant le puis et si comme on y monte (au chastel). — (27 oct. 1362).

F°. 305. Lettre faisant mencion d'un jugement obtenu au pourfit de monseigneur contre le procureur du Roy et collecteur des mortemains pour la succession des bastars, aubains et espaves qui meurent en la terre de Guise. — (Lundi 7 sept. 1366).

F°. 306. Lettres faisans mencion de l'acquat de l'iretage de Buironfosse après le trespas de Mahieu le Herbet et de demoiselle Marie, sa femme, et du dernier vivant dianx deux. — (14 mai 1369).

F°. 307 v. Lettre d'un arrest rendu en l'assise de Saint-Quentin par Drouars de Hainaut, lieutenant du baillif de Vermandois au prouffit de mons. le duc d'Anjou, pour cause des biens des aubains, espaves et bastars estans et eschéanz en la terre de Guyse, les quelx les genz du Roy empeschoient à mon dit seigneur et les vouloient appliquer au Roy. — (Lundi, 7 sept. 1366).

F°. 308. Lettre de la confirmacion et approbacion du seel du dit Drouars Haynnaut, du quel les lettres dessus transcriptes estoient et sont seellées. — (Janvier 1366).

F°. 308 *v*. Lettre des religieux abbé et couvent de l'église Saint-Michiel en Thiérasche, faisant mencion comment les diz religieux ont renoncié au prouffit de mon dit seigneur le duc à la place ou souloit seoir le moulin à eaue d'Irechon assis sur la rivière de Glant, au dessoubz du chastel de la dicte ville et à y faire jamais moulin, liquelx par grans forches de eaues et de faute de retenue est touz alés en ruyne. — (24 janvier 1374).

F°. 309. Lettre faisant mencion comment Gile le marcheant et sa fame rendirent à mons. le duc, le marchié et achat de dix livres au tournois, de rente annuele que feu messire Jehan de Cramaillez, chevalier, avoit et prenoit chascun an de son héritage sur le wynage de Guyse, et comment les diz conjoins rendirent au baillif de Guyse certaines lettres que le dit chevalier leur bailla au parfait du marchié dessus dit, parlant es noms de Adam de Clatez et de Jehanne, sa famme.

F°. 310 *v*. Lettres du transport et vendicion faicte par dame Philippe, dame de Huphalise et d'Astenoy, à mons. Loys, duc d'Anjou et sire de Guyse et de Ribemont, et à madame Marie la duchesse, sa fame, de iiie iiii^{xx} liv. tournois de rente à héritaige que la dicte dame de Huphalise et ses prédécesseurs souloient prendre chascun an sur le winaige et autres revenues de la terre de Guyse. Lesquelles sont mises ou quart armaire du cartulaire, en comptant de l'entrée à senestre avec toutes les autres lettres touchant cellui fait cy après copiées. — (17 août 1377).

F°. 312 *v*. Item, la teneur d'une quittance ennexée en la dicte lettre. — (17 août 1377).

F°. 313. La teneur de la quittance de ii^m ii^c L. franz paiéz à la dicte dame de Huphalize pour la moitié et premier paiement de la somme de iiii^m v^c franz que la dicte dame de Huphalize devoit avoir pour la dicte vendicion et transport. — (Août 1377).

F°. 314. La teneur de la quittance de la moitié et darrenier paiement faict à la dicte dame de Huphalize, etc. — (Août 1377)

F°. 316. La teneur des lettres du prévost et des hommes de foy de la prévosté de Ribemont par les quelles ilz certiffient que le xxv⁰ jour de juing CCCLXXIX, damme Philippe, damme de Hufalize et d'Astenay, se desvestit en leurs mains de III⁰ IIII^{xx} livres tournois de rente qu'elle et ses prédécesseurs souloient prandre à héritage chascun an sur le wynage et autres revenues de la terre de Guyse etc. — (1377).

F⁰. 317 v. Item la teneur d'unes autres lettres annéxées es lettres dessus dictes. — (1377).

F⁰. 318 v. Item, la teneur de certaines lettres royaux, comment le Roy nostre sire a exempté mons. le duc d'Anjou, sa terre de Ribemont et de Guise, du bailli de Vermendois et de la prévosté de Saint-Quentin et que il n'est tenus de sortir fors en parlement. — (Paris, 20 avril 1381).

F⁰. 319 v. Item s'ensuit la teneur des autres lettres royaux empétrées par le dit gouverneur pour le dit monseigneur d'Anjou et au proffit de sa ville et chastellerie de Ribemont. — (16 mai 1381).

F⁰. 320. Lettres faisanz mencion du transport que Daniel David et Jehanne Lestevée, sa fame, ont fait à mons. le duc et à madame Marie la duchesse sa fame des haions, mines et lormeries situées en la place de Monsterueil soubz Lesquiellez. — (18 août 1382). Deux pièces.

F⁰. 321. Lettres de l'aquisition d'un bois nommé le Sart-Houcet, séant ou terroir du Mont-Saint-Hubert, vendu à tous jours au seigneur de Guise et à sez hoirs par Colart Beroulz, de Saint Remi le mal batu [1], et Maroie le Houchette, sa femme, pour lors seigneur du dit boys. — (14 février 1383).

F⁰. 321 v. Lettres de la tradition des terrez appartenant à la Mote de Guyse hors le gars d'illec, bailliez a cense à tous jours à Colart Feuderel, à sa femme et à sez hoirs. — (13 février 1383).

F⁰. 322. Lettres de l'achat fait par madame la royne de Jherusalem et de Cicile à madame Philippe Bertram, dame de Rays et de Roncheville, des XL livres parisis que la dicte dame de Rays soloit prandre et avoir sur la recepte de Guyse. — (15 juin 1388).

F⁰. 322 v. Item unes aultres lettres par manière de Vidimus, faisant mention du don de cinquante livres tournois de rente fait par Pierre, conte d'Alencon et de Blois, à Simon de Clermont, seigneur de Neelle. — (13 juin 1388).

---

[1] Saint-Remy mal bâti, canton de Maubeuge, arr. d'Avesnes (Nord).

F°. 324. Lettres d'un accord fait par la royne de Cecile aux religieux abbé et couvent de Nostre Dame de Bouhories, pour cause d'une pescherie d'un bras d'iauve en la rivière d'Oise, entre Guise et Lesquiellez. — (25 avril 1395.)

F°. 324 *v°*. Lettres de l'accord fait de pluiseurs discors qui estoient pour cause du pret aux Dains et du pret Sausson emprès du vivier d'Oisy, entre la royne de Cecile et mons. de Bloys. — (4 mars 1394.)

F°. 325 *v°*. Accord [1] passé entre Louis II, roi de Jerusalem et de Sicile, seigneur de la terre de Guise, et Marguerite de Clisson, comtesse de Penthievre, vicomtesse de Limoges, dame d'Avesnes et du sart de Nouvion, tutrice d'Olivier de Bretagne, son fils, seigneur desdis lieux, par lequel les habitants du sart de Nouvion pourront mener leurs marchandises ou bon leur semblera sans payer les droits du vinage de Guise. — (4 janvier 1406.

F°. 327 *v°*. Légalisation du scel de Jaquemart Pepin, homme de fief en la terre de Guise [2]. — (14 mai 1409.)

F°. 328. Item unes autres lettres par manière de vidimus seellée du seel de la baillie de Vermendois establi à Ribemont de par le roy nostre sire, faisant mention comment les habitants de Villers doivent chacun an au roy de Sicile comme seigneur de Guise, la somme de onze livres deux solz dix deniers maille parisis. — (20 novembre 1410.)

F°. 329. Lettre d'une rente deue au roy de Sicile passée par Colart de Moncheaulx et se femme, à cause d'une pièce de terre séant en le forteresse de Guise. — (21 mai 1408.)

Les quatre derniers folios sont blancs.

765. Extrait de la Chambre des comptes de la terre et seigneurie de Guise, depuis 12.. jusqu'en 1334.

2 vol. in-f°. Écriture du xviii° s., papier. Tome I, (327 folios) tome II (468 folios.)

Bibl. de l'Arsenal. n° 291. In-f.° Hist.

Le père Lelong indique deux manuscrits portant le

---

[1] Cette pièce n'a point de rubrique.
[2] Cette pièce n'a point de rubrique.

GUISE.

même titre dans sa *Bibliothèque historique de la France*. Il cite le premier sous le n° 27,848 (t. II), comme provenant de la Bibliothèque de Secousse, et le second sous le n° 42,671 (t. III), comme ayant appartenu à M. de Caumartin, mort évêque de Blois, en 1733.

Ces deux manuscrits n'en font qu'un et cette méprise du père Lelong vient de ce que cet ouvrage a appartenu successivement aux deux bibliophiles que je viens de nommer, qui ont apposé chacun leurs armes sur le verso de la couverture. Un noble amateur dont j'ignore le nom, et qui a fait également mettre ses armes sur les plats de la couverture, avait possédé ce manuscrit avant de Caumartin et Secousse.

Cet extrait n'est pas autre chose qu'une copie incomplète mais admirablement écrite du cartulaire de la terre de Guise que je viens d'analyser.

66. Duché de Guise.

Registre in-f°. de 34 f°⁵, parchemin. — Écriture du XVI° s.

A. I. Sect. adm. P. 1122.

La plus grande partie de ce manuscrit ne regarde pas la Picardie. Elle ne donne que des renseignements sur les baronnies de la Ferté Bernard, et Sablé, en Anjou, appartenant au duc de Guise.

Ce qui est relatif à la seigneurie de Guise proprement dite, ne commence qu'au folio 28 r°.

C'est un inventaire des pièces remises à Claude de Lorraine, duc de Guise, qui se trouvaient à la Chambre des comptes de Paris, et qui provenaient de la Chambre des comptes du roi Réné de Sicile. Le premier manuscrit cité dans cet inventaire, est le cartulaire de la terre de Guise, dont je viens de parler. Ce document bibliographique est fort curieux ; le voici in-extenso :

GUYSE ET NOVYON.

Ung gros livre en parchemin contenant III c. XXIX feuillets de parchemin escripts, ainsi commencent : Au nom de Dieu, amen. Ce sont les rebriches des chartres et des lettres de toute la terre de Guyse, des appartenances et du ressort, qui estoient au cartulaire du chasteau de Guyse, escriptes en ce livre l'an de grace mil CCCXXVII, signé par nombre de lettres et par nombre de feuilletz.

Item ung hommaige de la conté de Guyse, mouvant de la conté de Ribemont en Vermandoys, donné à Tours le 23 octobre 1461.

Item ung autre houmaige à cause de le conté de Guyse et seigneurie de Novyon, mouvant à cause du chasteau de Ribemont en Vermandoys, donné le 20 juin 1473.

Item une autre lettre de don fait à mons. le conte du Mayne de rachaptz et autres devoirs à cause de la conté de Guyse et terre de Nouvyon mouvant à cause du chastel de Ribemont et du fié de Pierre Couppé, tenu à cause de la conté de Chartres. — (9 janvier 1443.)

Item une autre lettre pour mondit seigneur le comte du Mayne, du don que le roy luy a fait des rachapts, reliefs, quints, deniers, à quoy il pourroit estre tenu à cause des contes de Guyse, Liney, seigneurie de Nouvyon et les terres de Beausse et du Perche. — (9 janvier 1443.)

Item ung autre livre en parchemin contenant XVII feuillets de parchemin escripts non reliés, couvert d'une peau de perchemin.

Enseignemens des rentes de capons et avoynes deubz au sars de Nouvyon, à mon tres redoubté seigneur monseigneur le conte du Mayne, etc.

Item une lettre touchant la cession et transport des conté de Guyse et seigneurie de Novyon, faicte par mons. de Sainct-Pol à mons. le conte du Mayne pour son mariage, le 23 janvier 1443.

Item unes lettres données le XX juing 1444 par lesquelles appert Charles, conte du Maine et de Guyse, avoir fait au roy les foy et houmaige que tenu estoit de faire à cause du dit conté de Guyse, seigneurie de Noyon [Nouvion] et de leurs appartenances mouvant du roy à cause du chastel de Ribemont, etc.

Item unes lettres escriptes au doz : dons des rachapts que le roy a faiz à mons. des conté de Guyse et seigneurs de Noyon, donné à Angers le 9 janvier 1443.

Item une autre lettre escripte au doz : lettre pour mons. le conte du Mayne du don que le roy lui a fait des rachaptz, reliefz, quints deniers, requins et autres devoirs en quoy il luy pourroit estre tenu à cause des contés de Guyse, Lyney, etc., etc. — (9 janvier 1443.)

Item une autre lettre escripte au doz : le traicté et ac-

GUISE.

cord passé entre mons. le conte du Mayne et de Guyse, d'une part, et messire Baudouyn de Chemy, etc.

Item ung sac duquel l'étiquette est telle : Saccus Theobaldi Anglebernes, recepveur de Herisson.

Cet inventaire indique une série de 11 sacs des receveurs de Guyse ; Mayenne la Juhez, Novion, la Ferté-Bernard, etc.

Item ung autre sac, sic étiqueté : Ce sont les comptes de la ville et prévosté de Guyse en 1414.

Item quatre sacz lyéz et couplez ensemble, en lesquelz sont les comptes de la ville et prévosté de Guyse. — (1414-1415.) — d'Irechon (1410).

Item ung autre sac dont l'étiquette est telle : Saccus XVIII^{as} in quo sunt plures littere Guisie et Hericourt, invente in camera computorum Andegavie.

Item ung autre sac dont l'éticquette est telle : En ce sac sont les comptes de la terre de Guyse pour ung an et demy fini à Noel l'an 1407.

Item ung autre sac ainsi étiqueté : Pro petro Quotte Blanche, castellano de Meduana la Juhez.

Item, une lettre de certain appointement pris l'an mil ccc III^{xx} xv entre une royne de Cecille d'une part et dame Jehanne de Mortaigne, dame de Coulongne, touchans une somme de huit vings une livres deux deniers obolins parisis, à prendre par la dicte dame sur le vinaige de la ville de Guyse, etc.

Lettre scellée du scel aux contractz de Tours le 23 janvier 1443, touchant la cession et transport des conté de Guyse et seigneurye de Novyon, fait par mons. de sainct Pol à M. le conte du Mayne, pour son mariage.

Item deux lettres annexées ensemble ... faisant mention du traicté de mariage de mons. le duc de Nemours et de dame Loyse, se femme, fille de mons. le conte du Mayne. — (12 et 14 juin 1462)

Item une autre lettre à laz de soye et cire vert escripte sur le dos : Lettres du mariage de mons. Loys d'Anjou, conte de Guyse, et de madame de Guyse, nommée Katherine de Bourgongne, le dit traicté fait et passé par devant deux notaires de la prévosté de Paris [1]. — (1407.)

Suivent les comptes de Mayenne la Juhez, Sablé et la Ferté Bernard.

Au f°. 33 on lit : Les comptes du conté de Guyse sont

en xx volumes contenans plusieurs annés. Tom. i, 1381, t. ii, 1406, t. iii, 1407, t. iv, 1414, t. v, 1444, t. vi, 1444-1447, t. vii, 1450, t. viii, 1451, t. ix, 1452, t. x, 1453-1455, t. xi, 1456, t. xii, 1456-1458, t. xiii, 1460, t. xiv, 1460-1461, t. xv, 1461-1463, t. xvi, 1463-1466, t xvii, 1466-1469, t. xviii, 1469-1472, t. xix, 1472-1475, t. xx, 1475.

Avecques plusieurs lettres, acquictz rendus sur les diz comptes estans en sept sacz, en l'un desquels sont plusieurs petitz sacz ou sont les acquitz renduz sur les dits comptes de Guyse et Herisson.

Le manuscrit termine par l'attestation suivante, signé du duc de Guyse et munie de son sceau plaqué.

Claude de Loraine, duc de Guyse, per de France, et conte d'Aumalle, seygneur et baron de Mayenne la Juhez, la Ferté Bernard et Sablé, gouverneur et lieutenant général du roy en ses pays de Champaigne et Brye, citéz et villes cy enclavéz, à tous ceulx qui ces présentes lettres verront, salut. Savoir faisons à tous qu'il appartiendra, que nous avons receu de messrs. des comptes à Paris, par ordonnance du roy suyvant ses lettres missives........ toutes les lettres, tiltres, registres, adveuz, dénombremens, comptes et acquictz renduz sur yceulx et autres enseignemens de nostre duché de Guyse, baronnyes de Mayenne la Juhez, la Ferté Bénard et Sablé, appartenances et deppendances d'icelles estans en la dicte chambre des comptes et qui y avoient esté apportées de la chambre des comptes du roy Réné de Cecille, et ce, par les mains de maistre Claude de la Croix, baron de Plancy, conseiller du dit seigneur et maistre ordinaire de dits comptes maistres Pierre Reynault et Simon de Machault, auditeurs, en la présence du dit maistre Gervais du Molures, procureur général en ycelle. En tesmoing de ce, nous avons signé ces présentes de nostre main, fait mettre et apposer le scel de noz armes, le xxe jour de mars mil ve trente quatre.

CLAUDE,
Par monseigneur le duc per
RAMERU.

1 Il y a en note: Pour ce qu'il a semblé aux commissaires que ceste lettre sert au roy, elle a esté retenue en la chambre.

GUISE. **767.** Maison de Guise.

MS. in-f° de 421 f°⁵, papier. — Écriture du XVIᵉ siècle.

B I. n°. 2725. Suppl. fr.

Ce ms. commence ainsi :

Registre faict en l'an mil cinq cens quatre vingtz par Mᵉ. Alphonse de Maugarny, ayant la charge des affaires et procès de très haults et très illustres prince et princesse, monseigneur Henri de Lorrainne, duc de Guise, etc., etc.

Ce ms. contient beaucoup de pièces étrangères à la terre de Guise. Parmi celles qui s'y rapportent on peut citer :

F° 9. Erection du comté de Guise en duché et pairie avec la vérification en parlement. — (1528.)

F°. 10 *v°*. Lettres patentes vériffiées en parlement, par lesquelles le duché de Guise et tous subjectz d'iceluy à cause de la pairie ressortissent directement, soit civilement ou criminellement, en la court de parlement. — (1552.)

F°. 12. Arrest de parlement pour le ressort du duché de Guise contre le siège présidial de Laon. — (1552.)

F°. 23. Donation faicte à feu monseigneur le cardinal de Lorrainne du marquisat de Nesle et comté de Joigny. — (1554), etc., etc.

La table des matières se trouve à la fin du volume.

768. GUISE.

Carton.

A. I. *Sect. hist. tr. des ch.* J. 791.

Ce carton renferme :

1.° Une liasse de 3 pièces relatives aux limites d'Artois et de Picardie ; 2.° un contredit du procureur général du roi d'Espagne contre le procureur général du roi de France, tendant à prouver que le conté de Saint-Pol a toujours fait partie de la souveraineté d'Artois ; 3.° trois inventaires de pièces produites au soutien de la prétention du roi d'Espagne et copie collationnée d'un compte rendu le 31 décembre 1535 par le receveur général des aides d'Artois, également produit ainsi que dessus.

2.° Deux registres des causes du Grenier à sel de Guise commençant en 1559 et finissant en 1570, tendant à établir les limites respectives des états du roi de France et de celui d'Espagne du coté de Guise.

769. Mémoires sur quelques provinces de France.

MS. in-f°, papier. — Écriture du XVIII° siècle.

B. I. n° 95 bis. Bouh.

Parmi les différentes pièces qui composent ce ms., nous trouvons :

Un estat au vray du revenu du duché de Guise pour l'année commenceante (sic) au premier janvier mil six cents quarente un et finissant au dernier décembre de la mesme année.

770. Histoire de la maison de Guise, par Oudin, en 1647.

MS. in-4°, papier. — Écriture du XVII° siècle.

B. I. n° 10339 22 A. D.

Cette histoire en quatre volumes n'est qu'une apologie de la conduite politique tenue par les princes de la maison de Guise, dans le gouvernement des affaires de France. On peut y trouver, du reste, de précieux renseignements.

La Bibliothèque possède encore quelques autres manuscrits relatifs aux ducs de Guise, mais qui ne renferment aucun document ayant rapport au duché proprement dit, aussi ne les citai-je ici que pour mémoire. Ce sont : 1°. Histoire de la maison de Guise ou la vérité de l'histoire de France depuis l'année 1505 jusques à l'année 1596, par Pierre Pol Fornier, advocat au parlement. (In-4°, n° 10339 22 E.) 2°. Traicté concernant la maison de Guise et les Suisses. (N° 159. Miss. étr.) 3°. Manifeste de M. de Guise sur le différend meu entre monseigneur le

GUISE.

comte de Soissons et le dit sr. de Guise. (N° 38. Min.) 4°. Inventaire des successions du duc de Guise en 1611, des duc et duchesse de Guise en 1617. (N° 3287 [1 et 2] suppl. fr.) etc., etc.

771. Relation de ce qui s'est passé dans les exorcismes d'une fille possédée depuis longtemps (Jeanne Grignon), et délivrée dans l'église des Minimes de la ville de Guise.

Cahier de 40 folios, papier. — Écriture du XVIIᵉ siècle.

A. I. Sect. hist. L. 1154.

Cette relation est signée et certifiée sincère et véritable par Jean VI d'Estrées, évêque, duc de Laon.

GUISY. 772.

Rémission en faveur de Wiotin Richart, jeune filz de l'aage de XVII à XVIII ans, demeurant à Guisy [1], qui en jouant au jeune du bâton, avait blessé à mort le nommé Willemot le Fevre — (Novembre 1324).

Voici le passage intéressant de ce document :

Que le jour de l'Ascension derrenier passée ot huit ans ou environ, ledit Wiotin qui lors estoit aagié de IX a X ans, et Willemot le Fevre, filz de Pierre le Fevre, demourant à Caveron, aagié de pareil aage, qui lors gardoient les vaches et bestes chevalines en un aulnoy, au dit lieu de Caveron [2], se prindrent à jouer l'un à l'autre à un jeu que on nomme au païs, le jeu du baston, c'est assavoir : l'un à tapper ou frapper et rompre le baston de son compaignon...... et en ce faisant le dit Wiotin gesta son baston en un halot d'aulnes afin que on ne le veist, et que le dit baston ne feust rompu...... et lors le dit Willemot le Fevre dit au dit Tassinot Gougelot qu'il lui monstreroit, et le dit Wiotin lui dist que s'il lui monstroit, qu'il lui gecteroit une petite alumelle d'un coustel sans

---

[1] Canton de Hesdin, arr. de Montreuil-sur-Mer (Pas-de-Calais).

[2] Cavron-Saint-Martin, canton de Hesdin, arr. de Montreuil-sur-Mer, (Pas-de-Calais).

manche qu'il tenoit en sa main, et adonc le dit Willemot le Fevre monstra le dit baston au dit Tassinot, et ce fait, le dit Wiotin gecta la dite alumelle au dit Willemot et l'ataigny et fery en l'un de ses piez dessoubz la cheville dedans jambe dont le dit Willemot saigna moult fort et ...... deux mois prouchain environ ala de vie à trespas.

A. I. Sect. hist. Tr. du ch. J. Reg. 173. f° 18 v°.

GUISY.

773.

GUNY.

I. Aveu de la forte maison de Guny rendu par le seigneur de Guny [1]. — (24 juin 1383.)

A. I. Sect. adm. Q. cart. 8.

II. Remission en faveur de Jehan Boudart, di Faioul, *courier du chastel de Crevecuer, et sergent de feu le sire de Coucy*, qui en revenant des plez de Coucy à Troly ou il habitait, s'arrêta à Guny pour appaiser une dispute entre Boyvin, maire du dit lieu, et un nommé Griffon, de Coucy, et finit, en se défendant, *esmeu et eschauffé, par férir de l'espée* le dit Griffon. — (Février 1397.)

A. I. Sect. hist. Tr. des ch. J. Reg. 153 f.° 72.

774.

GURY.

I. Procès-verbal de visite d'un bois situé à Gury [2]. — (1774.)

A. I. Sect. adm. Q. cart. 868.

II. Plan des bois dépendans de l'abbaye de St.-Corneille de Compiègne, situés près de Gury.

A. I. Sect. adm. N. (Oise) 3e cl. n° 167.

775.

GUYENCOURT.

I. Hommage des terres de Guyencourt [3] et d'Estrées [4], par Hoste d'Encre [5], ecuyer. — (3 mars 1416.)

A. I. Sect. adm. PP. 2. f° 202 v°.

Canton de Coucy-le-Château, arr. de Laon (Aisne).
[2] Canton de Lassigny, arr. de Compiègne (Oise).
[3] Canton de Sains, arr. d'Amiens (Somme).
Canton de Sains, arr. d'Amiens (Somme).
[5] Auj. Albert, canton de l'arr. de Péronne (Somme).

GUYENCOURT.   II. Hommage fait au roi par Richard de Saint-Fuscien [1], écuyer, pour raison de deux fiefs situés sur les territoires de Guyencourt et d'Estrées, nommés les boys le Roy. — (20 août 1509.)

A. I. *Sect. adm.* PP. 2. f° 212 v°.

III. Aveu et dénombrement de la seigneurie de Guyencourt. — (1754.)

A. I. *Sect. adm.* Q. cart. 1550.

[1] Canton de Sains, arr. d'Amiens (Somme).

FIN DU SECOND VOLUME.

Amiens. — Imp. Ve HERMENT, place Périgord, 3.

www.ingramcontent.com/pod-product-compliance
Lightning Source LLC
Chambersburg PA
CBHW051320230426
43668CB00010B/1095